Kursbuch der Weltanschauungen

Ullstein

Verlag Ullstein GmbH, Frankfurt/M. – Berlin – Wien
© 1980 by Verlag Ullstein GmbH Berlin – Frankfurt/M. – Wien
Alle Rechte vorbehalten
Printed in Germany 1981
Gesamtherstellung: Süddeutsche Verlagsanstalt, Ludwigsburg
ISBN 3 550 07943 5

Inhalt

I Einführung

Horst Bürkle	Geleitwort	9
Armin Mohler	Editorischer Vorbericht	14
Werner Betz	Zur Geschichte des Wortes »Weltanschauung«	18

II Politik

Manuel Sarkisyanz	Politische Utopien	31
Andreas v. Weiss	Weltanschauungen der linken politischen Gruppierungen	83
Armin Mohler	Weltanschauungen der rechten politischen Gruppierungen	146
Heinz Gollwitzer	Weltanschauung als Massenproblem (am Beispiel der Bundesrepublik heute)	172

III Esoterik und Lebensreform

Helmut Aichelin	Außerkirchliche religiöse Gemeinschaften	203
Karl R. H. Frick	Weltanschauungen des »modernen« Illuminismus	245
Ekkehard Hieronimus	Okkultismus und phantastische Wissenschaft	301
Ekkehard Hieronimus	Lebensreform- und Emanzipationsbewegung (Das »Alternative«)	350

IV Anhang

Armin Mohler	Bibliographie	401
	Register	435

I
Einführung

HORST BÜRKLE
Geleitwort

Prof. Dr. theol. Horst Bürkle, geboren 1925 in Niederweisel/Hessen, Ordinarius und Vorstand des Instituts für Missions- und Religionswissenschaft der Evangelisch-Theologischen Fakultät, Universität München. Prof. Bürkle war der Mentor sowohl der Arbeitsgruppe wie auch der Expertentagung, denen dieses Buch zu verdanken ist. Der weitgereiste Religionswissenschaftler brachte für dieses Amt die richtigen Gaben mit: vor allem jene großzügige Toleranz und Einfühlung, welche so verschiedenartige Forscher zu fruchtbarer Zusammenarbeit zu führen vermag. Prof. Bürkles bisher letztes Buch, »Missionstheologie« (1979), fand auch Zustimmung von katholischer Seite.

Der ursprünglichen Akademie platonischer Prägung lag der Gedanke des gemeinsamen Bemühens um Erkenntnis zugrunde. Nicht die Erkenntnis des einzelnen allein, sondern der dialogische Prozeß gegenseitiger Vermittlung sollte den Zugang zum tieferen Verstehen der Wirklichkeit eröffnen. Der vorliegende Band ist das Ergebnis eines Versuches der Carl Friedrich von Siemens Stiftung, an diese Tradition wieder anzuknüpfen. Die einzelnen Beiträge sind aus einem Symposion hervorgegangen, zu dem sich die Beteiligten langfristig bereitgefunden hatten. Als der Initiator des Unternehmens, Dr. Armin Mohler, das Arbeitsfeld dieser Thematik absteckte, war deutlich, daß sich eine langfristige und integrierte Arbeitsgemeinschaft dazu eher anbot als eine sonst übliche einmalige Vortragsfolge.

Es gab im Laufe der vorbereitenden Phase des Symposions auch Erschwernisse. Die »Landschaft«, die es im Blick auf die unterschiedlichsten weltanschaulichen und religiösen Bewegungen der Gegenwart zu durchmessen galt, begann sich zu weiten und unüberschaubar zu werden. Die kategorialen Abgrenzungen und phänomenologischen Unterscheidungen dessen, was hier begegnete, wurde zunehmend schwieriger. Das sich erschließende »Landschaftsbild« erschien zugleich in seinem in vieler Hinsicht oft nur unterschwellig auszumachenden Gesamtzusammenhang. So blieb bei aller notwendigen arbeitsteiligen Aufgliederung und Behandlung des Stoffes immer auch das Bewußtsein wach um diesen ›Kontext‹, in dem das einzelne zu stehen kommt.

Wir haben uns die Entscheidung der Frage nicht leicht gemacht, ob denn der Begriff der »Weltanschauung« noch zu umgreifen vermag, was hier an unterschiedlichen und teilweise sehr andersartigen Bewegungen aufzunehmen war. Es gab wohl keinen auch nur möglichen Einwand gegen diesen Begriff, der nicht sorgfältig erörtert worden wäre. Aber es fand sich auch kein anderer, der in gleicher Weise geeignet gewesen wäre, Klammer zu sein für das höchst Unterschiedliche und dennoch in die gemeinsame Landschaft Gehörige. Durch diese Bezeichnung soll aber auch daran erinnert werden, daß es sich bei den untersuchten Phänomenen eben um Orientierungen und Anschauungen handelt, die den Charakter der Verbindlichkeit und des Verpflichtenden an sich tragen. Darin sind sie den religiösen Sonderentwicklungen vergleichbar, denen ein eigener Bereich innerhalb dieser Thematik gewidmet ist. Es gehört zum Charakteristischen einzelner solcher Weltanschauungsbewegungen, daß sie angesichts von Verlust und Verdrängung echter Religion in der Gegenwart quasi-religiöse Züge annehmen und sich – wenn auch unbegründet – in dieser Dimension ansiedeln.

Solche Grenzüberschreitungen und Funktionswechsel sind nicht immer deutlich auszumachen. Sie zeichnen sich oft dadurch ab, daß partielle Zugänge zur Wirklichkeit und spezielle Lebenserfahrungen in den Rang eines universalen, das Ganze beantwortenden Anspruchs erhoben werden. Am deutlichsten werden solche Entwicklungen zum Quasi-Religiösen hin in den Gestalten von Ideologien und Utopien. Der latente Zusammenhang, in dem diese Entwicklungen stehen, hängt nicht zuletzt damit zusammen, daß wie in einer Landschaft die Ökologie Verschiebungen erfährt. Es lassen sich Verlagerungen des Gleichgewichtes im Kräftespiel solcher Bewegungen feststellen, die dazu führen, daß bisher Dominantes rezessiv zu werden droht und bisher Latentes überragende Manifestationsformen entwickelt. Ritus, Kult, Mythos und anderes können unter solchen Umständen in den Dienst ursprünglich nichtreligiöser Weltanschauungen oder auch eigenbestimmter Lebensformen treten. Es erfolgen Ausweitungen und Verdrängungen. Entleerte Sinnbereiche und Verluste an erfahrbarer Lebensdeutung werden aufgefüllt und ausgeglichen. »Klima« und »Landschaft« ändern sich.

In diesem Sinne ist der Begriff der »Topographie« zu verstehen. Er setzt diesen größeren Zusammenhang voraus, in dem die einzelnen Weltanschauungsphänomene zu stehen kommen. Die »Ortsbestimmung« ergibt sich aus der Zuordnung der Einzelphänomene. So sehr der Fachmann dem Einzelnen und dem Besonderen sein Interesse zuwenden muß, so dringend ist es, dabei den Überblick über das »Landschaftsbild« als ganzes nicht zu verlieren. Erst dadurch ergeben sich die dem ›vor Ort‹ Forschenden allein nicht möglichen Deutungen und Verstehenskategorien. Der *topos* verlangt nach dem *graphein*, d. h. er muß beschrieben, interpretiert und beinhaltet werden. So unverzichtbar eine korrekte Bestandsaufnahme der Erscheinungsformen ist, so nötig ist es zugleich, den Schritt vom Phänomen zur Deutung zu vollziehen. In dieser Hinsicht hat das hier dokumentierte Symposion einen Weg beschritten, der noch nicht zu Ende gegangen ist.

Wenn von der »Dynamik« im Bereich der Weltanschauungen gesprochen wird, so wird damit deutlich, daß wir es hier mit Bewegungen zu tun haben, von denen Kräfte auf die Umwelt ausgehen und die selber dem Wandel und den Veränderungen durch den Einfluß anderer geistiger Kräfte unterliegen. Die Aufgabe bestand darum nicht nur in der phänomenologischen Bestandsaufnahme und Beschreibung einer bestimmten Gruppe und ihrer sie tragenden Anschauungen, sondern zugleich in der Ausleuchtung des Wirkungsfeldes, das von ihr mitbestimmt wird und in dem sie selber von anderen Einflüssen erreicht wird. Solche Dynamik ist nicht allein mit den statischen Markierungen und ›Verortungen‹ im weltanschaulichen »Meßtischblatt« zu erfassen. Darum gehört neben das Instrumentarium des Geodäten in diesem Falle die Wünschelrute, die Impulse und unterschwellige Strömungen im geistigen Gelände der Zeit anzuzeigen vermag.

Das Ganze hat zugleich Prozeßcharakter. Es ist im Fluß. Gerade in seinem dynamischen Charakter liegt das Bedrängende und Existentielle der Themen dieses Symposions. Wir sind immer auch selber Betroffene. Das kommt bereits in der Art des Zugangs zum Ausdruck, den wir hinsichtlich eines bestimmten *topos* wählen. Auch der vermeintlich neutrale Beobachterstandpunkt, setzt immer noch eine solche Beteiligung – wenn auch oft nicht bewußt – voraus. Er spielt – vergleichbar dem naturwissenschaftlichen Experiment – im Blick auf den zu erfassenden Tatbestand seine Rolle. Die Ergebnisse sind nicht unabhängig von der eigenen Standortwahl. Dieser Sachverhalt wurde im Verlauf des Symposions – vor allem in seinem dialogischen Teil – immer wieder deutlich. Diese Tatsache zu übersehen oder gar bestreiten zu wollen, hieße einen entscheidenden Faktor im Erfassen des Gegenstandes zu eliminieren.

Das wache Bewußtsein um den eigenen Standort macht aber jene andere Bereitschaft nicht überflüssig, von der G. van der Leeuw einmal meinte, daß sie Voraussetzung jeder phänomenologischen Arbeit sei. Er nannte sie die Haltung der *epochä* und meinte damit die Fähigkeit, sich selber nicht unmittelbar ins Spiel bringen zu müssen. Solches ›Anhalten‹ und Distancenehmen ist notwendig, wenn die »Landschaft« auch und gerade in ihren fremden *topoi* in Sicht kommen soll. Beides fordert sich gegenseitig: der unverstellte Zugang zum Phänomen und die eigene Standortbezogenheit.

Verstehen und Bezeugen gehören im weltanschaulichen und im religiösen Dialog eng zusammen. Hier liegt auch die Spannung und der besondere Reiz der vorliegend behandelten Thematik. Die Dynamik des Gegenstandes teilt sich auf diese Weise mit. Die Erfahrung des *mea res agitur* gehört dazu.

So exotisch und fremd hier manches erscheinen mag, es bleibt zumindest Hinweis und Erinnerung daran, daß in der geläufigen eigenen geistigen Landschaftsschau etwas übersehen wurde. Was der Theologe Adolf von Harnack hinsichtlich häretischer und schismatischer Entwicklungen im Verlaufe der Kirchengeschichte feststellte, läßt sich auf den Bereich der Weltanschauungen und Ideologien ausweiten. Für ihn steckte in jeder Häresie ein Hinweis auf ein Wahrheitselement, das in Kirche und Theologie zu kurz gekommen ist. Nicht nur am Beispiel der sog. Jugendreligionen läßt sich heute diese Beobachtung erhärten. Je rationaler sich eine moderne christliche Theologie mit Rücksicht auf das sog. Selbstverständnis des modernen Menschen geben zu müssen meint, desto stärker nehmen sich andere religiöse und philosophische Traditionen und Praktiken der transrationalen und unbewußten Dimensionen des Menschen heute an.

In der Beschäftigung mit den in diesem Band vorgelegten Untersuchungen liegt darum zugleich eine Herausforderung. Sie läßt die Frage nicht zur Ruhe kommen, welche Bereiche und Dimensionen unseres Humanum nicht übersehen oder ausgeklammert werden dürfen, wenn der Mensch in seinem ganzheitlichen Sein nicht Schaden nehmen soll. Gerade auch in dem anscheinend Absonderlichen und Obskuren liegen Erinnerungen und Hinweise auf die Natur des Menschen und auf seine Bestimmung, ohne deren Berücksichtigung auch die Inhalte des Christentums den ihnen eigentümlichen universalen Charakter einbüßen.

Unter den hier vereinigten Arbeiten fehlt der Beitrag von Ernst Benz. Er war noch an den Vorüberlegungen zu diesem Symposion beteiligt, an ihm teilzunehmen, war ihm nicht mehr möglich. Am Beginn des Symposions stand darum die ehrende Erinnerung an einen Wissenschaftler, dessen theologisches Wirken in besonderer Weise im Dienste eben dieser universalen Gestalt des Christlichen stand. Fern den Grenzziehungen des vermeintlich Zeitgemäßen in seiner provinziellen Enge nahm er sich der Themen und Stoffe in Geschichte und Gegenwart an, die fern zu liegen schienen, uns aber gerade deswegen zu beschäftigen haben.

Den Autoren der hier veröffentlichten Beiträge gilt der Dank für ihre Bereitschaft, sich der langfristigen Verpflichtung unterzogen zu haben, die die Mitarbeit am Symposion erforderte. Dem Leiter der Carl Friedrich von Siemens Stiftung, Universitätsdozenten Dr. Armin Mohler, gilt der besondere Dank dafür, daß er diese Thematik nicht nur angeregt hat, sondern entscheidenden Anteil an der Vorbereitung und Durchführung des Symposions hatte, für das die Stiftung selber in großzügiger Weise Haus und Mittel zur Verfügung gestellt hat.

ARMIN MOHLER
Editorischer Vorbericht

In seinem »Geleitwort« hat Mentor Prof. Bürkle den Geist umrissen, aus dem heraus die verschiedenen Autoren dieses Buch geschrieben haben. Der Geschäftsführer der Carl Friedrich von Siemens Stiftung, München, fügt hier noch einige praktische Angaben bei, die zum Verständnis unserer Unternehmung nützlich sein mögen.

1 Zweck dieses Buches

Zweck dieses Buches ist, dem Leser die Hilfsmittel an die Hand zu geben, um sich in dem noch zuwenig erforschten Bereich der »Weltanschauungen« zurechtzufinden. Unter »Weltanschauungen« werden jene Denkformen und glaubensähnlichen Vorstellungen verstanden, die seit Ende des 18. Jahrhunderts mehr und mehr an Stelle der traditionellen Theologie, Philosophie und Wissenschaften getreten sind und teilweise die Funktion von »Ersatzreligionen« übernommen haben. Das Buch versucht zunächst *Ausdehnung und Gliederung der Weltanschauungen*, also ihre »Topographie«, zu umreißen. Dann aber versucht es auch, ihre *Dynamik* zu verstehen und ein *Vokabular* zur Beschäftigung mit den Weltanschauungen bereitzustellen. Trotz zahlreicher Literatur (vgl. unsere Bibliographie) liegt ein solcher *handlicher Grundriß* für das Gesamtgebiet der Weltanschauungen noch nicht vor.

2 Entstehung dieses Buches

Das vorliegende Buch ist das erste Buch der Carl Friedrich von Siemens Stiftung, das nicht eine Vortragsreihe wiedergibt, sondern auf andere

Weise entstanden ist. Zwar hatte die Stiftung von 1972 ab in loser Folge und *unter dem Mentorat von Professor Bürkle* eine Vortragsreihe »Sinngebungsversuche unserer Zeit« durchgeführt, die sich mit den Weltanschauungen anhand ausgewählter Beispiele (Anarchismus, Anthroposophie, Traum von den Urkulturen usw.) befaßte. Aber gerade die Erfahrungen mit dieser Reihe weckten den Wunsch zu einer konzentrierteren Befassung mit dem Thema. So wurde Anfang 1977 die *Arbeitsgruppe »Topographie und Dynamik der Weltanschauungen«* geschaffen, die aus den Mitarbeitern dieses Buches bestand; der bald darauf verstorbene *Professor Ernst Benz* konnte leider nur noch an den vorbereitenden Gesprächen teilnehmen. Jedes Mitglied der Gruppe verfaßte über den ihm besonders vertrauten Sektor des immensen Stoffes ein Arbeitspapier. Diese Arbeitspapiere wurden dann im Frühjahr 1979 in einer zweitägigen *Arbeitstagung unter dem Mentorat von Professor Bürkle,* einem kleinen Kreis von Experten vorgelegt und daraufhin nochmals bearbeitet. So ist das vorliegende Buch entstanden.

3 Abgrenzung des Stoffes

So sehr es der Arbeitsgruppe um das Gesamtbild ging, war sie doch aus heuristischen Gründen zu einer gewissen Abgrenzung des Stoffes gezwungen. Es erschien sinnvoll, sich mit denjenigen »Weltanschauungen« zu befassen, die *heute im europäischen Bereich* wirksam sind. *Außereuropäische Weltanschauungen* sollten nur berücksichtigt werden, *soweit sie auch hier virulent* geworden sind. Weiter schienen *historische Rückgriffe* nur dort sinnvoll zu sein, wo sie der *Erhellung der gegenwärtig wirksamen Weltanschauungen* dienen. Der Illusion, das unendliche Meer der »Weltanschauungen« je ganz ausmessen und ausloten zu können, hat sich die Arbeitsgruppe nie hingegeben; sie blieb sich durchaus bewußt, wie sehr und wie oft sie sich mit der *Methode des »pars pro toto«* begnügen mußte.

4 Gliederung der Weltanschauungen

Bei den vorbereitenden Gesprächen mit Prof. Bürkle, Prof. Benz und Pastor Hieronimus schälte sich bald eine Grobeinteilung der »Weltanschauungen« in *vier Komplexe* (mit verschwimmenden Abgrenzungen) heraus. Der erste, die *christlichen Sekten und Freikirchen,* ist bisher am gründlichsten und systematischsten erforscht worden. Der zweite Komplex, die *politischen Heilslehren,* wurde zum mindesten teilweise bearbeitet. Bei den beiden anderen Komplexen sind jedoch nur zufällig herausgegriffene Ausschnitte aus Abstand untersucht worden (an Selbstdarstellungen ohne Abstand fehlt es natürlich nicht). Sehr diffus ist der Komplex, den man mit dem Stichwort »*Esoterik*« abgrenzen kann: er reicht von Geheimgesellschaften mit anspruchsvoller Lehre und ebenso anspruchsvollem Ritus bis zu primitiven okkultistischen Praktiken. Auch der vierte Komplex, derjenige der *Lebensreform- und Emanzipationsbewegungen* reicht sehr weit: von Naturheilkunde, Siedlungsbewegung und Freikörperkultur bis zu Jugendbewegung, Frauenbewegung und den verschiedenen Formen sexueller Emanzipation.

Recht fruchtbar war ein Gespräch mit dem Historiker Prof. Heinz Gollwitzer. Im Hinblick auf die skizzierte Grobeinteilung bezeichnete er diese vier Komplexe als deutlich akzentuierte, aber im Gesamtbereich, um den es geht, doch ausgesprochene *Minderheitspositionen*. Quantitativ werde der Bereich der Weltanschauungen mehrheitlich von einer verschwommenen »*Weltanschauung*« des »*Normalverbrauchers*« ausgefüllt. Wir baten daraufhin Prof. Gollwitzer, die »*Weltanschauung als Massenphänomen*« darzustellen.

5 Tendenz dieses Buches

Die einzelnen Beiträge dieses Buches sind, wie ihre Verfasser, recht verschieden voneinander. Das war nicht zu vermeiden – und es scheint uns auch dem komplexen Gegenstand angemessen zu sein. Eines haben jedoch alle Beiträge gemeinsam: keiner von ihnen ist mit Haß geschrieben. *Angestrebt wurde eine gute Mitte zwischen sachlicher Nüchternheit und verstehender Einfühlung; jede verfolgerische oder denunziatorische Absicht lag fern.*

6 Der Expertenkreis

An der erwähnten Arbeitstagung nahmen Experten von sehr verschiedener Herkunft und aus sehr verschiedenen Disziplinen teil, was sich auf die Diskussion fruchtbar auswirkte. (Zu den Herkunftshinweisen: nur bei den Herren, die nicht aus München kamen, ist der Wohnort angegeben.)

Aus dem Bereich der Katholischen Kirche:
Prof. Dr. Eugen Biser, Theologe (Univ. München)
Pater Augustinus (Heinrich Graf Henckel v. Donnersmarck), Prämonstratenser, Leiter der Kath. Arbeitsstelle Rhein-Ruhr in Essen

Prof. Dr. Wilhelm Keilbach, Theologe (Univ. München)
Abt Dr. Odilo Lechner, Benediktiner, Abt von St. Bonifaz
Pater Prof. Dr. Johannes Lotz, S. J., Theologe
Prof. Dr. Audomar Scheuermann, Franziskaner, Theologe (Univ. München), Vizepräsident des Bayerischen Senats
Dr. Venanz Schubert, Philosophie (Univ. München)

Aus dem Bereich der Evangelischen Kirche stammen die Arbeitsgruppenmitglieder Aichelin, Bürkle, Hieronimus.

Aus dem Bereich der Freimaurerei (neben Arbeitsgruppenmitglied Frick):
Herr Fritz Bolle, Chefredakteur der Zeitschrift »Eleusis«
Herr Ellic Howe (London), Meister vom Stuhl der englischen Forschungsloge »Quattuor Coronati«

Aus dem Bereich der Geisteswissenschaften (neben den Arbeitsgruppenmitgliedern Betz, Gollwitzer, Mohler, Sarkisyanz, v. Weiß):
Frau Hildegunde Wöller, (Stuttgart), Kreuz-Verlag
Prof. Dr. Arno Baruzzi, Philosophie (Univ. Augsburg)
Prof. Dr. Roger Bauer, Germanistik und vergleichende Literaturwissenschaft (Univ. München)
Dr. J. Ludwig Döderlein, Philosophie
Prof. Dr. Hubert Glaser, Historiker (Univ. München)
Dr. Hans Grassl, Historiker
Prof. Dr. Horst Helle, Soziologie (Univ. München)
Dr. Ulrich Linse, Historiker von Anarchismus, Jugendbewegung und anderen Reformbewegungen
Prof. Dr. Friedrich Mordstein, Philosophie (Univ. München)
Dr. Hartmut Zelinsky, Germanistik (Univ. München)

WERNER BETZ †
Zur Geschichte des Wortes »Weltanschauung«

Prof. Dr. phil. Werner Betz, geboren 1912 in Frankfurt a. Main, Ordinarius für Deutsche Philologie an der Universität München, starb im Sommer 1980. Der vorliegende Text ist die letzte wissenschaftliche Arbeit des bedeutenden Germanisten, der gerade durch seine subtilen Forschungen zur Wortbedeutung bekannt wurde. Es handelt sich bei dem Text um erste Niederschriften, denen er noch eine endgültige Form geben wollte. Die Krankheit ließ es nicht mehr dazu kommen. Wir drucken den Text hier, in dankbarer Erinnerung an den Gelehrten, unverändert ab.

Das Wort »Weltanschauung« erscheint zuerst 1790 bei Kant in seiner Kritik der Urteilskraft: »Das gegebene Unendliche aber dennoch ohne Widerspruch auch nur denken zu können, dazu wird ein Vermögen, das selbst übersinnlich ist, im menschlichen Gemüte erfordert. Denn nur durch dieses und dessen Idee eines Noumenons, welches selbst keine Anschauung verstattet, aber doch der Weltanschauung, als bloßer Erscheinung, zum Substrat untergelegt wird, wird das Unendliche der Sinnenwelt in der reinen intellektuellen Größenschätzung unter einem Begriffe ganz zusammengefaßt, obzwar es in der mathematischen, durch Zahlenbegriffe nie ganz gedacht werden kann« (1. Teil, 2. Buch, § 26, 9. Abs.).

Kant sucht hier einen neuen Ausdruck für die Entsprechung zum »Ding an sich«, für das »Ding für mich für uns, die Anschauenden«. Es ist der gleiche Gegensatz wie *noumenon* und *phainomenon*. Für das *phainomenon*, das er auch mit seiner deutschen Entsprechung ›Erscheinung‹ bezeichnet, braucht Kant einen Ausdruck, der einerseits den Vorgang des Sehens, des Anschauens, von der anderen Seite: des Erscheinens, also einer Aktion bezeichnet, zugleich aber kommt es ihm auf mehr als diese Aktion, diesen Vorgang der Anschauung und Erscheinung an, er will auch mit dem gleichen Ausdruck bezeichnen, daß diese Anschauung nicht nur ein Vorgang, sondern auch schon ein fest gewordenes Ergebnis, eine fest gewordene Auffassung, eine Deutung der Anschauung, der Erscheinung darstellt: eine vermutete Erschließung, Deutung des Noumenons als des Substrats.

Das heißt, grammatisch-semantisch gesprochen, braucht Kant ein Wort, das nicht nur Nomen actionis ist, Bezeichnung des Vorganges, sondern das zugleich auch ein Nomen acti, Bezeichnung des Ergebnisses darstellt. (Wie z. B. auch bei ›Übersetzung‹: Die Übersetzung erforderte große Anstrengungen – Die vorliegende Übersetzung übertrifft alle anderen.) Diese doppelte Funktion wird für Kant am besten durch das Wort Anschauung, Weltanschauung, erfüllt, besser als durch die schon vorhandenen Ausdrücke »Weltbetrachtung« oder »Weltbild«, die jeweils nur entweder Nomen actionis oder Nomen acti sind, während eben Weltanschauung in der Sprache Kants als Anschauung schon beides in sich vereint. So ist das Wort Weltanschauung von Kant vom ersten Augenblick an, unter Ausnutzung der grammatisch-semantischen Möglichkeiten der deutschen Nomina actionis und acti und ihrer Übergänge und Zusammenfälle, auf diese Doppelheit hin angelegt, einmal den Vorgang des Anschauens zu bezeichnen und dann zugleich das Ergebnis des Anschauens. Die Geschichte des Wortes entwickelt sich nun in der Richtung vom Vorgang des Anschauens, der von vielen Zeitgenossen und späteren Lexikographen bei Kant als das einzige nur gesehen wird, zu dem hin, was Kant bei seiner Prägung des Wortes auch schon mit gemeint hat, zur Deutung des Angeschauten, zum gedeuteten Angeschauten.

So findet sich die doppelte Bedeutung durchaus auch, vielleicht in etwas anderer Nuancierung, schon im gewöhnlich anders eingeordnetem Schelling-Zitat von 1799 und zwar im ersten Entwurf eines Systems der Naturphilosophie (Sämtliche Werke 1858 I, 3, 182):»Gleichwie nämlich die menschliche Vernunft die Welt nur nach einem gewissen Typus vorstellt, dessen sichtbarer Abdruck die menschliche Organisation ist, so ist jede Organisation Abdruck eines gewissen Schematismus der Weltanschauung. Gleichwie wir wohl einsehen, daß unsere Weltanschauung bestimmt ist durch unsere ursprüngliche Beschränktheit, ohne daß wir erklären können, warum wir gerade so beschränkt, warum unsere Weltanschauung gerade diese ist und keine andere, so können auch das Leben und das Vorstellen der Tiere nur eine besondere, obschon unbegreifliche Art von ursprünglicher Beschränktheit sein.«

Dasselbe gilt auch für die Schelling-Stelle von 1802 in der Schrift »Über Dante in philosophischer Beziehung«, die Götze (im Euphorion 25/1924, 44) davon trennt:»Dantes Gedicht ist eine viel höhere Durchdringung der Wissenschaft und der Poesie, und um soviel mehr muß seine Form, auch in der freieren Selbständigkeit, dem allgemeinen Typus der Weltanschauung angemessen sein« (Sämtliche Werke I, 5, 157).

Die gelegentlich erwähnte frühe Kritik Klopstocks von 1795 an dem neuen Wort in einem Bruchstück eines Gesprächs seiner grammatischen

Gespräche, »Die Bedeutsamkeit«, ist kaum sehr ernst zu nehmen. Es wird dort lediglich unter »Kunstwörtliches« einiges an neuerer Terminologie zitiert wie etwa: »Die Schönheit, als formale objektive Zweckmäßigkeit... Zweckmäßigkeit ohne Zweck... Zweck, Materie des nexus finalis... Substrat der Weltanschauung... zusammengefaßte Unendlichkeit.« Dieses Zitat bei Klopstock hat der Weltanschauung wohl ebenso wenig geschadet wie der Zweckmäßigkeit oder der formalen subjektiven Zweckmäßigkeit. Aber Weltanschauung hat immer wieder und zwar durch Wörtlich-Nehmen im Sinne des Nomen actionis, Spott hervorgerufen, so schon 1844 bei Jacob Burckhardt in einem Brief an Gottfried Kinkel: »Vor Zeiten war ein jeder ein Esel auf seine Faust und ließ die Welt in Frieden; jetzt dagegen hält man sich für ›gebildet‹, flickt eine ›Weltanschauung‹ zusammen und predigt auf die Nebenmenschen los« (Basler Zeitschr. f. Geschichte u. Altertumskunde 19/1921, 276). Oder wie 1859 beim schwäbischen Schriftsteller Hermann Kurz in seiner Novelle »Die beiden Tubus«: »– hatte der einst einen Zug von Klugheit an ihnen (den Ameisen) belauscht, der seinen Zuhörer, unter Beihilfe der Weltanschauung durch die Flasche, bis zu Tränen rührte« (P. Heyse, Deutscher Novellenschatz 18/1859, 242).

Daß Weltanschauung immer ein wechselnd akzentuierter Begriff zwischen (geschehener) Anschauung und (geschehener) Deutung war, zeigt Julian Schmidts Bemerkung gegen Hebbel in den Grenzboten von 1850 (4, 732): »Es ist mit jener Anforderung, das Drama solle eine ›Weltanschauung‹ geben, nicht viel zu machen. Dieses leidige Wort, bei welchem man sich ungefähr so viel oder so wenig denken kann, als bei dem Ausdruck ›Volkssouveränität‹, ist seit dem Faust durch unsere halbphilosophischen Kunstkritiker so im Katechismus festgesetzt, daß ein Drama, welches nicht eine Weltanschauung enthält, d. h. nicht de rebus omnibus et quibusdam aliis handelt, gar nicht mehr angesehen wird.«

Über das ›Anschauen‹ in seiner Polysemie macht sich auch der Däne Jens Baggesen in seiner Spottbildung ›Weltanschauer‹ lustig: »Er sieht nicht scharf, zumal bei Tag; und stößt / ihm etwas auf, macht er die Augen zu. / Das ist es grade, was mir ihn zum ersten / der Weltanschauer macht, nächst mir und dir. / Er hat was Indisches, was Weltentferntes, / was Uranfängliches im höchsten Grade: / er hört, sieht, fühlt und riecht und kostet nicht – / er ahnet alles« (Poet. Werke 3/1836, 125).

Auch vom »Anschauen« geht Victor Klemperers Kritik am Wort Weltanschauung in seiner »LTI« aus. Einen besonderen Anstoß gewinnt er durch die Lektüre von Schnitzlers Roman »Der Weg ins Freie«, in dem es von der Weltanschauung heißt, sie sei »logischerweise der Wille und die Fähigkeit, die Welt wirklich zu sehen, d. h. anzuschauen, ohne durch eine vorgefaßte Meinung beirrt zu sein, ohne den Drang, aus einer Erfahrung gleich ein neues Gesetz abzuleiten, oder sie in ein bestehendes einzufügen... Aber den Leuten ist Weltanschauung nichts als eine höhere Art von Gesinnungstüchtigkeit – Gesinnungstüchtigkeit innerhalb des Unendlichen sozusagen«. Klemperer fährt fort: »Im nächsten Kapitel, und da wird man denn gewahr, wie das Aperçu von vorhin verbunden ist mit dem eigentlichen Thema dieses Judenromans, meditiert Heinrich weiter: ›Glauben Sie mir, Georg, es gibt Momente, in denen ich die Menschen mit der sogenannten Weltanschauung beneide... Unsereins: je nach der Seelenschicht, die erhellt wird, sind wir, alles auf einmal, schuldig und unschuldig, Feiglinge und Helden, Narren und Weise‹.« Klemperer kommentiert weiter: »Der Wille, den Begriff ›anschauen‹ ganz unmystisch als richtiges Sehen des Vorhandenen aufzufassen, der Unwille über und der Neid auf diejenigen, denen Weltanschauung ein festes Dogma bedeutet, ein Leitseil, an dem man sich in jeder Lage festhalten kann, wenn die eigene Stimmung, das eigene Urteil, das eigene Gewissen ins Schwanken geraten: das soll nach Schnitzlers Meinung charakteristisch sein für den jüdischen Geist, und ist es fraglos für die Mentalität ausgebreiteter Wiener, Pariser und europäischer Intelligenzschichten überhaupt um die Jahrhundertwende« ([3]1957, 149).

Klemperer zieht dann die Verbindung zur LTI: »Und ich fragte mich weiter, wie dieses Klüngelwort der Jahrhundertwende zum Pfeilerwort der LTI geworden sei, in der der kleinste Pg und jeder bildungsloseste Kleinbürger und Krämer bei jeder Gelegenheit von seiner Weltanschauung und von seinem weltanschaulich fundierten Verhalten redet; und ich fragte mich weiter, worin denn nun die nazistische ›Gesinnungstüchtigkeit innerhalb des Unendlichen‹ bestehe. Es mußte sich da um etwas höchst Allgemeinverständliches und für alle Passendes handeln, um etwas organisatorisch Brauchbares, denn in den Satzungen der Deutschen Arbeitsfront, der DAF, die mir einmal in der Fabrik vor die Augen kamen, in diesem Statut einer ›Organisation aller Schaffenden‹ war ausdrücklich nicht von ›Versicherungsprämien‹ die Rede, sondern von ›Beiträgen zu einer weltanschaulichen Gemeinschaft‹« (150).

Hier ist das konkrete Sehen der Erscheinung, von dem die Wortprägung ausging, zur inneren Schau, zur mystischen Schau umgedeutet und damit offen geworden zur Aufnahme jeglicher Bestimmungen. Aus einer konkreten Erscheinung ist ein vager, mit allem ausfüllbarer Rahmen geworden – und so eben brauchbar auch für die Propaganda bestimmter Richtungen. Diese besonderen Möglichkeiten des Wortes, die letzten Endes auf seinen Doppelursprung aus Nomen actionis und Nomen acti zurückgehen, haben sicher viel zum Erfolg des Wortes beigetragen.

In diesen Rahmen fügen sich die uns bekannte Entwicklung, die Stationen und Varianten der Bedeutung ein, so wie sie im Artikel Weltanschauung des Grimmschen Wörterbuches 1955 gesammelt sind (14, I, 1, 1530). Hier werden drei große Bedeutungsgruppen unterschieden: 1. »Weltansicht«, 2. »Gesamtansicht ... von Gott, Welt und Menschen«, 3. »Weltanschauung ... weniger ... als eine bestimmte Weltansicht oder Weltvorstellung als solche, als ... die damit verbundene seelisch-geistige Grundhaltung und Einstellung gegenüber Welt und Leben«. Die erste Gruppe umfaßt dann die zum Nomen actionis gehörende Bedeutung, die zweite die zum Nomen acti gehörende und bei der dritten wird es die Frage sein, ob sie wirklich eine eigene Gruppe oder nicht nur eine Untergruppe der zweiten darstellt.

Diese Entwicklung des Wortes vom Nomen actionis, vom Tun der Handlung, zum Nomen acti, dem objektivierten Ergebnis der Handlung, läßt sich in der nun bald zweihundertjährigen Geschichte des Wortes verfolgen. Zunächst in der Frühzeit, d. h. immerhin 25 Jahre nach der Prägung des Wortes durch Kant, findet sich das reine Tun, Anschauen noch bei Goethe, wenn er in Dichtung und Wahrheit über Basedows pädagogisches Buch »Elementarwerk« schreibt: »Gern erkannte ich an, was in seinem Vorhaben, zu Beförderung der Tätigkeit und einer frischeren Weltanschauung lag« (I, 28, 272). In der gleichen Weise sagt noch 1845 Alexander von Humboldt: »Durch Organe nimmt der Mensch die Außenwelt in sich auf ... Das Auge ist das Organ der Weltanschauung« (Kosmos I, 85).

Im Übergang zum Nomen acti, zum schon sich verfestigenden Ergebnis des Anschauens, aber immer noch unter Einbeziehung auch des Aktes des Anschauens, findet sich 1799 der oben schon erwähnte frühe Beleg bei Schelling im ersten Entwurf eines Systems der Naturphilosophie: »Gleichwie nämlich die menschliche Vernunft die Welt nur nach einem gewissen Typus vorstellt, dessen sichtbarer Abdruck die menschliche Organisation ist, so ist jede Organisation Abdruck eines gewissen« Schematismus der Weltanschauung. Gleichwie wir wohl einsehen, daß unsere Weltanschauung bestimmt ist durch unsere ursprüngliche Beschränktheit, ohne daß wir erklären können, warum wir gerade so beschränkt, warum unsere Weltanschauung gerade diese ist und keine andere, so können auch das Leben und das Vorstellen der Tiere nur eine besondere, obschon unbegreifliche Art von ursprünglicher Beschränktheit sein.« »Organisation« und »Schematismus«, das sind schon verfestigte Ergebnisse des Anschauens, bleibende, objektivierte Ergebnisse vieler einzelner Handlungen, Anschauungen.

Im gleichen Sinne eines Weltbildes mit bestimmten bleibenden Strukturen verwendet Novalis um 1800 das Wort: »Die Welt ist Resultat eines unendlichen Einverständnisses, und unsre eigne innere Pluralität ist der Grund der Weltanschauung« (ed. J. Minor 2, 204). In ähnlichem Sinne verwendet 1807 Görres in seinen Deutschen Volksbüchern das Wort: »Das Tun und Treiben der großen Menge, der Gemeinde, hat sich unserer Betrachtung dargeboten: welche Weltanschauung diese sich nach und nach gebildet« (272). Und im gleichen Jahre 1807 verwendet Hegel in seiner Phänomenologie des Geistes als Kapitelüberschrift »Die moralische Weltanschauung«. Während es sich in allen den bisher genannten Belegen um überindividuelle Weltbilder handelt, bleibt Goethe auch im Bereich dieses Übergangs zum Weltbild im Subjektiven. In einem Brief vom 27. 8. 1821 schreibt er: »Überhaupt wenn ich mir die Menschen die ich näher gesehen, alle vergegenwärtige, so gibt es der Welt-Anschauung reichen Gewinn. Der Stamm ist immer derselbe, die Verzweigungen grenzenlos.«

Weltanschauung als »Gesamtdeutung« behält Jean Paul 1804 in der »Vorschule der Ästhetik« im Paragraphen 10 »Passive Genies« dem Genie vor: »Wiewohl unähnlich dem Talentmenschen, der nur Weltteile und Weltkörper, keinen Weltgeist zur Anschauung bringen kann, und wiewohl eben darum ähnlich dem Genie, dessen erstes und letztes Kennzeichen eine Anschauung des Universums ist: so ist doch bei den passiven Genies die Welt-Anschauung nur eine Fortsetzung und Fortbildung einer fremden genialen« (ed. N. Miller 1963, 5, 53).

Bei Jean Paul erscheint auch zum erstenmal zu Weltanschauung das Synonym »Lebensanschauung«, und zwar im Paragraphen 14 der Vorschule der Ästhetik: »Das Herz des Genies, welchem alle anderen Glanz- und Hülf-Kräfte nur dienen, hat und gibt ein echtes Kennzeichen, nämlich neue Welt- oder Lebens-Anschauung. Das Talent stellet nur Teile dar, das Genie das Ganze des Lebens, bis sogar in einzelnen Sentenzen, welche bei Shakespeare häufig von der Zeit und Welt, bei Homer und andern Griechen von den Sterblichen, bei Schiller von dem Leben sprechen« (ed. N. Miller 5, 64).

Der Versuch, eine klare Grenze zwischen Weltanschauung und seinem Synonym ›Weltbild‹ zu ziehen, ist auf jeden Fall für die allgemeine Verkehrssprache gescheitert. Sicher hat Julius Petersen unrecht, wenn er sagt: »Gleichwohl liegt im Begriff des ›Bildes‹ mehr Subjektivität als in dem der ›Anschauung‹« (Die Wissenschaft von der Dichtung, 2. Aufl. 1944, 472). Der Petersenschen Auffassung widerspricht auch der Abgrenzungsversuch von Walter Brugger in seinem philosophischen Wörterbuch (1947, 406): »Weltanschauung besagt wesentlich mehr als ›Weltbild‹; unter Weltbild versteht man die Zusammenfassung und gedankliche Verarbeitung der Ergebnisse der Naturwissenschaften zu einer wissenschaftlichen (oder auch naturphilosophischen) Gesamtschau; diese bleibt als solche rein theoretisch und stellt nicht die letzten, metaphysischen Fragen nach Sein und Sinn der Welt als ganzer. Weltanschauung überschreitet dagegen wesentlich die Grenzen der Einzelwissenschaften, sie ist eine wertende Stellungnahme zum Ganzen der Welt und schließt darum eine Antwort auf die letzten Fragen nach Ursprung, Sinn und Ziel der Welt ein.«

Weltbild wird aber im Deutschen nicht nur für das Weltbild der Naturwissenschaften, sondern auch für das der Deutschen und Franzosen, der politischen Parteien, wie der Frauenrechtlerinnen verwendet. In der allgemeinen Verkehrssprache hat sich die Scheidung zwischen Weltanschauung und Weltbild nicht durchgesetzt.

Die Entwicklung des Wortes zur Bedeutung »Gesamtdeutung der Welt, philosophisches System«, die im Grunde ja bei Kant auch schon angelegt ist, erscheint erst verhältnismäßig spät ausdrücklich so genannt, 1866 bei F. A. Lange in der Geschichte des Materialismus: »Wer eine einheitliche Weltanschauung bereits voraussetzt.«[17] Bei Eisler im Wörterbuch der philosophischen Begriffe wird 1910 definiert: »Ein philosophisches System ist die Vereinigung allgemeiner Erkenntnisse zur Einheit einer Weltanschauung.« In dem Buch von Busse-Falckenberg, »Die Weltanschauung der großen Philosophen der Neuzeit« (6. Aufl. 1917, 4) heißt es: »Die in der Geschichte auftretenden Versuche, der Aufgabe, eine Weltanschauung zu begründen, durch Aufstellung umfassender philosophischer Systeme zu genügen, bilden nun den Gegenstand der Geschichte der Philosophie.« Und in dem philosophischen Wörterbuch von Thormeyer steht in der 3. Auflage von 1922: »Weltanschauung (= metaphysisches System) ist ein durch einheitliche Zusammenfassung alles Wissens und abschließende Betrachtung gewonnenes Gesamtbild von der Welt.« Als Gesamtdeutung der Welt versteht auch Theodor Litt 1928 in seinem Buch »Wissenschaft, Bildung, Weltanschauung« die Bedeutung des Wortes Weltanschauung, wenn er schreibt: »Lebensfragen, denen nur in einer Weltanschauung Antwort werden kann« (76). Bei ihm finden sich als Synonyme für Weltanschauung auch Weltauffassung und Weltdeutung, die zwar im Grimmschen Wörterbuch unter Weltanschauung genannt werden, aber leider kein eigenes Stichwort erhalten haben. Ihre Geschichte wäre sicher auch aufschlußreich für die Bedeutung und Entwicklung von Weltanschauung. Als letztes Zeugnis für die umfassend systematische Bedeutung von Weltanschauung stehe hier ein Satz von Guardini aus seinem Essay »Vom Wesen kath. Weltanschauung« von 1923: »Und da ist, was Weltanschauung im Auge hat, jene letzte Einheit, darin Einzel- und Gesamtganzheit auf einander bezogen und mit einander gegeben sind« (Unterscheidung des Christlichen, ed. H. Waltmann, ²1963, 16).

Sieht man sich die Synonyme, die Konkurrenten des Wortes »Weltanschauung« an, so haben sie alle der Weltanschauung gegenüber einen entscheidenden Nachteil. Sie sind entweder Nomina actionis oder Nomina acti, vereinen aber nicht beides in gleicher Weise wie Weltanschauung. Weltbetrachtung, älter als Weltanschauung, ist eben nur Nomen actionis. Weltansicht, lange mit Weltanschauung konkurrierend, ist nur Nomen acti. Weltbeschauung, auch älter als Weltanschauung, hat den Hauptakzent auf dem Nomen actionis und hat nicht den Anschluß an die älteren Wörter für das Phänomenon: Anschauung, Erscheinung. Den Weltbeschauer z. B. gibt es schon 1542 als »Weltreisenden«, dann wird er noch einmal neu 1750 im philosophischen Sinne als Lehnübersetzung von griechisch kosmotheoros gebildet. Auch von Kant wurde er 1785 verwendet: »Dieses muß eine, obzwar rohe Unterscheidung der Sinnenwelt von der Verstandeswelt abgeben, davon die erstere... in mancherlei Weltbeschauern sehr verschieden sein kann, indessen die zweite... immer dieselbe bleibt« (Werke 4/1838, 79 H). Auch Wieland (über Leibniz: »einer von den scharfsichtigsten Weltbeschauern«, Ges. Schr. I, 2, 287 Akad.) und Herder verwenden das Wort, Herder 1769 auch ›Weltbeschauung‹: »in der schönen Weltbeschauung eines Künstlers« (6, 35 S).

»Lebensanschauung«, das wohl von J. Paul geprägt wurde (s. o.), konnte sich u. a. vermutlich deswegen gegen Weltanschauung nicht durchsetzen, weil »Leben« damals noch ein zu wenig philosophischer Begriff war.

Ein kurzer Blick auf andere Sprachen zeigt, daß »Weltanschauung« zuerst ins Dänische übernommen, lehnübersetzt wurde: ›verdensanskuelse‹ erscheint 1837 in der Schrift »Über die Unsterblichkeit« des Dichters und Philosophen Paul Møller: »Den Verdensanskuelse, som fremstilles i denne Mythologie, som nu udgiør det videnskabelige Europas herskende Tro, lader sig paa mange Maader, uden stor Vanskelighed dølge under kunstige Former, hvori selv alle Christendommens Hovedsætninger bevare en tilsyneladende Gyldighed. Men selv Tilhængerne af meget forviklede Systemer, som gjennem flere Aar have maattet arbeide sig gjennem en sindrig Væv af abstracte Begreber, røbe dog jævnlig, at de i den ovenomtalte Mythologie finde det naturligste Udtryk for deres Verdensanskuelse.«

(»Die Weltanschauung, welche in dieser Mythologie [des Pantheismus] dargestellt wird, die jetzt den herrschenden Glauben des wissenschaftlichen Europas ausmacht, läßt sich auf viele Weisen, ohne große Schwierigkeit, unter künstlichen Formen verbergen, in denen sogar alle Hauptsätze des Christentums eine anscheinende Gültigkeit bewahren. Aber selbst die Anhänger von sehr verwickelten Systemen, die durch mehrere Jahre hindurch sich durch ein sinnreiches Gewebe von abstrakten Begriffen haben hindurch arbeiten müssen, verraten doch zugleich, daß sie in der oben genannten Mythologie den natürlichsten Ausdruck für ihre Weltanschauung finden.«)

Der zweisprachig schreibende Däne Jens Baggesen hatte schon vorher das deutsche Wort gebraucht, im Sinne von ›Welt- und Lebensdeutung‹: »... und in Liebe zur alten / Weltanschauung, lebte mit ihm ein blühender Jüngling« (Poet. Werke 1/1836, 7).

Im Dänischen ist das Wort üblich geworden, wie später im Schwedischen und Niederländischen: die Lehnübersetzungen *världsåskådning* und *wereldaanschouwing*. Im Englischen erscheint nur vereinzelt die Lehnübersetzung *world view*, zuerst 1858 in einer theologischen Schrift von J. Martineau: »The deep penetration of his [des Paulus] mistaken world view« (Stud. Christ. 321). Im übrigen aber verwendet das Englische, wie auch das Französische, Italienische und andere Sprachen für Weltanschauung: Ideology, idéologie und deren Entsprechungen.

Daß Weltanschauung auf der einen Seite immer wieder durch neues individuelles Handeln, Anschauen, gewonnen, bestätigt oder modifiziert werden kann, auf der andern Seite zugleich aber ein überindividuelles, durch viele Anschauungen und Gewöhnungen gewonnenes bleibendes Bild, System bietet, an das man sich halten kann, daß es *phainomenon* und *noumenon*, geschaute Erscheinung und erdachten verborgenen Weltzusammenhang verbindet, das macht den Reiz und Erfolg des Wortes in seiner bisherigen Geschichte aus.

Nachtrag (Mai 1980)

Durch längere Krankheit habe ich leider erst jetzt die Münsteraner Dissertation von Helmut G. Meier über »Weltanschauung« einsehen können (Münster 1968). Sie trägt den Untertitel »Studien zu einer Geschichte und Theorie des Begriffs«. Sie bietet von ihrem begriffsgeschichtlichen Standpunkt aus eine nützliche Ergänzung mit weiterem Material zur Wortgeschichte. »Theorie« scheint in der Arbeit manchmal gleichbedeutend verwendet mit »Weltanschauung« (S. 2), trotz S. 6 unten. Andererseits scheint die Arbeit manchmal auch etwas stark theorielastig (wie kürzlich gewisse Linguisten z. Z. ihrer Scheinblüte). Zur philosophischen Betrachtung der Weltanschauung bringt die Arbeit zwei aufschlußreiche Bemerkungen zweier Philosophen: von Odo Marquard: Weltanschauungstypologie ist die resignierte Form der Geschichtsphilosophie des in den Brunnen des Historismus gefallenen deutschen Idealismus (S. 9/10); und von Joachim Ritter: Auch die Weltanschauungsphilosophie bewahrt und drapiert die Sache der Philosophie als Vernunftwissenschaft (S. 12).

Begriffsgeschichte und Wortgeschichte verhalten sich ja zueinander etwa wie der onomasiologische Gesichtspunkt zum semasiologischen. Unter diesem Gesichtspunkt ist das Descartes-Zitat auf S. 17 allerdings semasiologisch und insofern in erster Linie wortgeschichtlich; onomasiologisch müßte es statt »verborum significatio« heißen »rerum nomen«. Vgl. hierzu Erich Rothackers entscheidende Schwächen der Begriffsgeschichte treffende Bemerkung: »Eine Geschichte haben die Termini und die Probleme. Nicht eigentlich der Begriff als solcher« und »daß der Begriff ›begriffsgeschichtlich‹ nicht einwandfrei ist« (S. 18).

Zu S. 22 der Meierschen Dissertation wäre zu bemerken, daß Begriffsgeschichte nicht erst beim ersten Vorkommen des Begriffswortes beginnen sollte; vgl. dazu »Heimweh« in: Verfasser, »Wortschatz, Weltbild, Wirklichkeit« (Festschrift Johannes Spörl, 1965).

Interessant die Bemerkung des Verfassers zu zwei Fichte-Zitaten von 1792 und 1796. In »Versuch einer Kritik aller Offenbarung« von 1792 sind nach Meier Bemerkungen »Zur Einheit von Naturkausalität und Moral- bzw. Vernunftkausalität. So liegt denn das Prinzip, von dem beide abhängen, in Gottes Weltanschauung. In ihr sind die Gesetzgebungen vereinigt« (S. 74). Und in der »Grundlage des Naturrechts nach Prinzipien der Wissenschaftslehre« von 1796 schreibt Fichte: »Die freie Thätigkeit soll durch die Thätigkeit in der Weltanschauung begrenzt seyn, d. h. die Thätigkeit der Weltanschauung ist selbst jene freie Thätigkeit im Zustande der Gebundenheit; und umgekehrt, die freie Thätigkeit ist die in der Weltanschauung beschäftigte, wenn die Gebundenheit wegfällt« (S. 76).

Meier überschätzt sicher die Wirkung dieser Fichte-Stellen auf die Wortgeschichte. Vielleicht haben sie einen Einfluß auf den Novalis-Aphorismus von 1797/98 gehabt. »Die Welt ist, wie Objekt überhaupt, Resultat eines unendlichen Einverständnisses und unsere innere Pluralität ist der Grund der Weltanschauung« (s. o.), nämlich die Zusammenfügung, Zusammenschau, Inbezugsetzung des Pluralismus zu einem Gesamtbild, Weltbild.

Die von Meier Anmerkung 338 angeführte Weltanschauungsbibliographie mit damals fast 2000 Büchern, die das Wort Weltanschauung im Titel führen, scheint bisher noch nicht erschienen zu sein.

Die erste »ausdrückliche Festlegung des Begriffs aus sich selbst heraus durch die Angaben genauer inhaltlicher Merkmale« findet sich nach Meier 1857 bei dem Erlanger Rechtsphilosophen Ludwig Knapp in seinem »System der Rechtsphilosophie« von 1857. Dort wird Weltanschauung definiert als »die Ahnung der Einheit des in dem bewußten Denken unvereinbaren, also die unbewußte Aufhebung aller bewußten Widersprüche« (Knapp S. 24).

Die Wortgeschichte »Weltanschauung« wird sicher aus Meiers »Studien zu einer Geschichte und Theorie des Begriffs« noch manchen Nutzen ziehen können.

II
POLITIK

Manuel Sarkisyanz
Politische Utopien

Prof. Manuel Sarkisyanz Ph. D., geboren 1923 als iranischer Staatsangehöriger in der Sowjetunion, Ordinarius der Politischen Wissenschaft an der Universität Heidelberg. Sein erstes großes Buch »Rußland und der Messianismus des Orients« (1955) hat die Erforschung der politischen Heilslehren entscheidend bestimmt. Seine besondere Kenntnis der südostasiatischen Geschichte und Politik, von denen mehrere seiner späteren Schriften handeln, verhelfen seiner Untersuchung europäischer Ideologien immer wieder zu überraschenden Einblicken.

Inhalt

1	Zur begrifflichen Abgrenzung	33
2	Vom Idyll des Goldenen Zeitalters	36
3	Von Gefilden der Seligen und von seligen Inseln	38
4	Über alten Exotismus in seinen Wandlungen	41
5	Utopische Tradition?	45
5.1	Historische Modelle?	45
5.2	Über kommunistischen Eudämonismus	46
5.3	Über pietistisch-obrigkeitsstaatliche Utopien der Barockzeit	47
5.4	Von Utopie zur Euchronie	48
5.5	Von revolutionärer Euchronie zurück zur autoritären Dystopie	48
6	Utopien der Wiederbelebung von Altvätersitte	49
6.1	Völkische Utopien in England	49
6.2	Völkische Utopien in Deutschland	51
	6.2.1 Utopie der Vergänglichkeitsüberwindung	51
	6.2.2 Über völkische kollektivistische Utopien	52
	6.2.3 Über völkische Utopie-Gründungen rassistischer Ausrichtungen	53
	6.2.4 Über Utopien der Menschenzüchtung	53

7	Von gnostischen Utopien des zwanzigsten Jahrhunderts	54
8	Über nordamerikanische Utopien	55
9	Vom neulinken Utopismus in der Bundesrepublik	57
9.1	Kontinuität der Kulturkritik	57
9.2	Emanzipation der Triebe	58
9.3	Von Hippie- zu Yippie-Subkultur	59
9.4	Verwerfung des Leistungsprinzips	59
9.5	Vom theoretischen Experimentieren der Utopie	60
9.6	Vom Ideologisieren des Konsumverzichts	61
9.7	Visionäres von Keuschheit und Armut als Alternative zur Katastrophe	62
10	Vom neuen Exotismus	63
10.1	Überexemplarische Neoexoten der systemverändernden Idyllik	63
10.2	Politischer Exotismus eines Ersatz-Proletariats	64
10.3	Von emanzipierendem zu disziplinierendem Exotismus der Gegengesellschaft	65
10.4	Politische Neoexotik als Faktor der Trennung von Utopie und Sozialismus	66
10.5	Interne exotische Enklaven	68
11	Zusammenfassendes	69
	Anmerkungen	74

1 Zur begrifflichen Abgrenzung

Es kann hier nicht in erster Linie um soziologischen Nominalismus der Abgrenzung von Begriffen wie Utopie und Heilsideologie gehen, etwa wie schon in allem Ernst zwischen »utopischer Utopie«, »ideologischer Utopie«, »utopischer Ideologie« und ... »ideologischer Ideologie« unterschieden worden ist.[1] Es kann auch nicht darum gehen, ob »Ideologie und Utopie in der Mitte zu versöhnen« sind[2], ja nicht einmal um eine Begriffsbestimmung der Heilserwartung als Utopie. Jedenfalls kann die Mannheimsche Unterscheidung zwischen Utopie und Ideologie nicht aufrecht erhalten werden. Soweit seit der Französischen Revolution die Tendenz besteht, politische Ideen aller Art als Ideologie zu bezeichnen, fallen auch politische Heilserwartungen einschließlich »utopischer Ideologien« darunter.[3] Andererseits wurde der Begriff des Utopischen abgewertet durch den marxistischen Gebrauch dieses Adjektivs für »nichtwissenschaftlichen Sozialismus« – bis dann in jüngster Zeit die Nichtableitbarkeit einer »revolutionären Situation« aus konkreten sozialwirtschaftlichen Gegebenheiten der entwickelten Industriegesellschaften zu einer Wiederaufwertung des Utopischen im Bereich der Neuen Linken geführt hat. So heißt es bei Leszek Kolakowski, daß schon die Richtung der Verneinung des Bestehenden utopischen Charakter hat.[4] Nicht nur schöpft das Utopische Kraft daraus, daß gewisse »Utopien« verwirklicht worden sind. Wie sehr Utopisches zum Gegenstand eines vagen Konsensus geworden ist, veranschaulichen die Breitenwirkungen von Schlagworten wie »New Society«, »New Frontier«, »Four Freedoms« u. a. m.

Die ausdrückliche Aufwertung, ja der Anspruch auf Verbindlichkeit des Utopie Genannten geht so weit, daß das Wesen jeder wirklichen Utopie das genannt worden ist, was die einzelnen Reformen erst in sinnvolle Verbindung rückt: Das »wahrhaft utopische Denken« soll vom Mitentwerfen der »Möglichkeiten zur Realisierung der Utopien« abhängen.[5] Diese Voraussetzung der Mitlieferung der Gebrauchsanweisung für die Verwirklichung von Utopien widerspricht den klassischen Definitionen der U-topia.

Utopien der Vergangenheit oder auch nur der Gegenwart zusammenzufassen, politische Heilserwartungen zusammenfassend zu verfolgen, käme einem Querschnitt durch die Kultursoziologie – wenn nicht auch die Geistesgeschichte – der betreffenden Gesellschaft gleich. Assoziationen von Utopie und »Fortschritt« sind so stark, daß eine der konventionellsten Abgrenzungen von Abendland und Morgenland in der Gegenüberstellung von Utopie und Nirvana besteht.[6] Laut Karl Mannheim ist das wesentlichste Formungsprinzip eines konkreten Bewußtseins stets in dessen utopischer Schicht zu finden: Im utopischen Zentrum eines Bewußtseins berühren sich Aktionswille und Sicht, sie prägen die jeweilige Form des historischen Zeiterlebens.[7]

Eine geistige Wurzel des Utopischen wird darin gesehen, daß die traditionsgebundenen Gesellschaften, die auf kosmischen Mythen fußten, ihre Reinheit (Entsprechung dem Mythos) im Wandel der Zeitabläufe einbüßten – trotz Riten der Erneuerung der Grundlagen. Da diese Gesellschaften sich als gleichbleibende Abbilder einer kosmischen Ordnung sahen, mußte menschliches Handeln in starre Musterabläufe gerinnen, um den Menschen vor Alternativen zu »schützen«, – welche die Möglichkeit des Abfalls von kosmischen Ordnungen einbezogen.[8]*

»Die verschiedenen Utopien, die in der Morgendämmerung des soziologischen Denkens ersonnen wurden, zeigen unleugbare Ähnlichkeit mit der Stadt traditionsgebundener Kulturen; sie haben von ihr die strenge Geometrie übernommen und den Zwang von Gesetzen, die durch nichts in Frage gestellt werden können, weil sie ... mit dem Mythos übereinstimmen. Die Strahlenstadt, der Sonnenstaat, weiß nichts von den Problemen des Jahrhunderts; er ist eine verzauberte Insel, auf wunderbare Weise entrückt im fernen Ozean, vollkommene Arche, in der Tiefe des Traumes wiedergefunden... – jenseits ökonomischer und sozialer Systeme, Inbild einer tiefen Sehnsucht.«[9]

Man ist »versucht, die Utopie als die Wiederkehr des gleichen Themas aufgrund gleicher Gefühlslage anzusprechen. Es handelt sich dabei um das Verlassenheitsgefühl einer ganzen Kultur, das Gefühl der Geworfenheit in eine Existenz ohne höhere Notwendigkeit.«[10]

Das Utopische hat im Laufe der abendländischen Geschichte eine Kulti-

---

* Herr Dr. med. K. H. Frick (»Illuminismus in der Gegenwart«, MS, S. 14) macht geltend, daß traditionsgebundene Gesellschaften, auf kosmischen Mythen fußend, nicht menschliches Handeln in starre Musterabläufe gerinnen lassen konnten, *weil* die »Erleuchteten« »ausnahmslos« zu traditionsgebundenen Gesellschaften gehört hatten, ohne in starre Musterabläufe geraten zu sein. Hierbei scheint er das, was mit »Gesellschaft« im Sinne von Sozialstruktur gemeint zu werden pflegt, für »Gesellschaft« im Sinne von Vereinigung gehalten zu haben. Nur im letzteren Sinne bildete der Illuminismus Gesellschaften, d. h. esoterische Vereinigungen. Daß diese Vereinigungen Mythisches tradierten (und interpretierten) macht sie nicht zu einer auf kosmischen Abläufen mythisch fußenden, traditionsgebundenen Sozialstruktur. Ebensowenig wie der Traditionalismus des Illuminismus ihn traditions*gebunden* macht. Soweit der illuministische Traditionalismus nicht in starre Musterabläufe gerann, folgt daraus nicht dasselbe für sozialstrukturell etablierte Traditionsgebundenheit archaischer Gesellschaften.
Betrachtungen über den Utopie-Begriff nennt Herr Frick »müßig«, da Vorstellungen über z. B. »Erleuchtung« für den Gläubigen eine Wirklichkeit, für Andersgläubige jedoch Utopie seien. So scheint er nicht zur Kenntnis genommen zu haben, wie die Gegenwart die Vorstellung des Utopischen so aufgewertet hat, daß z. B. die Verneinung des Bestehenden *sich selbst* ausdrücklich als »utopisch« legitimiert (Anm. 4), während »nicht wirklich utopisch zu sein« zum ideologischen Vorwurf der Rückständigkeit geworden ist (Anm. 156).

vierung an bestimmten Wendepunkten gefunden, gegen den Hintergrund eines Ausweichens vor Konflikt-Situationen bzw. der Furcht vor der Ungewißheit der Zukunft. Das Utopisieren wird soziologisch gerne mit der Entfremdung von Intellektuellen-Gruppen verbunden, mit dem Heimweh nach einem versunkenen Goldenen Zeitalter. Der historische Kontext des Aufkommens von Utopien ist territoriale und wirtschaftliche Expansion, technischer Fortschritt und neue Sichtweiten hinaus über die herkömmlichen Horizonte. Dies hinterläßt Ungewißheit und Sorge. Es bringt Sehnsüchte nach den permanenten Quellen eines Goldenen Zeitalters, einer Rückkehr zu Inseln der Seligen, zur Unschuld primitiver Kulturen.[11]

Im Zuge der Säkularisierung wurden aus den ursprünglich eschatologischen Inseln der Seligen die idyllisch-exotischen »Seligen Inseln« in dieser Welt und der Gegenwart – oder in der Vergangenheit (einem verlorenen Goldenen Zeitalter) bzw. in der Zukunft (die das Endziel des Fortschritts bildende Vollkommene Gesellschaft).[12] Das Streben nach Überwindung der Entfremdung ohne Sublimierung, als Anliegen durch die Breitenwirkung vulgarisierter Thesen von Marcuse, ist nicht weniger utopisch als idyllisch, Ausdruck von Tendenzen, welche bis in die jüngste Vergangenheit mit Exotik engstens verbunden waren. Die fortschreitende Erschließung der gesamten Erdoberfläche hatte solche Exotik in andere Formen des Idyllischen gedrängt. Das Utopische, welches sich zur Zeit der Möglichkeit von Entdeckungen im Erdenraum aus dem Endzeitlichen in das Erdräumliche verlagert hatte, verlagerte sich an den Grenzen der räumlichen Expansion des Menschen wieder zurück in das Zeitliche; die Utopie wurde gerade seit dem neunzehnten Jahrhundert wieder eschatologisiert. An die Stelle systemverändernder Exotik war systemstürzender Utopismus getreten. Doch ist der Eutopia bzw. Utopie die Euchronia bzw. Uchronia gegenüberzustellen, dem Wunschraum die Wunschzeit. Der Wunschraum unterteilt sich in himmlische und irdische Paradiese, die Wunschzeit in vergangenes Arkadien und künftiges Millennium.[13] Im Gegensatz zur chiliastischen Endzeit, zu welcher der Weg durch die Wüste und das Blut der Märtyrer führt, unterscheidet die wunschräumliche Utopie nicht zwischen den Erwählten und den Verdammten dieser Erde.[14] Während Ernst Bloch die Utopie zu einer philosophischen Kategorie unseres Jahrhunderts erklärt, unterscheidet er nicht scharf zwischen (traditionell von Intellektuellen gepflegten) Utopien und (volkstümlicherem) Chiliasmus. Ebensowenig zieht Karl Mannheim diese grundlegende Unterscheidung scharf (ja er sieht in den chiliastischen Wiedertäufern »die radikalste Form der neuzeitlichen Utopie«).[15] Dabei überwiegt in der Genesis des kommunistischen Rußland von diesen beiden Elementen das Chiliastische[16] und in derjenigen des kommunistischen China das Utopische.[17]

Nach einem verlorenen Goldenen Zeitalter sehnten sich schon die alten Sumerer und die Antike seit Hesiod. Das Christentum brachte den religiösen Chiliasmus, den das Judentum aus Iran erhalten hatte. Die Schwächung desselben durch die Säkularisierungsvorgänge am Ende des Mittelalters hat den Weg für die Utopien der Renaissance geöffnet. Ebenfalls in der Renaissance wurde die Sehnsucht nach dem verlorenen Arkadien erneuert und neu entdeckte Räume mit irdischen Paradiesen identifiziert. Die Grenzen der räumlichen Expansion und die scheinbare Unbegrenztheit der Möglichkeiten menschlicher Naturbeherrschung brachten Utopien, die nicht irgendwo aufsuchbar, sondern überall schaffbar sein sollten, also eine Dynamisierung der utopischen Tradition mit säkularisiertem Chiliasmus. Vom Chiliasmus nicht beeinflußt war bekanntlich das Dritte (»Tausendjährige«) Reich. Sein Zusammenbruch und die nach dem Zweiten Weltkrieg fortschreitende Säkularisierung Mitteleuropas haben den politischen Chiliasmus erschöpft. An dessen Stelle traten utopisch-primitivisierende Bestrebungen von Nostalgie nach einem vorindustriellen Arkadien.

Andererseits bleibt, wie Pater Augustinus (Graf Henckel-Donnersmarck) hervorgehoben hat, eine rückwärts gewandte Utopie auch eine genuin christliche Erscheinung. Z. B. hat es nach dem Zweiten Weltkrieg um die sich wieder versammelnden Reste der sogenannten Hochlandgruppe in Wien derartige utopische Gedanken gegeben. Friedrich Heer hat unter einem Pseudonym ein Buch geschrieben, wo als ein Idealzustand geschildert wurde die Zertrümmerung des abendländischen Denk- und Geschichtskosmos und die Rückkehr in eine vorchristliche spätantike heidnische Welt, um von dort aus die heilenden Kräfte freizusetzen, die die Not der Zeit lenken sollten.

2 Vom Idyll des Goldenen Zeitalters

Die entsprechenden Archetypen von einer verlorenen Goldenen Zeit waren mit der Christianisierung der Antike durch den Mythos der biblischen Genesis überlagert worden. Erst die Rennaissance hat über den Garten von Eden hinweg sich wieder auf das Goldene Zeitalter berufen. Und mit dem Kopernikanischen Weltbild kam die Revolution – nicht nur der Gestirne –, deren Etymologie den Begriff des Kreislaufs der Zeiten beschwor, der Kreisbewegung, welche sich in der Rückkehr zu den Anfängen vollendet. Die Revolution der Menschheit bedeutete also ursprünglich etymologisch eine Rückkehr.[18]

Der Mythos von der sozusagen vorgeschichtlichen Goldenen Zeit ist mit Hesiod so alt wie die mediterrane Hochkultur – und mit Berücksichtigung des alten Sumers so alt wie die älteste menschliche Hochkultur überhaupt. Eine der Grundideen abendländischer Kultur ist die Glorifizierung des Primitiven, des sozusagen Kulturlosen, fortgeführt mit der Selbstbezichtigung des biblischen Sündenfalls, daß all diese Seligkeit durch Abfall des Menschen eingebüßt worden ist. Von dieser Geschichtsvorstellung trennte sich die westliche Christenheit erst mit der Reformation.[19]

So ist die Idee vom Edlen Wilden älter als das Christentum: Sie beinhaltet sozusagen eine alternative utopische Tradition – im Gegensatz zu derjenigen von der Idealen *Stadt*. Denn eine vielleicht schon neolithische Dorfidyll-Überlieferung bildet eine der zentralen Konventionen der Literaturgeschichte, die vom Paradiesgarten und Arkadien, wo die ersten Menschen nur für einfaches ländliches, patriarchalisches Leben bestimmt waren. Abel wollte es fortsetzen, aber sein Mörder erzwang den Fortschritt: Schließlich modernisierte ja Kain die Produktion, und seine Nachkommen errichteten Städte und Hochkulturen. So legte der Brudermord an Abel den Grundstein komplexer Zivilisationen. Doch gerade inmitten ihrer erhielt sich die Sehnsucht nach dem Goldenen Zeitalter der Einfachheit. (In China war ein solcher Mythos zwei Jahrtausende Urbild der Staatsideologie. Das klassische Zeitalter islamischer arabischer Hochkulturen kannte Sehnsucht nach Beduinen-Vergangenheit. Rokoko-Frankreich hatte seine Schäferidylle, das Biedermeier-Deutschland die Alten Germanen und das spätzaristische Rußland den bäuerlichen »Götzen im Schaffell«.)

Eine Grundvoraussetzung für das Goldene Zeitalter war die Tabuisierung der »Industrie«: Laut Ovid hatten die Metalle in der Erde zu bleiben[20], ihre Gewinnung verlor lange nicht die Anrüchigkeit als eine Art Entweihung (noch bis zur Renaissance). Mit Ovid tradierte sich der Pastoralen-Fluch gegen »Industrialisierungs«-Tendenzen und die Verurteilung des Reichtums.[21] Laut Seneca sollten die Naturgüter gemeinschaftlich genossen werden.[22]

Solches Unbehagen der Zivilisierten an der Zivilisation charakterisiert das Phänomen des Primitivismus, der seit der Renaissance auch als Exotismus zusammen mit Vorstellungen vom verlorenen Goldenen Zeitalter sich manifestiert.[23]

»Die Annahme, daß das Goldene Zeitalter noch bestehen könnte, wenn auch in einer von uns sehr weit entfernten Gegend, hält sich so zäh und ist so verführerisch, weil sie den einzigen Weg bietet, auf dem wir je erhoffen können, das Goldene Zeitalter aus erster Hand zu erreichen.«[24] So beschrieb 1533 der italienische Chronist der Fahrten von Kolumbus, Peter der Märtyrer von Anghiera, die Einwohner der Antillen, die Land gemeinschaftlich haben »wie Sonne und Luft«, »Mein und Dein, die Ursache alles Zwistes« nicht kennen, sich mit wenig begnügen... und »ihr Goldenes

Zeitalter haben«.[25] Schon damals vertrug sich die Vision vom arkadischen einfachen Leben in solchen Enklaven aus dem Goldenen Zeitalter mit materiellen Erwartungen ungeahnten Goldes aus denselben Gefilden: Das El Dorado, Symbol des Goldsuche-Motivs spanischer Eroberer, war laut Sir Walter Raleigh[26] nicht weit von den Antillen mit ihrer »kommunistischen« Gütergemeinschaft... »Immer mehr wird in der westlichen Zivilisation in der Neuzeit der verlorene und wieder zu erlangende Zustand der Unschuld mit einem Paradies materieller Glückseligkeit verbunden oder als solches gedeutet.« Diese Identifizierung beruht auf der primitivistischen Annahme, daß die göttliche Unschuld im natürlichen materiellen Überfluß der ursprünglichen Schöpfung bewahrt wird.[27]

Bekanntlich glaubte Don Quijote (mit dem Ché Guevara sich verglichen hat), er sei »in diesem Eisernen Zeitalter geboren worden, um das Goldene zurückzubringen«.

Gegenüber den Städten und städtischen Höfen der Renaissance bedeutet die Erneuerung der Überlieferung von Arkadien eine Alternative von Einfachheit und Gleichheit, von einem Schäferidyll ohne Klassenunterschiede, einem Maximum von Frieden und Muße, mit Kunst als spontaner Erscheinung, die keiner Anstrengung bedürfen sollte. In der Gesellschaft Arkadiens bildet der Genuß der Liebe die Hauptbeschäftigung, welche mehr Anstrengung erfordert als wirtschaftliche Produktivität.[28] An die Stelle des Leistungsprinzips tritt also das Lustprinzip (vergleichbar mit dem Marcuse vorschwebenden Sozialzustand).

Und gerade die Unzugänglichkeit dieses Goldenen Zeitalters gibt die Garantie seiner Vollkommenheit. Das Verlassen der Civitas und die Suche nach den Gefilden der Seligen, wo das Goldene Zeitalter noch fortdauern sollte, bedeutet eine Flucht aus der Geschichte in eine »geographische Soziologie«, in Richtung von Exotismus.

3 Von Gefilden der Seligen und von seligen Inseln

Nachdem das christliche Mittelalter den Mythos vom Goldenen Zeitalter sozusagen mittels des Begriffs Garten Eden, vom verlorenen Paradiese, verdrängt hatte, verlagerte die Renaissance das von ihr neu entdeckte Goldene Zeitalter auch aus der Vergangenheit in die räumliche Gegenwart, als ein erreichbares Ziel, jedenfalls eine Herausforderung für Übersee-Entdeckungen. Schon zahlreiche mittelalterliche Quellen gingen seit dem zwölften Jahrhundert von der Annahme aus, das Paradies sei irgendwo am Ende der Erde. Eine ausgedehnte mittelalterliche Literatur berichtete über Reisen von Suchern nach dem irdischen Paradies.[29]

Die überseeischen Entdeckungen waren von dieser Suche nach dem irdischen Paradies (gedacht im Osten, in Indien, manchmal in Afrika, jedenfalls in exotischen Weiten) wesentlich mitbestimmt: Was man im fünfzehnten Jahrhundert über den Ozeanen zu entdecken auszog, war nicht so sehr eine *Neue* Welt als vielmehr der Garten der eigenen paradiesischen Ursprünge, das Land ohne Erbsünde, wo die ersten Christen weiterleben sollten, das Reich des Priesterkönigs Johannes[30], mit »topographischen« Merkmalen des biblischen Paradieses (entsprechend Genesis II, 10–15), wo die exotischen Ströme entspringen.[31] Dem irischen Mönch Brennan (Brennain) MacFinlonga aus dem sechsten Jahrhundert wurde eine Reise zur »Insula Deliciosa« zugeschrieben, zu den Glückseligkeitsinseln, den atlantischen Fortunaten, der Terra Repromissionis, die zu schauen ihm vergönnt ward nach neunjähriger Irrfahrt. Man dachte sie sich sowohl jenseits der Erde wie auf ihr. Diese Glückseligkeitsinseln wurden aus einem halb theologischen irdischen Paradies, einem Ort des Weiterlebens nach dem Tode, zu einem geographischen Begriff: Sie erscheinen auf Mercators Erdkarte von 1569. Man wähnte sie erreichbar.[32] Auf solchen mythischen Glückseligkeitsinseln, »Antilia« und »Brasilia«, wähnte man sich selbst reproduzierende Reichtümer, von denen die dortigen Menschen ohne Arbeit ernährt sein sollten. Antilia erschien auf einer geographischen Karte zuerst 1435 und zuletzt 1587, soll aber bis in die Aufklärungszeit hinein gesucht worden sein.[33] (Man dachte sich Antilia von Frühchristen bevölkert, die 734 aus Lisboa vor den islamischen Eroberern geflohen seien, und dort – regiert von Bischöfen – fortleben würden.) Im fünfzehnten und sechzehnten Jahrhundert schickten die Könige Portugals zahlreiche Expeditionen auf die Suche nach den sieben Städten Antilias. (Ein Nebenresultat war 1539 die Erkundung des Südostens der späteren Vereinigten Staaten.)[34] Die portugiesische Umseglung Afrikas war ein Ergebnis auch der Suche nach dem mythischen Reiche des Priesterkönigs Johannes mit dem irdischen Paradies[35], die Entdeckung Brasiliens (1500) Nebenergebnis der Suche nach dem irdischen Paradies dieses Namens.[35a] Gerade Kolumbus erwartete jenseits des Weltmeeres das Paradies zu finden, im Sinne der ihm vorangehenden »geographischen« Literatur vom Irdischen Paradies. Als er auf seiner dritten Fahrt einen neuen Kontinent entdeckte, war er überzeugt, daß dort das Irdische Paradies liege: [Im Sinne von chiliastischen Erwartungen des Spätmittelalters verband er mit seiner letzten Fahrt (im »Buch der Prophezeiungen«) die Entdeckung der Neuen Welt mit der Erfüllung der Apokalypse und zitierte Joachim von Floris.][36]

So war Europas Verhältnis zur nichteuropäischen Überseewelt von Anfang an nicht nur von Kains Anliegen der Anhäufung von Gold,

Elfenbein, Gewürzen und Rohstoffen bestimmt, sondern auch sozusagen von Abels Vermächtnis, von psychologischen mythischen Bedürfnissen einer archetypischen Sehnsucht nach seinen Urgründen, dem Harmonischen, das als Sinn der Schöpfung gedacht wurde, von den Erinnerungen, die Adam nach der Vertreibung aus dem Paradies begleiteten.[37] Und schon die Benennungen nach europäischen Herkunftsländern mit dem jeweiligen Prädikat »Neu« (Neu-England, Neu-Frankreich, Neu-Spanien, Neu-Südwales, Neu-Seeland usw.) deuten auf Erneuerung, wenn nicht symbolisch auf Wiedergeburt in Unschuld. Nicht zufällig wurde in einer Geschichte Neu-Frankreichs noch 1609 Eingeborenen ein »Leben des Goldenen Zeitalters zugeschrieben« – ein Fehlen der Abgrenzung von Besitz, ein Fehlen von Eifer und Privateigentum.[38] Von Brasilien, das seinen Namen von einer mythischen Glückseligkeitsinsel, einem der irdischen Paradiese, erhalten hatte, glaubte Montaigne, daß seine Eingeborenen (Guarani?) keine Bezeichnung für »Lüge«, »Verrat« und »Gier« je gehört hätten.[39]

Bis zum aufgeklärten achtzehnten Jahrhundert hatte die Vorstellung von den Inseln der Seligen ihre einst religiöse Bedeutung eingebüßt und dafür um so mehr politisch-ideologische Bedeutung erhalten – als Ortung zahlreicher sozialer Utopien.[40] »Europa hatte ein Image von einem mythischen Volk sich angeeignet, von primitiven Kindern der Natur, die himmelsähnliche Lande jenseits der See bevölkern. Und während zahlreiche Utopien mit edlen Wilden besiedelt wurden, ... erwuchs eine Verbindung zwischen Utopie und interpretativer Wahrnehmung [exotischer Kulturen]. Dies führte dazu, daß das Goldene Zeitalter ... von einem verschwommenen Traum in ein fernes, aber detailliertes Image einer vollkommenen Gesellschaft verwandelt wurde ... Die Suche nach dem authentischen Paradies wurde aufgegeben.«[41]

Zwischen der aus dem irdischen Paradies (und den Inseln der Seligen) gewordenen seligen Insel einerseits und der Utopie andererseits entwickelte sich die exotische Idylle. Je weniger selige Inseln mit Weltflucht verbunden sind, um so stärker ist bei ihnen das Idyll. Letzteres wird von Gefühlswerten bedingt, die Utopie dagegen von ideellen Gesetzen oder Sitten.[42]

Beides schwingt in den Leitbildern der von Herbert Marcuse beeinflußten gegenwärtigen Subkultur mit. Die dem zugrundeliegende Soziologie geht nicht zuletzt von neuen anthropologischen Erkenntnissen über glückliche Gesellschaftsformen mancher primitiver Völker aus. Z. B. hat Margaret Mead festgestellt, daß bei den Arapesch von Neu Guinea Konzentration von Reichtum durch sozialen Druck zum Weggeben ausgeglichen wird. Ihre Feststellung über Kindheitssozialisierungsprozesse in Samoa[43] hatte über Südsee-Anthropologie hinaus zu Leitbildern von repressionsloser Persönlichkeitsentfaltung und »antiautoritärer Erziehung« beigetragen.

4 Über alten Exotismus in seinen Wandlungen

Auch wo die empirische Wissenschaft nicht das Idyll der Exotik bestätigen konnte (wie die Archäologie die Renaissance-Verklärungen der Antike, die Indologie das Indien-Bild der Anthroposophie, die Nordistik den Germanen-Kult und die Sinologie den westeuropäischen Kult Maos) lebte weiter die Sehnsucht an sich selbst zweifelnder Epochen, am Ende des Raumes das Land ohne Böses und die vollkommene Gesellschaft zu finden, mit der Glück sichernden sozialen Ordnung. Nicht nur literarische Konventionen tendieren dazu, Exoten in Richtung von Menschen des Goldenen Zeitalters zu stilisieren.[43] Nur anfänglich handelte es sich vorwiegend um Edle Wilde. Die Indianer waren die ersten, aber keineswegs die letzten Exoten, die in den Zauber bukolisch-arkadischer Stilisierung (mit welcher die Renaissance an Vergil anknüpfte) einbezogen wurden.

Den Träumen der Dichter Arkadiens entsprachen Reisebeschreibungen wie die von Pietro d'Anghiera, der die himmlischen Tugenden der Neuen Welt verherrlichte, indem er deren Bewohner mit allen Attributen der Reinheit, Bruderliebe und Vollkommenheit, welche vom Schöpfer für den Menschen vor Adams Fall bestimmt waren, ausstattete. Aus einer literarischen Konvention wurden erst die Edlen Wilden und dann hochkultivierte Exoten zu Symbolen der Systemkritik.[44] Schon für Michel Eyquem de Montaigne (1533–1592) bot Südamerika antiautoritäre Leitbilder von »Barbaren«, denen weder die Autorität eines schwachen Herrschers über starke Untergebene noch der Luxus inmitten des Elends verständlich gewesen sein soll.[45]

Schon vorher, im fünfzehnten Jahrhundert wurde Afrika (»Äthiopien«) im Sinne christlicher Tugenden idealisiert – als Land Kaspars, eines der drei Könige, und des Priesterkönigs Johannes. Bei Äthiopien, potentiellem christlichen Verbündeten gegen den Islam, dachte man sich immer wieder das – an den Quellen des Nils liegende – Paradies. Als aber – während des späten Barock – die Christlichkeit an die Aufklärung Boden verlor, mußte das altchristliche Äthiopien dem weisheitsträchtigen Äypten – als Symbol einer heilen oder heilenden Welt – weichen, als man mit der rationalistischen Entchristianisierung weniger die Reinheit und mehr die Ratio (bzw. Esoterik) bei nichtchristlichen exotischen Kulturen zu bewundern begann.[46]* Das Kommen der »ägyptischen Religion« (im Sinne von Esoterik

---

* Daß gerade *damit* – *bei mir* – »das Zeitalter der christlichen Hermetik, der Giordanisten und Rosenkreuzer im 16. und 17. Jahrhundert beginnt«, wie Herr Dr. med. K. H. Frick behauptete (»Illuminismus in der Gegenwart«, trifft nicht zu. Noch weniger trifft zu, daß »als einziger Kronzeuge dieser ... geistigen Strömung jener Zeit ... ausgerechnet der Jesuit Kircher« mit Vorliegendem (Anm. 47) fungiert. (Nicht als Kronzeuge für Illuminismus, sondern für

von Naturgeheimnissen, überliefert in geheimnisvollen »Hermetischen Traktaten«) verband selbst ein Giordano Bruno mit der Kopernikanischen Theorie.

Von der »Rückkehr zur ägyptischen Religion« erwartete Bruno eine utopische Wandlung der ganzen Welt, ein Transzendieren der Unterschiede zwischen den Religionen durch Liebe und eine neue wissenschaftlich-magische Vision der Natur. In Deutschland begründete er anscheinend eine »Giordanisten«-Sekte mit Einflüssen im lutherischen Protestantismus. (Rosenkreuzlertum und Anthroposophie setzen diese Überlieferungen in die Gegenwart hinein fort.) Aber auch von katholischer Seite wurde mit Hermeneutik eines ägyptischen Exotismus geworben: 1652 publizierte Athanasius Kircher, anscheinend ein Jesuit, ein Werk über Pseudo-Ägyptologie, worin ein angeblicher altägyptischer Priester »Hermes Trismegistos« zitiert wird.[47] Fenelon, Erzbischof von Cambrai, hat in seinen »Aventures de Télémaque« (1699) eine Utopie einer sozusagen kommunistischen – oder wenigstens sozialistischen – Gesellschaft gegeben, die er den Ägyptern zugeschrieben hat.[48] Bekannt ist die (wohl aus dieser Zeit stammende) »ägyptische« Symbolik des Freimaurertums (auch Mozarts Sarastros Weisheit in der »Zauberflöte«). Napoleons Feldzug nach Ägypten (1798–1799) war »ein neuer Versuch der Philosophen, die Lehre der ›ersten Gesetzgeber der Menschheit‹ wiederzuentdecken und der jungen französischen Republik ›natürliche Gesetze‹ zu geben«.[48a]

Idyllische Einfachheit bestimmte selbst solche Faszination der Exotik. Die Vorstellung, daß, wenn nicht stille Größe, dann doch durchweg edle Einfalt die fernen exotischen Völker charakterisiert und sich sozial in Gleichgewicht und Brüderlichkeit äußert, hat manche gegenteilige Feststellung seitheriger Wissenschaft überdauert. Und der grundsätzliche Gegensatz zu Europa ließ die Gegensätze zwischen den einzelnen exotischen Kulturen schwinden. Soweit der Exotismus der Gegenüberstellung der fernen Welten mit der eigenen diente, war kein Bedürfnis, zwischen den

---

damaligen esoterischen Ägypten-Exotismus wird er von mir genannt.) Und *nicht* »so wird schließlich der ›Mythos vom Goldenen Zeitalter gerade im neunzehnten Jahrhundert mit dem Mythos vom Fortschritt verschmolzen‹«, wie Herr Dr. Frick glaubt. Die von ihm »widerlegte« These, die Sehnsuchtsvorstellungen nach einem vergangenen Goldenen Zeitalter seien im Falle des Illuminismus (oder irgendwo sonst) »*lediglich* ›utopisch-primitivisierende Bestrebungen von Nostalgie nach einem vorindustriellen Arkadien‹ und eine ›Idee vom Edlen Wilden‹« stammt nicht von mir. »Wo gab es zur Zeit, als der Mythos vom Goldenen Zeitalter entstand, eine ›Industrie‹, die tabuisiert werden mußte?« will Herr Frick wissen und eröffnet: »Karl Marx lebte noch nicht« ... In Wirklichkeit ergibt sich aus meinem Kontext auf S. 35 (Anm. 20), daß mit »Industrie« die Gewinnung von Metallen gemeint war (die mindestens so alt ist wie die Hochkulturen). Auch wird sonst nicht unbedingt angenommen, daß solange Karl Marx noch nicht lebte, es keine Industrien gegeben haben kann ...

einzelnen exotischen Idyllen zu differenzieren. So erbte der Exotismus bezogen auf ferne Hochkulturen die älteren primitivistischen Traditionen samt ihren utopischen Projektionen. An die Stelle eines Teiles der Edlen Wilden traten seit Barock und Aufklärung Orientalen aus Hochkulturen. Bekanntlich war China recht lange in der Gunst der Aufklärung an erster Stelle. Ehrte nicht schon damals China den großen Weisen, der keine offenbarte Religion begründete? »Die Irreligiosität der Chinesen rangierte im aufgeklärten Europa als die chinesische Tugend schlechthin« – noch vor dem Monopol von Literaten auf Vorrechte. So würdigte Voltaire die Chinesen als wahrhafte Intellektuelle[49] – so wie mancher im Münchener »Club Voltaire für kritische Aufklärung« es auch heute tut ...

Schon Leibniz setzte Hoffnungen auf China wie auf Rußland; vom reformierten Moskowien versprach er sich »neue glänzende Aussichten«, »dazu tritt von Süden der König der Abessynier, selbst Vortreffliches vorhabend«. Das verklärte China-Bild reichte bis August Hermann Francke, Bahnbrecher von nicht utopielosem pietistischem Sozialaktivismus: Er hat ernsthaft gefragt, ob die Chinesen die Christen nicht in der Justiz und in guten Eigenschaften übertreffen.[50]

Doch war China als Reich der Vernunft im Exotismus nur zum Teil an die Stelle von Edlen Wilden getreten: Die Sehnsucht nach dem Garten Eden oder den Gefilden der Seligen hatte nicht aufgehört, sondern sich säkularisiert. Seit der Erschließung Nordamerikas durch eine bürgerliche Zivilisation verlagerte sich die Projektion dieser Sehnsucht in die Südsee, über welche Chamisso schreiben konnte: »Auf O-Tahiti, auf O-Waihi verhüllen Missionshemden die schönen Leiber, alles Kunstspiel verstummt und das Tabu des Sabbats senkt sich still und traurig über die Kinder der Freude.«[51] Denn seit Bougainvilles »Voyage autour du Monde« (1771) Tahiti einführte, wurde es zu einer Art irdischen Paradies-Symbol für Literaten und Künstler (z. B. Gauguin). Schon Diderots »Supplément« zu Bougainvilles Reiseberichten (1772) verbindet den Naturzustand Tahitis mit Gütergemeinschaft und sexueller Freiheit. Bei Jean Paul Richter ist Tahiti mehr als Sehnsuchtsland des Traums, es ist ein verwirklichtes Arkadien, »eine Insel der Seligen« inmitten eines schwarzen Totenmeeres, die Lichtinsel, »Insel der Vereinigung«.[53]

Die Primitiven dachte man sich jetzt moralischer und glücklicher, weniger wegen ihrer Reinheit und Unschuld (wie im sechzehnten Jahrhundert), als vielmehr weil sie nach »Naturgesetzen« lebten, in einer eigentumslosen Gesellschaft, die man als kommunistische beschrieb. So hat bekanntlich exotischer Primitivismus die etablierte Ordnung des späten Rokoko in Frage gestellt und hat zur Genesis moderner Sozialismen beigetragen. Nicht zufällig erhielt eine sowjetrussische historische Darstellung der amerikanischen Annexion von Hawaii den Titel »Einfall der Kolonisatoren in das Land des ewigen Frühlings«.[53a]

Andererseits implizierte die Idealisierung des exotisch Primitiven auch die Emanzipation des Individuums von historisch gewachsenen Autoritäten, vom Druck der etablierten Gesellschaft: Der erträumte Naturzustand sollte ihm ermöglichen, seine Neigungen auszuleben, natürlich – und darum tugendhaft – zu sein, laut Diderot unter der Losung des Spiels[54] – also des Lustprinzips gegen die des Leistungsprinzips. Nicht zufällig hat nach Anfang der Französischen Revolution die Deutsche Monatsschrift vom Februar 1791 »Über den Wunsch, auf einer niedrigeren Stufe der Kultur zu leben«, polemisiert: Die Idealisierung auch der Südsee war anfänglich mit sozialkritischen Utopien verbunden. Bevor er sich allmählich mehr in ästhetischer als in politischer Weise äußerte, hat der Südsee-Exotismus in Württemberg eine revolutionäre Geheimgesellschaft inspiriert. Sie wurde in Tübingen 1808 wegen Staatsgefährdung ausgehoben. Geführt vom Chemiker und Industriellen Reichenbach bezweckte die Gesellschaft, eine Kolonie in der Südsee anzulegen und nach Tahiti auszuwandern, um so zu leben, daß Natur und Kunst harmonisch ausklingen, die Bedürfnisse leicht erfüllt werden können: »Ewiger Frühling, herrlicher Boden, köstliche Früchte, wimmelnde Meere, eine elysische Natur und eine politische Lage, die uns auf Jahrhunderte Freiheit garantiert, locken uns dorthin.« Die nach zweieinhalbjährigem Bestehen dreizehn Studenten zählende Geheimgesellschaft erstrebte eine Demokratie – mit einem Diktator für den Fall des Ausnahmezustandes. (Die Leiter, Reichenbach und Georgi, wurden dann in Asperg gefangengehalten.)[55]

So reflektierten die Wandlungen des Exotismus wandelnde Bedürfnisse seiner sozialen Umwelt. Auf das Zeitalter der Vernunft, mit der Glorifizierung des weisen Chinas einerseits und der tugendhaften Südsee-Insulaner andererseits, folgte bekanntlich die Romantik mit ihrer Idealisierung eines mystischen und vergeistigten Indiens.[55a]

Danach ging mit der Industrialisierung und dem steilen Aufstieg der materiellen Zivilisation Westeuropas der Exotismus – einschließlich des Primitivismus – zurück. Beide Strömungen waren in Widerspruch zu dem sich massiv durchsetzenden Mythos vom Fortschritt mit seinem säkularisierten Chiliasmus geraten. Der fortschrittsgläubigen und selbstzufriedenen Bürgerlichkeit konnte Exotismus keine Herausforderung des Industriekapitalismus sein. Auch die Kapitalismusgegner sahen im Primitiven und Exotischen Relikte der Vergangenheit, nicht Alternativen. Statt dessen wurde der Mythos vom Goldenen Zeitalter (einst auf ferne Vergangenheit, später auf exotische Fernräume bezogen) gerade im neunzehnten Jahrhundert mit dem Mythos von Fortschritt verschmolzen.[56] Der Mythos vom

Niedergang verband sich mit demjenigen von der Aufwärts-Evolution zur Doktrin von dem Geschichtsablauf vom Urkommunismus zum wissenschaftlichen oder zum utopischen Kommunismus. Die idyllische Gesellschaft des Goldenen Zeitalters, seit der Renaissance Vorbild der Tugend, wurde jetzt zum Ziel des Fortschritts.* Erst das im späteren neunzehnten Jahrhundert durchbrechende Unbehagen am (und die Reaktion auf den) industriellen Materialismus hat zu einem Wiederaufleben von Exotismus auch in Mitteleuropa geführt.

5 Utopische Tradition?

5.1 Historische Modelle?

Nicht nur hat zum Fortschrittsglauben die utopische Tradition bekanntlich Wesentliches beigetragen.[57] Der Fortschritts-Mythos des Eisernen Zeitalters überschneidet sich sozusagen in seiner geistigen Herkunft mit dem auf das Neolithikum zurückgehenden Urbild des Goldenen Zeitalters, so wie das letztere, die Sehnsucht nach Wiedergeburt in einer Menschheit ohne Erbsünde, und der Exotismus mit der utopischen Überlieferung sich überschneiden: Die Utopien wurden mit mehr »reinen«, nichtwissenden Unschuldigen bevölkert, als Berichte von Edlen Wilden hergeben konnten. Nicht zufällig lokalisieren sich die Utopien der Renaissance und des Barock im Fernen Westen, wo die Sonne untergeht als Symbol kommender Wiedergeburt, dort, wo man irdische Paradiese gesucht hatte. Dies gilt für die Utopien von Thomas More, Harrington, Bacon und Rabelais.[58] Die erstere, die allen Utopien den Namen gegeben hat, ist bestimmt beeinflußt von Berichten über die angeblich in Gütergemeinschaft lebenden Antillen (benannt nach dem »Irdischen Paradies Antilia«, wenn auch nicht gerade Kuba schon im sechzehnten Jahrhundert das Vorbild für die vollkommene Gesellschaft[58a] geliefert haben muß) – und angeblich auch von Frühgerüchten über das »sozialistische Reich« der Inkas.[59] Einflüsse des Inka-Reiches des Pachacuti Yupanqui, des »›Erneuerers der Welt‹, des Gründers des ersten totalitären Staates, dem das Abendland sich zuwandte oder dessen Zwangsstrukturen es in der Tiefe seiner Angst wiederfand«[60], wurden in den Utopien von Bischof Godwin (1638) und des Cyrano de Bergerac (1641) konstatiert.[61] Vor allem scheint nicht nur der Name von Campanel-

---

* »Und spätestens jetzt erschien Karl Marx«, eröffnet *hierzu* uns Herr Dr. med. K.H. Frick (»Illuminismus in der Gegenwart«). In Wirklichkeit ist bekanntlich das Erscheinen von Karl Marx chronologisch sehr viel genauer festlegbar. Daß Herr Frick »auch in keinem Punkt [meinen] Ausführungen zu folgen vermag«, dürfte an deren Komplexität liegen.

las einflußreicher Utopie, des »Sonnenstaates« (1623/1630) auf Inka-Vorbilder zurückzugehen.

Diese waren die einflußreichste Quelle von Edward Bellamys »Looking Backward, 2000–1887« (1888), der berühmtesten amerikanischen Utopie, welche den nordamerikanischen Populismus (z. B. W. J. Bryan) beeinflußte, vor allem aber durch Adolf Berle (den Sohn eines Freundes von Bellamy und New-Deal-Berater) auch den Präsidenten F. D. Roosevelt.[62] Allerdings verbindet sich in der Kapitalismus-Kritik des nordamerikanischen Populismus eine eher auf die idyllischen Überlieferungen des Primitivismus aus vorurbaner Zeit zurückgehende Großstadtfeindlichkeit mit der Tradition des Wirtschaftsdirigismus aus den Stadtzentren der Despotien des Bronzezeitalters (vgl. oben, S. 35).

Erscheint doch als Urbild der sozialen Utopie gerade *die* Stadt, welche unter der kosmozentrischen Ideologie des einstigen Bewässerungsdespotismus das Dorf in ein Muster von jenseits dieser Erde gezwungen hat, in ein sichtbares Abbild des Himmels auf Erden, in einen Abglanz der ewigen Ordnung. So war die archetypische Stadt das, was Campanella seine große Utopie nannte: die Stadt der Sonne. Wie die entscheidenden unter Campanellas Nachfolgerutopien beruhte die Herrscherstadt des Bewässerungsdespotismus auf einer »kollektiven menschlichen Maschinerie, dem platonischen Modell aller späteren Maschinen..., fast gänzlich aus menschlichen Teilen bestehend. Das ursprüngliche Modell dafür war... das Heer.« »Bedingung für das Funktionieren dieser Riesenmaschinerie war die Unterdrückung aller menschlichen Autorität, außer der herrschaftlichen.« Das Land gehörte dem Herrscher, und die Königsstadt – wie ihre literarische Nachfolgerin, die Utopia – handhabte es als Gemeinschaftsbesitz, von dessen Erträgen die Bebauer feste Anteile erhielten. Der Preis für dieses – gemessen am primitiven, »arkadischen« Neolithikum – utopische Ordnungsprinzip war die totale Unterwerfung unter eine zentrale Autorität, Zwangsarbeit, lebenslängliche Spezialisierung, starre Reglementierung.[63] Indem sie Zwangsverpflichtung und Gütergemeinschaft für die zwischenzeitlich gewachsenen Institutionen wie Markt, Geld, Lohnarbeit, privates Eigentum einführten, sind die Utopien von More bis Cabet und Bellamy zu archaischen Urbildern der Bronzezeit zurückgekehrt: zu staatsgelenkter Wirtschaft.

5.2 Über kommunistischen Eudämonismus

Entsprechend unterstellten die dem neunzehnten Jahrhundert vorangehenden Utopien, daß Menschen normalerweise materielles Wohlergehen erstreben und daß dieses von entsprechenden Institutionen abhängt, daß diese institutionalisierte Ordnung durch Bekanntwerden ihrer Vorzüge unschwer errichtet werden kann. Dabei wurde in diesen Phasen das existentielle Problem der Freiheit selten gestellt, da die Ziele aus Ruhe, ruhigem Wohlbehagen mit Tugend bestanden, im epikureischen oder höchstens stoischen Sinn – ohne Platz für das Romantische, Heroische oder gar Heilige der menschlichen Potentialitäten. Dies charakterisiert die repräsentativsten Utopien des ruhigen Wohlbehagens von Thomas More bis zur Französischen Revolution.[64] Zu ihren Hauptvoraussetzungen gehörte, daß als Quelle des Bösen und der Sünde das private Eigentum galt. »Wenn in manchen dieser Strahlenstädte Kommunismus herrscht, so ist er doch niemals von den Bürgern frei gewählt worden, und die gerechten Gesetze dürfen, eben weil sie gerecht sind, niemals in Frage gestellt werden. Ganz im Gegenteil wird der Einzelne schon durch seine Erziehung gründlich um jede Möglichkeit eines freien Urteils gebracht.«[64a] »Denn die drei guten Eigenschaften des Menschen seien Gleichheit, Friedensliebe und die Verachtung des Reichtums, da die Welt primär von den Gegeneigenschaften geplagt wird«, schrieb der schwäbische Pfarrer Johann Valentin Andrae in seiner lutherischen Utopie »Christianopolis« von 1619[65], einer »Übertragung des Sonnenstaates Campanellas ins Protestantische«.[66]

5.3 Über pietistisch-obrigkeitsstaatliche Utopien der Barockzeit

Andererseits gehörte zum Kreis des Andrae auch – der vom Rosenkreuzlertum abfallende – Johannes Kepler: Erst nach 1660 hat sich exakte Wissenschaft getrennt von der Utopie entwickelt.[67] Von den utopischen Sozietäten und Akademien des sechzehnten und siebzehnten Jahrhunderts wird die Idee einer allgemeinen Reformierung der ganzen Welt über Andrae und Johann Arndt zu Comenius und Leibniz an den Pietismus weitergegeben, welcher Preußens Kirche, Schule und Verwaltung, damit also Deutschlands Geschichte, stark beeinflußt hat. Denn der Hallsche Pietismus beinhaltete auch eine Fortführung der großen Weltreformierungspläne von Comenius und Leibniz: »... Durch [August Hermann] Francke sind die Utopien ... von Andrae und Comenius bis Leibniz ein Stück Wirklichkeit geworden. Francke berief sich auf Christianopolis, in sein Denken »floß Chiliasmus und Panegersia« (All-Erweckung). Franckes Pietismus war »seinem innersten Wesen nach eine religiös-soziale Bewegung, mit weltweiter, universeller Zielsetzung gewesen, ... eine Bewegung, die nichts Geringeres gewollt hat, als die damalige Welt und ihre politischen und sozialen Verhältnisse vom Boden einer vermeintlichen zweiten Reformation aus umzugestalten«.[68] Der Chiliasmus hat sich in einer pietistischen Variante im konservativen lutherischen Denken als Sonderströmung verinnerlicht.[69] Vielleicht nicht unbeeinflußt von ihm wäre der in Richtung der neuen Linken orientierte »Linksprotestantismus«.

Während der Pietismus von menschlicher Sündhaftigkeit und darum Erlösungsbedürftigkeit ausgeht, waren die Voraussetzungen der klassischen Utopien eigentlich denen der Idee der Erbsünde entgegengesetzt. Sie postulierten schon in den Anfängen der Säkularisierung die Selbsterlösbarkeit des Menschen bis zu einem biederen Niveau. Dennoch findet sich in Petersens Darstellung »Sehnsucht nach dem Dritten Reich in deutscher Sage und Dichtung«[70] eine Reihe von lutherischen Utopien der Zeit des Absolutismus – auch abgesehen von der streng obrigkeitsstaatlichen Utopie »Ophirischer Staat oder curieuse Beschreibung des bisshero von vielen gesuchten aber nicht gefundenen Königreichs Ophir«. (1699/1704 eines unbekannten Verfassers[71].)

5.4 Von Utopien zur Euchronie

Im Gegensatz zu den stabilen, unhistorischen und zeitlos-idyllischen Utopien der Jahrhunderte vor der Französischen Revolution, sind diejenigen des neunzehnten Jahrhunderts nicht »Nirgendsländer«, sondern eher »Zukunftsstaaten«, also eigentlich nicht geschichtsdeterministische »Euchronien«: Der eingegrenzte exemplarische »gute Raum« wurde wieder wie im Chiliasmus zur »guten Zukunftszeit« für die ganze Welt. Statt der anführenden Fabel über den Weg zur utopischen Insel erhielten die »Euchronien« geschichtsphilosophische Präambeln. (Z. B. war Cabets »Icarien« nicht in einem imaginären Land etabliert, sondern in Nordamerika, von wo aus seine universale Expansion beabsichtigt war.) Zusammen mit solcher neuen, vom Zeitablauf erwarteten Dynamik erscheint in diesen »euchronischen Utopien« nun auch das Problem der Selbstverwirklichung des Individuums und seiner Freiheit (z. B. bei Fourier). Sie sind nicht mehr geschlossene, unwandelbare Utopien, sondern fortentwickelbare.[72]

Der historische Optimismus begann also eigentlich gerade mit dem Auslaufen der Tradition der klassischen Utopien. Obwohl jüdische, griechische, christliche, Renaissance- und Aufklärungs-Elemente davon nicht durch die Neuentwicklung voll ausgelöscht wurden und verbal weiterwirkten (z. B. antike Symbole des Jakobinertums), haben die Nachfolge der utopischen Traditionen die Revolutionsideologien angetreten.[73]

5.5 Von revolutionärer Euchronie zurück zur autoritären Dystopie

Doch schon sehr bald, nachdem die Himmelsstadt des Herrschertums von Gottes Gnaden durch die Revolution gebrochen worden war, hat sie die absolute Macht durch absolute Kontrollen wieder errichtet: Die Industrialisierung hat indirekt die von der Revolution zerstörte unsichtbare Maschinerie des Bewässerungsdespotismus wiedererrichtet – und zwar nicht zuletzt gerade durch den revolutionären Mythos selbst: Die Wehrpflicht der Französischen Revolution mit ihrer Armeedisziplin wurde alsbald – die ältere geistliche Disziplin verstärkend – auf die Industrialisierung übertragen. Die Bestandteile der menschlichen Maschinerie des Despotismus waren durch die Revolution auseinandergebrochen und durch die modernisierende Technisierung der nachrevolutionären Zeit um so rationaler zusammengefügt worden – in eine neue wissenschaftlich manipulierbare Maschinerie aus hauptsächlich menschlichen Bestandteilen der technokratischen Massengesellschaft: Verwaltern, Soldaten, Konsumenten, Technikern.[74]

Mit dieser Maschinerie haben die »Utopie-erfüllenden« Industriestaaten des klassischen Imperialismus-Zeitalters dann auch die von den bronzezeitlichen hydraulischen Despotismen – den historischen Modellen der utopischen Sonnenstadt – nicht erfaßt gebliebenen Primitiven, die »Edlen Wilden« des an neolithischen Zeiten ausgerichteten »Arkadiens«, unterworfen und für die Utopie des Fortschritts gewonnen.

6 Utopien der Wiederbelebung von Altvätersitte

6.1 Völkische Utopien in England

Andererseits erhoben sich inmitten solcher Industriestaaten selbst, auch gerade in ihrem ersten, in England, gegen die Utopie-erfüllende mechanisierte Gesellschaft Widerstände im Namen primitivistisch-bukolischer Werte von arkadischen Gegenutopien. Industriefeindlicher und rationalismusfeindlicher Kulturpessimismus fand in England z. B. Ausdruck in dem 1889 erschienenen Buch Edward Carpenters, »Civilisation: its cause and cure«, worin eine Art utopische Gesellschaft eines idyllischen Arkadiens postuliert wird. Im Zusammenhang mit den Ideen von Montague Fordhams »Mother Earth« (1907) entstand eine genossenschaftliche Bewegung aus den Städten zurück zum Ackerland. Verbunden mit solchen Aspirationen zur Lebensreform, entstanden in England der deutschen Jugendbewegung entsprechende Bestrebungen, die sogar den Ruf zum Hohen Meißner 1913 beantworteten. Einzelne unter ihnen bejahten das nationalsozialistische Dritte Reich.

Auch in England zeitigte der arkadische Ruf »zurück zur Natur« Verbindungen mit eugenischen Utopien von erbbiologischer Auslese der zu züchtenden Menschen. (»Die ganze sogenannte Wissenschaft der Eugenik ist eigentlich englischen Ursprungs.«[74a]) Sogar John Hargrave (geb. 1894) bekannte sich zur Evolution einer neuen Rasse von »Pfadfinder-Menschen, ...den Anfängen eines neuen Zweiges der Evolution« (1919).»... Der Mensch wurde in die Lage versetzt, Metalle, Pflanzen, Tiere und schließlich sich selbst zu versklaven. Diese endgültige Versklavung nennt er Zivilisation, heute eine weltweite mechanisierte Leibeigenschaft... Wir stehen an der Schwelle eines Zeitalters des Überflusses und der Muße, ...einer neuen solaren Zivilisation, des kommenden Sonnenkraft-Zeitalters... Des Paracelsius Lehre und Praxis beruht auf einer die Vernunft erschütternden Prämisse: Durch seine gottgleiche Vorstellungskraft... kann der Mensch alle Dinge erreichen.« (1951)[75] Hargrave lehnte die Massendemokratie, aber auch den (sowohl bürgerlichen wie marxistischen) Mythos vom »Adel der Arbeit« ab. An ihre Stelle sollte »schöpferisches Spiel« treten. Seine Organisation für Lebensreform (genannt »Kibba Kift«) wurde 1927 zu einer »politischen Partei«. Sie verlangte eine Zunftordnung, (naturrechtlich) gerechte Preise und »Volksdividende« (d. h. Verteilung der Gesamtkaufkraft nach der Gesamtproduktion) und verband sich mit Arbeitslosenprotesten – bis zur Rechtfertigung von revolutionärer Gewalt. Aus dieser Lebensreformbewegung der Rückkehr zur Natur wurde die Partei der »Grünhemden für sozialen Kredit« zur Brechung der Zinsknechtschaft. Hargrave und die englische Lebensreform-Bewegung trugen zum britischen »Zunft-Sozialismus« (Guild Socialism) bei[76], der auf die Utopien von William Morris (1834–1896)[77] und die Kulturkritik von John Ruskin (1819–1900) zurückgeht.

Ruskins ästhetisierende Kulturkritik der kapitalistischen Industriegesellschaft und des bürgerlichen Bildes vom Menschen als einem primär ökonomischen Wesen, hat romantisch-rückwärtsgewandt wie sie war, dennoch sozialistische Programmpunkte vorweggenommen. Sie wird von der britischen sozialistischen Bewegung als Vorläufer in Anspruch genommen[78] – nicht weniger als von konservativer Liberalismuskritik. Ebenso zweigten sich vom volkhaften Gildensozialismus prominente Kritiker der kapitalistischen Industriegesellschaft einerseits zum Sozialismus und Kommunismus, andererseits zum Antisemitismus und Faschismus ab: Aus ihr kam z. B. ein Führer der britischen Kommunisten, R. Palme Dutt. Der Gründer des »kulturpessimistischen« Guild Socialism, Arthur J. Penty, wurde 1936 Faschist.[79]

6.2 Völkische Utopien in Deutschland

6.2.1 Utopie der Vergänglichkeitsüberwindung

Der Anti-Mythos gegenüber dem liberalen Industriekapitalismus, ja gegenüber dem historisch Gewordenen überhaupt, der Mythos vom erlösenden künftigen Arkadien, ist der völkischen und der neulinken Demokratieablehnung, völkischem und neulinkem Kulturpessimismus gemeinsam. Stärker als in England in Deutschland – mit seinem weniger lang verwurzelten Kapitalismus einerseits und seiner tieferen Säkularisierung andererseits. Besonders die Katastrophe des ersten Weltkriegs zeitigte in tragischer Suche nach dem Sinn der vergeblichen Aufopferung einer Generation auch eine Art völkischer Utopie über die Überwindung des Todes: »Die Dialektik der Notwendigkeit von Leiden, Kampf und Überwindung, die Auffassung von einem nur scheinbaren Tod als Teil einer transparenten, negativen Wirklichkeit, dazu die unaufhörliche Bewegung auf ein Paradies hin...«[79a] »Die Besten... sind nicht gestorben, damit die Lebenden tot seien, sondern damit die Toten lebendig werden.«[80] Es sind Tod und Leben keine Gegensätze, sondern miteinander verkettet. Durch das Wohlwollen der göttlichen Vorsehung lösen sie sich in der Ewigkeit auf. Aber diese Ewigkeit kann auch auf Erden gegenwärtig sein: sobald nämlich das ganze Volk die Gesetze des Lebens und der Vorsehung begreift, die alles leiten«[81], »das Wesen der gegenwärtigen Wirklichkeit als immanente Wesenheit ewiger Geltung« erfassend.

Mosse nennt in seinem Beitrag zum Wisconsin-Sammelband »Deutsches utopisches Denken im 20ten Jahrhundert« solches eine Vertiefung der völkischen Utopie: »Dieselbe Utopie war... auf... Bestätigung der Notwendigkeit von Kampf und Leiden und auf deren gleichzeitige Aufhebung ausgerichtet, da in ihr Opfer und Tod gefordert und zugleich überwunden werden. Außerdem verkündete sie das innere, *ewige Wesen von Volk und Natur und somit die* Aufhebung des jagenden Ablaufs der Zeit... eine Dialektik der Ewigkeit, des Trostes und des Friedens.«[82] Eine Symbolik für Lebensabwendung, Ewigkeit und Trost, Symbolik für Tod und Überwindung des Todes im Urgrund der Volkhaftigkeit, verschmilzt im Mythos vom Norden mit dem Begriff Thule. Mit einer Symbolik von Gefilden des Überdauerns des Todes erscheint Thule-Island z. B. bei Viktor Scheffel (»Der Abend kommt./ Wir müssen alle von dannen./ Die Heimat wird dämmernd und dunkel und alt...,/ O, Island, du eisiger Fels im Meer,/ steig auf aus nächtiger Ferne.../ und empfang unser reisig Geschlecht-/... Wo der Feuerberg loht, Glutasche fällt,/... Die Winternacht woll'n wir verträumen!«) und bei Felix Dahns Ostgoten – angesichts ihres Untergangs (»Wo wir im fernsten grauen Meer die Insel Thule finden«). Die nordischen Gefilde Thules haben in diesem Kontext etwas von Gefilden der Seligen. Auf Thule bezogen sich auch archetypische Vorstellungen vom geheimnisvollen Wissen um Beziehungen zwischen Mensch, Natur und Göttern, das Traumbild von einer Hochkultur alten Germanentums, in der hohe Sittlichkeit mit hoher Körperkraft sich verband. Solche Sehnsucht nach einer einst heilen Welt entsprang u. a. einer Reaktion auf die Reduktion menschlicher Verhaltensweisen auf das wirtschaftlich Zweckmäßige. Auch im Falle von Thule wurde der Mythos (als Materialisierung des aus dem kollektiven Unterbewußten abgeleiteten Archetypischen) zu einer vermeintlich objektiven historischen Realität reduziert, zur verschollenen Wiege des geschichtlichen Germanentums.[82a]

6.2.2 Über völkische kollektivistische Utopien

Obwohl der Traum von der Urkultur ein Seinsmythos, nicht Utopie als intellektuelle Konstruktion ist, soll der klassische Gewährsmann für die Kulturkritik der Ideologie vom Nordischen, Tacitus, aber auch das exemplarische Eiland Utopia des Thomas Morus mitbeeinflußt haben[83] – also eine der wesentlichen Quellen der kommunistischen Tradition. Daß die Alten Deutschen in Gütergemeinschaft gelebt hätten, daß diese erst durch Rom, die römische Kirche und ihr kanonisches Recht zusammen mit der Brüderlichkeit zerstört worden sei, die erst die Scheidung von Dein und Mein mit dem begleitenden Haß und Neid eingeführt hätten, wurde schon bald nach 1500 in der Flugschrift eines »oberrheinischen Revolutionärs« behauptet.[84] Der arkadische Seligkeitszustand wurde also auch hier durch Versuchung seitens des artfremden Prinzips des Bösen eingebüßt.[84a]

»Eden« – wie der Garten des Paradieses – hieß nicht von ungefähr die völkische antikapitalistische und lebensreformatorische Gemeinde, die 1893 entstand. Das in ihr bebaute Land war Gemeinschaftsbesitz ihrer Mitglieder; einen Teil ihrer Arbeit bestimmten sie für gemeinsame Ausgaben. Die Ideologie dieses Eden war vom 1890 erschienenen Roman »Freiland« des Wiener völkischen Journalisten Theodor Hertzka beeinflußt, der eine Agrarutopie postulierte, mit kollektivem Landbesitz und Gewinnteilung im Verhältnis zum Arbeitseinsatz. Daß solcher Kommunismus als rein germanisch und aus der antikapitalistischen Volksseele kommend anzusehen sei, stand in der Zeitschrift der Eden-Gemeinschaft[85], die Ernst Hunkel redigierte.[86] Aus solchem völkischen Antikapitalismus heraus forderte schon vor dem ersten Weltkrieg Sylvio Gesell die Verstaatlichung alles Landes und die Abschaffung von Hypothekenzins.[87] Es fehlte nicht an Beschuldigungen des »Kommunismus« gegen solche völkische Antikapitalismen. Wenn auch nicht im Sinne der Klassenlosigkeit, sondern demjenigen einer ständischen Gesellschaft, wurde Sozialismus z. B. in

Friedrich Zimmermanns (= Ferdinand Fried) »Ende des Kapitalismus« (1931 bei Eugen Diederichs) bejaht – soweit er zur vollen Verstaatlichung von Land führen würde.[87a]
Die Verurteilung des Kapitalismus und der Großstadtzivilisation durch Kreise um die Völkische Eden-Gemeinschaft bzw. durch Epigonen von Theodor Hertzka beeinflußte übrigens auch dessen Kollegen Theodor Herzl und die zionistische Kibbuz-Institution. Ein Pionier der letzteren, der Soziologe Franz Oppenheim*, idealisierte noch 1931 die Eden-Gemeinschaft.[88]

6.2.3 Über völkische Utopie-Gründungen rassistischer Ausrichtung
Andererseits hat die Eden-Gemeinschaft seit 1916 sich zum Ariertum im rassistischen Sinn bekannt. Angehörige von Eden begründeten 1921 die Gemeinschaft »Siegfried« zur Förderung einer »geistigen Aristokratie des Blutes« und der »Artamanen-Weisheit« (nahestehend dem Antiurbanismus und Antiindustrialismus des Antisemiten Theodor Fritsch).[89] Ablehnung der städtischen Zivilisation und eines Materialismus im Namen des Naturhaften, im Namen des Blutes, verkündeten in Österreich Guido von List (Kolonie Briedhablick bei Danzig, unter einer von »göttlicher Führung« ausstrahlenden »Lebenskraft«) und in Deutschland z. B. Alfred Schuler. Willibald Hentschel hatte schon seit 1907 mit seinem »Varuna« eine Kolonie mit dem Namen Mittgart (einem von Göttern gegen böse Riesen errichteten kosmischen Wall) inspiriert, um einen Rassenadel von auserlesenem Ariertum zu züchten – auf der Grundlage der Brüderlichkeit der Männer in einer großen Familie, »ohne Geld, ohne Handel, ohne Konflikte« und einem antiintellektuellen (also wohl gegen etwas wie das »Fachidiotentum« gerichteten) Bildungssystems. Nach dem ersten Weltkrieg schuf Hentschel eine Utopie heldischer Landbebauer. Mit der Broschüre »Was soll aus uns werden?« (1923) inspirierte er die Artamanen (1924), die größte völkische Siedlungskolonie (1500 Teilnehmer 1929). Die Artamanen gaben allerdings bald die Utopie des »freien Landes für Alle« auf.[90] Dagegen ging aus ihnen – im Sinne der Utopie der Menschenzüchtung – auch Rudolf Höss hervor.

6.2.4 Über Utopien der Menschenzüchtung
Denn schon in Henschels Mittgart, dem »Menschengarten mit dem Lebensbaum«, war anscheinend planmäßige Zuchtwahl für eine Rasse von Edelmenschen angestrebt. Es sollte eine Siedlung von tausend Frauen und

---

* Franz Oppenheims Sohn Ludwig Oppenheim kam noch 1977 aus Israel und predigte in Heidelberg die bevorstehende Katastrophe der Industriegesellschaft und die Gütergemeinschaft des Verzichts.

nur hundert Männern (diese allerdings von Fachleuten nach Merkmalen überlegener Eigenschaften erwählt) werden.⁹¹
Eine biologisch begründete Ständeordnung ist Utopie (z. T. eine Gegenutopie wider die egalitäre, wie im Falle des von Alfred Krupp 1900 veranstalteten Essay-Wettbewerbs): Soweit sie sich auf »Eiserne Gesetze des Daseins« als *permanente* Hierarchie-Grundlage beruft, widerspricht sie gerade dem biologischen Evolutions-Prinzip.⁹²

Die Hierarchie einer natürlichen menschlichen Zuchtwahl gehört durchaus zu zahlreichen – zu den entgegengesetztesten Ideologien gehörenden – Utopien der *totalen Machbarkeit* von Mensch bzw. Gesellschaft. Nicht zu Unrecht hat Arnold Bergstraesser derartiges eine Vision gerade von Diplom-Landwirten genannt, mit der Utopie des Züchtens, Verpflanzens und Ausrottens.

1895 erschienen die »Grundlinien einer Rassenhygiene... Schutz der Schwachen... Rassenhygiene und ihr Verhältnis zu den humanen Idealen...« von Alfred Ploetz, »eine Art rassenhygienischer Utopie«, nach welcher »der ideale Rassenprozeß auf drei Prinzipien beruht:« 1. Erzeugung möglichst vieler besserer Nachkommen. 2. Scharfe Ausjätung des schlechteren Teiles der... gleichen Generation. 3. Keine Kontraselektion, also... kein besonderer Schutz der Kranken und Schwachen. Nur die Starken sollten sich fortpflanzen, ihre Überlegenheit vererbend. Starke und Schwache identifizierte Ploetz mit Vollkommenen und Unvollkommenen, mit Guten und Schlechten. Minderwertige Kinder sollten auf ärztlichen Beschluß hin vernichtet werden, ebenso Zwillinge, aber auch Kinder von Eltern im Alter von über 45 Jahren, desgleichen das siebente, achte und jedes folgende Kind. Im Kriegsfall sollten die Minderwertigen dort zusammengefaßt werden, »wo man hauptsächlich Kanonenfutter braucht«.⁹³

Allerdings ist die Vision menschlicher Evolution in Richtung von Allmacht – unter Atrophie der Mitleidsfähigkeit – ein Phänomen allgemeiner Ideengeschichte der führenden Industrieländer des Abendlands auf dem Höhepunkt ihrer Natur- und Erdbeherrschung im späteren neunzehnten Jahrhundert. (Selbst der Übermensch von Renans »Rêves« läßt die Vernunft durch Furcht herrschen.)⁹⁴ Daß eugenische Utopien sich in Österreich und Deutschland länger hielten als in ihrem angelsächsischen Ursprungsgebiet, lag im wesentlichen an äußeren historischen Abläufen.

7 Von gnostischen Utopien des zwanzigsten Jahrhunderts

Die völkischen Utopien der Lebenserneuerung aus heilbringendem Wissen um das Wesen des Arteigenen können als Sonderfälle von eupsychischen

Utopien unseres Jahrhunderts aufgefaßt werden.⁹⁵ Sie unterscheiden sich von den klassischen Utopien der auf Vernunft beruhenden – und darum vollkommenen – Institutionen sowie von den euchronischen Utopien, die das vorige Jahrhundert von der Teleologie der Geschichte erwartete, dadurch, daß aus dem Heilswissen des Menschen um das Verhältnis seiner Psyche zum Kosmischen die diesem entsprechende Gesellschaft entstehen soll.

Während den völkischen Utopien ein stark dualistisch-»manichäisches« Welt- und Menschenbild eigen ist, liegt eine gewisse Breitenwirkung der (vom völkischen Ludendorff-Kreis so befehdeten) Anthroposophie nicht zuletzt in der sozusagen kosmo-idyllischen Wirkung ihres Weltbildes begründet: Nicht nur hat Rudolf Steiner ein kohärentes Gesamtbild der Welt und der Sphären von Religion, »Geisteswissenschaft«, Naturwissenschaft, Kunst und Gesellschaft konzipiert, an Geschlossenheit nur von Scholastik übertroffen (und den sowjetrussischen Marxismus übertreffend), sondern das Mysterium des Bösen und des Leidens wird aufgeklärt, die Welt, so wie sie steht, wird sozusagen »enttragisiert« und als harmonischer Ausgleich dargestellt, in dem sogar die »Teufelsprinzipien« Ahriman und Luzifer ihre positive Rolle erfüllen. Dem transzendentalen Idyll entspricht auch die verblüffend symmetrische Generallösung aller sozialen Fragen: die Dreigliederung der Gesellschaft in den geistigen Bereich mit dem Grundsatz Freiheit, den politischen Bereich mit dem Grundsatz Gleichheit und den wirtschaftlichen mit dem Grundsatz Brüderlichkeit.⁹⁶

Steigende Sozialisierung als Faktor des Aufstiegs zum Übermenschlichen durch Fortentwicklung des Prozesses der Homonisierung bildet Teil der Zukunftsvision von Teilhard de Chardin. Der alte Übermensch-Begriff der (auch christlichen) Mystik und der christlichen Naturtheologie kehrt über ihn in die moderne naturwissenschaftliche Anthropologie zurück⁹⁷, den Darvinismus transzendierend. Doch gehört dieses eher zu »esoterischen« Chiliasmen als zu Utopiebildungen unserer Zeit. Wissenschaftlich ungeheuer befruchtend, hat die Zukunftsschau von Teilhard de Chardin sehr wenig soziale Breitenwirkung ausgeübt – trotz des Elementes ihrer Fortschrittsgläubigkeit.

8 Über nordamerikanische Utopien

Das Gegenteil gilt für den puritanisch-aufklärerischen Fortschritts-Utopismus aus den Vereinigten Staaten, dessen indirekter Einfluß auf den neulinken Utopismus in der Bundesrepublik schwer zu überschätzen ist.

Charakteristisch für die USA der Industrialisierungszeit ist bekanntlich die Verbindung einer geradezu utopischen Zuversicht in die Früchte des wirtschaftlichen Wachstums einerseits und eine scharf antiutopische Haltung gegenüber der Möglichkeit der Planung dieses Wirtschaftswachstums. Im vorletzten Jahrzehnt des neunzehnten Jahrhunderts entwickelte sich die amerikanische Wirtschaft und Gesellschaft im Gegensatz zur amerikanischen Sozialethik wie sie durch Kirche, Schule, Familie, Regierung und ökonomische Institutionen der Vereinigten Staaten bis dahin tradiert worden war. Die Kontinuität der etablierten historischen Überlieferungen schien geradezu zu reißen.[98] Die Vereinigten Staaten sahen sich mit den Grenzen ihres (räumlichen) landwirtschaftlichen Wachstums konfrontiert – wie die Bundesrepublik mit den Grenzen ihres industriellen Wachstums fast ein Jahrhundert später. Die Aussichten auf Stillstand oder Rückläufigkeit des Wohlstands waren beiden Situationen gemeinsam. Und Utopisches wirkte in intellektuellen Eliten-Reaktionen in beiden Fällen; in der (früheren) amerikanischen Situation allerdings mehr in Form von sehr zahlreichen »Staatsromanen«. Diese amerikanischen Utopien stellten die etablierte Wirtschaftsstruktur, die damals bestehenden geschlechtlichen Rollen und die etablierte Pädagogik in Frage. Mit letzterem griffen sie John Deweys – in der Bundesrepublik der frühen 1970er Jahre ohne Kenntnisnahme der Quelle so eifrig angewandte – »Progressive Education« vor. Wie in der heutigen neulinken Subkultur der Bundesrepublik wurde die etablierte Familienstruktur zum Objekt der Sozialkritik. Sogar die einseitig sozialreformatorisch-diesseitige Theologie wurde in vielen utopischen Staatsromanen in den damaligen Vereinigten Staaten exemplarisch postuliert.[99] In dem populärsten davon, demjenigen von Bellamy (vgl. oben S. 44) wird selbst die Mitbestimmung von Redaktionspersonal empfohlen – bis hin zur Wahl der Redakteure durch die Abonnenten.[100]

Charakteristisch für den damaligen – wie für heutigen – Utopismus war jedoch eine Ambivalenz gegenüber Veränderungen: »Fast alles... hatte geändert zu werden. Doch die letztliche Zielsetzung aller Änderungen war die *unveränderbare* Welt: Regierungssystem und Gesetze sollten unwandelbar etabliert werden... Die Kunst sollte nur eine Funktion haben, und weltweite Vielfalt sich der harmonisierenden Amerikanisierung beugen, bis hin zur Unterordnung oder Unterwerfung der korrupten alten Welt gegenüber dem zur Utopie gewordenen Amerika etwa bei Ignatius Donnelly (1892). Die männliche und die weibliche Mode sollten miteinander verschmelzen. »Die Besessenheit mit Vereinfachung und Vereinheitlichung machen jene Tage in Utopie sowohl pathetisch veraltet wie überraschend modern.«[101]

»Dem heutigen Leser mögen die Kunstvorstellungen der amerikanischen Utopien als nicht anziehende Mischung von Maos Rotem Buch... und puritanischer Literatur erscheinen... Die utopischen Autoren hätten das Einschüchtern der modernen Künstler (wie in der Sowjetunion 1974) gutgeheißen. Der Utopien Nachdruck auf Volkstümlichkeit, Didaktik und Gegenwart hätte sowohl künstlerische Neuerungen behindert wie – so wie das utopische Bildungswesen – die Bande mit den reichen Traditionen der Vergangenheit zerschnitten.«[102]

Neben – und alternativ zu – solchen Reform-Projekten des Fortschritts in der klassischen utopischen Tradition hatten die Vereinigten Staaten eine auf eine paradiesische Vergangenheit hin orientierte Kulturkritik [z. B. bei Thoreau (1817–1862) und vom Transzendentalismus her]. Ihre Lehre, wie wenig für ein gutes Leben und Wohlbefinden notwendig ist, blieb freilich eine – fast ein Jahrhundert verdrängte – intellektuelle Eliten-Reaktion.

Ekel an der Zivilisation und Sehnsucht nach verlorenen Paradiesen war auch dort mit Ablehnung etablierter Autorität verbunden. Gerade in der amerikanischen Hochliteratur des zwanzigsten Jahrhunderts bildete der Verlust zurückliegender Sicherheit und Unschuld – durch Kommerzialisierung und Industrialisierung – ein häufiges Leitmotiv. Wirksamer bleibt jedoch der amerikanische Fortschrittsglaube, der materiellen Fortschritt mit sittlichem Aufstieg verbindet.

9 Vom neulinken Utopismus in der Bundesrepublik

9.1 Kontinuität der Kulturkritik

Stärker ist die intellektuelle Reaktion auf die Industrialisierung in Deutschland. Auch die zweite Gründerzeit (nach der Währungsreform) zeitigte in der auf 1945 folgenden Generation Widerstände in Richtung von Utopismus und Idyllik – vergleichbar den jugendbewegten, ja völkischen Reaktionen auf die erste Gründerzeit[104]: Beiden gemeinsam ist die Kulturkritik an Mechanisierung, Materialismus, Vermassung, an Demokratie und Amerikanisierung. Die völkische Alternative war Entfaltung des Naturhaften, des als arteigene Seelenkräfte Gedachten.[105] Die neulinke Alternative ist Verwirklichung des Naturhaften, gedacht als menschliche Triebstruktur. Beide Reaktionen haben Züge von Fluchtversuchen ins Zeitlose (vgl. oben S. 32 ff.), in Vorgeschichtliches bzw. Nachgeschichtliches.

Für den »geschichtslosen Mystizismus« der neuen Linken kann der Einfluß von Herbert Marcuse nicht hoch genug veranschlagt werden[106] für den Aufstieg des neuen Utopismus. Seine Diskussion mit Berliner Studenten (publiziert als »Ende der Utopie«, Berlin 1967) gilt als Anregung der Studentenbewegung.

Gegen die Unterdrückung der menschlichen Triebstruktur durch charakteristische Zwänge unfreiwilligen Zusammenseins in der Massengesellschaft[107] konstatiert Marcuse die Zukunft der Industriezivilisation als »Rückkehr zu einem imaginären temps perdu im wirklichen Leben der Menschheit,... einer Stufe..., auf welcher der Mensch... seinen unablässigen Kampf ums Dasein überprüft und vielleicht sogar anhält..., sich dessen zu erfreuen, was er hat...«.[108] Nicht die Gesetzmäßigkeit der Geschichte, sondern die der Psychologie soll solches herbeiführen: Vorläufer davon war Wilhelm Reich mit Thesen (von 1929), wonach erst die Überwindung sexueller Inhibitionen auch die Inhibitionen gegen soziale Revolution überwinden würde. Damit wurde gewissermaßen eine Rückwendung zu utopischen Traditionen des Sozialismus von Saint Simon und Fourier über die Emanzipation des Erotischen vollzogen.[109] (Solche Analogien zwischen Fourier und Marcuse erklären z. T. Ähnlichkeiten der – vom ersteren beeinflußten – Subkultur der russischen Nihilisten der 1860er Jahre und derjenigen bundesdeutscher Neulinker der 1970er Jahre.) Entsprechend sind die drei Grundthemen der Neuen Linken: die menschliche Befreiung, die neue Gemeinschaft und die neue Ethik.[110]

9.2 Emanzipation der Triebe

Der Neuen Linken und Marcuse gelten Freuds Vorstellungen, daß erst die Sublimation der Triebe Hochkulturen ermöglichte, als klassenbedingt. Und die repressionslose Sublimierung der Lebenstriebe soll für Konstruktiveres jene Energien freisetzen, welche der Unterdrückung des Lustprinzips gedient haben. Erst sie soll den Menschen wahrhaft frei machen[111] – von christlicher Moral, sozialer Hierarchie, von Familienbanden. Vor allem wird die Konsumgesellschaft mit einer auf Lustprinzip beruhenden sozialen Utopie konfrontiert, in der »moralische« Inhibitionen wegfallen.[112] Da die etablierte Gesellschaft als System von Bedürfnissen die Verwirklichung der Potentialitäten von Freiheit, Frieden und Glück, ja gar die Befreiung des Eros verhindert, muß eine »subversive Psychiatrie« diese Zusammenhänge bloßlegen.[113] Dies führt einerseits zum utopischen Heidelberger »sozialistischen Patientenkollektiv«, also zur Gewaltanwendung gegen die »kranke und krankmachende Gesellschaft« und andererseits zu lebensreformatorischen Gemeinschaften der Jugend: Da die Vergewaltigung der Natur durch Kommerzialisierung nicht nur romantische Träume, sondern auch vitale erotische Energien unterdrückt[114] hatte, begann die aus dem SDS (*»Sozialistischer Deutscher Studentenbund«*) hervorgegangene »Kommune I« mit persönlicher sexueller Befreiung den Kampf gegen das Establishment, wobei man nackt in der Öffentlichkeit erschien (vergleichbar mit völkischem Nudismus der späten Kaiserzeit). Die »Kommune II« wollte Derartiges transzendieren, und errichtete sogenannte »befreite Enklaven«.[115]

9.3 Von Hippie- zu Yippie-Subkultur

Der Anspruch auf Brüderlichkeit und die Abwendung von der Konsumgesellschaft brachte Abkehr von Städten (in der Tradition der Jugendbewegung) und Zuzug zu ländlichen Gemeinschaften verschiedenster Ausrichtung, manche mit Gütergemeinschaft, andere mit Kulten von der Pop-Musik bis zu halluzinogenen Drogen. Denn die Idee der Befreiung entbehrt in Teilen der Neuen Linken nicht säkularisierter gnostischer Elemente des Traumes einer Emanzipation vom Menschenschicksal – mit seiner Hilflosigkeit, seiner Isolierung und Vergänglichkeit, der Befreiung nicht nur von menschlichen Schranken, sondern geradezu von den Schranken des Menschenseins. Die ekstatische Euphorie der Aufbruchstimmung von 1966/67 war von Drogen wie »LSD« mitgeprägt. Der in den folgenden Jahren sich vollziehende Übergang von der Subkultur der »Hippie« zu derjenigen der »Yippie« (Youth Protest) kanalisierte Aspekte der existentiellen Revolte gegen la condition humaine des Kreatürlichen zurück in Revolten gegen das Establishment.[116] So hat die Konventionalisierung halluzinogener Drogen für die utopische Gesellschaftsauffassung Wege geöffnet, welche Freuds Begründung der Unvereinbarkeit zwischen idyllischer Inhibitionslosigkeit und Hochkultur dem Sozialutopismus verbaut zu haben schien.

Dennoch behält die Vision der Befreiung des Lustprinzips, der unmittelbaren Befriedigung, der Umwandlung von Arbeit in Spiel, die Vision eines erotischen Verhältnisses zu aller Wirklichkeit, etwas vom Image Tahitis: »Neben dem Glück eines still genossenen Daseins in *genügsamer Unwissenheit*... steht als bewegend und erhaltend das erotische Element«[117], heißt es auch in »Entdeckung... der seligen Inseln«.

9.4 Verwerfung des Leistungsprinzips

Solche Genügsamkeit (niedriger Lebensstandard) als Preis größerer Freiheit erfordert kein Leistungsprinzip. Entsprechend hat Marcuse dessen Wegfall postuliert.[118] »Die Diffamierung des Leistungsprinzips (seitens der) Neuen Linken... stammt von Herbert Marcuse«[119]: Er nannte das Primat des Leistungsprinzips ein Prinzip der Unterdrückung, das seine Notwendigkeit überlebt habe, und identifizierte den Wegfall des Leistungsprinzips mit höchster Reife einer Kultur.[120] Wenn die Gesellschaft es hinter sich gelassen haben würde, dann »würde der Existenzkampf zum Kampf gegen

Unterdrückung menschlicher Potentialitäten, gegen Mühsal, Krankheit und Tod«.[121] Diese Thesen werden durch das Primat des Lustprinzips bedingt und auch durch die Vorstellung, daß Leistung und Unterdrückung Überschüsse erzeugen, die unnötig sind.[122]
Die Wirkung »der Utopie einer Utopie« wird insbesondere dadurch hervorgerufen, daß die Mehrheit der Gegner des Leistungsprinzips »repressiver Schaffenszwänge« in der Praxis an seine Stelle nicht die Lust an Freiheit setzen, sondern... Ansprüche auf mehr Konsum. Ganz besonders widersinnig ist die – aus der Entfremdung der Industriearbeit abgeleitete – Ablehnung des Leistungsprinzips im Namen des Lustprinzips bei wissenschaftlicher Arbeit, z. B. in der Universitätslaufbahn. Wenn diejenigen, die aus Lust an der Wissenschaft Wissenschaftler werden und dann Befreiung vom Objekt ihrer Lust (nämlich der wissenschaftlichen Arbeit) im Namen des Vorrangs des Lustprinzips gegen das Leistungsprinzip verlangen, wird die Absurdität besonders klar: Nach dem Modell der entfremdeten Industriearbeit würde dies bedeuten, daß, da die industrielle Produktion Überschüsse an materiellen Erzeugnissen schafft, geistige Produktion überflüssige Ergebnisse zeitigen würde, deren Erzeugung im sozialen Interesse einzuschränken sei. (Nicht immer fehlt die »zusätzliche Begründung«, die Gesellschaft sei reich genug, um solche »Wissenschaftler« – die durch das korrekte Bewußtsein sich schon qualifiziert wähnen – auch ohne Leistungsanforderungen unwiderruflich zu versorgen.) Es scheint nicht sicher, ob die bundesdeutschen Universitäten sich je von der utopischen Ablehnung des Leistungsprinzips erholen können. Es scheint nicht einmal ausgeschlossen, daß die moderne Wissenschaft, welche sich aus dem Utopismus im siebzehnten Jahrhundert herausformiert hatte (vgl. oben S. 45), im Utopismus wieder aufgehen könnte – wenn nämlich zusammen mit »Repression« durch autoritäre Vatersymbole[123] das angeblich davon abhängige Leistungsprinzip des Schöpferischen konsequent abgeschafft würde.

9.5 Vom theoretischen Experimentieren der Utopie

Soweit das autoritäre Vater-Symbol der Adenauer-Ära den Grundsatz, »Keine Experimente!«, bestimmte, mag die Reaktion darauf seitens der folgenden Generation zum Experimentieren auf Utopien hin (die tiefenpsychologisch gerade mit Vaterlosigkeit assoziiert werden[124]) beigetragen haben. Z. B. sollen Fabriken zum Lebenszentrum auch für die Familien, zur Schule und Universität der Arbeiter werden. Es fehlen nicht Forderungen, der Unterschied zwischen Lehrenden und Lernenden sei im »Lernprozeß« abzuschaffen. Im Fabrikkollektiv sollen auch die Verwandten der ältesten Generation leben, das Fabrikkollektiv soll Ansatz zur Aufhebung der

Familie bilden. In solchen an vorindustriellen Leitbildern orientierten Utopien soll der einzelne sich dem Druck der Gruppe mehr anzupassen haben als in der Kleinfamilie.[125] Die »neue Gesellschaft« soll die Trennung des Arbeiters vom Betrieb abschaffen; »man soll nicht mehr isoliert in der Familie zusammenhocken«, sondern den ganzen Tag im Gemeinschaftskollektiv verbringen. Letzteres erübrigt wohl auch die Polizei. Sie soll samt der Juristerei abgeschafft werden. Obwohl Fachidioten eigentlich als geringeres Übel anzusehen wären denn gewöhnliche Idioten, heißt es, das Spezialistentum sei eine Gefahr, die gar nicht erst auftauchen sollte. Daß Spezialisten Kuba verlassen haben, sei gut (für Kuba?) gewesen: Eine neue Gesellschaft brächte neue Männer hervor. (So heißt es bei Dutschke, Semler und Rabehl.[126]) Der natürliche Konflikt zwischen den Generationen ist in der Bundesrepublik dadurch intensiviert worden, daß das Ausbleiben der personellen Zäsur 1945–1949 die politische Konfrontation, die z. B. in Italien vor Kriegsende stattfand, auf die folgende Generation verlagerte. (Mitscherlich konnte geradezu vom »Weg zur vaterlosen Gesellschaft« sprechen.)

Die Abrechnung mit der vorherigen Generation gehört zur Zeitlosigkeit der Utopie.[127] Die »Gegengesellschaft« soll eine neue Anthropologie voraussetzen, einen neuen Menschen, mit permanenter kollektiver Selbstaufklärung, mit Lernprozeß permanenter Änderung der eigenen Charakterstruktur. Die Ausschüsse und Gemeinschaften sollen Frühformen der so zu verwirklichenden Utopie werden, der historische Ort für subjektives Handeln in Richtung der objektiven Notwendigkeit der Revolutionierung von Menschen und Gesellschaft zur großen Utopie.[128]

9.6 Vom Ideologisieren des Konsumverzichts

Servier hat darauf hingewiesen, daß Utopien aus Isolierungs- und Verlassenheitsbewußtsein von sie tragenden intellektuellen Schichten zu entstehen pflegen.[129] Und das Bewußtsein der Isolierung der sich sozialkritisch orientierenden Intellektuellen von der längst saturierten Arbeiterschaft der Wirtschaftswunder-Zeit, vor allem aber unästhetische Nebenerscheinungen dieser neuen Gründerjahre trugen wohl zur radikalen Abwertung des Wohlstandes in der ideologischen Wertskala des neulinken Utopismus bei. So hat Marcuse postuliert, daß ein beträchtlich niedrigerer Konsumstandard (als der durch »verschwenderische« kapitalistische Produktion geschaffene) genügen würde, um die Armut abzuschaffen – mit dem Ziel eines Lustgewinns, auch unter geringem Besitz und dafür geringeren Anstrengungen.[130] Der Sieg über die Armut könne laut Marcuse durchaus ein Zustand der Arbeitslosigkeit sein (»Arbeiter aller Länder, amüsiert euch!«, war ein im Frankreich von 1968 nicht unbekanntes Schlagwort) – mit einer Arbeitslosenunterstützung, die zum guten Leben genügt. Die große Gesellschaft seiner Utopie solle »ungehemmtes Wachstum« ablehnen. Sie solle nicht wie diejenige des dynamischen amerikanischen Volkskapitalismus ein »continued challenge« sein, sondern des Menschen Ruhestätte.[131]

Die Utopie der Neuen Linken enthält Idyllik von der großen Gemeinschaft mit kleinen Bedürfnissen. Ihr vom Konsumterror nicht mehr manipulierter Neuer Mensch steht in der arkadischen Traditionslinie primitivistischer Utopik (vgl. S. 38). Andererseits setzt die elitäre Wirtschaftsfeindlichkeit das Unbehagen der Humanisten aus dem deutschen Idealismus gegenüber den Mächten von Ökonomie und Technologie fort. Es mag zwar zutreffen, daß ihre Anziehung auf Intellektuelle damit zusammenhängt, daß eine Sozialordnung im Sinne der Neuen Linken der Minderheit von Künstlern und humanistischen Geistesschaffenden einen höheren Status erbringen würde als ihnen in der industriekapitalistischen zuteil wird.[132] Doch schwerer als die vom Bauplan dieses Utopismus erweckten Hoffnungen wiegen die Erwartungen, durch ihn ökologische Katastrophen abzuwenden[133] (z. B. bei Bürgerinitiativen gegen Atomenergie und umweltschützlerische Industriefeindlichkeit).

9.7 Visionäres von Keuschheit und Armut als Alternative zur Katastrophe

Denn an Stelle der optimistischen, affirmativen vergangenen Utopien vom grenzenlosen Überfluß, tritt zunehmend defensiver Utopismus der Abwehr der drohenden Katastrophen aus Überbevölkerung, Erschöpfung natürlicher Energiequellen, Umweltverschmutzung u. a. m. Diesbezüglich am radikalsten seit Rousseau sind die Forderungen des – nach einer Gestalt aus Tolstoj sich nennenden – Ivan Illich (vormals katholischer Geistlicher und Rektor der Universität von Puerto Rico) nach Abschaffung der Wachstumsideologie. An Stelle der Überflußgesellschaft soll die Bedürfnisgesellschaft treten – mit einfacheren und natürlicheren Sozialbeziehungen. Die Diffusion von Autorität und Enthierarchisierung soll durch Abschaffung der Arbeitsspezialisierung [einschließlich Schulen, Berufsärzten und Motorfahrzeugen] erreicht werden, um den natürlichen Fähigkeiten freien Lauf zu geben. Um der »Konvivialität« willen soll die Produktivität geopfert werden. Dazu sollen Konsum und Fortpflanzung unter Kontrolle kommen.

Entsprechende ökologische Erfordernisse nach Vereinfachung der Konsumbedürfnisse lassen allgemein in die Vergangenheit orientierten und insbesondere vorindustriell orientierten Utopismus in der Tradition der

Idyllik vom Goldenen Zeitalter und von Rousseau wieder aufleben.[133a] »Nicht wird die Natur vom genialen menschlichen Willen bezwungen, sondern der unnatürliche Organismus [sozusagen ihre Entfremdung] wird ihr abgestreift; der geniale Mensch formt die Natur so, *wie sie sein will,* und wie sie nur deshalb nicht ist, weil das Menschengeschlecht ihr einen naturwidrigen Organismus aufgestülpt hat.«[133b] Hier wirken Vorstellungen analog denen während der Krisenerscheinungen des amerikanischen Industriekapitalismus von 188–1900, daß nämlich die Utopien erreicht werden müssen, bevor es zu spät sein würde, daß die Alternative zur Utopie die Katastrophe sei[134] – oder die These Dumonts von 1974: »L'Utopie ou la mort«.

Als Landwirtschaftsexperte für unterentwickelte Länder – und Kandidat der Ökologen Frankreichs für die Staatspräsidentenschaft – sieht René Dumont die einzige Alternative zur Selbstzerstörung der gesamten Menschheit in der Verwirklichung folgender Utopie: Internationale Besteuerung des Energieverbrauchs, durch welche die Entwicklung der Unterentwickelten finanziert werden soll, Globalplanung menschlicher Zivilisation – unter reduzierter Nutzung von Energiequellen und überhaupt von Mineralien – zwecks eines mit der Natur harmonisierten und deshalb langen Lebens. Mit der These, daß der marxistische Sozialismus des Überflusses weder verwirklichbar noch erwünscht sei, postuliert Dumont einen Sozialismus der Austerity, »den Sozialismus des Überlebens«: Eine autoritäre Weltorganisierung soll den Bevölkerungszuwachs aufhalten und die Nahrungsmittel verteilen. Körperliche Arbeit soll wieder ihren »natürlichen Adel« zurückerhalten, als Alternative zur maschinellen Produktion, um Energiequellen der Natur zu schonen. Der entsprechende Neue Mensch, Produkt von permanenter Schulung, soll gewillt gemacht werden, die notwendige Disziplinierung hinzunehmen – durch den neuen Glauben, für den China und Vietnam Vorbilder liefern.[135]

10 Vom neuen Exotismus

10.1 Überexemplarische Neoexoten der systemverändernden Idyllik

Schließlich bietet Maos China ein revolutionäres Feld zur Erfüllung von »Gelübden« der Armut und Keuschheit durch Gehorsam, zu was die neulinke Systemkritik – von Überflußgesellschaft, »unterdrückter Libido« und »Repressionslosigkeit« ausgehend – schließlich im Maoismus gelangt. Und »Ho, Ho, Ho Chi Minh« hat ja auf dem Höhepunkt des neulinken Utopismus auch rein optisch der »vaterlosen Gesellschaft« das großväterliche Image geliefert, welches traditionell zu den Beruhigung ausstrahlenden Weisen Oberen von klassischen Utopien gehört.[136] Und zwar samt dem Stereotyp vom Partisanen als Naturburschen, der direkt aus dem Naturzustand kommt und – von eigener Gedanken Blässe keineswegs angekränkelt – den dekadenten Intellektualismus »liberaler Scheißer« auf Vordermann bringt, der auf klassenfeindliche Finsterlinge wie eine Epidemie wirkt und selbstredend den Sonnenaufgang in seiner Tasche mitbringt.[137]

Denn solche Partisanen aus der kulturpessimistisch-utopistischen Neuen Exotik außerparlamentarischer Systemveränderer sind als Echtheitsgaranten gewissermaßen auch Nachfolger des Alten Germanentums der völkischen utopistischen Systemkritik: An Stelle der Lebenserneuerung aus der Nordischen Welt ist diejenige aus der Dritten Welt getreten. An Stelle der Ideologie von artbewußten Wikingerscharen sind die mit gesundem Klasseninstinkt gesegneten Chinesen von Mao, die Vietnamesen des Ho Chi Minh, die Kubaner des Ché Guevara, die uruguayischen »Tupamaro«-Stadtguerillas zu Wächtern des sozialen Gewissens einer ganz anderen Gesellschaft hin stilisiert worden. Sie füllten die Lücke, die u. a. durch Vergessen des »Volks, das fromm die Herden weidet, sich selbst genug, nicht fremden Guts begehrt«, entstanden war. Denn Mao erfüllte den wirtschaftswunderlich sich wieder einstellenden Bedarf nach sowohl pastoraler Simplizität wie gleichzeitig zeitloser Autorität, eine Verbindung arkadischer Idyllik mit rigidester Utopie (vgl. S. 41).

10.2 Politischer Exotismus eines Ersatz-Proletariats

»Die Polit-Techniker unserer Zeit haben den edlen Wilden verwandelt. Er wurde zur ›Dritten Welt‹, einem Kind des Abendlandes, das man nur, wie einst den dritten Stand, zur Schule schicken muß... – soweit nicht eine ganze angsterfüllte Jugend den Traum nährt, an ›den Ursprüngen der Menschheit‹ die gleiche wunderbare Tröstung zu finden, die die... Philosophen der Aufklärungszeit auf den Antillen oder bei den Patagoniern des Südlandes suchten.« Aber ist laut solchen Schwarmgeistern ihre Dritte Welt etwa nicht den Ursprüngen der Menschheit näher als selbst die Arbeiterschaft? Denn die Arbeiterschaft rebelliert nicht mehr, wohl aber die Dritte Welt. Wenn Weisheit und Heil vom Proletariat kommen sollen und das Proletariat dies nicht anerkennt, dann muß solches vom Ersatzproletariat kommen, von »der dritten Welt, bevorzugtem Träger aller charismatischen Macht und Weisheit«.[138] Und utopischer Echtheitsgarant ist die Dritte Welt schon deshalb, weil – im Gegensatz zu den Industrieländern – in ihr noch an die Fortschrittsutopie von den Segnungen der Überflußgesellschaft geglaubt wird.

Auch der bundesdeutsche Maoismus ist utopisch – im marxistischen Sinne des Wortes. Denn dieser Maoismus ergibt sich nicht aus Vorhandensein von Klassenspannungen der bundesdeutschen Gesellschaft, sondern umgekehrt – aus deren Fehlen. Nur pro forma leitet er die »kommende sozialistische Gesellschaft« aus gegenwärtig wirkenden Sozialentwicklungen ab. Gerade Herbert Marcuse sah, daß hier verbleibende soziale Gegensätze zu revolutionären Potentialitäten nicht genügen, und verwies auf solche aus der »großen Weigerung«, den Erhebungen der Dritten Welt.[139] »Ereignisse in... der Dritten Welt und... der chinesischen Kulturrevolution standen Pate beim Entwurf der herrschaftslosen Weltgesellschaft« der Neuen Linken.[140] So hat »die Dritte Welt... der gegenwärtigen deutschen Linken beträchtliche ideologische Impulse gegeben...«.[141] Elemente von Gewalttätigkeit und Kulturrevolution des Maoismus hatten bundesdeutsche Gegenstücke durch die Studentenbewegung.[142]

10.3 Von emanzipierendem zu disziplinierendem Exotismus der Gegengesellschaft

Aber das »revolutionär« Exotische enthält nicht mehr die erotische Triebfreiheits-Vision (wie sie einst auf Tahiti und noch in deutschen Künstlerkreisen der 1920er Jahre auf die leninistische Sowjetunion bezogen wurde), seitdem die entsprechenden Inhibitionen – auch gerade durch den Einfluß von Marcuse – immer weniger zu den etablierten Werten gehören. [Eher umgekehrt: Die bundesdeutsche maoistische »Exotik« bietet – wie die historischen Utopien[143] – gerade das, dessen Mangel in der betreffenden sozialen Umwelt empfunden wird: die »Geborgenheit«, unter der das Individuum der Bürde der Entscheidungen (seitens der Oberen oder der Peer-Gruppe) enthoben wird. Der Maoismus bietet die für autoritäre Persönlichkeitsstrukturen unentbehrliche Zucht und Ordnung, in Richtung des Utopischen gesteigert.]

Selbst als Gegenteil des Tahiti-Symbols bleibt der Maoismus ein politischer Exotismus: Denn er überträgt z. B. gewaltsame politische Verhaltensweisen, die im Kontext weiter Teile der Dritten Welt natürlich sein mögen, auf diametral entgegengesetzte Verhältnisse einer demokratischen Industriegesellschaft, die – im Gegensatz zu den meisten Entwicklungsstaaten – die Möglichkeit einschneidender Änderungen der frei gewählten Regierungen innerhalb der etablierten Legalität vorsieht. Exotisch ist die Anwendung von gegen vorindustrielle Diktaturen gewachsenen Partisanenmethoden wider eine demokratische Industriegesellschaft.[144] Horst Mahler hat geradezu erklärt, daß – wegen der Kluft zwischen der Roten Armee-Fraktion und dem Volk – diese nun in der Dritten Welt ihre

Identifikation gefunden habe und sich »nicht mehr als deutsch, sondern als ›Fünfte Kolonne‹ der Dritten Welt in den Metropolen« empfindet.¹⁴⁵ Durch Projektion der Reaktion gegen die Übersättigung innerhalb der Konsumgesellschaft auf die Reaktion gegen Unterernährung einer Armutsgesellschaft (z. B. derjenigen der palästinensischen Flüchtlingslager) hat der neulinke Exotismus selbst die Emanzipation der Dritten Welt zu selbständigen Staaten – auch solchen im Stile von Idi Amins Uganda – überdauert.

10.4 Politische Neoexotik als Faktor der Trennung von Utopie und Sozialismus

Dieser politische Exotismus konnte sich fast geradezu institutionalisieren, nachdem die bundesdeutsche Demokratie auf fremden Überlieferungen errichtet worden war, indem ihre Gründer – im diametralen Gegensatz zu denjenigen der »DDR« – ganz darauf verzichtet hatten, sich auf irgendwelche deutschen historischen Traditionen zu berufen. Unhistorisches, ja geschichtsfeindliches Soziologisieren wurde zur Mode – allerdings erst nachdem die überlieferte Geschichtswissenschaft den »Eintritt in die Geschichte« angeblich »bisher geschichtsloser« Drittweltler nicht recht zur Kenntnis nehmen wollte. Noch 1958 hat z. B. Gerhard Ritter in Freiburg öffentlich erklärt, es sei »einem Historiker nicht zumutbar, die Geschichte von jedem Hottentottenstaat zu verfolgen«. Die Systemveränderer gehen hierin weiter als dieser Konservative: Für sie ist Kenntnisnahme fast jeglicher Geschichte unzumutbar. »Je weniger eine Zeit historisch dachte, um so mehr betonte sie Erwartungen vollkommener Glückseligkeit in der Gegenwart. Das achtzehnte Jahrhundert war, gegen die Geschichte im Namen der Vernunft protestierend, zu exotischen Kulturen der zeitgenössischen Welt hingezogen.«¹⁴⁶ (Denn Geschichtslosigkeit bringt die – vor oder nach dem Geschichtsablauf liegenden – Paradiese näher.)

Die Haltung der deutschen »Geschichtslosigkeit« ließ sich durch politische Exotik kompensieren, durch den Kult des Chinesischen, Vietnamesischen, Kubanischen u. a. m. nicht zuletzt durch Popularisierung ausgewählter Kenntnisse mittels Massenmedien.

Die Übertragung des Utopischen auf »revolutionäre« Exotik ging mit Lösung seiner organischen Verbindung zum Sozialismus einher: Die Vision einer vom Bestehenden gänzlich verschiedenen wunderbaren Welt wird nicht mehr vom historischen Sozialismus als solchem getragen.¹⁴⁶ Das Schauspiel aller Tugenden und aller Glückseligkeit soll fern der verderbten Umwelt des Betrachters gegeben werden, dort wo von Anwendung der schon begonnenen neuentdeckten Sozial- bzw. Psychogesetzlichkeit Erneuerung menschlicher Unverdorbenheit erwartet wird.[147] Auch die utopische Exotik vertraut der Macht des guten Menschen, der hinter der Unberührtheit durch Konsumzwänge verborgen sein soll.

»Die Aufforderung zu ›permanenter Revolution‹ ist Maochinesisch; Ché Guevaras Erwartung von der ›Spontaneität der Massen‹... bei uns ist barer Mythos... In den kubanischen Ereignissen uns wiederzuerkennen (Dutschke), dazu gehört nicht Phantasie, sondern Wahn.«[148] Dennoch ist Guevaras voluntaristische These von der Abhängigkeit des Zustandekommens der Neuen Gesellschaft vom neuen Bewußtsein und Willen, welchem die entsprechenden objektiven Kräfteverhältnisse folgen würden, für neulinke »Stadtguerillas« auch der Bundesrepublik maßgebend gewesen.[149]

Guevara hat sich selbst mit Don Quijote verglichen. Wie dieser Gefangene befreite, mit der Auflage, daß sie der Dulcinea huldigten, so machte es Ché sogar mit Kriegsgefangenen – im völligen Gegensatz zu seinen mitteleuropäischen Nachbetern (die entführte Zivilisten mordeten), – nur Huldigung für seine Partisanensache verlangend.[150]

Auch Quijotismus impliziert etwas *exotisch Gebliebenes:* Über Quijote heißt es: »Die Triebfeder ist und bleibt immer die... im Sinne des Alltagsmenschen ›törichte‹ Hingabe an die Verwirklichung des Ideals der Wiederherstellung der Gerechtigkeit,... des Wahren, Guten und Schönen, und zwar auch dann, wenn der Kampf gegen das Mißgeschick von vornherein aussichtslos erscheint. Besteht nun zwar kein Zweifel an der Richtigkeit der Ritterbuchideale, so besteht größter und berechtigter Zweifel an den in (ihnen) angepriesenen Mitteln, diese Ideale zu realisieren.«[151] Im Quijotismus, der in Lateinamerika sich länger auswirkt als in Spanien selbst, verbindet sich der indianische Stoizismus mit dem spanischen und dem Ethos katholischer Märtyrer – zum Menschenbild der gegen den Strom schwimmenden starken Persönlichkeit. Dieses Persönlichkeitsideal stieß in der Bundesrepublik nach der Skeptischen Generation nicht zuletzt deshalb in eine Lücke, weil die weitgehende Abschaffung der kantianischen bzw. Schillerschen Bildungswerte die entsprechenden psychologischen Bedürfnisse unbefriedigt ließ. Doch nicht mitteleuropäische parlamentarische, sondern lateinamerikanische diktatorische Verhältnisse unterstellte das von der Roten Armee-Franktion zu ihrer Gebrauchsanweisung sozusagen umfunktionierte Werk des Guevara-Mitkämpfers Régis Debray, »Revolution innerhalb der Revolution« (1967).

Auch Schulungstexte für die der terroristischen Neuen Linken nahestehenden Kreise sind exotisch wie das »Tagebuch eines Guerillero« von *** und derjenige von Carlos Nuñez über die Tupamaros.[152] Dieser Name ist selbst in Südamerika ein halbexotisches Symbol: Tupac Amaru I war ein Überlebender der Inka-Dynastie, der bis 1570 die Unabhängigkeit verteidigte. Tupac Amaru II war ein halbspanischer Inka-Abkömmling, der 1780 an der Spitze von sowohl Indianern als Kreolen sich erhob.[153] 1965 diente derselbe Name dem Widerstand von Gauchos gegen Gutsbesitzer in Uruguay. Aus der Romantik indianischer Erneuerung (Indigenismo) gingen im peruanischen Land der Inkas sowohl Impulse der Demokratie wie des Kommunismus hervor. Schon eine Generation vor der Französischen Revolution ließ Blanc de Guilet in seiner Tragödie »Manco-Capac« (1763) den Inka-Helden über den alten Urstand der Natur mit Gleichheit und Gütergemeinschaft deklamieren (vgl. oben S. 43 f.).[154] Der Mythos des Inka-Kollektivismus wirkt von Thomas More's kommunistischer Utopie bis zu den maoistischen Stadt-Guerillas nach Tupamaro-Vorbild: Peru liegt für utopische Mythenbildung in genügender Ferne.

Auch die einst exotische Sowjetunion war einmal in den 1920er und frühen 1930er Jahren fast Objekt eines utopischen Intellektuellen-Kultes[154a], als Rußland-Reisen etwas von Besuchen eines utopischen Reiches (samt Staatslenkung der Wirtschaft und Vollbeschäftigung) hatten. Erst das Vertrautwerden mit den Interna der Sowjetpolitik hat dem Rußland Stalins die Funktion einer exotischen Utopie genommen. China ist entfernt und unvertraut genug, um für diese Rolle zu qualifizieren.

10.5 Interne exotische Enklaven

Asiatische Exotik bietet auch andere Alternativen für die Große Weigerung. Nicht nur bot die märchenhafte Atmosphäre von Kathmandu Asyl den in halluzinogenen Drogen von der Industriegesellschaft Zuflucht Suchenden, für das räumliche »flipping out«, – wie Zen für eine Art Transzendieren derselben.

Solche aus dem Orient inspirierten Religionsgemeinschaften in der Bundesrepublik hat Herr Pastor Aichelin in seinem Beitrag behandelt. Auch andere Gruppen der vorliegend erörterten historischen Exotismen sind darin erfaßt: Von den durch das Rosenkreuzertum als Erbe der – vom vermeintlichen Altägypten abgeleiteten – Esoterik des siebzehnten Jahrhunderts weiterwirkenden Neognostik floriert noch immer die Anthroposophie. Von den »gegengnostischen« vitalistischen Nordland-Ideologien der völkischen Gemeinschaften wirkt noch Mathilde Ludendorffs Gemeinde weiter. Dagegen ist die arkadische Tradition in den quietistisch als Flower Children auftretenden Teilen der von Herbert Marcuse mitbeeinflußten Lebensreformbewegung konstatierbar. Maoistische Epigonen dieser »Kulturrevolution« können als direkte Fortsetzer der utopischen Tradition angesehen werden. Sie war in kommunistischer Vorstellungsform

»von griechischen Denkern vorgebildet, in alttestamentlichen Prophezeiungen, im Urchristentum genährt, in der Renaissance Utopie wieder aufgenommen, in französischen und deutschen Geschichtskonstruktionen ausgebaut und in slavischer Seele und Dichtung erlebt« worden.[155]

11 Zusammenfassendes

Es wird von entsprechender Seite mancherorts als politischer Makel hingestellt, nicht »wirklich utopisch zu sein« oder zu bestreiten, »daß sich Utopien je erfüllen lassen«: Utopielose Gesinnung wird bereits mit rechtsgerichteter Politik identifiziert[156] – als ob »rechtsradikale« Utopien undenkbar wären. Der letzteren Edle Wildheit war *nordisch*, die des verklärten Kommunismus der Aufklärungszeit *tropisch* (tahitisch z. B.). »Nach der Flucht an das Ende des Raumes und der illusionistischen Überschätzung der Wissenschaft trifft unser Jahrhundert sich mit der Aufklärung auch in den Überspanntheiten des Mythos vom ›edlen Wilden‹[157], der sich zum Mythos von der Dritten Welt gewandelt hat. Und in letzterem Mythos überlebt etwas vom Traum eines Zeitalters unschuldiger Lust im Zauber von Gefilden der Glückseligkeit irgendwie die Stereotypen von Überbevölkerung, Verelendung und weltwirtschaftlicher Benachteiligung einerseits und die Vielfalt von Idi Amins Gleichen andererseits. Vielleicht ist dieser Mythos von unterentwickelter, doch gleichzeitig ausgebeuteter Unschuld so zäh, weil hinter solchen Illusionen letztlich die unvergängliche Sehnsucht steht, irgendwo, jenseits der vertrauten Welt, das Nirgendwo zu finden, wo es das Böse nicht gibt: Die Sehnsucht nach der Großen Reise, die irgendwie hinter allen Entdeckerfahrten, vielleicht auch hinter jenen in den Weltraum steht – auch nachdem sich auf dem Mond nur Steinhartes gefunden hat.[158]

Auch die Welt der Unidentifizierten Fliegenden Objekte, die Ufologie, ist laut Hartmut Zelinsky gewissermaßen eine politische Utopie: Insofern als bei den Ufologen sehr stark der Gedanke einer gerechten Weltordnung auftaucht. Die Fremden, die da kommen, angeblich kommen, sind ja von Anfang an bei den Ufologen als die Bringer einer gerechten Weltordnung erkannt worden. Sie beobachten diese Welt, die allmählich auf einer gewissen Abschüssigkeit existiert, und sie werden eingreifen in dem Moment, wenn es nötig ist, um die Welt vor sich zu retten, und sie werden dann die Ordnung herbeibringen, die nötig ist, um dieser Welt Stabilität zu geben. Die Erde, so manche Ufologen, wird von den fremden Sternenbewohnern als ein Störenfried in der kosmischen Generalordnung angesehen, das Spiel mit Atomen gehört da mit hinein, und darum muß sie unter Beobachtung gestellt werden, wenn nicht sogar – auch dieser Gedanke ist aufgetaucht –

unter Quarantäne gestellt werden bis zu dem Moment, wo sie politisch reif ist, zu dem zu werden, was sie eigentlich von ihrer Bestimmung her ist.

Es hat so manche Utopie ja sich als auf anderen Planeten existierend dargestellt, und Servier fragt, ob die Weltraumflüge frei sind von menschlicher Sehnsucht, irgendwo das große Andere zu finden, wie ja auch die Idealisierung der Dritten Welt damit zusammenhängen mag. Es ist irgendwie schwer tragbar, die Einsamkeit des Menschen hinzunehmen, wenn feststünde, daß es keine Ufos und nichts gibt im Weltraum, daß er vollkommen allein in den Kosmos geworfen ist.

Das Erschreckende der Zukunftsaussichten – etwa der ökologischen Apokalypse des Klubs von Rom – stimuliert laut Huizinga die Sehnsucht von säkularisierten Zivilisationen nach Befreiung von sich selbst, den Zug nach dem »Vorzivilisierten«. Wo kein Glaube an die kommende Zeit der Erfüllung bleibt, erhalten sich alternative Sehnsüchte nach dem gegenwärtigen, wenn auch räumlich fernen Land der Erfüllung. Und die Große Reise dorthin ist Symbol des zeitlosen Traumes. Dazu hat Ulrich Linse ausgeführt, daß die Große Reise nicht nur (zum »Ausflippen«) nach Kathmandu führt und daß der touristische Exotismus der Gegenwart in der Massenkultur wichtig ist, da in der Ferienzeit Millionen von Menschen die große Reise antreten an zivilisatorische Grenzen, weist es doch auf merkwürdige, nicht mehr rational erklärbare Inhalte dieses Tourismus hin. »Könnte es nicht sein, daß sozusagen ein Symbolfeld, nämlich, daß an der Grenze der Zivilisation das Transzendieren in die Unsterblichkeit möglich wird, daß sozusagen an der Grenze der Durchbruch der Profanität hin zur Sakralität der Existenz möglich ist, daß das hier versucht wird, massenhaft nachzuvollziehen. In der Jugendbewegung findet etwas Ähnliches statt, die Jugendbewegung kennt eigentlich zwei Orte, wo Sakralität besonders intensiv vorhanden ist, einmal im Mittelpunkt des alten Mittelpunktsymbols, es ist der Hohe Meißner in der Mitte Deutschlands gelegen, und dann der Rand, der zivilisatorische Rand, dahin findet ja die klassische Böhmerwaldfahrt statt. Also es gibt zwei sozusagen geographisch sakrale Punkte: die Mitte und der Rand. Und ich frage mich oft, ob das nicht im modernen Tourismus einfach immer wieder nachvollzogen wird, ... diese große Reise zu diesen beiden Punkten hin, die ein Aussteigen aus der Alltagsprofanität möglich machen – sozusagen in das Zeitlose.« (Ulrich Linse.)

Zeitlos ist auch das Mythische der Utopie: Etwas Konstantes hat es trotz alles Wandels durch die Jahrhunderte behalten: die naturgegebene Ordnung, in Harmonie mit dem kosmischen Ganzen.

In More's Utopie ist das Lehren von all dessen, was mit der staatlichen Ordnung nicht übereinstimmt, verboten. Und im Sonnenstaat von Campanella gibt es nur ein einziges Buch, »Die Weisheit«, die alleinige.

Archetyp der Utopie ist laut Servier die traditionsgebundene Gesellschaft, die Strahlenstadt, deren Schutzwälle von gerechten Gesetzen dem Einzelnen die ersehnte Geborgenheit verleihen, ihm die Last der Freiheit abnehmend, indem sie den Menschen in das harmonisierende Gefüge kosmischer Bezüge einmauern.[159] Dies gilt von Campanella bis zum frühkommunistischen Vietnam: Die kommunistische Sonnenstadt Campanellas ist in konzentrische Ringe mit Namen der Planeten geteilt. Der Kosmos war Vorbild des Staates auch in Vietnam.

Im chinesischen Kulturkreis – einschließlich Vietnams – legitimierte sich politische Autorität aus einer universal gedachten kosmischen Rationalität heraus. Konfuzianisches Hauptanliegen war die vollkommene Gesellschaft als soziale Erfüllung des Himmelsmandats, das die Harmonie des Kosmos mit der Harmonie der Gesellschaft verband. Die entscheidende Strömung im Alpha und Omega der konfuzianischen Geschichte betrafen eine auf letztlich rationalen menschlichen Beziehungen beruhende Utopie.

Auch das, was konfuzianische Tradition in der Religion suchte, war nicht geistige Gnade, sondern ein Vernunftsprinzip, das einer einheitlichen Weltordnung als Staatsraison auferlegt werden konnte. »Die Härte, mit der der Marxismus sich... alle Lebenspähren unterwirft, beweist in (dieser) Perspektive seine Berufung zur Macht. Der konfuzianische Staat erscheint... als Präzedensfall«, schrieb Paul Mus über Anknüpfungspunkte des Kommunismus an vietnamesische Tradition.

In der Losung »Xâ Hoi Hoa« des frühkommunistischen Vietnam bedeutete das letzte Wort die auf Katastrophen folgende Neuordnung[160]: Sie ist auch Wiederherstellung der Naturordnung – ohne Platz für das Ringen des Einzelmenschen um Selbstverwirklichung gegen vorgeschriebene Harmonie.

Ohne »Entfremdung«, ohne Bedürfnis des Sublimierens, wollen alle Utopien dem Menschen das angstvolle Grübeln über den Sinn seines irdischen Abenteuers ersparen, wenn nicht ihn selbst zum Eigenzweck machen. Doch die »Utopie kann ihr Baumaterial nur aus der Gegenwart gewinnen,... sie errichtet einen hintergrundslosen Bau« einer großen Monotonie. Entzauberung und Leere ohne Ende lauert in der Utopie.[161] Angesichts von ungleichen Entwicklungen von Wirtschaft und von Säkularisierung bestehen jedoch in der gegenwärtigen Welt gleichzeitig alternative Typen von utopischen Aspirationen: Für die Mehrheit der Menschheit ist noch immer auch die staatliche Wohlstandsutopie der klassischen vorrevolutionären Tradition unerreichbar und Ziel des revolutionären Aufbruchs. Andererseits stört selbst in entwickelten Industriegesellschaften die aus ihrer Arbeitsteilung sich ergebende Entfremdung nicht eigentlich die Massen, sondern gerade die elitärsozialkritischen Minderheiten, deren »entfremdungslose« Utopie keine Massenwirkung mehr zeitigt. Eine noch kleinere Minderheit erstrebt inmitten der Industriegesellschaft »exotische« Utopien der Vergeistigung (etwa »exotische« Vedanta-Gesellschaften oder Gemeinschaften des Integralen Yoga nach Aurobindo). Größer sind – nicht ganz ohne exotische Züge wie »Drogenmystik« (und viel weniger Südsee-Idyllik) – die Minderheiten, die eine sozusagen kindheitliche Gesellschaft ohne Unterdrückung der Instinkte mittels oder trotz Fortschritt erstreben – durch eine Art Verneinung der Freudschen Verneinung der eudämonistischen Utopie: Marcuses so einflußreiche Emanzipation des Libido wird auch als Wiederaufleben der Adamitischen »Utopie, der Vision einer vom Sündenfall unbetroffenen Menschheit gesehen – inmitten einer mechanisierten Gesellschaft, in der die Liebe zu atrophieren droht«.[162] »Andererseits ist in dem gleichen Wesen Mensch der Nachklang an eine Zeit lebendig, in der er eins war mit der Natur, mit den Göttern... Dieser mythische Mensch, der nicht gestaltet, sondern gestaltet wird, ist auf einem niedrigen zivilisatorischen Niveau glücklich gewesen, er kannte nicht die Qual, die das Strebenmüssen verursacht.«[162a]

Dahin orientierte »Gegenkultur« hat etwas Spiegelbildhaftes der durch die Industriegesellschaft »zugefügten« Traumata: Gegen den Streß das »flipping out«, gegen die individualitätsfeindliche Psychologie der Anpassung das sublimationsfeindliche »sozialistische Patientenkollektiv«, gegen bürgerlich puritanische Triebverdrängung »tantrische« (häufiger narkotische) Ekstasen, gegen das wirtschaftswunderliche Erwerbsethos die Verzichtsmoral des exotischen buddhistischen Heilsweges, gegen die »konsumterroristische« Werbung die Zen-stilisierte »Verweigerung«, gegen den »Großen Bruder« der industriellen Dystopie von »1984« die Gurus – und gegen Bombenkrieg in der Dritten Welt den Terrorismus wider die vom Volk frei gewählte eigene Regierung.

Denn ist die Utopie eine Wiederherstellung der Zeit der Unschuld, des ewigen Frühlings der Erde, dann muß ihr auch die ewige Jugend der geläuterten Menschheit entsprechen, und die Generation der Väter, der unrein Gewordenen und die befleckten Institutionen Symbolisierenden ist zu liquidieren (Servier).[163] (Frankreichs Revolutionserbe des Rufes »zurück zur Natur!« mag in dem buddhistischen – durch fünfjährigen Materialkrieg traumatisierten – Kambodscha zur »Liquidation« der Hochkultur durch Liquidation ihrer Eliten, Arbeitsteilung, der Städte und Religion seitens Kindersoldaten beigetragen haben: Keine Revolution hat je solche Menschenopfer gefordert.[163a]) Da andererseits laut Marcuse die in der Klassengesellschaft erzeugten Bedürfnisse »freiwillige Knechtschaft« reproduzieren, müssen »wir... daraus schließen, daß Befreiung Umsturz gegen den Willen und gegen die vorherrschenden Interessen der großen

Mehrheit des Volkes bedeutet«[164], folgerte Marcuse: »Eine soziale Gruppe hat ein Monopol für »intellektuelles Durchschauen der gesellschaftlichen Mechanismen der Herrschaft« und damit der Befreiung der an Befreiung nicht interessierten Nichtdurchschauenden. Die Vorstellung, daß *ausschließlich* die Träger des »fortgeschrittensten Bewußtseins« in der Lage sind, die »Repression« zu merken (»durchschauen«), enthält bedingungslosen Anspruch auf alleinigen Besitz der Wahrheit. Auch Marcuse befürwortet die erziehende Diktatur. Zur Neuen Linken gehört nicht durchweg die Anerkennung des Rechts, den Sozialismus durch Mehrheitsentscheidungen wieder abzuschaffen.[165]

»Es entsteht also die Gefahr, daß die Utopie... der Welt aufzuzwingen die Form einer finsteren Groteske annimmt und zur monströsen Verunstaltung der Welt führt,... zu Veränderungen, die die Freiheit des Menschen bedrohen.«[166] Es »ähnelt die Gewalt, die der Utopismus hervorruft, sehr dem Amoklauf einer evolutionistischen Metaphysik oder einer hysterischen Geschichtsphilosophie, darauf erpicht, die Gegenwart zu opfern für den hellen Klang einer Zukunft...«[167]

Soweit Utopismus die Vollkommenheit verwirklicht, soweit er endgültige Harmonie bedeutet, hat seine Wahrheit alle Menschen zu einen. Per Definition darf es in der Utopie keinerlei Meinungsverschiedenheiten geben. Historische Kriterien haben keinerlei Bedeutung, da Utopie ein transhistorischer Wert ist.[168] So kann es unter der verwirklichten Utopie keinerlei Toleranz geben.

Gerade weil die etablierte Gesellschaft auf der vollkommensten Rationalität, auf der Vernunft selbst beruht, und an sich die best denkbare sein soll, ist hiervon abweichendes Verhalten etwas Psychopathisches. Z. B. heißt es im »Bulletin of the American Association of University Professors« etwas sarkastisch, was Faust gebraucht hat, war ein guter Berufsberater; was Don Juan gebraucht hat, war ein guter Eheberater; was Don Quijote brauchte, war einfach ein Psychiater. So wie in einer auf göttlichem Gebot beruhenden Gesellschaft Abweichungen etwas Teuflisches oder Ketzerisches waren, so ist in einer auf vollkommener Vernunft beruhenden Gesellschaft die Abweichung etwas Psychopathisches, und je vollkommener das Etablierte ist, desto psychopathischer muß das Infragestellen davon gewertet werden. Entsprechend gestaltet sich das Schicksal von Dissidenten – nicht nur in Orwell's »1984«.

ANMERKUNGEN

1 Arnhelm Neusüss, Utopisches Bewußtsein und frei schwebende Intelligenz. Zur Wissenssoziologie Karl Mannheims (Marburger Abhandlungen zur Politischen Wissenschaft. Herausgegeben von Wolfgang Abendroth. Band 10). Meisenheim 1968: Anton Hain Verlag, S. 134–138.
2 Ossip K. Flechtheim, »Futurologie und demokratischer Humanismus«, in: Gerhard Szszesny, Club Voltaire. Jahrbuch für kritische Aufklärung, III. München 1967: Szszesny Verlag, S. 204.
3 Judith Shklar, »The political theory of Utopia: From melancholy to nostalgia«, in: Daedalus. Journal of the American Academy of Arts and Sciences (Spring, 1965), S. 369.
4 Leszek Kolakowski, Der Mensch ohne Alternative. Von der Möglichkeit und Unmöglichkeit, Marxist zu sein. München 1961, S. 142–162.
5 Jost Hermand, »Von der Notwendigkeit utopischen Denkens«, in: Reinhold Grimm & Jost Hermand, Deutsches utopisches Denken im zwanzigsten Jahrhundert. Stuttgart 1974: Kohlhammers Urban Taschenbuch-Reihe 80, S. 28, 29.
6 John M. Steadman, The Myth of Asia. New York 1969: Simon & Shuster, S. 26, 52, 54.
7 Karl Mannheim, Ideology and Utopia. An introduction to the sociology of knowledge. London 1966: Routledge & Kegan Paul, S. 235.
8 Jean Servier, Der Traum von der großen Harmonie. Eine Geschichte der Utopie. München 1971: List Verlag (Taschenbücher der Wissenschaft, Band 1555), S. 11–12.
9 Ibid., S. 23 f.
10 Ibid., S. 292 f.
11 Ibid., S. 351 f.
12 Winfried Volk, Die Entdeckung Tahitis und das Wunschbild der Seligen Inseln in der deutschen Literatur. Heidelberg 1934: Kranz & Heinrichmöller, S. 136.
13 Charles Renouvier, Urchronie: L'utopie dans l'histoire. Paris, 1901; Harry Levin, The myth of the Golden Age in the Renaissance. London 1969: Faber & Faber, S. 7–8.
14 Servier, S. 104.
15 Neusüss (wie Anm. 1), S. 152.
16 Sarkisyanz, Rußland und der Messianismus des Orients, Sendungsbewußtsein und Chiliasmus des Ostens. Tübingen 1955: J. C. B. Mohr, S. 95–106.
17 Wolfgang Bauer, China und die Hoffnung auf Glück. Paradieses-Utopien, Idealvorstellungen. München 1971; Maurice Meissner, »Utopian goals and ascetic values in Chinese Communist ideology«, in: Journal of Asian Studies, XXVIII (1968/69), S. 104, 109; vgl. Alberto Moravia, Die Kulturrevolution in China. München 1968: Kurt Desch Verlag, S. 8, 11, 12, 31.
18 Servier, S. 357.
19 Henry Baudet, Paradise on Earth. Some thoughts on European images of non-European Man. New Haven and London: Yale University Press, 1965, S. 10 f.

20 Ovid, Amores III, viii, 35–49: Publius Ovidius Naso, Liebesgedichte. Lateinisch und deutsch, ed. Richard Harder & Walter Marg. München 1956: Ernst Heinemann Verlag, S. 127.
21 Harry Levin, The myth of the Golden Age in the Renaissance, S. 23.
22 Seneca, Epistulae morales, xc, 38: Séneque, Lettres a Lucilius, Tome IV, ed. par Francais Préchac & Henri Noblot. Paris 1962: Societé d'Edition »Les Belles Lettres«, S. 40.
23 Levin, S. 5 zitiert Arthur Lovejoy & George Boas, Documentary history of primitivism in classical Antiquity. Baltimore 1935, S. 7.
24 Levin, S. 42.
25 Peter Martyr, De novo Orbe, or The History of the West Indies, translated by Richard Eden & Michael Lok. London 1612, S. 140 v, 249 r, nach Levin, S. 60; René Gonnard, La légende du bon sauvage. Contribution a l'étude des origines du socialisme. Paris, Librairie Médicis o. J. (1946?), S. 33.
26 Walter Raleigh, The discovery of Guiana. Edited by V. T. Harlow. London 1928, S. 17, zitiert bei Levin, S. 64. Vgl. German Arciniegas, Kulturgeschichte Lateinamerikas. München 1966: Nymphenburger Verl., S. 117 ff.
27 Charles L. Sanford, The quest for Paradise. Europe and the American moral imagination. Urbana, University of Illinois Press, 1961, S. 11.
28 Northrop Frye, »Varieties of literary Utopias«, in: Daedalus. Journal of the American Academy of Arts and Sciences (Spring, 1965), S. 339.
29 John K. Wright, Geographical lore of the time of the Crusades. New York 1925 (American Geographical Society, Library Series, 4), S. 71 f, 261 ff. angeführt bei Howard Rollin Patch, The other world according to descriptions in medieval literature. Cambridge, USA, Harvard University Press, 1950, S. 155.
30 Patch, S. 148, 149, 153; F. Zarncke, »Der Priester Johannes«, in: Abhandlungen der Königlich-Sächsischen Gesellschaft der Wissenschaft, Phil.-Hist. Classe, VIII. Leipzig 1883, S. 123 f, 168.
31 Baudet, Paradise on Earth, Some thoughts on European images of non-European Man, S. 15, 32.
32 Volk, Die Entdeckung Tahitis und das Wunschbild, S. 127 f, 131; Sanct Brandans Meerfahrt. Volksbuch erneuert v. Richard Benz. Jena 1927: Eugen Diederichs, S. 54 ff: St. Brandan Legend. Edit. Thomas Wright. London 1844, Percy Society, S. vi.
33 René Thenevin, Les pays légendaires devant la science. Paris 1961: Presses Universitaires de France, S. 60 ff.
34 Enríque de Gandía, Historia crítica de los mitos y leyendas de la conquista americana. Madrid 1929: Sociedad General Española de Libreria, S. 59–69, angeführt bei John Leddy Philan, The Millennial Kingdom of the Franciscans in the New World. Berkeley und Los Angeles 1970: University of California Press, S. 70–71.
35 Charles E. Nowell, Histoire du Portugal. Paris 1953: Payot, S. 51, 54; H. V. Livermore, A history of Portugal. Cambridge 1947: Cambrigde University Press, S. 185, 229.

35a Sérgio Buarque de Holanda, Visão de Paraiso. Rio de Janeiro 1959, nach Levin, S. 184.
36 Mircea Eliade, »Paradies et Utopie: Géographie mythique et eschatologique«, in: Adolf Portmann (Herausgeber), Vom Sinn der Utopie. Eranos Jahrbuch 1963. Zürich 1964: Rhein Verlag, S. 213; Stanford, Quest for Paradise, S. 39 f mit Hinweis auf Le Roy Edwin Froom, The prophetic faith of our Fathers. Washington, D. C. 1948: Review & Herald Publishing Association, II, S. 170; Levin, S. 58–59 zitiert Chr. Colombus, Selected Letters edited by R. H. Major. London 1847, S. 145.
37 Baudet, S. 74.
38 René Gonnard, La légende du bon sauvage. Contribution a l'étude des origines du socialisme. Paris, Librairie Médicis o. J. (1946?), S. 54 zitiert Marc Lescarbot, Histoire de la Nouvelle France (1609).
39 Levin, S. 60.
40 Vgl. Volk, S. 125; Philan, Millennial Kingdom of the Franciscans in the New World, S. 71.
41 Baudet, S. 33.
42 Volk, S. 135, 137.
42a Baudet, S. 32, 34, 35, 38.
43 Gonnard, S. 8, 14.
44 Baudet, S. 32.
45 Levin, S. 77 zitiert John Florio, The essays of Montaigne, edited by George Saintsbury. London 1892, I, S. 226.
46 Baudet, S. 19, 43–46.
47 Frances A. Yates, The Rosicrucian Enlightenment. London und Boston 1972: Routledge & Kegan Paul, S. 123, 136, 216, 230.
48 Gonnard, S. 66.
48a Servier, S. 355.
49 Baudet, S. 35, 36, 43, 45 f, 49; vgl. Gonnard, S. 75 f.
50 F. R. Merkel, Leibniz und die China-Mission (1920), zitiert bei Carl Hinrichs, Preussentum und Pietismus. Der Pietismus in Brandenburg-Preussen als religionssoziale Reformbewegung. Göttingen 1971: Vandenhoeck & Ruprecht, S. 43.
51 Eduard Winter, Halle als Ausgangspunkt der deutschen Rußlandkunde im achtzehnten Jahrhundert (1953), S. 31, zitiert bei Hinrichs, S. 41.
51a Volk, S. 25.
52 Gonnard, S. 95–99, Frank E. Manuel, »Toward a psychological history of Utopias«, in: Daedalus, Journal of the American Academy of Arts and Sciences (Spring 1965), S. 302.
53 Volk, S. 94–94.
53a D. D. Tumarkin. Vtorženie kolonizatorov v »Kraj večnoj vesny«. Gavajskij narod v bor'be protiv čužezemnych zachvatčikov v konce XVIII načale XIX v. Moskau 1964: Izdatelstvo Nauka.
54 Gonnard, S. 9 f, 26, 28, 113 f.
55 Nachtigall, »Über den Wunsch, auf einer niedrigeren Stufe der Kultur zu

leben, besonders im patriarchalischen Zeitalter«, in: Deutsche Monatsschrift, I (Februar 1791), S. 147– 180, zitiert bei Volk, S. 47; Württembergische Vierteljahreshefte für Landesgeschichte, Neue Folge, IX (1886), S. 81–93.
55a Vgl. z. B. Helmuth von Glasenapp, Das Indienbild Deutscher Denker. Stuttgart 1960: K. F. Koehler Verlag, S. 25–38.
56 Gonnard, S. 104, 109, 113 f.
57 Vgl. z. B. Karl Mannheim, Ideology and Utopia, S. 219 f.
58 Baudet, S. 32 f; Servier, S. 306 f.
58a Ezequiel Martínez Estrada, »El Nuevo Mundo, la isla de Utopia y la isla de Cuba«, in: Cuadernos Americanos (Mexico) März/April 1963 nach Ignacio Sotelo, »Americo Vespucio y Tomás Moro en los origines de la ciencia moderna«, in: Cuadernos Hispanoamericanos, No. 263/264 (1972), S. 11.
59 Servier, S. 128 f.
60 Servier, S. 131.
61 Baudet, S. 28.
62 Arthur A. Morgan, Nowhere was somewhere. How History makes Utopias and how Utopias make History. Chapel Hill, USA, 1946: University of North Carolina Press, S. 33, 77, 118 f.
63 Lewis Mumford, »Utopia, The City and The Machine«, in: Daedalus. Journal of the American Academy of Arts and Sciences (Spring 1965), S. 281, 283–285.
64 Frank E. Manuel, »Toward a psychological history of Utopias«, in: Daedalus, 1965, S. 300 f.
64a Servier, S. 187.
65 Helmut Swoboda, Der Traum vom besten Staat. Texte aus Utopien von Plato bis Morris. München 1972: Deutscher Taschenbuchverlag, S. 131–165.
66 Andreas Voigt, Die sozialen Utopien. Fünf Vorträge. Berlin und Leipzig 1906: Walter de Gruyter, S. 74.
67 Frances A. Yates, The Rosicrucian Enlightenment. London & Boston, 1972: Routledge & Kegan Paul, S. 146–154, 223, 233.
68 Hinrichs, Preussentum und Pietismus, S. 1, x, 28 ff, – 42, 46 f.
69 Neusüss, Utopisches Bewußtsein und freischwebende Intelligenz, S. 170.
70 Julius Petersen, Sehnsucht nach dem dritten Reich in deutscher Sage und Dichtung. Stuttgart 1934: J. B. Metzlersche Verlagsbuchhandlung, S. 14.
71 Swoboda, S. 167–187.
72 Judith Shklar, »The political theory of Utopia. From melancholy to nostalgia«, in: Daedalus, 1965, S. 375; Manuel, »Toward a psychological history of Utopias«, in: Daedalus, S. 303 f.
73 Shklar, a. a. O.
74 Mumford, S. 288–290.
74a Hannah Arendt, Elemente und Ursprünge totaler Herrschaft. Frankfurt 1955: Europäische Verlagsanstalt, S. 290.
75 James Webb, The Occult Establishment. Le Salle, Illinois, USA, 1976: Open Court Publishing Company, S. 82, 94, 96, ii–101, 87 f, 91, 513.
76 Webb, S. 87, 92, 105, 110, 122.

77 A. L. Morton, Die englische Utopia. Berlin 1958: Dietz Verlag, S. 207–236.
78 D. C. Sommervell, Geistige Strömungen in England im neunzehnten Jahrhundert. Bern 1946: A. G. Francke Verlag, S. 228–234.
79 Webb. S. 92, 102, 109, 112, 121, 126.
79a George L. Mosse, »Tod, Zeit und Geschichte. Die völkische Utopie der Überwindung«, in: Reinhold Grimme & Jost Hermand, Deutsches utopisches Denken im zwanzigsten Jahrhundert. Stuttgart 1974: Kohlhammer, S. 53.
80 Mosse, S. 56, zitiert *Spielgemeinde*, Gilbhard 1934, VII. Jahrgang, Nr. 10.
81 Mosse, S. 56, zitiert Alfred Rosenbergs Rede in: Weltanschauliche Feierstunde der NSDAP. München 1944, S. 137–143.
82 Mosse, S. 61, 65, zitiert Paul Ernst nach Lukacz, in: *Der Wille zur Form* (1963), Nr. 9, S. 385.
82a Ekkehard Hieronymus, Der Traum von den Urkulturen. Vorgeschichte als Sinngebung der Gegenwart. München 1975: Carl Friedrich von Siemens Stiftung, S. 17, 21, 32 f, 47 f.
83 Morgan, Nowhere was somewhere, S. 117.
84 Norman Cohn, Das Ringen um das Tausendjährige Reich. Revolutionärer Messianismus im Mittelalter und sein Fortleben in den totalitären Bewegungen. Bern und München 1961: Francke Verlag, S. 110, zitiert H. Haupt, »Ein oberrheinischer Revolutionär aus dem Zeitalter Maximilians I.«, in: Westdeutsche Zeitschrift für Geschichte und Kunst, Ergänzungsheft VIII. Trier 1893, S. 141–145.
84a Vgl. Richard Faber, Politische Idyllik. Zur sozialen Mythologie Arkadiens. Materialien und Untersuchungen zur Literatursoziologie, hrsg. von Theo Buck und Dietrich Steinbach. Stuttgart 1976: Ernst Klett Verlag, S. 98–99.
85 George L. Mosse, The crisis of German ideology. New York 1964: Grosset & Dunlop, S. 112, 121.
86 Armin Mohler, Die konservative Revolution in Deutschland 1918–1932. Ein Handbuch. Darmstadt 1972: Wissenschaftliche Buchgesellschaft, S. 384.
87 Mosse, Crisis of German ideology, S. 110.
87a Ibid., S. 120 f, Vgl. Mohler, Konservative Revolution, S. 435.
88 Mosse (wie Anm. 85), S. 110 f.
89 Mosse (wie Anm. 85), S. 112 f.
90 Ibid., S. 73, 76, 116, 120; vgl. Mohler, S. 324, 340, 349. Unzugänglich war Manfred Fuchs, Probleme des Wirtschaftsstils von Lebensgemeinschaften. Göttingen 1957.
91 Hedwig Conrad-Martius, Utopien der Menschenzüchtung. Der Sozialdarwinismus und seine Folgen. München 1955: Kösel Verlag, S. 98 ff.
92 Ibid., S. 74, 294 f.
93 Ibid., S. 123 ff, 129, 147.
94 Manuel, »Toward a psychological history of Utopias«, S. 310.
95 Ibid., S. 295.
96 Rudolf Steiner, In Ausführung der Dreigliederung des sozialen Organismus. Stuttgart 1920.
97 Ernst Benz (Herausgeber), Der Übermensch. Eine Diskussion. Zürich-Stutt-

gart 1961: Rhein-Verlag, S. 15f, 403 (Benz, Vorwort; Adolf Portmann, »Evolution des Menschen im Werk von Teilhard de Chardin«).
98 Kenneth M. Roemer, The obsolete necessity. America in utopian writings, 1888–1900, o. O. 1976: Kent State University Press, S. 172.
99 Vgl. Ibid; S. 119f, 123, 127.
100 Ibid., S. 149.
101 Ibid., S. 152, 144f.
102 Ibid., S. 142.
103 Crane Brinton, »Utopia and Democracy«, in: Daedalus, 1965, S. 352, 364; Stanford, Quest for Paradise, S. 255, 265.
104 Vgl. Richard Faber, Politische Idyllik. Zur sozialen Mythologie Arkadiens (=Theo Buck & Dietrich Steinbach (Herausgeber), Literaturwissenschaft, Gesellschaftswissenschaft. Materialien und Untersuchungen zur Literatursoziologie). Stuttgart 1977: Ernst Klett Verlag, S. 146.
105 Vgl. Klaus Bergmann, Agrarromantik und Großstadtfeindlichkeit (= Marburger Abhandlungen zur Politischen Wissenschaft, herausgegeben von Wolfgang Abendroth, Band 20). Meisenheim am Glan 1970: Verlag Anton Hain, S. 93.
106 Klaus Reblin, »Der Voluntarismus der ›neuen Linken‹ – Eine Analyse ihres Geschichtsverständnisses«, in: Erwin K. Scheuch (Herausgeber), Die Wiedertäufer der Wohlstandsgesellschaft. Eine kritische Untersuchung der »Neuen Linken« und ihrer Dogmen. Köln 1968; Markus Verlagsgesellschaft, S. 207.
107 Herbert Marcuse, Aggressivität in der gegenwärtigen Industriegesellschaft, in: Aggression und Anpassung in der Industriegesellschaft. Frankfurt 1972: Suhrkamp, S. 15, 18.
108 Herbert Marcuse, Versuch über die Befreiung. Frankfurt 1972: Suhrkamp Verlag, S. 132.
109 Frank E. Manuel, »Toward a psychological history of Utopias«, in: Daedalus, 1965, S. 315.
110 Jean-Christian Petitfils, Les socialismes utopiques. Paris 1977: Presses Universitaires de la France, S. 177, 184.
111 Marcuse (wie Anm. 108), S. 74.
112 Petitfils, S. 184–185.
113 Marcuse (wie Anm. 107), S. 11, 14.
114 Ibid; S. 28f.
115 Reimut Reiche, Sexualität und Klassenkampf. Frankfurt 1968 und Diethart Krebs, Die hedonistische Linke. Beiträge zur Subkultur-Debatte. Berlin 1970, S. 122–142 war nicht zugänglich. Vgl. Wolfgang R. Krabbe, Gesellschaftsveränderung durch Lebensreform. Strukturmerkmale einer sozialreformerischen Bewegung im Deutschland der Industrialisierungsperiode (= Studien zum Wandel von Gesellschaft und Bildung im neunzehnten Jahrhundert, Herausgegeben von Otto Neuloh und Walter Rüegg, Band 9). Göttingen 1974: Vandenhoeck & Ruprecht, S. 101.
116 Webb, Occult Establishment, S. 418, 419, 436f, 465f.
117 Volk, Entdeckung Tahitis und Wunschbild der Seligen Inseln, S. 141.

118 Herbert Marcuse, Eros and Civilization. Boston 1955: Beacon Press, S. 172–180.
119 Arnold Gehlen, »Arbeiten – Ausruhen – Ausnützen. Wesensmerkmale des Menschen«, in: Sinn und Unsinn des Leistungsprinzips. Ein Symposion. München 1974. Deutscher Taschenbuchverlag, S. 20.
120 Wie Anm. 118; Neusüss, Utopisches Bewußtsein und freischwebende Intelligenz, S. 222, 225, 227, 228.
121 Ibid., S. 234.
122 David Bathrick, »Die ästhetisch-utopische Dimension der ›Weigerung‹ im Denken Herbert Marcuses, in: Grimm & Hermand, Deutsches utopisches Denken im zwanzigsten Jahrhundert, S. 109.
123 Peter Christian Ludz, »Zur politischen Ideologie der Neuen Linken«, in: Scheuch, Wiedertäufer der Wohlstandsgesellschaft, S. 30–31, 34.
124 Servier, S. 319 f.
125 Gerhard A. Ritter, »Direkte Demokratie und Sowjetwesen in Geschichte und Theorie«, in: Scheuch (wie Anm. 106), S. 235.
126 Erwin K. Scheuch, »Das Gesellschaftsbild der ›Neuen Linken‹«, in: Scheuch, ibid., S. 133, zitiert *Kursbuch*, Nr. 14, S. 158, 165, 169, 170–172.
127 Servier, S. 362 f.
128 Wie Anm. 123, S. 38 f.
129 Servier, S. 24.
130 Marcuse (wie Anm. 108), S. 131 f.
131 Herbert Marcuse, »Das Individuum in der ›Großen Gesellschaft‹«, in: Ideen zur kritischen Theorie der Gesellschaft. Frankfurt 1976: Suhrkamp Verlag, S. 158 f.
132 Scheuch (wie Anm. 126), S. 133, 136, 138, 148, Anm. 58.
133 Vgl. Martin Schwanke, »Vom Leitbild des Handelns zur prognostischen Orientation«, in: Neusüss (wie Anm. 1), S. 261.
133a Petitfils (wie Anm. 110), S. 190–192, 196.
134 Roemer (wie Anm. 98), S. 19, 21, 27.
135 Petitfils, S. 193, 196.
136 Servier, S. 319; Moravia (wie Anm. 17), S. 6 f, 11, 13, 26, 88.
137 Vgl. Sanford (wie Anm. 27), S. 261.
138 Servier, S. 367.
139 Lawrence Baron, Gad Ben-Ami, Katherine Goodman, Asta Heiler, Otto Koester, Anthony Niesz, »Der anarchische Utopismus der westdeutschen Studentenbewegung«, in: Grimm & Hermand (wie Anm. 5), S. 126.
140 Ludz (wie Anm. 123), S. 38.
141 Klaus Reblin, »Der Voluntarismus der ›Neuen Linken‹ – eine Analyse ihres Geschichtsverständnisses«, in: Scheuch (wie Anm. 106), S. 208.
142 »Der anarchische Utopismus« (wie Anm. 139), S. 126 f, 129, zitiert Baader-Meinhof Report (Mainz 1972), S. 20 f.
143 Manuel (wie Anm. 109), S. 306.
144 »Der anarchische Utopismus« (wie Anm. 139), S. 129 f, zitiert Ulrike Meinhof, Bambule (Berlin 1971); Baader-Meinhof-Report, S. 22 f; Horst Mahler,

Politische Utopien 81

»Schwindsucht...«, in: Der Spiegel v. 14. Februar 1972, S. 54 ff; »Rote Armee Fraktion. Dem Volke dienen«, in: D. B. Rjazanov, Zur Frage des Verhältnisses von Marx zu Blanqui (Graz o. J.), S. 45–113 ff.

145 »Un ancien terroriste condamne le détournement...«: Le Monde vom 10. November 1977.
146 Baudet (wie Anm. 19), S. 74 f.
147 Servier, S. 364.
148 Eugen Kogon, »Klassen und Revolution im Denken der ›Neuen Linken‹«, in: Scheuch (wie Anm. 106), S. 98 f, zitiert Rudi Dutschke, »Widersprüche des Spätkapitalismus... Studenten... Verhältnisse zur Dritten Welt«, in: »Rebellion der Studenten oder die neue Opposition (Bergmann, Dutschke, Lefèvre, Rabehl), Rororo Aktuell Nr. 1043, Hamburg 1968, S. 71, 88.
149 Reblin (wie Anm. 106), S. 208; Che Guevara, Der Partisanenkrieg. Eine Methode (München 1968), S. 28 f.
150 Guevara's Brief vom 1. April 1965 an seine Eltern, in: Siete Dias Ilustrados (Buenos Aires) vom 23. Mai 1967; El Diario de Ché en Bolivia, 1966–1967 (La Habana 1968), nach I. Lavreckij, Ernesto Če Gevara. Moskau 1972: Molodaja Gvardija, S. 238 f, 241, 282 f, 287.
151 Ivo Höllhuber, Geschichte der Philosophie im spanischen Kulturbereich. München-Basel 1967: Ernst Reinhardt Verlag, S. 86, 91.
152 H. R. Sonntag, Che Guevara und die Revolution. Frankfurt 1968; + + + (Anonym), Tagebuch eines Guer(r)illero. Ins Deutsche übertragen von Ingeborg Esterer. Hamburg 1969: Christian Wegner Verlag, S. 9; Carlos Nuñez, Die Tupamaros. Schulungstext 1. Toulouse-Berlin 1970: Editions clandestins, S. 23, 26, 52.
153 D. Valcárcel, La rebelion de Túpac Amaru, México D. F. – Buenos Aires, 1947; Mariano Picón-Salas, A cultural history of Spanish America from Conquest to Independence. Berkeley – Los Angeles 1962: University of California Press, S. 135 f.
154 Gonnard (wie Anm. 38), S. 103.
154a Vgl. z. B. Jürgen Rühle, Literatur und Revolution. Die Schriftsteller und der Kommunismus. Köln-Berlin 1962: Kiepenheuer & Witsch.
155 Julius Petersen, Sehnsucht nach dem dritten Reich in deutscher Sage und Dichtung. Stuttgart 1934: Metzlersche Verlagsbuchhandlung, S. 4.
156 Jost Hermand, »Von der Notwendigkeit utopischen Denkens«, in: Grimm & Hermand (wie Anm. 5), S. 23–25, 27.
157 Servier, S. 366.
158 Servier, S. 357.
159 Servier, S. 20 f, 130, 341; vgl. Roemer (wie Anm. 98), S. 29.
160 Paul Mus, Viêt Nam. Sociologie d'une Guerre. Paris 1952, S. 254, 260, 302; Sarkisyanz, Südostasien seit 1945, München 1961: Oldenbourg, S. 24, 25.
161 Arnold Gehlen, »Das entflohene Glück. Deutung der Nostalgie«, in: Friedrich Georg Jünger u. a., Was ist Glück. Symposon. München 1961: Deutscher Taschenbuchverlag, S. 32; Servier, S. 350.
162 Manuel (wie Anm. 64), S. 315, 318 f.

162a Hieronymus (wie Anm. 82a), S. 36.
163 Servier, S. 362 f.
163a Vgl. Francois Ponchaud, Cambodge année zéro. Paris 1977: Julliard, S. 97.
164 H. Marcuse (wie Anm. 108), S. 35.
165 Christian Watrin, »Spätkapitalismus?«, in: Scheuch (wie Anm. 106), S. 52 f, 60, zitiert B. Nirumand, »Die Avantgarde der Studenten im internationalen Klassenkampf«, in: Kursbuch, Nr. 13, hrsg. von Enzensberger, Juni 1968, S. 13.
166 Kolakowski (wie Anm. 4).
167 Karl P. Popper, »Utopie und Gewalt«, in: Neusüss (wie Anm. 1), S. 324.
168 Shklar (wie Anm. 72), S. 371.

ANDREAS VON WEISS
Weltanschauungen der linken politischen Gruppierungen

Dr. phil. Andreas von Weiss, 1910 in Reval geborener Deutschbalte, in München wohnender Bundesbeamter. Ursprünglich Sprachwissenschaftler, hat er sich sein Leben lang mit der Russischen Revolution und ihren weltweiten Folgen auseinandergesetzt. Seine Bücher »Die Neue Linke« (1969) und »Neomarxismus« (1970) waren in der Bundesrepublik die ersten gründlichen Untersuchungen jener Veränderungen auf der Linken, die Ende der 60er Jahre an die Oberfläche brachen.

Inhalt

1	Einleitung	85
1.1	Definition des Begriffs »Weltanschauung«	85
1.2	Definition des Begriffs »links«	88
1.3	Definition des Begriffs »linke politische Gruppen«	89
1.4	Kriterien einer linken Denktradition	90
2	Die Anfänge linken Denkens zu Beginn der Neuzeit	90
2.1	Progressive Kritik – Utopie	90
2.2	Gleichheit – Gerechtigkeit	92
2.2.1	Eigentum ist Diebstahl	93
2.3	Emanzipation – Anarchismus	94
2.4	Veränderung – Revolution	96
2.4.1	Wesen der Revolution	97
2.4.2	Gesetzmäßige Entwicklung der Revolution	97
2.4.3	Agenten der Revolution	98
2.4.4	Technik und Taktik der Revolution	99
2.5	Rationalismus – szientistische Gewißheit	100
2.6	Der Neue Mensch	103
3	Linke politische Gruppen	105

3.1	Bewegungen der beginnenden Neuzeit	105
3.1.1	Frankreich	105
3.1.2	Deutschland	106
3.1.3	England, Nordwesteuropa, Nordamerika	107
3.1.4	Rußland und Randgebiete	109
3.2	Die Internationale	111
3.2.1	Die I. Internationale	111
3.2.2	Die II. Internationale und deren Aufsplitterung	112
3.3	Die Entwicklung bis zur Gegenwart	113
3.3.1	Bedeutung der Sowjetunion	113
3.3.2	Die Volksfrontpolitik	114
3.3.3	Spaltungen im Weltkommunismus	115
3.3.4	Die Bewegung der Neuen Linken	115
3.3.5	Entwicklung in den Vereinigten Staaten von Amerika	116
3.3.6	Die Entwicklung in der Bundesrepublik Deutschland	120
4	Die Weltanschauung der Linken	123
4.1	Emotionale Voraussetzungen der Weltanschauung der Linken	124
4.2	Konzeptionelle Elemente der Weltanschauung der Linken	125
4.2.1	Entfremdung – Veränderung – Utopie	125
4.2.2	Rationalität – Gewißheit	127
4.2.3	Gleichheit – Emanzipation – Revolution – Neuer Mensch	128
4.3	Weltanschauung und politische Praxis	130
4.4	Psychologischer Exkurs	131
4.4.1	Weltanschauung und Charakter	133
4.4.2	Ubiquität der Konzeptionen einer linken Weltanschauung	134
4.4.3	Rückkoppelungseffekt der Weltanschauung	136
4.4.4	Deformation der Einstellung und Haltung	137
4.5	Weltanschauung und Realität	139
4.5.1	Zweifel und Apologie	140
	Anmerkungen	142

Motto: »*Ein Marxist hat nicht das Recht, Pessimist zu sein.*« *(Ernst Bloch)*

1 Einleitung

Die Frage nach der »Weltanschauung linker politischer Gruppen« unterstellt, implizite, aber assertorisch, die Existenz solcher Gruppen. Wenn man diese Behauptung zunächst als Hypothese gelten läßt, so soll der Zweck der folgenden Untersuchung doch auch in der Definition der Begriffsverbindung »linke politische Gruppen« bestehen. Die zentrale Frage nach der Weltanschauung dient dann zugleich dem Versuch, durch ihre Beantwortung ein weiteres Definitionsargument für die Begriffsbestimmung des Ausdrucks »linke politische Gruppe« zu erhalten. Es handelt sich um die Suche nach dem »weltanschaulichen Nenner« einer zuweilen in organisatorischer Hinsicht kaleidoskopartig wechselnden und in ihrem geistigen Habitus diffus erscheinenden Fülle von Erscheinungen im Bereich des politischen Geschehens. Es erscheint unerläßlich, zu Beginn der Definition im Vorgriff die Bedeutung des hier verwandten Begriffs »Weltanschauung« festzulegen. Dem folgt die Bestimmung des Begriffs »links«, bezogen auf die Haltung »politischer Gruppen«, auch dieser Ausdruck wäre dann kurz begrifflich zu erläutern.

Diesen Begriffsbestimmungen folgt ein ideengeschichtlicher Rückblick: als Ansatzpunkt für die Darstellung des jetzigen Zustandes sollen Denkrichtungen der Vergangenheit skizziert werden, die Affinität zu jetzt aktuellen Vorstellungen der linken Gruppen zu zeigen scheinen. Wobei vorher hypothetisch, und wieder im Vorgriff, aus den zeitgenössischen Ideologien ein Grobraster zu gewinnen wäre, das dann als Affinitätsmaßstab an die früheren Denksysteme angelegt werden soll. Eine diachronische und abschließend eine synchronische Beschreibung »linker Gruppen« als politische Organisationen leitet über zu einer Analyse der jetzt feststellbaren weltanschaulich-ideologischen Vorstellungswelt dieser Gruppen.

Die Zusammenfassung der Elemente dieser Vorstellungswelt ergäbe dann die in der Zentralfrage angesprochene Weltanschauung. Dabei wird sich eventuell zeigen lassen, ob die als Arbeitshypothese angenommene geistige Affinität sich durch die Jahrhunderte nachweisen läßt und in welchem Umfange.

1.1 Definition des Begriffs »Weltanschauung«

Der Begriff »Weltanschauung« gehört mit »Mentalität«, »Einstellung«, »Ideologie« in das Begriffsfeld der verhaltensbestimmenden Bewußtseinsgehalte. Da es sich bei diesen Bewußtseinsgehalten um sogenannte »feste« Gehalte handelt, die in ihrem Grundbestand ein dauerndes »Inventar« des Bewußtseins bilden, sind die von ihnen bestimmten Verhaltensweisen keine Spontanreaktionen, vielmehr unterliegen sie einer latenten Vorprogrammierung, indem auf den Erfahrungsbesitz des Gegenstandsbewußtseins zurückgegriffen wird. Es geht dabei meist um die Auswahl zwischen alternativen Entscheidungsmöglichkeiten, d. h. um Optionen. Die Option erfolgt in der Regel nicht nach einem bewußten Abwägen. Nur bei dominierender Intellektualität wird der verhaltensbestimmende Bewußtseinsgehalt rationalisiert. Scheinbare Spontaneität ist daher in der Regel unterbewußte Programmierung, die die prinzipiell mögliche Reaktionsbreite einengt.

Wichtig ist die bedeutungsmäßige Abgrenzung der Begriffe »Weltanschauung« usw. gegeneinander im Begriffsfeld der verhaltensbestimmenden Bewußtseinsgehalte. Man hat folgende »differentias specificas« zu beachten. Den Bezug auf eine Einzelperson oder auf ein Kollektiv, und die Veränderung im Rationalisierungs- resp. Systematisierungsgrad. Als teilweise Bestätigung des Vorausgeschickten sei eine von L. Kolakowski stammende Definition des Begriffs »Ideologie« zitiert: »Unter Ideologie verstehe ich die Gesamtheit der Werte, die von einem gesellschaftlichen Milieu akzeptiert werden, sowie die Gesamtheit von Ansichten und Urteilen, die man sich unter dem Einfluß dieser Werte zu eigen macht. Wir realisieren die Ideologie durch jedes Verhalten, das unter dem Einfluß von mehr oder weniger bewußten Gesamtwertungen steht. Sozialistische, liberale oder andere politische Doktrinen, nationalistische oder internationalistische, revolutionäre oder konservative Doktrinen sind Ideologien. Da die Anerkennung von Werten, die das kollektive Leben betreffen, nicht in der Weise gerechtfertigt werden kann wie wissenschaftliche Theorien, ist die Annahme, daß es eine wissenschaftliche Ideologie gebe, eine Fiktion.«[1]

Abgesehen davon, daß Kolakowski dem Begriff »Ideologie« ungefähr die Bedeutung des hier eingeführten »genus proximum«, d. h. »verhaltensbestimmende Bewußtseinsgehalte« zulegt, ist die implizierte Begriffsbestimmung der »Ideologie« als ein Präferenzsystem von Werten resp. Wertungen zutreffend. Als psychologischer Exkurs sei gestattet darauf hinzuweisen, daß die Fürwahrhaltung dieser Werte aus der Schicht der Gefühle und Stimmungen, also aus dem endothymen Grund erwächst.[2] Wenn man auf die angeführten Begriffe wie »Mentalität« usw. die erwähnten Kriterien der Differenzierung anwendet, erhält man mit individuumbezogener Konkretisierung folgende Reihe mit zunehmendem Rationalisierungs- resp. Systematisierungsgrad: Einstellung – Weltanschauung – philosophische und/oder religiöse Dogmensysteme. Bezogen auf ein Kollektiv mit entsprechender Abstraktion heißt die Reihe: Mentalität – Ideologie – Doktrin. Die Konkretisierung in der Form der »Einstellung einer bestimmten Person« gegenüber der Abstraktion als »Mentalität eines Volkes« sind Tendenzen der Begriffsnuancierung, daher kann man eine gewisse Parallelität zwischen »Einstellung« und »Mentalität« sowie den anderen Paaren feststellen. Die zum Zweck der Begriffsbestimmung vorgenommene scharfe definitorische Abgrenzung soll nicht die Tatsache verdecken, daß zwischen den Bewußtseinsgehalten, die hier skizziert wurden, ein Austausch der Wertungen stattfinden kann, d. h., daß ein ideologisch festgelegter Wert zur Einstellung eines Menschen werden könnte und umgekehrt. Z. B. könnte die anlagebestimmte kritische »Einstellung« eines Menschen zu seiner Umwelt sich zum Theorem der »negativen Kritik« in einem hochrationalisierten philosophischen System ausformen. Dies Beispiel möge genügen.

Es ist festzustellen, daß die Frage nach der Weltanschauung einer Gruppe eine verkürzt formulierte Fragestellung ist. Wie schon ausgeführt, ist die Weltanschauung dem endothymen Grund der Anlage einer Persönlichkeit, deren Stimmungen und Gefühlen, näher verhaftet, als dies in Bezug auf die Ideologie der Fall ist. Daher hat die Weltanschauung eines Menschen einen stärkeren Bezug zu dessen individuellem Charakter, zu seinen Anlagen und psychischen Möglichkeiten; der Ausdruck »Goethes Weltanschauung« läßt diesen Bezug erkennen, an sich wäre daher die »Weltanschauung einer Gruppe« eine Abstraktion, da ja nur Einzelmenschen je ihre Weltanschauung haben. Die »Gruppe« als solche ist keine Entität, sie setzt sich aus Einzelmenschen zusammen, daher muß man im Wege der Aussonderung wesentlicher und übereinstimmender Elemente der individuell konkretisierten Weltanschauungen sozusagen einen »weltanschaulichen Konsensus« finden, und kann diesen als »Weltanschauung einer Gruppe« bezeichnen. Es soll daher bei der folgenden Darstellung der Denktraditionen linker politischer Gruppen nur auf solcherart abstrahierte, rationalisierte Systeme, deren Postulate und axiomatische Grundlagen sowie die davon abgeleiteten Theoreme hingewiesen werden.

Die sie umgebende oder tragende weltanschauliche Komponente oder die allgemeine Einstellung der Protagonisten der erwähnten Gruppen ist schwer feststellbar; allerdings ist das einstellungsbedingte Verhalten dieser Menschen der Geschichtsforschung zugängig. Doch ist eine Analyse der Weltanschauungen im historischen Rückblick nicht beabsichtigt und auf die Elemente der Weltanschauung linker Gruppen der Gegenwart soll erst im Schlußkapitel eingegangen werden.

1.2 Definition des Begriffs »links«

Auf die Bedeutungsgeschichte des Wortes »links«, als Bezeichnung einer politischen Haltung, ist nur kurz einzugehen. Bereits im 17./18. Jahrhundert saßen in England die Minister und deren politische Freunde rechts vom Speaker, dieser Usus wurde zu Anfang des 19. Jh. in Frankreich und dann in anderen Ländern die Regel; die Regierungspartei saß rechts vom Parlamentspräsidenten, die Opposition links. Inhaltlich war also zunächst mit dem Gebrauch dieses Relationsbegriffs nichts ausgedrückt. Es sei denn, man zieht die symbolisch-mystische Bedeutung der beiden Körperseiten, mit ihren Folgen im Rechtswesen und in der Etikette, zum Beispiel »... sitzend zur Rechten...« als Erklärung heran.

Einen Begriffsinhalt substantieller Art erhielten die Wörter »links« und »rechts« erst mit der Herausbildung bestimmter politischer Richtungen, die über das einfache Schema: Regierungspartei und Opposition hinausgingen. Jetzt ist es allgemeiner Sprachgebrauch von »linken« Parteien, »linken« Gruppen, »linker« Einstellung usw. zu reden. Das Kriterium, das hierbei für die Einordnung gilt, ist die manifeste revolutionäre Radikalität, wobei sich diese auch in extremen Theorien und häufig nur verbal äußert. Daneben gibt es Definitionen des Begriffs »links«, die die revolutionäre Radikalität nicht als alleiniges Kriterium ansehen, ja, sie scheinbar nicht beachten oder aber übergehen. In seinem Essay »Der Sinn des Begriffs ›Linke‹« sagt L. Kolakowski: »... die Linke ist... eine Bewegung, welche die vorgefundene Welt negiert.«[3] Allerdings fährt Kolakowski mit einer wichtigen Erläuterung fort: die Linke wird nicht den Vorwurf akzeptieren, »daß sie ausschließlich eine Negierung sei, denn jedes konstruktive Programm bedeutet eine Negierung und umgekehrt«. In seinem 1960 veröffentlichten »Letter to the New Left« gibt C. W. Mills eine Definition von »links«: »Links bedeutet... strukturelle Kritik an der Gesellschaft, Auseinandersetzung mit der Gesellschaft und Theorie über sie, diese konzentrieren sich dann irgendwo im politischen Sinne als Forderungen und Programme. Diese Kritik, diese Forderungen, Theorien und Programme werden moralisch bestimmt durch die humanistischen und säkularen Ideale unserer westlichen Kultur – vor allen Dingen durch die Ideale der Vernunft, der Freiheit und der Gerechtigkeit. ›Links‹ zu stehen bedeutet: die politische mit der kulturellen Kritik zu verbinden, und wiederum dies beides mit Forderungen und Programmen, und es bedeutet, dies in jedem Lande der Welt zu tun.«[4] Diese beiden Erläuterungen des Begriffs »links« sind Variationen eines Themas, das von K. Marx angeschlagen wurde, als er 1843 in einem Brief an Arnold Ruge schrieb: »Ist Konstruktion der Zukunft und das Fertigwerden für alle Zeiten nicht unsere Sache, so ist desto gewisser, was wir gegenwärtig zu vollbringen haben, ich meine die rücksichtslose Kritik alles Bestehenden, rücksichtslos sowohl in dem Sinn, daß die Kritik sich nicht vor Resultaten fürchtet und ebenso wenig vor dem Konflikt mit den bestehenden Mächten.«[5] C. W. Mills ist in der Forderung nach »struktureller« Kritik, d. h. nach Kritik an den Grundlagen der Gesellschaft, mit Marx einer Meinung, doch fügt er in Übereinstimmung mit Kolakowski weitere Momente hinzu: die Zukunftsplanung (Programm) sowie die spezifische moralische und säkulare Motivation einer weltweiten Kritik. Diese Zukunftserfüllungen heben sich ab von der zunächst inhaltslosen Negation des Bestehenden zwecks Flucht nach vorne, die aus der Gegenwart in eine undefinierte Zukunft führen soll. Dieser Vorgang wurde zunächst ja nur als Progression eines Entwicklungsprozesses vom Alten zum Neuen gesehen. Die Ziele der geforderten »Progression« werden deutlicher, wenn man die Begriffspaare »progressiv« und »konservativ« neben andere Begriffspaare mit konträrer Gegensetzlichkeit stellt. Auf eine Definition des Begriffs »konservativ« kann hier verzichtet werden, so viel sei angemerkt, daß auch »progressiv« und »konservativ« in ihrem ursprünglichen Wortsinn inhaltlich wenig besagen, sie bezeichnen Methoden des Verhaltens. Das Begriffspaar »utopisch« und »antiutopisch« enthält mehr inhaltliche Substanz. »Die Polarität von ›utopisch‹ und ›antiutopisch‹ ist tatsächlich nahezu identisch mit der von ›progressiv‹ und ›konservativ‹, ja… zwecks weiterer Verdeutlichung… mit der von ›links‹ und ›rechts‹…«, meint A. Neusüss zu dem Problem der inhaltlichen Auffüllung der hier behandelten Begriffe.[6] Für das Selbstverständnis »linker Gruppen« ist die Verbindung der Begriffe »Progression« und »Utopie« mit dem Begriff »Revolution« bezeichnend. »Die sozialen Revolutionen sind ein Kompromiß zwischen Utopie und historischer Wirklichkeit. Die Utopie ist das Werkzeug der Revolution, und die vorgefundene Gestalt der menschlichen Welt, der man eine neue Form verleihen will, ist das Material«, sagt Kolakowski mit beispielhafter Klarheit.[7]

1.3 Definition des Begriffs »linke politische Gruppen«

Die Definition des Begriffs »links« determiniert auch die Bedeutung des Ausdrucks »politische Gruppen«. Linke Bewegungen, die sich mit Forderungen und Programmen gegenüber dem Bestehenden absetzen wollen, sind ipso facto handelnde, d. h. »politische Gruppen«. Hinsichtlich der Erfolgschancen ihrer Politik müßten sie sich, wie alle anderen politischen Gruppen, an die Gesetze der »Kunst des Möglichen« halten. Doch die Erkenntnis des Möglichen ist, wie jede Kunst, subjektiv, so sind die realen Chancen individuell verschieden. Allerdings schafft die Rücksichtslosig-

keit der Kritik und die Verantwortungslosigkeit gegenüber dem Bestehenden die Möglichkeiten des unbekümmerten Ausgriffs nach vorne.
Die o. a. Definitionen des Begriffs »links«, deren entscheidender Inhalt »die Kritik des Bestehenden« ist, und die letztlich Interpretationen Marxscher Äußerungen darstellen, sind um die Wende der 50er Jahre zu den 60er Jahren dieses Jahrhunderts formuliert worden. Es handelt sich um die Zeit der Entstehung der Bewegung, die sich als »Neue Linke« verstand.

1.4 Kriterien einer linken Denktradition

Bei der Suche nach der geistigen Herkunft der Neuen Linken in der Vergangenheit sollte man die wesentlichen Elemente der angeführten Definitionen des Begriffs »links« als Auswahlkriterien gebrauchen, um bei diesem Rückblick politische Vorreiter oder geistige Vorväter der zeitgenössischen Linken zu finden. Als Kriterien sollten angesehen werden: Kritik am gegenwärtigen Zustand und dessen Negierung; theoretischer Entwurf der Zukunft; Rücksichtslosigkeit gegenüber den bestehenden Mächten (Autoritäten); humanistische und säkulare Ideale.

2 Die Anfänge linken Denkens zu Beginn der Neuzeit

Wenn es für linke Denkweisen charakteristisch ist, daß sie von einer Kritik der Gegenwart ausgehen, diese Zustände radikal hinter sich lassen wollen und zu kühnen Zukunftsentwürfen fortschreiten, so ist zu erwarten, daß man besonders ausgeprägte Beispiele einer solchen Tendenz in Zeiten des Umbruchs, der Zeitenwende, finden wird. Dabei mag es dahingestellt bleiben, ob diese linken Denker die tektonischen Verschiebungen in der Entwicklung des menschlichen Zusammenlebens spürten und dem Neuen, das sich anzubahnen schien, hypothetischen Ausdruck gaben, oder ob sie geistige Wegbereiter der Entwicklung waren, wie dies K. Marx mit dem Stolz des theoretische Revolutionärs einmal formuliert hat: »... auch die Theorie wird zur materiellen Gewalt sobald sie die Massen ergreift.« Marx fügt hinzu, »... es (ist) ... der Philosoph, in dessen Hirn die Revolution beginnt.«[8] Man muß Marx recht geben, politische Ideen sind langlebig und ihre Wirkung ist nachhaltig.

2.1 Progressive Kritik – Utopie

Am Anfang jeglicher Gesellschaftskritik stand die Utopie, d. h. die Komplexvorstellung einer Vision. Es handelt sich bei diesen in die Zukunft projizierten Entwürfen um Bilder einer Idealvorstellung, wie das menschliche Zusammenleben geregelt werden sollte. Dabei stand die Staatsordnung zunächst im Vordergrund. Die »Gesellschaft« war zunächst eine Gegebenheit unreflektierten Soseins, in die der Staat hineingebaut wurde, und die an sich noch nicht abstrahiert vorgestellt wurde. Die utopische Vision war in ihrem, subjektiv als positiv vorgestellten Detail keineswegs immer eine direkte Antwort auf Mißstände der Gegenwart, die Zug um Zug das Alte, Bestehende, durch das Neue, Gute ablösen sollte. Das mittels der Utopie vorgestellte positive Zukunftsbild zielte aber indirekt auf die Kritikwürdigkeit des gegenwärtigen Zustandes. »Eine Utopie konstruieren heißt immer, die vorgefundene Wirklichkeit verneinen, ihre Umwandlung wünschen.«[9] Die Fortführung dieses Gedankens durch Fred L. Polak: »Die Utopie ist potentiell revolutionär«[10], skizziert die Konsequenz, die sich aus utopischen Entwürfen der Linken ergibt. So viel sei im Vorgriff angedeutet. Als markanteste Gesellschaftskritik dieser Art steht zu Beginn des Zeitraums der letzten 400–500 Jahre die »Utopia« (1516) des Thomas Morus (1480–1535). Dort trat erstmals in der menschlichen Geistesgeschichte die Vorstellung eines ganz auf Gemeineigentum und allgemeiner Arbeitspflicht beruhenden, demokratischen, das heißt egalitären Gemeinwesens auf. Th. Morus hatte die Absicht, mit diesem Bilde eines auf der Insel Utopia (etwa gleich »Nirgendwo«) gegebenen »optimus rei publicae status« der reformbedürftigen Gegenwart seines eigenen Landes den Spiegel der Kritik vorzuhalten.

Die Tarnung der Zukunftsentwürfe, deren Entrückung aus der Nachbarschaft in Raum und Zeit, wodurch der direkte Kritikbezug gemildert erscheint, wurde immer wieder durch die phantastische Lokalisierung der Visionen versucht. Tomaso Campanellas (1568–1639) »civitas solis poetica« (Sonnenstaat) vom Jahr 1623 und die »Nova Atlantis« (1627) des Francis Bacon (1561–1626) sind Beispiel dieser Darstellungsart. Bei Bacon ist der Hinweis auf die Nützlichkeit des menschlichen Wissens, das technisch verwertet werden könnte, bemerkenswert.

Die bis zum Gegenwartshaß gesteigerte Kritik der Utopisten findet in der Geistesgeschichte Rußlands ihre spezifische Ausprägung. Es ist behauptet worden, daß alle wichtigen russischen Denker, und nota bene Gesellschaftskritiker, Utopisten waren.[11] Bemerkenswert ist bei den russischen Utopisten, daß ihre Vorstellungen einer zukünftigen Entwicklung sich häufig in Bildern einer idealisierten Vergangenheit darstellen. Nur die Hoffnung auf die Wiederkehr des einmal Gewesenen konnte die Verwirklichung der Idealvorstellungen in der Zukunft garantieren. Daher kann die Vorstellung einer Rückkehr zu vergangenen, paradiesischen Zuständen der Menschheit oder eines Volkes nur als Symbolik gewertet werden, die der Phantasie vertraute Bilder verwendet. Doch diese Anleihe bei der Vergangenheit kollidiert mit dem sonst im Denken der progressiven Gesellschaftskritiker dominanten Fortschrittsaxiom, das als Konsequenz die Sicherung des Optimierungsprozesses beinhaltet.

Schwierigkeiten bereitet die Einordnung solcher sozialrevolutionärer Bewegungen, die sich von Idealvorstellungen des Vergangenen leiten lassen, in das Rechts-Links-Schema. Die Sehnsucht nach dem Gewesenen gilt meist als Kennzeichen konservativer, ja reaktionärer Haltung. Entscheidend für die Bewertung sollte die Radikalität der Absage an das Bestehende sein, sowie die Beantwortung der Frage, ob die Rückkehr zur Vorzeit nicht eigentlich als Allheilmittel zwecks Herbeiführung einer endzeitlichen Lösung angestrebt wird. Sobald die »gute, alte Zeit« als »beste aller Zeiten« idealisiert wird, ist der Extremismus einer linken Einstellung erreicht, die nur totalitäre d. h. ganzheitliche Lösungen kennt.

Die eschatologischen Erwartungen, die auf die Herbeiführung, oder auch Wiedergewinnung, des ursprünglichen Zustandes der Ganzheit gerichtet sind, treten bei den russischen Denkern im Gewande von Heilslehren auf.[12] Das »Dritte Rom«, als symbolische Gestalt solcher chiliastischen Vorstellungen, soll das zeitliche Reich zum Gottesreich transfigurieren. Das Himmelreich ist nicht die andere Welt, sondern die ganze Welt.[13] Verbunden mit dieser Vorstellung wird der Anspruch auf die Allgemeingültigkeit der Heilslehre erhoben. Dies ist als Ansatzpunkt späterer geistiger Entwicklungen bemerkenswert, jedoch aus dem Ganzheitsanspruch logisch ableitbar. Eine besondere Zielvorstellung der russischen Utopisten ist der Begriff der »Prawda«, in diesem Begriff sind die Vorstellungen amalgamiert, daß nur das »Wahre« gerecht, und das »Gerechte« wahr sein könne.[14] Die »Gerechtigkeit«, ein Begriff der Ethik, leitet über zu der Darstellung einer weiteren axiomatisch begründeten Denktradition der Linken.

2.2 Gleichheit – Gerechtigkeit

Das Axiom »Egalität« sowie die Idealvorstellung »Gleichheit« erwachsen aus dem emotionalen Verlangen nach Gerechtigkeit. Dieses Verlangen wird in zwei Vorstellungen rationalisiert: Die ausgleichende Gerechtigkeit soll im Sinne der Mitleidsethik, im Erkennen seiner selbst im Mitmenschen, wirksam werden. Die austeilende Gerechtigkeit führt in letzter Konsequenz zur Eigentumsnivellierung, wenn nicht anders möglich, zur Gleichheit aller auf dem Nullpunkt. Das Egalitätsaxiom ist in seiner Wertigkeit im Hinblick auf seine Gefühlsgrundlage und Gefühlsrichtung ambivalent. »Mitleid« und »Neid« werden die möglichen Pole dieses Gefühlskomplexes genannt, wobei bedeutsam ist, daß diese Begriffe entschieden positiv und negativ besetzt sind. Die Ambivalenz der Gefühlsgrundlage drückt sich darin aus. »Summum ius, summa iniuria« ist eine altbekannte Formulierung, mit der das Unbehagen der Menschen im Hinblick auf gewisse Ableitungen vom Egalitätsprinzip ausgedrückt wird.

Die vom Egalitätsexiom abgeleiteten Ansprüche an die menschliche Gesellschaft und deren Organisationsformen beherrschen die Vorstellungswelt der Linken. Man sollte die beginnende Diskussion um dieses Axiom, die ihm, im Für und Wider eine Bedeutung zumaß, die ihm bemerkenswerterweise bis etwa zum 17./18. Jh. nicht zuteil geworden war, als eine Tendenzwende im politischen Denken der Menschen, und damit in ihrer Geschichte ansehen.

Zur Erläuterung sei angemerkt, daß das Egalitätsaxiom nicht die Gleichheit der Menschen vor der metaphysischen Grenze meint, sondern daß damit die potentielle Gleichheit aller Menschen in der Existenz des monistisch gedachten Diesseits postuliert wird. Es ist vom Ansatz her logisch, wenn vom Egalitätsaxiom ein globaler Anspruch abgeleitet wird, zunächst im Gewande der Forderung, daß die menschliche »Egalität« überall anerkannt werde. In der Konsequenz ist aber das Streben nach »Weltherrschaft« unausweichlich, denn die Allgemeingültigkeit einer Doktrin hat deren Allgemeinverbindlichkeit zur Folge.

Schon Th. Morus hat die Theorie von Rousseau, derzufolge die Menschen von Natur gleich und gut seien, sozusagen vorweggenommen. Morus soll sich dabei auf Platon berufen haben: »Dieser große Geist hatte klar vorhergesehen, daß das einzige Mittel, öffentliches Glück zu begründen, in der Anwendung des Prinzips der Gleichheit bestehe. Die Gleichheit aber, meine ich (Th. Morus), ist in einem Staate, wo der Besitz Einzelrecht und unbeschränkt ist, unmöglich; denn jeder sucht sich dort mit Hilfe verschiedener Vorwände und Rechte soviel anzueignen als er kann, und der Nationalreichtum fällt endlich... in den Besitz weniger Individuen, die den anderen nur Mangel und Elend lassen.«[15]

Hier bei Morus ist in nuce der Ansatzpunkt utopischer Kritik linker Observanz und deren Zielvorstellung angesprochen: Das Prinzip »öffentliches Glück« wird axiomatisch als Zielvorstellung gesetzt, das Mittel zur Erreichung dieses Zieles ist die »Gleichheit«, doch diese muß erst geschaffen werden, denn der gegenwärtige Zustand ist »Mangel und Elend«, die wiederum eine Folge der Ungleichheit und deren Auswirkung, der ungleichen Eigentumsverteilung, sind.

2.2.1 *Eigentum ist Diebstahl*
Die Fixierung der Kritik am Bestehenden auf die Eigentumsverhältnisse ist

von den Anfängen des hier überschauten Zeitraumes an zum Angelpunkt der Überlegungen geworden. Jean Jacques Rousseau (1712–1778), Jacques Necker (1732–1804), Johann Gottlieb Fichte (1762–1814), letzterer in seinem »Geschlossenen Handelsstaat« (1800) plädierten eher für gerechtere Eigentumsverteilung, als daß sie das Privateigentum prinzipiell in Frage gestellt hätten. Doch gab es radikalere Kritiker: Jaques-Pierre Brissot de Warville (1754–1793) hatte den Satz »Eigentum ist Diebstahl« geprägt, und der Abbé Jean Meslier (1678–1733) hat in seinem erst 1864 veröffentlichten »Testament« den Tyrannenmord, Egalität in der Arbeitsverpflichtung, der Erziehung, dem Konsum und Besitz, sowie, sehr bemerkenswert, Ausbreitung einer solcher Art umgestalteten Gesellschaftsordnung auf die ganze Welt propagiert. Francois Brissel (1728–1807) vertrat im »Catéchisme de genre humain« (1789) einen ähnlichen Standpunkt: Gemeineigentum, Arbeitspflicht, Verteilung der Güter nach den Bedürfnissen, allgemeine Toleranz, freie Liebe, staatliche Kindererziehung. Die Französische Revolution war wohl gegen die »Reichen«, aber nicht prinzipiell gegen das Privateigentum, z. B. plädierten auch die Sansculotten nur für eine gleichmäßigere Verteilung des Besitzes.

Die markante Ausnahme im Rahmen der Bürgerrevolution war Francois-Noël Babeuf (1760–1797) mit der »Verschwörung der Gleichen«, deren Aufstand 1796 scheiterte. Seine soziale Doktrin stand eindeutig auf dem Boden des Egalitarismus. Sein Nachfolger Filippo Buonarotti (1761–1837) hatte noch Einfluß auf Louis-Auguste Blanqui (1805–1881), der sich als Wahrer von Babeufs Vermächtnis betrachtete.

2.3 Emanzipation – Anarchismus

Frei sein, frei werden oder frei bleiben, das ist ein Grundthema menschlichen Erlebens, soweit »Freiheit« als Wert aufgefaßt wird. Es handelt sich nicht um den Begriff der Metaphysik, das Axiom »Indeterminismus«, sondern um die verschiedenen »Freiheiten«, die die Menschen in der Auseinandersetzung mit ihren Mitmenschen zu gewinnen trachten. Diese »Freiheiten« müssen gegen eine Gegebenheit des menschlichen Daseins, gegen die aus der Ungleichheit der Menschen zwangsläufig erwachsende Hierarchie und ihre augenfällige Form, die »Herrschaft des Menschen über den Menschen« erkämpft resp. verteidigt werden.

Die Befreiung aus oder von solcher Herrschaft nennt man »Emanzipation«, ein oft idealisierter Vorgang. Der Tyrannenmord ist ein beliebtes Thema der Heldenlegenden. Da aber jede Befreiung dieser Art nur individuell oder punktuell gelingen kann, so führt die Verquickung mit dem Totalitätsanspruch des Egalitarismus zu der utopischen Vorstellung des

»Anarchismus«, zur prinzipiellen Ablehnung jeglicher Herrschaft als menschenunwürdig. Auch diese Doktrin hat eine weit in die Geschichte zurückreichende Tradition. Die Sklavenaufstände des Altertums können hierbei unbeachtet bleiben, die wohl eher, außer Rache, die Umkehrung der Herrschaftsverhältnisse zum Ziel hatten.

Der erste theoretische Anarchist der Neuzeit war der Engländer William Godwin (1756–1836). In seinem Hauptwerk »An Enquiry Concerning Political Justice and its Influence on General Virtue and Happiness« (1793) befürwortete er eine herrschaftslose Ordnung. Godwin war ein Kind der Aufklärung, beeinflußt von Rousseau und den Ideen der Französischen Revolution. Er war der Ansicht, daß jeder Mensch unbeschränkt vervollkommnet werden könnte, seine Entwicklung würde nur durch die gegenwärtigen Umstände behindert. Von der Vernunft erwartete Godwin daher das allgemeine Glück, dies sei identisch mit der Gerechtigkeit. »Godwin predigte totale Herrschaftslosigkeit; jede Regierung sei ein Übel, indem sie von uns die Preisgabe unseres Urteils und unseres Gewissens verlangt und damit unserer eigenen Vervollkommnung entgegensteht.« Alle Grundgedanken der später folgenden Anarchisten sind bereits bei Godwin zu finden. Godwin ist ein sogenannter »Individual-Anarchist«, seine Theorie betrifft das politische Verhalten der Menschen. »Das einzig berechtigte Ziel politischer Institutionen ist der Vorteil des Einzelnen.«[16] Der Philosoph des Individual-Anarchismus ist Max Stirner, eigentlich Kaspar Schmidt (1806–1856). Sein Hauptwerk ist die Schrift »Der Einzige und sein Eigentum« (1845), die vor allen Dingen durch die Kritik, die K. Marx an ihrem Verfasser übte, bekannt geworden ist.

Die Bezeichnung »Anarchie« für eine herrschaftsfreie Ordnung stammt von Pierre-Joseph Proudhon (1809–1865). Von ihm stammt die Bezeichnung »Anarchie«. Der russische Anarchist Fürst Peter A. Kropotkin sagte von Proudhon: »Der Vater des Anarchismus ist der unsterbliche Proudhon.« Proudhons These lautet: Die Welt, in der wir leben, ist eine Zwangswelt, um frei zu sein, müssen wir dies Gefängnis zerstören. Ein harmonischer Gesellschaftszustand ergibt sich erst aus dem Verschwinden jedes Regierungsapparates. Die höchste Autorität soll einer freien Vereinigung von Gemeinden zukommen, die durch die Solidarität gleicher und gleichberechtigter Produzenten zusammengehalten werden.[17] Proudhon gilt als geistiger Wegbereiter des späteren Anarcho-Syndikalismus. Proudhon lehnte den Klassenkampf ab, er wollte das von ihm entworfene Gesellschaftssystem ohne Gewaltanwendung herbeiführen.

Die Einstellung zur Gewalt wurde zu einem wesentlichen Unterscheidungsmerkmal der verschiedenen anarchistischen Richtungen: Daher ist der Wortradikalismus der Anarchisten häufig unverbindlich, wie sich am

Beispiel Proudhons nachweisen läßt. Die Ablehnung jeglicher Organisation durch Proudhon, der einmal gesagt hat: »Ich stimme gegen die Verfassung, weil sie eine Verfassung ist«[18], schloß in der Konsequenz auch jede Organisation zum Zweck einer politischen Aktion aus. Mit dieser Haltung verbanden die Anarchisten Proudhon'scher Observanz eine aufrichtige Verpflichtung auf Gewaltlosigkeit; dadurch wurden sie weitgehend zur politischen Wirkungslosigkeit verurteilt.

Die Stammväter des gewalttätigen Anarchismus in Europa sind die Russen Michael Bakunin (1814–1876) und Fürst Peter A. Kropotkin (1842–1921). Von Bakunin stammt das Bekenntnis zur Gewalt als »Propaganda der Tat«. Die Tradition des gewalttätigen Anarchismus ist bis in die heutige Zeit lebendig geblieben. Nihilisten, Terroristen aller europäischen Staaten und Völker, unter den Terroristen besonders solche, die die Technik des Individualterrors anwenden, d. h. Attentate gegen Einzelpersonen durchführen, ferner die Verfechter jeder »direkten Aktion«, stehen in dieser Tradition. Es kann nicht bestritten werden, daß einige Denkansätze des theoretischen Anarchismus in die Lehre von Marx und Engels eingebaut wurden, so das Theorem vom »Absterben des Staates«, das Engels wie folgt formuliert hat: »Der erste Akt, worin der Staat wirklich als Repräsentant der ganzen Gesellschaft auftritt, – die Besitzergreifung der Produktionsmittel im Namen der Gesellschaft –, ist zugleich sein letzter selbständiger Akt als Staat. Das Eingreifen einer Staatsgewalt in gesellschaftliche Verhältnisse wird auf einem Gebiete nach dem anderen überflüssig und schläft dann von selbst ein. Anstelle der Regierung über Personen tritt die Verwaltung von Sachen und Leitung von Produktionsprozessen.«[19] Die Vorwürfe des orthodoxen Marxismus gegenüber dem Anarchismus betrafen primär dessen Organisationsfeindlichkeit und das oft ziellose Revoluzzertum, dennoch zeigen sich zwischen anarchistischer Praxis und marxistischer Revolutionstheorie deutliche Affinitäten. Anarchismus ist ein integraler Bestandteil der Vorstellungswelt der Linken. »In jeder Revolutionstheorie ist der Mythos der Befreiung durch die rettende anarchistische Tat lebendig.«[20]

2.4 Veränderung – Revolution

Die in jeder Utopie implizite ausgedrückte Hoffnung auf Veränderung der vorgefundenen, kritikwürdigen Welt soll in ihrem Anspruch durch die Revolution verwirklicht werden. Der Anarchist Gustav Landauer fand die kurze Formulierung: »Utopie als Prinzip der Revolution«.[21] Daß die »Veränderung« der beherrschende Zug des Geschichtsprozesses sein sollte, wurde schon früh theoretisch verarbeitet. Niccolò Machiavelli

Linke politische Gruppierungen 97

(1498–1527) meinte, daß »Veränderung die wahre Gestalt der Dinge sei«. Jean Jacques Rousseau suchte nach dem Gesetz des geschichtlichen Fortschritts und sah in der Revolution ein Mittel, diesen Fortschritt der Zivilisation zu fördern.

Der Vorgang »Revolution« ist zu einem Angelpunkt im Denken der Linken geworden; man kann fast von einem »Revolutionsfetischismus« sprechen: »revolutionäre« Errungenschaften, »revolutionäre« Bewegungen sind ipso facto unantastbar. In diesem Sinne wird auch Terror entschuldigt, wenn »... eine Revolution um ihr Leben kämpft ...«[22]

Die Revolution als Veränderung der Welt, die totale Umwälzung der bestehenden Verhältnisse ist in ihrer Theorie ein vielschichtiges Problem. Mit der lapidaren Aufforderung Marxens: »Die Philosophen haben die Welt nur verschieden interpretiert; es kommt darauf an, sie zu verändern«[23], war es nicht getan. Die Nachfolgemarxisten und alle anderen Linken, der verschiedenen Richtungen, haben seither viel Mühe darauf verwandt, den Begriff »Revolution« (S. c. »Veränderung«) zu interpretieren.

2.4.1 Wesen der Revolution

Erstens kann man sich die Revolution als einen immerwährenden Vorgang denken, der gegebenenfalls in periodisch wiederkehrenden Höhepunkten kulminiert, in jedem Falle handelt es sich um die »permanente Revolution«, die per definitionem kein Endziel hat.[24]

Andererseits wird eine »letzte« Revolution in der Reihe der Umwälzungen angenommen. Diese ist ein apokalyptisches Ereignis, nur eschatologisch faßbar, das den Zutritt zu einem chiliastisch vorgestellten Endziel erschließt.

Die Auffassung von diesen beiden Möglichkeiten der »Revolution« sieht die Entwicklung als Prozeß, doch daraus ergibt sich das zweite Problem. Worin hat man den Motor des Geschehens zu sehen?

2.4.2 Gesetzmäßige Entwicklung der Revolution

Wer treibt die Entwicklung voran, die sich in den Revolutionen vollzieht, oder in einer letzten Revolution ihre Krönung findet?

Läuft der Prozeß spontan ab, oder bedarf es des Willenseinsatzes der Menschen, vielleicht auch, einzelner überragender Persönlichkeiten?

In der vor-marx'schen Zeit ist von den Revolutionären eher die voluntaristische Position vertreten worden, wobei die einzelnen Theoretiker, die das Gottesreich, oder eine andere chiliastische Vorstellung dieser Welt verwirklichen wollten, sich durchaus als Werkzeuge eines Weltenplanes verstehen konnten. Die chiliastische Denktradition in Rußland liegt in dieser Richtung. Ontologisch gewertet, handelt es sich bei solchen Theoremen um die Annahme einer Finaldetermination. Erst mit dem auf die Tradition der Aufklärung abgestützten Wissenschaftsanspruch des Marxismus wurde die monokausale Zwangsläufigkeit eines »vom Willen des Menschen unabhängigen«, spontanen Prozesses theoretisch erörtert.

2.4.3 Agenten der Revolution

Entsprechend sind die Vorstellungen von dem oder den Revolutionsträgern oder -agenten konzipiert. Die Frage lautet: »Wer macht die Revolution?«[25] In den theoretischen Erörterungen, die aber auch praktische Konsequenzen haben, werden zwei, im Prinzip extreme, Möglichkeiten diskutiert: Die Vorkämpfer der Revolution sind Einzelpersonen, oder, Träger der Revolution sind die Massen.

V. I. Lenin hat versucht, die beiden Möglichkeiten zu kombinieren, indem er im Hinblick auf die Revolution 1905/6 in Rußland und die etwaige Beteiligung an einer provisorischen revolutionären Regierung zu bedenken gab, »... ob in der Epoche der demokratischen Revolution der Übergang von dem Druck von unten zum Druck von oben zulässig ist«.[26]

Die Frontlinie der Entscheidung für den »revolutionären Führer« oder die »spontan-revolutionäre Masse«, ging quer durch die Gruppen der Anarchisten und die der Nachfolger Marxens. Die Verherrlicher des Proletariats als Träger der Geschichte schufen aufgrund ihrer Abneigung gegen die starke Einzelpersönlichkeit immer wieder Idealbilder, wie diese z. B. R. Luxemburg skizziert hat: »Die Masse trifft immer das Richtige; die Masse muß die Führung übernehmen; die Masse muß den Führern den Corporalstock aus der Hand schlagen...; die Masse führt und die Führer haben nur auszuführen, was die Masse will.«[27] Das andere Extrem vertritt Ernst Bloch, in einem schwärmerischen Rückblick auf fast 100 Jahre Revolutionsgeschichte: »Die revolutionäre Klasse und ganz sicher die revolutionär noch Unentschiedenen wünschen ein Gesicht an der Spitze, das sie hinreißt... auf dem Marsch muß eine Vorhut und eine Spitze sein... Das Kommunistische Manifest enthält noch kein Wort von Führern, oder nur zwischen den Zeilen, gleichsam im mitgegebenen Dasein seiner Verfasser... Doch sobald das Manifest realisiert zu werden begann, leuchtete... der Name Lenin auf, und die Erscheinung Dimitroffs in Leipzig hat der Revolution mehr geholfen als 1000 Breittreter oder Referenten in Versammlungen.«[28]

Bezeichnend für die axiomatische Grundeinstellung zur menschlichen Individuation, die in der Führerpersönlichkeit ihre prägnante Manifestation findet, ist der Schlußsatz von Ernst Blochs Betrachtung zum Thema »Rolle der Persönlichkeit in der Revolution (s. c. Geschichte der Mensch-

heit)«. »Derart menschliche Dinge wie die Revolution lassen sich ohne
sichtbare Menschen, ohne das Bild wirklicher Personen... kaum durchführen. In der klassenlosen Gesellschaft mag und wird das überflüssig, ja
völlig anders sein.«[29]

2.4.4 Technik und Taktik der Revolution

Die Frage, wie sich eine Revolution zu vollziehen habe, berührt die Technik
und die Taktik der Umwälzung. Zentral ist dabei die Frage der Gewaltanwendung. Die Entscheidung für Gewalt oder Gewaltlosigkeit sollte eigentlich logisch vom System der Denkansätze her ableitbar sein. Eine gewaltsame Revolution ist kaum spontan vorstellbar, da Gewaltanwendung einen
Willenseinsatz erfordert. Doch es geht nicht immer so konsequent zu. Auch
hinsichtlich der Gewaltanwendung oder der Ablehnung der Gewalt sind
Anarchisten und Marxanhänger in beiden Lagern zu finden. Von Bakunin
stammen die blutrünstigsten Bekenntnisse zur Gewalt. Seine »Lust der
Zerstörung«, die »zugleich eine schaffende Lust« ist, erscheint in diesem
Zusammenhang als noch sublimierende Formulierung.[30] Doch auch Engels hat die Gewalt prinzipiell verteidigt: »...die Gewalt (spielt)... noch
eine andere Rolle in der Geschichte..., eine revolutionäre Rolle, ...sie
(ist), in Marx' Worten, die Geburtshelferin jeder alten Gesellschaft..., die
mit einer neuen schwanger geht, ...sie (ist) das Werkzeug..., womit sich
die gesellschaftliche Bewegung durchsetzt und erstarrte, abgestorbene
politische Formen zerbricht –«.[31] Friedfertiger äußert sich hingegen der
Anarchist Proudhon. Grundsätzlich hat man sich eine Revolution zunächst
aber wohl gewalttätig vorgestellt, man ging von der Erfahrung hinsichtlich
der feststellbaren Praxis aus. Doch diese Erfahrung wirkte abschreckend,
vornehmlich auf die Gegner der Linken. Das Thema, wie eine Revolution
sich unblutig, gewaltlos, vollziehen könnte, die dann u. a. »Evolution«
genannt wird, erscheint daher, neben der »Propaganda der Tat«, als eine
Möglichkeit der »Propaganda des Wortes«, die nicht vernachlässigt werden darf. Seit dem Beginn der »Revisionismus-Debatte« bei den Nachfolgemarxisten in Deutschland um die Wende vom 19./20. Jahrh. ist dieses
Problem behandelt worden. Taktische Überlegungen hatten schon frühzei-
tig zur Abschwächung hinsichtlich des gewalttätigen Engagements der
Revolutionäre geführt. So sagte August Bebel im Leipziger Hochverrats-
prozeß des Jahres 1872: »Das Wort Revolutionär ist von uns stets in dem
Sinne verstanden worden, den Liebknecht eben entwickelte (Wilhelm
Liebknecht hatte zu seiner Verteidigung ausgeführt, daß ›Revolution das
fortwährende pulsierende Leben der Gesellschaft‹ sei). Wir sehen dabei
keine Heugabeln vor unseren Augen blitzen. Revolution heißt Umgestaltung – gleichviel mit welchen Mitteln.«[32]

2.5 Rationalismus – szientistische Gewißheit

Die Utopie als Gesellschaftskritik ist ein Traum der Ratio: Die gegenwärtige Welt erwies sich nicht als die »denkbar beste«, es galt, eine bessere zu erdenken. Die bei dem Entwurf des Zieles eingesetzte Ratio sollte auch die Mittel, die Methode zur Erreichung des Zieles bereitstellen; andererseits sollte die Rationalität der Methode die Erreichung des Zieles glaubhaft machen, ja, garantieren. Im Zuge der Aufklärung, die als philosophische Tendenz im Geistesleben Europas, nicht als punktuelles Ereignis aufzufassen ist, setzte sich zunehmend die Überzeugung durch, daß es die Aufgabe der Menschen sei, mittels ihres Verstandes ihre Geschicke zu meistern und die Lösung der Welträtsel anzustreben. »Aufklärung ist der Ausgang des Menschen aus seiner selbstverschuldeten Unmündigkeit.«[33]

Der Einfluß der Aufklärung auf das Denken der Linken, der revolutionären Kritiker des Bestehenden, ist nicht zu übersehen. Der britische Rationalist Jeremy Bentham (1748–1832), dem der Ausspruch zugeschrieben wird, der Zweck menschlichen Handelns sei es, das »größtmögliche Glück der größtmöglichen Zahl« von Menschen zu erreichen, hat besonders Robert Owen (1771–1858) beeinflußt. Owen hielt das eigene Glück für die einzig beständige Maxime des menschlichen Handelns, ansonsten sei der Charakter der Menschen und sein Verhalten milieuabhängig. Die wissenschaftlich begründete Voraussetzung für die Erreichung des allgemeinen Wohlstandes war nach Owen ein kommunistisches Gemeinwesen, mit staatlichem Ausbildungs- und Erziehungswesen, mit Gütergemeinschaft, Selbstverwaltung und sozialer Gleichheit. Für die Erreichung dieses Zieles und die Funktionsfähigkeit seines Gemeinwesens wollte Owen Technik und Wissenschaft einsetzen. Die Anhänger von Owen wurden erstmals 1827 »Sozialisten« genannt, in der modernen, anti-bourgeoisen, also sozialrevolutionären Bedeutung des Wortes. In Frankreich hatte Claude Henry de Rouvroy Comte de Saint-Simon (1760–1825) erstmals dem Begriff der Staatsverfassung die Konzeption der Gesellschaftsordnung entgegengestellt. Die bei Saint-Simon bereits vorhandenen Ansätze wurden von seinen Schülern später extrem formuliert: Ausnutzung der Technik, Abschaffung der Ausbeutung des Menschen durch den Menschen. Jeder sollte nach seinen Bedürfnissen leben können, dazu sei es notwendig, daß die »Verwaltung der Sachen, die Herrschaft über die Menschen« ablöse.

In Deutschland war es Wilhelm Weitling (1808–1871), der noch vor Marxens Bekenntnis zum »Wissenschaftlichen Sozialismus« die Herrschaft des Wissens bei der Gestaltung menschlichen Zusammenlebens forderte. Weitling gehörte dem »Bund der Gerechten« an und bezeichnete sich selbst als »Kommunist«, die von ihm vorgeschlagene Wirtschaftsorganisation und Sozialordnung sah Produktionsgenossenschaften vor, die auf der Grundlage von Familienverbänden organisiert sein sollten.

Erst die beginnende industrielle Revolution und die in deren Gefolge einhergehende Umstrukturierung der Gesellschaft schuf die Voraussetzungen und den Boden, auf denen der Sozialismus entstehen konnte. Es entstanden die Probleme, die nach Lösung verlangten. Diese Antworten sollten wissenschaftliche Überlegungen geben, die die »Frühsozialisten« anstellten. Der Terminus bezieht sich auf die Zeit vor dem Auftreten von Karl Marx (1818–1883) und Friedrich Engels (1820–1895). Der wesentliche Beitrag der Frühsozialisten zu den Denksystemen der Linken war die Überzeugung, daß die Wissenschaft der Analyse der kritikwürdigen Zustände sowie dem Entwurf einer Zukunftsplanung zu dienen habe. Bereits die Frühsozialisten der wissenschaftlichen Observanz, deren Auftreten mit der Mitte des 18. Jh. angesetzt werden kann, haben den Versuch unternommen, die menschliche Gesellschaft mit den Methoden und in jenen Blickrichtungen zu analysieren, die die Prognose einer weiteren Entwicklung zuließen, und die später in den Wissensdisziplinen der Soziologie, Sozialpsychologie, Politologie, Wirtschaftswissenschaft u. ä. eine fachrichtungsmäßige Ausformung fanden. Der Zeitgenosse von Marx und Engels, der »Arbeiterphilosoph« Joseph Dietzgen (1828–1888) bemühte sich im Hinblick auf die angestrebte Wissenschaftlichkeit um deren Fundierung in einer realistischen Erkenntnistheorie. »Hinter den Erscheinungen der Welt soll etwas Höheres oder Mysteriöses sitzen, das zu kapieren für unseren Verstand zu hoch ... ist, das wir nicht ›formal‹ erkennen können, das wir deshalb ... philosophisch transzendental erschmachten sollen«, sagt Dietzgen in Abwehr einer kritizistischen Erkenntnistheorie.[34] Das Problem ist die Erkenntnisgewißheit im Diesseits als Garantie des wissenschaftlichen Sozialismus.

Der Hoffnung der Menschen auf die eigene ratio, die in den Wissenschaften bei der Meisterung der menschlichen Nöte Effekt gewinnen sollte, wollten K. Marx und sein Weggefährte F. Engels entsprechen, als sie ihren »Wissenschaftlichen Sozialismus« konzipierten. Das Buch von F. Engels, das diesen Gedanken im Titel proklamiert, »Die Entwicklung des Sozialismus von der Utopie zur Wissenschaft« (1880 französisch, 1883 deutsch) ist eine Zusammenstellung von Kapiteln aus der Streitschrift »Herrn Eugen Dührings Umwälzungen der Wissenschaft« (1878), in der Engels gegen den in sozialistischen Kreisen in Berlin einflußreichen E. Dühring polemisierte, indem er die unumstößliche »Wissenschaftlichkeit« von Marxens »Materialistischer Geschichtsauffassung« als Datum postulierte. Bevor diese Position wenigstens dem Anspruch nach eingenommen werden konnte, war viel vorbereitende publizistische Arbeit, häufig im Zusammenwirken von Marx und Engels, geleistet worden. In diesen Werken wurde der Anspruch erhoben, daß in ihnen die wissenschaftlichen Erkenntnisse der beiden Autoren zu einer Theorie der Entwicklung der Menschheit verarbeitet worden seien, in der gleichzeitig eine Anweisung für die Methode zweckmäßigen revolutionären Handelns enthalten wäre. Es können nach den bereits erwähnten Werken nur die wichtigsten dieser Schriften genannt werden: »Einleitung zur Kritik der Hegelschen Rechtsphilosophie« (1844), »Das Manifest der Kommunistischen Partei« (1848), »Zur Kritik der politischen Ökonomie« (1859), »Das Kapital Bd. 1 und 2« (1867 und 1885). Marxens Entwurf einer Weltdeutung, die er »Kommunismus« nennt, geht von einer Kritik des Bestehenden aus und findet gerade in der Tatsache des feststellbaren menschlichen Elends den Ausgangspunkt einer heilbringenden Entwicklung. Die Dialektik der quantitativen Steigerung des Elends zum qualitativen Sprung in das Reich der Freiheit und Selbstfindung des Menschen wird als Gesetz des Geschehens, der Geschichte, postuliert, dessen prinzipielle Erkennbarkeit den Menschen die Möglichkeit der rationalen Selbsthilfe eröffnet. »Der Kommunismus«, sagt Marx von seiner Lehre, »als positive Aufhebung des Privateigentums, als menschlicher Selbstentfremdung, und darum als wirkliche Aneignung des menschlichen Wesens durch und für den Menschen; ...Dieser Kommunismus als vollendeter Naturalismus = Humanismus, als vollendeter Humanismus = Naturalismus, er ist die wahrhafte Auflösung des Widerstreits zwischen den Menschen mit der Natur und mit den Menschen, die wahre Auflösung des Streits zwischen Existenz und Wesen, zwischen Vergegenständlichung und Selbstbestätigung, zwischen Freiheit und Notwendigkeit, zwischen Individuum und Gattung. Er ist das aufgelöste Rätsel der Geschichte und weiß sich als diese Lösung.«[35]

Das Pathos und die Kraft dieser Erkenntnisgewißheit, die ja gleichzeitig eine Erfolgsgarantie zu bieten scheint, sollte für die Zukunft des Nachfolgemarxismus bestimmend bleiben. Der von Marx hervorgehobene »Humanismus« ist ein Ausdruck der anthropozentrischen Perspektive des Marxismus. Es ist aber andererseits nicht zu übersehen, daß diese prophetische Aussage mit der lapidaren Feststellung beginnt: »Der Kommunismus (ist eine) positive Aufhebung des Privateigentums...« im »Manifest« ist diese Prämisse noch klarer formuliert: »...die Kommunisten (können) ihre Theorien in dem Ausdruck: Aufhebung des Privateigentums zusammenfassen.«[36] Diese soziologische Aussage zum Privateigentum legt die ökonomische Perspektive des Marxismus fest. Der Nachfolgemarxismus hat diese zwei Tendenzen ausgiebig diskutiert. Die Diskussion ist auch heute noch nicht abgeschlossen. Eine Entscheidung der Frage, ob der Mensch im Mittelpunkt der Marxschen Überlegungen stand, oder die szientistisch, d.h. wissenschaftlich faßbaren Produktionsverhältnisse, ist schwierig. Die monistische Schau des Menschen als Träger eines sich optimierenden Entwicklungsprozesses wird jeden Anspruch auf eine nur in metaphysischen Begriffen denkbare menschliche Individuation und eigenständige Selbstfindung unbefriedigt lassen. Marx spricht das Dilemma implizite in der zitierten Kommunismus-Definition an. Die assertorische Aussageform ist futurisch zu verstehen: der Mensch wird sein, wie er noch nicht ist, die Erreichung des angestrebten Zustandes der Vollkommenheit – als solche kann die Auflösung aller Unzulänglichkeiten und Rätsel füglich bezeichnet werden – liegt in der Zukunft. Der Mensch ist bis dato unvollkommen. Er wird oder soll ein neuer Mensch werden. Ob dieser Wandel als eschatologische Schwelle oder als Voraussetzung für deren Erreichung angesehen werden soll, ist nicht so wichtig wie die Tatsache, daß der Mensch, der gegenwärtig existiert, nicht in die chiliastischen Vorstellungen des Marxismus gehört.

In der mit dem Nachfolgemarxismus beginnenden Diskussion innerhalb der Linken ist der Ausweg aus dem Dilemma meist in einer futurologisch formulierten »terrestrischen« Projektion der Hoffnung, einem diesseitigen Chiliasmus, konzentriert im Menschenbild, gesucht worden. In der Konsequenz dieses Denkens sagt Theodor Adorno: »Im emphathischen Begriff der Wahrheit ist die richtige Einrichtung der Gesellschaft mitgedacht, so wenig sie auch als Zukunftsbild auszupinseln ist. Die reductio ad hominem die alle kritische Aufklärung inspiriert, hat zur Substanz jenen Menschen, der erst herzustellen wäre, in einer ihrer selbst mächtigen Gesellschaft.«[37]

2.6 Der Neue Mensch

Die utopische Gesellschaftskritik der Linken endet nach allen Bemühungen um Rationalität des wissenschaftlichen Anspruchs bei dem Bild, oder Wunschtraum, vom Neuen Menschen. Unterschwellig ist die Hoffnung auf eine solche Lösung aller Schwierigkeiten, denen die Menschen in dieser Welt begegnen, schon durch die Jahrhunderte wirksam gewesen. Die ersten Utopisten haben stillschweigend einen Menschentypus postuliert, der für das Funktionieren ihrer Idealentwürfe notwendig, also die Voraussetzung, war. Das Glück der Menschen im utopisch gezeichneten Gemeinwesen war eigentlich vorangelegt in dem mit den notwendigen Eigenschaften ausgestatteten Menschen, eine petitio principii. Dieser Neue Mensch, der dem gegenwärtigen als Ideal gegenübergestellt wurde, wurde verschieden vorgestellt. Zuweilen ist der Neue Mensch eigentlich nur der ursprüngliche, unverfälschte Mensch, wie der »Edle Wilde« Rousseaus. Auch Marx stellt sich den wahren Menschen als aus der »Entfremdung« zu seinem eigentlichen Wesens zurückgekehrt vor. So berühren sich die aus dem Garten Eden der Vorzeit übernommenen Vorstellungen und die eines chiliastischen Reiches im Prinzip »Utopie«, im nicht Vorhandenen.

Aufschlußreich für den utopischen Charakter des Neuen Menschen sind die Zweifel, die in der Diskussion über seine realen Möglichkeiten geäußert werden.

»Mit Menschen, wie sie sind, ist ein Absterben des Staates unvorstellbar. Beim Rechnen auf eine radikale und innerlichste Änderung der menschlichen Natur überschreiten wir die Grenzen der empirischen Forschung und betreten den Bereich der prophetischen Schau, wo die wahre Bedeutung und die providentielle Bestimmung des Menschen in stammelnden Metaphern umschrieben werden«, meint der marxistische Soziologe Eduard Heimann.[38] Noch nüchterner spricht Tschou Jang, der jetzige Chefideologe der KP Chinas seine Zweifel aus: »Maos selbstloser neuer Mensch ist das ideale Ziel. Aber die Wirklichkeit ist nicht so. Die Kommunistische Partei muß den Einzelmenschen anerkennen und sein Verhältnis zur Gesellschaft dialektisch sehen. Er arbeitet nicht nur für die Interessen der Gesellschaft, sondern auch für seine eigenen.«[39] Doch auch in dieser Auffassung, die fast dem Realismus der Mandevilleschen Bienenfabel nahe kommt, wird von dem Neuen Menschen als dem »Idealziel« gesprochen. Auf dem Hintergrund der realistischen Einwände hebt sich desto strahlender der irreale Idealtypus des Neuen Menschen ab; so bleibt die Hoffnung weiterhin lebendig, daß sich der Neue Mensch werde schaffen lassen. Gestützt wird diese Erwartung durch den von Marx im Anschluß an die Aufklärung postulierten kausativen Effekt des menschlichen rationalen Handelns und die daraus abgeleitete Annahme, daß jegliche Erziehung wegen der unbeschränkten Bildbarkeit der potentiell ihren Anlagen nach gleichen Menschen Erfolg haben müsse, also auch die Erziehung zu höherem Menschentum. Diese Meinung ist von den Nachfolgemarxisten vielstimmig vertreten worden.[40]

Diese Meinung wird u. a. auch vom zeitgenössischen Trotzkisten Ernest Mandel vertreten.[41] Bei Chè Guevara, dem 1967 in Bolivien als Revolutionär gefallenen Kampfgefährten Fidel Castros, heißt es gläubig und bündig: »Um den Kommunismus aufzubauen, müssen wir mit der materiellen Basis zugleich den neuen Menschen schaffen.«[42]

3 Linke politische Gruppen

Sozialrevolutionäre Bewegungen und ihrer Überzeugung gemäß handelnde Gruppen hat es immer gegeben, doch ist »sozialrevolutionär« nicht bedeutungsgleich mit »links« oder »progressiv«, oder gar mit »utopisch«. In dem kurzen Überblick der geistigen Vorväter und politischen Vorläufer der jetzigen »Linken« ist gelegentlich ein Hinweis auf politische Aktionen und entsprechende Organisationen in der Konsequenz linken Denkens gemacht worden.

Die folgende diachronische Übersicht der politischen Gruppen linker Observanz soll in eine zusammenfassende Darstellung des gegenwärtigen Zustandes, eine synchronische Bestandsaufnahme, einmünden. Die Auswahl erfolgt nach der Valenz dieser Gruppen im politischen Geschehen.

3.1 Bewegungen der beginnenden Neuzeit

Die Nennung von politischen Bewegungen der beginnenden Neuzeit soll auf besonders markante Forderungen dieser Bewegungen hinweisen, die quasi als Programmpunkte gelten, und die mutatis mutandis auch noch heutzutage als politische Forderungen erhoben werden. Deswegen könnten die genannten Gruppen, mit allem Vorbehalt, als in der geistigen Ahnenreihe der jetzigen Linken stehend angesehen werden.

Bei den religiös-kommunistischen Schwärmerbewegungen des späten Mittelalters und der Reformationszeit, den Katharern, Waldensern, der Gefolgschaft Thomas Müntzers und den Wiedertäufern ist sicherlich die Forderung nach praktischer Durchsetzung des Gleichheitsideals von überragender geistesgeschichtlicher Bedeutung. Die sich aus dem Axiom der Gleichheit aller Menschen ableitenden Emanzipationsbestrebungen mit Ablehnung jeglicher Hierarchie wurde am entschiedensten von den »Independenten« der englischen Reformationsgeschichte vertreten. Die aus den Independenten hervorgegangenen »Levellers« vertraten einen extrem anarchistischen Standpunkt verbunden mit der Forderung nach dem Reich Gottes in dieser Welt.

3.1.1 *Frankreich*
Auch das Movens der Französischen Revolution war das Egalitätsprinzip, der rationale Individualismus und die liberale Emanzipation. Besonders ihr Kind, die jakobinische Verfassung, fußte auf diesen Prinzipien. Als besonders radikale Bewegung im Rahmen des Revolutionsgeschehens sind die atheistischen Hebertisten, mit ihrer Vernunftsreligion, zu nennen und vor allen Dingen die Anhänger Babeufs, die »Verschwörung der Gleichen«, die

die extreme Konsequenz der genannten Prinzipien mittels einer in einer Volksdiktatur organisierten Massenbewegung durchsetzen wollten. Die Babeuf'sche Verschwörung wurde niedergeworfen, aber seine Zielsetzungen blieben im Babouvismus, dessen bedeutendster Vertreter Louis-Auguste Blanqui (1805–1881) war, lebendig. Blanqui war ein Mann der revolutionären Aktion, »... die Personifizierung der intellektuellen Entwicklung des revolutionären Sozialismus.[43] Er trat mit seinen Anhängern für Aufklärung und Erziehung der Massen ein, die im Kampf von kleinen, wohl organisierten und disziplinierten Verschwörergruppen geführt werden müßten. Die konspirative Technik wurde von den italienischen »Carbonari« übernommen, die Fortführung dieser Tradition in der »Partei neuen Typs« durch Lenin ist unverkennbar.

In der Tradition der Französischen Revolution stand auch Saint-Simon, der eine Schule oder Bewegung bildete, die allerdings bald religiös-sektenartigen Charakter annahm, und an politischer Bedeutung verlor. Die Saint-Simonisten vertraten viele Vorstellungen, die später vom Marxismus populär gemacht wurden: Gesetzmäßigkeit der Entwicklung der Gesellschaft, Ausbeutung, Klassenkampf, sozialer Ausgleich als Ziel. Neben Blanqui war es aber vor allem Proudhon, der in der französischen Arbeiterbewegung über 1848 hinaus, besonders in den 60er Jahren des vorigen Jahrhunderts, einen überragenden Einfluß hatte. Seinem Anarchismus fehlte aber trotz aller verbaler Radikalität die Bereitschaft zur revolutionären gewaltsamen Aktion. Die Haltung eines konsequent pazifistischen Anarchismus wurde von der Arbeiterschaft als politische Inkonsequenz gewertet. Doch war es vor allem Proudhons Ablehnung einer straffen Organisation, die ihn letztlich als Inspirator einer politischen Bewegung unglaubwürdig machte. Den organisatorischen Durchbruch brachte erst der Marxismus. Der Marxismus als ideologische Grundlage der Organisationsbestrebung der Arbeiter in Frankreich fand dort vor allem durch die Tätigkeit von Marxens Schwiegersohn, Paul Lafargue (1842–1911), und Jules Guesde (1845–1922) Zugang. Allerdings kam es nicht zur Bildung einer großen geschlossenen Partei, die Wirkung der syndikalischen Vorstellungen, die letztlich auf Proudhon zurückgingen, wirkten nach und führten zu einer gewissen Aufspaltung, die bestimmten ideologischen Positionen entsprach, die hier mit »Möglichkeit der Reform« oder »Notwendigkeit der Revolution« bezeichnet werden sollen.

3.1.2 *Deutschland*
Auch Weitling hat in Deutschland, ungeachtet seiner persönlichen Bedeutung, keine größere Bewegung oder Organisation bilden können. Organisatorische Ansätze können im »Bund der Gerechten« und vor allem im

»Bund der Kommunisten« (gegr. 1836) gesehen werden; Marx schloß sich im Jahr 1846 dem »Bund der Kommunisten« an, für den er 1848 das »Kommunistische Manifest« verfaßte. Bemerkenswert ist der programmatische Anspruch des Bundes der Kommunisten auf Internationalität. Die bedeutsamen und folgenreichen Anfänge einer organisierten Arbeiterbewegung in Deutschland, die mit einem revolutionären Programm antrat, sind in den zwei unabhängig von einander entstandenen Vorläuferorganisationen der späteren Sozialdemokratischen Partei Deutschlands zu sehen. 1863 gründete Ferdinand Lassalle (1825–1865) den »Allgemeinen Deutschen Arbeiterverein«. Lassalles Hauptforderung waren allgemeines Wahlrecht und die Bildung von »Produktionsassoziationen«, die vom Staat gefördert werden sollten. Die von August Bebel (1840–1913) 1869 gegründete, marxistisch orientierte »Sozialdemokratische Arbeiterpartei«, lehnte den »Staatssozialismus« ab, den sie als Gefahr ansah und als Folge jener »Produktionsassoziationen« für möglich hielt. Nach der Vereinigung der beiden Organisationen der deutschen Arbeiterbewegung im Jahr 1875 setzte sich der marxistische Einfluß gegenüber den Lassalleanern stärker durch. Im Jahre 1891 auf dem Erfurter Parteitag gab sich die Sozialdemokratische Partei ein eindeutig marxistisches Programm. Ungeachtet der programmatischen Festlegung ging aber der interne Prinzipienstreit bezüglich der Richtung sozialdemokratischer Politik weiter und ließ die ideologischen Gegensätze erkennen, die in der deutschen Arbeiterbewegung wirksam waren und wirksam geblieben sind. Vereinfacht lassen sich die gegensätzlichen Standpunkte bei dieser Auseinandersetzung mit den Begriffen »Evolution« und »Revolution« definieren, wie dies im »Revisionismusstreit« historisch manifest geworden ist. Dieser Hinweis unterstreicht die Feststellung, daß die Begriffe »Arbeiterbewegung« und »revolutionäre Bewegung« keineswegs identisch sind, zweitens muß bedacht werden, daß »Revolution« ein Überbegriff ist, in den viele Teilaspekte der »rücksichtlosen Kritik am Bestehenden« eingehen. Der Streit um die Frage »friedliche, reformerische Evolution« oder »gewaltsame, radikale Revolution« bestimmte die Haltung der deutschen Arbeiterbewegung bis zum Ende des ersten Weltkrieges, d. h. bis zum großen Schisma des Jahres 1918, das sich in etwa entlang dieser Bruchlinie vollzog. Die exemplarische, daher etwas ausführlichere Darstellung der Entwicklung in Deutschland sollte die Stichworte für die notwendigerweise kurzen Bemerkungen bezüglich der übrigen Länder Europas, inkl. Rußlands, und der Vereinigten Staaten von Nordamerika liefern.

3.1.3 England, Nordwesteuropa, Nordamerika

In England war es bereits 1840 durch die Zusammenfassung der vielerorts entstandenen Arbeitervereine zur Bildung der »National Charter Association« gekommen, die sich an erster Stelle für eine entschiedene, dem Gleichheitsprinzip Rechnung tragende Reform des Wahlrechts einsetzte. Man verlangte nach »The People's Charter«, wobei der Anklang und der traditionsträchtige begriffliche Anschluß an die »Magna Charta – The Great Charter« von 1215 kein Zufall gewesen sein dürfte. Die »Chartisten«, in deren ideologische Grundlage auch manche These von R. Owen einging, versuchten auch in anderen politischen Fragen auf das Parlament Einfluß zu nehmen.

Der revolutionäre Elan der Chartisten erlahmte bald, man sah andere Möglichkeiten, den evolutionären Weg der Reform zu begehen und damit die soziale Lage der Arbeiter zu verbessern. Konsumgenossenschaften und gewerkschaftliche Zusammenschlüsse, also Solidarität im überschaubaren Bereich, waren die Kampfmittel. Außer diesem Erlebnis der Solidarität ergaben sich kaum Affinitäten zur Ideologie des Marxismus. Dieser Umstand wurde von F. Engels zu Ende des 19. Jh. ausdrücklich bedauert und mit der Gleichgültigkeit der Briten gegenüber jeglicher Theorie erklärt. Bis zum Ende des ersten Weltkrieges sind allerdings auch in Großbritannien verschiedene marxistisch orientierte Splitterparteien entstanden. Die Anfang des 20. Jh. gegründete Labour Party basiert allerdings ideologisch eher auf dem linken Liberalismus und der »Fabian Society«, die um die Jahreswende 1883/84 gegründet wurde mit dem Ziel: »...reconstructing society in accordance with the highest moral possibilities«, also Umbau der Gesellschaft gemäß den höchsten moralischen Möglichkeiten, in ihr war auch Benthams Ideal des »größtmöglichen Glückes der größtmöglichen Zahl« lebendig geworden. Allerdings sind im Laufe der Zeit auch überzeugte Marxisten Miglieder der Labour Party geworden.

Die angelsächsische Haltung gegenüber dem sozialen Problem, die einer humanitären, moralischen Einstellung entsprang, wurde auch bei der Gründung von sozialreformerischen Parteien in Holland, Belgien und vor allen Dingen in Skandinavien, einschließlich Finnlands, als Muster akzeptiert. Doch setzte sich auch dort marxistischer Einfluß, mit Schwergewicht in Holland und Belgien durch.

Die Vereinigten Staaten übernahmen mit den Millionen von Einwanderern aus Europa auch die auf diese Weise eingeführten Ideologien, doch waren deren Träger meist vereinzelte sozialistische Theoretiker oder kleine Gruppen. Eine »Socialist Party« marxistischer Observanz war bereits 1901 gegründet worden, sie blieb als Organisation bedeutungslos. Eine autochthone sozialrevolutionäre Bewegung entstand in den USA erst 1905, das Jahr mag im Hinblick auf die Ereignisse in Osteuropa kein Zufall gewesen sein, in Chicago, als dort unter Mitwirkung führender

Linke politische Gruppierungen 109

Sozialisten und Gewerkschaftler die »Industrial Workers of the World«
(IWW) gegründet wurden. Diese sozialrevolutionäre Vereinigung der Industriearbeiter wollte den Kapitalismus gewaltsam beseitigen, sie wendete
sich an die ungelernten Arbeiter, zeigte populistische und anarchosyndikalistische Tendenzen. Die IWW sammelte bis zum Jahr 1917 ca. 100 000
Mitglieder. Als ihre Streiks, die primär Lohnstreiks waren, die Kriegswirtschaft gefährdeten; wurde die Organisation zerschlagen, ihr Führer vor
Gericht gestellt.

Die Mexikanische Revolution 1910–1920, die erste Agrarrevolution des
20. Jh., war in ihren Anfängen eine Erhebung des liberalen Bürgertums
gegen die Diktatur des Präsidenten Díaz. Sie erhielt ihren revolutionären
Schwung durch die Unzufriedenheit der Massen des Landproletariats. Eine
Landreform, die den Großgrundbesitz zugunsten eines, auf alte indianische Tradition zurückgehenden, genossenschaftlichen Grundbesitzes abschaffen wollte und ein militanter Antiklerikalismus waren die motivierenden Zielsetzungen. Marxistischer Einfluß ist in den Anfängen nicht nachweisbar, statt dessen ein elementarer Populismus, die Befreiung der kleinen
Leute von korrupter Ungerechtigkeit. Im Verlauf der bis in die 30er Jahre
dieses Jahrhunderts andauernden bürgerkriegsähnlichen Unruhen wurden
marxistische Tendenzen wirksam. Die Entwicklung in Mexiko ist aufschlußreich für die Ideengeschichte linker politischer Bewegungen. Dort
wurde die revolutionäre Initialzündung des Aufstandes der Landbevölkerung von einer Gruppe städtischer Intellektueller und Berufspolitiker, die
sich schließlich zur »Partido Revolucionario Institucional« (PRI) zusammenschlossen, umgemünzt zu einer Legitimation ihrer sich auf die Städte
abstützenden und dort ausgenutzten Herrschaft. Der revolutionären Verpflichtung des Anfangs muß durch gelegentliche liberal-aufklärerische
Deklarationen, die die Herrschenden als Bannerträger der Revolution
ausweisen, Genüge getan werden. Diesen Deklarationen, die zuweilen von
der Demonstration meist fremdenfeindlicher Kraftakte unterstützt werden, steht von Fall zu Fall eine brutal-autoritäre Herrschaftspraxis gegenüber.

3.1.4 Rußland und Randgebiete

Im Jahre 1825 kam es im zaristischen Rußland zum Aufstand der »Dekabristen«; eine Gruppe junger Offiziere forderte durch eine militärische
Demonstration vom Zaren Nikolaus I. eine Verfassung nach westeuropäischem Vorbild. Die Forderungen und die »revolutionäre« Methode erscheinen in der Rückschau maßvoll. Sie waren jedoch auf dem Hintergrund der Zustände im damaligen Rußland revolutionär und auf Veränderung der Verhältnisse gerichtet. Bemerkenswert ist es bei diesem mißlunge-

nen Aufstand, daß es sich bei den Verschwörern um Mitglieder der Oberschicht handelte, die eine »Revolution von oben« praktizieren wollten.

Eine sozialrevolutionäre Bewegung der Basis, die einige politische Bedeutung hatte, war hingegen die Sekte der »Altgläubigen«, die sich mit antiautoritären, hierarchiefeindlichen Forderungen gegen die herrschende griechisch-orthodoxe Kirche auflehnten, und utopische, gesellschaftspolitische Vorstellungen eines chiliastischen Gottesreiches verwirklichen wollte. Wichtig ist die ideengeschichtliche Verbindung der Altgläubigen zu den »Narodniki«, als deren revolutionäre Vorbilder sie bezeichnet wurden.[44] Anfang der 60er Jahre des vorigen Jh. hatten sich Intellektuelle, von sozialistischen Ideen motiviert, in der Gruppe der »Narodniki« (etwa = Volkstümler, Populisten) zusammengeschlossen. Sie strebten eine Erneuerung Rußlands durch das »Volk«, d. h. die Bauern, an. Dabei bestimmten sie Vorstellungen eines idealisierten Agrarkollektivismus früherer Zeiten. Dadurch konnte das Trugbild einer scheinbar vergangene Zustände »konservierenden« revolutionären Bewegung entstehen (Vergl. S. 89). Seit 1863 spielte der Publizist Alexander Herzen (1812–1922) eine bedeutende Rolle bei den Narodniki, auch die anarchistischen Ideen Bakunins fanden Anklang. Von 1870–1922 hatten die Narodniki unter den russischen Intellektuellen eine Art ideologischer Monopolstellung. 1879 spalteten sich die Narodniki in die terroristische Gruppe Narodnaja Volja (Volkswille) und in die sogenannte »Schwarze Fraktion«, die später marxistische wurde. Die Radikalität der Extremisten in der Gruppe Narodnaja Volja führte zum politischen Nihilismus mit der Revolutionstechnik des Individualterrors. Auf die Tradition der Narodniki stützte sich die russische linke Partei (Sozialrevolutionäre), die von 1902 bis 1922 bestand. 1883 gründete Georgi V. Plechanov (1856–1918), ein früherer Narodnik, die erste marxistische Arbeiterorganisation im zaristischen Rußland, der sich auch Vladimir Uljanow (1870–1924) (genannt V. J. Lenin) 1895 anschloß. Im Jahre 1898 wurde die »Russische Sozialdemokratische Arbeiterpartei« gegründet, der Lenin ein Jahr später mit anderen Sozialisten der Ersten Stunde beitrat. Diese Partei spaltete sich 1903 in zwei Flügel, die »Bolschewiki« (etwa die »Mehrheitsfraktion«) waren für eine straffere Parteiorganisation zwecks Führung der Massen und deren Erziehung zu bewußten Revolutionären eingetreten.

Die sozialrevolutionäre Entwicklung in den nicht-russischen Randgebieten des Zarenreiches stand unter vornehmlich marxistischem Einfluß, der direkt aus Mittel- und Westeuropa einwirkte. Es kam parallel zu den Geschehnissen im eigentlichen Rußland um die Jahrhundertwende zur Gründung sozialdemokratischer Parteien. Diese tendierten häufig durch die stärkere Betonung der nationalen Komponente, wie dies z. B. für den jüdischen »Bund« in Polen zu verzeichnen ist, zur Abspaltung von einer a-nationalen Sammelpartei. Das Ideal der »Internationalität« war nicht immer leicht zu verwirklichen.

Südeuropa, vor allem Italien und Spanien, war das Hauptbetätigungsfeld des politisch aktiven Anarchismus, verbunden mit gewerkschaftlichen Bestrebungen bildete sich die sozialrevolutionäre Richtung des »Anarcho-Syndikalismus«, die einige Thesen Proudhons wiederaufleben ließ. Das Unvermögen der Anarchisten, sich organisatorisch in großen Dachverbänden zu organisieren, brachte diese anarcho-syndikalistischen Gruppen in eine Gegnerschaft zu den marxistisch orientierten Parteien, die ebenfalls in diesen Ländern um Gefolgschaft warben. Auf die politische Durchschlagskraft der sozialrevolutionären Linken wirkte dieser Gegensatz oft paralysierend. Die angestrebte Einheitsfront zerbrach immer wieder, wozu noch die vorprogrammierten internen Streitigkeiten der Anarchisten untereinander aber auch die latent in den marxistischen Parteien wirkende Anarchiebereitschaft mit den entsprechenden Abspaltungen beitrug. Ein casus belli war immer wieder das Ideal der »Internationalität«.

3.2 Die Internationale

Die aus der globalen Gültigkeit des Gleichheitsaxioms abgeleitete Theorie des »Internationalismus« einer revolutionären Bewegung drängte aus den praktischen Erwägungen der Zusammenfassung der zersplitterten sozialrevolutionären Gruppen in aller Welt zur Schaffung übergreifender Dachorganisationen. Ein weiterer rationaler Faktor bei der Konzipierung des Theorems des Internationalismus stammt aus der Aufklärung. Das rationale Ideal des »Ewigen Friedens«, der im »Pazifismus« zur beherrschenden Vorstellung wurde, läßt sich mit abschließendem Erfolg nur im Weltmaßstab verwirklichen. Bereits Kant plädierte in seinem Aufsatz »Zum ewigen Frieden« (1795) für einen internationalen Staatenbund, »der zuletzt alle Völker der Erde befassen würde[45], ...« Aber neben aller Rationalität sowie deren Erfordernissen der politischen Praxis steht das Bedürfnis nach Solidarität, das Gefühl für die Sicherheit in der Gemeinschaft, also ein emotionaler Faktor.

3.2.1 Die I. Internationale
Die I. Internationale hieß mit ihrem offiziellen Namen »Internationale Arbeiterassoziation« (IAA), sie wurde 1864 gegründet. Sie kann als ein Konglomerat von Gruppen mit verschiedenen Meinungen bezeichnet werden, deren ideologischer Denominator die Verpflichtung auf die Sozialre-

volution war. Messianisch-utopischer Sozialismus, liberaler resp. rationaler Internationalismus, revolutionärer Radikalismus, wissenschaftlicher Sozialismus und nihilistischer Anarchismus fanden sich zusammen. Auch Marx und Engels waren der Meinung, daß die Zentralbehörde der IAA keine Exekutivgewalt haben sollte. Unter diesen Auspizien war das Ende dieser Assoziation vorauszusehen. Sie zerbrach an der Diskussion um Zentralismus oder Föderalismus, parallel dazu mußte man sich für eine straffe Organisation der Revolutionäre oder einen anarchischen ideologischen Konsens entscheiden. Marxistischer Kampf um die Gewalt im Staate, um das Mittel der Unterdrückung in die eigene Hand zu bekommen, und anarchistische Sehnsucht nach dem utopischen Endziel der »Akratie« ließen sich nicht vereinigen. Im Jahre 1872, der aktuelle Anlaß war der Streit, wie man die Vorgänge um die Pariser Kommune beurteilen sollte, brach die IAA auseinander.

3.2.2 Die II. Internationale und deren Aufsplitterung

Die III. Internationale wurde 1896 gegründet. Sie war föderalistisch organisiert. Die innenpolitischen Erfolge der marxistisch orientierten Linksparteien in Europa, oft nur durch steigende Mitglieder- und Abgeordnetenzahlen in ihren Heimatländern dokumentiert, setzte dieses originär anarchistische Prinzip durch. Es blieb aber auch dieser Dachorganisation die Hypothek des Theorems vom »proletarischen Internationalismus« als Erbteil aus dem marxistischen Fundus. Marx und Engels hatten theoretisch ein Verschwinden der Nationen vorgesehen. Der proletarische Internationalismus war per definitionem antinational. Die Situation des »Klassenkampfes« in den einzelnen Ländern verdeckte zunächst die Brisanz dieser ideologischen Forderung des Marxismus. Der Konflikt zwischen dem emotionalen Faktor, der vornehmlich im nationalen Rahmen erlebten menschlichen Nähe oder Solidarität, und dem Theorem eines rationalen Bekenntnisses zur Internationalität war vorprogrammiert.

Im Vorgriff kann gesagt werden, daß diese Unmöglichkeit, »Internationalismus« auf spontaner Grundlage mehr als nur deklaratorisch durchzusetzen, auch heutzutage in der Diskussion der sozialrevolutionären, d. h. linken Gruppen eine Rolle spielt. Die II. Internationale zerbrach im ersten Weltkrieg, unbeschadet der Tatsache, daß sie organisatorisch weiterbestand. Eine Wiederbelebung als »Sozialistische Internationale« hat sie in den Jahren seit etwa 1960 erfahren. Die überzeugten revolutionären Internationalisten, die die Zukunft der Weltrevolution nur in einem organisiert geführten Kampf sahen, den eine monolithische Kommandozentrale zu leiten hätte, bildeten zunächst eine linke Abspaltung von der Sozialdemokratie, die sich nachher als »kommunistische Partei« etablierte.

Durch den Zusammenschluß dieser Parteien, die sich zunächst als Sektionen einer internationalen Einheitspartei verstanden, entstand 1919 die III. Internationale, die »Komintern«, die bis 1943 bestand. Die Auflösung hatte gewisse taktische Gründe, eine Nachfolge-Organisation, das »Kominform« (Kommunistisches Informationsbüro) wurde 1947 geschaffen, doch im Jahre 1956 wieder aufgelöst. Die Führungsmacht des Weltkommunismus, die Sowjetunion, hielt solche Organisationen für unzweckmäßig. Inzwischen war infolge des Streites zwischen Stalin und Leo Trotzki (1879–1941) eine weitere Spaltung im kommunistischen Lager entstanden. Trotzki mußte 1929 die Sowjetunion verlassen, 1938 gründete er die IV. (trotzkistische) Internationale.

3.3 Die Entwicklung bis zur Gegenwart

3.3.1 Bedeutung der Sowjetunion
Der Ausgang des ersten Weltkrieges und die damit in ursächlichem Zusammenhang stehende Machtergreifung der Bolschewiki in Rußland veränderte die Lage aller linken Gruppierungen oder Parteien mit einem Schlage. Sie wurden aus meist hoffnungslosen Oppositionsparteien zu politischen Kräften, die ins Kalkül einbezogen werden mußten. Diese Tatsache ist vielleicht nicht überall sofort richtig eingeschätzt worden, aber die »normative Kraft des Faktischen« setzte sich auch in dieser Hinsicht durch. Die zunehmende politische Bedeutung der Sowjetunion und die entsprechende Beachtung, die diese Entwicklung fand, schuf ein Gravitationsfeld der Anziehung und Abstoßung für alle nichtregierenden linken Gruppierungen, was sich in einer bemerkenswerten Proliferation linker politischer »Sekten« äußerte. Dieser Anziehungs- und Abstoßungseffekt zeigte sich besonders an der deutschen Sozialdemokratie, die sich nicht allzu kommunistenfeindlich, weil damit implizite in gewisser Weise auch antimarxistisch, geben durfte, weil es sonst Abspaltungen nach links gegeben hätte. Ließ aber andererseits die an sich zentristisch eingestellte Parteiführung etwas »Revolutionäres« verlauten, bestand die Gefahr, daß diejenigen Wähler die Partei verließen, die gerade wegen des reformerisch-friedlichen Kurses bei den Mehrheitssozialisten geblieben waren. Diese Vorgänge wiederholten sich mutatis mutandis auch in den anderen europäischen Ländern. Der exilierte Trotzki sorgte zudem dafür, daß es jetzt auch radikal-revolutionäre und auf einen extremen Internationalismus eingeschworene Linksparteien gab, denen man sich als linker Sozialdemokrat und Marxist bedenkenlos anschließen konnte. Doch wurde diese trotzkistische oder linkssozialistische Sektenbildung durch die Faszination, die von der Sowjetunion zwischen den beiden Weltkriegen ausging, gebremst.

Dieser Faszination erlagen viele, z. B. sei hier das Ehepaar Sidney und Beatrice Webb genannt, Begründer der gewiß nicht marxistischen Fabian Society. Das Ehepaar kehrte begeistert von einer Reise in die Sowjetunion nach Großbritannien zurück, ohne allerdings marxistisch geworden zu sein.

3.3.2 Die Volksfrontpolitik

Bereits die Zeit vor dem zweiten Weltkrieg brachte eine unübersehbare Verstärkung der Bereitschaft der europäischen Völker, sich politisch links zu orientieren. Der Sieg des Faschismus in Italien, des Nationalsozialismus in Deutschland sowie Francos Erfolg in Spanien ließen eigentlich nicht nur die Virulenz einer politisch rechten Einstellung erkennen, sondern gleichzeitig, e contrario, in der Polarisierung die Stärke des linken Potentials. Als erstes Menetekel einer möglichen Entwicklung in Europa sollte die Änderung der Kominternpolitik im Jahre 1934 und das Echo, das die »Volksfrontpolitik« vielerorts fand, angesehen werden. Als zweite Warnung vor dem bisher latenten Potential der internationalen Revolution hätte der Spanische Bürgerkrieg erkannt werden müssen wegen des dort sichtbaren Aufmarsches der gegnerischen Kräfte.

Der zweite Weltkrieg und sein Ausgang, das machtpolitische Vordringen der Sowjetunion nach Mitteleuropa, hat deren Ansehen, im Sinne des »oderint dum metuant« zu dem einer Weltmacht gesteigert. Aber auch die positive Werbung für die Bedeutung, ja den Wert marxistisch oder revolutionär motivierten Handelns, blieb nicht aus. Da von den Linksintellektuellen mit einer im Detail nicht zutreffenden Formel das pauschale Verdammungsurteil gegen den »Faschismus« gefällt wurde, galten die erklärten Widersacher des Faschismus, die sich ihm aktiv widersetzt, und damit als Feinde bewährt hatten, oder passiv unter dem Faschismus gelitten hatten, nämlich alle Sozialrevolutionäre linker Tendenz, als positive Helden. Mittels einer wiederum unscharfen Kurzformel wurden Marxisten und anarchistische Revolutionäre als »Kommunisten« zusammengefaßt, als positiver Gegenpol zum »Faschismus«. Die Formel: Faschist = Antikommunist, daher: Kommunist = Antifaschist, setzte sich im Bewußtsein vieler Menschen mit entsprechenden negativen oder positiven Gefühlswerten durch. Seither haben »Befreiungskriege«, wenn sie nur igendwie als emanzipatorische Auflehnung gegen »faschistische Regime« deklariert werden können, einen hohen ideologischen Kurswert. Die Frage, die nach der Beseitigung aller Kolonialregime immer aktueller wird, ob nämlich im Falle eines solchen Befreiungskrieges nicht vielleicht nur eine Gruppe von Totschlägern eine andere Gruppe von Halsabschneidern zu liquidieren trachtet, ist tabu.

3.3.3 Spaltungen im Weltkommunismus

Dem ersten folgenschweren Schisma im Lager des Weltkommunismus orthodox-marxistischer Prägung, dem Ausscheren der trotzkistischen Opposition, folgte nach dem zweiten Weltkriege eine andere noch verhängnisvollere Spaltung. Der sino-sowjetische Zwist, der sich bereits Ende der 50er Jahre anbahnte, und 1964 zu einer Trennung führte, schwächte einerseits das Lager der einheitlich organisierten Weltrevolution, andererseits diente die maoistische Gegnerschaft zum Sowjetmarxismus als Ansatzpunkt der politischen Gruppenbildung in den nordatlantischen Industriestaaten, die zu dem Aufkommen der Neuen Linken und der damit verbundenen neo-marxistischen und neo-anarchistischen Renaissance in enger Beziehung stand. Diese Folgen seien noch einmal herausgestellt: Die Abspaltung des Maoismus und Trotzkismus läßt die Forderung nach der »monolithischen Geschlossenheit« des weltkommunistischen Lagers und die darauf beruhende einheitliche operative Führung unerfüllbar werden, und die in Konsequenz dieser Tatsache sich für die Sowjetunion, vornehmlich im Hinblick auf den herrschenden Maoismus, ergebende politische Schwierigkeiten sind nicht zu übersehen. Dennoch darf nicht verkannt werden, daß die Wirkungsmöglichkeiten für eine deklarierte oder subversive marxistische Indoktrination sich verbessert haben.

Auch der als selbständige Richtung etablierte Trotzkismus profitierte in den 60er Jahren d. Jh. von dem Wiederaufleben des Marxismus. Die direkte und indirekte Einflußnahme der Trotzkisten, die in verschiedenen verfeindeten »Tendenzen«, d. h. Richtungen, aufgesplittert sind, hatte erstens und als wichtigste Erscheinung eine Verbreitung der trotzkistischen Ideen und zweitens eine absolut wohl unbedeutende doch relativ durchaus bemerkenswerte zahlenmäßige Zunahme der Trotzkisten aller Schattierungen zur Folge.

Die bedeutsamste Wirkung von Trotzkismus und Maoismus in unserer Zeit ist eigentlich indirekt, sie leitet sich ab von der Sowjetfeindlichkeit dieser beiden Richtungen, die es dem Marxismus ermöglicht, ungeachtet aller Greuel des Sowjetregimes, unbeschadet des abschreckenden Bildes eines »bürokratischen Stalinismus«, Scharen neuer Anhänger zu finden, die bereit sind, aufs neue, mittels Marxismus und Anarchismus die Lösung aller Welträtsel zu suchen.

3.3.4 Die Bewegung der Neuen Linken

Für die Beantwortung der Frage nach der Weltanschauung der Linken erscheint es zweckmäßig, nachdem man die Organisationsgeschichte in großen Zügen bis in die 50er Jahre d. Jh. verfolgt hat, die Betrachtung aller linken Gruppen oder Parteien, die der Orthodoxie eines systematisierten philosophischen Wertsystems – so versteht sich der Marxismus – verpflichtet sind, in den Hintergrund treten zu lassen. Dies schließt zunächst alle sowjetmarxistisch eingeschworenen Gruppen und auch alle regierenden kommunistischen Parteien im Ostblock und anderswo von der Betrachtung aus. Zu den linken Gruppen, die nach dieser Einschränkung übrig bleiben, gehören allerdings auch die trotzkistisch und maoistisch firmierenden Linken, die wohl, wenigstens deklaratorisch, auf eine marxistische Orthodoxie Anspruch erheben, die aber de facto und aus theoretischen Gründen die Masse der Linken stellen, deren Weltanschauung hier analysiert werden soll. Diese Gruppen sollen nun in einer Übersicht, soweit es geht nach Organisationsprinzipien gegliedert, vorgeführt werden.

Das Bild, das sich heute auf der linken Seite des Spektrums politischer Gruppen bei synchronischer Betrachtung bietet, ist eine Momentaufnahme der Entwicklungsstufe einer sozial-revolutionären Bewegung, die vor ca. 20 Jahren ihren Anfang nahm, und deren auslösende, antreibende und bestimmende Bedingungen noch heutzutage wirksam sind. Da sich aber das Bild im Organisatorischen sicherlich ändern wird, so braucht diesem Detail nicht allzu viel Beachtung geschenkt zu werden. Der Begriff »Bewegung« bedarf der Erläuterung. Dieser Ausdruck »benennt Vorgänge im Bereich des politischen Geschehens. Eine Bewegung ist das aus gleicher oder ähnlicher politischer Einstellung erwachsende Verhalten einer Menschengruppe. Die Gleichheit oder Ähnlichkeit der Einstellung zeigt sich in der Reaktion dieser Menschengruppe auf bestimmte politische Problemstellungen, sie zeigt sich in deren Verhalten im engeren Sinne, d. h. in deren Handlungen und schließlich in den Zielsetzungen des Handelns«.[46]

Bei der folgenden Skizzierung des organisatorischen Erscheinungsbildes der Bewegung der Neuen Linken, wie hier die Träger der Renaissance marxistischer und anarchistischer Theorien mit einer Kurzformel genannt werden sollen, beginnt man historisch richtig mit den Vereinigten Staaten von Amerika. Daran schließt sich eine detailliertere Darstellung der gegenwärtigen Zustände in der Bundesrepublik Deutschland mit einigen Hinweisen auf die Lage in anderen westeuropäischen Staaten.

3.3.5 Entwicklung in den Vereinigten Staaten von Nordamerika
Die Bewegung der Neuen Linken begann in den Vereinigten Staaten. Dort befand sich die junge Generation der Intellektuellen, vornehmlich die Studenten, in einer psychopolitischen Lage, die mit einer gewissen Phasenverschiebung auch für den ganzen Raum der nordatlantischen Industriestaaten angenommen werden darf. Das 1962 veröffentlichte »Port Huron Statement«, die Gründungsurkunde des nordamerikanischen SDS (Students for a Democratic Society), gibt, in der Reflexion einer Manifestation

des Protestes, die von den Sozialrevolutionären als kritikwürdig angesehene Weltlage wieder: »Wir sind Menschen dieser Generation, aufgewachsen und erzogen in verhältnismäßiger Bequemlichkeit, jetzt auf der Hochschule zuhause, blicken wir mit Unbehagen auf eine Welt, die unser Erbe ist.«
»Obwohl unsere Technologie die alten Formen der Sozialordnung zerstört und neue schafft, ertragen die Menschen dennoch sinnlose Arbeit und daneben Untätigkeit. Während zwei Drittel der Menschheit an Unterernährung leidet, schwelgen unsere eigenen Oberklassen im Überfluß. Obwohl zu erwarten steht, daß sich die Weltbevölkerung in 40 Jahren verdoppeln wird, ertragen die Völker weiterhin anarchische Zustände als Grundprinzip der internationalen Beziehungen. Und das Prinzip der unkontrollierten Ausbeutung bestimmt die Verwendung der Rohstoffreserven der Erde. Obwohl die Menschheit verzweifelt nach einer revolutionären Führerschaft verlangt, verharrt Amerika in einer nationalen Lähmung...«.[47]

Der amerikanische SDS nannte sich mit Stolz »The Movement«, er wollte allenfalls ein Dachverband sein. Der ideologische Konsens und die anläßlich einer Aktion ad hoc und für diese geschaffene Aktionsgruppe waren das Organisationsprinzip. Dieser Anspruch auf Aktion vor Organisation hatte eine ambivalente Wirkung: Entweder äußerte sie sich in der Ablehnung jeglicher Organisation, sicherlich eine Folge der in der ideologischen Motivierung der Neuen Linken sehr deutlich nachweisbaren anarchistischen Komponente, oder die Bewegung zerfaserte, angesichts des Fehlens einer allgemein anerkannten Führerpersönlichkeit im Ideologischen, in ein Kaleidoskop rivalisierender Grüppchen. Die monolithische Partei Lenins ohne Fraktionsbildung wurde nicht als Wert an sich anerkannt. Für die Neue Linke bestimmte sich die Struktur und Lebensdauer einer Organisation allein von deren Aufgabe her. Die Ansatzpunkte für Demonstrationen und Aktionen aller Art seien stichwortartig genannt: Bürgerrechte, d. h. die Durchsetzung des Wahlrechts für die USA-Neger; Kolonialismus und Zionismus; Rassismus und Faschismus; Vietnamkrieg, Abrüstung und Atombombe; Umweltschutz u. a. m.

Die Stoßkraft des linken Potentials zeigte sich bei aller Zersplitterung in den Demonstrationen gegen den Vietnamkrieg.

Die Ansicht hat wohl viel für sich, daß die Vereinigten Staaten den Krieg in Vietnam innenpolitisch, sozusagen zuhause, verloren haben.

Die Organisation, die durch Absplitterung aus den etablierten Parteien oder aus dem Zerfall des amerikanischen SDS entstanden, firmierten als »trotzkistisch«, z. B. die »Socialist Workers Party«, oder deren Jugendorganisation, die »Young Socialist Alliance«, oder auch als »maoistisch«, z. B. die »Progressive Labor Party«, doch sollten diese Bezeichnungen eher als Formel für ein antisowjetisches Bekenntnis aufgefaßt werden und nicht als eine Aussage mit ideologischer Konsequenz. Die Unterschiede zwischen Maoisten und Trotzkisten sind besonders in den Vereinigten Staaten gering, allenfalls wäre festzustellen, daß die Trotzkisten entschiedenere Internationalisten sind, die Maoisten sich wiederum mehr in chauvinistischen Tönen äußern, dies trifft besonders auf die in solchen Gruppen organisierten USA-Neger zu, wie z. B. im »Du-Bois-Club« oder bei dem »Black Panthers«. Die Probleme der Dritten Welt sind für diese Leute Probleme des Kolonialismus und Rassismus. Die orthodox-sowjetmarxistische KPUSA bleibt zahlenmäßig schwach, weist aber bei Gelegenheit darauf hin, daß sie viele Studentenunruhen maßgeblich geleitet habe. »Diese Leute, die sich gegen die bestehenden Verhältnisse auflehnen, sind noch keine bewußten, ideell gefestigten Kämpfer... Die Aufgabe der Partei ist es, sie für eine wahrhaft revolutionäre Position zu gewinnen... Aus einer solchen Bewegung von Umstürzlern kann die revolutionäre Bewegung Verstärkung erhalten, sie kann wachsen und kann diese geistigen Strömungen lenken...«[48] Es geht um das große, organisatorisch freischwebende Potential von Menschen, die einstellungsmäßig und ideologisch für die Sache der Linken zu gewinnen wären.

Wichtig für die Lage in USA ist daher dort die geistige Bedeutung eines »motivierenden« Marxismus, der sich nicht organisiert oder der nur im ideologischen Gleichschritt einer Sammlungsbewegung auftritt. Als ein solches Forum der Begegnung diente Ende der 60er Jahre die »Annual Conference of Socialist Scholars«, an der Marxisten aller Richtungen, vom KPUSA-Funktionär bis zum politisch nicht organisierten Wissenschaftler teilnahmen.

Es ist diese fast »osmotische« Wirkung des Marxismus, die zu der Feststellung Anlaß gegeben hat, daß zwischen dem liberalen Establishment in den USA und den dortigen radikalen Sozialisten ein fließender Übergang bestehe. Dort hat sich »ein durchdringender marxistischer Einfluß... in den Kreisen der amerikanischen Intellektuellen im 20. Jh. ausgebreitet, und viele Leute, die es rundherum ablehnen würden, irgendetwas von Marx übernommen zu haben, dachten in den Kategorien von Marx und gebrauchten eine marxistische Terminologie.«[49] Die geistige Wirkung des Marxismus auf den nordamerikanischen Intellektuellen, gerade auch im Hinblick auf die Zentralfrage dieser Untersuchung, wird auch von anderen Kennern des Landes bestätigt: »Auch jene Intellektuellen, die niemals im Banne des Marxismus gestanden haben, wurden von seiner Krise und seinem Zusammenbruch, sowohl als politisches System aber auch als eine umgebende ›Weltanschauung‹, stark beeindruckt.«[50] Diese Meinung wird von Irving Howe vertreten, dem Herausgeber der Zeitschrift »Dissent«, die nach eigenem Anspruch ein »Sammelplatz der nicht-sektiererischen undogmatischen Radikalen« ist. Howe meint als antisowjetischer »radikaler« demokratischer Sozialist mit »Marxismus« den regierenden Sowjetmarxismus und dessen Anhänger in den verschiedenen kommunistischen Parteien der III. Internationale. Es ist bemerkenswert, daß Howe im englischen Text das deutsche Wort »Weltanschauung« gebraucht.

3.3.6 Die Entwicklung in der Bundesrepublik Deutschland
Die psychopolitische Lage in denjenigen Teilen des Deutschen Reichs, die nach dem Zusammenbruch des nationalsozialistischen Regimes nicht von der Roten Armee der Sowjetunion besetzt worden waren, war durch den Schock gekennzeichnet, den jene Besetzung auslöste. In den westlichen Besatzungszonen, die später zur Bundesrepublik Deutschland zusammengefaßt wurden, war daher die Bildung linker politischer Gruppierungen, die sich offen zum sowjetischen Nachfolgemarxismus bekannt hätten, erschwert, obwohl der »Kommunismus«, als standhafter Kämpfer gegen den »Faschismus«, eine gewisse propagandistische Stütze erhielt. Für diese Stimmungmache zeichnete ein Teil der in den Besatzungsdienststellen tätigen westlichen Umerzieher verantwortlich. Andererseits führte die zunehmende Konfrontation zwischen den Westmächten, speziell den USA, einerseits und der Sowjetunion andererseits zum »Kalten Krieg«, wodurch die Stellung der verschiedenen KPen in ganz West- und Mitteleuropa schwierig wurde. Im Jahre des Ungarnaufstandes, 1956, wurde die Kommunistische Partei Deutschlands (KPD) in der Bundesrepublik verboten, die Auseinandersetzung innerhalb der alten westeuropäischen KPen um jenen ungarischen Aufstand führte zur Abspaltung linkssozialistischer Parteien, die eine antisowjetische Haltung einnahmen. Durch diese Geschehnisse wurde die politisch mobilisierende Kraft der linken Ideologen, außerhalb der kompromittierten Form der orthodoxen sowjetkommunistischen Parteien, freigesetzt. Auf diese Entwicklung wurde schon im Zusammenhang der Darstellung der Verhältnisse in den Vereinigten Staaten hingewiesen. In diesem Zeichen stand auch die Entwicklung der Bundesrepublik. Inzwischen hatte sich auch in der psychopolitischen Gesamtlage der Bundesrepublik ein bedeutsamer Wandel vollzogen. In Verneigung vor der liberalen Toleranz, zitierte man gern den aus dem Zusammenhang gerissenen Ausspruch Rosa Luxemburgs von der Freiheit, die immer die Freiheit der Andersdenkenden sei; und mancher Intellektuelle sprach überlegen mit Thomas Mann, vom »Antikommunismus, als der größten Torheit des Jahrhunderts«. Diese Erscheinungen waren indikativ für einen, latent vielleicht schon längere Zeit angebahnten Stimmungsumschwung speziell bei der Bildungsschicht; weder wollte man intolerant noch gar töricht sein. Eine solche Einstellung bildete den Nährboden für

die osmotische Wirkung der Vorstellungen, die eine linke Weltanschauung bilden. Hierzu kam bei der Jugend die Verdrossenheit an einer saturiert erscheinenden Gesellschaft, die sich allzu schnell nach dem letzten Kriege restauriert hatte, ferner die Bereitschaft zur Auflehnung, zum Protest gegen jede Tradition und gegen die Existenz der Menschen im status quo, der gehütet wird von reaktionären Greisen. In diesem System war kein Platz für freie Tat und Selbstentwicklung. Die jungen Leute sahen »für sich keinen Ausweg aus dem Trott eines Stehkragenproletariats« in einer »einsamen Masse«. Die Antwort des »Establishment« war die »permissive society«, bereits diese termini weisen auf die Quelle dieser Entwicklung hin. Es wurde schon darauf verwiesen, daß, von den USA ausgehend, die Bewegung der Neuen Linken zu Anfang der 60er Jahre bald alle nordatlantischen Industriestaaten erfaßte. (Vgl. S. 86, 114.[51])

Die Betrachtung des gegenwärtigen Zustandes in der Bundesrepublik verlangt nach einer gewissen Systematik. Als philosophisch/weltanschauliches Kriterium kommen nur die Systeme Neomarxismus und Neoanarchismus in Frage. Daneben, das erste Paar teilweise überlagernd, das Kriterium prosowjetisch oder antisowjetisch. Bestimmend für die Organisationsformen war die Entscheidung zwischen Massenpartei und Kaderpartei. Die Entwicklung der Organisationsformen der linken politischen Gruppen in der Bundesrepublik ist ein Beitrag in praxi zu der theoretischen Diskussion der Organisationsprinzipien. Der auf anarchischem Lebensgefühl beruhende anarchistischen Organisationsabstinenz der Außerparlamentarischen Opposition (APO) in deren antiautoritärer Phase folgte ein hektischer Organisationsfetischismus. Unter Beachtung dieser Grundzüge sind nun folgende linke politische Gruppierungen in der Bundesrepublik zu unterscheiden: Sowjet-marxistische Gruppen, Maoisten, Trotzkisten, Undogmatische Marxisten, Anarchisten, Terroristen. Die Reihung verweist auf eine abnehmende Transparenz im Organisatorischen. Grundsätzlich zeigen alle Kriterien Vermischung und Übergänge, sogar die Opposition pro-anti-sowjetisch kann sich u. U. verschieben.

Der Nährboden für den Linksradikalismus in der Bundesrepublik war der »Sozialistische Deutsche Studentenbund« (SDS), die Studentenorganisation der SPD. Der SDS, von dem sich die SPD 1960 trennte, wurde mit zunehmender Radikalisierung zum Sammelbecken aller antiautoritären Revolutionäre. Nach der Auflösung des SDS im Jahre 1968 lieferte er die personelle Erstausstattung für die Masse der 1969, nach dem Ende der erwähnten antiautoritären Phase, entstehenden Gruppierungen.

Für die Skizzierung eines synchronischen Bildes genügt die Nennung nur weniger Beispiele für jede Gruppierung: Die Sowjetmarxisten sind politisch in der 1968 gegründeten »Deutschen Kommunistischen Partei«

(DKP), die de facto eine Reaktivierung der 1956 verbotenen KPD war, beheimatet. Folgende Hilfsorganisationen der DKP sind besonders erwähnenswert: Der »Marxistische Studentenbund Spartakus« (MSB-Spartakus), der an den Universitäten häufig mit anderen linken Studentengruppen zusammenarbeitet, und dort für die Propagierung eines orthodoxmarxistischen Standpunktes sorgt. Die »Sozialistische Deutsche Arbeiterjugend« (SDAJ) hat die gleiche ideologisch-propagandistische Aufgabe gegenüber den Gewerkschaften. Eine wichtige Aufgabe im Vorfeld der politischen Ideologisierung und im weltanschaulichen Bereich und bei der Propagierung linker Positionen haben die Filialen der sowjetkommunistisch beeinflußten und geleiteten sogenannten »Front-Organisationen« in der Bundesrepublik. Zu nennen wären: Die »Deutsche Friedensgesellschaft – Internationale der Kriegsdienstgegner« (DFG/IdG), der »Bund Demokratischer Wissenschaftler« (BdWi), »Vereinigung der Verfolgten des Naziregimes – Bund der Antifaschisten« (VVN/BdA), der »Bund Demokratischer Juristen« (BdJ) und die verschiedenen »Initiativkreise« für europäische Sicherheit, »Fortführungskomitee für den Weltkongreß der Friedenskräfte« u. a. m.

Die Entstehung organisierter Gruppen, die sich, mit welchem Recht auch immer, auf Mao Tse-tung berufen, ist eine äußere Folge des sinosowjetischen Konflikts. Neben dem antisowjetischen Affekt zeichnet die Maoisten ideologisch eine Tendenz zum Nationalkommunismus aus, sie betonen die Nähe zu den Massen und deren Spontaneität. Sie vertreten extreme revolutionäre Standpunkte, die sie mit radikalen Methoden zu propagieren trachten. Sie engagieren sich für die Dritte Welt, doch nicht als Verfechter eines theoretischen Internationalismus, eher im Sinne der Souveränität eines jeden Volkes. Als wichtigste Gruppen in der Bundesrepublik sind zu nennen: »Kommunistische Partei Deutschlands/Marxisten-Leninisten« (KPD/ML), die sich schon 1967 von der orthodoxen sowjetmarxistischen KPD trennte.

Die »Kommunistische Partei Deutschlands« (KPD) hat eine »bolschewistische« Linie, sie verteidigt entschieden die Position Rotchinas. Die verbale und u. U. brachiale Radikalität der KPD ist beträchtlich. Ihre Führerschaft setzt sich vornehmlich aus Intellektuellen zusammen.

In Radikalität steht der KPD der »Kommunistische Bund Westdeutschlands« (KBW) nicht nach. Bemerkenswert ist, daß Vertreter der beiden letztgenannten Gruppen im Jahre 1978 durch hohe Parteifunktionäre der KP Chinas empfangen wurden.[52]

Die Trotzkisten sind im Gegensatz zu den Maoisten entschiedene Internationalisten, sie haben nach Lage der Dinge kein politisches Mekka. Die Renaissance des Neomarxismus ist wesentlich ein Verdienst der Trotzkisten. Sie sind kompromißlose Kritiker der Entwicklung in der Sowjetunion, die Erfindung der abwertenden Bezeichnung »Stalinismus«, die gleichzeitig für alle praktizierenden Marxisten als salvatorische Formel dient, geht auf ihr Konto. Der angebliche Imperialismus der Sowjetunion, insoweit er eine internationale Dimension hat, stört die Trotzkisten weniger als die Maoisten. Ihre Taktik ist die zuweilen infiltrierende Zusammenarbeit mit anderen Linksgruppen, speziell Linksparteien. Unternehmen wie das »Russell-Tribunal«, »Anti-Vietnam-Kongresse«, »Anti-Atom-Demonstrationen« und deklariert antisowjetische Veranstaltungen wie der im Dezember 1978 veranstaltete Bahro-Kongreß sind ihre propagandistischen Betätigungsfelder. Die wichtigsten Formationen in der Bundesrepublik sind die mitgliederschwache: »Gruppe Internationaler Marxisten« (GIM) und die »Internationalen Kommunisten Deutschlands (IKD), die meisten trotzkistischen Gruppen sind untereinander sektiererisch verfeindet. Unter der Bezeichnung »Undogmatische Linke« lassen sich diejenigen Gruppen zusammenfassen, die keinem Parteidogma verpflichtet sind. Ihre Vorbehalte gegen eine straffe Organisation stammen aus anarchistischem Gedankengut. Sie stehen in dieser Hinsicht den ursprünglichen Vorstellungen der Neuen Linken am nächsten. Ihre Zukunftsentwürfe sind hingegen eindeutig marxistisch orientiert. Diese Gruppen wollen »... neue Organisationsformen entwickeln ... von unten ausgehend, von der spontanen, autonomen Organisation der Interessen spezifischer Gruppen. Erst dadurch füllen sich die größeren Organisationsgebilde inhaltlich auf.«[53] Hierher gehören die »Spontis«, vor allem aber das »Sozialistische Büro Offenbach« (SB) und seine Projektgruppen und »Sozialistischen Zentren« (SZ) in der ganzen Bundesrepublik. Die ideologische Propagandaarbeit und weltanschauliche Prägkraft der Undogmatischen ist beträchtlich. Wie die Trotzkisten, mit denen sie häufig zusammenarbeiten, betätigen sie sich auf den erwähnten Tribunalen und Kongressen in ideologisch eindeutiger Blickrichtung.

Bei den Anarchisten sind grundsätzlich die pazifistischen Anarchisten von den gewalttätigen zu unterscheiden. Die Übergänge zwischen den die revolutionäre Gewalt zunächst theoretisch akzeptierenden Anarchisten und den Terroristen sind fließend. Wichtig sind die Auslandsverbindungen dieser Gruppen, die Darstellung ihrer Organisation ist schwierig aber letztlich für die Skizzierung ihrer Weltanschauung unerheblich. Diese kann als ein militanter nihilistischer Anarchismus mit vagen marxistisch formulierten gesellschaftspolitischen Vorstellungen definiert werden.

Die Menge der linken politischen Gruppierungen in der Bundesrepublik ist verwirrend. Nach Angabe des Bundesamtes für Verfassungsschutz gab es 1976 ca. 250 solcher Organisationen mit mindestens ca. 70000 Mitgliedern.⁵⁴ Die nach Maßgabe der Möglichkeit detaillierte Darstellung der Verhältnisse in der Bundesrepublik soll auch auf den Umfang und die organisatorischen Tendenzen der linken politischen Gruppen in den anderen Ländern West- und Nordeuropas hinweisen. Die Querverbindungen aller Gruppen in den verschiedenen Ländern sind beachtenswert und verwirklichen nach dem Prinzip, die Organisation hat sich der Aktion unterzuordnen, die weltanschaulich fundierte Vorstellung der internationalen Solidarität. Die weltanschauliche Geschlossenheit dieser Gruppen zeigt sich in dem Umstand, daß sie sich unterschiedslos im Endeffekt für die Ziele einer linken, unter Umständen eindeutig marxistischen Globalstrategie einsetzen: Gegen westlichen Imperialismus, für die Dritte Welt, gegen Rassismus und Faschismus, für die Abrüstung als Voraussetzung des Erfolgs einer Friedenskampagne im Sinne einer pax sovietica.

4 Die Weltanschauung der Linken

Psychologisch betrachtet ist eine Weltanschauung derjenige Bewußtseinsgehalt, aus dem durch rationale Ausgliederung Wertsysteme aller Art entstehen. Die Weltanschauung umschließt das System politischen Handelns, wie Irving Howe sagt (vgl. S. 117), man sollte vielleicht sagen, sie trägt es. Das Problem bei der Frage nach der Weltanschauung der Linken besteht also darin, aus einer fast unübersehbaren Fülle von Axiomen, Theoremen, Maximen, Programmpunkten, bis hin zur Verästelung einzelner politischer Forderungen, die von linken Gruppen erhoben werden, das tragende Fundament, die Elemente der Weltanschauung herauszuschälen. Bei der Suche nach diesen Elementen muß man prinzipiell absehen von einer identischen Gleichung: Linke Weltanschauung = Marxismus = Kommunismus. Auch die Implikation: Kommunismus = Marxismus = Linke Weltanschauung wird nicht in allen Fällen zutreffen. Diese Überlegung soll darauf hinweisen, daß »Programme politischer Parteien«, »philosophische Systeme« und »Weltanschauungen« Begriffe verschiedenen Inhalts und Umfanges sind.

Wie am Anfang auf Seite 84 f. ausgeführt wurde, geht die Weltanschauung auf bestimmte Einstellungen zurück, diese ergeben sich aus der Erfahrung und bestimmten emotionalen Erlebnissen der Lust oder Unlust. Nochmals zu unterstreichen ist daher der Umstand, daß es sich bei diesem Bewußtseinsgehalt der Einstellung um fast automatisierte Denkgewohnheiten handelt, die als verdichteter intellektueller Erfahrungsniederschlag ohne diskursive Besinnungsakte verhaltensbestimmend wirksam werden können. Es kann auf die fast analoge unterschwellige Wirksamkeit des sogenannten »Sprachgefühls« bei der Steuerung von Sprachhandlungen hingewiesen werden.[55] Erfahrungen und synästhetische Gefühle beeinflussen und durchdringen sich in der Einstellung wechselseitig. Die Elemente der Weltanschauung gehören also einem Bereich zwischen dem endothymen Grund und dem rationalen Erleben an, sie sind, wie schon gesagt, vorphilosophische Vorstellungen. Die meisten Weltanschauungen entziehen sich daher einer logischen Systematisierung.

4.1 Emotionale Voraussetzungen der Weltanschauung der Linken

Die Weltanschauung schafft eine Bereitschaft zur selektiven Aufnahme neuer Vorstellungen und präjudiziert die entsprechenden Entscheidungen. Man wird der Weltanschauung der Linken nahekommen, wenn man den Motiven nachgeht, die Menschen veranlaßt haben, sich einer etablierten linken Doktrin zuzuwenden, da diese anscheinend, ihre Fragen an die Welt zu beantworten, in der Lage war. Doch ist im Hinblick auf die Weltanschauung nicht die Antwort bedeutsam, sondern die Frage.

Aufschlußreich sind in dieser Hinsicht die Selbstzeugnisse ehemaliger Kommunisten.[56] Bei der Analyse dieser Aussagen kann man feststellen, daß die Hinwendung zum Kommunismus/Sozialismus, also zu einer sozialrevolutionären Partei, vornehmlich folgende Gründe hatte: »...Aus Abscheu über herrschende Zustände, aus Protest gegen das Establishment, aus Feindschaft zum Faschismus, immer in der Hoffnung und Erwartung, daß nur eine grundlegende Neugestaltung der politischen, gesellschaftlichen und wirtschaftlichen Ordnung eine bessere Welt... ermöglichen werde.«[57]

Die emotionale Grundlage der weltanschaulichen Entscheidung wird in den Mitteilungen von M. Buber-Neumann deutlich. Als junges Mädchen erkannte Frau Buber-Neumann »...die unüberbrückbare Kluft zwischen furchtbarem Elend und hektischer Verschwendung«. In der Erinnerung bekennt sie: »Mein Mitleid verwandelte sich in tiefes soziales Schuldbewußtsein. Das war der Beginn meiner Wendung zum Sozialismus«, an anderer Stelle erklärt sie, daß dies »zunächst nur aus dem Gefühl heraus« geschah, »... denn von marxistischer Theorie und kommunistischem Dogma hatte ich keine Ahnung.«[58]

Analog zu der einleitenden Feststellung des Port Huron Statement (vgl. S. 114 f.) wird immer wieder von den emotionalen Schlüsselerlebnissen berichtet: Das Leiden an der Ungerechtigkeit der Welt, die Konfrontation mit Not und Elend. Die Bekanntschaft mit der Wissenschaftlichkeit des Marxismus verhieß die Rettung aus dem Chaos der Gegenwart in die Rationalität einer erhofften Zukunft. »Die größte Anziehungskraft des

Marxismus beruht in seiner Kritik an den sozialen Verhältnissen bzw. Mißständen und seinem Rezept für eine künftig zu erwartende Regelung der sozialen Beziehungen«, sagt Ludek Pachmann in der Erinnerung an eigene Erfahrungen.[59] Der emotionale Glaube an die Existenz einer Panazee für alle Leiden ist die Grundlage für die Rezeption eines solchen »Rezepts«, von dem der russische Revolutionär Dimitri Pisarev sagt, daß es die Frage der »Hungrigen und Unbekleideten« für alle Zeiten lösen müsse.[60] Emotional getragen wird diese Suche nach dem Allheilmittel durch die allgemeinmenschliche, besonders und erklärlicherweise der Jugend eigene Erwartungshaltung, gemeinhin »Hoffnung« genannt. »Hoffnung« bezeichnet per definitionem die »Erwartung einer Veränderung zum Guten«, es gibt keine pessimistische Hoffnung.

4.2 Konzeptionelle Elemente der Weltanschauung der Linken

Die konzeptionellen Elemente, d. h. die Vorstellungen wertender Art, die die Weltanschauung der Linken konstituieren, zeigen als System eine gegenseitige Abhängigkeit. Man sollte unterscheiden: Postulate oder Axiome, d. h. Vorstellungen, die beherrschend sind, wie z. B. entfremdete Welt, Veränderung der Welt, utopische Zukunftswelt; als Bedingung für die Denkbarkeit der Postulate wird die Welt mit Gewißheit als rational und erkennbar vorgestellt; als Konsequenz aus Postulaten und Prämissen ergeben sich: potentielle Gleichheit aller Menschen, deren Emanzipationsfähigkeit und als die letzte, und auf das Postulat der Veränderung der Welt direkt zurückgehende Folgerung, die Verpflichtung der Menschen zur Revolution.

Diese Elemente sind nicht als hierarchisch gegliedert vorzustellen, ihre Verknüpfung in einer Weltanschauung ist konkret nicht logisch systematisiert, sie stehen zueinander nicht so sehr in der Beziehung der Konsequenz und Konditionierung als in der Implikation und Korrelation. Sie sind hier zwecks definitorischer Ausgliederung isoliert genannt worden.

4.2.1 *Entfremdung – Veränderung – Utopie*
Die Vorstellungen von dem So-Sein einer Entfremdung sind subjektiv, auch sind der Glaube an die Existenz eines Rezepts und die Vorstellung von dessen Beschaffenheit verschiedene Dinge. »Die Sehnsucht nach dem anderen Leben, das nicht von täglicher Angst, von Sinnlosigkeit und materieller Bedrohung gekennzeichnet ist, war es letztlich«, die die Anhänger der »Volkstempler-Sekte«... »zu Jim Jones und seinen Erlösungsmythen trieb«, meint ein Kommentator des Massenselbstmordes in Gua-

yana. Den Grund für diese Flucht in die Sekte sieht er in dem bürgerlichen Gesellschaftssystem der USA, seiner allgemeinen Repressivität, seiner sozialen Ungerechtigkeit, womit gleichzeitig mittels der Umkehrung des Negativurteils der positive Gehalt der gesellschaftlichen Utopie, die die Sekte verwirklichen wollte, angesprochen wird.[61] Die Hoffnung auf das Allheilmittel, das als Arkanum angeboten wird, ist sektenspezifisch, doch die Affinität zur linken Konzeption einer utopischen Gesellschaftsordnung als Panazee ist unverkennbar, und aus dem politischen Werdegang des Jim Jones erklärlich.[62] Die anti-kapitalistische Utopie ist im linken Denken immer noch lebendig, wenn auch die Bezeichnungen »rationaler« geworden sind. Man spricht z. B. von der »konkreten Utopie«[63] oder gebraucht Ausdrücke wie »Vision«.[64] M. Harrington bemerkt dabei, daß »eine utopische Zukunftserwartung zugleich eine Beschreibung der Gegenwart und eine Vorschrift«, für das politische Verhalten in dieser Gegenwart sei.[65] E contrario der Schilderung eines Übelstandes ergibt sich das Wünschenswerte: »Die mit dem Kapitalismus sich abfindende Arbeiterschaft ist zugleich in einer tiefresignierten Stimmung; sie sieht so wenig wie die ganze kapitalistische Gesellschaft mehr ein Ziel«, stellt Helmut Gollwitzer in einem Gespräch über den Fortschrittsglauben fest, dessen »Ende« er tief bedauert. Die Krise des Bewußtseins der Arbeiterschaft ist der Zustand eines »hoffnungslosen Bewußtseins«; »... anstelle einer tragenden Hoffnung (ist) weitgehend die Ziellosigkeit und die Resignation getreten.«[66]

Die Weltanschauung der Linken ist unter anderem von der Vorstellung beherrscht, daß der Mensch ein Ziel haben müsse, eine Zukunftsvision, die er hoffnungsvoll und optimistisch zu verwirklichen trachten sollte. Wer nicht voller Kommunikationsbedürfnis, Kreativität und dem Drang nach Selbstbestätigung ist, ist sich selbst entfremdet und befindet sich im Zustand der seelischen oder geistigen Verelendung, von der allenthalben in einschlägigen Diskussionen die Rede ist. Diese seelische Verelendung ist eine Variante der »relativen Verelendung«, da die »absolute Verelendung« im Sinne von Pisarevs »Hungrigen und Unbekleideten« in Mitteleuropa nicht mehr ganz aktuell ist. Dies ist auch ein Grund mehr, warum man immer wieder auf die beispielhaften Schmerzensmänner der Dritten Welt rekurrieren muß.[67]

In der Konkretisierung bleiben die Utopien meist vage, darin bleiben die Linken der marxistischen Tradition treu. Außer den Konturen einer Gegenwelt, die sich schattenhaft aus der Absage an einige, von den Linken als typische Mißstände der gegenwärtigen Welt angesehene Tatbestände, wie Privateigentum, Ausbeutung des Menschen durch den Menschen und die erwähnte Entfremdung, ergibt, ist nichts erkennbar.

Bei den Linken anarchistischer Observanz findet man aber noch Utopie in Reinkultur. Nur ein Beispiel einer solchen Vision sei angeführt, mag die Formulierung – es handelt sich um eine Übersetzung aus dem Spanischen – unbeholfen sein, die Durchführung des Denkansatzes ist konsequent: »Akratie ist kurz gesagt menschliches Zusammenleben ohne irgendeine Art von äußerem Zwang. Alle Menschen, die eine Spur hinterlassen haben, Gelehrte und Einfache, lebten so, als ob kein Zwang existiere. Darum hinterließen sie eine Spur. Sie lebten beispielhaft... Sie waren Akraten, ohne es zu wissen...« Wie stellt sich der Akrat die Zukunft vor?»Die Regierungen und alles, was zu ihnen gehörte, hat man abgeschafft... der Mensch kann leben, wie es ihm gefällt, isoliert oder zusammen mit anderen, mit denen er sich ins Einvernehmen gesetzt hat. Niemand zwingt ihn zu etwas. Jeden Moment handelt er im Einklang mit seinem Gewissen. Er erfüllt... seine Verpflichtung. Freiwillig ist er sie eingegangen, freiwillig erfüllt er sie, ohne irgendeine Gewalt... Es gibt Individuen, die für sich leben, ohne Beziehung zu anderen. Von ihren Bedürfnissen haben sie alles gestrichen, was sie an andere bindet. So genügen sie sich selbst. Andere haben sich mit ihresgleichen in Verbindung gesetzt, um ihren Bedürfnissen mittels der Kooperation Genüge zu tun.«[68]

4.2.2 Rationalität – Gewißheit

Nur eine ihrer Struktur, ihrem Gesetz nach rationale Welt, die sich allerdings gegenwärtig im Zustand des Chaos zeigt, kann mittels der Ratio berechnet und geordnet, d. h. auch verändert werden. Manche Menschen wurde für die Weltanschauung der Linken gewonnen, weil die »offensichtliche, schiere Irrationalität des Kapitalismus« nur durch Vernunft und Kalkül zu bekämpfen war.[69] Die Antwort auf das Chaos ist der Versuch der Planung, die den erkennbaren Gesetzen folgen soll. Der Anspruch der Wissenschaftlichkeit, den vornehmlich der Marxismus erhebt, wird als »szientistische« Tendenz bezeichnet. Da aber nur dasjenige als grundsätzlich verändert erkannt werden kann, was überhaupt erkannt werden kann, ist die Vorstellung von der Gewißheit der Erkenntnis aber auch der Erfüllung der Zukunftserwartung ein unverzichtbares Element der Weltanschauung der Linken.

Neben der Gewißheit der »unausschöpflichen, gleichwohl prinzipiell erkennbaren Totalität des Realen« und der Meinung, daß »Verzicht auf die Erkenntnis« ein »Verzicht auf die historische Praxis« sei[70], wird auch kritisch rationaler Zweifel laut: »Die Hoffnung doch etwas zu erreichen, kann und soll man nicht nur nicht austilgen sie hat ihren, wenn auch nicht mehr absolut gewissen Grund«, sagt H. Gollwitzer. Doch mittels einer arithmetisch nicht gerade überzeugenden Kalkulation entschließt er sich für ein »in dubio pro bona fide«: »Man muß nämlich sagen, daß auch die

apokalyptische Sicht, mag sie viele Argumente haben, so wenig Gewißheit besitzt wie die optimistische Sicht.«[71]
Es bleibt das Ceterum censeo aller Linken: die »praktische Entschiedenheit«, die Marx gelehrt hat, führt als »eine komplexe Leistung der schöpferischen Synthesis aus dem Gewordenen heraus über das Gewordene hinaus.«[72]
Die Gewißheit ist die »innere Form« der Weltanschauung der Linken. Ihre Gewißheit der richtigen Einstellung und des Verhaltens drückt sich weltanschaulich vor allem implizite in der Unbedingtheit aus, mit der die Postulate und Theoreme vertreten werden. Es ist erstaunlich, und es sollte für die Linken ein denklogisches Dilemma sein, daß eine Weltanschauung, die die rücksichtslose Kritik alles Bestehenden zum Postulat erhebt, eben dieses Postulat in seiner Allgemeingültigkeit nicht der Kritik unterzieht. Alle Bereitschaft dazu, die eventuell, z. B. aus der »negativen Dialektik« herausgelesen werden könnte, bleibt verbal.[73]

4.2.3 Gleichheit – Emanzipation – Revolution – Neuer Mensch

Die weltanschaulich verankerte Vorstellung von der Gleichheit der Menschen hat unter dem szientistischen Aspekt eine besondere Qualität, die sich von derjenigen unter anarchistischem Vorzeichen unterscheidet. Wenn man szientistisch vom Postulat einer rationalen, veränderbaren Welt ausgeht, dann ist die potentielle Gleichheit der Menschen eine implizierte Prämisse: nur wenn die Menschen gleich sind, ist die Welt rational, d. h. kalkulierbar, nur dann ist die Zukunft machbar. Die postulatorische Verpflichtung zur Veränderung fordert also die potentielle Gleichheit der Menschen.

Die Linke mit anarchistischer Tendenz postuliert primär die Emanzipation des Menschen als Manifestation der Veränderung der Welt zum Besseren. Wenn alle Menschen die Fähigkeit zur Emanzipation haben, ohne die Annahme dieser Fähigkeit wäre ja die Aufforderung zur Emanzipation sinnlos, dann sind die Menschen infolgedessen, in der Konsequenz also, alle gleich. Für den Anarchisten stellt die Konzeption »Gleichheit« eine relativ unwesentliche Konsequenz dar. Denklogisch dürfte die anarchistische Linke überhaupt die Gleichheit nicht postulieren, da das Erlebnis der eigenen Persönlichkeit durch die Gleichheit aller aufgehoben würde.

Doch an diese Konsequenz wird kaum gedacht; die Dialektik von Gleichheit und Freiheit ist kein Thema der Linken. Die anthropozentrische Vorstellung hält »die Menschen für unendlich wertvoll, voller unerfüllter Fähigkeiten zur Vernunft, Freiheit und Liebe... Die Menschen verfügen über ein unverwirklichtes Potential der Selbstbildung, Selbstbestimmung,

Selbsterkenntnis und Schöpferkraft«.[74] Auch diese Anthropozentrik ist originär marxistisches Erbe.

Die Veränderung der Welt im Zuge der Realisierung des menschlichen Potentials wird nach Ansicht der Linken von den »politischen Traditionalisten«, den »Hinterweltlern«, kurz der »Reaktion« verhindert. Für die Linken liegt die Schuld immer bei den anderen, in summa bei der Gesellschaft, einer bürgerlichen nota bene, und deren Institutionen. Als Voraussetzung der Revolution muß daher das Bewußtsein der anderen Menschen verändert, revolutioniert werden. Das Mittel dazu ist der Umsturz der bestehenden Verhältnisse, denn immer noch bestimmt das Sein das Bewußtsein der Menschen. Der Besitzbürger muß daher von seinem Besitz befreit werden, damit er zu sich selbst kommt. Er kann froh sein, wenn er dabei seine physische Existenz unversehrt bewahrt. Die Linke legt ein vielstimmiges Bekenntnis zur Revolution ab. Die Spanne der Vorstellungen umfaßt die Absicht, die politischen Gegner, wenn nötig, physisch zu liquidieren.[75] Sie reicht bis zur verklausulierten Formulierung sanfterer Art: »Ganz anders als eine auf bloße Zerstörung des Bestehenden gerichtete direkte Aktion (Deckwort für »gewaltsame Aktion«, d. V.), die keinen Grund hat, vorauszuschauen oder Umwege zu gehen, erfordert eine Strategie, die Zerstörung um des Aufbaus Willen gleichzeitig mit ihm betreibt, ein hohes Maß an langfristig nicht erlahmender Geduld, an planmäßiger Kleinarbeit, an kollektiver Vernunft und Disziplin.«[76]

Es lohnt sich, aus dieser kurzen Meinungsäußerung folgende Worte als Stichwörter einer Weltanschauung herauszulösen: Zerstörung des Bestehenden, Strategie, Aufbau, langfristig, planmäßig, kollektiv, Vernunft.

Der andere Mensch, der mit dem Bestehenden zufrieden ist, oder sich damit abfindet, ist der Stein des Anstoßes. Er muß in einen andersartigen Menschen, einen Wunschmenschen, verwandelt werden. Die Revolution als Prinzip soll sich durch den Menschen und in diesem vollziehen. Man vermeidet tunlichst den plumpen Ausdruck »Neuer Mensch«, und formuliert für esoterischen Gebrauch: »... es (ist) jetzt darum zu tun, die Dispositionen zu solidarisch-kooperativem Verhalten gegen die Potentiale aggressiv-herrschaftlichen, kompetitiven und destruktiven Verhaltens durchzusetzen. Diese praktische Affirmation ist ein Akt geschichtlicher Gesetzgebung, anthropologisch ausgedrückt eine historische Modifikation der Menschennatur. Humanität ist sozialisierte menschliche Selbstaffirmation.« Und es folgt die revolutionäre Perspektive: »Wo es privilegierte soziale Klassen gibt, ist Humanität gleichbedeutend mit Kampf für Humanisierung.«[77] Trotz aller Formulierungskunst nähert sich diese anthropozentrische Schau, in der Tendenz, der Vision vom Übermenschen in Trotzkis Überlegungen zur »Umschmelzung des Menschen«.[78]

4.3 Weltanschauung und politische Praxis

Die grundlegenden Konzeptionen einer Weltanschauung sind nicht immer direkt in die politische Praxis, oder auch nur in Deklarationen oder Formulierungen der Politik umsetzbar. Von der axiomatischen Grundlage strahlt die Theorie in die Praxis des politischen Verhaltens aus. Die deklarierten »Maximen und Richtlinien«, wie Stalin dies nannte, bedürfen einer Analyse, wen man sie auf die motivierende Weltanschauung zurückführen will. Der amerikanische Sozialist M. Harrington stellte, wie bereits erwähnt, kürzlich Überlegungen an, was die Sozialisten in den Vereinigten Staaten an Maßnahmen ergreifen sollten, falls sie die Macht dazu hätten. An erster Stelle nannte er Planung und Teilhabe der ganzen Bevölkerung am Planungsprozeß. Diese Beratungen müßten »demokratisiert« werden, wofür die Voraussetzung durch umfassende Information der Bevölkerung zu schaffen wäre. Weitere Vorschläge mögen Europäern fast überholt erscheinen, sie sind aber von Interesse, weil sie die Ansicht eines Linken in den USA wiedergeben, was seiner Meinung nach als Tendenz zur Sozialisierung anzusehen wäre; denn dahin zielen erklärtermaßen die Vorschläge Harringtons: Investitionskontrolle, Umweltschutz, Umverteilung des Vermögens durch neue Steuergesetze, Förderung genossenschaftlicher Unternehmungen, Mitbestimmung u. a. m.[79] Hinter diesen politischen Maximen stehen die weltanschaulichen Konzepte: Rationalität, Egalität, Emanzipation und die Gewißheit, daß dieser Weg aus dem Chaos des Kapitalismus hinaus führt. Die direkte Ableitung von den weltanschaulichen Prämissen erscheint in diesem Fall einfach, bis zur Trivialität, doch sollte dies nur ein Beispiel für die Methode einer notwendigen Reduktion des Besonderen einer politischen Position auf das Allgemeine einer weltanschaulichen Konzeption sein. Diese Rückführung auf einzelne Konzeptionen der Weltanschauung wird bei Entscheidungen in Detailfragen nicht immer möglich sein. Meist tragen die Elemente der Weltanschauung die Entscheidung als Gesamtheit, wobei auch hier das Ganze mehr ist als seine Teile. Eine Weltanschauung ist keine Addition von Vorstellungen, sondern ein als Einheit erlebter Bewußtseinsgehalt. Es kommt bei der Entscheidung von Problemfällen zu einem Motivationssynkretismus, wobei sich das Präferenzsystem der weltanschaulichen Wertung in diesen Entscheidungen offenbart.

Es gibt eine Reihe von Testfragen, d. h. Entscheidungsproblemen, bei denen die weltanschaulich fundierte Entscheidung der Linken voraussagbar ist. Die Linke ist für: Liberalisierung der Ehescheidung, der Abtreibung, Reform des Strafvollzugs, Feminismus; Toleranz gegenüber Homosexualität und Pornographie; sie ist ferner für: Milieutheorie, Chancengleichheit, Entwicklungshilfe und nationale Befreiungsbewegung. Die Linke ist gegen: Eigentum, Kapitalismus, Privilegien, Berufsbeamtentum, Militär; ferner gegen die Todesstrafe, die Vererbungslehre, die Apartheid und imperialistische Kriege. Die Reihen lassen sich, wenn man ins Detail geht, beliebig fortsetzen. Manche Probleme sind mit Klischees benannt, z. B. »imperialistische Kriege«, dahinter steht die Vorstellung eines Krieges gegen die »Gleichheit und Emanzipationsberechtigung der Menschen«.

Die Tatsache, daß mancher, der sich für einen »Konservativen« hält, einige Positionen mit den Linken teilen würde, beweist nur, daß eine Weltanschauung letztlich ein individuell ausgeprägter Bewußtseinsgehalt ist. Für die Abstraktion »Weltanschauung linker politischer Gruppen« werden aber die gerade angeführten Präferenzentscheidungen zutreffen.

4.4 Psychologischer Exkurs

Der endothyme Grund einer Persönlichkeit (vgl. S. 86) kann auch als allgemeines Lebensgefühl eines Menschen beschrieben werden. Gefühle oder Stimmungen der Lebensangst, des Selbstbewußtseins, der Hoffnungsbereitschaft (optimistische Grundhaltung), des Erkenntnisdranges, der Unzufriedenheit, des Schaffensdranges, um nur einige dieser Reaktionsweisen des Zustandsbewußtseins zu nennen, sind allgemeinmenschlicher Art. Sie können bei allen Menschen vorkommen, selbstverständlich in einer charakterologisch feststellbaren individuellen Modifikation in Qualität und Quantität. Hierzu sei daran erinnert, daß die Bildung einer Weltanschauung primär kein rationaler Akt, keine gedankliche Konstruktion ist. Jede Weltanschauung erwächst zweifelsohne aus dem Urgrund pathetischer Erlebnisse. Jede Konzeption einer Weltanschauung ist eine rationalisierte Akzentuierung gewisser Elemente innerhalb komplexer Erlebnisse.

Andererseits ist die Bildung einer Weltanschauung, die Ausformung ihres konzeptionellen Arsenals, ein Produkt des Entwicklungsprozesses jedes Menschen, der weitgehend ein Erziehungs- res. Sozialisationsprozeß ist, also unter äußerer Einwirkung steht. Der Mensch mißt oder überprüft die in seiner individuellen Weltanschauung akzentuierten Elemente einer Stimmungslage bei ihrer Rationalisierung im Außenbereich des Erlebens an der begrifflichen Information, etwa auch anderer Weltanschauungen, Ideologien oder Doktrinen. Es kommt dann bei entsprechender Affinität zur Übernahme oder Aneignung vorgefundener Begriffe, oder der erwähnten Präferenzsysteme. Anders wäre Erziehung oder Sozialisation nicht möglich. Wenn aber die individuelle Weltanschauung eines Menschen in etwa seine individuelle psychische Thematik spiegelt, dann wird die Weltanschauung anderer nur dann angeeignet werden, wenn diese tiefe Schichten menschlichen Erlebens, und damit auch solche allgemeinmenschlicher Art, anspricht. Die Weltanschauung der Linken ist daher keineswegs etwa eine intellektuelle Konstruktion, die nur dem Außenbereich des Erlebens angehört. Es sei nun hypothetisch der Versuch gemacht, einige weltanschauliche Konzeptionen der Linken auf Gegebenheiten im endothymen Grund der menschlichen Psyche zurückzuführen. Die tragenden Erlebnisse der Vorstellung von der realistischen Erkennbarkeit der Welt, sind die noëtischen Gefühle, aber auch die Strebungen der wissenden Teilhaber.[80] »Im noëtischen Gefühl des Staunens entdecken wir es als den Sinn menschlicher Existenz, daß wir die Welt als etwas Denkbares und Erkennbares vorfinden«.[81] Die Gewißheit der Erkenntnis beruht auch auf der Erfahrung, daß im Denken gewisse vorangelegte Strukturen der Wirklichkeitsgeschichten nachvollzogen werden. Das Denken wir möglich, da es diesen Strukturen entspricht.[82] Gleichzeitig erwächst aus solchen Elementarerlebnissen die Konzeption der Theorie-Praxis-Einheit. Das von Locke formulierte Elementarerlebnis des Realisten: nihil est in intellectu, quod non prius fuerit in sensu«, setzt die Sinne über den Sinn. Aus diesem Ergebnis erwächst sowohl der naive Realismus als auch der Begriff der ausschließlichen Diesseitigkeit, die terrestrische Beschränkung.

Wesentlich für die später rational ausgegliederten Elemente der Weltanschauung sind die »stationären Gestimmtheiten«, sie dienen aber auch bei der weltanschaulich-erzieherischen Einwirkung als komplementäre Elemente des Seelenlebens für den Appell der fundamentalen Konzeption einer Weltanschauung. Die Stimmungen der Angst, das Selbstgefühl, das Eigenmachtsgefühl, die Strebung des Mächtigseins als Voraussetzung der Verwirklichung des Schaffensdranges können komplexe Stimmungslagen schaffen.[83] Aus der Stimmung der Unzufriedenheit verbunden mit einem nihilistischen Weltgefühl mag der Drang zu radikaler und rastloser Veränderung der Welt entstehen. Denn der Sinn des Lebens ist nicht jetzt und hier durch die metaphysische Bindung gegeben, sondern er wird in einer Vorwärtsbewegung (Veränderung) terrestrisch in ein ewiges Kontinuum projiziert. Auch aus solchem Erleben mag die Vorstellung einer absolut diesseitigen Welt entstehen. Diese wiederum bildet die Voraussetzung für die omnipotente Autonomie des Menschen, sie ist eine Voraussetzung des eigenmächtigen Schaffensdranges. Der Schaffensdrang verlangt nach einer praktikablen, manipulierbaren Welt, diese Welt darf daher keinen metaphysischen, rational oder intellektuell unzugänglichen Sinn haben. Aus solchen Erlebnissen ergibt sich die systematische Metaphysikfeindlichkeit. Andererseits ist das Kriterium einer solchen manipulierbaren Welt (Materie) ihr ständiges Werden, die Veränderung.

4.4.1 Weltanschauung und Charakter

Im Charakter des einzelnen Menschen ist die relative Bereitschaft zu verschiedenen der erwähnten elementaren Stimmungen und/oder Gefühlen anlagemäßig weitgehend festgelegt. Doch bedingt deren allgemeinmenschliche Natur prinzipiell die Möglichkeit der Verstärkung oder Dämpfung der einen oder anderen Stimmungslage im Verhältnis zu den übrigen. Jeder Mensch ist, abgesehen von individuellen Gradunterschieden, prinzipiell beeinflußbar, d. h. prinzipiell, und dies nach Art der Motive individuell verschieden, motivierbar. Die anlagebedingte endothyme Erlebnisschicht eines Menschen zeigt einen gewissen Typus. Andererseits darf die Tatsache nicht übersehen werde, daß sich dieser Typus einer bestimmten Anlagekombination keineswegs massenhaft wiederholt, es handelt sich also letztlich stets um einen originellen Individualtypus. Bei dem Leistungsgefüge, das jeder Charakter darstellt, ist stets ein Komplex von Anlagen, der ein bestimmtes Mischungsverhältnis der verschiedensten Ausstattungseigenschaften zeigt, anzunehmen. Auf die aus diesem Komplex resultierende Thematik eines Charakters ist hier nicht weiter einzugehen, es sei nur nochmals auf die erzieherischen Einflüsse des Milieus verwiesen. Hinsichtlich der spezifischen Anlagemischung genügt die Feststellung: »Es gibt von der Anlage her keine eindeutig, etwa hundertprozentig ›linken‹ resp. ›progressiven‹ oder etwa ›rechten‹ resp. ›konservativen‹ Charaktere, es gibt aber eine thematische Präponderanz einer Anlagerichtung. Diese Präponderanz mag primär oder sekundär, also etwa durch Erziehung zustande gekommen sein. Es gibt ferner anlagemäßige Affinitäten oder Anfälligkeiten für imponierende Einstellungen oder Verhaltensweisen anderer.«[84]

Prinzipiell gilt aber die Feststellung: Das menschliche Bewußtsein ist keine tabula rasa, es gibt gegenüber allen Außeneinflüssen die wiederum individuell variierende Möglichkeit alternativer Entscheidungen. Daher können die Einstellungskomponenten im Bewußtsein eines Menschen wechseln. Die Affinität der Bildungsschicht, der Intellektuellen, zu einer weltanschaulich linken Einstellung ist bekannt. Bei Parteigründungen haben meist Angehörige der Bildungsschicht die Initiative. Bei ihnen mag die Veranlagung zu einer kritischen Auseinandersetzung mit der Welt, besonders mit deren Äußerlichkeiten, erziehungsmäßig gefördert worden sein. Durch Gründung linker Parteien erleben sie im »qualitativen Sprung« von der Vereinzelung zur Masse, durch den Impetus, der von der Solidarität ausgeht, eine Selbstbestätigung. Auf solche Erfahrungen mögen die Theoreme von »spontanen Massenbewegungen«, die der Revolution zum Durchbruch verhelfen, zurückzuführen sein. Die Hinwendung der Intellektuellen zu den Massen kann auch durch deren eigene geringe Zuversicht zu ihrer Gedanken Blässe bestimmt gewesen sein, aus der man sich zur Vitalität der Volksmenge, an der man anders selbst keinen Teil mehr hat, um Bestätigung nachsuchend, flüchtet. Diese meinte man in der Akklamation der Vielen zu finden. Die, verkürzt gesagt, linke Einstellungskomponente im Bewußtsein eines Menschen wird sich besonders bei jungen Leuten stärker zeigen. »Die Lust, das Bestehende zu kritisieren, ist bei denen größer, die noch nicht den Wert des Bestehenden erlebt haben.«[85] Ein Beispiel eines solchen jugendlichen Bekenntnisses aus den Vereinigten Staaten sei hier zitiert: »Der demokratische Radikalismus erneuert sich selbst auf der Grundlage eines moralischen Standpunktes... Die Lebendigkeit und der Idealismus der neuen Bewegung stehen in Beziehung und in einem unmittelbaren Verhältnis zu dieser vergleichsweise nicht-ideologischen moralischen Haltung, aber eine linke Bewegung braucht mehr als Idealismus und Leidenschaft.« Es folgt der Hinweis auf die Bedeutung von Organisationen, Kenntnissen, Programmen, Rezepten, mit denen man »die radikale Vision in die Wirklichkeit umzusetzen vermag.« Doch: »Jetzt ist es die Aufgabe der Bewegung, sich nicht nur nahen politischen Zielen zu widmen... sie muß vielmehr eine langfristige Aktion beginnen: es geht um die Neuschaffung oder Zusammenfassung einer Generation von Demokraten, d. h. Menschen aller Altersklassen..., die eine radikale Verpflichtung auf Werte eingehen und durchhalten können... Die Verpflichtung gilt der radikalen Demokratie, sowohl als Endziel, wie als Mittel zu diesem Endziel.«[86] Bei allem Überschwang ist der Elan, mit dem hier ein moralischer Neubeginn gefordert wird, objektiv achtenswert. Dem Schreckensbild einer in der eigenen Überlieferung erstarrenden Menschheit setzt der junge Mensch den Traum einer neuen, durch ständige Veränderung ewig neuen Welt entgegen.

Der kompromißlose Wagemut des Denkens ist die Stärke der Progressiven, und, man sollte dies konzedieren: die Werbekraft der linken Position wird auch von der Idealität ihrer Willensziele und von der offenbaren Altruistik der Verfechter dieser Ziele getragen. Der intellektuelle, selbstlose Mut, das uralte Feuer des Prometheus, fasziniert und gibt der Weltanschauung der Linken ihre Würde.

4.4.2 Ubiquität der Konzeptionen einer linken Weltanschauung

Es mag jene faszinierende Werbekraft der linken Ideale sein, die dazu führt, daß eigentlich allenthalben politische Positionen eingenommen werden und Verhaltensweisen zu beobachten sind, die auf der stillschweigenden Anerkennung weltanschaulich linker Konzeptionen beruhen (vgl. S. 131). Wenn z. B. das Verlangen nach Emanzipation, das Vertrauen auf die eigene Rationalität und die Kalkulierbarkeit einer nach allgemein gültigen Gesetzen strukturierten Welt als Kennzeichen einer linken Weltanschauung angesehen werden sollten, dann fühlt sich mancher zu der Frage veranlaßt, was oder wer sei dann eigentlich nicht links?

Daraufhin ist festzustellen, daß in der Tat sehr häufig eine Einstellung, zum mindesten deklamatorisch und deklaratorisch, vertreten wird, die sich auf die oben genannten und andere konzeptionelle Elemente einer linken Weltanschauung abstützt.

Damit ist allerdings über den Grad der inneren Überzeugung, mit der diese Meinungen vertreten werden, noch nichts gesagt. Das Evidenzerlebnis des sich verbal »links« Gebärdenden, das gilt natürlich für alle Weltanschauungen, ist nicht immer feststellbar, doch soll das hier nicht weiter untersucht werden.

Es gibt weitere Faktoren, die für das Überallvorkommen linker Vorstellungen, verkürzt formuliert, günstig sind.

Die Vielschichtigkeit des menschlichen Bewußtseins, die breite Disposition vieler Menschen in ihrer Bereitschaft, äußere Einflüsse zu verarbeiten, oder sich auch ohne viel Reflexion zu eigen zu machen, daneben die relative Seltenheit charakterlich eindeutig ausgerichteter Strukturen (vgl. S. 133) läßt die Faszination der linken Ideale wirksam werden.

Ein wesentlicher Umstand für die allgemeine Verbreitung der hier behandelten Weltanschauung ist darin zu sehen, daß die Elemente jeder Weltanschauung in gewisser Weise frei verfügbar sind. Eine Weltanschauung wird nicht als abgeschlossener Komplex, ein in sich schlüssiges System rezipiert. Eine denklogische Systematisierung wird erst bei einer höheren Rationalisierungsstufe erreicht. Es können also einzelne, für das Denken der Linken charakteristische, Vorstellungen auch unzusammenhängend übernommen werden. Diese Positionen können dann auch von Leuten vertreten werden, die sich selbst nicht für links eingestellt halten. Ferner spielt die Beeinflussung durch die soziale und politische Umwelt (im weitesten Sinne), sowie das zeitliche »Milieu« eine Rolle. Die Weltanschauung der Linken, oder wenigstens einige ihrer zeitgemäßen Konzeptionen, wird von manchen Menschen wie eine Mode übernommen und mitgemacht.

Der Konformismus in den Meinungsäußerungen der Intellektuellen ist beträchtlich, er wird durch die Tabuisierung vieler Themata seitens der Linken noch verstärkt. Dem Kommunikationsbedürfnis der linken Intellektuellen geschieht im Gespräch, der Diskussion, Genüge, solche Veranstaltungen sind fast als Organisationsformen der Meinungsmacher zwecks Meinungsmache anzusehen. Das Gespräch läuft am leichtesten, wenn alle, ungeachtet des Anspruchs auf »intellektuelle Redlichkeit«, eines Sinnes sind. So kommt es zu unüberlegten verbalen Akklamationen, mit denen man sich gängige Positionen zu eigen zu machen scheint. Man diskutiert eben »rational« und nicht »emotional«, man ist eben einfach gegen die »Apartheidspolitik«, gegen den »Vietnamkrieg«; für »Friedenspolitik«, für »emanzipatorische Bildungspolitik«, für die »Freigabe der Abtreibung« u. a. m. Auch hier soll nichts zu der eventuellen Überzeugungstiefe gesagt werden, die diese Mode der verbalen Akklamation begleitet.

Neben diesen eher oberflächlichen Folgen eines intellektuellen Modernitätsverlangens sind schließlich tieferliegende Gründe für die Ubiquität linker Konzeptionen anzugeben, diese bestehen in vielen Fällen in der integralen Verbundenheit dieser Konzeptionen mit dem Selbstverständnis des Menschen. An Hand des Beispiels der Konzeption »Rationalität des Menschen und der Welt« sei dieser Überlegung nachgegangen (vgl. S. 132). Der Mensch erlebt die Möglichkeit, sich denkend mit der Welt auseinanderzusetzen, als entscheidendes Mittel seiner Daseinssicherung. Er projiziert dieses »Begreifen« der Welt in einem falschen Analogieschluß auf die ontologisch Struktur der Welt. Die irrtümlich angenommene durchgängige Begreifbarkeit der Welt strahlt zurück und erfüllt den Menschen mit der Vorstellung seiner eigenen rationalen Omnipotenz, da die Welt, allein wegen ihres Strukturgesetzes, der rationalen Methode zugänglich sein müßte. Andererseits will der Mensch, angesichts der immer wieder erlebten Mangelhaftigkeit seines persönlichen, individuellen Kalküls, in der Vorstellung einer rationalen Welt Zuflucht und Sicherheit suchen. Gerade wegen dieser Trugbilder ist die Verführung durch die Vorstellung von der rationalen Omnipotenz des Menschen eine Gefahr, die mit der Weltanschauung der linken politischen Gruppen gegeben ist.

4.4.3 Rückkoppelungseffekt der Weltanschauung

Die auf den Grundschichten des menschlichen Charakters aufbauende Weltanschauung wirkt ipso facto als »Energeia« im aristotelischen Sinne, d. h. sie ist einer Leistung fähig. Diese Leistung ist je nach Anspruch der Weltanschauung entweder direkt praktischer Art, eine Handlung, ein Ausgriff in die Umwelt. Sie hat aber auch eine psychische Wirkung informierender Art, einen Rückkoppelungseffekt. Diese Information, d. h. psychische Prägung, vermitteln die konzeptionellen Elemente der Weltanschauung; sie bewirken im Stimmungsgefüge eine Verstärkung der weltanschauungskonformen, sozusagen erwünschten Stimmungslagen, bei gleichzeitiger Dämpfung oder Unterdrückung der störenden Elemente. Mit dem zunehmenden Grad der Bewußtheit und der habituellen Verfestigung entstehen dann, wie bereits gesagt, aus den jetzt dominierenden Stimmungslagen Einstellungen, aus diesen Haltungen, die wiederum in Verhaltensweisen Ausdruck finden.

Analog ist die weniger subtile Wirkung, die man von Schlagwörtern (Reizwörtern) und Klischees erhofft. Die Schlagwörter fassen einen Komplex von Behauptungen in einem Ausdruck zusammen, der aus einem Gefühl, einer Stimmung entstand. Im Wege der Rückkoppelung soll dieses Schlagwort, wenn es gebraucht wird, seinerseits jene Stimmung erzeugen.[87] Das Resultat dieser Einwirkung ist wiederum in Umfang und Qualität von der Charakterstruktur des Menschen und vor allen Dingen vom Charakterniveau abhängig. Das Niveau bestimmt aufgrund der Ambivalenz jeder Anlage (vgl. S. 92 f.) deren reale Manifestation. Z. B. wird sich die Lebensenergie bei dem einen Menschen in Rücksichtslosigkeit äußern, bei einem anderen in kraftvollem Durchsetzungsvermögen. Erkenntnisdrang erscheint entweder als sinnvolle Erfassung der Umwelt, oder als haltlose Neugier.

4.4.4 Deformation der Einstellung und Haltung

Eine an sich von Idealismus getragene Weltanschauung kann in einer extremen Konsequenz durch die Rückwirkung ihrer Vorstellungen auf das Erleben anderer Menschen psychisch deformierend auf deren Verhaltensweisen einwirken. Diese Möglichkeit ist prinzipiell zu erörtern. Die Vorstellungen einer fortschrittlichen Zukunftsvision, verbunden mit der optimistischen Gewißheit ihrer Verwirklichung, kann die Haltung einer kompromißlosen Intoleranz herbeiführen. Es ist dann zu prüfen, wie weit der Optimismus der Experimentierfreude mit jenen Zukunftsentwürfen nicht eigentlich ein kaschierter Gegenwartspessimismus, oft sogar ein Welthaß sei. Die Folge dieser Haltung sind Verantwortungslosigkeit und Gleichgültigkeit, mit denen man sich der Erfüllung der »Forderung des Tages« versagt, und in deren Zeichen das Bestehende im Namen kommender Wahrheit rechthaberisch in Frage gestellt wird. Wird dann im Sinne der Emanzipationsverpflichtung des Menschen die Forderung des Tages als Ausbeutungsmechanismus eines »Leistungszwangs« verteufelt, so reagiert mancher nur zu bereitwillig mit einem Verhalten, das die »Leistungsgesellschaft« in der Konsequenz einer kritischen Erwartungshaltung gegenüber der Umwelt zu einer »Anspruchsgesellschaft« pervertiert. Die Vorstellung der Gerechtigkeit motiviert das Verlangen nach dieser. Dies Verlangen strahlt in die Konkretisierung der politischen Forderungen bei gleichzeitig zunehmender allgemeiner Verständlichkeit oder Undifferenziertheit aus. Man verlangt nach Rechten aller Art: nach dem Recht auf Arbeit, Bildung, freier Liebe, Freizeit, Glück, seien als einige Beispiele genannt. Die Vorstellung, man sei selbst seines Glückes Schmied, im weitesten Sinne, wird verdrängt. Im Zuge der proklamierten Selbstfindung und Selbstschaffung des Menschen erstirbt die Eigeninitiative; allenfalls bleibt die neiderfüllte, kritische Initiative, an andere Forderungen zu stellen und diesen zu sagen, was sie für den Fordernden tun sollen.

Die Ambivalenz des Sozialgefühls des Menschen, aus dem sowohl Neid als Mitleid erwächst (vgl. S. 92 f.), zeigt sich unter dem Einfluß dieser »Anspruchsideologie« in letztlich unsozialen Verhaltensweisen. Das Minderwertigkeitsgefühl des Schwächeren trifft sich mit der positiven Hilfsbereitschaft des Stärkeren in dem Theorem von der ausgleichenden und austeilenden Gerechtigkeit. Die axiomatische Grundlage ist das Egalitätsaxiom. Die elementare Wirkung des Neides ist bekannt. Bei den Verhandlungen anläßlich des Stahlarbeiterstreiks um die Jahreswende 1978/79 wurde der Vorschlag, den Nachtarbeitern zwecks Arbeitserleichterung zusätzlich Freizeit zu geben, abgelehnt, weil »... nur jeder zehnte Arbeiter in den Genuß dieser ... Feierschichten gekommen wäre«, dies würde die Belegschaft spalten.[88]

Der Egalitarismus zeitigt ferner die Haltung der forcierten Distanzlosigkeit, die ständige Verletzung der Intimsphäre durch die alles gleichmachende Avantgarde, die ihr Verhalten als rationale Vorurteilslosigkeit und eine privilegienbeseitigende Tabufeindlichkeit ausgibt. Es erübrigt sich, Beispiele der Fäkalsprache, der pornographischen Kunst, der Sexualerziehung, der Anbiederung mittels antiautoritärer Erziehungsversuche usw. anzuführen. Die extreme Durchführung der Emanzipationsvorstellung resultiert in den Theorien, fast Doktrinen, der »Konflikpädagogik« der »antiautoritären Erziehung«, im neuen »Eltern- Kinder- und Familienrecht«. Mit Hilfe der von den Axiomen Egalität und Freiheit abgeleiteten »mathematischen Konzepten« will man die Irrationalität des menschlichen Lebens, wie sich diese in dem Verhältnis der Ehegatten, der Eltern und ihrer Kinder dokumentiert, in den Griff bekommen. Die Weltanschauung der linken politischen Gruppen manifestiert sich hierbei in der Gesetzgebung.

Die skizzierten Verhaltensweisen sind auch Beispiele für Moden der Einstellung und des Verhaltens, die, auch mit einem Minimum an originaler Disposition für die Erfassung der Konzepte der zugrunde liegenden Theorien, äußerlich nachvollzogen werden können. Die Weltanschauung der Linken ist, wie gesagt, für manche Menschen eine Mode, die sie mitmachen. Der Konformismus der Modernität ist eines der größten Hindernisse, wenn es um die Erkenntnis der Realität geht. Der Begriff »Autorität« und die zugrunde liegenden Tatbestände der menschlichen Existenz und des menschlichen Zusammenlebens sind unmodern geworden. Die Autorität wird angegriffen, weil ihre Anerkennung ein sinnfälliger Ausdruck eines Verstoßes gegen die Gleichheit der Menschen wäre. Die ursprüngliche Wortbedeutung des lateinischen »auctoritas«, mit dem der überragende Einfluß bestimmter Menschen, der von dem Gewicht ihrer Persönlichkeit ausging, bezeichnet wurde, wird mit der Bedeutung von »potestas«, der Amtsgewalt, in einer Art verbalem Roßtäuschertrick vermengt. Es ist daher für den Linken ein verdienstvolles Verhalten, sich emanzipatorisch gegen Amtsgewalt, Staatsgewalt, kurz »Autorität« aufzulehnen, oder sie jedenfalls »in Frage zu stellen«. Die elementare Bedeutung der wahren Autorität für das menschliche Zusammenleben, das ohne die Stabilität hervorragender Persönlichkeiten gesinnungsmäßig und kulturell nicht funktionieren könnte, zeigt sich ungewollt im Verhalten der Linken. Ihre Infragestellung der Autorität ist für die Masse der Linken eigentlich eine Frage nach der Autorität. Gleichzeitig mit dem Gesang: »Es rettet uns kein höhres Wesen, kein Gott, kein Kaiser, kein Tribun...« jauchzt man die Namen von Marx, Engels, Lenin, Ho Tschi-min, Guevara, die Liste läßt sich, mit zeitbedingten Variationen, beliebig verlängern.[89]

4.5 Weltanschauung und Realität

Die Idealität der Zukunftsentwürfe der Linken, d. h. deren gewollte Abhebung von der Realität, begründet nicht nur deren Faszination, zugleich ist sie der Ansatzpunkt jeder berechtigten Kritik.

Der SED-Regimekritiker Rudolf Bahro, der Verfasser des Buches »Die Alternative«, der seit 1977 in der Haftanstalt Bautzen einsaß und im Oktober 1979 in die Bundesrepublik abgeschoben wurde, hält sich selbst für einen »Kommunisten«; das von ihm kritisierte Gesellschaftssystem im Ostblock nennt er den »real existierenden Sozialismus«.[90]

Man kann sich kaum eine sarkastischere Verurteilung eines unter linkem Vorzeichen unternommenen Versuch einer Gesellschaftstransformation denken. Es ist nicht sicher, ob es sich dabei um Ironie handelt, denn mit dem abfälligen Ausdruck »real existierender Sozialismus« zur Bezeichnung einer Fehlentwicklung, würde ja impliziert, daß der wahre Sozialismus real nicht existieren könne.

Doch die Faszination der Irrealität, der man auch mit euphemistischen Formeln, wie die erwähnte »konkrete Utopie« Ausdruck zu geben versucht, nährt sich aus dem Prinzip Hoffnung.

Als Kritiker der Weltanschauung der Linken und deren weltanschaulich fundierter Gesellschaftsentwürfe kann man folgende Überlegung anstellen: Marx hat in seinen Analysen und im Ansatz der darauf aufbauenden Prognosen recht: die Industriegesellschaft endet in umfassender Planung, in einer nivellierenden Aufhebung aller Klassen und einer zwangsläufig distanzlosen Solidarität aller Menschen. Diese Entwicklung hat nur einen

Fehler: sie führt nicht zu höherem Menschentum, es gibt keine Befreiung aus der Übermacht der Apparate, die ja für die Ernährung, Behausung und Bekleidung der Milliarden notwendig sind, und das individuelle Glück, was immer das sei, ist nicht garantiert. Doch diese Fehlentwicklung einer immer noch entfremdeten Menschheit wäre für die Linken aus weltanschaulichen Gründen ein Quell neuer Hoffnung, denn »Das was ist, kann nicht wahr sein«.[91] Wenn die Welt »schlecht« und daher unbefriedigend ist, kann sie ja immer noch »besser« werden. Dieser Wechsel auf die Zukunft, den das »Prinzip Hoffnung« ausstellt, ist durch keine deprimierende Erfahrung der Vergangenheit als ungedeckt zu erweisen. Die Detailabstinenz der Entwürfe der weltanschaulichen Utopisten läßt diese immer wieder in die Leerformel der »Veränderung der Welt« flüchten. Diese Formel kann mit Erfolg jeder mißglückten Praktizierung einer Theorie, auch der eigenen, entgegengehalten werden. Die Unrealisierbarkeit der linken Ideale garantiert deren Unsterblichkeit.

Nicht jeder kann den Anblick der Irrationalität der Welt ertragen, das Bild von Sais ist nicht ohne Grund verschleiert. Das Egalitätsaxiom der potentiellen Gleichheit aller Menschen verschleiert die Tatsache der conditio humana, die die Emanzipationsfähigkeit der einzelnen Menschen durch biologische Voraussetzungen, wie z.B.: psychosomatische Veranlagung, Krankheit und Tod, unabänderlich verschieden festgelegt hat. Folgerichtig findet das Symbol der metaphysischen Determiniertheit des Menschen, der Tod, in der Weltanschauung der Linken keine ihm entsprechende Beachtung. Nur in der historischen Dimension etwa als »gerechter« Tod des despotischen Klassenfeindes oder als Helden- oder Märtyrertod des Revolutionärs wird er zu einer dramatischen Dekoration der unaufhaltsam fortschreitenden Entwicklung der Menschheit. Von dem Tod jedes Menschen, der seinen unhistorischen und einmaligen Tod stirbt, ist nicht die Rede.

4.5.1 *Zweifel und Apologie*

Auch Bahros Buch ist ein durch marxistisch-kommunistischen Optimismus übertönter Ausdruck des Zweifels an der Tragfähigkeit linker Entwürfe und Planungen. Es nimmt daher nicht Wunder, daß auf dem Bahro-Kongreß, der vom 16.–19.11.1978 in Westberlin stattfand, und an dem Trotzkisten, Eurokommunisten, Sozialdemokraten und Sowjetdissidenten teilnahmen, auch skeptische Stimmen zum Problem »sozialistische Lösungsstrategie« laut wurden. Die kritischen Anmerkungen, die Wolfgang Kraushaar zu den Diskussionen dieses Kongresses macht, enthalten bemerkenswerte Überlegungen: »Kaum eines der wesentlichen Probleme unserer Gegenwart... die ohne... übertreibendes Pathos zur Existenzfrage des

Gattungswesens Mensch geworden sind, läßt sich sinnvoll noch unter dem von den Klassikern tradierten Terminus als lösbar vorstellen. « Ökonomische Krise, Zerfall der »Sozial- und Charakterstrukturen« (sic!) lassen sich nicht durch die Allheilmittel »Vergesellschaftung der Produktionsmittel und Abschaffung der Lohnarbeit« beheben. Diese sind nicht »einfach ad acta zu legen«, aber sie reichen nicht an die Wurzeln der Probleme heran. »Wenn Marx die Revolution als eine radikale Umwälzung der Gesellschaft verstanden hat, dann kann es sich ... gegenwärtig unmöglich um eine sozialistische im Sinne ... des üblichen Sprachgebrauchs drehen – ... «[92] Die Diskussion verlief für Kraushaar allzu orthodox-marxistisch, sie ließ das, seiner Meinung nach, zentrale Entfremdungsproblem unbehandelt, dessen Lösung man in anarchistischer Tradition von einer radikalen Emanzipation unter eindeutig anthropozentrischem Aspekt erwarten sollte.

Gegenüber solchen Überlegungen, die ihre Kritik hinter der loyalmarxistischen Beteuerung verbergen, die »Vergesellschaftung der Produktionsmittel« dürfe nicht ad acta gelegt werden, die aber doch die Frage nach dem einzelnen Menschen in der industriellen Massengesellschaft unüberhörbar im Raum stehen lassen, gibt es eine andere Art der salvatio mentalis. Dies ist die im grundsätzlichen der Marxnachfolge unerschütterliche intellektuelle Apologie jedes zukünftigen Realisierungsversuches der marxistischen Gesellschaftstheorie. Z. B. wird gegenüber dem speziellen Vorwurf, das »Marx'sche Konzept des gesellschaftlichen Menschen« biete der »Anerkennung individueller Persönlichkeit« keinen Raum, »sehr kategorisch« erklärt: »Alle derartigen Versuche, die inhumanen Effekte, die im Zuge der revolutionären Umwälzungen unserer Zeit und insbesondere im Gefolge des Stalinismus zutage getreten sind, auf irgend welche theoretisch-prinzipielle Positionen von Marx (und deren Defekte) zurückzuführen, sind in mehrfacher Hinsicht verfehlt.«[93] H. Fleischers Zauberformel heißt »sozialistische Praxis«, die mittels einer syntaktischen Nominaldefinition mit »emanzipatorischer Praxis« bedeutungsmäßig identifiziert wird. »Das Kardinalproblem dieser Praxis (sozialistisch und/oder emanzipatorisch, d. V.) ist, wie sie ihre gesellschaftliche Basis verbreitert, sich von der anfänglichen Minderheit ihrer Initiatoren zu einem gesamtgesellschaftlichen Unternehmen ausweitet. Der Übermittlungsmodus kann hier in nichts anderem als in der praktischen Kommunikation selbst bestehen.« Die Zielrichtung dieser Praxis ist es deshalb auch, »... die moralisch, durch Imperative und Sanktionen, vermittelte Form der Verhaltensregulation gänzlich in frei-kommunikative zu überführen.« Diese Praxis muß »immer weitere Gruppen« in sich einbeziehen und damit eine immer breitere, immer voller gültige innere Legislative« gewinnen. Zugleich muß sie »ein

Korrektiv (sein) gegen emanzipationsfeindliche Perversion, die ja für lange Zeit noch möglich bleibt.«[94]

Wenn man sich die Thesen der hiermit abgeschlossenen Skizze einer Interpretation und Definition der Weltanschauung der linken politischen Gruppen vergegenwärtigt, erübrigt sich eine Analyse der Vision Fleischers; die spezifischen Vorstellungsgehalte dieser Zukunftserwartung sind evident. Mit solcher Apologie kann man allerdings über die Besorgnisse eines nachdenklichen Arbeiters elegant hinweggehen, der auf die bedrohlichen und unausweichlichen Widersprüche zwischen den Sachzwängen eines daseinssichernden technischen Apparates (im weitesten Sinne) und den Bedürfnissen der einzelmenschlichen Erfüllung hinwies.[95] Aber der Zweifel läßt sich durch die zitierte intellektuelle Esoterik nicht beschwichtigen. Der Zweifel betrifft wohl auch unausgesprochen die Axiomatik in ihrer Gesamtheit, doch das spricht man nicht aus. Einzelne Vertreter der Linken werden sich des Dilemmas ihrer Weltanschauung wohl bewußt werden, das sich auftut zwischen der postulierten Kritikbereitschaft, die auch vor der eigenen Theorie nicht haltmachen sollte, und dem Affront der Resultate sozialistischer Praxis. Unüberbrückbar bleibt die Kluft zwischen real Machbarem und der utopischen Forderung.

Doch vielen Menschen fällt das Verbrennen ihrer alten Idole schwer, so rettet man sich aus der Spannung des Zweifels in den extremen Ausgriff nach vorne. Es entsteht die Neigung, den gordischen Knoten der conditio humana mit intoleranter Kompromißlosigkeit zu durchhauen, um so eine Voraussetzung für den radikalen Neubeginn zu schaffen. Oft bleibt es bei der anarchistischen Revolution um der Revolution willen.

Der Revolutionär aus Überzeugung empfindet sein Engagement zuweilen als eine Verpflichtung des »credo quia absurdum«. Er wird auch Paradoxien als adäquaten Ausdruck seiner Stimmungslage werten, wie sie ein sowjetrussischer Dissident auf der Abschlußveranstaltung des Bahro-Kongresses formulierte: »Seid realistisch, verlangt das Unmögliche!«

ANMERKUNGEN

1 Kolakowski, L., In: Argumenty, 1.11.1969
2 Lersch, Philipp: Aufbau des Charakters. 6. Aufl. München 1954, S. 100 ff.
3 Kolakowski, Leszek: Der Mensch ohne Alternative. Von der Möglichkeit und Unmöglichkeit, Marxist zu sein. München 1961, S. 144
4 Mills, C. W.: Letter to the New Left. In: Jacobs, Paul: New Radicals. Harmondsworth 1967, S. 113

5 Marx, Karl: Die Frühschriften. Hrsg. Siegfried Landshut, Stuttgart 1964, S. 168
6 Neusüss, Arnhelm (Hrsg.): Begriff und Phänomen des Utopischen. Soziologische Texte, Bd. 44, Neuwied/Berlin 1968, S. 34
7 Kolakowski: Mensch ohne Alternative, S. 142
8 Marx, Karl: Zur Kritik der Hegelschen Rechtsphilosophie. In: Frühschriften. Hrsg. Landshut, S. 216f.
9 Kolakowski: Mensch ohne Alternative, S. 143
10 Polak, Fred L.: Wandel und bleibende Aufgabe der Utopie. In: The Image of the Future, 2 Bde. Leyden 1961, S. 139–156. Hier: S. 141
11 Sarkisyanz, Emanuel: Rußland und der Messianismus des Orients, Tübingen 1955, S. 99
12 Sarkisyanz: Messianismus, S. 21 ff.
13 Sarkisyanz: Messianismus, S. 35 f.
14 Sarkisyanz: Messianismus, S. 24–30
15 Neusüss: Utopie, S. 182
16 Frei, Bruno: Die anarchistische Utopie. Frankfurt am Main, 1971, S. 18
17 Frei: Anarchistische Utopie, S. 19f.
18 Frei: Anarchistische Utopie, S. 21
19 Engels, Friedrich: Die Entwicklung des Sozialismus von der Utopie zur Wissenschaft. In: MEAS, Bd. 1, S. 139
20 Weiss, A. von: Neomarxismus, 1970, S. 89
21 Landauer, Gustav: Die Revolution, 1907, S. 16
22 Luxemburg, Rosa: Russische Revolution, 1921, S. 39
23 MEAS, Bd. 2, S. 378
24 Weiss: Neomarxismus, S. 105
25 Frei: Anarchistische Utopie, S. 25
26 Lenin, Vladimir, I.: Werke. Bd. 8, S. 474, und: Frei: Anarchistische Utopie, S. 34
27 Weiss, A. v.: Die Diskussion des Historischen Materialismus in der deutschen Sozialdemokratie 1891–1918, Wiesbaden 1965, S. 102
28 Bloch, Ernst: Zur Originalgeschichte des Dritten Reiches. Aus: Erbschaft dieser Zeit, 1935. Zitiert nach Neusüß: Utopie, S. 213
29 Bloch, Ernst, zitiert nach Neusüß, ebenda
30 Krämer-Badoni, Rudolf: Anarchismus: Geschichte und Gegenwart einer Utopie. Wien-München-Zürich 1970, S. 76
31 Engels, Friedrich: Herrn Eugen Dührings Umwälzung der Wissenschaft. In: MEW, Bd. 21, S.327
32 David, Eduard: Die Eroberung der politischen Macht. In: Socialistische Monatshefte, Jg. 8, H. 1 (1904), S. 11 f.
33 Kant, Immanuel: Was ist Aufklärung. In: Berliner Monatsschriften 1784, S. 481–494
34 Dietzgen, Joseph: Werke, III. Bd., S. 122
35 Marx, Karl: Heilige Familie. In: Landshut (Hrsg.), Frühschriften, S. 235
36 Kommunistisches Manifest. In: Landshut: Frühschriften, S. 540
37 Adorno, Theodor: Zur Logik der Sozialwissenschaften. In: Der Positivismusstreit in der Deutschen Soziologie. Neuwied-Berlin, 1969, S. 143

38 Buber, Martin: Voluntaristische und nezessitaristische Utopie. In: Pfade in Utopia. Heidelberg 1950, zitiert nach Neusüß: Utopie, S. 393
39 Am Ende des Wegs, den Mao befahl. In: Süddeutsche Zeitung vom 7. 11. 78
40 Bebel, August: Die Frau und der Sozialismus. Stuttgart 1891 und: Gorter, H.: Der Historische Materialismus (übersetzt aus dem Holländischen), Stuttgart 1909
41 Mandel, Ernest: Marxistische Wirtschaftstheorie. Frankfurt/M. 1968, S. 716
42 Guevara, Ernesto: Ökonomie und neues Bewußtsein. Berlin 1969, S. 143
43 Spitzer, A. B.: The Revolutionary Theories of Louis-Auguste Blanqui. New York 1957, S. 181
44 Sarkisyanz: Messianismus, S. 85
45 Kant, Immanuel: Werke. Darmstadt 1964, Bd. 6, S. 212
46 Weiss, A. von: Die Neue Linke. Kritische Analyse. Boppard 1969, S. 10
47 Jacobs: New Radicals, S. 154 f.
48 Hall, Guss/Generalsekretär der KPUSA/: Der weite Ausgriff des demokratischen Kampfes. In Prawda vom 5. 7. 68
49 Rossiter, Clinton: Marxism: The view from America. New York 1960, S. 25 f.
50 Howe, Irving: Radical Questions and the American Intellectuals. In: Partisan Review, Vol. XXXIII (1966), S. 179
51 Weiss, A. von: Linksradikale Organisationen in der Bundesrepublik Deutschland. In: Zeitschrift für Politik. H. 1 (März 1975), S. 41–58, hier: S. 41 f.
52 Revolutionäre Freundschaft. In: Bayernkurier v. 23. 12. 78
53 Negt, Oskar: Spielt nicht mit der Legalität. In: Der Spiegel, Nr. 25, Jg. 26 (1972), S. 131
54 Bundesminister des Innern /H./ Verfassungsschutzbericht 1976, Bonn 1977. S. 57, 102
55 Kainz, Friedrich: Psychologie der Sprache, vierter Band. Stuttgart 1956, S. 325
56 Löw, Konrad; Eisenmann, Ernst; Stoll, Angelika (Hrsg.): Betrogene Hoffnungen. Aus Selbstzeugnissen ehemaliger Kommunisten. Krefeld 1978
57 Löw: Betrogene Hoffnungen, S. 10
58 Buber-Neumann, Margarete: Von Potsdam nach Moskau. Stuttgart 1957, S. 39 f. u. S. 61 f.
59 Pachmann, Ludek: Gott läßt sich nicht verbannen. Freiburg i. Br. 3. Aufl. 1976, S. 23 f.
60 Pisarev, Dimitri J.: Werke, Moskau 1955–56, Bd. 3, S. 105
61 Brandes, Volkhard: Erlösungsmythen und Selbstbefreiung. In: links, Nr. 106, 11. Jg., S. 7/8, hier: S. 7
62 Brandes: Erlösungsmythen. S. 7
63 Zur Kritik eines Gedankens für die Zukunft. Statt einer Polemik. In: Kursbuch 14 (1968), S. 138–142, hier: S. 139
64 Harrington, Michael: What Socialists Would Do in America – If They Could. In: Dissent. Vol. 25, Nr. 4, S. 440–452, hier: S. 451
65 Ebda.
66 Gespräche mit Helmut Gollwitzer. In: links, Nr. 106 (Jan. 79), S. 11–14, hier S. 11 f.

67 Beispielhaft: »Arm im Wohlfahrtsstaat« – Fernsehsendung des ORF II, Club 2, am 21. 12. 78
68 In »Akratie« in: Zeitgeist, Nr. 28/29, Jg. 16 (Juli/August 1974), S. 19
69 Arrow, Kenneth J.: A Cautious Case for Socialism. In: Dissent, Vol. 25, Nr. 4, S. 472–480, hier: S. 473
70 Blankenburg, Martin: Zum 150. Geburtstag von Joseph Dietzgen. (9. 12. 1828–15. 4. 1888) In: Das Argument. H. 112, 20. Jg. (Nov./Dez. 1978), S. 884–887, hier: S. 885
71 Gespräch mit Gollwitzer, S. 13
72 Fleischer, Helmut: Marx und Engels. Freiburg i. Br./München 1970, S. 197
73 Adorno, Theodor: Negative Dialektik. Frankfurt a. M. 1966, S. 396, und: Weiss: Neomarxismus. S. 43 f. u. S. 130
74 Port Huron Statement. Jacobs: New Radicals. S. 158 f.
75 Fochler, Martin, ZK-Mitglied des »Ständigen Ausschusses« des KBW in einer Fernsehsendung des ARD, »Monitor« v. 13. 6. 77
76 Tomberg, Friedrich: Der Begriff der Entfremdung in den »Grundrissen« von Karl Marx. In: Das Argument, H. 2, 11. Jg. (Juni 1969), S. 187–223, hier: S. 222
77 Fleischer: Marx. S. 192
78 Trotzki, Leo: Literatur und Revolution. Berlin 1968, S. 215
79 Harrington: What Socialists. S. 442 f. u. S. 541 f.
80 Lersch: Charakter. S. 159 u. S. 232
81 Lersch: Charakter. S. 253 f.
82 Lersch: Charakter. S. 396
83 Lersch: Charakter. S. 157 f.
84 Weiss: Neue Linke. S. 31 f.
85 Weiss: Neue Linke. S. 309
86 Radical Education Project des SDS, Lawrence, Kansas, 1968
87 Weiss, A. v.: Schlagwörter der Neuen Linken. München 1974, S. 68 f.
88 Erklärung des Verhandlungsleiters der IG Metall, Kurt Herb. In: Süddeutsche Zeitung v. 19. 12. 78
89 Weiss: Neue Linke. S. 152 ff.
90 Bahro, Rudolf: Ich werde meinen Weg fortsetzen. In: Der Spiegel, Nr. 44, 32. Jg. (30. 10. 78), S. 30–33
91 Bloch, Ernst: Philosophische Grundsätze I, Frankfurt/M. 1961, S. 65
92 Kraushaar, Wolfgang: Linke Geisterfahrer, Anmerkungen zum Bahro-Kongreß. In: links, 106, (Januar 79), S. 8–10, hier: S. 8 f.
93 Fleischer: Marx. S. 193
94 Fleischer: Marx. S. 196
95 Rede von Willi Hoss auf der Abschlußveranstaltung der Tübinger Ernst-Bloch-Tage im November 1978. In: links, Nr. 105 (Dez. 78), S. 21–23

Armin Mohler
Weltanschauungen der rechten politischen Gruppierungen

Universitätsdozent Dr. phil. Armin Mohler, geboren 1920 in Basel, seit 1961 in München. Innerhalb der Wissenschaft von der Politik, in der er habilitiert wurde, ist er auf Frankreich und vor allem auf die rechten politischen Bewegungen in Europa spezialisiert. Zum zweiten Thema das Handbuch »Die Konservative Revolution in Deutschland« (1950, zweite Fassung 1972) sowie die Bücher über neuere französische Entwicklungen »Die französische Rechte« (1958) und »Die Fünfte Republik« (1963).

Inhalt

1	Einführendes	148
1.1	Befangenheit beim Sprechen über »rechts«	148
1.2	Unbrauchbarkeit des Begriffs »konservativ«	148
1.3	Fehlen wissenschaftlicher Vorarbeiten	149
1.4	»Reaktives« Verhalten der Rechten	149
2	Abgrenzung und Struktur der Rechten	150
2.1	Zweifel am Rechts-Links-Schema	150
2.2	Anthropologische Typisierungen	151
2.3	Die historische Dreiheit	152
2.4	Abweichungen von der Dreiheit: terminologische Unterschiede	153
2.5	Abweichungen von der Dreiheit: verfließende Wortfelder	153
2.6	Abweichungen von der Dreiheit: konservatives Zickzack	154
2.7	Abweichungen von der Dreiheit: Synthese-Begriffe	154
2.8	Die Achsenzeit des Konservatismus	155
2.9	Die Lage bis 1945	157
2.10	Nach 1945: die Rechte in der Wohlstandsgesellschaft	158
2.11	Die rechte Intelligenz der Bundesrepublik	159

3	Die Rechte als Weltanschauung	160
3.1	Die beiden Formen von Weltanschauung	160
3.2	Der wertfreie Weltanschauungs-Begriff	160
3.3	»Weltanschauung« als Ersatzreligion	161
3.4	Das »emotionale Schlüsselerlebnis«: die Übermacht	161
3.5	Paradoxie des Übermacht-Erlebnisses	162
3.6	Spaltung der Rechten bei der Systematisierung	163
3.7	Die Verschwörungstheorien	163
3.8	Die Ursprungs- oder Einbettungs-Mythen	165
3.9	Tragisches Weltbild	167
	Anmerkungen	168

1 Einführendes

1.1 Befangenheit beim Sprechen über »rechts«

Der Behandlung des Themas »Weltanschauungen der rechten politischen Gruppierungen« stehen besondere Schwierigkeiten entgegen. Vordergründig ist zunächst festzustellen, daß in der westlichen, liberalen Gesellschaft heutigen Zuschnitts die Positionsbezeichnung »rechts« im wesentlichen polemischen Charakter hat. Es gibt politische Gruppen, die sich selbst mit Stolz als »Linke« bezeichnen; als »rechts« hingegen wird man von seinen Gegnern eingeordnet. Als positive Bezeichnung der eigenen Position wird die Vokabel nur ausnahmsweise von Einzelgängern verwendet, die von vornherein auf Breitenwirkung verzichten. Nun sind das Fragen des gesellschaftlichen Klimas, die einen wissenschaftlichen Bearbeiter nicht davon abhalten sollten, den Begriff »rechts« sachlich zu verwenden. Es kommen jedoch weitere Schwierigkeiten hinzu.

1.2 Unbrauchbarkeit des Begriffs »konservativ«

In unserer Gesellschaft wird als Ersatz für den Begriff »rechts« gerne das offensichtlich etwas weniger belastende Wort »konservativ« verwendet, obwohl auch diese Vokabel meist noch durch die Hinzufügung »mildernder« Spezifikationen wie »liberal-konservativ«, »freiheitlich-konservativ«, »christlich-konservativ«, »katholisch-konservativ« gedämpft wird. Wissenschaftlich ist der Begriff »konservativ« jedoch nicht brauchbar – und zwar aus dem einfachen Grunde, weil er zu allgemein ist. Der Wille zum Bewahren *von* etwas, zum Festhalten *an* etwas ist in jedem Menschen zu finden. Unterschieden werden kann erst, wenn gefragt wird, *was* bewahrt werden soll oder, politisch gesprochen, *wohin* sich die Loyalitäten richten. Der Begriff »konservativ« faßt in der politischen Wirklichkeit erst dann etwas, wenn verschiedene Arten des Konservatismus konfrontiert werden – etwa die in unserer Gesellschaft drei häufigsten Spielarten: liberal-konservativ, katholisch-konservativ und national-konservativ (Letzteres auch als: deutsch-konservativ, rechts-konservativ). Wird jedoch der Begriff »konservativ« auf einen ganzen Flügel der Politik angewendet, so verwischen sich die Konturen sogleich. Es ist ein bekannter Gag politischer Publizisten, jede politische oder soziale Gruppe in unserer Gesellschaft als »konservativ« zu entlarven und damit dem Begriff jede Substanz zu nehmen. Dem entspricht innerhalb des konservativen Lagers selbst die immerwährende, aber nie zu einem Ergebnis führende Diskussion, was »konservativ« sei.

1.3 Fehlen wissenschaftlicher Vorarbeiten

Eine weitere Erschwernis ist, daß die politische Rechte für die Wissenschaft noch kaum existiert. Während es über die Linke und den Liberalismus sowohl Gesamtdarstellungen wie Einzelstudien in großer Zahl gibt, ist die Rechte noch kaum erforscht. Das einzige Buch, das den Anspruch einer Gesamtdarstellung erhebt, das 1965 erschienene Sammelwerk der US-Professoren Hans Rogger und Eugen Weber über »Die europäische Rechte«[1], ist ein wirres Puzzle von auseinanderstrebenden Einzelstudien. Es gibt keine brauchbare Geschichte des deutschen Konservatismus, keine des gesamteuropäischen.[2] In den beiden angelsächsischen Großländern ist zwar die liberalkonservative Traditionslinie einigermaßen erforscht[3], dabei aber alles nicht in diese Sicht Passende sorgsam verschwiegen. In Italien hat die Fixierung auf das Risorgimento ein gründliches Studium der Rechten blockiert. Bloß in Frankreich gibt es seit 1954, von René Rémond, ein brauchbares Handbuch über »Die Rechte in Frankreich«[4], das sich von Auflage zu Auflage verbessert. Die Faschismus-Forschung ist in allen Ländern so politisiert, daß sie die Erkenntnis mehr stört als fördert. Wer sich also wissenschaftlich mit der Rechten beschäftigt, findet keinen Halt in einer bereits erprobten fachlichen Disziplin. Diese Diskrepanz zwischen der Literatur über die Linke und der Literatur über die Rechte ist kein Zufall, sondern in der Sache begründet.

1.4 »Reaktives« Verhalten der Rechten

Die linken und die liberalen Weltanschauungen und die von ihnen ausgehenden Doktrinen stellen sich der Wirklichkeit planend und fordernd entgegen. Die Einstellung der Rechten zur Wirklichkeit ist grundverschieden: sie verzichtet zwar keineswegs auf Einwirkungen, geht aber davon aus, daß diese Einwirkungsmöglichkeiten begrenzt sind; ihr Denken sucht daher diese Grenzen von vornherein einzubeziehen. Es versucht vom Spröden und vom Komplexen der Wirklichkeit auszugehen. In der Literatur wird das Handeln und Denken der Rechten oft als »Reaktion« bezeichnet.[5] Gemeint ist damit meist, daß es zu rechter Aktion und Doktrin erst komme, wenn eine linke, »revolutionäre« Bewegung vorausgegangen sei. Die Rechte wird so als bloßer response auf den linken challenge verstanden. Doch das ist zu simpel gesehen. Es ist zwar durchaus Richtiges an der Diagnose eines »reaktiven« Verhaltens der Rechten, doch gilt dies mehr für das Verhalten gegenüber der Wirklichkeit als Ganzem. Würde es sich nämlich nur um ein Reagieren auf den jeweiligen konkreten Gegner handeln, so wäre jeweils ein Lernprozeß von einer gewissen Länge Voraussetzung; die historische Erfahrung zeigt jedoch, daß die rechten Gegenfiguren oft fast gleichzeitig mit den linken Bewegern auftreten.

Auf jeden Fall hat die verschiedene Einstellung zur Wirklichkeit ihre Wirkung auf das, was die Linguisten den »Diskurs« nennen. Da der utopische Entwurf der Linken frei vor der Wirklichkeit entfaltet wird, ist der linke Diskurs in der Regel eine übersichtliche und zusammenhängende Sache, über die leicht referiert werden kann. Der Diskurs der Rechten hingegen hakt stets irgendwo in die krude Wirklichkeit ein; an solchen Stellen ist er zwar anschaulich und plastisch, doch kommt darüber oft der Zusammenhang zu kurz. Der rechte Diskurs hat seine Schwierigkeiten mit der Theorie, dem geschlossenen System – er tendiert, in seinem besten Falle, zur künstlerischen Verdichtung. Dies ist auch der Grund, weshalb der rechte Diskurs mit wissenschaftlichen Mitteln weniger leicht darzustellen ist als der linke.

Mit dem üblichen Hinweis auf den »Irrationalismus« der Rechten ist der Unterschied übrigens nicht zu fassen – schon wegen der starken Beimischung von Emotionalem und Voluntaristischem im Bedeutungsfeld dieses Begriffs. »Irrationalismus« in diesem Sinne ist auf kein bestimmtes politisches Lager fixiert, sondern tritt je nach Situation einmal hier, dann wieder dort auf. So zeigte sich bei den kulturrevolutionären Strömungen der ausgehenden 60er Jahre, wie emotional die Berufung auf Rationalität sein kann und wie nüchtern »rational« sich im Gegensatz dazu dann die Skepsis gegenüber den Möglichkeiten der Ratio ausnimmt.

2 Abgrenzung und Struktur der Rechten

2.1 Zweifel am Rechts-Links-Schema

Ein Versuch, die Rechte in ihren Umrissen abzugrenzen und ihre innere Struktur zu skizzieren, stößt sich zunächst an einem weit verbreiteten Zweifel an der Brauchbarkeit der Einteilung in »links« und »rechts«. Dieser Zweifel prägt sich am häufigsten auf zwei Arten aus. Entweder wird gesagt, das Rechts-Links-Schema habe früher einmal gegolten, sei jedoch auf unsere heutige Situation nicht mehr anwendbar. Oder es wird seine Brauchbarkeit angezweifelt, weil die beiden Begriffe perspektivenbedingt und damit beliebig seien. So heißt eine der bisher letzten Darstellungen der »Rechten und Linken in Frankreich von 1789 bis heute« – von einem politischen Schriftsteller, Guy Rossi-Landi, 1978 in Paris veröffentlicht[6] – im Haupttitel »Le Chassé-Croisé«. Das ist die Bezeichnung einer traditionellen Form des Tanzes, bei der übers Kreuz getanzt wird. Das Buch von

Rossi-Landi ist denn auch ein einziges genüßliches Ausmalen eines unablässigen Bäumchenwechselns zwischen der Rechten und der Linken. Nach ihm scheint es keinen politischen Inhalt – vom Nationalismus und Kolonialismus bis zum Sozialismus und Rassismus – zu geben, der nicht mal links und mal rechts lokalisiert war. Und der französische Publizist begnügt sich nicht mit der Schilderung langfristiger Vorgänge, von denen in der europäischen Staatenwelt der bekannteste das langsame Hinüberwechseln des Nationalismus von links nach rechts im Verlauf des 19. Jahrhunderts ist. Sein Ergebnis ist vielmehr eine Art von Film eines unablässigen, hastigen Zickzacklaufes zwischen den verschiedenen politischen Positionen, in wahrem Zeitraffer-Tempo. Das ist eine Demonstration, die natürlich schmunzelnden Beifall findet bei einem Publikum, das in den letzten anderthalb Jahrzehnten etwa miterlebt hat, wie sich die Linke die von Konservativen erfundene organizistische Technik-Kritik und den von ihr ausgehenden Appell zum Umweltschutz zu eigen machte, während zum mindesten ein Teil der Konservativen sich notgedrungen in Verfechter eines weiteren technischen Fortschritts verwandelte.[7]

2.2 Anthropologische Typisierungen

So wenig brauchbare Literatur es über die Rechte als solche gibt, so viele Bücher und Aufsätze gibt es, die den Rechts-Links-Gegensatz umspielen. In ihnen schimmert immer wieder (wohl beeinflußt durch die große Erzählliteratur des 19. Jahrhunderts, die ja auch die Funktion eines Erkenntnisorgans für neue Phänomene hatte) der Versuch durch, eine Art von politischer Typenlehre aufzustellen. Man suchte den »von Geburt konservativen« und den »von Geburt revolutionären« Menschen herauszumodellieren.[8] Eine solche Typologie ist jedoch schwer durchführbar angesichts der zahlreichen Konversionen vom einen zum anderen im gleichen Menschen. Diesem Widerspruch suchte man zu entkommen durch eine Generationstypik – etwa im Sinne jenes in verschiedenen Formulierungen auftretenden und verschiedenen französischen Staatsmännern zugeschriebenen Wanderspruches »Wer mit zwanzig nicht links ist, hat kein Herz; wer es mit vierzig noch ist, hat keinen Verstand«.[9] Das ist ein hübsches Aperçu – aber es dürfte schwer halten, es mit den historischen Fakten in Einklang zu bringen. Zunächst gibt es eine respektable Zahl von Linken, die sich auch in einem langen Leben nicht von irgendeinem Establishment verdauen ließen. Und es ist auch fraglich, ob man jenes Phänomen als »Dummheit« einstufen kann, das nach der deutschen Niederlage von 1945 in genau umgekehrter Richtung festgestellt werden konnte: damals ist es zu einer

Massenkonversion von rechts nach links, von jugendlichen Nationalsozialisten in bejahrte Linke (oder mindestens Linksliberale), gekommen. Man hat das durch eine Umdeutung des Nationalsozialismus in eine im Kern linke Bewegung[10] zu relativieren versucht. Und in der Totalitarismus-These steckt ja eine verwandte Gleichsetzung von radikaler Linken und radikaler Rechten. Durchsetzen konnten sich jedoch beide Deutungen bis heute nicht.

2.3 Die historische Dreiheit

Hat es in dieser Lage überhaupt einen Sinn, den Begriff »rechts« zu verwenden? In den Geisteswissenschaften verschafft der geschichtliche Vergleich Boden unter die Füße. Und da muß man sagen: von der geschichtlichen Erfahrung her drängt sich das Rechts-Links-Schema einfach auf. Ob jene die Politik des 17. und beginnenden 18. Jahrhunderts bestimmenden Polaritäten – etwa in England zwischen Rundköpfen und Kavalieren, Petitioners und Abhorrers (als Vorstufen der Whigs und Tories) – schon auf unsere Zeit bezogen werden können, mag umstritten sein. Unbestreitbar ist jedoch der Zusammenhang der seit Ende des 18. Jahrhunderts sich durchsetzenden Dreigliederung der Parlamente in (vom Präsidenten aus gesehen) eine Rechte, eine Mitte und eine Linke, mit unserer Situation: sie ist bis heute das gebräuchlichste innerpolitische Einteilungsschema geblieben und muß also bestimmten Realitäten entsprechen. Ausgangspunkt war das Verhalten gegenüber dem Fortschritt als der bestimmenden Idee des 19. Jahrhunderts. Die Dreiheit »Linke – Mitte – Rechte« meinte : »radikal fortschrittlich« – »gemäßigt fortschrittlich« – »beharrend, traditionsgebunden«. Und dem entsprachen wiederum die Parteibezeichnungen »radikal« – »liberal« – »konservativ«, wobei für »radikal« sehr früh auch »demokratisch« und später »sozialistisch« stehen konnte. Damit deckte sich eine Dreiheit von »Werten«. Ging es dem Demokraten in erster Linie um die Gleichheit, so dem Liberalen um die Freiheit des einzelnen Individuums. Bezeichnenderweise kann der Leit-Wert, nach dem sich die Konservativen damals richteten, nicht mit einer ähnlich eindeutigen historischen Parole festgelegt werden: gegenüber der demokratischen Forderung nach Gleichheit vertraten sie das aristokratische Prinzip einer hierarchischen Gliederung der Gesellschaft, gegen die liberale Forderung nach unbeschränkter Freiheit für das Individuum das Prinzip der Bindung. Natürlich waren beide Optionen nur zwei Seiten derselben Einstellung, doch das spröde Verhältnis der Konservativen zur Sprache (eine Folge ihrer Befangenheit vor der Komplexität des Wirklichen) ließ sie nie zu einem ähnlichen wirkungsvollen Stichwort wie

»Gleichheit« oder »Freiheit« gerinnen. Auch von den sozialen Grundlagen konnte eine solche Eindeutigkeit nicht hergeleitet werden. Die propagandistisch wirksame Zuteilung der Linken an die Arbeiterschaft, der Mitte an das Bürgertum und der Rechten an Adel und Bauernschaft ließ sich mit zunehmendem Abstand zum 19. Jahrhundert nicht aufrechterhalten. Insbesondere die recht subtile Wahlsoziologie der französischen Politologen (bahnbrechend: Louis Chevalier) hat gezeigt, daß die Wirklichkeit auch hierin wesentlich verwickelter ist.

2.4 Abweichungen von der Dreiheit: terminologische Unterschiede

Kein der Geschichte abgelesenes Schema ist vollkommen. Wir müssen zwar bei aller Behandlung »rechter« Probleme von der Leitlinie des Rechts-Mitte-Links-Schemas ausgehen, wie es sich im 19. Jahrhundert durchgesetzt hat. Wir sollten jedoch aufmerksam beobachten, wo die politische Wirklichkeit Abweichungen erzwingt – sie führen uns zu den Problemen der »Rechten« hin. Das Harmloseste sind die lokalen Unterschiede in der Terminologie (obwohl auch sie kein Zufall sind, sondern historische Besonderheiten erkennen lassen). Beispielsweise fällt auf, daß England für Mitte-Rechts die gleichen Bezeichnungen verwendet wie der deutsche Sprachbereich – »Liberals« (Whigs) und »Conservatives« (Tories) – Frankreich jedoch nicht. Mit dem französischen Wort »Conservateurs« sind dort die Liberalen (Orleanisten) gemeint, während für die Konservativen wahlweise die Bezeichnungen »Ultras« oder »la Droite« (die Rechte) zur Verfügung stehen.

2.5 Abweichungen von der Dreiheit: verfließende Wortfelder

Schwieriger wird es, wenn die oft recht verfließenden Wortfelder der einzelnen Begriffe sich überdecken. Als Beispiel können die Angriffe von Georges Sorel auf die »Demokratie« dienen. Hört man da genau hin, so merkt man, daß es sich beim Wortführer des revolutonären Syndikalismus nicht um einen antidemokratischen Affekt, sondern um einen antiliberalen Affekt handelt: Sorels Haß gilt ja einem Bürgertum, das nach Sorels Meinung seine einstigen »Quiriten-Tugenden« der Genußsucht geopfert habe. Das erkennen wir aus historischem Abstand. Gleichwohl war es keine Kurzsichtigkeit, wenn Sorel seine Attacken gegen die »Demokratie« richtet: das liberale Bürgertum verstand sich in den Anfängen der Dritten Republik meisterhaft auf die radikaldemokratische Rhetorik.[11]

2.6 Abweichungen von der Dreiheit: konservatives Zickzack

Die stärkste Verunklärung jener »klassischen« Dreiheit Rechts-Mitte-Links geht übrigens ausschließlich auf die Rechte zurück – und zwar auf deren in 1.4 bereits umrissenes »reaktives« Verhalten. Das Paradoxe ist, daß von der als »konservativ« bezeichneten Rechten – also von dem angeblich auf »Bewahrung« ausgerichteten Flügel der Politik – starke verändernde Impulse ausgingen. Das hängt damit zusammen, daß die Linke und die liberale Mitte sich in ihrer Aussage von der Mitte des 19. Jahrhunderts bis heute kaum verändert haben. Ein Mazzini würde Herbert Wehner durchaus verstehen, von einigem Zeitkolorit abgesehen, ebenso Guizot einen Walter Scheel. Zwischen einem Friedrich J. Stahl und einem Carl Schmitt, zwischen einem Ernst Ludwig v. Gerlach und einem Arnold Gehlen gibt es nicht einmal eine Gemeinsamkeit der Sprache. Das liegt am grundverschiedenen Verhalten zur Wirklichkeit. Wer, wie der Linke und der Liberale, sein Denken fordernd der Wirklichkeit gegenüberstellt, braucht seinen »Diskurs« über die Jahrzehnte und Halbjahrhunderte hinweg wenig zu ändern. Den »Konservativen« hingegen charakterisiert ja gerade, daß er sich auf die Wirklichkeit in einer fast medialen Weise einläßt, daß er sich von ihr korrigieren, aber auch verwirren läßt. Das führt natürlich dazu, daß es für ihn kaum feste Inhalte gibt – und so kommt es zu jenem Zickzacklauf, über den sich Rossi-Landi mokierte. So war es möglich, daß zwei Männer, die in ihrer Statur und ihrem künstlerischen Temperament sehr viel gemeinsam hatten wie Bismarck und Disraeli, sich im gleichen Zeitalter, aber in lokal verschiedenen Situationen grundverschieden verhielten. Bismarck verbündete sich, nach anfänglichem Schwanken, mit dem liberalen Bürgertum gegen die organisierte Arbeiterschaft, während Disraeli die Arbeiter zu einem Bündnis gegen den Manchesterliberalismus zu gewinnen suchte (was ihm auch teilweise gelang). Ein anderes Beispiel ist das Verhältnis zur Familie. Man konnte annehmen, daß die Familie einer der wenigen Inhalte sein würde, die dem ständigen Standortwechseln der »Konservativen« nicht unterworfen sein würde. Nun – es war ein konservativer, allerdings französischer, Soziologe (Philippe Ariès), der diesen »Wert« umstieß, indem er die moderne Intimfamilie, in Abhebung von der Großfamilie früherer Zeiten, als bloßes Komplement zur Massengesellschaft darstellte.

2.7 Abweichungen von der Dreiheit: Synthese-Begriffe

Wechselnde Inhalte lassen noch keine automatischen Rückschlüsse auf einen Wandel des Selbstverständnisses der rechten Gruppierungen zu. Es gibt jedoch ein Symptom, von dem aus sich im 19. Jahrhundert auch ein solcher Wandel vermuten läßt. Mit dem letzten Drittel dieses Jahrhunderts treten mehr und mehr Gruppenbezeichnungen auf der Rechten auf, die bisher für unvereinbar Gehaltenes in einer Synthese zusammenzwingen. Das reicht von »christlichsozial« über »liberalkonservativ«, »nationalrevolutionär«, »nationalsozial«, »national-sozialistisch« und »Nationaljakobinismus« bis zu der zunächst als besonders widersprüchlich empfundenen Kombination »Konservative Revolution«. Auch »jungkonservativ« zählt im Grunde zu diesen paradoxen Begriffen, war doch, vom Jungen Deutschland bis zu den Jungtürken, das Prädikat »jung« meist der Linken oder der Mitte vorbehalten. Die Geschichte dieser Begriffe ist erst sehr rudimentär erschlossen. Die große Experimentierküche der Rechten scheint, auch hierin, Frankreich zu sein. Dort sind ja auch wohl zuerst politische Bewegungen aufgetreten, die zwar nicht die Nomenklatur durcheinanderbrachten, aber mit ihrer Faktizität nicht ins Schema passen wollten; das reicht vom Bonapartismus bis zum Boulangismus, die wohl der Rechten zuzuzählen sind, aber mit ihrer plebiszitären, ja massendemokratischen Note nicht in das ältere Bild einer nach »Thron und Altar« ausgerichteten Rechten passen wollen. Zusammengefaßt: ab etwa 1870 wird auf der Rechten alles anders.

2.8 Die Achsenzeit des Konservatismus

Der Vorgang, auf den wir anspielen, ist im Kern eine heftige Krise des »Bewahrens« als politischer Grundhaltung, und es illustriert, weshalb wir die Bezeichnung »die Rechte« vorziehen. Der Verfasser hat für die Charakterisierung dieses Vorgangs den Begriff einer »Achsenzeit« des Konservatismus eingeführt.[12] Was ist damit gemeint? Wir zitieren das bereits andernorts[13] Formulierte:

»Dieser Bruch im modernen Konservatismus ist, im konkreten Sinne des Wortes, so entscheidend, daß auf ihn der Jaspersche Begriff der »Achsenzeit« variiert werden kann. Wir verstehen unter Achsenzeit eine Schwelle, die von verschiedenen Ländern zu verschiedenen Zeiten passiert wird, deren Passieren aber überall die gleichen Folgen hat. So verhält es sich mit der »Achsenzeit des Konservatismus« zwischen dem 19. und 20. Jahrhundert; sie setzt in jedem Land an einem anderen Punkte seiner Geschichte ein; im einen Land ist sie kurz und dramatisch, im anderen zieht sie sich über Jahrzehnte hin, so daß die Veränderung erst aus Abstand voll sichtbar wird.

Doch jedem Konservatismus ist abzulesen, ob er seine Achsenzeit bereits hinter sich hat. Der Vorgang als Ganzes ist kompliziert und noch nicht im Detail beschrieben; es liegt bisher weder eine Geschichte des deutschen noch eine des gesamteuropäischen Konservatismus vor. Wir müssen den Vorgang in eine Formel raffen – mit allen Verkürzungen, die das mit sich bringt: vor dem Passieren der Achsenzeit ist der Konservatismus rückwärts gewandt, nachher richtet er sich der Zukunft entgegen. Vor der Achsenzeit ist das konservative Bemühen drauf konzentriert, das Überlieferte zu bewahren oder gar einen verflossenen Zustand wiederherzustellen. Die Achsenzeit wird dann zur Zeit der Ernüchterung. In ihr erkennt der Konservative, daß andere politische Gruppen einen Status quo geschaffen haben, der für ihn nicht mehr akzeptabel ist, daß frühere Zustände nicht mehr restaurierbar sind. Von nun an richtet sich sein Blick nach vorne.

Man hat oft versucht, diese neue, auf die Achsenzeit folgende Einstellung des Konservativen zur Welt zu definieren oder doch zu umschreiben. Sie ist nicht mehr bewahrend, wie die des Altkonservativen. Sie ist aber auch nicht die des Utopisten, welcher der Wirklichkeit Abstraktionen aufzuzwingen sucht. Wenn auch das Vorhandene abgelehnt wird, so soll doch an seine Stelle etwas treten, was verwirklicht werden kann – etwas, das lebbar, formbar ist.

Ernst Jünger hat für dieses vom Utopismus so verschiedene Nach-vorn-Gerichtetsein den paradoxen Begriff der »organischen Konstruktion« vorgeschlagen: es soll etwas neu geschaffen werden, aber nicht gegen die Wirklichkeit, sondern mit ihr. Bekannter geworden ist die Formel von der »Konservativen Revolution« – auch sie ein Paradoxon mit ihrem »erhaltendem Umsturz«. Am schlagendsten hat wohl Moeller van den Bruck ausgedrückt, was der Antrieb dieser Konservativen Revolution ist: ›Man will Dinge schaffen, deren Erhaltung sich lohnt‹. Auch nach den Bezugspunkten hat man die Umschichtung innerhalb des deutschen und des europäischen Konservatismus zu umschreiben versucht. Im 19. Jahrhundert habe sich der Konservative durch das Eintreten für die ständischen Institutionen legitimiert – für Thron und Altar, allenfalls für einen auf Landbesitz sich stützenden Adel. Der moderne Konservative hingegen (nach unserer Terminologie: der Konservative nach der Achsenzeit) legitimiere sich durch sein Eintreten für den neuen Souverän, der an die Stelle der Dynastien und Kirchen getreten sei: für das Volk also; für die (zwar von der Linken entdeckte, aber dann gegen die »Klasse« ausgetauschte) Nation; für die imperiale Sen-

dung. Das Schema ist bekannt – es hat vieles für sich, aber nicht alles.
Eines allerdings läßt sich eindeutig feststellen: die zeitliche Verschiebung der Achsenzeiten. Als erste hat die französische Rechte (»Konservative« in unserem Sinne gibt es in Frankreich nicht) sie erlebt. Die Achsenzeit war dort ein langwieriger, schmerzhafter Ablösungsprozeß, der sich von 1883, dem Todesjahr des letzten »echten« Bourbonen, bis in die Anfangsjahre dieses Jahrhunderts hinzog. In diesem Zeitraum wurde den aktiven Kräften der französischen Rechten klar, daß das Ancien Régime der Könige und der gallikanischen Kirche nicht wiederhergestellt werden konnte; sie wandten sich nun dem »integralen Nationalismus« zu. Die deutschen Konservativen passierten die Linie erst nach dem ersten Weltkrieg – dafür aber, ihrem autochthonen Stile gemäß, kurz und heftig. Ab Mitte der zwanziger Jahre glauben nur noch alte Herren und Sonderlinge an eine Wiederherstellung des Kaiserreiches; die jungen Konservativen wenden sich den neuen Realitäten zu. Allerdings finden sie sich da in beunruhigender Nähe zu einer neuartigen Massenbewegung, die sich mindestens einer jener Realitäten, nämlich der nach Identität dürstenden Nation, weit effektvoller anzunehmen weiß.«

Die heutige Situation wird allerdings dadurch kompliziert, daß natürlich versucht werden kann, die »Achsenzeit« mit ihren geistigen Folgen wieder rückgängig zu machen.[14] Das hat sich vor allem zwischen 1945 und 1960 in Westdeutschland abgespielt, wo man, unter dem Schock der Niederlage, eine Wiederanknüpfung an die früheren, weniger beunruhigenden Formen des Konservatismus zu bewerkstelligen suchte. Seit ungefähr 1960 beginnen sich die Erkenntnisse aus der Achsenzeit wieder durchzusetzen, doch bestehen jene Restaurationsformen des alten Konservatismus daneben noch weiter.

2.9 Die Lage bis 1945

Der Verfasser hat zweimal versucht, die Rechte nach jener »Achsenzeit«, also die Rechte unseres Jahrhunderts, zu gliedern. Um dem Streit um die Nomenklaturen zu entrinnen, ist er beide Male physiognomisch vorgegangen: er versuchte jeweils, zu einem bestimmten Zeitpunkt einen Schnitt durch eine bestimmte Region zu ziehen und zu zeigen, welche Typen politischer Vorstellung und politischer Aussage es in diesem Bereich gibt. Der erste Schnitt zog sich durch die »Konservative Revolution« während der Weimarer Republik;[15] die Gliederung in die drei Grundtypen des

Völkischen, des Jungkonservativen und des Nationalrevolutionärs und in die zusätzlichen, der Bündischen Bewegung und der Landvolkbewegung entsprungenen Typen, ist von der Wissenschaft im Wesentlichen akzeptiert worden. Der zweite Schnitt wurde durch vollentwickelte »totalitäre« Diktaturen rechter Färbung gelegt[16] und versuchte, aus der Politisierung der Faschismus-Forschung wieder zu den Sachen und Fakten zu führen. Es wurde dabei vorgeschlagen, den »Nationalsozialisten« und den »Faschisten« als internationale, nicht auf bestimmte Nationen begrenzte Typen von fundamentaler Verschiedenheit zu sehen; als dritter Typ und ihr Gegenspieler wurde der »Etatist« (oder Technokrat) vorgeschlagen. Diese beiden Gliederungen seien hier nur angedeutet, nicht ausgeführt – das Bild ist schon kompliziert genug. Doch sei abschließend noch die Lage in der Gegenwart skizziert.

2.10 Nach 1945: die Rechte in der Wohlstandsgesellschaft

Wir sprechen hier nur von der »westlich-liberalen« Welt, und innerhalb ihrer wiederum nur von jenem Wohlstandsgürtel protestantischer Grundfärbung, der sich von Mitteleuropa über Skandinavien in die USA hinzieht. Im europäischen Teil dieses Gürtels, der die Haupteinflußzone der USA diesseits des Atlantik bildet, wird nach 1945 die Innenpolitik von dem Willen beherrscht, die traditionelle Dreiheit von Rechts-Mitte-Links zu überwinden – sie gilt offensichtlich als Katastrophen-Katalysator. Zielvorstellung ist die Gesellschaft wie sie in den USA bereits besteht: die politische Bühne soll vollständig von einer breiten Mitte eingenommen werden, die nur noch Scheinkonflikte in sich unterhält; das politische Klima wird von einem Liberalismus beherrscht, der zwar das alte Freiheitspathos in der Rhetorik noch aufrechterhält, de facto aber unter dem Motto »Sicherheit vor Freiheit« auf eine durch das Spiel der Interessenverbände regulierte Konsumentengesellschaft von mittlerem Wohlstandsniveau zusteuert. In einer solchen Gesellschaft ist kein Platz mehr für eine Rechte und eine Linke; es gibt nur noch »Extremisten von rechts oder links«, die an den Rand der Gesellschaft gedrängt werden. So ist auch die Zeit der konservativen Organisationen, seien es nun Parteien, Verbände oder Einflußgruppen, vorbei. Was bleibt, sind links und rechts einerseits Aktivistengruppen, die in den Untergrund gedrängt werden, und andererseits Zirkel von Intellektuellen, die eine gewisse Narrenfreiheit haben, weil ihre Produkte zur Aufrechterhaltung jener Scheinkonflikte benötigt werden. Das Modell ist erfolgreich, weil es geschickt die menschlichen Schwächen ins Kalkül einsetzt, was zu einer Art von automatischer Selbstregulation führt, die jeder Staatskunst überlegen ist. Aber das System hat auch seine Schwächen.

Zunächst hat sich gezeigt, daß jene Energien, welche den rechten wie den linken Flügel genährt haben, nicht verschwunden sind; seit sie nicht mehr regulär in der Gesellschaft verkörpert sind, sickern sie durch unberechenbare Gänge und treten eruptiv an ungeahnten Stellen an die Oberfläche. Zweitens spielen die Intellektuellen – oder ein Teil von ihnen – nicht mit. Sie halten sich nicht an das Spiel der Mehrheiten, sondern entwickeln elitäre Formen der Herrschaft, mit neuen Mitteln. Bei der linken Intelligenz tritt es offen zu Tage; bei der rechten geht es vorerst verstecktere Wege.

2.11 Die rechte Intelligenz der Bundesrepublik
Auf dem eben geschilderten Hintergrund muß das Portrait der bundesrepublikanischen Rechtsintellektuellen von heute gesehen werden, mit dem wir diese Umrißskizze der Rechten schließen. Sein Verfasser ist der Herausgeber der einzigen rechten Zeitschrift für Intellektuelle, die zur Zeit in Westdeutschland erscheint (Criticon). C. v. Schrenck-Notzing läßt in ihr alle vorhandenen Richtungen der Rechten zu Worte kommen (mit Ausnahme der Völkischen, welche den in den Untergrund gedrängten Teil der Rechten ausmachen). Er schreibt[17]: »Erkennbar ist die eigentümliche Pluralität einer weitgefächerten Strömung, die einerseits des Druckes einer bestimmten Situation bedarf, um eine politische Form anzunehmen, die sich aber andererseits keineswegs in der wurzellosen Reaktion auf diese Situation erschöpft. Wenn man die konservativen Köpfe grob in drei Gruppen einteilt, so könnte man zwischen ›Konterrevolutionären‹ unterscheiden, die von einer vorgegebenen naturrechtlichen, philosophischen oder offenbarten Ordnung ausgehen, die es wiederherzustellen gelte, ›Liberal-Konservativen‹, die auf dem Boden des Status quo stehend die Gefährdungen des Individuums erkennen und sich diesen entgegenstemmen, und ›Nominalisten‹, die die Ordnung nicht abbilden oder wiederherstellen, sondern erst gestalten wollen.« Dabei gibt Schrenck-Notzing deutlich zu verstehen, daß er diese drei verschiedenen (und zum Teil untereinander verstrittenen) Gattungen von Rechten nicht für das Ergebnis einer momentanen Konstellation hält. Er sieht vielmehr diese Dreifächerung als Konstante sich durch die Geschichte der Rechten ziehen: »Eine ähnliche Unterteilung findet man auch in den Parteiengeschichten der politischen Rechten, wenn etwa René Rémond für Frankreich zwischen Ultras, Orleanisten und Bonapartisten unterscheidet oder Lord Blake für England zwischen Ultras, Liberal-Konservativen und Tory-Radikalen.« Unsere Frage aber ist, ob drei so verschiedenen Arten von »rechts« ein einheitlicher weltanschaulicher Hintergrund gemeinsam sein kann? Einen Linken »riecht« man, welcher Denomination er auch angehören mag. Gibt es so auch einen Typus »des« Rechten, den man riechen kann?

3 Die Rechte als Weltanschauung

3.1 Die beiden Formen von Weltanschauung

Das Ergebnis der Übersichtskizze über Abgrenzung und Struktur der Rechten lautet summarisch: gewohnheitsmäßig wird von *der* Rechten (oder *den* Konservativen) gesprochen, bei näherem Zusehen aber setzt sich dieses Gebilde aus so verschiedenartig sich ausnehmenden Teilen zusammen, daß man nach der Berechtigung der Unterstellung unter einen einzigen Begriff fragt. Das gilt auch dann, wenn man die Liberalkonservativen als hybride Zwischenform zwischen der Mitte und der Rechten ausnimmt – nämlich als skeptisch gewordene Liberale, die sich konservativ absichern, im Kern aber Liberale bleiben. Angesichts der immer noch verwirrenden Vielfalt der restlichen Rechten läßt sich sagen, daß da möglicherweise gerade die Frage nach der »Weltanschauung« der Rechten etwas aufzeigen kann, was das Auseinanderstrebende doch verbindet: »Weltanschauung« im wertfreien Sinne ist ja etwas Ungesondertes, aus dem sich erst Ideologisches und dann Doktrinäres als Differenzierung entfaltet. In einer Untersuchung über Politisches wie dieser muß aber auch der populäre Begriff von »Weltanschauung« in einem wertenden Sinne beachtet werden. Vielleicht haben das, was der eine Begriff meint, und das, was der andere bezeichnet, doch einiges gemeinsam.

3.2 Der wertfreie Weltanschauungs-Begriff

Beim wertfreien Begriff von »Weltanschauung« halten wir uns an die ausgezeichnete Definition, die Andreas v. Weiss in seinem parallelen Arbeitspapier »Weltanschauung der linken politischen Gruppierungen« vorgelegt hat. Er stellt dort, vor allem in Anlehnung an die Psychologie von Philipp Lersch[18], für den individuellen Bereich wie für das Kollektiv »Reihen mit zunehmendem Rationalisierungs- resp. Systematisierungsgrad« auf. Für das Individuum lautet sie: Einstellung → Weltanschauung → philosophische und religiöse Dogmensysteme; für das Kollektiv: Mentalität → Ideologie → Doktrin. Wir wiederholen hier nicht die subtilen Differenzierungen, mit denen v. Weiss das komplizierte Bezugssystem im Bereich dieser »verhaltensbestimmenden Bewußtseinsgehalte« aufzeigt – sie werden im folgenden vorausgesetzt. Auf jeden Fall ist Weltanschauung als »derjenige Bewußtseinsinhalt, aus dem durch rationale Ausgliederung Wertsysteme aller Art entstehen« (v. Weiss), das, was unter dem wertfreien Weltanschauungs-Begriff subsummiert wird.

3.3 »Weltanschauung« als Ersatzreligion

Der umgangssprachliche »Weltanschauungs«-Begriff ist etwas wesentlich Einfacheres. Er zielt auf jene Denk- und Vorstellungssysteme, die seit Ende des 18. Jahrhunderts bei einer immer größeren Zahl von Menschen an die Stelle der alten Inhalte von Theologie, Philosophie und Wissenschaft getreten sind. Ihr wesentliches Merkmal ist, daß sie Teilwahrheiten absolut setzen und für die Komplexität aller Wirklichkeit blind sind (oder blind sein wollen). In diesem Sinne sind sie »Ersatzreligionen«. In einer Welt, in der sich die traditionellen Klammern von Glauben, Wissen und Erfahrung gelöst haben, sind sie mit ihrem simplen Angebot an »Bindung« äußerst erfolgreich. In dem durch v. Weiss erstellten Begriffsnetz dürften sie auf halbem Wege zwischen Weltanschauung und Doktrin anzusiedeln sein. Sie sind zwar über die axiomatischen »Vorstellungen, die beherrschend sind«, hinaus, stellen also mehr als bloß einen »als Einheit erlebten Bewußtseinsgehalt« (v. Weiss) dar – aber die Rationalisierung bleibt rudimentär. Für diese Weltanschauungen im populären Sinne gilt noch, was v. Weiss für die »Weltanschauungen« im wertfreien Sinne festgestellt hat: sie entziehen sich »einer logischen Systematisierung«.

3.4 Das »emotionale Schlüsselerlebnis«: die Übermacht

Nach v. Weiss »geht die Weltanschauung auf bestimmte Einstellungen zurück, diese ergeben sich aus der Erfahrung und bestimmten emotionalen Erlebnissen der Lust oder Unlust«; es handelt sich um »vorphilosophische Vorstellungen« aus dem »Bereich zwischen dem endothymen Grund und dem rationalen Erleben«. (Der »endothyme Grund« ist nach Ph. Lersch die unterste, tragende Schicht seelischer Vorgänge und Zustände.) Welches sind also die (oder das) »emotionalen Schlüsselerlebnisse« auf der Rechten? Geht man die (offen oder versteckt) autobiographischen Stellen konservativer Literatur durch, so schält sich eine Stereotype mit Abstand vor allen anderen heraus: das Erlebnis der Übermacht.[19] Die Wirklichkeit wird empfunden als etwas, was als Ganzes nicht überblickbar, rational nicht erkennbar ist – und vor allem als etwas, dem man sich nicht entziehen kann. Seltsamerweise ist das nicht unbedingt mit einem Unlustgefühl verbunden; die »Übermacht« wird offensichtlich auch als etwas Haltendes, als »Bindung« im positiven Sinne empfunden. Das Lustgefühl, das in dieser Erfahrung der Übermacht mitschwingt, ist rational kaum zu erklären (vulgär-psychoanalytische Schlagwörter wie »masochistisch« reichen da kaum hin). Verstehbar ist es am ehesten noch aus dem Gegensatz zum »linken« Welterlebnis, in dem »die Welt mit Gewißheit als rational und erkennbar vorgestellt« ist, wo die Welt als »entfremdet« (d. h. dem Menschen als etwas Anderes entgegengestellt) empfunden wird, was wiederum die »Veränderung der Welt« zum Postulat macht (v. Weiss). In diesem Entgegenstellen von Mensch und Welt steckt offensichtlich ein frustierendes Element, da der revolutionäre (zurückrollende) Antrieb immer wieder ins Leere stößt; optimistisches Ausgreifen und enttäuschtes Zurücksinken wechseln ab. Das Erlebnis der Übermacht, von der man sich fest umschlossen weiß, scheint hingegen ein Gefühl der Gewißheit und damit der Geborgenheit mit sich zu bringen.

3.5 Paradoxie des Übermacht-Erlebnisses

Überhaupt gilt es – im Gegensatz zu den linken Weltanschauungen mit ihrer größeren Übersichtlichkeit und ihrer stärkeren logischen Durchbildung – zu erkennen, daß die Grunderfahrung der Übermacht zu Weltanschauungsformen führt, die, an der abstrakten Logik gemessen, paradoxen Charakter haben. So scheint das »rechte« Grundgefühl für die Übermacht keine Apathie mit sich zu bringen. Das Gefühl, nur ein Teil zu sein, ist offensichtlich nicht lähmend; nur einen Teil tun zu können, scheint anspornender zu sein als die (immer wieder enttäuschte) Hoffnung, alles tun zu können. Die Gegenüberstellung der »optimistischen« Linken und der »pessimistischen« Rechten läßt sich dabei nicht aufrechterhalten (mit »skeptisch« wäre die rechte Position eher zu bezeichnen, wenn nicht zu viel Resignation mitschwingt). Das rechte Grundgefühl ist offenbar ein Durcheinanderwachsen von Freude und Trauer, das man nachträglich mit Formeln wie »Frömmigkeit«, »amor fati«, »trotzige Bejahung« u. ä. zu systematisieren versucht hat. Ein drittes Element der Paradoxie – nach diesem und nach der »Geborgenheit« – ist das eigenartige Verhältnis der Rechten zum Besonderen. Für die Linke mit ihrem Gesamtüberblick über die Wirklichkeit ordnet sich das Besondere dem Allgemeinen unter. Für die Rechte gilt dieser Anspruch auf Gesamtüberblick als Hybris. Für sie ist ausschlaggebend, daß sie die Wirklichkeit, auf die sie sich im Erlebnis der Übermacht tief einläßt, stets im Einzelnen, Einmaligen, Besonderen erlebt. Das Besondere ist dann auch nicht etwas, was erst im allgemeinen Zusammenhang zu etwas wird – vielmehr wird Wirklichkeit primär in Form von Besonderem erfahren, das voneinander verschieden ist und dessen Einordnung in ein Ganzes hypothetisch bleibt. Daher die Schwierigkeiten der Rechten mit der Abstraktion, denn jede Abstraktion hat die Reduktion von Verschiedenem auf Gleiches zur Voraussetzung. Daher auch die impulsive Abwehr jedes »Rechten« gegen Versuche, die Welt nach egalitären Gesichtspunkten zu ordnen. Für ihn ist Sein vor allem anderen verschieden sein.

3.6 Spaltung der Rechten bei der Systematisierung

Bei der Systematisierung des Übermacht-Erlebnisses spaltet sich die Rechte. Ein Teil von ihr, zahlenmäßig der geringere, sucht zu einem geschlossenen, in sich logisch zusammenhängenden System und damit doch noch zu einem Gesamtüberblick über die Wirklichkeit zu kommen, wie ihn die Linke so selbstverständlich in Anspruch nimmt. Ein solcher Versuch muß, auf der Rechten unternommen, wesentlich gewaltsamer vor sich gehen, da hier das Einzelne, Besondere ja noch recht kompakt und nicht ins Allgemeine verblaßt ist. Hier muß wirklich alles mit der Behauptung der Intelligibilität, der Identität von Denken und Sein, erzwungen werden. Man spürt das den wenigen Ansätzen zu solchen Systemen auf der Rechten an. Der in diesem Zusammenhang am meisten zitierte Charles Maurras[20] scheint uns allerdings dafür nicht der typische Fall zu sein: mit seiner künstlerischen Sensibilität weiß er die Starre immer wieder aufzulockern. Am kennzeichnendsten ist wohl das nun in 21 Bänden vorliegende Werk von Othmar Spann.[21] Es ist das geschlossenste System, das auf der Rechten geschaffen wurde – wenn man vom Thomismus absieht, mit dem ein Teil dieser Intelligibilismus-Rechten ihre Theorie abzusichern suchen. Nun, Spanns Perfektion ist um den Preis einer erschreckenden Weltlosigkeit erkauft; es greift bei ihm deshalb ein Glied in andere, weil diese Operation im luftleeren Raum, fast ohne Kontakt mit der störenden Realität, durchgeführt wird. Der größere Teil der Rechten, soweit dort überhaupt weltanschauliche Vorstellungen zu einer Doktrin ausgeformt werden, verhält sich anders: diese Mehrheit geht in ihren Denkbewegungen von der Voraussetzung der Unvollkommenheit menschlichen Denkens (dem Gegensatz zum Intelligibilitäts-Anspruch) aus. In den ausgeformten Doktrinen läuft beides oft im gleichen Menschen durcheinander. Einerseits hat die Vorstellung eines kompletten Systems immer verführerische Kraft, andererseits kommt die Erfahrungs-Askese, die Voraussetzung eines Opus von der abstrakten Art des Spannschen ist, schwer gegen das Erlebnis der Übermacht auf.

3.7 Die Verschwörungstheorien

Auf dem Feld der »Weltanschauungen« im populären Sinne (als sogenannte Ersatzreligionen) ist der Beitrag der Rechten am einfachsten auszumachen: es sind die Verschwörungstheorien. Gewiß gibt es die Behauptung von Verschwörungen als Ursache allen Übels auch in anderen Lagern – man denke an die »Schlotbarone« und »Krautjunker« der Linken, die bis heute durch deren Propaganda geistern. Aber Verschwörungstheorien sind in keinem anderen Lager mit solcher Inbrunst durchexerziert worden wie auf der Rechten. Sie sind offensichtlich die Form, die das Übermacht-Erlebnis bei jenen annimmt, die das Übermacht-Erlebnis ausschließlich mit Unlust erfahren haben. Statt jenes Bindungs- und Geborgenheitsgefühls beherrscht sie ein Gefühl des Verfolgt- und Betrogenseins durch bestimmte Menschengruppen, die angeblich ein unsichtbares, unterirdisches Netz der Verschwörung gesponnen haben und von dort aus, quasi unverwundbar, die Drähte ziehen. In einem 1976 erschienenen Buch »Die These von der Verschwörung 1776–1945« hat Johannes Rogalla von Bieberstein[22] als erster diese Verschwörungstheorien für das 19. Jahrhundert in einiger Vollständigkeit und systematisch zusammengestellt. Er setzt im ausgehenden 18. Jahrhundert ein, wo die Rechte die Illuminaten solcher Verschwörungen beschuldigte und die Linke in umgekehrter Richtung die Rosenkreuzer. Bieberstein zeichnet dann den mächtigsten Strang nach, den der Rechten, der sich im Verlauf des 19. Jahrhunderts von der Freimaurer-Verschwörung[23] zur Juden-Verschwörung[24] und zur Sozialisten-Verschwörung[25], mit personellen Überschneidungen zwischen diesen drei Hauptgruppen, entwickelt. Was Bieberstein noch nicht überblickt, ist die sehr breite Verästelung gerade dieses Strangs vom letzten Drittel des 19. Jahrhunderts bis heute. Daß die Rechte sich verändert, sich immer weiter von der Verteidigung des »Ancien Régime« von Thron und Altar wegentwickelt[26], und daß eine in den unteren Schichten verwurzelte völkische Bewegung mit sozialrevolutionärem Charakter in den verschiedensten Ländern sich auszudehnen beginnt[27], schwemmt die Verschwörungslehren nicht nur auf, sondern treibt sie zum Teil auch in recht unerwartete Bereiche vor. Der Jesuit[28] tritt als Feind neben den Freimaurer und den Juden, der Bolschewik kommt hinzu, und es eröffnen sich viele Möglichkeiten, diese Typen durcheinanderzumischen.[29] Die um die Jahrhundertwende aufschießenden nationalsozialen und nationalsozialistischen Strömungen[30] beginnen, Bankiers und Bolschewiken als geheime Verbündete anzuprangern, und die zur gleichen Zeit einsetzende heftige Kritik am liberalen Großbürgertum weckt ebenfalls neue Feindbilder. Man stößt im 20. Jahrhundert auf Verschwörungstheorien, die überhaupt nicht mehr ethnisch oder konfessionell oder wenigstens beruflich fest umgrenzte Gruppen meinen, sondern Feindbilder mit sehr verschwimmenden Umrissen zeichnen. Die eigenartigste Verschwörungstheorie dieser Art ist wohl die mit dem Zweiten Weltkrieg in Frankreich aufkommende Vorstellung einer »Synarchie«[31], d.h. der Herrschaft einer Elite, die während des Krieges in jedem der einander feindlichen Lager ihre Vertreter habe. Diese Synarchisten sollen sozusagen eine Herrschaft um ihrer selbst willen, abgesehen von Fahne und Überzeugungen, anstreben. Von da führt eine gerade Linie zu den wirksamsten Verschwörungstheorien von heute, die schon in jeder Gruppe mit internationalen Verflechtungen eine Verschwörergruppe sehen wollen. Eine vor allem von den USA ausgehende Flut von vielfach übersetzten Broschüren und Taschenbüchern hat so insbesondere die Teilnehmer der Konferenzen von Pugwash und Bilderberg (und ihrer regelmäßigen Wiederholungen an anderen Orten) und die Mitglieder der »Unilateralen Kommission«[32] aufs Korn genommen. Die wohl erfolgreichste Schrift dieser Art, verfaßt von Gary Allen, angeblich einem Mulatten, ist schon mit ihrem Titel aufschlußreich: »Die Insider.«[33] »Innen« sitzt nach dieser Vorstellung eine geheime Weltregierung; der einfache Mann bleibt vor der Tür und ist von allem Einfluß auf das Geschehen ausgeschlossen; er kann höchstens an Scheinentscheidungen wie Parlamentswahlen oder Parteibildungen teilnehmen.

3.8 Die Ursprungs- oder Einbettungs-Mythen

Die Verschwörungstheorien sind sozusagen die »plebejische« Unterschicht im Bau der rechten Weltanschauungen. Den feiner organisierten Leuten auf der Rechten sind sie peinlich, doch bilden sie für die Rechte als Ganzes eine wirkliche »Massenbasis«, weil sie, wie alle Ersatzreligionen, in ihrer Vereinfachung schlagkräftig und von zäher Durchhaltekraft sind. Deutlich eine Stufe höher sind jene Weltanschauungsgebilde einzustufen, welche das Übermacht-Erlebnis in positiver Weise ausformen. Sie tun das unter Betonung eines Besonderen, dem man sich verbunden fühlt und aus dem man besondere Kraft zu ziehen glaubt. Es handelt sich um das genaue Gegenteil von Utopien, nämlich um eine Art von Herkunfts- oder Ursprungs-Mythen. In ihnen wird das Herkommen aus etwas Besonderem gerühmt, das man nur mit einer begrenzten Zahl von Menschen gemeinsam hat – das aber andererseits auch wieder etwas ist, was über das einzelne Individuum hinausreicht und ihm die Eingliederung in eine Gemeinschaft ermöglicht. Die politischen Ereignisse des zweiten Jahrhundertdrittels haben dazu geführt, daß bei diesen Vorstellungen einseitig nur der sogenannte »Rassismus«[34] beachtet wurde. Nun sind schon die Rassenvorstellungen sehr vielfältig. Sie reichen von der, in früheren Zeiten häufigeren, dualistischen Rassendoktrin[35], die nur eine gute (helle) und eine schlechte (dunkle) Rasse kennt, bis zu den pluralistischen Rassenlehren des 20. Jahrhunderts, die nach physischen Merkmalen[36] oder auch nach psychologischen Verhaltensmustern[37] ganze Reihen von Rassentypen festlegen. Léon Poliakov, der Historiker des Antisemitismus, hat in seinem Buch über den »Arischen Mythos«[38] aufgezeigt, daß kaum ein europäisches Volk ohne eine solche mythisierende Herleitung aus einer bestimmten ethnisch-historischen Besonderheit auskommt, seien es nun die Kelten (oder die Franken) für Frankreich, die Goten für Spanien, die Langobarden oder die Etrusker für Italien. Und er stellt all diese Herkunftsmythen in Gegensatz zum »Mythos von unserem universellen Vater Adam, der dazu bestimmt ist... in den Augen aller Menschen ihre fundamentale Gleichheit darzustellen«.[39]

Die Ursprungsmythen sind aber keineswegs auf Ethnisches beschränkt. Das, was Halt gibt und durch seine Besonderheit auf einem Hintergrund von Konturlosigkeit Gestalt schafft, kann auch die Sprache[40] sein, die Muttersprache. Das überraschende Wiederauftauchen der Mundarten und Regionalsprachen während der beiden letzten Jahrzehnte ist eine besonders überraschende Form dieser unbewußten Einbettung in die sprachliche Herkunft – findet sie doch gerade auf dem Hintergrund der Industriegesellschaft mit ihrem Drang nach Konformismus und einem Universel-Slang statt. Für andere wieder ist die Einbettung in eine bestimmte Landschaft das Schicksalsbestimmende. Man kennt die Lehren, welche etwa das Hochgebirge oder dann die Ebene, die hohe See, ja sogar die Wüste zu den prägenden Kräften machen[41], und sogar die uns vermittelnd erscheinenden Landschaften wie etwa das Mittelgebirge haben solche mythisierenden Überhöhungen gefunden.[42]

Sogar eine Einteilung der formenden und begrenzenden Impulse nach den jeweils bevorzugten Nahrungsmitteln taucht immer wieder im Kreis dieser Einbettungs-Mythen auf.[43] Ob allerdings auch die heute so mächtigen Vorstellungen von »der Natur« hierher gehören, ist eine schwierig zu beantwortende Frage. Bei der von dieser modernen Natur-Vorstellung in Schwung gebrachten »Grünen Welle« (Umweltschutz-Bewegung) ist aufgefallen, daß in ihr »linke« und »rechte« Anstöße verwirrend durcheinandergehen. Dieses Schillern steckt schon in dem von Jean-Jacques Rousseau hergeleiteten Naturbegriff selbst.[44] Die bisher umrissenen Einbettungs-Mythen meinen Kräfte, die als »zeitlos«, als immer vorhanden gelten. (Deshalb ist bei ihnen auch der Begriff »Einbettungs-Mythen« zutreffender als der einen zeitlichen Ablauf suggerierende Begriff »Herkunfts- oder Ursprungs-Mythen«.) In der modernen Vorstellung von »Natur« hingegen steckt eine Art von »negativer Utopie«: es steckt in ihr die Vision von einer Natur, die einmal rein war, mit der es dann jedoch stetig abwärts ging. Gerade in der Umweltschutz-Bewegung steckt eine solche Schreckvision unaufhaltsamer Dekadenz: es gab einmal ein Paradies, in dem alles vollkommen war – aber dann ist man unaufhaltsam auf die abschüssige Bahn geraten. Das aber sind Vorstellungen, die sich mit dem »rechten« Grundgefühl, dem Übermacht-Erlebnis, nicht vereinen lassen. Dieses Erlebnis läßt ja solche Global-Überblicke gar nicht zu. Die »Rechte« erlebt die Wirklichkeit immer nur im *Teil,* dafür aber sehr *intensiv* – und diese Intensität bringt mit sich, daß sie in jedem Augenblick Geburt *und* Tod zugleich erlebt.

3.9 Tragisches Weltbild

Die Einbettungs-Mythen gehören, wie die Verschwörungstheorien, in der durch v. Weiss aufgestellten Reihe fortschreitender Systematisierung bereits weitgehend in den Bereich der ausgeformten Doktrinen. Die sublimste Verarbeitung des »rechten« Grundgefühls (des Übermacht-Erlebnisses) muß in dem Bereich aufgesucht werden, in dem die Weltanschauung erst Umrisse anzunehmen beginnt. Es handelt sich nämlich bei ihr um eine relativ subtile Art der Wirklichkeitsbewältigung, die nicht zu so primitiven Ausformungen wie den Verschwörungstheorien verleitet, und die auch jene differenzierteren Einbettungs-Mythen spielerisch hinter sich läßt. Im Bereich der Ausformung provoziert diese subtile Art vielmehr einen weit gespannten Fächer von komplizierten Verschiedenheiten. In ihrer Einheit muß sie deshalb *vorher, vor* dieser Ausfaltung aufgesucht werden. Für das, was das Übermacht-Erlebnis auf diesem hohen Niveau bewirkt, gibt es glücklicherweise einen unmißverständlichen Begriff: es ist nichts anderes als das »tragische« Weltgefühl und Weltbild.[45] Dieser Begriff meint, daß der vom solchen Weltgefühl ergriffene Mensch die Unvermeidlichkeit seines Scheiterns erkennt, jedoch die Wirklichkeit trotzdem (oder gerade deswegen) bejaht. Der tiefste Unterschied zwischen einem »linken« und einem »rechten« Menschen besteht wohl darin, daß der letztere stets seiner Sterblichkeit bewußt ist. Schon das hält ihn von den Großanlagen und unendlichen Entwürfen zurück, zu denen der Linke so leichten Herzens ansetzt. Aber da er im Bewußtsein seiner Sterblichkeit auch immer wieder die neue Geburt, die neue Schöpfung erfährt, setzt der Rechte um so unbefangener zur Gestaltung überschaubarer, in sich runder Gebilde an, die er dem Chaos entgegenstellt. Die Frage zwischen rechts und links ist also nicht die von Pessimismus oder Optimismus. Im Bewußtsein seiner Begrenzung hält sich der Rechte vielmehr aus der Zone des Allgemeinen, d.h. des Alles-oder-Nichts heraus. Das gibt ihm die Freiheit und die Sicherheit im einzelnen, im besonderen.

ANMERKUNGEN

1 Hans Rogger u. Eugen Weber (Hrsg.), »The European Right«, VI-585 S., Berkeley 1965, California University Press.
2 Martin Greiffenhagen, »Das Dilemma des Konservatismus in Deutschland«, 405 S., München 1971, Piper Verlag, hat das Verdienst, die Problemstellungen aufzuzeigen und die wichtigste Literatur zusammenzustellen; eine Geschichte des deutschen Konservatismus will das Buch nicht sein. Die vorhandenen Darstellungen des gesamteuropäischen Konservatismus haben kaum mehr als »Sachbuch«-Charakter: John Weiss, »Conservatism in Europe 1770–1945. Traditionalism, Reaction and Counter-Revolution«, 180 S., London 1977, Thames & Hudson; Noël O'Sullivan, »Conservatism«, 173 S., London 1976, J. M. Dent & Sons; Peter Viereck, »Conservatism, from John Adams to Churchill«, 191 S., Anvil Book Nr. 11, New York 1956, D. van Nostrand Comp.
3 Am brauchbarsten: Lord Butler (Hrsg.), »The Conservatives. A History from the Origins to 1965«, 492 S., London 1977, Allen & Unwin Ltd.
4 René Rémond, »La Droite en France, de la Première Restauration à la Ve République«, 2 Bde., 470 S., Paris 1968^3, Éditions Aubier.
5 John R. Harrison, »The Reactionnaries. Yeats – Lewis – Pound – Eliot – Lawrence. A Study of the Anti-Democratic Intelligentsia«, 224 S., New York 1967^2, Schocken Books Inc.
6 Guy Rossi-Landi, »Le Chassé-Croisé. La Droite et la Gauche en France de 1789 à nos jours«, 203 S., Paris 1978, Éditions J.-C. Lattès.
7 Innerhalb des deutschen Konservatismus reicht die Spannweite von Friedrich Georg Jünger, »Die Perfektion der Technik«, 157 S., Frankfurt/M. 1946, Verlag Klostermann, der mit diesem Buch der eigentliche Vater der ökologischen Bewegung in Deutschland ist, bis zu dem Wortführer eines »technokratischen Konservatismus« Arnold Gehlen, »Die Seele im technischen Zeitalter. Sozialpsychologische Probleme der industriellen Gesellschaft«, 131 S., Hamburg 1957, Verlag Rowohlt (rde Nr. 53).
8 Eine der eindrücklichsten Typisierungen ist Georg Quabbe, »Tar a Ri. Variationen über ein konservatives Thema«, 189 S., Berlin 1927, Verlag für Politik und Wissenschaft.
9 Daß die Sentenz so verschiedenartigen Politikern wie Clemenceau und Briand zugeschrieben wurde, macht die »Anonymität« dieses in vielen Varianten auftretenden Spruches deutlich.
10 Emil Franzel, »Das Reich der braunen Jakobiner«, 230 S., München 1954, Verlag J. Pfeiffer; zuletzt Georg Stadtmüller, »Sozialismus, Nationalsozialismus, Faschismus«, 46 S., München 1980, Hanns-Seidel-Stiftung.
11 Jack J. Roth, »The Cult of violence. Sorel and the Sorelians«, 359 S., Berkeley 1980, University of California Press.
12 Zunächst in Armin Mohler, »Deutscher Konservatismus seit 1945«, S. 34–53, in: Herderbücherei Initiative, Bd. 3, Freiburg/Br. 1974.
13 S. 67–69 in: Armin Mohler, »Tendenzwende für Fortgeschrittene«, 207 S., München 1978, Criticon Verlag.
14 Kennzeichnend etwa das unter dem Verfassernamen von Botschafter Hans

Mühlenfeld (1901–1969) erschienene, aber von einem Ghostwriter geschriebene Buch »Politik ohne Wunschbilder. Die Konservative Aufgabe unserer Zeit«, 387 S., München 1951, Verlag Oldenbourg.

15 Armin Mohler, »Die Konservative Revolution in Deutschland 1918–1932«, 1950[1]; zweite Fassung: XXX+554 S., Darmstadt 1972, Wissenschaftliche Buchgesellschaft. Die kommentierte Bibliographie der 2. Fassung (S. 171–483) ist die bisher ausführlichste Bibliographie zum Thema dieses Beitrages. Hier können wir nur vereinzelte Hinweise geben. Eine 3. Fassung der »Konservativen Revolution«, mit einer stark erweiterten Bibliographie, ist in Arbeit.

16 Armin Mohler, »Der faschistische Stil«, 1973[1]; bearbeitete Fassung S. 279–321 in: A. M., »Von rechts gesehen«, 343 S., Stuttgart 1974, Verlag Seewald.

17 S. 9 f. in: Caspar v. Schrenck-Notzing (Hrsg.), »Konservative Köpfe. Von Machiavelli bis Solchenizyn«, 198 S., München 1978, Criticon Verlag.

18 Philipp Lersch, »Aufbau des Charakters«, München 1954[6]. Vgl. die Zitate im Beitrag v. Weiss.

19 Bezeichnend für ein solches Erlebnis auch außerhalb des christlichen Umkreises ist Ernst Jünger, »Das abenteuerliche Herz. Aufzeichnungen bei Tag und Nacht«, 263 S., Berlin 1929, Frundsberg-Verlag.

20 Charles Maurras (1868–1952), der Hauptvertreter des französischen Traditionalismus, der in einem paganisierten Katholizismus eine Synthese von Christentum und Klassik versuchte.

21 Othmar Spann, »Gesamtausgabe«, hrsg. Walter Heinrich, Hans Riehl u. a., 21 Bde., Graz 1963–1979, Akademische Druck- u. Verlagsanstalt.

22 Johannes Rogalla von Bieberstein, »Die These von der Verschwörung 1776–1945. Philosophen, Freimaurer, Juden, Liberale und Sozialisten als Verschwörer gegen die Sozialordnung«, 292 S., Bern 1976, Verlag Herbert Lang.

23 Die antifreimaurerische Literatur bis 1933 ist nützlich gesammelt in Gregor Schwartz-Bostunitsch, »Die Freimaurerei. Ihr Ursprung, ihre Geheimnisse, ihr Wirken«, 307 S., Weimar 1933[3], Verlag Alexander Duncker. Die einseitigen Wertungen dieses Buches korrigiert man am besten mit dem von maurerischer Seite herausgegebenen Lexikon von Eugen Lennhoff u. Oskar Posner, »Internationales Freimaurerlexikon«, Reprint der Ausgabe von 1932, 54 S., 1778 Sp., Graz o. J. (um 1965), Akademische Druck- u. Verlagsanstalt.

24 Desgleichen die antijüdische Literatur in Gregor Schwartz-Bostunitsch, »Jüdischer Imperialismus«, 687 S., Leipzig 1939[4], Verlag Theodor Fritsch. Zur Korrektur von jüdischer Seite etwa John F. Oppenheimer (Hrsg.), »Lexikon des Judentums«, 922 Sp., Gütersloh 1967, C. Bertelsmann Verlag, oder Léon Poliakov, »Histoire de l'Antisémitisme« (von der Antike bis 1933), 4 Bände, Paris 1955–1977, Éditions Calmann-Lévy.

25 Die antisozialistische Verschwörungsliteratur ist meist nur eine Unterabteilung der antijüdischen Literatur, vgl. etwa F.O.H. Schulz, »Untergang des Marxismus«, 371 S., Stuttgart 1933, Verlag J. Engelhorn Nachf.

26 Die beste Untersuchung dieses Umschwenkens ist Zeev Sternhell, »La Droite révolutionnaire 1885–1914. Les origines françaises du Fascisme«, 444 S., Paris 1978, Éditions du Seuil.

27 Es gibt noch keine zureichende Darstellung dieser völkischen Bewegungen, bis in ihre sozio-ökonomischen Verwurzelungen hinein; die vorliegende Literatur versteift sich auf die exzentrischsten Teile der Ideologie und auf Attentate. Ansätze etwa in Andrew Gladding Whiteside, »Austrian National Socialism before 1918«, 143 S., Den Haag 1962, Verlag Martinus Nijhoff.
28 Vgl. etwa die Abwehrschrift von katholischer Seite gegen den Antijesuitismus: A. Camerlander, »Sind die Jesuiten deutschfeindlich? Ein Beitrag zur Geschichte des Deutschtums im Ausland«, 211 S., Freiburg/Br. 1913, Caritas-Verlag.
29 Eine der pittoreskesten Mischungen war jene Vorstellung vom »Boche«, wie sie in Frankreich vor dem Ersten Weltkrieg volkstümlich war: ein jüdischer Marxist unter preußischer Pickelhaube. Deshalb glaubten auch große Teile der Bevölkerung sofort, daß Hauptmann Dreyfus für den preußischen Generalstab spioniert habe.
30 Eine der verbreitetsten weltanschaulichen Stimmungen der letzten Jahrhundertwende war jene gegen die sogenannte »Plutokratie« (Geldherrschaft) gerichtete Strömung, die zwischen Bankiers und Sozialistenführern gar nicht mehr unterscheidet. Wir finden sie bei ganz verschiedenartigen Ideenstreuern: bei Georges Sorel genau so wie etwa bei Hamsun oder dem Wiener Oberbürgermeister Karl Lueger (1844–1910), und zuletzt auch bei Ezra Pound.
31 Geoffroy de Charnay, »Synarchie. Panorama de 25 années d'activité occulte«, XLIV + 307 S., Paris 1946, Éditions Médicis; Jacques Weiss, »Synarchie. L'autorité contre le pouvoir«, Paris 1955, Éditions Adyar. Dazu deutsch: German Pinning, »Wer steht hinter de Gaulle? Näheres über Technokraten und Synarchisten«, 149 S., Pähl/Obb. 1959, Verlag Hohe Warte. (Der Autor steht der Ludendorff-Bewegung nahe.)
32 Aus der recht unübersichtlichen, aber zahlreichen Literatur dieser Art ein angelsächsisches und ein deutsches Beispiel: Dan Smoot, »The Invisible Government«, 194 S., Taschenbuchreihe »The Americanist Library«, Boston o. J., Verlag Western Islands (Verf. ist früherer FBI-Agent); Heinz Scholl, »Die Scheindemokratie. Das Bündnis der Linken mit Rockefeller, Rothschild & Co.«, 135 S., Euskirchen 1975, VZD Verlag für zeitgenössische Dokumentation GmbH.
33 Gary Allen, »Die Insider. Wohltäter oder Diktatoren?«, 213 S., Wiesbaden 1974, VAP Verlag für angewandte Philosophie. Der Titel des amerikanischen Originals von 1971 lautet bezeichnenderweise: »None dare call it Conspiracy.«
34 Die bisher letzte Darstellung des Rassismus scheint zu sein: Patrick von zur Mühlen, »Rassenideologien. Geschichte und Hintergründe«, 278 S., Berlin 1977, Verlag J.H.W. Dietz Nachf. GmbH (mit Bibliographie). Unersetzlich nach wie vor Wilhelm E. Mühlmann, »Geschichte der Anthropologie«, 328 S., Frankfurt/M. 1968, 2. erw. Auflage, Athenäum Verlag.
35 Dualistische Rassendoktrinen haben sich bis ins 20. Jahrhundert gehalten, vgl. etwa Hans Blüher, »Die Aristie des Jesus von Nazareth«, 251 S., Prien 1922, Kampmann Verlag. Auch die nationalsozialistische Rassenlehre war im Grunde dualistisch, insofern für sie ja nur die Unterscheidung zwischen Juden und Nichtjuden zählte.

36 Am bekanntesten war Hans F. K. Günther, »Rassenkunde des deutschen Volkes«, seit 1922 in vielen Auflagen, München, Verlag J. F. Lehmann.
37 Kennzeichnend dafür die beiden Bücher von Ludwig Ferdinand Clauss, »Rasse und Seele. Eine Einführung in den Sinn der leiblichen Gestalt«, 189 S., München 1937^8, Verlag J. F. Lehmann, und »Die nordische Seele. Eine Einführung in die Rassenseelenkunde«, 139 S., do Verlag 1940^8.
38 Léon Poliakov, »Le Mythe arien. Essai sur les sources du racisme et des nationalismes«, 354 S., Paris 1971, Éditions Calmann-Lévy; deutsch: »Der arische Mythos. Zu den Quellen von Rassismus und Nationalismus«, 439 S., Wien 1977, Europaverlag.
39 A.a.O. (dt. Ausg.), S. 383.
40 Georg Schmidt-Rohr, »Die Sprache als Bildnerin der Völker. Eine Wesens- und Lebenskunde der Volkstümer«, 415 S., Jena 1932, Verlag Eugen Diederichs.
41 Dies ist in Frankreich, dessen Geschichte entsprechend, stärker spürbar als in Deutschland. Es gibt Figuren der französischen Rechten, die ohne die Prägung der Wüste nicht denkbar wären – man denke etwa an Psichari, den Père Foucauld, Montherlant, Saint-Exupéry, Bruckberger.
42 So neuerdings noch Gerhard Nebel, »Orte und Feste. Zwischen Elm und Esterel«, 228 S., Hamburg 1962, Hoffmann & Campe Verlag.
43 Etwa aus dem Niekisch-Kreis: Friedrich Merkenschlager, »Rassensonderung, Rassenmischung, Rassenwandlung«, 63 S., Berlin 1932, Verlag Waldemar Hoffmann.
44 Armin Mohler, »Der Traum vom Naturparadies. Anmerkungen zum ökologischen Gedankengut«, 47 S., München 1978, Siemens Verlag.
45 Clément Rosset, »La Philosophie tragique«, 167 S., Paris 1960, Presses Universitaires de France; ders., »L'Anti-Nature. Éléments pour une philosophie tragique«, 330 S., 1973, gleicher Verlag.

HEINZ GOLLWITZER
Weltanschauung als Massenproblem
(am Beispiel der Bundesrepublik heute)

Prof. Dr. phil. Heinz Gollwitzer, geboren 1917 in Nürnberg, Ordinarius der Neueren und Neuesten Geschichte an der Universität Münster i. W. Verfasser einer Geschichte der Standesherren (1964) und einer europäischen Geschichte im Zeitalter des Imperialismus (nur englisch, 1969); Herausgeber des ersten Handbuches über die europäischen Bauernparteien des 20. Jahrhunderts (1977). Auf dem Gebiet der Erforschung der Weltanschauungen ist er wohl der aktivste deutsche Historiker: eine Geschichte des Europagedankens (1964), »Die gelbe Gefahr. Geschichte eines Schlagworts« (1962) und vor allem eine großangelegte »Geschichte des weltpolitischen Denkens«, von der bisher der erste Band (1972) erschienen ist.

Inhalt

1	Vorbemerkungen	173
2	Grundbegriffe	174
3	Weltanschauung als Gegenstand der Wissenschaft	178
4	Zwischenbemerkungen zum Verfahren; Gliederungsfragen und Eingrenzung	180
5	Die religiös-ethische Komponente der Massenweltanschauung	182
6	Die politische Komponente	188
7	Schlußbemerkungen	196
	Anmerkungen	198

1 Vorbemerkungen

In Gesprächen über eine Bestandsaufnahme der »gängigen« Weltanschauungen von heute hat der Verfasser darauf hingewiesen, daß man zwischen weltanschaulich deklarierten Minoritäten und einer großen Majorität unterscheiden müsse, die sich allenfalls konventionell an die etablierten religiösen Systeme oder an herrschende politisch-ideologische Richtungen hält und ihren weltanschaulichen Haushalt in der Regel mit (oft nur ganz geringfügigen) Fragmenten aus diesen oder jenen oder – meistens – mehreren zugleich bestreitet, ohne dabei ein besonderes Engagement erkennen zu lassen. Es stand ihm diejenige erdrückende Mehrheit der Zeitgenossen vor Augen, die – soweit für den Außenstehenden wahrnehmbar – ganz überwiegend von Beruf, Familie, öffentlichem Leben und den unterschiedlichsten Freizeitinteressen und Liebhabereien in Anspruch genommen wird, nur in Ausnahmefällen auf weltanschauliche Fragen ansprechbar ist und, in die Verlegenheit gebracht, sich diesbezüglich äußern zu müssen, schwerlich über Stereotypen und Schablonen hinausgelangt.

Die vielfach zu beobachtende Zurückhaltung gegenüber weltanschaulicher Beeinflussung wie erst recht die Abneigung, weltanschauliche Aussagen zu machen oder entsprechende Aktivitäten zu entfalten, kann sehr verschiedene Ursachen haben: Unsicherheit, mangelnde sprachliche Ausdrucksfähigkeit, zumindest Ungeübtheit im Formulieren gerade auf diesem Gebiet, tatsächliche Indifferenz, mitunter wohl auch seelische Scheu. Es wäre jedoch abwegig, der eben beschriebenen Mehrheit zu unterstellen, sie würde in einem weltanschauungslosen Alltag aufgehen und je nach ihrer Gruppenzugehörigkeit nur an Sonntagen (im wörtlichen und im übertragenen Sinn gemeint) Weltanschauung andeuten oder zur Schau stellen. Bei Lichte besehen, ergibt sich nämlich, daß der eingeschlagenen allgemeinen Richtung wie den wichtigeren Entscheidungen in den zwischenmenschlichen Beziehungen, im privat-familiären Bereich, im Arbeitsleben, in der Politik und auch in der Wahl der Freizeitbeschäftigungen oft Weltanschauung zugrunde liegt. So behaupten Religionssoziologen wohl mit gutem Grund, daß die Entscheidungen in den Grundkategorien der menschlichen Existenz, im Handeln, im Denken, der Gesellschaftlichkeit und dem gesamten In-der-Welt-Sein, notwendigerweise religiösen Charakter trügen.[1]

Nun ist es allerdings schwierig, in dieser – großenteils verschwiegenen – Tiefenschicht zwischen Weltanschauung als System oder Systemfragment einerseits und psychischer Verfassung, Charakter und Moral andererseits zu unterscheiden. All dies durchdringt sich gegenseitig, und schließlich hängt eines vom andern ab. Aus heuristischen Gründen können wir es gleichwohl nicht umgehen, Weltanschauung im Sinne eines Gedankengebäudes und einer Lehre vorläufig zu isolieren und sie von anderen Größen abzuheben, die sie in der Realität fortwährend modifizieren. D. h., wir klammern z. B. Konservativismus oder Progressismus zwar nicht als Doktrinen, jedoch als Verhaltenstypen aus dieser Untersuchung aus, ebenso Temperamente wie Pessimismus oder Optimismus, moralische Verfassungen wie Egoismus oder Altruismus, auch die von Eduard Spranger beschriebenen psychischen »Lebensformen« des homo politicus, oeconomicus, theoreticus, aestheticus etc. und seelische Zustände wie die tief sitzende Lebensangst oder das Streben nach Sicherung und Geborgenheit. Es unterbleibt schließlich eine Untersuchung, ob wir es mit Mythen im Sinne Sorels, mit Residuen und Derivationen im Sinne Paretos zu tun haben. Andererseits erweitern wir unseren Gegenstand »Weltanschauungen«, indem wir die diesen zugehörigen Mentalitäten ins Spiel bringen.

Die Aufgabe, Weltanschauung als Massenproblem zu beschreiben, ist, wie sich für den Verfasser nachgerade herausgestellt hat, ein undankbares Geschäft. Dem Vorwurf des Dilettantismus wird er auf keinen Fall entgehen. Und wenn er sich darauf beruft, daß für einen Wissenschaftler Mut dazu gehört, das Banale in Angriff zu nehmen, wird man argwöhnen, er sublimiere nur seine persönlichen Schwächen zu Forschungsambitionen.

2 Grundbegriffe

Gemeinhin wird zwischen Weltanschauung und Religion in der Weise unterschieden, daß man diese auf Gott oder das Göttliche bezieht, jene jedoch als rein säkulare und profane Größen auffaßt. Bei näherem Zusehen kompliziert sich der Sachverhalt. Wer den gegenwärtigen Stand der philosophischen und theologischen Diskussion über Transzendenz und Immanenz nur von ferne verfolgt und den Eindruck gewinnt, daß sich die Dinge auf »immanente Transzendenz« einpendeln, wird sich hüten, den Unterschied von Religion und Weltanschauung mit demjenigen von Transzendenz und Immanenz zu identifizieren. Geht die christliche Theologie in der Regel von einer Offenbarung aus und setzt sie diese von anderen Religionen ab, so bietet die Religionswissenschaft, namentlich die Religionspsychologie und -soziologie, weithin gänzlich diesseitige Motivationen für Religion an und erläutert den Inhalt von Religion, auch und gerade christlicher Religion, mit Begriffen, die nicht der christlichen Offenbarung entnommen sind. In welchem Ausmaß die Philosophie, aber auch einzelne theologische Richtungen den Offenbarungscharakter der Religion destruiert haben, darf als bekannt vorausgesetzt werden. Es gibt nicht nur eine Religionswissenschaft, die »Abschied vom Heiligen«[1a] genommen hat, sondern seit längerem auch eine »Theologie nach dem Tode Gottes«[1b]. Nicht einig sind sich die Kirchen bzw. Konfessionen über den Begriff einer »christlichen Weltanschauung«. Die katholische Kirche kultiviert ihn und hat »Christliche Weltanschauung« als Venia für Lehrstühle an deutschen Universitäten ausdrücklich gewünscht und anerkannt. Dieser Standpunkt gründet auf der katholischen Auffassung des Verhältnisses von Natur und Gnade. Evangelische Theologen, ausgehend vom reformatorischen Glaubensverständnis, widersetzen sich z. T. dem Begriff »Christliche Weltanschauung«.

Wer sich mit unserem Thema befaßt, kann an dem Verhältnis von Weltanschauungen und Religion schon deswegen nicht vorbeigehen, weil bei der Masse der Bevölkerung beides eine Legierung eingegangen ist. Die zur Erkenntnis notwendige Distanzierung besteht eben darin, diese Verbindung wieder auseinanderzudröseln und zwischen unmittelbar religiösen Bestandteilen, verweltlicht abgeleiteten und solchen nichtreligiöser Provenienz zu unterscheiden.

Zum Verhältnis von Weltanschauung und Philosophie haben – unterschiedlich vorgehend – Dilthey, Husserl, Heidegger und Jaspers grundlegende Einsichten vermittelt, insbesondere im Hinblick auf die Gegenüberstellung von Philosophie als Wissenschaft und Weltanschauung als einer Wissenschaft vielleicht benutzenden und vulgarisierenden, aber im Kern außerwissenschaftlichen, besserenfalls überwissenschaftlichen und bestenfalls Weisheit implizierenden Größe.

Ein anderer Aspekt ergibt sich aus der Gegenüberstellung von Weltanschauung und Ideologie. Die Brockhaus-Enzyklopädie nennt Weltanschauung »die Auffassung der Welt in ihrer Vielfalt als Sinnganzes und ihr Rückbezug auf das eigene Lebensverständnis«. Sie bilde »oft die Grundlage eines Weltbildes«. Erläuternd wird gesagt: »In populärer Auffassung stellt Weltanschauung meist die Verallgemeinerung und Vergröberung vormals wissenschaftlicher Theorien mit Standpunktcharakter dar (z. B. idealistische, materialistische Weltanschauung).« An einer anderen Stelle des Artikels heißt es dann: »Weltanschauung ist abzuheben vom Kalkül der Ideologie; sie vermag in sich objektive Wahrheitsmomente wie auch Aspekte des Zeitgeistes aufzunehmen und diese somit zu einem Antriebsmoment der geschichtlichen Entwicklung werden zu lassen.« Über Ideologie äußert sich die gleiche Enzyklopädie folgendermaßen: »Ein von der französischen Aufklärung geprägtes Kunstwort: die Gesamtheit der von einer Bewegung, einer Gesellschaftsgruppe oder einer Kultur hervorgebrachten Denksysteme, Wertungen, geistigen Grundeinstellung (öfter auch in formulierter Form als ›Lehre‹ überliefert); im spezifischen Sinne: ›künstlich geschaffene Ideensysteme‹.«

Diese Gegenüberstellung kann nicht recht befriedigen. Offensichtlich soll der künstlich entstandenen Ideologie und ihrem »Kalkül« die »gewachsene« Weltanschauung entgegengesetzt werden. Die gesellschaftlich-kulturelle und politische Gebundenheit der Ideologie wird betont, um diese zu relativieren, während die wissenssoziologische Analyse von »Weltanschauung« sehr zurückhaltender Natur ist. Von der Einschätzung der Ideologie als »falsches Bewußtsein« durch die positivistische Kritik wird berichtet, eine ähnliche Bezugnahme bei Weltanschauung jedoch vermieden; ihr werden vielmehr u. U. »objektive Wahrheitsmomente« zugeschrieben. Bemerkenswert, daß der Brockhaus zwischen einer *künstlerischen, religiösen und philosophischen* Weltanschauung unterscheidet, dagegen zwischen vier historischen Erscheinungsformen *politischer* Ideologie. Die Vermutung stellt sich ein, die hier vorgenommene Antithese entstamme dem gleichen Denken, das die problematischen Dualismen von Gemeinschaft und Gesellschaft oder Kultur und Zivilisation hervorgebracht hat.

Die Kontrastierung von Weltanschauung und Ideologie ist zu subtil, als daß man sie einem großen Publikum zumuten könnte. Der Sprachgebrauch ist in Deutschland längst über diese Antithese hinweggegangen, vorausgesetzt, daß er sie überhaupt je akzeptiert hat. Im Englischen und Französischen hat man sich ohnehin nie angestrengt, eine solche zu konstruieren. Gewiß, das Wort Weltanschauung ist in das Englische eingedrungen. Wer genauer hinhört, mag im übrigen einen leicht ironischen Unterton wahrnehmen, wenn Briten oder Amerikaner dieses Wort »sophisticated« verwenden. Faktisch überwiegen nach wie vor ideology und philosophy, idéologie, philosophie, allenfalls conception du monde. Wir Deutschen können uns in wissenschaftlicher Sprache keine von der vorherrschenden internationalen Terminologie gravierend abweichenden, exklusiven, nationalesoterischen Wendungen mehr leisten. Die Aussicht, sie in globaler Dimension durchsetzen zu können, ist verschwindend gering. Aber noch ausschlaggebender ist, daß die bisher vorgeschlagenen Begründungen für eine Differenzierung zwischen den Begriffen Ideologie und Weltanschauung etc. in sich fragwürdig geworden sind. Will man unbedingt zwischen beiden unterscheiden, schlagen wir vor, die hübsche Formulierung eines Kunstwissenschaftlers zu verwenden, Ideologie sei »Weltanschauung mit vorgeschriebenem Exerzierreglement«[2].

Ein weiterer Grundbegriff, mit dem wir arbeiten müssen, ist der der Mentalität. Da wir es bei Weltanschauung als Massenproblem mit dem Gegenteil von dezidierter Parteinahme für ausgeklügelte philosophische

Systeme oder sonstige »Konstrukte« zu tun haben, empfiehlt es sich sehr, den Begriff Mentalität heranzuziehen. Wenn nicht die Teilnahme an einem Vorhaben, das unter dem Motto »Weltanschauung« läuft, a priori eine gewisse Sprachregelung implizieren würde, wäre es vielleicht richtiger gewesen, diesen Beitrag mit dem Titel »Deutsche Massenmentalitäten heute« zu versehen. Jedenfalls trifft die dem Wort Mentalität innewohnende Vorstellung einer Verbindung von Denkgewohnheiten und Verhaltensweisen am ehesten das, was uns vorschwebt. Weltanschauliche Aktivisten sind auf eine (mehr oder minder alleinseligmachende) Lehre eingeschworen, die weniger festgelegten Massen können es sich leisten, elastische, wandelbare, häufig nur wenig verbindliche Mentalitäten zu übernehmen, zu betätigen und ihnen wieder zu entsagen.

Gerd Tellenbach hat in einem brillanten Aufsatz »Mentalität« folgendermaßen umschrieben: »Im Deutschen versteht man unter Mentalität Denkgewohnheiten, Denkformen und -haltungen eines Individuums oder einer Gruppe... Man meint eine Haltung oder einen Zustand des Geistes von relativer Konstanz, eine Disposition zur Wiederholung gewohnter Denkweisen, nicht etwa originelle Einfälle, kein spontanes Denken, kein Theoretisieren, das in Reproduktion oder Fortspinnen eine reflektierende oder gar zu wählender Entscheidung zwingende Anstrengung fordert. Eine Mentalität ist ein natürliches, selbstverständliches, oft mehr impulsives Verhalten und Reagieren, ein ungezwungenes, das Bewußtsein wenig bewegendes Denken und Meinen. Es drückt sich gerne in Schlagwörtern, Redensarten, von Mund zu Mund gehenden Sprichwörtern aus, in Topoi, wenn über ihre Herkunft und über ihren genaueren Sinn nicht mehr viel nachgedacht wird, sondern wenn sie natürlich, fast unwillkürlich aus einer Schicht gewohnten, beinahe vorbewußten Denkens hervorgehen.«[3] Die Äquivalente, die fremdsprachige Wörterbücher aufführen, bringen uns den Begriff noch näher. Beispielsweise im Französischen: comportement, attitude mentale, état d'âme, état d'esprit, genre d'esprit, état mental, conditions mentales, habitudes mentales, manières oder façons de penser, régime mental d'une société, manière générale de penser qui prevaut dans une société. Der Artikel »Attitudes« der International Encyclopedia of Social Sciences (New York 1968)[4] sucht sein Objekt zu verdeutlichen, indem er es als differenziert von andern Konzeptionen (belief system, ideology, value, opinion, faith, delusion, stereotype) beschreibt. Einer der Verfasser (Rockeach) hebt hervor, »attitude« sei nicht ein »basic, irreductible element« der Persönlichkeitsstruktur, sondern stelle ein Bündel oder Syndrom von zwei oder mehr aufeinander bezogenen Elementen dar (Glaubensvorstellungen oder Erkenntnisse oder Erwartungen oder Hypothesen)[5]. Daß der Begriff Mentalität sowohl auf individuelle wie auf kollektive Phänomene bezogen werden kann, ist bekannt, doch sind für die Zwecke unserer Untersuchung nur das Verhalten und die Vorstellungen von Gruppen von Belang. Abzuheben von dem hier allein interessierenden Problem weltanschaulich geprägter Mentalität sind Berufsmentalitäten (Offiziersmentalität, Pädagogenmentalität), schichtenspezifische Mentalität (Adelsmentalität) oder lokale Mentalität (Stadt und Land) und landschaftlich-regionale Mentalitäten, die es auch heute noch, obschon im Vergleich zu früher nur mehr in stark reduziertem Maße gibt. Doch lassen sich soziale, regionale und Milieumentalitäten umgehend ideologisieren und treten wahrscheinlich kaum je »rein« auf, vielmehr in der Regel mit stärkeren oder geringeren weltanschaulichen Mischungen versehen. Das Verhältnis von Mentalität und Ideologie ist ein großes Thema der Soziologie. Wir verweisen u. a. auf die Ausführungen von V. Pareto, Th. Geiger und R. König.[6]

3 Weltanschauung als Gegenstand der Wissenschaft

Geht man von Konfession und theologischen Lehrmeinungen als den Vorläuferinnen profaner Ideologie aus, so wird man eine deskriptive oder auch räsonierende und polemisierende Geschichte von Dogmen, Doktrinen, kirchlichen oder auch außerkirchlichen Glaubensüberzeugungen als Vorgängerin moderner Weltanschauungslehre betrachten dürfen. Autoren des konfessionellen Zeitalters wie Matthias Flacius Illyricus (Catalogus testium veritatis 1556), Gottfried Arnold (Unpartheyische Kirchen- und Ketzerhistorie 1699/1700) und Jacques Benigne de Bossuet (Histoire des Variations des Églises Protestantes 1688) sind Vorläufer späterer Weltanschauungshistorie gewesen.

Der Begriff Dogmengeschichte hat sich auch in außertheologischen Disziplinen im Sinn von Geschichte der Lehrmeinungen lange gehalten (Jurisprudenz, Volkswirtschaftslehre). Doch liegt hier eine Verengung auf den ausschließlich akademischen Bereich vor, während Flacius, Arnold und Bossuet noch Phänomene in der Griff zu bekommen suchten, die als Gemeingut größerer oder kleinerer religiöser Gruppen gelten durften. Philosophie und Geschichtswissenschaft, die beide der Theologie auf dem globus intellectualis am meisten Terrain abgewonnen haben, haben in Ablösung der Dogmengeschichte als einer Historie der Interpretationen und Präzisierungen der Offenbarung das Säkularisationsprodukt der Ideengeschichte zuwegegebracht, die sich zur Geistesgeschichte erweiterte und Platz für eine eigene Weltanschauungslehre bot. Die Priorität beim Ausbau einer über das Deskriptive hinausgehenden systematischen Weltanschauungslehre kommt den Philosophen zu, die zwischen wissenschaftlicher Philosophie und Weltanschauung unterschieden und die wichtigsten einschlägigen Fragen in manchmal imponierenden Entwürfen behandelt haben (Dilthey, Husserl, Heidegger, Scheler, Jaspers).[7] In der Geschichtswissenschaft spielte zwar ideengeschichtliche Betrachtungsweise schon früh eine Rolle (Ranke), aber der Einstieg in eine Geschichte der Weltanschauungen und Ideologien wurde dort verhältnismäßig spät und nicht ohne Beihilfe von Gelehrten gefunden, die ursprünglich anderen Disziplinen zugehörten, schließlich jedoch eine zentrale Position in der Geschichte der Historiographie einzunehmen wußten (Dilthey, Troeltsch).

Die ideologiegeschichtlichen und ideologiesystematischen Leistungen der Historiographie und Philosophie sind auch für aktuelle Auseinandersetzungen mit dem Phänomen Weltanschauung unentbehrlich, und die Kritik, die von sozioökonomisch orientierter Seite gelegentlich an ihnen geübt wird, schießt mitunter über das Ziel hinaus. Daß geistige Welt und gesellschaftlicher Prozeß in unlösbarem Zusammenhang stehen, hat man stets gewußt. Schon Rankes Ideenlehre ging von einem »*Real*geistigen« aus.

Zuzugeben ist freilich, daß die herkömmliche Weltanschauungshistoriographie und -systematik der Gefahr, nur mit einer abstrakten Geschichte der denkerischen Leistungen ohne ausreichende Bezugnahme auf deren psychische und gesellschaftliche Voraussetzungen aufzuwarten, nicht immer entgangen ist. Erst die Rezeption von Erkenntnissen, die als Beiträge zur Analytik von Ideologie und Mentalitäten seitens der Wissenschaft vom Menschen, insbesondere den Disziplinen Psychologie und Soziologie, selbständig erarbeitet worden sind, konnte zu neuen Fortschritten auf unserem Gebiet führen. Émile Durkheim, Soziologe und Psychologe, hat durch die Einführung des Begriffs »conscience collective«, mit dem sich spätere Sozialpsychologen freilich nicht mehr zufrieden gaben, der Lehre von den Weltanschauungen ohne Zweifel weitergeholfen, und in seiner Nachfolge haben französische Sozialpsychologen wie Charles Blondel den bewußtseinsgeschichtlichen Bemühungen der Historikergruppe um die Zeitschrift »Annales« Hilfestellung geleistet. Von den deutschen Philosophen, die führende Studien zur Weltanschauungsproblematik veröffentlicht haben, war Karl Jaspers ursprünglich Psychologe vom Fach. Von ganz anderer Ausgangsstellung haben die amerikanischen Sozialpsychologen, an ihrer Spitze G. H. Mead, auf dem Weg über Erforschung der »Informationen«, d. h. der Kommunikationen zwischen Individuum und Gruppe, weitere Zugänge zu unserem Thema eröffnet und methodisch durch Anwendung und ständige Verbesserung der auf Interviews und Fragebogen sich stützenden, Linguistik und Mathematik als Hilfswissenschaften heranziehenden Verfahrensweisen neue Wege gewiesen. Aus der Schar der als Weltanschauungsforscher führenden und in der Wissenschaftsgeschichte bereits in den Rang von Klassikern aufgerückten deutschen Soziologen heben wir Karl Mannheim und Theodor Geiger deswegen hervor, weil sie gerade über ihren Arbeiten am Ideologiebegriff Spezialdisziplinen entwickelt haben, die heute florieren: Wissenssoziologie und Ideologiekritik.

Im Bereich der Geschichtswissenschaft versucht man seit geraumer Zeit, die Ergebnisse der eben aufgezählten Fächer in einer spezifischen »Histoire des Mentalités« zu integrieren. Unter der Führung von Lucien Febvre und Fernand Braudel hat die bereits erwähnte Gruppe der »Annales« in dieser wie in anderer Hinsicht Pionierarbeit geleistet. Ferner hat man sich im Rahmen der amerikanischen Richtung der Intellectual History der Erforschung von Mentalitäten zugewandt.

Ob mehr eine selbständige Wissenschaft oder mehr eine Technik auf wissenschaftlicher, insbesondere statistischer Basis – Demoskopie muß last but not least erwähnt werden, wenn von den wissenschaftlichen Wegen die Rede ist, auf denen man zur Erfassung weltanschaulicher Sachverhalte vordringen kann. Weniger deren materieller Inhalt, wohl aber ihre Soziabilität können heute zuverlässig wohl nur mit dem mehr und mehr verfeinerten Instrumentarium erhellt werden, das uns die Meinungsforschung zur Verfügung stellt.

Auch der Gelehrte, der sich mit Systematik und Wandlungen der Ideologie befaßt, wird gut daran tun, sich nicht nur in der eigenen Disziplin zu perfektionieren und in verwandten zu orientieren, sondern auch die Anregungen aufzunehmen, die ihm auf dem Gebiete der Weltanschauung von seiten der Literatur, der Publizistik und Journalistik zuströmen, und auf seine außerwissenschaftlichen Lebenserfahrungen als Mitmensch zurückzugreifen. Dort sprudeln fortwährend neue Quellen, und andererseits ergeben sich für ihn Möglichkeiten der Verifizierung und Falsifizierung. Es wächst die Fähigkeit zu Korrekturen, die im Rahmen der akademischen Routine leicht abhanden kommen kann.

4 Zwischenbemerkungen zum Verfahren; Gliederungsfragen und Eingrenzungen

Das Vorhergehende wurde gesagt, um zu skizzieren, welche intellektuellen Anstrengungen gemacht worden sind, um von sehr verschiedenen Positionen aus dem Phänomen Weltanschauung gerecht zu werden, und welcher Wissensfundus notwendig ist, wenn man es unternimmt, zu dem Thema etwas Stichhaltiges vorzubringen. Es soll vor allem kein Zweifel darüber bestehen, daß die hier ins Auge gefaßte Aufgabe »Weltanschauung als Massenproblem heute« wissenschaftlich zuverlässig nur mit Hilfe eines demoskopischen Instituts lösbar wäre. Spezialisten der Meinungsforschung müßten großangelegte Befragungen durchführen und deren Ergebnisse fachgerecht auswerten. Da ein solches Unternehmen jedoch nicht beabsichtigt war noch vorgesehen ist, kann der Verfasser nur teils über bereits vorliegende Untersuchungen referieren – geschehen ist auf diesem Gebiet bereits ungemein viel –, teils persönliche Impressionen wiedergeben, deren wissenschaftliche Bestätigung erst noch erfolgen müßte.

Unabhängig davon kann man überlegen, ob es zweckmäßig wäre, die Massen, die unsere »Probanden« darstellen, in Gebildete, Halbgebildete und wenig Gebildete aufzugliedern. Oskar A. H. Schmitz' treffliches, gegen den Monismus gerichtetes Buch »Die Weltanschauung der Halbgebildeten« könnte zu einem solchen Verfahren ermuntern.[11] Aber denkt man über die Methode der Differenzierung nach Bildungsgraden in unserem Zusammenhang nach, wird man erkennen, daß man auf diesem Weg leicht vom Regen in die Traufe gerät. Die Maßstäbe der Bildung verändern sich, die Diskrepanz zwischen Fachbildung und Allgemeinbildung ist häufig enorm, nicht nur Geschmacks- und Herzensbildung, sondern auch Bildung im Sinn kulturell-intellektuellen Niveaus kann außerhalb der fachlichen Kompetenz bei »Akademikern« dürftig sein, der unaufhörlich zunehmende Wissensstoff stößt jedermann in expandierende Bereiche der Halbbildung und Unbildung. Kann sich ein geisteswissenschaftlich trefflich Ausgewiesener bei weitgehender naturwissenschaftlich-technologischer Ignoranz tatsächlich einen Gebildeten nennen? Die Klagen über Spezialisten- und Fachidiotentum ertönen nicht erst seit heute.

Unter Gebildeten hielten und halten sich philosophische Weltanschauungen wie Kantianismus, Hegelianismus, die Lehren Schopenhauers und Nietzsches, Historismus, Anthroposophie, Existentialismus, Teilhardismus und viele andere »Ismen« und führen nicht nur zu wissenschaftlicher Schul-, sondern auch zu aktivistischer Gemeinde- und Sektenbildung. Sobald ein »Ismus« das Licht der Welt erblickt hat, ist die Grenze von der akademischen Lehrmeinung zur Gebildetenideologie überschritten. Gebildetenideologien können auch ohne Initialzündung von seiten einer Alma Mater entstehen. Dafür ist die Bayreuther Gedankenwelt ein bezeichnender Fall. Und bei Schopenhauer wie Nietzsche erwies sich die akademische neben der freien schriftstellerischen Phase ihres Wirkens nahezu als belanglos. Umgekehrt schien sich der Historismus zunächst weniger als eine Gebildeten- denn als eine ausgesprochene Gelehrtenideologie zu präsentieren. Geht man jedoch seinen Wirkungen nach, stellt man fest, daß er zu den beherrschenden Zügen der damaligen allgemeinen Weltanschauung zählte.

Schließlich wäre noch eine längere Reihe von Gebildetenideologien aufzuführen, die sich zwar nicht speziell philosophisch, jedoch empirisch und wissenschaftlich legitimiert sehen und als meinungsbildende Faktoren in das öffentliche Leben hineinwirken: die Lehren des Freihandels und des Protektionismus, die den Rang ökonomischer Weltanschauungen erklommen haben, auf anderen Gebieten behaviourism, Strukturalismus, Verhaltenslehre etc. Das Vorhandensein solcher spezifischer Gebildetenideologien könnte allerdings dazu anregen, die Gliederung des Themas nach Bildungsgraden vorzunehmen. Aber dem widerspricht – wir wiederholen es – ein für uns ausschlaggebender Gesichtspunkt: ungezählte gebildete Menschen gehören weltanschaulich insofern zur Masse als sie Pragmatiker und Eklektiker sind und alles in allem sich ideologisch nicht binden und freie Hand behalten wollen. Wir nehmen also mit der bereits zu Anfang erwähnten Unterscheidung zwischen weltanschaulich aktivistischen Minoritäten und jener riesengroßen Mehrheit vorlieb, die zwar keine schlechthin schweigende ist, aber sich gemeinhin nur undeutlich artikuliert.

In den Vorbemerkungen wurde angegeben, welchen Perspektiven wir *nicht* nachgehen, wenn wir uns mit unserer Aufgabe beschäftigen. Aber damit nicht genug! Um zu greifbaren Aussagen über Massenphänomene zu gelangen, muß man sich auf das Fundamentale beschränken und Spezialitäten und Varianten möglichst aus dem Wege räumen. D. h., daß wir im vorliegenden Fall auf die Anteilsberechnung und selbst auf die Erwähnung der Vorstellungen verzichten, die, wie verdünnt, umgestaltet oder mißverstanden auch immer, aus dem eben erwähnten Bereich der philosophischen Weltanschauungen und der Gebildetenideologien in die Allgemeinheit »emanieren«. Das ideologisch Außergewöhnliche bleibt grundsätzlich aus dem Spiel, obwohl kräftigere oder schwächere Spuren bei der Allgemeinheit wohl feststellbar wären. Wir unterscheiden im folgenden nur eine religiös-ethische und eine politische Komponente in der Massenweltanschauung von heute.

5 Die religiös-ethische Komponente der Massenweltanschauung

Die weitaus überwiegende Mehrheit der Bevölkerung der Bundesrepublik zählt auch heute noch zu einer der beiden Hauptkonfessionen, hat christlichen Religionsunterricht genossen und läßt ihre Kinder solchen besuchen. Gleichwohl zögert man aus guten Gründen, diese Bevölkerung eine christliche Nation zu nennen. Es ist bekannt, in welchem Maße sich die Säkularisierung des öffentlichen und privaten Lebens durchgesetzt hat und wie sie weiterhin voranschreitet. Man weiß, wieviel an Terrain sie in den Kirchen selbst gewonnen hat, wieviel Verunsicherung sich dort breit macht. Wer angesichts dessen behauptet, daß christliche und kirchliche Bindungen in der Weltanschauung der Massen mehr als Relikte darstellen, muß dies erst beweisen. Zu diesem Zweck stehen statistische Handbücher staatlicher und kirchlicher Provenienz zur Verfügung, deren Auswertung bereits beträchtliche Aufschlüsse gewährt. Noch ergiebiger sind die teils mehr psychologisch, teils mehr soziologisch orientierten Befragungen und Untersuchungen, die von Wissenschaftlern, gelegentlich mit Hilfe von demoskopischen Instituten, durchgeführt wurden. Besondere Hervorhebung verdient das Buch von Gerhard Schmidtchen »Protestanten und Katholiken« (1973) sowie seine seither erschienenen weiteren Untersuchungen[12], deren Zustandekommen durch den Apparat des Allensbacher Instituts in dankenswerter Weise ermöglicht worden ist.

Das vorliegende Material bestätigt, daß die Kirchentreuen oder praktizierenden Christen seit längerem zur Minderheit geworden sind. Es ist aber sofort hinzuzufügen, daß sie immer noch weit mehr Menschen umfassen als alle anderen nichtpolitischen ideologischen Gruppen zusammen und daß die weltanschauliche Physiognomie der Bundesrepublik von den Gläubigen auch heute noch nachhaltig geprägt wird. Die Aktivitäten der Kirchentreuen sind meßbar und quantifizierbar, soweit es sich um Besuch gottesdienstlicher Veranstaltungen, Teilnahme an der Kommunion (oder Abendmahl), Mitwirkung am Gemeindeleben, Spendenaufkommen, caritative Betätigung, Bevorzugung kirchlicher Schulen, Lektüre kirchlicher Zeitschriften und Literatur und ähnliches handelt.

Die Frage, in welchem Umfang das Verhalten der Kirchentreuen von einer nur konventionellen oder einer selbständigen und lebendigen Christlichkeit bestimmt wird, ist schwer zu beantworten. Daß zwischen Einhaltung der kirchlichen Sitte und der faktischen Religiosität von jeher erhebliche Diskrepanz bestand, ist nicht zu bestreiten. Auch darüber liegen Ergebnisse der Meinungsforschung vor, daß der Glaube der Kirchgänger sich keineswegs voll mit der kirchlichen Verkündigung deckt. Ebenso ist nicht zu leugnen, daß Menschen, die sich der kirchlichen Bindung entzogen haben, intensive Religiosität pflegen können. Andererseits muß das Verharren in Konvention und Tradition nicht zu Erstarrung und Unfruchtbarkeit führen. Es kann auch da weltanschaulich prägen, wo keine individuelle Initiative vorliegt und die Bejahung äußerer kirchlicher Bindungen keiner kritischen Prüfung unterworfen wird. Vom Standpunkt der Kirchen und ihrer Wirkungsmöglichkeit gesehen, ist es zweifellos ein Bonus, daß sie als institutionalisierte Religionen auftreten können und als solche von der Allgemeinheit empfunden werden.

Unter den Kirchentreuen jeder Konfession hat man sehr zu differenzieren. Das Übergewicht dürfte ein verhältnismäßig pragmatischer Typ beanspruchen, der sich ohne stärkere theoretische Bedürfnisse in die religiöse Welt seiner Kirche fügt, sich an ihr nicht irre machen läßt und im allgemeinen für praktische Aufgaben des kirchlichen und des gemeindlichen Lebens besonders ansprechbar ist. Daneben steht derjenige Christ, der angesichts der starken antichristlichen und antikirchlichen Herausforderungen der Zeit eine dezidiert apologetische Haltung einnimmt, mitunter auch durch die Wendung zum betonten Traditionalismus und Fundamentalismus reagiert. Und schließlich fehlt nicht der mehr oder minder leidenschaftliche Reformer, der auf umgekehrte Weise vorgeht, sich aber keinesfalls von seiner Kirche trennen möchte.

Bisher war nur von den eher äußeren Merkmalen der Konfessionszugehörigkeit die Rede. Ohne in anthropologische oder religionspsychologische Vorüberlegungen einzutreten und ohne die theologische Stichhaltigkeit der Vorstellungswelt praktizierender Christen erörtern zu wollen, lassen sich aber auch durchaus Aussagen über die geistig-geistliche Innenwelt der Kirchentreuen, über die religiöse Kernzone, machen. Es darf davon ausgegangen werden, daß noch Millionen Zeitgenossen – wenn auch, wie es scheint, in stets und beträchtlich zurückgehender Zahl – an die Existenz (eines mehr oder minder persönlich aufgefaßten) Gottes und an eine Gegenmacht des Bösen glauben, daß sie in irgendeiner Form auf Unsterblichkeit hoffen, daß sie die kirchliche Sittenlehre im Prinzip als obligatorisch anerkennen und im Gebet Zwiesprache mit Gott suchen. Demoskopische Befragungen nach dem Anteil der Betenden in unserer Gesellschaft ergaben einen überraschend hohen Prozentsatz.

Wandlungen, die seit der Mitte der sechziger Jahre manifest geworden sind und von denen die Studenten- und Jugendrevolution vielleicht das wichtigste, aber keineswegs das einzige Symptom ist, erlauben es allerdings, wie schon angedeutet, nicht, eine Stabilität dieser Fakten in vollem Umfang anzunehmen. Um den Zustand *vor* der Schwelle festzuhalten, greifen wir zwei Untersuchungen über weltanschauliche Einstellungen westdeutscher Abiturienten und Studenten heraus, die 1965 und 1969 publiziert und also schon vorher angestellt wurden.[14] Beide Befragungen sind nach einem fast gleichen Schema angelegt. Für unser Thema besonders einschlägig sind die Ergebnisse hinsichtlich der Einstellung der Erfaßten zur Gottesfrage, zum Christentum, zum Sinn des Lebens, zu einem mehr geschlossenen oder mehr offenen weltanschaulichen System, zur Weltanschauung ihrer Eltern sowie zur Entstehung ihrer eigenen Weltanschauung und deren zentralen Werten, zur tradierten christlichen Religiosität und zu einem Leben nach dem Tode. Von den befragten Abiturienten nannten sich

78% Christen, 68% glaubten an die Existenz eines persönlichen Gottes, 50% bekannten sich zu den christlichen Grundüberzeugungen, 48% glaubten an ein Leben nach dem Tode, 29% nahmen häufiger oder regelmäßig am Leben ihrer Gemeinde teil, 22% akzeptierten den Absolutheitsanspruch des Christentums und bei höchstens 15% spielte der christliche Erlösungsgedanke eine zentrale Rolle in ihrem religiösen Leben. Von den Studenten bekannten sich etwa die Hälfte zu einer geschlossenen und eindeutigen Weltanschauung bzw. zu deren Vorzügen, 90% dürften ihrer eigenen Existenz und derjenigen der Welt als ganzem bejahend gegenüber gestanden haben, 28% neigten zu einer religiös-christlichen Sinngebung, in der Gottesfrage überwog die theistische Position, etwa 80% beurteilten das Christentum als tradierte Religion überwiegend positiv, 40% anerkannten den absoluten Wahrheitsanspruch des Christentums, die gleichen 40% beteiligten sich häufig oder regelmäßig am Leben ihrer Religionsgemeinschaft.

Wir wiederholen, daß beide Befragungen noch vor dem Ausbruch der Studenten- und Jugendrevolution oder erst in ihren Anfängen veranstaltet wurden. Die Meinungsforschung unter Studenten wurde an der Universität Freiburg durchgeführt, deren Einzugsgebiet kirchlicher geprägt ist als das mancher anderer Hochschulen. Eine Studentenbefragung an norddeutschen Universitäten würde mit Sicherheit damals schon bezüglich der religiös-christlichen Bindungen ungünstigere Resultate erbracht haben. Die befragten Abiturienten waren teils wiederum in Freiburg, teils in Itzehoe auf das Gymnasium gegangen, einer Kleinstadt, die zwar im Ausstrahlungsraum Hamburgs liegt, dessen geistiges Klima jedoch infolge ihrer Provinzialität wohl nicht voll rezipiert hat. Unter jugendpsychologischen Perspektiven ist generell zu bemerken, daß in dem Alter der Befragten zwar einerseits Distanzierung zum Elternhaus und zur Tradition u. U. mit Heftigkeit eintritt, andererseits aber das Fehlen breiterer Lebenserfahrung junge Menschen von Überlieferung und Schablone doch sehr viel abhängiger hält, als sie es selbst wissen oder zugestehen. Schließlich wäre eine Aufschlüsselung der Befragten nach dem Geschlecht erwünscht gewesen. Dies alles sei zur Einschränkung der beiden Untersuchungen gesagt.

Trotz dieser Einwände muß einem der Autoren widersprochen werden, wenn er angesichts seiner für die kirchlich-religiöse Einstellung unter den Voraussetzungen des letzten Drittels unseres Jahrhunderts noch überraschend günstigen Erhebungen davon spricht, daß »Kirchlichkeit« bzw. »kirchlich gebundene Religiosität« in der modernen Gesellschaft zu einem Randphänomen geworden sei. Für 1965/69 ist dies ein Understatement. Minderheitsphänomen ja, Randphänomen nein oder jedenfalls noch nicht! Auch die Ziffern Gerhard Schmidtchens in dem Buch »Protestanten und

Katholiken« – dieser Autor stellt allerdings ganz andere und sehr viel tiefer greifende Fragen – stammen größtenteils aus Erhebungen vor Ende der sechziger Jahre. Sie beweisen den andauernden Rückgang kirchlichen Einflusses. Andererseits bestätigen die von ihm erbrachten Prozentzahlen das Vorhandensein eines immer noch nach Millionen zählenden Stammes von Kirchentreuen und erheblicher christlich-religiöser Bestandteile der pluralistisch strukturierten Massenweltanschauung der Namenschristen von heute. Dieses Faktum setzt sich unmittelbar in gesellschaftliche Energie um. Nur ein Beispiel: wenn wir die Welt der Abiturienten und Studenten verlassen, die einiges Gedruckte konsumiert haben, aber vom Leben wenig wissen, und uns der Arbeitswelt zuwenden, ergibt sich, daß der kirchlich Gebundene sehr viel besser und reibungsloser in die Prozesse seiner beruflichen Existenz eingebettet ist als die Mehrheit der Unkirchlichen, und zwar in einem solchen Maße, daß Schmidtchen behaupten kann: »Heute, zu Beginn des letzten Drittels dieses Jahrhunderts, können wir schlagende Beweise dafür vorlegen, daß die Arbeitsmoral in einem für das wirtschaftliche Geschick Westeuropas gar nicht auszumalenden Maße zusammenbrechen würde ohne den Einfluß der Kirchen«.[15] Jüngere Erhebungen und Interpretationen Schmidtchens setzen den Akzent allerdings noch stärker auf den Macht- und Substanzverlust der Kirche, auf die »fortwährende Erosion kirchlicher Präsenz in der Gesellschaft«, auf die Entwicklung von »Volksfrömmigkeit und Alltagsmoral an der institutionellen Religion vorbei«.[16] Doch heißt dies nicht, daß er eine für die kirchliche Frömmigkeit hoffnungslose Prognose stellen würde. Er sieht durchaus Möglichkeiten, wie kirchlich geprägtes Christentum in der Massenweltanschauung unserer Gesellschaft Terrain zurückgewinnen könnte. Trotz der Diskrepanz zwischen einer von der Kirche distanzierten und einer von ihr integrierten Volksfrömmigkeit ist also am Vorhandensein einer starken christlichen Substanz innerhalb der Massenweltanschauung in der Bundesrepublik nicht zu zweifeln.

Bei diesen Feststellungen ist nun allerdings zwischen Katholiken und Protestanten zu unterscheiden. Jedermann weiß, daß kirchliche Gebundenheit und Aktivität der Katholiken diejenige der Protestanten bei weitem übertreffen. Dies bedeutet, daß kirchliche Katholiken in der Regel religiös eingebettet und saturiert sind, bzw. daß vom Religiösen unabhängige weltanschauliche Präferenzen bei ihnen nur eine zweitrangige Rolle spielen, während bei Protestanten in viel weiterem Umfang anzunehmen ist, daß das religiöse Potential ihrer Kirche oft nicht ausreicht, um ihre transzendenten Bedürfnisse zu erfüllen, und daß sie infolgedessen stärkeres Verlangen empfinden, den bestehenden Mangel durch engagiertere Hinwendung zu »profanen« Weltanschauungen zu kompensieren. Aber nicht nur das! Im Laufe der Jahrhunderte haben sich nicht etwa nur konfessionelle Subkulturen, sondern darüber hinausgehende katholische und protestantische Zivilisationssysteme, Denk- und Verhaltensweisen ausgebildet, deren spezifische Merkmale, selbst bei den nicht mehr Gläubigen, teilweise durchaus noch vorhanden sind. Meistens ist es weniger die christliche Religiosität als solche, sondern die konfessionelle Struktur, das konfessionell bedingte geschlossene oder offene System, das in die Massenweltanschauung eingebracht wird. Wer über einen konfessionssoziologisch geübten Blick verfügt, wird häufig auch am säkularisierten Christen noch mehr oder minder deutliche Spuren seiner bekenntnismäßigen Herkunft ausmachen können.

Noch einige Bemerkungen zum säkularisierten Christentum, einer der wichtigsten Komponenten der gegenwärtigen Massenweltanschauung. Der Begriff bedeutet, daß die vorherrschende Weltlichkeit und Diesseitszugewandtheit als solche nicht genuin ist, sondern auf uralter christlicher Tradition aufruht, daß man sich rational von der christlichen Lehre distanziert oder emanzipiert oder sie zum mindesten verdrängt hat, in tieferen Schichten aber noch im christlichen Boden wurzelt. Auch da, wo sich der christliche Inhalt aufgelöst hat, erweisen sich die christlichen Strukturen als dauerhaft. Es sind schließlich nicht nur Gewohnheit und Anpassung, sondern noch subtilere Motive aufzuführen, wenn der säkularisierte Christ an entscheidenden Stationen seines Lebens wie Geburt, Eheschließung, Sterben doch kirchlichen Beistand für sich oder andere in Anspruch nimmt, wenn er es in der Mehrzahl bisher vermieden hat, aus seiner Kirche auszutreten.

Weithin ergibt der Befund auch eine Verbindung von Agnostizismus und Indifferenz gegenüber den »letzten Dingen« mit der Bejahung einer Sittenlehre, die vielfach noch über kirchliche Institutionen nahegebracht und daher als »christlich« oder gar als *das* Christentum empfunden wird. Die Unterscheidung von Religion und Moral ist eine Sache der Theorie, sie hat sich bei der Allgemeinheit nie durchgesetzt. Daß sich in unserer Zeit auch die Moralbegriffe in einem Wandlungsprozeß befinden, steht auf einem anderen Blatt. Eine Analyse der Massenweltanschauung von heute kann jedenfalls an der überlieferten christlichen Ethik oder dem, was die Allgemeinheit darunter versteht, als einer gewichtigen Komponente des Phänomens nicht vorbeigehen. Schmidtchen sucht den Mechanismus des Fortbestehens christlich bzw. konfessionell ableitbarer Verhaltensweisen im seelischen Haushalt des modernen säkularisierten Menschen unserer Gesellschaft folgendermaßen zu erläutern: »1. gibt es heute so etwas wie eine religiöse Minimalerziehung. Die meisten Eltern, die sich von der Kirche distanziert haben, betrachten diese Institution immerhin noch als eine wertvolle Ergänzung der weltlichen Bildungseinrichtungen. Kirche ist gut für die Kindererziehung. 2. Auch in kirchenfernen Haushalten sind über Generationen hinweg tradierte Erziehungspraktiken wirksam, die sich über rein psychologische Mechanismen weiter vererbt haben. So sind heute noch pietistische Grundsätze zu beobachten. 3. Innerhalb geschlossener protestantischer oder katholischer Gebiete gibt es so etwas wie einen Konsensus der Sitte und der Rollenerwartungen, in denen – nun säkularisiert – einerseits protestantische, andererseits katholische Persönlichkeitsideale aufbewahrt sind. So ist es z. B. für die katholische Frau wesentlich schwerer, auch individualpsychologisch, einer traditionalen Rollenbestimmung zu entkommen.«[17]

6 Die politische Komponente

Konfessionspsychologie und -soziologie weisen nach, daß politische Haltung häufig mit kirchlich-religiöser Orientierung bzw. Orientierungsverlusten zusammenhänge, doch sollen im folgenden die politischen Überzeugungen aus heuristischen Gründen wie autonome Größen behandelt werden. Immerhin ist auf die Umwandlung religiöser in politische Energien und auf Parallelitäten zwischen religiöser und politischer Weltanschauung hinzuweisen. Ähnlich wie in der kirchlichen Sphäre die Festgelegten und Aktiven von den Namenschristen kann man in der politischen die Eingeschworenen und Überzeugten von den Indifferenten und andererseits den »Wechselwählern« unterscheiden, wobei den Wechselwählern allerdings nur zum Teil Labilität, vielfach sogar höhere politische Intelligenz zu bescheinigen ist. Wie die praktizierenden Christen, zahlenmäßig betrachtet, eine Minderheit ausmachen, so auch die eingeschriebenen Mitglieder der in der Bundesrepublik existierenden Parteien, die sich zwar im Gegensatz zu früher nicht mehr mit gleichem Nachdruck als Weltanschauungsparteien vorstellen, andererseits auf Weltanschauung aber weder verzichten können noch wollen. Und wie sich das Christentum selbst der praktizierenden Gläubigen in eine Fülle religiöser Haltungen, Formen und Flügelbildungen (bei den Theologen wiederum in Lehrmeinungen und Schulen) auflösen läßt, so ergibt die Analyse der Parteiweltanschauungen ein sehr buntes Bild. Nachdem die derzeitigen drei großen Parteien seit über drei Jahrzehnte sich behaupten und durch den Wählerwillen eine gewisse Sanktion erhalten haben, wird es nicht abwegig erscheinen, ihre politische Ideologie als grobes Muster einem Essay über Massenweltanschauung von heute zugrunde zu legen. Wählerziffern und politischer Informationsstand in der Bundesrepublik sind relativ hoch, und die Ausstrahlungskraft der großen Parteien in die Bevölkerung hinein ist stärker als mancher annimmt. Es läßt sich daher wohl rechtfertigen, die Parteiweltanschauungen in einem groben Verfahren mit den politischen Komponenten der Massenweltanschauung zu identifizieren, obschon dem Verfasser nicht unbekannt ist, daß es eine Anzahl von politischen Massenüberzeugungen gibt, die kaum je von den Parteien als solchen vertreten werden (Todesstrafe). Dazu ein skizzenhafter Überblick:

1. Die CDU/CSU bietet ihren Wählern, abgesehen von dem allseits obligaten Bekenntnis zur Demokratie und zum Rechtsstaat, ihrer Aussage zufolge ein aus konservativen, liberalen und christlichen Bestandteilen zusammengesetztes Programm an. Die CSU leistet es sich, den Akzent auf konservativ und national etwas deutlicher zu setzen, unterläßt es aber ebenso wie ihre Schwesterpartei, beides genauer zu umschreiben. Wie andere so scheuen auch diese beiden Parteien mit gutem Grund eine doktrinäre Festlegung. Sie wünschen möglichst großen Spielraum für pragmatische und machtpolitische Entscheidungen. So weit dieser Ermessensraum auch gehen mag, er ist nicht unbegrenzt, und die Grenzen werden durch die Grundvorstellungen der Wähler gezogen. Was heißt konservativ für den CDU/CSU-Wähler des Jahres 1978? Zunächst Aufrechterhaltung der sozialen Marktwirtschaft, dann Stärkung der unübersehbar in Verfall geratenen Staatsautorität und Zurückgewinnung der inneren Sicherheit, Versuch, eine von ihm als destruktiv empfundene Entwicklung im Rechtswesen und im Schulwesen – von der Grundschule bis zur Universität – wieder in den Griff zu bekommen, schließlich prinzipiell freundliche Haltung gegenüber den Kirchen, obschon der in diesen sich breitmachende radikale Linkstrend dem kirchentreuen oder auch nur kirchenfreundlichen Staatsbürger konservativer Prägung nicht geringe Anfechtung bereitet. Der CDU/CSU-Liberalismus dürfte sich mehr oder minder auf den Schutz privatwirtschaftlicher Ordnung beschränken. Was die christlichen Bestandteile des Parteiprogramms betrifft, so bringt der katholische CDU/CSU-Angehörige oder -Wähler mitunter ein erhebliches Quantum seiner kirchlichen Soziallehre ein. Der CDU-Wähler beider Konfessionen wünscht die noch existierenden Bindungen zwischen Kirche und Staat, die kirchlichen Positionen im öffentlichen Leben, die noch vorhandenen Bestände an kirchlicher Sitte aufrechtzuerhalten. Er hält fest an dem, was sich an kirchlichem Erziehungswesen und kirchlichem Einfluß auf die Schule noch bewahren ließ, aber nicht nur von außen, sondern mindestens ebensosehr von innen durch das Verhalten mancher Geistlicher in Frage gestellt wurde und wird.

2. Während die CDU/CSU optimistischerweise voraussetzt, ihre Anhänger würden sich zu einer schon außerhalb der Partei existierenden christli-

chen Weltanschauung bekennen und von daher die Konsequenz ziehen, das Parteiprogramm der CDU/CSU anzuerkennen, bietet die SPD eine unmittelbare Parteiweltanschauung, den Sozialismus, an.[19] Sie gesteht allerdings heute ihren Anhängern zu, auf verschiedenen Wegen zu diesem Ziel gelangen zu können: vom Marxismus, vom Christentum, von einem ethisch-humanitären Standpunkt oder auch vom Liberalismus her, der nur zu Ende gedacht werden müsse (Carlo Schmid). Wie bei den anderen Parteien fehlt es bei der SPD nicht an macht- und personalpolitisch bedingten Flügelbildungen, aber weit mehr als bei dem ideologisch lockeren Verband der CDU führt gerade das geschlossenere System des Sozialismus bei der SPD zur Bildung einer erheblichen Anzahl von Richtungen, denen es um die rechte, die alleinseligmachende Lehre geht. Ohne hier auf die durch jugendlichen Systemfetischismus verhärteten ideologischen Fraktionen der Jusos näher einzugehen, läßt sich durch Unterscheidung von rechten Sozialdemokraten und linken demokratischen Sozialisten am ehesten verdeutlichen, was die ernst zu nehmenden weltanschaulichen Spannungen in der Partei auslöst. Die rechten Sozialdemokraten haben sich in der kapitalistischen Welt wohnlich eingerichtet; sie suchen den sozialen Besitzstand der Massen zu wahren und, soweit möglich, auszubauen. Wenn sie es auch nicht eingestehen, so wissen sie doch genau, daß der allgemeine Wohlstand auf der Basis des kapitalistischen Systems beruht. Reformen in Richtung auf Sozialisierung werden betrieben oder auch nur anvisiert, aber stets mit der Maßgabe, keine tiefgreifenden Erschütterungen des bestehenden Wohlfahrtsstaates zu riskieren. Den linken demokratischen Sozialisten geht es hingegen primär um die Verwirklichung der sozialistischen Ideologie, und dabei sind sie bereit, vieles aufs Spiel zu setzen. Bestimmt man den Begriff Demokratie nach den herkömmlichen westlich-freiheitlichen Gesichtspunkten, denen ein pluralistisches Gesellschaftssystem und freie Wirtschaft als Garantien zugrunde liegen, so wird man es verstehen, wenn es Millionen von Staatsbürgern schwerfällt, zwischen linken Sozialisten und Kommunisten zu unterscheiden, und sie im Zweifel sind, ob sie den demokratischen Sozialisten ihr Bekenntnis zur (westlichen) Demokratie noch abnehmen sollen. Ähnlich zweifeln zahlreiche andere Bürger und insbesondere linke Christen am Christentum der CDU/CSU.

3. Die FDP bekundet, den Liberalismus als Weltanschauung auf allen Gebieten zu vertreten. Sie tut sich jedoch schwer, einen Alleinvertretungsanspruch glaubhaft zu machen, da die beiden großen Parteien schon soviel an Liberalismus rezipiert haben, daß man sich fragt, ob die FDP unter diesem Gesichtspunkt noch ihre Existenzberechtigung erweisen kann. Bei der Rechtspflege, in der Staatsverwaltung, in Schulwesen und Bildung und

auf zahlreichen anderen Sektoren des öffentlichen Lebens haben sich Staat und Gesellschaft in solchem Maße liberalisiert, daß ein Sättigungsgrad längst erreicht, ja die Grenze zur Anarchie in manchen Fällen überschritten erscheint. Auf dem Gebiet der Wirtschaft werden die liberalen Belange von seiten der CDU/CSU ohnehin vollauf gewahrt. Vom linken Teil des Publikums wird wirtschaftlicher Liberalismus überdies seit langem mit Konservativismus identifiziert. Das Bemühen, den Anschein zu erwecken, es gäbe hierzulande noch sehr viel zu liberalisieren, kommt bei der Masse der Bevölkerung jedenfalls kaum an. Daß man sich ideologisch überschlagen kann und dann ins andere Extrem fällt, geht z. B. aus der Tatsache hervor, daß eine Nachwuchsgruppe der FDP, der Liberale Hochschulverband, bereits einen Liberalismus auf marxistischer Grundlage empfiehlt. Neuerdings wird auf dem innerparteilich starken linken Flügel der FDP die fürsorgende Rolle des Staates für »das größte Glück der größten Zahl« im Gegensatz zu den Selbstheilungskräften der Gesellschaft und der Wirtschaft schon kräftig hervorgehoben.

Ein auffälliges Merkmal der FDP-Weltanschauung scheint es zu sein, daß manche ihrer Wortführer und vor allem die linksliberale Presse, die einen enormen Einfluß ausübt (Spiegel, Zeit), auf dem linken Auge sehgeschädigt sind und nur ungern zur Kenntnis nehmen, von woher tatsächlich eine Bedrohung der freiheitlich-rechtsstaatlichen Ordnung erfolgt.

Wenn es allein auf die Ideologie ankäme, wäre nicht einzusehen, warum sich nicht die eine Hälfte der FDP längst von der CDU und die andere von der SPD hat absorbieren lassen. Da indessen von jeher Organisationen die Tendenz hatten, zum Selbstzweck zu werden, und überdies die eigentümliche Konstellation der partei- und innenpolitischen Szenerie der Bundesrepublik der FDP ein Maß an Macht und Einfluß beschert hat, das ihr den Wählerzahlen nach nicht zustünde, legt die ideologische Aporie dem Fortexistieren dieser Partei keine ernsthaften Hindernisse in den Weg.

4. Die rechts von der CDU/CSU noch vorhandenen Gruppierungen, die ziffernmäßig und politisch nicht im mindesten ins Gewicht fallen und in zahlreiche Sekten aufgesplittert sind, sind weltanschaulich in solche konservativer, reaktionärer und rechtsradikaler Tendenz zu differenzieren.

5. Auch die Linksradikalen zerfallen in mehrere ideologische Gruppen, die sich untereinander erbittert bekämpfen – ein annähernd gesetzmäßiges Merkmal der Sektensoziologie! Aus ihnen ragt quantitativ vorerst noch bescheiden, politisch aber schon von erheblichem Gewicht, die DKP hervor. Ihre politische Brisanz ergibt sich aus der Tatsache, daß die DDR und die Weltmacht der Sowjetunion hinter ihr stehen. Für wie bedeutend die DKP eingeschätzt wird, geht u. a. daraus hervor, daß wichtige und einflußreiche Kräfte sich vor Volksfrontsehnsüchten geradezu verzehren

und unablässig bemüht sind, den in der DKP organisierten Feinden des freiheitlich-demokratischen Staates zu Staatsstellungen und Pensionen zu verhelfen. Ungezählte Kryptokommunisten haben den langen Marsch durch die Institutionen angetreten und halten wichtige Positionen. Der ideologische Inhalt der linksradikalen Parteien und Bünde darf als bekannt vorausgesetzt werden. An Versuchen, den Marxismus ideologisch zu differenzieren und zu sublimieren und damit für die Intelligenz attraktiv zu machen, hat es nie gefehlt und wird es weiter nicht fehlen. Ein Aufsatz über Weltanschauung als Massenproblem wird eher einen anderen Aspekt betonen. Das geheime, nie zugegebene, aber starke Bedürfnis, insbesondere Jugendlicher nach eiserner Disziplin, nicht zuletzt im Ideologischen, der Drang, etwas fest zu glauben und dann ein für allemal nicht mehr in Frage stellen zu lassen und sich für diese Lehre einzusetzen, ist ein unvergleichlich massenwirksamerer Faktor als die Lockmittel aus dem intellektuellen Delikatessenladen des Weltmarxismus.

Der Verfasser möchte annehmen, daß in diesem Parteienspiegel der aufgefächerte politische Sektor der Massenweltanschauung von heute zu erkennen ist. Die drei großen Parteien offerieren politisch kombinierte Weltanschauungskomplexe mit wechselnder Akzentuierung. Die Entscheidung, wie und wo die Akzente zu setzen sind, fällt auf höchster Parteiebene; die Ausführung ist Sache der Parteipropagandisten und Ideologen. Der Manipulationsspielraum ist beträchtlich, aber die Parteien vermögen nicht Weltanschauungen schlechthin zu erfinden oder zu diktieren. Sie müssen sich an das Vorhandensein weltanschaulicher Fundamentalpositionen halten, die von breiten Schichten getragen werden; sonst zahlt es sich parteipolitisch nicht aus, auf Weltanschauung überhaupt Bezug zu nehmen. Diese Gruppen und ihre ideologischen Positionen existierten aber bereits vor den Parteien und existieren auch außerhalb ihrer.

Drei bisher noch nicht ins Feld geführte Überlegungen sollen die Erörterung dieses Gegenstandes schließen:

1. Noch herrscht hierzulande ein Consensus zugunsten der gesellschaftlich pluralistischen, freiheitlich-rechtsstaatlichen westlich-parlamentarischen Demokratie. Demokratischer Consensus ist der gemeinsame ideologische Nenner der Parteien, infolgedessen die politisch-weltanschauliche Basis der ganzen Bundesrepublik und somit der Eckstein der politischen Massenweltanschauung. Das Bekenntnis zu der westlichen Demokratie ergibt sich aus der einfachen Frage, was man denn dem (mehrheitlich noch gefürchteten) Weltkommunismus realistischerweise bei uns entgegensetzen könne. Wer »keine andere Republik« will, will die durch das Grundgesetz festgelegte politische Daseinsordnung. Daß auch der Kommunismus

den Demokratiebegriff für sich in Anspruch nimmt, wird von der überwiegenden Mehrheit der Bevölkerung aus guten Gründen nicht anerkannt.

Oft wird gefragt, ob es sich bei der »bundesrepublikanischen« Demokratie nicht nur um eine Schönwetter-Weltanschauung handle und ob sie schweren Krisen gewachsen sein dürfte. Ernsthaft auf die Probe gestellt wurde das neugewonnene demokratische Selbstbewußtsein der Bundesrepublikaner bisher noch nicht. Optimismus ist kaum am Platz. Der partielle Zusammenbruch der freiheitlich-rechtsstaatlichen Ordnung an den Universitäten der Bundesrepublik, der nicht etwa durch materielle Not verursacht worden ist, sondern eher als Symptom der Übersättigung, der Leere, Unzufriedenheit und Enttäuschung anzusehen ist, läßt bei Belastungsproben auch auf anderen Gebieten nichts Gutes erwarten. Der dramatisch gestimmten Phantasie der Hochschuljugend war die Demokratie zu langweilig geworden. Die Studentenbewegung interpretierte sich selbst als Vehikel zur Veränderung der Gesellschaft und hat – vorerst auf den Universitäten – eine breite bis heute nicht wieder geschlossene Bresche in den Bestand westlich-demokratischer Staats- und Sozialordnung geschlagen. Die alarmierenden Vorgänge an den Universitäten sind von der Masse der universitätsfremden Bevölkerung nur ganz unzureichend bemerkt und noch weniger verstanden worden. Die Massenmedien tun das Äußerste, um die für die westliche Demokratie und den Rechtsstaat bedenklichen Ereignisse herunterzuspielen. Dabei sind die Universitäten längst keine elitären Einrichtungen mehr, sondern überfüllte Tummelplätze der Jugend der Massengesellschaft, einer Jugend, die man mit dem Privileg fast vollständiger Narrenfreiheit ausgestattet hat. Der eben erwähnte demokratische Konsens der politischen Massenweltanschauung hat sich in dieser Zone als Phantom erwiesen.

2. Für Millionen Menschen stand früher das Nationalbewußtsein im Vordergrund ihrer politischen Weltanschauung. Bei der älteren Generation sind davon noch gewisse Restbestände vorhanden. Aber auch die Alten wissen genau, daß es heute als politisch unfein und unklug, als hinterweltlerisch, als reaktionär, als faschismusverdächtig oder sonst was gilt, Gefühle dieser Art allzu offen zu erkennen zu geben oder zu artikulieren. Der Unterschied zwischen einem offiziell und offiziös noch geduldeten und in Ausnahmefällen sogar erwünschten wohltemperierten bundesrepublikanischen Patriotismus und einem unbefangeneren und naiveren Nationalbewußtsein sind der Masse der Bevölkerung zu kompliziert, und so läßt man es in der Regel überhaupt sein, Gefahr zu laufen, sich den Mund zu verbrennen. Mitunter geben vereinzelte Menschen der älteren Generation durch spontan-emotionales Verhalten preis, daß sie in dieser Hinsicht an einem Trauma leiden, etwa durch die Art ihrer Reaktion auf Bekundungen

eines Nationalismus mit umgekehrten Vorzeichen, des Nationalmasochismus. Es ist hinzuzufügen, daß es andererseits häufig Angehörige der gleichen älteren Generation waren und sind, die einem betont nationalen Standpunkt bewußt abgesagt haben. Welche Katastrophen dazu geführt haben, den Nationalismus von einst zu verdrängen, braucht nicht erläutert zu werden. Der Nationalismus alten Stils ist für Menschen, die sich die zunehmende Internationalisierung des geistigen und materiellen, des öffentlichen und privaten Lebens bewußt gemacht haben, ohnehin nicht mehr erträglich. Der politische Spezialfall der Spaltung Deutschlands hat, soviel man sieht, den Nationalismus nicht etwa künstlich am Brodeln gehalten, sondern, nach dem offensichtlichen Scheitern aller gegenläufigen Bemühungen, bei der Masse zur Resignation in dieser Frage geführt.

Bei der jüngeren und mittleren Generation scheint die Mentalität des Schweigens in nationalen Fragen und allenfalls, wenn es sich nicht mehr vermeiden läßt, ihre Umschreibung im understatement bereits internalisiert zu sein. Dieser Sachverhalt läßt zwei Deutungen zu. Entweder ist hier ein Zustand der Apperzeptionsverweigerung eingetreten, in dem man nicht mehr zu erkennen vermag, daß der überwiegende Teil unseres öffentlichen Lebens auch heute noch national eingebunden ist, daß die Nation als politische Schicksalsgemeinschaft, als historisch-kulturelle Traditionsgemeinschaft, als Leistungs- und Wettbewerbsgemeinschaft in der Welt und als gesellschaftliche Bewährungsgemeinschaft auch heute noch unentbehrlich ist. Es könnte allerdings sein, daß diese Fakten unsentimental und unpathetisch zur Kenntnis genommen und die Interessen des Staates und der Wirtschaft ganz selbstverständlich wahrgenommen werden, daß ein in der Form zurückhaltender und taktvoller, in der Sache jedoch effizienter aufgeklärter Patriotismus sich durchsetzt. Es spricht einiges dafür, daß die Tatsachen der Außenpolitik und der Weltwirtschaft von sehr vielen realistisch begriffen werden, und d. h., daß man ihre nationale Komponente nicht übersieht. Es wird auch noch allenthalben als ganz selbstverständlich betrachtet, daß die Bundesregierungen sich bemühen, Deutschstämmige, die durchaus nicht die Staatsangehörigkeit der Bundesrepublik zu besitzen brauchen, in unseren Staat zu überführen, falls sie entsprechende Wünsche äußern. Daß unsere Touristen im Ausland nicht als »Lohnabhängige« oder als »Herrschende«, sondern als Deutsche diagnostiziert und daß die erregendsten Fußballspiele auf nationaler Basis ausgetragen werden, zählt zu den Erfahrungen auch des letzten modernen Spießbürgers unserer Tage und wird, wie auch immer, im weltanschaulichen Massenbewußtsein Aufnahme gefunden haben.

Wir leben nicht mehr in den Jahren 1914 oder 1933 (abgesehen davon, daß der Nationalsozialismus zwar noch Exaltationen des Nationalismus hervorzurufen vermochte, in anderer Hinsicht aber über ihn hinaus geriet und sich vom Nationalismus des kaiserlichen Deutschland erheblich unterschied). D. h. die spezifischen, zeitgebundenen Formen des Nationalbewußtseins von einst sind abgetan. Die Frage, ob in Krisensituationen vorübergehende Belebungen eines modernisierten Nationalbewußtseins von der Weltanschauung der Massen rezipiert werden könnten, ist kaum zu beantworten. Zu denken gibt folgendes: wie Stalin in höchster Not nicht etwa die Weltrevolution, sondern den »Großen Vaterländischen Krieg« proklamiert hat, so ziehen unsere Parteipolitiker in ihrer kritischsten Situation, in der heißen Phase von Wahlkämpfen, in denen es um die Wurst geht, aus der Mottenkiste ihres Repertoires nationale Phrasen hervor: »Deutsche, ihr könnt stolz sein auf euer Land« – »Deutschland braucht Helmut Schmidt« – »Mit Bayern für Deutschland«. Anscheinend haben die Reklamefachleute und Psychologen, die man heute zur Führung von Wahlkämpfen benötigt, entdeckt, daß sehr viele Wähler in ihrer tiefsten Schicht auf solche Parolen (noch) ansprechbar sind. Daß in einer Entscheidungssituation vor dem »letzten Gefecht« die DDR auf Moskauer Wink hin im Gegensatz zum heutigen Kurs neuerdings die nationale, die Wiedervereinigungsparole ausgäbe, ist vorstellbar. Wer in diesem Augenblick für die Freiheit und gegen das vermeintliche Glück der Nation seine Stimme erhöbe, hätte bewiesen, daß er etwas von Politik versteht. Aber wie würden sich die Massen verhalten? Wohl so, wie es ihnen die überlegenere Propaganda Monate hindurch eingehämmert hat.

3. Es ist nicht auszuschließen, daß eine Qualitäts- und Bedeutungsveränderung ursprünglich nicht politischer Auffassungen zu deren Politisierung und Übertragung auf das Niveau politischer Weltanschauungen führen könnte. Es bleibt abzuwarten, ob die »Grünen« dafür ein Beispiel liefern oder ob es den politischen Parteien in der Bundesrepublik gelingt, sich dieses Potential zu assimilieren. Daß ökologisch-lebensreformerische Fragen längst eine politisch-ökonomische Dimension besitzen, möglicherweise von jeher besaßen, ist nicht zu bezweifeln; ebensowenig, daß heute die Gesamtheit der Bevölkerung an diesen Problemen partizipiert. Sollte es einmal zu einer Neuauflage dieses Sammelwerks kommen, läßt sich vielleicht mehr darüber sagen, ob ein neuer Typus *politischer* Weltanschauung Gestalt gewonnen und in die Massenmentalität Eingang gefunden hat.

7 Schlußbemerkungen

Wer Illusionen zu vermeiden sucht, wird hinter den politisch-ideologischen und den religiös-ethischen Komponenten, die die Massenweltanschauung ausmachen, kaum etwas anderes entdecken als die Überzeugung, daß die Entfaltung der Persönlichkeit und der gesellschaftliche Fortschritt unserem Dasein Sinn verleihen. Entfaltung der Persönlichkeit und gesellschaftlicher Fortschritt – diese Stichwörter sind nun allerdings nur dürftige Pauschalierungen von sehr zahlreichen, in sich tausendfach abgestuften und nuancierten Haltungen, Mentalitäten, Lebensauffassungen, Weltanschauungen. Gröberer oder feinerer Hedonismus, »gutes Leben« im Sinn von Wohlstand und Lebensgenuß, Lustgewinn, materielle Zielsetzung bilden den gemeinsamen Nenner der einen Richtung, während die andere, ethischer und »heroischer« gestimmt, Leistung, Tätigkeit, Arbeit, Fürsorge für Familie und Mitmenschen und sehr viel seltener vermutlich ihre sittliche Vervollkommnung als den ihr gemäßen Weg der Daseinserfüllung ansieht. Mit diesen Interpretationen der subjektiv wünschbaren Geschicke verwebt sich nun ein Bild von der Gesellschaft, das diese als unzulänglich, aber verbesserungsbedürftig erscheinen läßt. Die Verbesserungen werden auf den Gebieten des Komforts, der technischen Effizienz, der sozialen Interaktion, der Humanisierung der Menschen wie der Verhältnisse gesucht. Mit zunehmender Erfahrung wird die Problematik dieser Sicht der Dinge allerdings mehr oder weniger erkannt. Neigung zu Kompromiß oder Resignation sind die Folge, aber eine nennenswerte Korrektur der »eigentlichen« Weltanschauung erfolgt in der Mehrheit der Fälle nicht. Bei einer nicht allzu großen Minderheit allerdings führt ihr Ungenügen zu einer stärkeren Hingabe an intellektuell anspruchsvollere oder auch nur verführerischer etikettierte oder ihren Leidenschaften und Emotionen mehr verheißende Weltanschauungen. Dieser Vorgang fällt nun allerdings schon aus der Massenweltanschauung heraus.

Die Weltanschauung der Massen ist sehr viel weniger eine auf Erfahrung beruhende Größe als anerzogen oder, richtiger gesagt, angelesen, propagandistisch eingeflößt, Indoktrination durch die Massenmedien. Denken ist anstrengend, und die Masse geht stets den bequemeren Weg. In diesem Zusammenhang kann die Macht des Fernsehens gar nicht hoch genug eingeschätzt werden: das Pantoffelkino als weltanschaulicher Multiplikator. Jahrelange Berieselung mittels der sogenannten antiautoritären Welle z. B. hat dazu geführt, daß einschlägige Überzeugungen tatsächlich zum Weltanschauungsbestandteil von Millionen von Mitbürgern geworden sind. Das gleiche läßt sich von einer Reihe anderer Ergebnisse sogenannter progressiver Pädagogik, Psychologie und Soziologie behaupten. Wahrscheinlich gibt es nur weniges, was man via Bildschirm nicht zur Ideologie »erheben« und der Masse der Bevölkerung eintrichtern könnte. So wird man als erstes Kennzeichen der Massenweltanschauung ihre verhältnismäßig leichte *Machbarkeit* bezeichnen dürfen. Die Mentalitäten des 20. Jahrhunderts wachsen nicht in einem langen Reifungsprozeß, sondern sie werden zu einem großen Teil hergestellt, fabriziert. Die totalitären Systeme sind auf diesem Weg der freien Welt vorausgegangen und gehen ihr voraus, bis hin zu der Entwürdigung von Hunderten von Millionen Chinesen, die zeitweise ihr eigenes Denken zugunsten des Inhalts der Mao-Bibel aufgegeben haben. Mächtige und meinungsbildende Gruppen, z. T. solche, die dem Linkstotalitarismus nahestehen, haben die modernen Techniken der Meinungsbeeinflussung auch in den westlichen Demokratien mit gutem Erfolg angewendet. Die stärksten Einbrüche radikaler ideologischer Propaganda werden da erzielt, wo einesteils beträchtliche Glaubens- und Systembedürfnisse vorliegen, andererseits die Lebenserfahrung minimal ist und die Nötigung zur Verantwortung fehlt, nämlich bei der Jugend, insbesondere der akademischen Jugend.

Es ist also bei der Massenweltanschauung nach generationsbedingten Verhaltensweisen zu differenzieren. Von einem bestimmten Alter an vermindert sich die Rezeptions- und Wandlungsfähigkeit, um schließlich ganz aufzuhören. Man muß bei alten Menschen mit einer erheblichen Befestigung, ja Versteinerung ihres weltanschaulichen Gedankengutes rechnen, andererseits lassen die Neigung, aber auch die Gelegenheit, Ideologie zu betätigen und in militanten Auseinandersetzungen zu bewähren, mehr und mehr nach. Jugend läßt sich für Ideologie bis zum Einsatz des Lebens emotionalisieren, aber Enttäuschungen bewirken häufig ein mit der der Altersstufe gemäßen Plötzlichkeit und Beweglichkeit vollzogenes Aufgeben von Positionen, für die man sich eben noch totschlagen ließ. Die historische Erfahrung beweist, daß totalitäre Ideologien eher Märtyrer der von ihnen gewünschten und erzeugten Gesinnungen hervorbringen als Systeme, die mehr an Vernunft, Einsicht, Commonsense und herkömmliche Ethik appellieren. Das wertvollste Kapital des Kommunismus in aller Welt, das ihn schier unbesiegbar macht, sind die Millionen seiner überzeugten Anhänger. Sehr lehrreich ist das Ergebnis des Massenindoktrinierungsexperiments der sogenannten Reeducation nach dem II. Weltkrieg. Soweit es deren Aufgabe war, die Bevölkerung zur Absage an den Nationalsozialismus, ja zum Abscheu vor ihm zu bringen, kann man von einem vollen Erfolg sprechen. Doch wollte man in Deutschland vom Nationalsozialismus seit seiner Niederlage ohnehin nichts mehr wissen, und die Umerzieher rannten in dieser Hinsicht offene Türen ein. Wenn jedoch beabsichtigt war, die Deutschen gegen jeden Totalitarismus, gleich welchen Vorzeichens, immun zu machen, so ist, von einer Ausnahme abgesehen, der große Test bisher noch nicht veranstaltet worden, und im Fall der Ausnahme ist er negativ verlaufen. Wir verweisen auf das, was im vorhergehenden Abschnitt über die Vorgänge an den Universitäten gesagt wurde.

Seit der Aufklärung und der Französischen Revolution wurde von laizistischen Weltanschauungen noch und noch der Versuch gemacht, die Massen für sich in solchem Maße zu gewinnen, daß zum mindesten das Ausmaß an Indoktrination, das früher den christlichen Kirchen gelungen war, erreicht würde. Obwohl von allen diesen Anläufen im Meinungs- und Überzeugungsgut der Massen mehr oder weniger hängengeblieben ist, ist das Ziel in der außerkommunistischen Welt bisher verfehlt worden. Im kommunistischen Machtbereich mag das Experiment teilweise gelungen sein, ohne daß man seine Ergebnisse schon als irreversibel bezeichnen dürfte. In der nicht kommunistischen Welt liegt es wohl an der immer noch vorhandenen Wirksamkeit der religiös-kirchlichen Tradition, daß das profan-ideologische Potential sich nirgends so hat durchsetzen können, wie es die verschiedenen Chefideologen wohl gewünscht hätten und nach wie vor wünschen würden.

Daß Weltanschauung nicht etwa auf Eliten beschränkt ist, sondern – unsystematisch, vergröbert, fragmentarisch, eklektisch – auch im seelisch-geistigen Haushalt der Masse, die sich nicht nur zwischen Lebensangst und Daseinsfreude bewegt, eine Rolle spielt – daran muß festgehalten werden. Selbst Trends wie Entideologisierung und Reideologisierung finden über die Medien ihren Niederschlag im geistigen Massenkonsum. In der Regel wünschen die Repräsentanten von Weltanschauung die Massen anzusprechen und machen große Anstrengungen, dies durch Popularisierung und Propaganda zu erreichen.

Die Masse banalisiert, aber sie normalisiert auch. Sie lähmt den ideologischen Schwung und ist für intellektuelle Abenteuer wenig empfänglich. Aber sie bildet auch ein wohltätiges Gegengewicht zum lunatic fringe, der in jeder Generation vorhanden ist.

ANMERKUNGEN

1   G. Schmidtchen, Protestanten und Katholiken, Bern/München, 1973, 361.
1a Vgl. U. Tworuschka, Abschied vom Heiligen, in: Lutherische Monatshefte 13 (1974) 111–115.
1b Guter Überblick bei H. R. Schlette, Skeptische Religionsphilosophie, Freiburg i. Br. 1972, 49, 66 u. passim.
2   E. Roters, Wissenschaftlichkeit, in: W. Hager und M. Knopp, Beiträge zum Problem des Stilpluralismus, München 1977, 67.
3   G. Tellenbach, Mentalität, in: Geschichte – Wirtschaft – Gesellschaft. Festschr. für Cl. Bauer zum 75. Geburtstag (Hrsg. E. Hassinger, J. H. Müller,

H. Ott), Berlin 1974, 18. Auch die folgenden Ausführungen über Mentalität lehnen sich z. T. an T. an, der in seinem Aufsatz u. a. in den Stand der Mentalitätsforschung einführt.

4   M. Rockeach und M. Brewster Smith, Artikel Attitudes, in: International Encyclopedia of Social Sciences I, New York 1968, 449–467.
5   Rockeach, a. a. O., 450.
6   V. Pareto, System der allgemeinen Soziologie (Hrsg. G. Eisermann) Stuttgart 1962; Th. Geiger, Arbeiten zur Soziologie (Soziologische Texte Nr. 7, Neuwied, Berlin 1962), 13 ff.; R. König, Artikel Soziologie, in: Fischer Lexikon, Ffm. 1974, 190 ff.
7   W. Dilthey, Weltanschauung und Analyse des Menschen seit Renaissance und Reformation, Leipzig und Berlin 1940; E. Husserl, Philosophie als strenge Wissenschaft, in: Logos I, 1910, 289–341; M. Heidegger, Die Zeit des Weltbilds, in: Holzwege, Frankfurt/M. 1950, 69–104; M. Scheler, Schriften zur Soziologie und Weltanschauungslehre, 4 Bde. Leipzig 1923/24; ders., Philosophische Weltanschauung, Bonn 1929; K. Jaspers, Psychologie der Weltanschauungen, Berlin 1919.
8   E. Durkheim, Sociologie et philosophie, Paris 1924. – Ch. Blondel, Introduction à la psychologie collective, Paris 1928.
9   G. H. Mead, Mind, Self and Society, Chicago, London 1934.
10 K. Mannheim, Ideologie und Utopie, Bonn 1929.
11 O. A. H. Schmitz, Die Weltanschauung der Halbgebildeten, München 1914.
12 U. a.: G. Schmidtchen, Zwischen Kirche und Gesellschaft, Freiburg, Basel, Wien 1972, 1973; ders., Gottesdienst in einer rationalen Welt. Religionssoziologische Untersuchungen im Bereich der VELKD, Stuttgart, Freiburg, Basel, Wien 1973, ders., Machtverlust der Kirche und religiöse Entwicklung der Gesellschaft, in: M. Seitz und L. Mohaupt (Hrsg.), Gottesdienst und öffentliche Meinung, Stuttgart, Freiburg, Basel, Wien 1977, 21–46; ders., Was den Deutschen heilig ist, München 1979.
13 Vgl. F.-X. Kaufmann, Zur Bestimmung und Messung von Kirchlichkeit in der Bundesrepublik Deutschland, in: Internationales Jahrbuch für Religionssoziologie IV, Köln u. Opladen 1968, 63–100. H. Hild (Hrsg.), Wie stabil ist die Kirche? Bestand und Erneuerung. Ergebnisse einer Umfrage, Gelnhausen, Berlin 1974. Zur Kritik vgl. Schmidtchen, Machtverlust, a. a. O., passim.
14 F. Buggle, Heutige deutsche Universitätsstudenten. Eine empirische Untersuchung weltanschaulicher Einstellungen, Meisenheim 1965, und H. Hartmann, Weltanschauliche Einstellungen heutiger westdeutscher Primaner, München 1969.
15 Schmidtchen, Protestanten und Katholiken, 505.
16 Schmidtchen, Machtverlust, 21, 41, 45 f.
17 Schmidtchen, Protestanten und Katholiken, 29.
18 Grundsatzprogramm der Christlich-Demokratischen Union Deutschlands (beschlossen vom 26. Bundesparteitag Ludwigshafen 23.–25. Oktober 1978), hrsg. CDU-Bundesgeschäftsstelle, Bonn 1978.
19 Grundsatzprogramm der Sozialdemokratischen Partei Deutschlands 1959

(Godesberger Programm), gedruckt u. a. bei W. Mommsen, Deutsche Parteiprogramme, München ²1964, 680–698 und in: Dokumente zur parteipolitischen Entwicklung in Deutschland seit 1945 (Hrsg. O. Flechtheim) III, Berlin 1963, 209–226 (enthält die Gegenüberstellung des Entwurfs mit der gültigen Fassung). Vgl. zum Godesberger Programm auch den »Orientierungsrahmen 85«.

20 Freiburger Thesen der F.D.P. zur Gesellschaftspolitik, hrsg. Bundesvorstand der F.D.P., Bonn 1971.

III
ESOTERIK UND LEBENSREFORM

HELMUT AICHELIN
Außerkirchliche religiöse Gemeinschaften (Christliche Sekten)

Prälat Helmut Aichelin, geboren 1924 in Stuttgart, Ausbildung als evangelischer Pfarrer. Zur Zeit der Entstehung dieses Buches war er der Direktor der »Evangelischen Zentralstelle für Weltanschauungsfragen« in Stuttgart, in der auf evangelischer Seite die Forschung auf unserem Gebiet zusammengefaßt wird. 1980 wurde Pfarrer Aichelin zum Prälaten in Ulm ernannt. Sein besonderes Arbeitsgebiet ist die Frage der theologischen Relevanz eines sich ändernden Wirklichkeitsverständnisses, das sowohl in der heutigen Grundlagenforschung der Naturwissenschaften als auch beispielsweise im Wiedererwachen der religiösen Frage sich anzumelden scheint. 1980 wurde ihm von der ev.-theol. Fakultät der Universität Kiel die theol. Ehrendoktorwürde verliehen.

Inhalt

1	Einleitung: Darstellungsprobleme und Sichtweisen	205
2	Der gegenwärtige Stand der außerkirchlichen religiösen Gemeinschaften	208
2.1	Von der christlichen Großkirche zur christlichen Sondergemeinschaft	208
2.1.1	Orientiert an der Endzeiterwartung	208
2.1.2	Orientiert am Urchristentum	212
2.1.3	Die Prägung durch eine Leitfigur	214
2.1.4	Neue Offenbarungen	217
2.1.5	Der Durchstoß zur eigentlichen Wirklichkeit (Esoterik)	218
2.2	Von der christlichen Großkirche zur freien Religiosität	220
2.2.1	Der »Bund freier religiöser Gemeinden Deutschlands«	220
2.2.2	Die »Religionsgemeinschaft Deutscher Unitarier«	221
2.3	Die außerkirchlichen Hochreligionen in ihrer Ausstrahlung auf die religiöse Landschaft der Bundesrepublik	221
2.3.1	Die jüdische Kultgemeinde	221
2.3.2	Die islamische Diaspora	222

	2.3.3 Buddhistische Gruppen in Deutschland	222
	2.3.4 Die »Internationale Gesellschaft für Krishna-Bewußtsein«	223
2.4	Kristallisationspunkte im psycho-religiösen und gesellschaftlich-religiösen Feld	225
	2.4.1 Die »Transzendentale Meditation«	225
	2.4.2 Die Yoga-Gruppen	226
	2.4.3 Die »Scientology-Kirche«	227
	2.4.4 Die Psycho-Gruppen	227
	2.4.5 Die AAO »Aktionsanalytische Organisation bewußter Lebenspraxis«	228
	2.4.6 Die Alternativgruppen der religiösen Subkultur	229
	2.4.7 Restgruppen völkischer Religiosität	230
2.5	Der Zug zum Synkretismus bei den neu aufkommenden religiösen Bewegungen	230
	2.5.1 Die »Vereinigungskirche«	230
3	Gesichtspunkte zur Beurteilung	232
3.1	Die Dynamik, die auf dem Feld der außerkirchlichen religiösen Gemeinschaften zu beobachten ist	232
3.2	Historische Aufarbeitung	234
3.3	Soziologische und psychologische Aspekte	236
3.4	Rechtliche Gesichtspunkte	239
3.5	Anthropologische Überlegungen und die theologische Wahrheitsfrage	240
4	Anhang: »Topographie« der Religionsgemeinschaften in der Bundesrepublik Deutschland (verfaßt von Pfarrer Dr. H.-Diether Reimer)	242

1 Einleitung: Darstellungsprobleme und Sichtweisen

Eine Darstellung der außerkirchlichen religiösen Gemeinschaften kann auf umfangreiche und zuverlässige Vorarbeiten zurückgreifen. Dies gilt vor allem im Blick auf das, schon von der Größenordnung her gesehen, besonders wichtige Gebiet der sogenannten Sekten. Allem voran ist hier das bisher in elf ständig überarbeiteten und erweiterten Auflagen erschienene Standardwerk von Kurt Hutten »Seher, Grübler, Enthusiasten – das Buch der Sekten« zu nennen. Aber dieser günstigen Ausgangsposition stehen auch besondere Schwierigkeiten gegenüber. Sie ergeben sich auf der einen Seite aus der Fülle des Materials, das auf begrenztem Raum dargestellt werden muß. Dies kann nur so geschehen, daß keineswegs alle bekannten Gruppen genannt oder gar mit einiger Ausführlichkeit in ihrer äußeren und inneren Entstehungsgeschichte beschrieben werden, sondern daß man aus der fast unübersehbar gewordenen Vielzahl die besonders wichtigen Gemeinschaften herausgreift. Dabei ist unumgänglich, daß bei einem solchen Auswahlverfahren auch subjektiv gefärbte Maßstäbe mit ins Spiel kommen. Zumal dann, wenn nicht nur die Zahl der Mitglieder den Ausschlag geben soll. Zahlenmäßig kleine Gemeinschaften haben gelegentlich eine erstaunliche Ausstrahlungskraft und bilden, auch wenn es nicht zu direkter Mitgliedschaft kommt, eine Art Hof von Interessenten und Sympathisanten, dem ein unverkennbarer Stellenwert in der weltanschaulich-religiösen Landschaft der Gegenwart beizumessen ist. Hinzu kommt, daß relativ kleine außerkirchliche religiöse Gruppen oft eine exemplarische Bedeutung erlangen, weil an ihnen symptomatisch eine Entwicklung zum Durchbruch kommt, die für bestimmte Trends in der Gesamtsituation kennzeichnend ist. Daß bei dem allem die rein zahlenmäßig bedeutendsten Gemeinschaften auf jeden Fall in Erscheinung treten müssen, ist selbstverständlich. Auf der anderen Seite ergeben sich die besonderen Schwierigkeiten aus dem Problem der Abgrenzung. Es ist nicht nur das Problem der Abgrenzung zwischen einer noch offenen Bewegung und einer sich schon organisatorisch verfestigenden Gemeinschaft. Es ist auch das Problem der Abgrenzung gegenüber dem Prozeß einer Verkirchlichung. Es gibt außerkirchliche religiöse Gemeinschaften, die auf dem Weg zur Verkirchlichung sind, wenn man den Begriff »Kirche« theologisch versteht und als Kriterium eine sich abzeichnende Öffnung hin zum ökumenischen Dialog ansetzt. Dazu gehören beispielsweise die Adventisten und bestimmte Pfingstkirchen und Pfingstgemeinschaften. Es gibt aber auch außerkirchliche religiöse Gemeinschaften, die jeden ökumenischen Dialog ablehnen und dennoch den Weg zur Verkirchlichung längst beschritten oder sogar schon hinter sich haben. Dann nämlich, wenn man den Begriff »Kirche« soziologisch versteht als eine Form religiöser Gemeinschaft, die bestimmte Strukturelemente aufzeigt, die von den sogenannten Großkirchen übernommen wurden. Hierzu zählt etwa die Neuapostolische Kirche, die ja auch bewußt die Bezeichnung »Kirche« führt.

Schon diese wenigen Überlegungen machen deutlich, daß es unumgänglich ist, neben religionssoziologischen, religionspsychologischen und allgemein anthropologischen Gesichtspunkten auch theologische Kategorien bei dem Versuch mit heranzuziehen, die bunte und verwirrende Vielfalt der außerkirchlichen Gemeinschaften zu strukturieren. Denn es kann ja nicht davon abgesehen werden, daß in Europa die Vorstellung vom Corpus Christianum sowohl in seiner soziologischen, wie auch in seiner theologischen Komponente die über das ganze Mittelalter hinweg beherrschende Vorstellung war, seitdem Augustin das Christentum als die »vera religio« bezeichnete (vgl. Gerhard Ebeling »Evangelium und Religion« in ZThK, 73. Jahrg. 1976 Heft 2, S. 246) und damit für die Kirche das religiöse Monopol beanspruchte. Diese Vorstellung hielt sich nahezu ungebrochen auch über die durch die Reformation eingeleitete Kirchentrennung des 16. Jahrhunderts hinweg bis in die Neuzeit hinein. Sie drückte die außerkirchlichen Gemeinschaften in die Zone der Illegalität und – bis in die jüngste Vergangenheit – in die abwertende Kategorie des religiös Anormalen. Um so mehr wird man aufpassen müssen, daß die, zumindest aus historischen Gründen, unumgängliche theologische Sichtweise sich in der Darstellung nicht unter der Hand zu einer alles andere überwuchernden Wertungskategorie auswächst – ohne daß der Autor verleugnen kann und will, daß er Theologe ist.

Im Blick auf die Entwicklung der außerkirchlichen, religiösen Gemeinschaften in der Neuzeit ist es weiterhin unerläßlich, auch ihre rechtliche Eingliederung in den modernen, weltanschaulich, grundsätzlich neutralen Staat zu bedenken. In der Rechtsstellung einer »Körperschaft des öffentlichen Rechts«, die der Staat unter bestimmten Voraussetzungen außerkirchlichen religiösen Gemeinschaften gewährt, haben sie formale Gleichstellung mit den großen Kirchen und jene öffentliche Anerkennung gefunden, die ihnen über Jahrhunderte versagt geblieben war. Dies schlägt sich auch im religiös-weltanschaulichen Gesamtklima nieder, das bei der Darstellung der außerkirchlichen religiösen Gemeinschaften eine nicht zu übersehende Rolle spielt.

Aus alledem ist ersichtlich, daß eine Darstellung der außerkirchlichen religiösen Gemeinschaften der Gegenwart ohne ihren geschichtlichen Hintergrund nicht möglich ist, will sie nicht auf jedes tiefere Verständnis verzichten. Nicht nur daß Kirche und außerkirchliche religiöse Gemeinschaften in einer langen und für die außerkirchlichen Gemeinschaften oft blutigen Geschichte aneinander gekettet waren, ist zu bedenken. Es ist auch jener religiöse Emanzipationsstrom zu beachten, der bei der Besiedelung Nordamerikas viele Anhänger religiöser Minderheiten vom alten Europa nach den USA führte. Im dortigen religiösen Schmelztiegel entstanden eine Reihe der zahlenmäßig größten und organisatorisch gefestigtsten Sekten der Neuzeit, die wiederum Europa mit Schwerpunkt in ihre Missionsstrategie einbezogen. Darüber hinaus kann die Dynamik der neu entstandenen und ständig neu entstehenden außerkirchlichen religiösen Gemeinschaften in der Gegenwart nicht verstanden werden, ohne den allgemeinen geistesgeschichtlichen Hintergrund vor Augen zu haben. Die Entwicklung zum weltanschaulichen Pluralismus spielt dabei ebenso eine bedeutsame Rolle wie das Aufkommen politischer Strömungen mit starkem quasi-religiösem Akzent, die in das Vakuum der Sinnleere des Menschen der Gegenwart eindringen. Nicht zuletzt nötigen die Auswirkungen eines zunehmenden Synkretismus zu besonderer Aufmerksamkeit.

Zur Beurteilung der außerkirchlichen religiösen Gemeinschaften standen zunächst nur theologische Maßstäbe zur Verfügung. Auch sie haben sich im Laufe der Zeit gewandelt (vgl. Johannes Schwital »Großkirche und Sekte – Eine Studie zum Selbstverständnis der Sekte« Hamburg 1962, S. 17 ff.). Aber auch bereits in diesen theologischen Maßstäben kamen Beurteilungskriterien zum Zuge, die erst die modernen empirischen Wissenschaften herausgearbeitet haben. Diese Gemeinschaften sind auch Sozialgebilde, die mit den Mitteln der Sozialforschung untersucht werden müssen. Sie haben eine zum Teil nicht unbeträchtliche politische Bedeutung entwickelt, sei es als eine Art »ökologischer« Nischen, in denen eine politisch konservative Grundhaltung bewahrt wurde, sei es als Zellen eines politischen Avantgardismus. Die Menschen, die diesen Gruppen angehören, zeigen häufig ganz bestimmte, psychologisch faßbare Verhaltensweisen. Nicht zuletzt ist der Gesichtspunkt von Bedeutung, daß ganz bestimmte Defizite, sowohl in der kirchlichen Verkündigung wie auch in der gesellschaftlichen Gesamtsituation, zur Entstehung außerkirchlicher religiöser Gemeinschaften beigetragen haben oder neue hervorbringen.

Dies alles ist noch mit der Vorstellung einer Topographie der Weltanschauungen zu vereinbaren. Aber im Bild einer Landkarte kommt nicht zum Ausdruck, was als wesentliches Element einer Analyse der Weltanschauungen der Gegenwart mit eingebracht werden muß: die ganze heutige weltanschaulich-religiöse Situation ist von einer starken Dynamik erfüllt. Neue Gruppen entstehen, andere vergehen. Große Gemeinschaften haben sich zwar innerlich konsolidiert, wirken aber öffentlich kaum über ihre Grenzen hinaus. Vergleichsweise kleine Gruppen, wie etwa die neuen »Jugendreligionen« – lediglich eine Sammelbezeichnung für sehr unterschiedliche Gemeinschaften und Aktivitäten –, entwickeln eine erstaunliche Ausstrahlung. Ihr Gewicht kann nur dann in den richtigen Proportionen gesehen werden, wenn man sie in den Kontext der gesamten weltanschaulich-religiösen Situation einordnet und ihre symptomatische Bedeutung erkennt.

Diese einleitenden Überlegungen führen zu dem Schluß, daß bei der Darstellung der außerkirchlichen religiösen Gemeinschaften eine rein summarische Aufzählung einzelner Gruppen der tatsächlichen Situation nicht gerecht wird. Eine wertende Beurteilung, über deren Kriterien freilich Rechenschaft abzulegen ist, muß hinzutreten. Daraus ergibt sich folgende Disposition:

In einem ersten Teil 2 soll der gegenwärtige Stand der außerkirchlichen religiösen Gemeinschaften dargestellt werden. Er ist, sofern es sich nicht, wie etwa bei der jüdischen Kultgemeinde, um eine eindeutig abgrenzbare Größe handelt, gegliedert nach bestimmten Typen und deren spezifischen Vertretern. Zugleich ist hier der Hinweis auf bestimmte Tendenzen aufgenommen, die sich in den Neubildungen bis hinein in die bewegte religiöse Subkultur unserer Tage abzeichnen.

In einem zweiten Teil 3 erfolgt die Darstellung einer Reihe von Beurteilungsgesichtspunkten. Dabei sollen neben der Beschreibung der Dynamik, die auf dem Feld der außerkirchlichen religiösen Gemeinschaften zu beobachten ist, historische, soziologische, psychologische, juristische, allgemein anthropologische und theologische Aspekte zur Sprache kommen. Zur Erläuterung soll in diesem Teil 3 auf einzelne, im jeweiligen Zusammenhang spezifische Gemeinschaften, wie sie in Teil 2 dargestellt sind, verwiesen werden.

2 Der gegenwärtige Stand der außerkirchlichen religiösen Gemeinschaften

2.1 Von der christlichen Großkirche zur christlichen Sondergemeinschaft

2.1.1 *Orientiert an der Endzeiterwartung*

Es ist kein Zufall, daß eine große Zahl der christlichen Sondergemeinschaften von apokalyptischen Erwartungen geprägt wird. Das hat im wesentlichen drei Gründe. Zum einen war, wie in der neueren Theologiegeschichte vor allem Albert Schweitzer herausgearbeitet hat, die urchristliche Verkündigung selbst ganz stark von der Erwartung des bevorstehenden Endes der Welt und dem Einbruch des Reiches Gottes bestimmt. Zum anderen war diese Naherwartung, die durch die ganze Kirchengeschichte hindurch immer wieder aufflammte, zugleich ein Ansatz- und Sammelpunkt der Kritik an den Großkirchen, die sich als dauerhafte Institutionen in der Welt eingerichtet hatten. Zum dritten ging von dieser Naherwartung in Krisenzeiten der Geschichte und in Umbruchszeiten der gesellschaftlichen Verhältnisse eine nur zu verständliche Faszination auf Menschen aus, die nach festem Halt und psychischer Stabilisierung suchten.

Aber schon hier zeigt sich, daß alle solche Einteilungsprinzipien durch die Mannigfaltigkeit der konkreten Erscheinungen und durch die wandernden Schwerpunkte in der Geschichte der einzelnen Sondergemeinschaften relativiert werden. Nicht nur die hier genannten, sondern auch andere christliche Sondergemeinschaften tragen apokalyptische Züge.

Die *Neuapostolische Kirche,* die hier an erster Stelle genannt werden soll, ist von dem Schema Urzeitkirche = Endzeitkirche geprägt. Sie hat die Endzeiterwartung in Gestalt eines konkreten Datums unter dem Stammapostel J. G. Bischoff sogar eine Zeitlang zum schließlich alles bestimmenden Glaubenskriterium gemacht. Bischoff verband seit Weihnachten 1951 eine sogenannte »Botschaft« von der unmittelbar bevorstehenden Wiederkunft Christi unauflöslich mit seiner Person, indem er erklärte, er sei der letzte der Stammapostel, und es stehe im Ratschluß Gottes, daß noch zu seinen Lebzeiten der Herr kommt. Damit hatte in der Verbindung des Amtes des Stammapostels mit dem charismatisch-prophetischen Auftrag des Offenbarungsträgers als dem »redenden Mund Gottes« eine Entwicklung ihre Zuspitzung erreicht, die am 14. Juli 1835 in London begonnen hatte. Damals wurden 12 Apostel in einem feierlichen Gottesdienst ausgesandt. Sie waren aus einer Erweckungsbewegung um den Londoner Bankier Henry Drummond hervorgegangen, der es keineswegs um Separation, sondern vielmehr um die Erneuerung der ganzen Kirche angesichts der bevorstehenden Endzeit ging. Aber die Apostel der so entstandenen katholisch-apostolischen Gemeinden starben aus. In Deutschland, wie in den Niederlanden, wurden neue berufen. Es kam zum Bruch. Die Neuapostolische Gemeinschaft entstand, und in ihr entwickelte sich eine neue hierarchische Struktur, an der Spitze der Stammapostel, eine Amtsbezeichnung, die der aus dem Apostelkreis hervortretende Fritz Krebs 1896 angenommen hatte. Neben dem Sakrament der Versiegelung, das in Ansätzen schon in den katholisch-apostolischen Gemeinden vorhanden war, gewann das Amt der Apostel, vor allem aber das des Stammapostels als die lebendige, über die Bibel hinausgehende Stimme der Offenbarung Gottes mehr und mehr an Gewicht. Beide, die Versiegelung und das Amt des Stammapostels, gewähren eine Sicherheit des Heils, die nicht zuletzt die Anziehungskraft der Neuapostolischen Kirche erklärt.

Der Stammapostel Bischoff, Nachfolger des Krebs-Nachfolgers Hermann Niehaus, starb, entgegen seiner »Botschaft«, am 6. Juli 1960, ohne daß Christus wiedergekommen war. Aber es ist symptomatisch, daß, trotz anfänglicher starker Erschütterungen, die Neuapostolische Kirche dadurch nicht in eine lebensbedrohende Krise gestürzt wurde. Offenkundig spielen für den inneren Zusammenhalt noch ganz andere Elemente eine wesentliche Rolle als dogmatische Lehrgehalte. Heute stellt sich die Neuapostolische Kirche als eine stark nach innen orientierte Gemeinschaft dar. Sie lehnt nicht nur nach wie vor jedes ökumenisch orientierte Gespräch ab, sondern verzichtet auch auf jede bewußte Einwirkung auf die geistigen und gesellschaftlichen Auseinandersetzungen der Zeit. Ihre weithin verbale, von Person zu Person gerichtete Missionstätigkeit hat sie jedoch zur größten außerkirchlichen Sondergemeinschaft in der Bundesrepublik mit weit über 300 000 Mitgliedern anwachsen lassen.

Im Gegensatz dazu haben sich die *Siebenten-Tags-Adventisten* von einer introvertierten, allein auf den zweiten Advent der Wiederkunft Christi ausgerichteten Sekte zu einer Gemeinschaft entwickelt, die sich, besonders in ihren Akademikerkreisen, dem Dialog und insgesamt den sozialen und gesellschaftlichen Problemen der Zeit zunehmend geöffnet hat. Auch die Sieben-Tags-Adventisten sind in ihrer Weise symptomatisch für eine an der Endzeiterwartung orientierte christliche Sondergemeinschaft. Ihr Entstehungsland sind die USA. Ihre Geschichte ist durch eine tiefe Zäsur gekennzeichnet. Aufgrund von Berechnungen im Zusammenhang seiner Auslegungen der Johannesapokalypse und vor allem des Danielbuches kam der Begründer der Gemeinschaft, der ehemalige Farmer William Miller auf die Jahre 1843/44 als der Zeit der Wiederkunft Christi. Als dieses Ereignis nicht eintrat, Miller selbst seinen Irrtum bekannte und bittere Enttäuschung und Verzweiflung die ihm erwartungsvoll zugelaufenen Menschen ergriff, sah man sich vor die Alternative des Aufgebens oder eines neuen Anfangs unter völlig anderen Voraussetzungen gestellt. Auch hier zeigte sich, daß offenbar noch ganz andere Elemente eine solche Gemeinschaft zusammenhielt als die Ausrichtung auf ein konkretes, in nächster Zukunft zu erwartendes und alles umstürzendes Ereignis. Für die religiöse Stabilisierung sorgte unter anderem eine neue Interpretation der ausgebliebenen Parusie. Das vorhergesagte und nicht eingetretene Ereignis wurde in die himmlische Welt verlegt. Dabei wurden bestimmte, bereits bei Miller vorhandene Vorstellungen aufgegriffen und auf diese Weise das notwendige Minimum an Kontinuität hergestellt. Die entscheidenden Jahre 1843/44 wurden jetzt als Beginn der Reinigung des himmlischen Heiligtums durch Christus gedeutet. Zugleich wurde durch die Visionärin E. G. White, die jetzt zunehmend an Einfluß gewann, die Sabbatheiligung als das zentrale Gebot Gottes in den Mittelpunkt gestellt. Die drei Engelsbotschaften von Offbg. 14, 6–12 gaben in diesem Zusammenhang der Gemeinschaft ein neues Sendungsbewußtsein und einen jetzt zunehmend antigroßkirchlichen Akzent.

Die einsetzende Missionstätigkeit, eine Folge der ausgebliebenen Parusie und der Verlagerung des Schwerpunkts auf die Sabbatheiligung als dem wahren Kennzeichen der Endzeitgemeinde, entwickelte nun allerdings ihrerseits eine neue Eigengesetzlichkeit. Neben einer ausgedehnten Verlagstätigkeit, einem Rundfunkwerk und neben Lebensmittelfabrikation für Reformkost bauten die Sieben-Tags-Adventisten ein weithin als vorbildlich anerkanntes Krankenhaus- und Schulwesen auf. In der Bundesrepublik werden die Mitglieder der Sieben-Tags-Adventisten heute auf etwa 26 000 geschätzt, das Ergebnis ihrer Missionsarbeit, die, von den USA ausgehend, 1888 eingesetzt hatte.

Die militanteste unter den an der Endzeiterwartung orientierten Gruppen sind die *Zeugen Jehovas*. Ihr Gründer, Charles Taze Russell aus Pittsburgh, kam schon als junger Mann mit adventistischem Gedankengut in Berührung. Aber es ist bis heute kennzeichnend für die Entstehung und die ganze weitere Entwicklung der Sekte, daß an ihrem Anfang nicht Visionen oder Geisteserfahrungen, sondern kühle Berechnungen standen. Der Wiederkunftsplan, von Russell über Rutherford und Knorr immer neu variiert, und von 1914, über 1918 und 1925 bis 1975 mit immer neuen Daten und nach dem Nichteintreten der Parusie mit neuen Interpretamenten versehen, zieht sich wie ein roter Faden durch die Geschichte der Zeugen Jehovas. Diesen Namen hatten sie unter Rutherford 1931 auf dem Kongreß in Columbus (Ohio) endgültig angenommen. Damit wurde zugleich die »Wachtturmgesellschaft«, die Russells Berechnungen der Weltgeschichte aufgrund des von ihm interpretierten biblischen Zahlenmaterials verbreitet hatte, zur »Theokratischen Organisation«. Es ist dabei bezeichnend, daß die Gestalt Jesu Christi, Mittelpunkt der Verkündigung der Großkirchen, diesem System in der Weise eingefügt wurde, daß sie die Funktion eines Begründers der theokratischen Ordnung, des Siegers der apokalyptischen Endschlacht von Harmagedon und des Regenten im 1000jährigen Reich zugewiesen bekam. Es ist ebenso bezeichnend, daß die Erwartung des Endes der Welt sich mit der Vorstellung eines irdischen Paradieses verband, das von den 144 000 Geweihten beherrscht wird. Und es gehört schließlich folgerichtig zu diesem System, daß es, gesteuert von einer straffen geistigen Diktatur, das einzelne Mitglied zum totalen Einsatz bei der Verbreitung des Gedankengutes der Zeugen zwingt.

Die Opferbereitschaft, die die Zeugen Jehovas dabei entwickelt haben, ist bewundernswert. Sie reichte häufig bis zur Hingabe des Lebens, wenn sie jeden Militärdienst, zu dem sie der ihrer Überzeugung nach dem Teufel dienende Staat zwingen wollte, auch dann ablehnten, wenn darauf die Todesstrafe stand. Die eigentliche Frage, die hinter einem solchen Verhalten sich verbirgt, lautet freilich: was sind die Beweggründe, die die Angehörigen der Zeugen Jehovas zu solchem Einsatz treiben? Es wäre vermessen, ihnen dabei spezifisch religiöse Motivationen einfach abzusprechen. Es drängt sich andererseits aber auch die Vermutung auf, daß noch ein ganzes Bündel anderer Motive, stärker als bei fast allen anderen außerkirchlichen religiösen Gemeinschaften, bei ihnen zu finden ist. In ihm spielt der psychische Vorgang der Kompensation kleiner, ja schäbiger irdischer Existenz durch die einmal zu erwartende Fülle und Machtentfaltung ebenso eine Rolle, wie das soziologisch zu fassende Erlebnis der Geborgenheit in der straff organisierten Dienstgemeinschaft. Der Zug zur »Rationalisierung des Irrationalen« (Hutten) kommt als weiteres, wesentliches Element hinzu. So sind die Zeugen Jehovas, deren Zahl in der Bundesrepublik auf über 100 000 geschätzt wird, in ihrer fanatischen Hingabe an ihre Führung und an ihren Heilsplan ein besonders exponiertes Beispiel für das Phänomen der Sekte innerhalb der religiös-weltanschaulichen Landschaft.

2.1.2 Orientiert am Urchristentum
Daß die Anfangszeit mit der Endzeit in einem Korrespondenzverhältnis steht, gehört zu einem der wesentlichen Elemente biblischen Glaubens. Es hängt mit dem im alten Israel entwickelten geschichtlichen und damit, im Gegensatz zum zyklischen, auf ein Ende hin orientierten Weltverständnis zusammen. In den Großkirchen ist dies über ganze Epochen hinweg relativiert worden oder fast völlig aus dem Glaubensbewußtsein entschwunden. Von den außerkirchlichen christlichen Sondergemeinschaften wurde dieses Glaubensgut verständlicherweise daher immer wieder mit besonderer Vehemenz aufgegriffen. Was nun die Orientierung auf das Urchristentum anlangt, so verbinden sich damit zwei entscheidende Momente. Das eine ist die Sehnsucht nach der Wiederherstellung des genuin Christlichen in Glauben und Leben im Gegensatz zu einer Entwicklung der Kirche, die spätestens seit Beginn der konstantinischen Ära nur als eine Geschichte des Abfalls gesehen wird. Das andere ist das überzeugte Bewußtsein, daß sich mit solch einer Rückwendung zu den Ursprüngen auch jene Glaubenserfahrungen und religiösen Lebensäußerungen wieder einstellen werden, die unter den Verkrustungen einer verweltlichten Großorganisation Kirche weithin abgestorben scheinen.

Neben einer Anzahl kleinerer *urchristlicher Gruppen* und *Heilungsbewegungen*, wie etwa denen von Tommy L. Osborn, William Branham, Tommy Hicks, Hermann Zaiss in Deutschland und vielen anderen, die aus der Pfingstbewegung hervorgegangen sind, ist vor allem diese selbst zu nennen. Die *Pfingstbewegung* hat, besonders in Lateinamerika, längst rein zahlenmäßig die Dimension einer außerkirchlichen christlichen Sondergemeinschaft gesprengt. In manchen Ländern ist sie größer als alle protestantischen Denominationen zusammen. Ihre Ausbreitung, ohne eine organisatorische Führungsspitze und ohne eine geplante Missionsstrategie, trägt alle Kennzeichen einer Erweckungsbewegung. Sie flammte vor dem ersten Weltkrieg in den USA auf und verbreitete sich von da aus rasch nahezu über die ganze Welt. Urchristlicher Enthusiasmus, wie das Zungenreden, gehören ebenso zu den Erscheinungsformen der Pfingstbewegung, wie die zahllosen Gemeinschaften, die von großen Pfingstkirchen bis zu kleinsten Winkelgruppen reichen. Die Versuche, durch die Weltkonferenzen pfingstlerischer Gemeinden *neben der Darstellung und Erfahrung religiösen Erlebens* ein Minimum an Zusammenarbeit zu ermöglichen, stießen immer wieder auf enorme Schwierigkeiten. Das hängt vor allem auch damit zusammen, daß innerhalb der Pfingstbewegung die Bandbreite von introvertiert ekstatischsten bis hin zu gemäßigten Gruppen reicht, die für den kritischen ökumenischen Dialog aufgeschlossen sind. Dementsprechend gehören auch einige Pfingstgemeinschaften dem Ökumenischen Rat der Kirchen an.

Was die Pfingstkirchen als religiöse Gemeinschaft im Rahmen einer Untersuchung über die Weltanschauungen der Gegenwart so interessant macht, sind drei besondere Aspekte. Zum einen wird an ihnen auffallend deutlich, wie fließend die Übergänge zwischen dem herkömmlichen Begriff von Kirche und dem herkömmlichen Begriff von Sekte sein können. Zum zweiten zeigt sich an ihnen, daß nicht einmal unter theologischen Gesichtspunkten der Unterschied der Lehre das entscheidende Urteilskriterium zwischen Kirche und Sekte abzugeben vermag, weil nämlich die Pfingstgemeinschaften mit ihrem Enthusiasmus und ihren ekstatischen Erscheinungen sich nur sehr schwer in dogmatischen Aussagen fassen lassen. Zum dritten ist bei der Pfingstbewegung besonders eklatant zu beobachten, wie christliche Sondergemeinschaften immer auch als Reaktions- und Protestbewegungen – hier als Reaktions- und Protestbewegung auf einen zunehmenden Rationalismus und Intellektualismus – zu verstehen sind.

Die Geschichte der Pfingstbewegung auf deutschem Boden ist durch die – gegenüber den USA – völlig andere Kirchenstruktur der geschlossenen Großkirchen und der Auseinandersetzung mit der weithin kirchlich integrierten Gemeinschaftsbewegung und in ihr mit dem Gnadauer Verband geprägt. Die sogenannte »Berliner Erklärung« vom 15.9.1909 mit ihrer bewußten und deutlichen Distanzierung von der aus den USA über Oslo kommenden Pfingstbewegung spielt dabei bis heute eine gewichtige Rolle.

Die beiden größten Pfingstgemeinschaften auf deutschem Boden sind heute mit etwa 12000 Mitgliedern der »*Christliche Gemeinschaftsverband Mülheim (Ruhr)*« und mit etwa 13 000 Mitgliedern die »*Arbeitsgemeinschaft der Christengemeinden Deutschlands*« *(ACD)*. Sie haben sich zu gemäßigten Pfingstgruppen entwickelt. Teilweise sind Mitglieder von Pfingstgemeinschaften zugleich Mitglieder der Großkirchen.

Der Vorsteher des Mülheimer Verbandes, Christian Krust, überbrachte in einer Rede auf der Weltkirchenkonferenz in Uppsala die Grüße dieser Pfingstgemeinschaft. Auch gibt es seit Jahren auf regionaler Ebene ökumenische Kontakte und Begegnungen. Darüber hinaus ist zu registrieren, daß die Pfingstbewegung in Deutschland durch neue Entwicklungen in der Ökumene und durch bestimmte Ausformungen der Jesusbewegung, in Deutschland vor allem mit dem Namen von Volkhart Spitzer, Berlin, verbunden, vor dem Hintergrund der gesamten religiös-weltanschaulichen Lage neuen Auftrieb erhalten hat. Die charismatische Bewegung innerhalb der evangelischen, vor allem aber auch innerhalb der katholischen Kirche, greift in diesem Zusammenhang wesentliche Anliegen der alten Pfingstbewegung heute neu auf.

2.1.3 Die Prägung durch eine Leitfigur

So wie bei vielen außerkirchlichen christlichen Sondergemeinschaften Elemente der Endzeiterwartung und Elemente der Orientierung am Urchristentum zu finden sind, so spielen auch herausragende Persönlichkeiten eine prägende Rolle. Entweder, daß sie Gemeinschaften selbst gegründet haben, oder daß sie sie durch Krisen hindurchsteuerten oder daß sie ihnen im Laufe ihrer ja meist noch relativ kurzen Geschichte neue Impulse oder neue Wendungen gegeben haben. Aber es gibt auch Gemeinschaften, für die solch eine Persönlichkeit schlechterdings konstitutiv ist. Sie allein bildet dann den Schlüssel, um auch die Gemeinschaft zu verstehen. Das ist dann der Fall, wenn um das visionäre Erlebnis eines einzelnen eine Gruppe sich sammelt, wenn sich die religiöse Führergestalt als göttliche Inkarnation versteht, wenn der Gemeinschaftsgründer exklusive prophetische Züge annimmt oder wenn verschiedene solcher Elemente zusammenkommen.

Ein typisches Beispiel einer solchen, nur von der Schlüsselfigur der Gründerpersönlichkeit her zu verstehenden Sondergemeinschaft sind etwa die *Mormonen* oder *Kirche Jesu Christi der Heiligen der letzten Tage*. Das Urdatum ihrer Entstehung ist die Entdeckung des auf goldenen Platten in unbekannter orientalischer Sprache geschriebenen Buches Mormon durch eine Vision, die der 1905 in Sharon/Vermont, USA, geborene Joseph Smith erlebte und seine Übersetzung durch die ihm verliehene besondere Gabe. Das Buch, über dessen Herkunft oder Entstehung verschiedene, zum Teil gegensätzliche Theorien existieren, enthält Offenbarungen, eingebettet in eine Geschichtsdarstellung, nach der Jesus nach seiner Kreuzigung auch in Nordamerika als Auferstandener erschienen sei und vor seiner Himmelfahrt einen Jüngerkreis um sich gesammelt habe. Für die äußere Gestalt und die innere Struktur der entstehenden Gemeinschaft waren nach der Entdeckung und prophetischen Übersetzung des Buches Mormon durch Joseph Smith die Erfahrungen auf den ersten Stationen des nun beginnenden gemeinsamen Weges ebenfalls von Gewicht. Anfeindung und Verfolgung zwangen die Glaubensgemeinschaft nach der Ermordung von Joseph Smith zu dem weiten und verlustreichen Marsch nach dem Westen der USA und führten schließlich zur Gründung von Salt Lake City am großen Salzsee, wo bald ein blühendes Gemeinwesen entstand. Schon 1837 und 1849 kamen die ersten mormonischen Missionare nach Europa. Heute wird die Zahl der in Deutschland lebenden Mormonen mit rund 20 000 angesetzt. Die Missionstätigkeit selbst ist jetzt so aufgebaut, daß junge Mormonen, zum Teil von ihren eigenen Familien finanziert, für etwa zwei Jahre in die Mission gehen und dabei nach der kurzen Schulung und den meist mangelhaften Sprachkenntnissen vor der nicht leichten Aufgabe stehen, über Einzelwerbung bei Hausbesuchen und in der Öffentlichkeit neue Mitglieder zu gewinnen.

Im Unterschied zu den Mormonen ist die *Johannische Kirche* auf deutschem Boden entstanden. Aber auch sie ist ohne ihren Stifter nicht denkbar. Auch er, Joseph Weißenberg, hatte, in ärmlichen Verhältnissen aufgewachsen, im Jahr 1903, als er vorher die verschiedensten Berufe ausgeübt hatte, mit 48 Jahren eine Vision. Dabei erschien ihm Christus und forderte ihn auf, fortan eine geistige Existenz zu führen. Als Heilmagnetiseur ließ er sich jetzt in Berlin nieder, hatte Heilerfolge, beschäftigte sich zunehmend auch mit Dämonenaustreibungen und veranstaltete im Berlin der zwanziger Jahre spektakuläre, freilich mit viel Auseinandersetzungen verbundene Massenversammlungen. Von seiner rasch wachsenden Anhängerschar als »göttlicher Meister« oder als »Heiliger Geist im Fleisch« verehrt, wurde er schließlich zum Kirchengründer. In ihrer Blütezeit, kurz vor ihrem 1935 erfolgten Verbot im nationalsozialistischen Reich, betrug die Zahl der Anhänger der Evangelisch-Johannischen Kirche rund hunderttausend. Heute leben ihre Mitglieder vor allem in Berlin und der DDR. Ihre Zahl ist auf 5–6000 zusammengeschrumpft. Die Evangelisch-Johannische Kirche ist ein typisches Beispiel dafür, welchen Veränderungsprozessen eine nahezu ausschließlich auf ein charismatisches Führertum aufgebaute Gemeinschaft in der zweiten Generation ausgesetzt ist. Zugleich aber auch ein Beispiel, wie sich, von einem einmal ergangenen Anstoß initiiert, auch unter widrigsten politischen Verhältnissen Restbestände erhalten und sich, weit über die Gründergeneration hinaus, neu sammeln und konstituieren.

Ob solche geschichtlichen Parallelen auch einmal für die *Children of God* (»Kinder Gottes«), neuerdings »Family of Love« (»Familie der Liebe«), Geltung haben werden, kann heute noch nicht gesagt werden. In der Bundesrepublik haben sie unter dem Druck der öffentlichen Meinung jetzt ihre Aktivitäten stark reduziert und sind aus der Öffentlichkeit weithin verschwunden. Die »Kinder Gottes« werden zu den sogenannten »Jugendreligionen« gezählt, eine der jüngsten Entwicklungen auf dem Feld der außerkirchlichen religiösen Gemeinschaften. Der Mutterboden war die Kalifornische Hippieszene der frühen 60er Jahre. Dort sammelte der 1919 geborene David Berg, der sich später Mose David oder kurz »MO« nennt, als Evangelist eine Anzahl junger Menschen um sich, die sich bald als eine der radikalsten Gruppen der aus der Hippieszene erwachsenen Jesusbewegung verstanden. In einem legendären langen Marsch durch die USA wuchs die Gruppe zusammen und vermehrte zugleich ihre Anhängerschaft. Wegen ihrer Methoden der Anwerbung gab es zunehmend Schwierigkeiten mit den Eltern, die den »Kindern Gottes« Kidnapping vorwarfen, und schließlich Auseinandersetzungen mit den Behörden. Dies ist wahrscheinlich einer unter mehreren Gründen, warum MO in zunehmendem Maße einen fanatischen Antiamerikanismus entwickelte und heute die USA als Prototyp der jetzigen und in naher Zukunft zusammenbrechenden Gesellschaftsordnung ansieht. Parallel dazu stieg sein Sendungsbewußtsein, in dem er sich im Wechselspiel mit Tendenzen unter seiner Anhängerschaft mehr und mehr zum verfolgten endzeitlichen Propheten hochstilisierte. Seine Gesichte und Geschichtsinterpretationen deuten in den, in den Fußgängerzonen der Städte von seinen jugendlichen Anhängern den Passanten angebotenen »MO-Briefen« die aktuellen politischen und gesellschaftlichen Ereignisse. Ursprünglich von einer Verbalinspiration der Bibel ausgehend, die nach wie vor von seinen Anhängern übernommen ist, haben seine Prophetenworte längst den Charakter von unmittelbaren göttlichen Offenbarungen angenommen. Der evangelistische Ruf seiner Anhänger beschränkt sich im Grunde auf die Forderung: »Du mußt ein Baby werden« im Sinne einer unreflektierten kindlichen Gläubigkeit.

Von einem geheimgehaltenen Ort aus steuert MO mit seinem Familienclan die inzwischen weltweit angewachsene, straffe Organisation. Kuriere und geheime »Jüngerbriefe« für die Führungskader sorgen für den Kontakt zu den sogenannten »Kolonien«, kommuneartigen Gemeinschaften, in vielen Teilen der Welt. In diese Organisation sind auch die Kolonien auf deutschem Boden einbezogen, deren Mitglieder auf etwa 1000 geschätzt werden. Sie gehen keiner Arbeit nach, sondern leben von den Spenden beim

Verteilen der MO-Briefe und den Vermögenswerten, die von Neugeworbenen der Gruppe restlos abgeliefert werden müssen. Die dadurch entstehende Abhängigkeit, sowie das nach dem Eintreten in die Gruppe stark veränderte Verhalten der einzelnen, das einer intensiven Indoktrination zur Last gelegt wird, hat auch in der Bundesrepublik zur Gründung von Elterninitiativen geführt. Neuerdings wird MO vorgeworfen, in seinen Briefen und seinen Anweisungen zur Gewinnung neuer Mitglieder den Bereich des Sexuellen in eindeutiger Weise mit in seine Strategie einzubeziehen. Seine Briefe nehmen zum Teil geradezu pornographischen Charakter an. Aber auch die mobilisierten Behörden sehen angesichts der im Grundgesetz garantierten Religionsfreiheit und der Volljährigkeit mit 18 Jahren kaum eine Möglichkeit eines Eingreifens. Die »Kinder Gottes«, wie auch die anderen »Jugendreligionen«, können aber nicht nur als skurrile Randerscheinung der gegenwärtigen religiös-weltanschaulichen Situation gewertet werden. Der relativ geringen Zahl von Mitgliedern steht die erstaunliche Ausstrahlung gegenüber, die eine nicht unerhebliche Zahl von jungen Menschen auf der Suche nach geistlicher Führung und zugleich nach einer alternativen Existenzform zu potentiellen Interessenten macht.

2.1.4 Neue Offenbarungen

Neben den von prägenden Führergestalten bestimmten christlichen Sondergemeinschaften ist noch auf eine andere Gruppierung hinzuweisen, in der zwar ebenfalls der Anstoß zur Gründung von einem Träger einer neuen Offenbarung ausgeht, der aber ganz hinter seinen Eingebungen zurücktritt. Prototyp dafür ist der 1800 in der Steiermark geborene Jakob Lorber, der der bis heute existierenden *Lorber-Gesellschaft* ihren Namen gegeben hat. Lorber, seinem Beruf nach Musiklehrer, hat sich bis zu seinem 40. Lebensjahr intensiv mit den Problemen des Weltbildes befaßt. Seine Fragen trieben ihn sowohl zu autodidaktischen geprägten astronomischen Studien als auch vor allem zu der Beschäftigung mit Literatur über übersinnliche Fragen. Der persönlich außerordentlich bescheidene Mann erlebte dann am 15. März 1840, wie ihn eine innere Stimme bedrängte, alles, was er als innere Worte vernahm, niederzuschreiben. Daraus entstand ein äußerlich wie inhaltlich monumentales Werk von 25 Bänden, an dem er unentwegt bis zu seinem Tode schrieb. Es enthielt eine gewaltige Weltschau, die einerseits in erstaunlicher Weise modernste naturwissenschaftliche Erkenntnisse vorwegnahm, andererseits in gewaltigen, stark spekulativ anmutenden Entwürfen die kosmische Bedeutung Jesu – freilich häufig in starker Spannung zum Neuen Testament – entfaltete. Immerhin waren diese Neuoffenbarungen so eindrücklich, daß sich ein wachsender Freundeskreis um sie scharte und eine Vereinigung entstand, die sich den

Namen »Neu-Salems-Gesellschaft« gab. Sie besteht, seit 1949 in »Lorber-Gesellschaft« umbenannt, bis heute fort, unentwegt bemüht, die Schriften Lorbers, denen sich weitere Neuoffenbarungen anderer anschlossen, zu verbreiten. Noch 1964 wurde in Kalifornien eine Gesellschaft gegründet mit dem Ziel, die Lorber-Schriften in englischer Sprache herauszugeben, wie überhaupt sein Einfluß im ganzen Bereich esoterischer und lebensreformerischer Gruppen nachzuweisen ist.

Viele Lorber-Anhänger in Deutschland, deren Zahl sich naturgemäß schwer erfassen läßt, gehören nach wie vor der evangelischen Kirche an und fühlen sich zum Teil als bewußt evangelische Christen. Hier tritt uns ein weiterer Typus christlicher Sondergemeinschaften entgegen. Ein weithin leeres Feld, nämlich die theologische Durchdringung und Aufarbeitung der Tatsache, daß die Erde und mit ihr auch das Geschehen um Jesus von Nazareth an den Rand eines unermeßlichen Universums gedrückt scheint, wird durch die spekulativen Entwürfe solcher Neuoffenbarungen wie der von Lorber besetzt. Darum sammelt sich ein loser, aber doch die Generationen überdauernder Kreis von Gesinnungsgenossen. Seine Ausstrahlung reicht weit über Mitgliederzahlen hinaus.

2.1.5 Der Durchstoß zur eigentlichen Wirklichkeit (Esoterik)
So gewiß auch bei den christlichen Großkirchen, wie bei allen Religionsgemeinschaften, im Zentrum ihrer Botschaft ein nicht rational verrechenbares Mysterium steht, so sehr legen auf der anderen Seite gerade die biblischen Texte wert darauf, Glauben und Verstehen nicht einfach auseinanderzureißen. Paulus, der nach 2. Kor. 12 sich wohl rühmen könnte, »bis an den dritten Himmel« entrückt worden zu sein, redet sehr bewußt in Röm. 12, 1 vom »vernünftigen Gottesdienst« als der Hingabe der ganzen Existenz des Menschen im Alltag der Welt. Seine ganze Theologie ist geprägt von der argumentativen Durchdringung des christlichen Glaubens. Aber der Prozeß der Verrationalisierung der gesamten Wirklichkeit in der Moderne hat dringende Fragen neu aufkommen lassen, die schließlich unter anderem auch zur Bildung von außerkirchlichen, christlichen Sondergemeinschaften führten. Sie gingen im Prinzip davon aus, daß eine geheimnisvolle geistige Welt die eigentliche Wirklichkeit und daß die sichtbare, materielle Welt nur von dort aus zu verstehen und zu deuten ist.

Zu diesen Sondergemeinschaften gehört die *Christengemeinschaft*. Sie will, Katholizismus und Protestantismus zusammenfassend und über sich selbst hinausführend, die »dritte Kirche« bauen, die der neuen Entwicklungsstufe der Menschenseele entspricht. Ausgangspunkt der Christengemeinschaft, die im deutschen Kulturraum in der Zeit nach dem ersten Weltkrieg entstanden ist, war die Begegnung von Friedrich Rittelmeyer

Ausserkirchliche religiöse Gemeinschaften 219

und einem Kreis vor allem junger Theologen mit der Anthroposophie Rudolf Steiners. Dessen Lehre vom Menschen als einem Wesen, das vom Geistigen bestimmt ist und durch die Verstofflichung hindurch zum Geistigen zurückkehrt und von Christus, von dem er als dem »Herrscher im Sonnenreich« reden konnte, bildet bis heute den Hintergrund, von dem her die Christengemeinschaft ihren Kult mit seinen sieben Sakramenten – im Zentrum die »Menschenweihehandlung« – entwickelt hat. Auf hohem geistigem Niveau stehend, hat die Christengemeinschaft vor allem Intellektuelle angezogen, die an einem platten, aufklärerischen Wirklichkeitsverständnis kein Genüge fanden. Sie suchten die Ganzheit menschlicher Existenz und die Tiefe und Weite der Wirklichkeit wiederzugewinnen. Zugleich erwarteten sie von einem geläuterten Christentum, in Kult und Sakrament gleich weit entfernt von dogmatischer Starre und rationaler Auflösung, die Einbettung des Menschen in einen großen kosmischen Sinnzusammenhang. Heute schätzt man die Zahl der Anhänger der Christengemeinschaft in der Bundesrepublik auf etwa 20 000. Ihre Ausstrahlung ist freilich wesentlich größer, als diese Zahl es vermuten läßt. Auch in der DDR und in anderen europäischen Staaten, in Nord- und Südamerika und in Südafrika gibt es Gemeinden der Christengemeinschaft. In ganz anderer Ausformung, ohne freilich das geistige Niveau der Christengemeinschaft zu erreichen, hat die »*Christliche Wissenschaft*« den Grundsatz von der geistigen Welt als der eigentlichen und der materiellen Welt als der abgeleiteten, von der »Christlichen Wissenschaft« freilich nur als Schein angesehenen, Wirklichkeit aufgegriffen. Ausgangspunkt war bei ihr das persönliche Schicksal der Gründerin, Mary Baker Eddy, und die daraus entstandene Lehre, die in dem bis heute als unanfechtbar, weil inspiriert geltenden Werk von Mrs. Eddy »Wissenschaft und Gesundheit« niedergelegt ist. Mrs. Eddy hat in der Begegnung mit dem vom Mesmerismus geprägten amerikanischen Heilpraktiker P. P. Quimby Heilung von schwerer Krankheit erfahren. Dies gab die Grundlage für ihre Vorstellungswelt, daß Sünde, Krankheit, ja selbst der Tod im Grunde eine Illusion sind. Durch eine Veränderung des Bewußtseins, das sich auf die Kraft und Vollkommenheit des aus Gott stammenden Lebens einlassen muß, können sie überwunden werden. Besonders das Stichwort von der Überwindung der Krankheit übte eine entsprechende Anziehungskraft aus und hat die »Christliche Wissenschaft« zu einer weltweiten religiösen Gemeinschaft mit streng zentralistischer Organisation anwachsen lassen. In der Bundesrepublik werden heute 110 »Christian Science«-Kirchen und Vereinigungen gezählt.

2.2 Von der christlichen Großkirche zur freien Religiosität

Während die christlichen Sondergemeinschaften entweder bestimmte Elemente der biblischen Botschaft verabsolutierend aufgreifen oder von neuen Offenbarungsträgern oder neuen Offenbarungen geprägt werden und in jedem Fall gegenüber den Großkirchen das eigentliche, wahre Christentum verkörpern möchten, hat es auch den umgekehrten Weg zur Bildung außerkirchlicher religiöser Gemeinschaften gegeben. Auch diese Gemeinschaften entstammen dem christlichen Mutterboden. Aber ihr Ziel war nicht die Intensivierung, sondern die Relativierung des Christlichen. Jede dogmatische Festlegung als Enge, ja Vergewaltigung des Gewissens interpretierend, wollten sie vorstoßen zu einer freien Religiosität, die in den religiösen Anschauungen des einzelnen wurzelt. Da dabei naturgemäß das Minimum an religiösem Konsens sich in sehr allgemeinen religiösen Vorstellungen verliert, ist es schwierig, über die Negation der Ablehnung jeglicher dogmatischer Bindung hinaus Positionen zu erkennen und darzustellen. Dennoch müssen zwei dieser Gruppierungen genannt werden, da sie in der Reihe der außerkirchlichen religiösen Gemeinschaften innerhalb der Bundesrepublik ihre nicht zu übersehende Rolle spielen.

2.2.1 Der »Bund freier religiöser Gemeinden Deutschlands«

Die aus den revolutionären Aufbrüchen des Jahres 1848, katholischerseits aus der »Deutsch-katholischen Kirche«, protestantischerseits aus der Gruppe der »Lichtfreunde« entstandene freireligiöse Bewegung gab sich nach der für sie schwierigen Zeit während der nationalsozialistischen Herrschaft im »Bund freier religiöser Gemeinden Deutschlands« 1950 nach Ende des zweiten Weltkrieges, eine neue Organisationsform. Eine bewegte, durch einzelne Persönlichkeiten stark geprägte, von Spaltungen zerrissene, zwischen Freidenkertum und liberalem Christentum hin- und herpendelnde Geschichte lag hinter ihr. Ihr Wahlspruch »Frei sei der Geist und ohne Zwang der Glaube« will darauf hinweisen, daß sich die Anhänger (heute rund 70 000 Mitglieder in der Bundesrepublik) neben der freien Religiosität seit 1848 auch immer revolutionären geistigen Kräften und Strömungen verbunden fühlten. Dennoch hat die Bewegung der Freireligiösen heute Mühe, im eigenen Selbstverständnis, das aus den verschiedensten, oft einander widersprechenden religiösen und weltanschaulichen Elementen gefunden werden muß, wie in der Auseinandersetzung mit den religiös-weltanschaulichen Bewegungen der Gegenwart den Anschluß an die heutige geistig-religiöse Situation zu finden. Die große Zahl derer, die sich innerlich den Großkirchen entfremdet haben, zu sammeln, ist jedenfalls der freireligiösen Bewegung versagt geblieben.

AUSSERKIRCHLICHE RELIGIÖSE GEMEINSCHAFTEN 221

2.2.2 *Die »Religionsgemeinschaft Deutscher Unitarier«*
Während die freireligiöse Bewegung als antiklerikale Protestbewegung im Umkreis der revolutionären Aufbrüche des Jahres 1848 begann, hat die Bewegung der Unitarier eine bis in die alte Kirche zurückreichende und vor allem in der Reformationszeit neu zum Durchbruch gekommene Geschichte hinter sich. Darauf und auf die unitarischen Kirchen im angelsächsischen Raum und in Siebenbürgen berufen sich heute die Deutschen Unitarier, die sich 1950 mit rund 6000 Mitgliedern konstituierten. Über die IARF (»International Association for Religious Freedom«) haben sie internationalen Anschluß gewonnen. Vor ähnlichen Problemen wie die Freireligiösen stehend, versuchen die deutschen Unitarier vor allem unter der geistigen Führung der Religionswissenschaftlerin Dr. Sigrid Hunke heute den Geist-Materie-Dualismus zu überwinden und damit ihre religiösen Vorstellungen in ein allgemein empfundenes aktuelles Problemfeld einzubringen.

2.3 Die außerchristlichen Hochreligionen in ihrer Ausstrahlung auf die religiöse Landschaft der Bundesrepublik

Was die außerchristlichen Hochreligionen und ihre Gruppierungen in der Bundesrepublik betrifft, so sind in der gegenwärtigen Situation drei voneinander völlig verschieden strukturierte Typen zu registrieren. Zum einen die geschlossene Kultgemeinde, die in einer jahrhundertelangen Geschichte im Dialog mit der vom Christentum geprägten abendländischen Geisteswelt steht und eine starke Ausstrahlung entwickelt (Judentum). Zum anderen die zahlenmäßig durch die Gastarbeiter in den letzten Jahren stark angestiegene Diasporagemeinde, deren einzelne Glieder sich fast ohne jeden organisatorischen Zusammenschluß in einer nahezu totalen nicht nur religiösen, sondern vor allem auch sozialen Isolation befinden (Islam). Zum dritten die exklusiven Zirkel, die sich mit fernöstlichen Religionen beschäftigen und ein geistiges Klima vorbereiten halfen, in dem heute in tausendfachen Variationen und Brechungen fernöstliches religiöses Gedankengut in der Bundesrepublik seinen Einzug hält.

2.3.1 *Die jüdische Kultgemeinde*
Die wechselvolle und leidvolle, jahrhundertealte Geschichte des Judentums auf europäischem Boden im Hintergrund, haben sich aus den Trümmern der Judenverfolgungen und des zweiten Weltkrieges auch in der Bundesrepublik wieder jüdische Gemeinden gesammelt. Die Zahl ihrer Mitglieder wird heute auf rund 30000–40000 geschätzt. Die Ausstrahlung, die sie wieder gewonnen haben und der nach dem zweiten Weltkrieg intensiv geführte jüdisch-christliche Dialog, besonders gepflegt von der

»Gesellschaft für jüdisch-christliche Zusammenarbeit«, sind von der religiös-weltanschaulichen Situation der Bundesrepublik nicht wegzudenken, auch wenn dies – ein großes eigenes Thema – hier nur angedeutet werden kann.

2.3.2 Die islamische Diaspora

Es gehört, zumindest was die äußeren Daten und Zahlen anlangt, zu den dramatischsten und für die Zukunft noch keineswegs abzuschätzenden Entwicklungen in der religiösen Lage der Bundesrepublik, daß die moslemische Minderheit binnen weniger Jahre die Zahl – die Angaben schwanken – von 1,2–1,5 Millionen erreicht hat. Dies ist neben der vergleichsweise geringen Anzahl deutschstämmiger Moslems oder ausländischer Diplomaten, Kaufleute, Studenten und Praktikanten vor allem in dem großen Zustrom türkischer Gastarbeiter begründet. Niemand weiß, ob diese Zahl wiederum innerhalb weniger Jahre auf eine sehr viel geringere Größenordnung zurückgeht. Niemand weiß vollends, welches neue religiös-weltanschauliche Konglomerat eventuell aus dem Zusammenprall eines überkommenen, traditionell in Volkstum und Sitte verankerten Islam mit einem weithin säkularisierten Christentum entsteht. Dies um so weniger, als der Islam keine Trennung zwischen »Kirche« und »Staat« kennt, vielmehr das Staatsvolk im Prinzip identisch ist mit der Gemeinschaft der Gläubigen. Dementsprechend ist ihm auch eine Diasporasituation fremd. Wenn man dazuhin bedenkt, daß der Islam keinerlei kirchenartige Verfassung entwickelt hat und auch in der Bundesrepublik in den verschiedensten Organisationen und Organisationsformen existiert, wenn man weiter bedenkt, daß den ganz wenigen deutschstämmigen Moslems und der gesellschaftlich und bildungsmäßig relativ hochstehenden Schicht der Diplomaten, Kaufleute und Studenten in den Gastarbeitern der untersten Klasse ein islamisches Proletariat im klassischen Sinn gegenübersteht, dann kann man ermessen, vor welchen Problemen die islamische Diaspora in der Bundesrepublik steht.

2.3.3 Buddhistische Gruppen in Deutschland

Im Unterschied zum Islam, der in Deutschland bis jetzt nie eine große Ausstrahlung entwickelt hat, ist das Anwachsen buddhistischen Gedankengutes in schwer erfaßbaren geistigen Strömungen seit den zwanziger Jahren unverkennbar. Eingeleitet wurde diese Entwicklung schon in der Mitte des 19. Jahrhunderts, vor allem als Arthur Schopenhauer den Buddhismus entdeckte. Aber die organisierten Gruppierungen und Zentren, wie sie heute vor allem in Utting am Ammersee (»Altbuddhistische Gemeinde«), in Berlin-Fronau (»Buddhistisches Haus«) und in Roseburg bei

Hamburg (»Haus der Stille«) zu finden sind, stehen rein zahlenmäßig in einem merkwürdigen Kontrast zu der Faszination, die vom buddhistischen Gedankengut ausgeht. Man schätzt die Zahl der Mitglieder und Interessenten der 1958 gegründeten Dachorganisation des deutschen Buddhismus, der »Deutschen Buddhistischen Union« auf etwa 2000. Aber diese Zahl der vor allem literarisch und wissenschaftlich am Buddhismus Interessierten spiegelt in keiner Weise die Dynamik wider, mit der der Buddhismus heute beispielsweise in der jungen religiösen Subkultur auftaucht. Dort wird, ganz außerhalb faßbarer Gruppierungen, das Tibetanische Totenbuch gelesen, das, fern aller Tradition christlicher Dogmatik, in neuer Weise die Tiefendimension der Wirklichkeit erschließen soll. Dort wird etwa Hermann Hesse in seinem Versuch neu entdeckt, westliches und östliches Denken zu einer umfassenden Weltfrömmigkeit zusammenzuschließen. Dort werden aktuelle gesellschaftliche Probleme, wie etwa das Ökologieproblem, aufgegriffen, um mit Hilfe uralter buddhistischer Frömmigkeitserfahrung zu einem neuen Ansatz des Verhältnisses des Menschen zur Natur zu gelangen. Es ist dabei die Frage, ob sich dies alles jemals in festen Gruppierungen oder überhaupt in einigermaßen abgrenzbaren Organisationsformen manifestiert. Denn es gibt Anzeichen, daß die Rezeption etwa gerade des buddhistischen Gedankenguts sich sehr wirkungskräftig nicht in Gestalt neuer religiöser Gruppen, sondern in einer Osmose vollzieht, die in einem schwer zu durchschauenden Prozeß die Wände der bestehenden Kirchentümer und außerkirchlichen Gemeinschaften durchdringt. Gerade deshalb würde eine hier nicht zu leistende gründliche Untersuchung der buddhistischen und ähnlicher, vor allem aus den asiatischen Hochkulturen kommender Einflüsse, einen außerordentlich wichtigen Aspekt zur Analyse und Beurteilung der gegenwärtigen weltanschaulich-religiösen Lage in der Bundesrepublik abgeben.

2.3.4 Die »Internationale Gesellschaft für Krishna-Bewußtsein«

Gleichsam als Spitze eines Eisberges, nämlich einer vom Hinduismus beeinflußten religiösen Haltung, tritt uns als Organisationsform die Krishna-Bewegung entgegen. Sie ist zahlenmäßig klein, wird gemeinhin unter die »Jugendreligionen« gerechnet und hat in der Bundesrepublik nicht mehr als 200 Mitglieder. Aber sie trat sehr stark ins Bewußtsein der Öffentlichkeit, als die Jünger der 1966 in New York von dem jüngst verstorbenen Swami Prabhupada gegründeten Bewegung im safrangelben Gewand der indischen Bettelmönche, kahlgeschoren und ihr Mantra »Hare Krishna, Hare Rama« singend, in den Fußgängerzonen der deutschen Großstädte auftauchten. Im Rettershof im Taunus ist ihr deutsches Zentrum. Aber die Bewegung hat nicht nur in ganz Europa, sondern, außer in den USA, auch in Afrika, Australien und auch in Indien selbst Fuß gefaßt. Da die Krishna-Jünger vom Verkauf ihrer Schriften und von Spenden leben, gab es in Deutschland massive Schwierigkeiten mit den Behörden, die wegen finanzieller Undurchsichtigkeiten Anklage erhoben haben, die zu einem Prozeß führten. Die kleine Zahl der Mitglieder wird verständlich, wenn man die Strenge der religiösen Zucht bedenkt, denen sich der Krishna-Jünger unterwirft. Das Leben im Ashram, das die fast ausschließlich jungen Leute führen, ist bei zölibatärer Existenz der Mönche, bei weitgehender sexueller Enthaltsamkeit der Verheirateten und bei absolutem Vegetarismus hauptsächlich durch gottesdienstartige Handlungen bestimmt. Dies beginnt mit rituellen Waschungen schon um vier Uhr morgens, besteht aber vor allem aus dem »Chanten«, dem Absingen des Gottesnamens, das täglich 1728mal erfolgen muß. Unterbrochen wird es, außer zu den Mahlzeiten, durch das »Samkirtan«, das öffentliche Auftreten mit Singen und Tanzen. Neuerdings ist man, durch die wesentlich kritischer werdende öffentliche Meinung veranlaßt, dabei sehr viel zurückhaltender geworden.

Der Gott »Krishna«, der hier verehrt wird, ist die Inkarnation der neben Shiva höchsten indischen Gottheit, des Gottes Vishnu. Die Gottesliebe und totale Hingabe an ihn führt nach Meinung der Krishna-Jünger auf den Weg der Erlösung von der Vergänglichkeit alles Irdischen. Damit ist aber auch zugleich ein Thema angeschlagen, das im modernen Abendland ein ungewöhnlich starkes Echo gefunden hat. Die wissenschaftlich-technische Weltbemächtigung und Weltbeheimatung des Menschen der Neuzeit hat bei vielen ein Empfinden tiefer innerer Leere aufkommen lassen. Darüber hinaus wurde durch den Prozeß der Individualisierung der Religion und der Relativierung des überkommenen christlichen Traditionsgutes das dogmatische Lehrgebäude des Christentums in seinem Anspruch absoluter Gültigkeit massiv in Frage gestellt. Was Wunder, wenn der Hinduismus, von dem die Krishna-Bewegung eine sozusagen nur exotisch anmutende Blüte darstellt, je mehr er im Abendland bekannt wurde, je mehr auch an Interesse, ja an Faszination gewann. Denn dem Empfinden der inneren Leere begegnet er mit dem Angebot eines »Weges nach innen«, das sich nicht nur in solch einer monastisch organisierten Gruppe, wie der Krishna-Bewegung, sondern auch etwa in der *»Divine Light Mission«*, der »Transzendentalen Meditation« und vor allem in den unzähligen Yoga-Gruppen anzeigt, die in den letzten zwanzig Jahren geradezu aus dem Boden geschossen sind. Und der kritischen Frage an den sogenannten »Absolutheitsanspruch« des Christentums antwortet er mit der toleranten Weite seiner religiösen Grundüberzeugung, die in einer erstaunlichen Assimilationskraft verschiedenartigste religiöse Erfahrungen an sich zu ziehen und

miteinander zu vereinigen vermag. So hat man nicht zu Unrecht von einer
»gleichsam ›hinduistischen‹ Grundstimmung« (Michael Mildenberger)
gesprochen, die sich im zunehmend säkularisierten Europa ausbreitet.

2.4 Kristallisationspunkte im psycho-religiösen und gesellschaftlich-religiösen Feld

Die religiöse Landschaft der Bundesrepublik ist keineswegs nur durch die
Großkirchen, die Freikirchen, die christlichen Sondergemeinschaften und
die außerchristlichen Religionen bestimmt. Sie wird auch nicht nur geprägt
durch einen stetigen Abwanderungsprozeß in die Säkularisation, innerhalb
dessen sich andererseits unübersehbare Gegenbewegungen einer Wiederentdeckung substantiellen christlichen Glaubens zeigen (etwa Taizé). Es
gehört vielmehr heute zu ihren Kennzeichen, daß sehr deutliche Spuren
dessen wahrzunehmen sind, was Oswald Spengler mit dem Terminus von
der »zweiten Religiosität« auf einen Begriff zu bringen suchte. In dieser
»zweiten Religiosität« meldet sich – freilich nach seiner Sicht – eine
archaische religiöse Haltung wieder, nachdem aus den in Filigranarbeit
erstarrten Dogmengebäuden der Hochreligionen das Leben ausgezogen
ist. Ansätze davon zeigen sich in den merkwürdigen und schwer faßbaren
Erscheinungen jener Zwischenfelder, in denen psychologische und gesellschaftliche Phänomene in eine eindeutig religiös gestimmte Sphäre hinüberwandern oder umgekehrt ursprünglich genuin religiöse Phänomene
sich im Gewand psychologischer oder gesellschaftlicher Angebote präsentieren. Dabei sind diese Erscheinungen deutlich zu unterscheiden von den
sozusagen klassischen Ideologien in ihrer – nach Tillich – »quasi-religiösen« Gestalt. Im Gegensatz zu deren kompakter, zu einem geschlossenen
System sich verdichtenden Ausprägung ist das Kennzeichen dieser neuen,
sich religiös aufladenden Vorgänge der sanfte, gleitende und kaum wahrnehmbare Übergang.

2.4.1 Die »Transzendentale Meditation«

Von Maharishi Mahesh Yogi 1958 in Indien als »Spiritual Regeneration
Movement« gegründet, hat sich die TM zur mit Abstand stärksten Bewegung entwickelt, die die Erfahrung östlicher Meditationspraxis in die
westliche Zivilisation hinein vermitteln will. Heute zählt man allein in der
Bundesrepublik schätzungsweise 70 000, die nach den Methoden der TM
meditieren. Auf diesem Weg hat die Bewegung freilich viele Wandlungen
durchgemacht. Als »Wissenschaft der schöpferischen Intelligenz« präsentiert sie sich heute mit ihrem »Weltplan« als die Rettung der Menschheit,
hat sie sich an Universitäten und Hochschulen etabliert und ist längst in

jeder Hinsicht gesellschaftsfähig geworden. Die Anklagen, die vor allem von indischen Yogis gegen sie erhoben werden, konzentrieren sich auf den harten Vorwurf des Verrats an dem, was nach allen religiösen Erfahrungen Indiens Meditation eigentlich bedeutet. Denn die TM will ja keineswegs den langen und entbehrungsreichen Weg nach innen führen, sondern im täglichen Schnellverfahren die durch Leistungsdruck und Streß angeschlagene seelische Stabilität des heutigen Abendländers wieder ins Gleichgewicht bringen. Ihre Parole lautet: »Leistungssteigerung durch Meditation«. Auf der anderen Seite ist aber unverkennbar, daß die TM hinduistisches religiöses Gedankengut zum Mutterboden hat. Insofern kann man keineswegs von einer religionsneutralen, rein pragmatischen Methode sprechen. Die TM ist möglicherweise sogar eines der eklatantesten Beispiele dafür, welche Möglichkeiten ein solcher Kristallisationspunkt im psycho-religiösen Feld heute hat. Denn es ist zu vermuten, daß genau diese Kombination von einem geheimnisumwitterten, aber nur unaufdringlich in Erscheinung tretenden fremdreligiösen Hintergrund und der mit dem Pathos moderner psychologischer Wissenschaftlichkeit auftretenden Methode nicht wenig zur Anziehungskraft der »Transzendentalen Meditation« beiträgt.

2.4.2 Die Yoga-Gruppen

Nicht als geschlossene Bewegung, wie die TM, aber im Prinzip mit den gleichen Problemen konfrontiert, treten uns auf diesem psycho-religiösen Feld die zahllosen Yoga-Zirkel und Yoga-Gruppen entgegen. Sie reichen von hoch spezifizierten Schulungszentren bis hin zu breit gefächerten Volkshochschulkursen und halb privaten Veranstaltungen. Zunächst, unter vordergründigen und in der Werbung häufig stark hervorgehobenen Gesichtspunkten, haben sie das Ziel, körperliches Wohlbefinden mit seelischer Harmonie zu vereinigen. Die Yoga-Bewegung in Deutschland, die besonders nach dem zweiten Weltkrieg zu hoher Blüte kam und zu der man heute rund 100 000 Praktizierende rechnet, hat dabei sicher eine Art Emanzipationsprozeß von ihrem hinduistischen Mutterboden durchgemacht. Trotzdem tritt dieser hinduistische religiöse Hintergrund, nämlich den göttlichen Kern im Menschen zu wecken und ihn bis zum Einswerden mit dem göttlichen Urgrund zu führen, um so mehr hervor, je ernsthafter versucht wird, Yoga in seinem Wesen zu erfassen und zu praktizieren. Insofern gehört auch Yoga zu jenen Kristallisationspunkten im psycho-religiösen Feld, das heute aus der religiös-weltanschaulichen Situation der Bundesrepublik nicht mehr wegzudenken ist.

2.4.3 Die »Scientology-Kirche«

Von dem 1911 geborenen Amerikaner Ron Hubbard ins Leben gerufen und in der Bundesrepublik bislang unter die »Jugendreligionen« gerechnet, hat sich auch die Scientology-Kirche der Erfüllung jener großen Erwartungen verschrieben, die heute allen jenen entgegengebracht werden, die psychische Stabilisierung und Wiedergewinnung der seelischen Harmonie versprechen. Nur ist ihr Weg genau umgekehrt als der der TM und der Yoga-Gruppen. Hubbard legte der Öffentlichkeit zwei aufeinander aufbauende weltanschauliche Systeme vor, »Dianetics« und »Scientology« genannt. Sie sollen mit ihren theoretischen Erkenntnissen und ihrer praktischen Anwendung einen Durchbruch zu einer neuen Phase der Menschheitsgeschichte darstellen. Auf der Basis einiger psychologischer Erkenntnisse, vermischt mit einigen Bruchstücken aus verschiedenen Religionen, wird so »die langersehnte Brücke zur totalen Freiheit für den Menschen« propagiert. Von einer straffen, die einzelnen Mitglieder unerbittlich fordernden Organisation, der »Sea-Org«, getragen, werden »Auditings« angeboten, eine Mischung zwischen seelsorgerlicher Beichte und psychologischem Test. Wesentliches Hilfsmittel ist dabei das sogenannte E-Meter, ein Gerät auf der Grundlage der Wheatstonschen Meßbrücke, das den Widerstand der durch emotionale Schwankungen sich ändernden elektrischen Körperströme mißt. Die in vielen, später immer kostspieliger werdenden Kursen erworbene tiefere Selbsterkenntnis will so den Menschen zum »Clear«, zur höchsten Stufe der Freiheit führen. Zugleich versteht sich diese ganze, von einem merkwürdigen Synkretismus zwischen Psychologie, Technik und Religion geprägte Weltanschauung mit ihrem Organisationssystem als eine »Kirche«. In der Auseinandersetzung mit kritischen Rückfragen außerordentlich scharf und ganze Prozeß-Serien auslösend, hat die Scientology-Kirche als neue Variante auf dem psycho-religiösen Feld – freilich nach eigenen Angaben – auf der ganzen Welt bereits 15 Millionen Menschen erfaßt und in der Bundesrepublik Tausende durch ihre Kurse geschleust.

2.4.4 Die Psycho-Gruppen

Die Zauberformel von der »Gruppendynamik«, hervorgegangen aus den Versuchen und Erfahrungen des ehemaligen Berliner und später in den USA lebenden Gestaltpsychologen Kurt Levin, hat auch in der Bundesrepublik längst ihre Anziehungskraft erwiesen. Ganz abgesehen von den häufig auch unkritisch und dilettantisch angewandten gruppendynamischen Methoden, vor allem innerhalb vieler schon bestehender Ausbildungseinrichtungen, existieren inzwischen in der Bundesrepublik rund dreißig Institute von gruppendynamischen Trainingsformen der verschiedensten Richtungen. Vorwiegend in den »Encounter«-Gruppen, die die Teilnehmer zu neuer Selbsterfahrung im Aufarbeiten und Durchbrechen unbewußter sozialer Ängste, Verhaltensstörungen und seelischer Hemmnisse führen wollen, sind immer wieder ausgesprochen religiöse Elemente zu finden. Einmal in Richtung von Versuchen zur Selbsterlösung, die weit über die bloße Psychotechnik gruppendynamischer Trainingsformen hinausgehen. Zum anderen in Richtung einer Überhöhung der Gruppe selbst, die dann als sektenartiges Gebilde zur religiösen Heimat wird. Bei beiden Spielarten wird offenkundig, wie ein heimatlos gewordenes religiöses Suchen die Psychogruppe als Kristallisationspunkt entdeckt. Aber auch Bewegungen wie die, die von *Bhagwan Shree Rajneesh* und seinem indischen Ashram ausgeht, wie *Eckankar,* die Kunst der Seelenreise, oder wie *Earthplay* (SLS), wo es um »meditative Selbsterforschung« geht, sind den Psycho-Gruppen zuzurechnen.

2.4.5 Die AAO »Aktionsanalytische Organisation bewußter Lebenspraxis«

Was in den »Encounter«-Gruppen auf Zeit in einer breiten Streuung vom Gespräch über die Handlung bis hin zur leiblichen Berührung geschieht, das hat die AAO in ihrer Weise in radikalster Form aufgegriffen und in ein Programm als Grundlage einer neuen Lebensgemeinschaft gefaßt. Einerseits auf das heftigste kritisiert, ist das Emporschießen dieser neuen Gruppe mit dem Zwang aller Mitglieder zur totalen Integration andererseits symptomatisch für vieles von dem, was auf dem psycho-religiösen und gesellschaftlich-religiösen Feld gegenwärtig vor sich geht. Denn daß eine nur mit religiöser Inbrunst zu vergleichende Heilserwartung hinter dem ganzen Unternehmen steht, ist unverkennbar. Die AAO wurde 1970 von dem Wiener Aktionskünstler Otto Muehl gegründet. Sie will nach ihrem eigenen Selbstverständnis eine Weiterentwicklung und Synthese aus Marxismus, den Erkenntnissen Sigmund Freuds und den gesellschaftlichen Erneuerungsversuchen der 60er Jahre sein. Dabei soll die Ausweitung des Sozialismus »um die biologische Dimension der freien Sexualität« erfolgen. Alles Unglück sieht die AAO in den biologischen und seelischen Verkrüppelungen, die die Kleinfamilie verursacht. In der allabendlichen »Selbstdarstellung« soll das Geburtserlebnis noch einmal wiederholt und der verkrüppelte Kleinfamilienmensch überwunden werden. Die materielle Basis der einzelnen AAO-Gruppen bilden Geschäftsunternehmen wie Kraftfahrzeughandel, Kleintransport, Elektrowerkstätten, Malerwerkstätten oder Druckereien. Von Muehl als absolut anerkannter Autorität geleitet, ist die AAO von dem 1972 erworbenen Friedrichshof am Neusiedler See vor allem auf die Universitätsstädte übergesprungen. Man schätzt die Zahl ihrer Mitglieder in den Gruppen in Wien, Berlin, Hamburg, Kiel, Bremen, München, Genf, Paris und Oslo gegenwärtig auf ungefähr 400.

2.4.6 Die Alternativgruppen der religiösen Subkultur

Von allen diesen Gruppierungen im psycho-religiösen und gesellschaftlich-religiösen Feld sind vor allem jene zahllosen kleinen und kleinsten Aktivitäten am schwersten in den Blick zu bekommen, die im weiteren Gefolge der Hippiebewegung in den USA auf deutschem Boden entstanden sind. Zwar ist der Gedanke, eine die Massen erfassende Alternativkultur zu der von Wissenschaft und Technik geprägten Welt aufzubauen, von den meisten von ihnen längst aufgegeben. Der »Traum vom meditativen, zärtlichen, solidarischen, bedürfnislosen, kreativen Leben«, wie es einer ihrer herausragenden Repräsentanten, Reimar Lenz, formuliert hat, scheint ausgeträumt. Nicht zuletzt wohl deshalb, weil bei ihnen kaum Ansätze zu finden waren, den heraufziehenden gewaltigen Problemen der wissenschaftlich-technischen Zivilisation anders als durch einen romantisch anmutenden Rückzug zu begegnen. Aber sie leben mit einer merkwürdigen Zähigkeit weiter in Dachstuben und Kellergeschossen oder in Landkommunen, spalten sich und schließen sich wieder zusammen und haben in einer kaum mehr zu überschauenden Fülle von Kleinstverlagen und Untergrundzeitschriften, die an keinem Kiosk zu kaufen sind, ein unwahrscheinliches Kommunikationssystem untereinander aufgebaut. Sie wenden sich, wie etwa die »Obermühle Familie« südlich von München in bewußt exemplarischer Weise einem natürlichen, d. h. vorindustriellen Leben mit makrobiotischer Ernährungsweise zu. Sie machen eigene Zeitungen, wie der »Grüne Zweig« oder der »Kompost«, in denen Werner Pieper und seine Aktion »Grüne Kraft« im Odenwald seine Erfahrungen weitergibt. Oder sie publizieren in anspruchsvollen Magazinen (ZERO, Middle Easth) jene weltanschaulich-religiöse Gedankenwelt, die diese ganze Subkultur durchzieht. Sie wird vor allem von Elementen der Mystik aller Religionen, von esoterischem Gedankengut, von einer aller Dogmatik und Institutionalisierung feindlichen Spiritualität getragen und von einer asiatischen religiösen Grundstimmung geprägt. Einer Grundstimmung, die sich dann, wie bei der indischen Reformbewegung *Ananda Marga*, gelegentlich auch in festen Organisationen manifestieren kann. Zahlenangaben über Interessenten, Mitglieder oder Gruppen kennt hier niemand. An irgendeine statistische Erfassung ist überhaupt nicht zu denken. Was aber im Zusammenhang der Analyse der weltanschaulich-religiösen Situation in der Bundesrepublik eine nicht zu unterschätzende Bedeutung hat, das ist die erstaunliche Ausstrahlung des hier zu findenden religiös-gesellschaftlichen Gedankengutes auf nahezu die gesamte junge Generation. Es ist jedenfalls nicht ausgeschlossen, daß, wie einst vom alten Wandervogel, auf lange Sicht gesehen, beträchtliche Impulse von diesen, zwischen gesellschaftlichen und religiösen Schwerpunkten sich bewegenden Alternativgruppen ausgeht.

2.4.7 *Restgruppen völkischer Religiosität*
Einst von erheblicher Bedeutung und, im Sinne einer durch das dogmatische Christentum hindurchstoßenden urtümlichen religiösen Vorstellungswelt, heute sogar in Zeitschriften der religiösen Subkultur wiederauftauchend, existieren noch und wieder Gruppierungen einer völkischen Religiosität. Neben Gruppen, wie der *»Artgemeinschaft e. V. Glaubensbund wesensgemäßer Daseinsgestaltung«* oder dem *»Goden-Orden«* finden sich auch lockerere, um Rundbriefe sich sammelnde Gemeinschaften, wie die *»Gesamtdeutsche Arbeitsgemeinschaft«* in Hamburg. Sicher mit Abstand nach wie vor am bedeutendsten ist jedoch die heute 15-20 000 Anhänger geschätzte Gruppe der Ludendorff-Anhänger. 1937 wurde ihr *»Bund für Deutsche Gotteserkenntnis (L)«* gegründet und nach dem Ende des nationalsozialistischen Reiches, zu dem er immer in erheblichen Spannungen stand, 1946 als *»Bund für Gotteserkenntnis (L)«* wieder konstituiert. Auch heute hält er, unangefochten durch alle geschichtlichen Erfahrungen an seiner arteigenen Religion im Kampf gegen überstaatliche Mächte fest.

2.5 Der Zug zum Synkretismus bei den neu aufkommenden religiösen Bewegungen

Bei der Mehrzahl der neu aufkommenden religiösen Bewegungen sind ausgesprochen synkretistische Züge zu beobachten. Dafür gibt es eine Reihe von Gründen. Nicht zuletzt ist es das durch die modernen technischen Möglichkeiten begünstigte und bei bedeutenden Teilen der jungen Generation im deutlichen Wachsen begriffene Bewußtsein einer Welteinheitskultur. Typisch für eine solche, religiöse und politische, östliche und westliche Elemente vermischende und zu einem neuen weltanschaulich-religiösen System zusammenführende Gemeinschaft ist die »Vereinigungskirche«. Typisch an ihr ist aber ebenso, daß solch ein neues synkretistisches System rasch seinerseits ein hartes Profil bekommen kann und gerade dadurch, speziell unter der jungen Generation, die in einem Meer von Pluralismus nach festen Inseln Ausschau hält, Anhänger findet.

2.5.1 *Die »Vereinigungskirche«*
Auch sie wird herkömmlicherweise unter die »Jugendreligionen« gerechnet. Ihr Gründer, San Myung Mun, wurde 1920 in Korea geboren. »Die

Geschichtsschreibung«, so heißt es in einem offiziellen Lebenslauf, »wird jenen Tag als den Beginn eines kosmischen Übergangs kennzeichnen.« Denn Mun ist in der Sicht seiner Anhänger zum »unumschränkten Sieger von Himmel und Erde« geworden, hat sich zu »einem reinen und vollkommenen Sohn Gottes emporgekämpft« und schickt sich an, das Erlösungswerk Christi zu vollenden. Insofern wird man die »Vereinigungskirche« auch unter die in 2.1.3 genannten Gruppen rechnen können, die von einer dominierenden Leitfigur geprägt sind. Aber im Gegensatz etwa zu Moses Berg, der bei den ebenfalls den »Jugendreligionen« zugerechneten »Kindern Gottes« eine ähnlich überragende Stellung einnimmt, mobilisiert Mun seine Anhänger nicht zur Überwindung des bestehenden »Systems«. Er will vielmehr selbst an die Spitze der Repräsentanz dieses »Systems« treten. Deshalb veranstaltet er mit großem Aufwand und gezielter Öffentlichkeitswirkung wissenschaftliche Kongresse. Deshalb treten die »kleinen Engel von Korea« im Fernsehen auf. Deshalb hat er erfolgreich ein kleines Wirtschaftsimperium aufgebaut (vor allem Ginseng-Tee – Marke »Il Hwa«, Titanium, Luftgewehre u. a.). Sein Ziel ist, die gesamte Welt zu »vereinigen«. Persönlich geprägt von Erfahrungen in koreanischen Gefängnissen und Arbeitslagern, hat sich bei ihm in diesem Zusammenhang ein militanter Anti-Kommunismus entwickelt, der zu den wichtigsten Kennzeichen der »Vereinigungskirche« gehört (ihr Wahlhilfeangebot wurde bei der Bundestagswahl 1976 sowohl von der CDU als auch von der CSU entschieden zurückgewiesen). Dabei ist nicht mehr deutlich zu unterscheiden, ob das Politische oder das Religiöse den Schwerpunkt der »Vereinigungskirche« bildet. Denn mit den Vorstellungen eines Gottgesandten verbindet sich der Gedanke von Korea als dem neuen heiligen Land und verbinden sich Kreuzzugsideen im Zusammenhang mit dem von den Mun-Leuten erwarteten dritten Weltkrieg, in dem »als letzte Maßnahme Gottes« »die demokratische Welt die kommunistische Welt unterwerfen muß«. Dies alles ist vor dem Hintergrund der Lehre Muns zu sehen, die in den «Göttlichen Prinzipien« niedergelegt ist. Hier begegnet uns mit allen Kennzeichen des Synkretismus ein kompliziertes, gnostischem Ideengut verwandtes, religiös-weltanschauliches System. Es ist geprägt von einem totalen Dualismus, wobei Mun und seine Bewegung als Avantgarde des Guten fungieren. Wer in der Bundesrepublik zur »Vereinigungskirche« stößt, erhält seine Schulung meist in Camberg (Taunus), um dann entweder in der Bundesrepublik auf Missionsreise geschickt zu werden, sich einer Wohnzelle anzuschließen oder seinen Einsatz im »Ein-Welt-Feldzug« irgendwo außerhalb Europas zugewiesen zu bekommen. Alle Probleme, die auch sonst bei den »Jugendreligionen« zu finden sind, treten in starkem Maß auch bei der »Vereinigungskirche« auf. Sie beginnen bei Isolierung und Indoktrination und führen bis zur totalen Eingliederung in ein in sich geschlossenes System, das von einer selbst nicht kontrollierbaren autoritären Hierarchie gesteuert wird. Die Zahl der fast ausschließlich jugendlichen Anhänger wird in der Bundesrepublik gegenwärtig auf etwa 2000 geschätzt.

3 Gesichtspunkte zur Beurteilung

3.1 Die Dynamik, die auf dem Feld der außerkirchlichen religiösen Gemeinschaften zu beobachten ist

Die Frau, die das Gespräch mit ihrem jüngst verstorbenen Mann wieder aufnehmen und ihm noch etwas Wichtiges mitteilen möchte, ist gerne bereit, der Einladung zu einer spiritistischen Sitzung Folge zu leisten. Aber sie denkt deshalb nicht im leisesten daran, aus ihrer katholischen Kirche auszutreten oder auch nur die Frage zu stellen, ob dies mit der offiziellen katholischen Lehre vereinbar ist oder nicht. Der junge Mann, der etwas von der befreienden Wirkung der Meditation gehört hat, fragt: wo finde ich eine günstige Gelegenheit zum meditieren? Erst sehr viel später wird er merken oder überhaupt sein Interesse darauf richten, daß hinter den Meditationskursen, die er jetzt besucht, möglicherweise hinduistisches Gedankengut steht. Aber auch wenn er der evangelischen Kirche angehört und weiterhin angehören will, so sieht er sich doch dadurch keineswegs in schwere Gewissenskonflikte gestürzt. Diese beiden, aus der unmittelbaren Praxis angeführten Beispiele möchten andeuten, in welchem Maß die religiös-weltanschauliche Landschaft in Bewegung geraten ist. Die Haltekraft der Institution Großkirche ist im Schwinden. Eine generelle Institutionsfeindlichkeit der jungen euro-amerikanischen Generation macht sich zunehmend bemerkbar und hat ihre Ausstrahlungen auch in die Welt der Erwachsenen hinein. Sie wirkt sich aber auch dahingehend aus, daß sich neue religiöse Entwicklungen viel weniger in neuen Organisationen, als vielmehr in sich ändernden Grundstimmungen niederschlagen. Alles, was mit TM (2.4.1), mit den Yoga- und Psychogruppen (2.4.2 und 2.4.4), mit den Alternativgruppen der religiösen Subkultur (2.4.6) zu tun hat, gehört in diesen Zusammenhang. Zugleich entwickelt sich, vor allem wiederum in der jungen Generation, eine Art religiöses Weltbürgertum, das in einem synkretistischen und eklektischen Verfahren die Wahrheitsfrage zumindest relativiert und – darin einer typischen Verhaltensweise der hochindustrialisierten Konsumgesellschaft folgend – Religion nur noch unter dem Gesichtspunkt der subjektiven Bedürfnisse sieht. Bezeichnenderweise zeigen so verschiedene Gruppierungen wie etwa die Vereinigungskirche (2.5.1) im Blick auf den Synkretismus, etwa die Gruppe der Unitarier oder der Freireligiösen (2.2.1 und 2.2.2) im Blick auf den Subjektivismus Tendenzen, die beide auf die Auflösung traditioneller und durch Jahrhunderte gewachsener Religionsgemeinschaften hinauslaufen. Hinzu kommt noch eine weitere Beobachtung: Während im 19. Jahrhundert mit seinem aufblühenden Vereinswesen außerkirchliche religiöse Gemeinschaften sich, angefangen von der Lehre bis hin zur inneren Struktur, fast ausschließlich als kleine Gegenkirchen mit fester Mitgliedschaft konstituierten, so ist diese Prägung durch das Corpus christianum, sowohl was die Lehre, als auch was die Kirchengestalt anlangt, sehr viel lockerer geworden. Will man Bilder gebrauchen, so wird man zunächst von zwei konvergierenden Aspekten reden müssen: Der Lockerung des Bodens der weltanschaulich-religiösen Landschaft begegnet das Aufkommen von Winden des genannten relgiösen Weltbürgertums, die von allen Richtungen her wehen und vor allem von der jungen Generation wahrgenommen werden. Neue außerkirchliche religiöse Gemeinschaften bilden sich gegenwärtig kaum mehr so, wie im 19. Jahrhundert fast immer, nämlich durch aktive Missionstätigkeit (meist von den USA ausgehend) oder durch »Kalben« vom Gletscher Großkirche (hierher gehören z. B. die »Neuapostolische Kirche« (2.1.1), die »Evangelisch-Johannische Kirche« (2.1.3) und in ihrer Weise auch die »Christengemeinschaft« (2.1.5). Sie bilden sich auch kaum mehr so, daß etwa die christliche Endzeiterwartung, die Rückorientierung am Urchristentum oder eine christliche Neuoffenbarung zum alles andere beherrschenden Thema erhoben wird (etwa wie bei den »Siebenten-Tags-Adventisten« (2.1.1), bei den »Zeugen Jehovas« (2.1.1), bei der Pfingstbewegung (2.1.2) oder bei der Lorber-Gruppe (2.1.4). Immer häufiger werden vielmehr die Fälle, wo fremde weltanschauliche oder religiöse Samenkörner von irgendwoher geweht werden, um in dem aufgelockerten Boden Wurzel zu schlagen und völlig eigenständige Pflanzen zum Wachsen zu bringen (z. B. die »Scientology-Kirche«, 2.4.3) oder die Psycho-Gruppen, 2.4.4). Eine solche Situation ist natürlich das Ergebnis einer langen Entwicklung. Sie wurde eingeleitet durch den Kampf um die allgemeine Religionsfreiheit und außerordentlich gefördert durch die Mobilität der modernen Welt mit ihren Möglichkeiten des Informationsaustausches und des Aufbrechens alter, geschlossener Gesellschaftsstrukturen. Dies alles schließt freilich neue Konzentrationsbewegungen nicht aus. Einige der sogenannten »Jugendreligionen« etwa sind dabei, auf dem historischen Boden der von der Säkularisation bedrohten, weithin profillos gewordenen Volkskirchen kleine, christlich und außerchristlich geprägte religiöse Gemeinschaften mit straffer Autorität und ideologischem Profil aufzubauen.

(Hier sind vor allem zu nennen die »Kinder Gottes«, 2.1.3, die »Hare-Krishna-Bewegung«, 2.3.2 und die »Vereinigungskirche«, 2.5.1.) Denn während besonders auf religiösem Gebiet einerseits ein extremer Individualismus um sich greift, der jede von außen herantretende Autorität ablehnt, besteht nach vielen Erfahrungen die Anziehungskraft der Jugendreligionen besonders auf junge Menschen gerade in ihrer straffen Autoritätsstruktur und in ihrem ideologischen Profil. Mit solchen Beobachtungen wird allerdings bereits ein Feld betreten, das weit hinausführt in die grundsätzliche Analyse der von Wissenschaft und Technik geprägten Welt, wie sie etwa Daniel Bell mit seiner gerade vom religiösen Hintergrund her entwickelten These vom Auseinanderfallen aller Bereiche und dem Todeskampf eines einheitlichen Kulturbewußtseins entwickelt hat.

3.2 Historische Aufarbeitung

Die Geschichte der außerkirchlichen religiösen Gemeinschaften, die auf dem Boden der Bundesrepublik bis in die Gegenwart hinein nahezu ausschließlich von dem Verhältnis zwischen Kirche und Sekte geprägt war, läßt sich in drei Epochen aufgliedern. Die jüngste dieser drei Epochen begann – soweit man das heute schon übersehen kann – nach dem ersten Weltkrieg. Unterbrochen durch die Ära des Nationalsozialismus mit ihren ganz anders gelagerten Verhältnissen wurde ihre Besonderheit aber erst Mitte der 60er Jahre, am Ende der Nachkriegszeit nach dem zweiten Weltkrieg deutlicher sichtbar. Ihr Kennzeichen besteht darin, daß in zunehmendem Maße neue religiöse Gemeinschaften entstanden, die nur noch bedingt oder gar nicht mehr auf die christliche Botschaft hin orientiert sind (etwa die Freireligiösen nach dem Ende des ersten Weltkrieges (2.2.2), die Moslems (2.3.1), die Hare-Krishna-Bewegung (2.3.2), die »Transzendentale Meditation« (2.4.1), die Yoga-Gruppen (2.4.2), die »Scientology-Kirche« (2.4.3), die Psychogruppen (2.4.4) oder die Alternativgruppen der religiösen Subkultur (2.4.6) am Ende der Nachkriegszeit nach dem zweiten Weltkrieg). Auch wenn man die Prägekraft von durch Jahrhunderte hindurch Gewordenem selbst im Zeitalter der nivellierenden Massengesellschaft nicht unterschätzen darf, so ist doch unverkennbar, daß diese jüngste Epoche vom Prozeß des Abbaus geschichtlicher Bindungen gekennzeichnet ist. Die mittlere dieser drei Epochen ist durch die Bildung der »klassischen« Sekten gekennzeichnet, die auch heute noch mit relativ hohen Mitgliederzahlen neben den Großkirchen existieren. Diese »klassische« Sekte hat sich längst konsolidiert und ihren teils leicht expandierenden, teils leicht zurückgehenden Bestand durch mehrere Generationen hindurch gehalten. Dazu sind etwa zu zählen die »Neuapostolische

Kirche«, die »Siebenten-Tags-Adventisten«, die »Zeugen Jehovas« (2.1.1), die Mormonen, die »Johannische Kirche« (2.1.3) oder die »Christliche Wissenschaft« (2.1.5). Sie alle sind Ende des 18., im 19. oder zu Beginn des 20. Jahrhunderts entstanden. Es war die Zeit des Endes des Staatskirchentums und des Durchbruchs des Gedankens der religiösen Toleranz im Gefolge der Aufklärung. Dabei ist es nicht zufällig, daß nicht wenige dieser »klassischen« Sekten in den USA ihren Ursprung haben und von dort aus ihre Missionare nach Europa sandten. Sie waren damit Teil jener Wanderbewegung, die einst von England und den Niederlanden ihren Ausgang genommen hatte. Von calvinistisch-puritanischem Geist getragen, überquerten im Zuge der Einwanderung nach Nordamerika auch erhebliche Kontingente von religiösen Nonkonformisten den Atlantik. Sie wollten in der neuen Heimat, unbeeinflußt von staatskirchenrechtlich orientierten Obrigkeiten, ihren religiösen Überzeugungen nach leben können. Damit wurde dort zugleich jenes Klima und jenes Bewußtsein geschaffen und schließlich in der Verfassung verankert, das die staatlicherseits unbehinderte Gründung neuer religiöser Gemeinschaften ermöglichte. Teils von eindrucksvollen Elementen christlicher Erneuerung geprägt, teils auch stark an der persönlichen religiösen Bedürfnisbefriedigung ihrer Mitglieder orientiert, begannen diese Gemeinschaften nun ihrerseits mit den erfolgreichen Versuchen, ihr religiöses Gedankengut ins alte Europa einzuschleusen. Wie stark diese mittlere Epoche in der Geschichte der außerkirchlichen religiösen Gemeinschaften auch heute noch die religiöse Situation in der Bundesrepublik mit bestimmt, ist allein aus der Tatsache ersichtlich, daß die deutschen Zweige der einst in den USA gegründeten neuen Gemeinschaften selbstverständlich nach wie vor auch dort ihr meist sehr straff regierendes Führungszentrum haben.

Die älteste dieser drei Epochen ist geprägt durch die jahrhundertelangen Auseinandersetzungen zwischen der großen, alle Machtmittel in ihrer Hand vereinigenden Staatskirche auf der einen, den immer wieder neu entstehenden kleinen opponierenden Gruppen, die dieser Staatskirche das Bündnis mit der Welt und den Verrat am urchristlichen Gedankengut vorwarfen, auf der anderen Seite. Das Christentum war durch die von Kaiser Konstantin eingeleitete politische Entwicklung zur alleinigen Staatsreligion geworden. Cyprian hatte in der theologischen Argumentation den Satz geprägt, der Geschichte machen sollte: »salus extra ecclesiam non est.« Hinzu kam römisches Rechts- und Ordnungsdenken. Dies alles zusammen führte dazu, daß jede innerkirchliche Oppositionsbewegung in Gefahr stand, an den Rand der Legalität gedrängt und schließlich als tödliche Bedrohung der bestehenden Ordnung blutig verfolgt zu werden. Auch wenn von den Montanisten und Donatisten in der alten Kirche, von den mittelalterlichen Katharern und Albigensern keine geschlossenen Gemeinschaften mehr übriggeblieben sind, ihre Ideen blieben durch manche Metapmorphosen hindurch lebendig. Vor allem aber blieb in den außerkirchlichen Gemeinschaften ein Bild der Großkirche bis heute lebendig, das sie ausschließlich als korrupte Fehlentwicklung der einstigen urchristlichen Gemeinde zeichnete, dem um so strahlender das Bild der eigenen Gruppe entgegengehalten werden konnte – so wie umgekehrt von der Kirche die Sekte fast ausschließlich unter dem Blickwinkel des Abfalls und der Verfälschung des Evangeliums gesehen wurde. So produzierte im Lauf der weiteren Entwicklung jedes Kirchentum auch sein Sektentum. Beide blieben in einer Atmosphäre des gegenseitigen Mißtrauens, das sich immer wieder bis zum leidenschaftlichen Haß steigern konnte, aneinandergekettet.

Erst allmählich setzte sich eine differenziertere Betrachtungsweise dieser beiderseitigen Entwicklungen durch. Im Blick auf die Sekten gab es Ansätze dazu bereits im Mittelalter und der Reformationszeit. Einen ersten Durchbruch durch die bestehenden Vorurteile erzielte dann die 1699 von Gottfried Arnold verfaßte »Unparteiische Kirchen- und Ketzerhistorie von Anfang des NT bis 1688«. Umgekehrt wissen wir heute, daß das Element der Häresie nicht erst von außen in die Kirche hineingetragen wurde. »Es befindet sich vielmehr von Anfang an in ihr« (Walter Nigg »Das Buch der Ketzer« Stuttgart 1949, S. 13). Vollends haben darüber hinaus Untersuchungen wie die von Walter Bauer (»Rechtgläubigkeit und Ketzerei im ältesten Christentum« (BHTh 10) 1934) gezeigt, wie historisch falsch das Bild einer Urgemeinde ist, in der die Rechtgläubigkeit von vorneherein feststand, sich siegreich gegen alle ketzerischen Anwürfe zur Wehr setzte und den geraden Weg zur späteren Großkirche eröffnete.

3.3 Soziologische und psychologische Aspekte

Außerkirchliche religiöse Gemeinschaften sind auch Sozialgebilde eigener Art. In der Zeit, da sie in Gestalt von Sekten ganz im Windschatten der Großkirche standen, haben sie als kleine Anti-Kirchen viele Strukturelemente von ihr übernommen. Aber auch dabei waren schon genug Ansätze zu erkennen, die den Typus der reinen Anti-Kirche sprengten. Ernst Troeltsch, der in seinem grundlegenden Werk »Die Soziallehren der christlichen Kirchen und Gruppen« auch die soziologisch faßbaren Unterschiede zwischen Kirche und außerkirchlicher Gemeinschaft herausarbeitete, hat, ähnlich wie Max Weber, von den Kirchen als Sozialgebilden mit dem Zug zur Gnadenanstalt, von den Sekten als Sozialgebilden mit dem Zug zur Liebesgemeinschaft gesprochen. (Ein Beispiel sind etwa die Pfingstgemein-

Ausserkirchliche religiöse Gemeinschaften

schaften mit ihrem stark antiinstitutionellen Akzent [2.1.2].) Auch wenn diese idealtypische Darstellung später unter dem Druck der Vielfalt der Erscheinungsformen ergänzt und korrigiert werden mußte (Pfingstgemeinschaften sind beispielsweise rein zahlenmäßig zu Größenordnungen herangewachsen, die den Begriff »Gemeinschaft« sprengen; man spricht deshalb zu Recht auch von »Pfingstkirchen« [2.1.2]), so bleiben doch grundlegende Gegensätze, die sich in den beiden unterschiedlichen Sozialgebilden manifestieren. So ist etwa die Kirche, speziell was die Verhältnisse in der Bundesrepublik anlangt, auch nach regionalen Prinzipien organisiert (es gibt Diözesen und Landeskirchen), während die Sekte, die ja rein zahlenmäßig keine regionalen Flächen abdeckt, meist nach personalen Prinzipien aufgebaut ist. So ist die Kirche ihrem ganzen Selbstverständnis nach zur Weltoffenheit im Sinne der Teilhabe am kulturellen Prozeß und im Sinne der Einflußnahme auf die Gesellschaft verpflichtet. Die Sekte hingegen entwickelt ihrem Wesen gemäß eine weithin in sich geschlossene »Plausibilitätsstruktur« (Peter L. Berger).

Doch mit dem allem ist ein ganz entscheidendes Element des soziologischen Aspektes noch nicht im Blick. Unter religiösen Fragestellungen zwar weithin verdeckt, hat es schon immer außerkirchliche religiöse Gemeinschaften – häufig sogar entscheidend – mitgeprägt. Sie waren nämlich nicht nur religiöse Protest- und Sammlungsbewegungen und als solche Signal einer defizitären religiösen Situation (etwa die unter 2.1.1 genannten, die Endzeiterwartung wieder neu und kategorisch ins Spiel bringenden Gruppen: »Neuapostolische Kirche«, »Siebenten-Tags-Adventisten«, »Zeugen Jehovas«). Sie waren auch nicht nur Gruppen, in denen bewußt oder meist unbewußt in der Abkehr von der Mitverantwortung an der Gestaltung der Gesamtgesellschaft politisch konservatives oder gar reaktionäres Gedankengut eine Heimstatt fand. Sie konnten, eben wiederum wegen ihrer Abschirmung gegen den gesellschaftlichen Lebensfluß, auch zu Katalysatoren der Geschichte und Avantgarden sozialer Neuerungen werden. Das beginnt etwa schon bei den Katharern und reicht bis zu den Bauernaufständen und Wiedertäufern der Reformationszeit. Aber auch der Protest gegen die moderne Industriegesellschaft findet hier einen Widerhall. Bedenkt man, daß die christliche Urgemeinde ursprünglich auch – von außen gesehen – nichts anderes als eine jüdische Sekte war, dann kann man die dynamische Potenz ermessen, die in solchen Sozialgebilden stecken kann. Mehr und mehr vom Christentum gelöst, treten vollends in den modernen außerkirchlichen religiösen Gemeinschaften häufig extrem gesellschaftskritische Ansätze auf, in vielfacher Weise gemischt mit religiös gefärbten Heilserwartungen. Man wird hier zu Recht von einer Subkultur sprechen können. Sie hat keine gewaltsamen Züge oder braucht sie zumindest nicht zu haben. Aber sie setzt sich in der für sie typischen Kombination von gesellschaftlichen, psychischen und religiösen Elementen bewußt in Widerspruch zum trotz allem immer noch vorhandenen gesamtkulturellen Bewußtsein (vgl. 2.4.5, 2.4.6). Freilich eignet diesen Gruppierungen häufig ein hoher Grad von Instabilität, wie sie auch immer wieder bei den christlich geprägten Sekten zu beobachten ist. Scheinbar harmlose Sondergruppen können sich in relativ kurzer Zeit zu einem wilden Fanatismus hochschaukeln, während aus wilden Anfangsphasen auch Klärungsprozesse erwachsen können, die zu Reifungen und ernsthaften Vertiefungen führen.

Was nun den psychologischen Aspekt betrifft, so ist hier die Dynamik der Entwicklung besonders deutlich zu spüren. Die alten »klassischen« Sekten waren und sind bis zu einem gewissen Grad auch heute noch die religiöse Heimat vieler aus den unterprivilegierten Schichten. Insofern erfüllten sie lange Zeit eine Art sozialhygienische Funktion. In der Gesellschaft häufig ohne Erfolgserlebnisse, erhielten solche Menschen durch ihre Mitgliedschaft in der Sekte das Empfinden, zur, zwar von den Mächtigen verkannten, aber dennoch auserwählten Schar zu gehören. Ihr kleines Leben erhielt im Blick auf die Endzeitereignisse plötzlich weltgeschichtliche Bedeutung. Das hat noch einen zusätzlichen doppelten Aspekt. Einerseits erfahren Menschen, die die Last der Verantwortung für ihr Leben bis an die Grenze des Hypochondrischen besonders stark empfinden, durch die diskussionslose Autorität, die ihnen meist in der Sekte entgegentritt, eine für sie befreiende Entlastung. Andererseits geben die Sekten qualifizierten Mitgliedern ohne Vorbildung und Studium gewaltige Aufstiegsmöglichkeiten innerhalb ihrer Hierarchie, auch wenn dies häufig zu höchst problematischen Auswüchsen diktatorischer, unkontrollierter Menschenführung führt (vgl. etwa Herkunft und Stellung der Apostel und Stammapostel in der »Neuapostolischen Kirche« [2.1.1]).

Dies alles hat sich jedoch bei vielen der neu aufkommenden außerkirchlichen religiösen Gemeinschaften, die nicht mehr, wie die »klassischen« Sekten, im Umkreis der Großkirchen stehen, völlig verändert. Vollends dann, wenn es sich nur um lose Gruppierungen, um Kristallisationspunkte im psycho-religiösen oder gesellschaftlich-religiösen Feld handelt. Wer »Transzendentale Meditation« betreibt, wer einer der »Yoga-Gruppen« angehört, wer sich einem Training in einer der »Psycho-Gruppen« unterzieht (2.4.1, 2.4.2, 2.4.3), hat dabei keineswegs das Empfinden, ein Außenseiter der Gesellschaft zu sein, dem Überheblichkeit, Haß, Spott oder Verachtung entgegenschlägt. Im Gegenteil! Er nimmt häufig für sich damit zugleich in Anspruch, im Unterschied zu den veralteten Lehren des Christentums auf der Höhe der Zeit zu stehen und zum geistigen Avantgardismus zu gehören. Hinzu kommt noch der Hauch des Exotischen sowie die Tatsache, daß sich dort keineswegs die Unterprivilegierten, sondern eher die Hochprivilegierten versammeln, und man durch den Besuch solcher Veranstaltungen eher in seiner gesellschaftlichen Position gehoben als deklassiert wird. Selbst quer durch die Gruppe der sogenannten »Jugendreligionen« geht dieser Schnitt. Angehörige der »Kinder Gottes« etwa (2.1.3) wird man unter diesen psychologischen Aspekten dem »klassischen« Sektentypus, Teilnehmer an »Auditings« der »Scientology-Kirche« (2.4.3) dem Typus der neu aufkommenden außerkirchlichen religiösen Gemeinschaften zurechnen müssen. Auch hier macht sich das Auseinanderbrechen eines einheitlichen Kulturbewußtseins deutlich bemerkbar.

3.4 Rechtliche Gesichtspunkte

Der Artikel 140 des Grundgesetzes, der die entsprechenden Bestimmungen der Artikel 137-141 der Weimarer Verfassung übernimmt, kennt keine Unterscheidung mehr zwischen Kirchen, Sekten, außerkirchlichen Gemeinschaften usw. Unter juristischen Gesichtspunkten ist hier nur noch von »Religionsgesellschaften« die Rede, denen die »Weltanschauungsvereinigungen« gleichgestellt sind. Beide genießen das Grundrecht, in der Freiheit der Religionsausübung sich zu vereinigen und ihre Angelegenheiten selbständig zu ordnen und zu verwalten. Durch die staatlichen Behörden kann, wenn die rechtlichen Voraussetzungen dazu erfüllt sind (vor allem muß in Verfassung und Mitgliederzahl der einzelnen Religionsgesellschaft ihre Dauer gewährleistet sein), mit der Verleihung der Rechte einer »Körperschaft des öffentlichen Rechtes« ihre, über die bloße Vereinsform hinausgehende öffentliche Bedeutung manifestiert werden. Nach dem gegenwärtig bekannten Stand sind neben den beiden großen Kirchen und ihren Gliederungen folgende außerkirchliche religiöse Gemeinschaften in einzelnen Bundesländern oder auf Bundesebene »Körperschaften des öffentlichen Rechts«: Jüdische Gemeinden und Landesverbände, Siebenten-Tags-Adventisten, Neuapostolische Kirche, Religionsgemeinschaft Deutscher Unitarier, Vereinigung der deutschen Mennonitengemeinden, Christliche Wissenschaft, Heilsarmee, Christengemeinschaft, Kirche Jesu Christi der Heiligen der letzten Tage (Mormonen), Unitarische Religionsgemeinschaft freier Protestanten, Bund Freireligiöser Gemeinden Deutschlands, Freireligiöse Landesgemeinde Württemberg, Arbeitsgemeinschaft der Christengemeinden in Deutschland (Pfingstler).

Wegen des rein zahlenmäßigen und damit natürlich auch politischen und gesellschaftlichen Übergewichts der beiden Großkirchen sind innerhalb dieses Rahmens durch einzelne Gesetze und Verträge (etwa die

Staatsverträge evangelischer Landeskirchen mit den Ländern Niedersachsen, Schleswig-Holstein und Westfalen und die Konkordate der katholischen Kirche) die Beziehungen zwischen Staat und Kirche häufig noch besonders geregelt. Die Intention dabei ist – zumindest was die Verträge mit evangelischen Landeskirchen anlangt – die Ablösung alter staatskirchenrechtlicher Formen durch eine freie, partnerschaftliche Zusammenarbeit.

Auch wenn gerade an diesem Punkt immer wieder Kritik seitens der etablierten außerkirchlichen religiösen Gemeinschaften einsetzt, so ist doch andererseits unverkennbar, daß dieser Wandel der Rechtssituation in den letzten sechzig Jahren auf das Selbstverständnis und das Selbstbewußtsein der außerkirchlichen religiösen Gemeinschaften nicht ohne Einfluß geblieben ist. Dies wird vor allem vor dem geschichtlichen Hintergrund deutlich. Selbst einst verfolgte religiöse Minderheit, war ja das Christentum zum Staatskirchentum mit einem Staatskirchenrecht geworden, dessen Reichsketzerrecht, das die Obrigkeit zum Einschreiten gegen Ketzer nötigte, theoretisch bis zum Westfälischen Frieden 1648 galt. Auch die Reformation hatte Wert darauf gelegt, nicht außerhalb des Reichsrechtes zu stehen und sich damit auch juristisch nachdrücklich von den außerkirchlichen religiösen Gemeinschaften ihrer Zeit abgesetzt. So stellt die heutige Rechtslage den Abschluß einer langen Entwicklung dar, in der die außerkirchlichen religiösen Gemeinschaften erst ganz allmählich zunächst aus der brutalen Verfolgung und dann aus der Zone der Illegalität herausfinden konnten.

3.5 Anthropologische Überlegungen und die theologische Wahrheitsfrage

Kurt Hutten spricht von der Geschichte des Sektentums als einer Geschichte, »die so wirre und wilde, oft auch grandiose Züge trägt und von so viel Verfolgung und Tränen und qualvollem Sterben berichtet«. Mit solch einer Überlegung wird eine rein darstellende Analyse gesprengt. Trotzdem stellt sich die Frage, ob diese menschliche Perspektive ausgeklammert werden darf, will man wirklich in den Blick bekommen, was hier eigentlich vorliegt. Denn bei aller Berechtigung etwa der soziologischen und psychologischen Betrachtungsweise – letztlich entzieht sich ihnen jenes rätselhafte leidenschaftliche Engagement für die religiöse Wahrheitsfrage, die Menschen bis zur bewußten Hingabe des Lebens getrieben hat, wo andere vielleicht nur unverständliche Skurrilitäten entdecken konnten. Zugleich wird man unter diesen Aspekten eine der tiefsten Zäsuren in der Geschichte der außerkirchlichen religiösen Gemeinschaften darin erblicken, daß ihre Auseinandersetzung mit der Kirche – auf die sie jahrhundertelang allein fixiert war – nicht mehr unter der Drohung blutiger Verfolgungen geschieht. Mit dem allem ist freilich auch die theologische Wahrheitsfrage gestellt. Dabei ist zu erwägen, ob man vor dem Hintergrund der Darstellung der verschiedenen Gemeinschaften nicht dadurch einen Zugang zu ihr findet, daß man die Ansätze jener soziologischen Analysen noch einmal aufnimmt, in denen als einer der ersten Ernst Troeltsch das Phänomen Kirche und das Phänomen Sekte untersucht hat, sie aber jetzt auf ihre theologische Relevanz hin prüft. Dabei stellen sich folgende Fragenkomplexe: Kann die Kirche als Heilsanstalt zugleich auch Liebesgemeinschaft sein und kann die Sekte als Liebesgemeinschaft auf den Charakter der Heilsanstalt völlig verzichten? Kann die Kirche als eine Ordnung des Rechts auch eine Ordnung des Geistes sein und kann die Sekte als eine Ordnung des Geistes auf die Ordnung des Rechts verzichten? Mit anderen Worten: liegt hier tatsächlich ein Antagonismus vor, der theologisch nur so aufzulösen ist, daß man der Sekte gegen die Kirche oder der Kirche gegen die Sekte recht gibt? Oder führt hier der vom jungen Bonhoeffer in »Sanctorum Communio« entwickelte Ansatz weiter, der von der »Willensgemeinschaft« redet, weil sowohl der Begriff der Heilsanstalt, wie der Begriff der Freien Vereinigung am – theologisch verstanden – eigentlichen Wesen der Kirche scheitert?

Die Versuche, Kirche und Sekte theologisch gegeneinander abzugrenzen, begleiten die ganze Geschichte des Christentums. Aber erst die neuzeitliche Öffnung zur Ökumene mit ihren weltweiten Dimensionen macht die Tiefe des Problems deutlich und zeigt noch einmal besonders scharf, wie sehr diese Diskussion jahrhundertelang unter den binneneuropäischen Prämissen eines Staatskirchentums und seiner »Häresien« gesehen wurde. Es gibt jedenfalls deutliche Anzeichen, daß die Kategorien Kirche–Sekte nicht mehr zureichen, um die Mannigfaltigkeit der christlichen Gemeinschaften und Gruppen zu fassen. Aber umgekehrt gewinnen diese Kategorien neues Gewicht, wenn unter dem Eindruck der weltweiten Manifestationen des Christentums der absolute Wahrheitsanspruch der jeweiligen Kirchentümer fällt, dagegen als Sekte – unabhängig von ihrer zahlenmäßigen Größe – das angesehen werden muß, was diesen absoluten Wahrheitsanspruch in exklusiver Abgrenzung gegen alle anderen christlichen Gemeinschaften erhebt. Es ist keine Frage, daß diese ökumenische Diskussion mit Vehemenz auch in die gegenwärtige religiöse Situation der Bundesrepublik hereinschlägt und sich in Zukunft noch weit stärker bemerkbar machen wird.

Dies alles wird freilich noch von einer ganz anderen Entwicklung mit nicht geringer Dynamik überlagert. Nicht nur die Kirchen und ihre christlich geprägten Sekten, sondern die außerkirchlichen religiösen Gemein-

schaften insgesamt stehen vor der Herausforderung eines Wirklichkeitsverständnisses, das jede Form religiöser Bindung als Illusion entlarven will. Und zugleich stehen sie vor der noch sehr viel komplexeren Herausforderung eines Wirklichkeitsverständnisses, aus dem Religion nicht einfach verschwunden ist, sondern sich im Medium eines nachchristlichen Säkularismus in Gestalt von pseudoreligiös geprägten Heilserwartungen wieder meldet. Dies wird man erst recht im Blickfeld haben müssen, wenn man anthropologische Überlegungen zum Thema anstellt und die theologische Wahrheitsfrage, die hier weiter zu verfolgen nicht der Ort ist, anspricht. Denn hier zeigt sich noch einmal mit besonders scharfer Akzentuierung, in welchem Ausmaß, und von den aufgerissenen Rändern der verfaßten Kirchentümer her wachsend, das weltanschaulich-religiöse Gefüge unserer Zeit in Bewegung ist.
Helmut Aichelin

»Topographie« der Religionsgemeinschaften in der Bundesrepublik Deutschland verfaßt von Pfarrer Dr. H.-Diether Reimer, Evangelische Zentralstelle für Weltanschauungsfragen, Stuttgart.

a) *Die Traditionskirchen*
Sieben lutherische, zwei reformierte und acht unierte Landeskirchen sind in der *»Evangelischen Kirche in Deutschland«* (EKD) zusammengefaßt.
Die *Römisch-katholische Kirche*, als Verband von 22 Diözesen, wird vertreten von der Deutschen Bischofskonferenz, Bonn.
Dazu kommt die *Griechisch-Orthodoxe Metropolie von Deutschland* und die *Serbisch-Orthodoxe Kirche*, der vorwiegend Jugoslawen angehören.

b) *Die sog. »Freikirchen«*
Eine Reihe von Glaubensgemeinschaften, die sich seit dem 16. Jahrhundert von den herrschenden Kirchen gelöst haben, stehen mit diesen – und darüber hinaus mit der Weltchristenheit – in einer ökumenischen Verbindung. Sie gehören der ›*Arbeitsgemeinschaft christlicher Kirchen in der Bundesrepublik Deutschland und Berlin (West) e. V.*‹ an.
Es sind dies die *Baptisten,* die mit den ›Christlichen Versammlungen‹ (Darbysten) den ›Bund Evangelisch-Freikirchlicher Gemeinden in Deutschland‹ gegründet haben.
Die *Methodisten* bildeten 1968 zusammen mit der (ebenfalls methodistischen) ›Evangelischen Gemeinschaft‹ die ›Evangelisch-methodistische Kirche‹.
Ferner die Alt-Katholiken (seit ca. 1870) und kleinere Gruppen wie Altreformierte, Mennoniten, Herrnhuter Brüdergem., Heilsarmee, Quäker.
Gastmitglieder der Arbeitsgemeinschaft sind: die ›Selbständige Evangelisch-Lutherische Kirche‹ (Altlutheraner), der ›Bund Freier evangelischer Gemeinden

in Deutschland‹ (Witten), und die beiden deutschen Pfingstverbände: Mülheimer Verband und ›Arbeitsgemeinschaft der Christengemeinden Deutschlands‹ (ACD).

c) *Die sog. »christlichen Sondergemeinschaften«*
Glaubensgemeinschaften, die ihren Glauben in Absonderung von der ökumenischen Kirchengemeinschaft für sich selbst leben, werden häufig *»Sondergemeinschaften«* (früher »Sekten«) genannt.

Von den älteren, teilweise schon seit hundert Jahren in Deutschland bestehenden Vereinigungen haben die meisten den Status einer ›*Körperschaft des öffentlichen Rechts*‹ erlangt; sie sind also – gleich den Kirchen – vom Staat besonders geschützt. Es sind dies:
die Freireligiösen Gemeinden und die Unitarier
Neuapostolische Kirche
Gemeinschaft der Siebenten-Tags-Adventisten
Mormonen
Die Christengemeinschaft (Steiner – Rittelmeyer)
Christian Science (Christliche Wissenschaft).

Ferner gehören zu den *älteren »Sondergemeinschaften«:*
die Katholisch-apostolischen Gemeinden (alt-apostolisch; »Irvingianer«),
die von d. Neuapost. Kirche abgespaltenen freien apostolischen Gemeinden,
die Gemeinden der Brüderbewegung (Freier Brüderkreis und die selbständigen Christlichen Versammlungen [geschlossene Brüder]),
die Gemeinde Gottes mit Sitz in Fritzlar (Heiligungsgemeinschaft),
die Wachtturm-Organisation der Zeugen Jehovas,
die Menschenfreundliche Versammlung (F. L. A. Freytag),
die Johannische Kirche des Joseph Weißenberg (Berlin)
und weitere Einzelgemeinden und kleinere Gruppen.

Nach dem Zweiten Weltkrieg kamen folgende Gemeinschaften hinzu:
die Freie Christliche Volkskirche (freichristlich),
die Gemeinde der Christen »Ecclesia« (Hermann Zaiss),
vor allem verschiedene Pfingstgemeinschaften wie:
Volksmission entschiedener Christen, Gemeinde Gottes (Church of God, Cleveland),
die Freie Volksmission, Krefeld (Ewald Frank) u. a. m.,
die Philadelphia Bewegung des Christian Röckle,
die Gemeinden Christi (Churches of Christ),
die Kirche des Nazareners (amerikanische Heiligungsgemeinschaft),
die Freie Bibelgemeinde, Kirchlengern (Abspaltung v. d. Zeugen Jehovas),
und eine Reihe mehr örtlicher Gemeinschaften und kleinerer Gruppen.

d) *Gläubigenkreise und -gemeinschaften*
Als *Sammlung entschiedener Christen* versteht sich eine Vielzahl von Gemeinschaften und Kreise, die aus Erweckungsbewegungen und evangelistisch-missionarischen Aktivitäten hervorgegangen sind. Sie führen ein mehr oder minder eigenständiges Frömmigkeitsleben im Rahmen der Landeskirchen und Freikir-

chen, zum Teil aber auch in Spannung zu ihnen oder neben ihnen (Ablehnung der lauen und »ungläubigen« Volkskirche), bis hin zur Bildung eigenständiger Gruppen. Neben traditionellen Vereinigungen wie pietistische Gemeinschaften, CVJM, SMD, Marburger Kreis u. a. treten in jüngster Zeit hier vor allem freie »charismatische« und »neupfingstliche« Gruppen in Erscheinung, wie etwa die »Geschäftsleute des vollen Evangeliums«.

e) *Weltanschauliche, gnostisch-esoterische, okkulte u. ä. Vereinigungen oder Gruppierungen* gehören nicht eigentlich in diesen Zusammenhang. Doch seien sie des vollständigeren Überblicks wegen genannt:
Freimaurer Logen,
Theosophische Gesellschaft (Helena P. Blavatsky),
Anthroposophische Gesellschaft (Rudolf Steiner),
Rosenkreuzer Gemeinschaften,
Swedenborg Gesellschaft, Lorber-Gesellschaft und weitere Neuoffenbarungskreise,
spiritistische Kreise u. a. m.
Einen großen Aufschwung nehmen in jüngerer Zeit Meditations- und Selbstverwirklichungszirkel, ferner Gruppierungen, die Psychotraining, Gruppendynamik u. ä. Praktiken vertreten. Bei ihnen allen schwingt ein stark religiöses sowie emanzipatorisch-lebensreformerisches Element mit.

f) *Nicht-christliche Gruppierungen*
Neben ausländischen Bevölkerungskreisen, die ihre angestammte Religion ausüben – so etwa 1,4 Mill. Moslems vorwiegend türkischer Herkunft, Angehörige der jüdischen Religion und Bekenner der Baha'i-Religion (meist Perser) –, gibt es eine Reihe deutscher Gruppierungen mit vorwiegend hinduistischem und buddhistischem Hintergrund. So etwa die Transzendentale Meditation (TM), die Divine Light Mission des Guru Maharaj Ji, die Hare Krishna Mönche und weitere kleine Gruppen. In der ›Deutschen Buddhistischen Union‹ sind kleine buddhistische Kreise zusammengefaßt.
Seit Jahren spricht man von einer *»religiösen Subkultur«,* in der sich Einflüsse verschiedenster religiöser Traditionen, Weltanschauungen und Ideologien zusammenfinden in dem Versuch, alternative Lebens- und Bewußtseinsformen zu entwickeln. Es bildeten sich Lesezirkel, Selbsthilfegruppen, Stadtteiltreffs, Landkommunen u. a. m.; jedoch kam es zu keinen organisatorischen Zusammenschlüssen.

KARL R. H. FRICK
Weltanschauungen des »modernen« Illuminismus

Dr. med. Karl R. H. Frick, geboren 1922 in Cottbus, ärztliche Praxis, seit 1956 wissenschaftlicher Mitarbeiter eines Pharmakonzerns, lebt in Bochum. Studien zur Medizingeschichte mit dem Spezialgebiet Iatrochemie, Alchemie und okkulte Medizin und ihrem ideengeschichtlichen Hintergrund. Autor einer umfassenden Geschichte und Deutung des Illuminismus, von der bisher drei Bände erschienen sind: »Die Erleuchteten« (1973), »Licht und Finsternis« (2 Bände, 1975 und 1978).

Inhalt

1	Einführung	248
1.1	Zum Begriff »Weltanschauung«	248
1.2	Weltanschauung des Einzelnen	248
1.3	Massenweltanschauung	249
1.4	Weltanschauungsbegriff des 19. Jahrhunderts	251
1.5	Abgrenzung von »Esoterik«	251
2	Was ist »Illuminismus«?	252
2.1	Abgrenzung der Begriffe »Illuminismus« und »Illuminatentum«	252
2.2	Geistiger Hintergrund: Entsprechungstheorie	253
2.3	Illuminationstheorie	254
2.4	Der »moderne« Illuminismus	255
2.5	Äußere Formen des Illuminismus	255
2.6	Die Voraussetzungen für den Illuminismus in unserer Zeit	256
2.7	Illuminismus – eine utopische Heilserwartung?	256
2.8	Zusammenfassung	257
3	Zur Topographie der einzelnen Richtungen	257
3.1	Eklektizismus und Synkretismus	257
3.2	Lokalisation	258
3.3	Übersicht der Richtungen im deutschen Sprachraum	259

3.4	Die Neognostiker	260
	3.4.1 Eglise gnostique universelle	260
	3.4.2 Papus und Theodor Reuß; die Gnostische Katholische Kirche	261
	3.4.3 Asketische Richtungen der Neognostiker	262
	3.4.4 Libertinistische Richtungen der Neognostiker	262
3.5	Die Theosophen	262
	3.5.1 Die Hermetiker	265
	3.5.2 Astrologisch-kabbalistische Richtung	265
	3.5.3 Theosophen, Pansophen und Christosophen	267
	3.5.4 Theosophie als Sammelbegriff	267
	3.5.5 Comenius und die Pansophie	269
	3.5.6 Sonderstellung der Christosophie	269
3.6	Moderne Theosophie, Spiritismus und Spiritualismus	269
	3.6.1 Die theosophischen Gesellschaften	270
	3.6.2 Theosophische Weltanschauung	270
	3.6.3 Spiritismus und Okkultismus	272
	3.6.4 Spiritismus und Spiritualismus	272
3.7	Östliche Einflüsse	273
	3.7.1 Das Buch des Dzyan	273
	3.7.2 Die Baha'i	273
3.8	Die modernen Rosenkreuzer	274
	3.8.1 Rosenkreuzer-Gemeinschaft	276
	3.8.2 Alter Mystischer Orden vom Rosenkreuz	277
	3.8.3 Lectorium Rosicrucianum	277
	3.8.4 Ordo rosae aureae	277
	3.8.5 Esoterische Gesellschaft Sivas	278
	3.8.6 Die Weltanschauung der »modernen« Rosenkreuzer	278
3.9	Die mystische Maurerei innerhalb der heutigen Freimaurerei	279
	3.9.1 Hans Graßl über die mystische Freimaurerei	281
	3.9.2 Herbert Kessler über die mystische Freimaurerei	282
	3.9.3 Gliederung der deutschen Freimaurerei	284
3.10	Randgruppen des Illuminismus	284
	3.10.1 Die Anthroposophie; Rudolf Steiner	285
	3.10.2 Steiners Begriff »Weltanschauung«	285
	3.10.3 Auswirkungen der Anthroposophie	287
	3.10.4 Die Neugeist-Bewegung	288
	3.10.5 Die »Welt-Spirale«	289
	3.10.6 Weitere Gruppen	290
4	Anhang	291
4.1	Exkurs I (über den Begriff »Illuminismus«)	291

4.2	Exkurs II (über Illuminismus und Utopie)	293
4.3	Zur Quellenlage	294
4.4	Ausblick	295

1 Einführung

1.1 Zum Begriff »Weltanschauung«

Die Anhänger des zu besprechenden »modernen« Illuminismus, einer eklektizistisch-esoterischen Strömung in der gnostisch-theosophischen bzw. rosenkreuzerisch-freimaurerischen Tradition, sind sicherlich auch Vertreter einer Weltanschauung. In dem großen Kaleidoskop der extrem unterschiedlichen geistigen Richtungen sind sie jedoch von den meist extrovertiert eingestellten, missionierenden religiösen oder politischen Gruppen, wie sie u. a. Aichelin beschreibt, abzugrenzen. Sie entwickeln keine nach außen hin sichtbare Dynamik, sondern höchstens eine nach innen gerichtete Eigendynamik, die sich äußerlich in erster Linie durch ständige organisatorische Spaltungen manifestiert. Der ausgeprägte Individualismus ihrer Anhänger und die auf einer eklektizistischen Praktik beruhende, introvertierte, auf die einzelne Person bezogene Esoterik sowie ihre weit zurückreichende geistige Tradition berechtigen eine gesonderte Betrachtungsweise ihrer weltanschaulichen Eigenständigkeit.

Gollwitzer weist in seinem einleitenden Kapitel über die »Grundbegriffe« auf die bestehenden Schwierigkeiten einer klaren sprachlichen und inhaltlichen Trennung bzw. Abgrenzung des etwas nebulösen und vielschichtigen Begriffs »Weltanschauung« gegenüber den mit ihm in Bezug stehenden Begriffen Philosophie, Religion, Ideologie und Mentalität hin. Im neuen »Historischen Wörterbuch der Philosophie« (RIT) werden dem Stichwort »Anschauung« ganze sechs Seiten gewidmet. Friedrich Kaulbach definiert die »Anschauung im philosophischen Sinne« einmal als den »Anspruch, nicht Bestimmtes an der Sache, sondern sie selbst und im ganzen zu sehen«, zum anderen aber »will sie die Art und Weise sein, wie uns die Sachen erscheinen. In der Anschauung und durch sie wird die Gegenwart der Sache erfahren«.[1] Wenn wir in die nur subjektiv erfahrbare »Sache« das jeweilige, ebenfalls nur subjektiv erfaßbare Weltbild integrieren, können wir die Definition Kaulbachs auch für unsere Untersuchung der »Weltanschauungen in der Gegenwart« übernehmen.

1.2 Weltanschauung des Einzelnen

Eine Weltanschauung kann primär nur auf eine einzelne Person bezogen werden. Sie bleibt daher im engeren Sinne stets die »Anschauung« eines Einzelnen. Jedes (denkende) Individuum hat als solches eine mehr oder weniger klare (oder auch unklare) Vorstellung von der Welt, von seiner Umwelt, in der es lebt. Hierbei können rationale Diesseits- und irrationale

Jenseitsvorstellungen, die in ihrer Summation die persönliche Weltanschauung prägen, sich die Waage halten oder das Pendel nach der einen oder anderen Seite ausschlagen. Bestimmte abstrakte, aber im Biologischen verhaftete Faktoren, wie Verstand und Intelligenz, spielen dabei die gleiche Rolle wie die irrationalen Wesenszüge im Menschen.

Das Medium bei der Bildung einer Weltanschauung ist der persönliche Glaube (oder Aberglaube). Er wiederum ist abhängig von so abstrakten Begriffen im emotionalen Bereich, wie Liebe und Haß, Hoffnung und Verzweiflung. Verstand (Ratio) und emotionales Verhalten prägen zusammen mit dem Urphänomen Angst die Intensität des Glaubens an eine selbst erarbeitete oder eine »vorgedachte«, von außen akzeptierte Weltanschauung. Bereits hier muß betont werden, daß die Bewertung einer Weltanschauung oder besser der Weltanschauungen des »modernen« Illuminismus durch seine Gegner wie durch seine Verteidiger nur der Ausdruck einer ebenfalls subjektiven, aber von anderen Voraussetzungen ausgehenden Weltanschauung einer oder mehrerer Personen darstellt.

Im allgemeinen wird von einer oder mehreren Personen, die in ihrer individuellen Anschauung übereinstimmen, eine vorgefertigte Weltanschauung mündlich oder schriftlich verbreitet. Anlaß für die Verbreitung vorgefertigter Weltanschauungen ist entweder ein selbstloses (oder auch pathologisches) Sendungsbewußtsein, ein ausgeprägter Machttrieb, die eigene Meinung anderen aufzuoktroyieren, oder ein merkantiler Hintergedanke. Die vorprogrammierte Weltanschauung wird, wenn sie »anspricht«, vom »passiv Denkenden« übernommen, er identifiziert sich mit ihr. Sie ist aber nur dann auf eine andere Person übertragbar, wenn sie weitgehend den eigenen Intentionen der Bezugsperson entspricht. Diese können idealistischer oder materialistischer Natur sein; sie können aber auch nur der Ausdruck der Unfähigkeit zum eigenen Denken sein, wie aus Mangel einer besseren eigenen Weltanschauung die innere Unsicherheit kompensieren.

1.3 Massenweltanschauung

Die für mehrere oder viele Personen »verbindlich« gewordene, jetzt im Plural existierende, aber nur nach außen hin erkennbare Weltanschauung stellt eine kollektive Anschauung dar, die Gollwitzer als »Massenweltanschauung« bezeichnet. Zur Kritik dieses Begriffs ist jedoch einzuwenden, daß die zur Beweisführung angeführten Untersuchungen und Statistiken über Zahl und Trend von »Massenweltanschauungen« z. B. bei »Kirchentreuen« beider Konfessionen, wie für Abiturienten und Studenten insofern irrelevant sind, da sie die tatsächliche Weltanschauung des einzelnen

Befragten überhaupt nicht erfassen können. Eine dem Begriff »Weltanschauung« gerecht werdende Anschauung ist bei vielen der Befragten entweder gar nicht vorhanden oder zumindest nicht verbal reproduzierbar, damit aber auch statistisch nicht signifikant. Wer von uns gibt schon in einer Zeit des geistigen (und körperlichen) Exhibitionismus seine wirkliche Gesinnung und damit seine tatsächliche Weltanschauung, die, wie der Glaube, zur ureigensten Intimsphäre jedes Einzelnen gehört, einer zu nichts führenden Befragungsaktion preis? Eher dürfte das Gegenteil der Fall sein, nämlich die bewußte Verfälschung der eigenen Anschauung des Befragten, sofern überhaupt eine vorhanden ist. So ist nicht jeder »Christ«, der regelmäßig seine Kirchensteuer zahlt und damit automatisch in der Statistik in einer bestimmten Rubrik weltanschaulich abgestempelt erscheint, ein Vertreter der christlichen Weltanschauung; ebensowenig ist derjenige, der keine Kirchensteuer bezahlt, ein Atheist.

Was uns gar von den Politikern als Weltanschauung ihrer durch sie vertretenen Parteien angeboten wird, ist auch nur das (meist zweckbedingte) Produkt ganz weniger »Macher«, deren geistiges Substrat – sofern es überhaupt vorhanden ist – keineswegs immer mit dem desjenigen übereinstimmt, der die öffentlich vorgetragene »Massenweltanschauung« einer Partei und ihrer Interpreten (vielleicht als das kleinere Übel) wählt.

Eine »Massenweltanschauung« ist eigentlich eine Anschauung, die man nicht definieren kann und die es eigentlich auch gar nicht gibt. Gollwitzer schließt seine Untersuchung ja auch sehr zurückhaltend, wenn er, um »Illusionen zu vermeiden, hinter den politisch-ideologischen und den religiös-ethischen Komponenten, die die Massenweltanschauung ausmachen, kaum etwas anderes entdeckt als die Überzeugung, daß die Entfaltung der Persönlichkeit und der gesellschaftliche Fortschritt unserem Dasein Sinn verleihen« (S. 196). Wenn wir uns dieser Bezeichnung schon bedienen, wollen wir darunter lediglich den allgemeinen Wunsch und das natürliche Bedürfnis einer weitgehend völlig indifferenten Masse von Menschen verstehen, die das eigene Leben möglichst reibungslos, bequem und »glücklich« gestalten möchte, also biologisch ausgedrückt, in einer Eubiose leben will. Störfaktoren durch Einzelne, die auf Grund ihrer individuellen Weltanschauung gegen den Strom der Massenweltanschauung schwimmen, sind daher immer ungern gesehen oder werden verfolgt.

Ganz sicherlich ist eine tatsächlich im Bewußtsein eines einzelnen Menschen vorhandene Weltanschauung mehr als die eines Mitläufers. Sie erfordert auf jeden Fall das persönliche Engagement, das dann für das aktive oder passive Verhalten des Einzelnen gegenüber seiner Umwelt verantwortlich ist.

1.4 Weltanschauungsbegriff des 19. Jahrhunderts

Fassen wir die vielschichtigen und komplexen Bezüge vom und zum Begriff »Weltanschauung« zusammen, so wird sehr gut verständlich, wenn Benz sich darüber wundert, daß anläßlich der ersten (von ihm nicht besuchten) Sitzung der Arbeitsgruppe unter den Anwesenden »über den Begriff ›Weltanschauung‹ Einigkeit besteht«.² Benz weist darauf hin, »daß der Begriff im 19. Jahrhundert einen betont antitheologischen, vor allem gegen die katholische Kirche gerichteten polemischen Sinn hatte, der z. B. bei Haeckel sehr scharf formuliert wird«.

1.5 Abgrenzung von »Esoterik«

Abschließend sei auf die Notwendigkeit hingewiesen, daß der Begriff »Weltanschauung« von der Methode »Esoterik« abzugrenzen ist. Vielfach werden beide Begriffe durcheinandergeworfen, indem die Esoterik als eine Weltanschauung bezeichnet wird. Das esoterische Verhalten eines Menschen oder einer Gruppe, das heißt also eine, wie der aus dem Griechischen abgeleitete Name sagt, »nach innen zu« gerichtete Verhaltensweise, dient lediglich bei der angestrebten Verwirklichung einer Weltanschauung durch das Individuum als Medium, als ein Vehikel, als ein Weg oder eine Methode zu dieser Verwirklichung. Ein esoterischer Weg wird von vielen Gruppen mit einer unterschiedlichen Weltanschauung oder besser Ideologie beschritten und kann daher nicht als eine spezifische Weltanschauung aller esoterisch beeinflußten Menschen aufgefaßt werden.

Aus der großen Fülle esoterisch arbeitender oder von esoterischen Lehren beeinflußter Gruppen mit ihren recht unterschiedlichen Aspekten soll im folgenden im Rahmen des Generalthemas »Weltanschauungen der Gegenwart« als Teilaspekt die weitläufige Gemeinschaft der »Erleuchteten« oder der sie beeinflussende »Illuminismus« behandelt werden. Ihre Weltanschauung entlehnen sie den alten Lehren der Gnosis, der Theosophie, Pansophie, dem Rosenkreuzertum, dem christlichen Spiritualismus wie dem materialistischen Spiritismus; ihre äußere Form ist vielfach der ursprünglich im geheimen operierenden Freimaurerei entlehnt oder sogar mit ihr in bestimmten Systemen identisch.

In die vorliegende Arbeit wurden vom Verfasser Diskussionsbeiträge von Friedrich Mordstein und Hans Graßl mit deren Genehmigung einbezogen.

2 Was ist Illuminismus?

2.1 Abgrenzung der Begriffe »Illuminismus« und »Illuminatentum«

Der Versuch einer Topographie des »modernen« Illuminismus der Gegenwart muß unvollständig bleiben, da hier aus Raumgründen nur eine Auswahl gegeben werden kann, die noch dazu auf den deutschsprachigen Raum begrenzt bleiben muß. Zunächst wird zum näheren Verständnis und zur Abgrenzung der Schnittpunkte zu zahlreichen »anderen Weltanschauungen« der Begriff: »moderner Illuminismus« definiert und ein kurzer ideengeschichtlicher Abriß erstellt.

Der Begriff »Illuminismus« ist identisch mit dem französischen »Illuminisme« und im deutschen Sprachgebrauch klar abzugrenzen von dem oft damit verwechselten »Illuminatentum«. Beide repräsentieren zwei gegensätzliche, ja feindliche Weltanschauungen. Unter »Illuminismus« verstehen wir ganz allgemein die Weltanschauung einer Gruppe von Menschen, die seit altersher auf der Suche nach dem Unendlichen, nach dem allerhöchsten Wesen, einem göttlichen Prinzip oder einem alles auflösenden Nichts, im Metaphysischen zu einer Erkenntnis und damit zu einer »Erleuchtung« gelangen will. Diejenigen, welche diese Erkenntnis nach ihrer eigenen Überzeugung oder nach der Ansicht ihrer Anhänger erreicht haben, werden (oder nennen sich selbst) »Erleuchtete«, »Illuminés«, »Illuminates«, »Alumbrados« usw.

Unter »Illuminatentum« wollen wir Geist und Wesen des am Ende des 18. Jahrhunderts entstandenen Illuminatenorden verstehen, den der Ingolstädter Professor für »Natur- und Kanonisches Recht«, Adam Weishaupt (1748–1830) gründete. Dieser Geheimorden war als eine Gegenorganisation der Aufklärung gegen das Jesuitentum und die aufkommenden illuministischen Geheimbünde, wie der Gold- und Rosenkreuzer, der sogenannten »Asiaten« und der mystischen Freimaurersysteme, gedacht. Ihre Geschichte wie ihre Vorläufer wurden eingehend behandelt.[3] Hans Graßl definiert den Unterschied der beiden Weltanschauungen im HWdPh[4] wie folgt:

Beide Begriffe kennzeichnen in dieser Gegenüberstellung eine europäische Geistesbewegung des 18. Jh. Sie leitete in mehreren Phasen von der Aufklärung in die Romantik über. Der lateinischen Wortbedeutung nach wird eine »Erleuchtung«, eine »Erwählung« gesucht – nur bezieht sie sich beide Male auf verschiedene Ebenen. Der von A. Weishaupt 1776 in Ingolstadt gegründete I(lluminaten)-Orden wollte das natürliche Licht der Vernunft ausbreiten. Solchem Rationalismus widersprachen die um Martinez de Pasqually gesammelten »Illuminés d'Avignon«, vor allem aber die ihnen in ganz Europa folgenden Anhänger seines Schülers L(ouis)-C(laude) de Saint-Martin. Sie schworen auf das übernatürliche Licht göttlicher Erleuchtung. (Vgl. Exkurs I in 4.1)

2.2 Geistiger Hintergrund: Entsprechungstheorie

Der geistige oder besser spirituelle Inhalt dieser »Erleuchtungen« ist für die »Erleuchteten« selbst identisch mit den eigenen zur Gewißheit gewordenen Spekulationen. Hierfür dienen als Basis die Mikrokosmos-Makrokosmos-Spekulationen einer der ältesten Lehren: der »Lehre von den Entsprechungen«. Sie war ideengeschichtlich Ausgangspunkt des Inhalts der »klassischen« Geheimlehren: Magie, Astrologie, Alchemie, Kabbala und Theosophie. Entwicklungsgeschichtlich gehört dabei die Magie zu den ältesten Formen menschlicher Spekulationen, denen die anderen durch die Zeit folgten.

Als philosophische bzw. religiöse Denksysteme oder Weltanschauungen wurden in den Illuminismus in eklektischer Manier nacheinander die Gnosis mit ihren östlichen vorchristlichen, jüdischen und christlichen Spekulationen, der Neuplatonismus mit seinen orphischen, pythagoräischen und platonischen Spekulationen, die pansophisch-christosophischen Spekulationen der »älteren« Rosenkreuzer, die mittelalterliche und jüngere christliche Mystik und seit dem 19. Jahrhundert der fernöstliche Tantrismus als hinduistische oder buddhistische Spekulation integriert. Ideengeschichtliche Bezüge bestehen außerdem zum christlichen Spiritualismus, wie zum Molinismus, Jansenismus, Quietismus, Pietismus u. a. Schließlich muß die Verbindung zum »modernen« Spiritismus aufgezeigt werden, die zum ursprünglichen Ausgangspunkt aller Spekulationen, dem Animismus, zurückführt und die Kette schließt.

Alle genannten Geheimlehren, religiösen und philosophischen Weltanschauungen standen auch untereinander in Beziehungen und gehören damit zu den eklektischen Lehren, die durch ein Netz von Interpolationen, Übernahmen ausgewählter Texte anderer Lehren, durch Neuschöpfungen und Hinzufügungen zeitgenössischer Spekulationen ideengeschichtlich einem ständigen Wandel unterlagen. Trotzdem läßt sich wie ein roter Faden durch die zweitausendjährige Geschichte des Illuminismus die ursprüngliche Lehre von den Entsprechungen durch all seine Systeme bis in unsere Zeit verfolgen.

Die »echten« Illuministen beziehen ihre Lehren, nicht wie die Illuminaten aus der Ratio der Aufklärung, nicht aus der mentalen Ebene ihres Bewußtseins, sondern aus der magisch-mythischen Ebene ihres Unterbewußtseins, also aus einer ontologisch gesehen älteren Schicht. Zu den geistigen Grundlagen gehört der Glaube an die Möglichkeit der Transzendenz des Menschen mit oder ohne eine Reinkarnation und an die Immanenz eines göttlichen Wesens, das entweder monistisch oder dualistisch gedacht wird. Ziel des Handelns des »Erleuchteten« ist die Erlösung des einzelnen Menschen entweder durch die (Wieder)vereinigung seines unsterblichen (ätherischen) Astralleibes oder seiner Seele mit dem Göttlichen, oder durch die Wiedererlangung des menschlichen androgynen Urzustandes in der auflösenden Vereinigung des körperlichen und seelischen männlichen und weiblichen Prinzips (Unio mystica).

Neben der Entsprechungstheorie, die bis in unsere Zeit vor allem in der Naturheilkunde (z. B. Homöopathie) erhalten geblieben ist, haben die Illuministen mit ihrer eklektischen Methode die antike Lichtmetaphysik, welche als Irradiations- oder Illuminationstheorie bekannt wurde, in ihr System modifiziert aufgenommen.

2.3 Illuminationstheorie

Bereits der jüdische Hellenist Philon von Alexandria (um 20 v. u. Z. bis 50 n. u. Z.) lehrte in seinem Werk De mundi opificio (17, 53), daß Gott das Urlicht, die geistige Sonne sei, von der zahllose Strahlen ausgehen. Bei Plotin (um 204–270), Proklos (410–485) und Porphyrios (233 bis um 301) wird im Neuplatonismus das irdische Licht als eine niedere Stufe des göttlichen Lichts aufgefaßt, an dem es durch dessen Emanation teilhat. In der mittelalterlichen Lichtmetaphysik ist bei Augustin (354–430) »das Wort Gottes das wahre Licht, das den ganzen Menschen erleuchtet«. Ihren Höhepunkt erreicht die christliche Lichtmetaphysik im 13. Jahrhundert durch Robert Grosseteste (um 1175–1253), Roger Bacon (1214–1294), Witelo (1. H. d. 13. Jh.) und Johannes Fidanza (bekannt als Bonaventura 1221–1274). Neben dem Lumen naturale, dem natürlichen Licht, besteht ein Lumen supranaturale, ein Licht, das dem »Erleuchteten« Einsicht in die göttliche Offenbarung gibt. Zur vollkommenen Erkenntnis gehört außer der menschlichen Erkenntniskraft noch die besondere Erleuchtung durch ein göttliches geistiges Licht, das als göttlicher »Funke« auch im Menschen selbst, die Verbindung mit dem Göttlichen herzustellen in der Lage sein kann. Erst jetzt vermag der Mensch als »Erleuchteter« zu einer Schau der ewigen Wahrheiten zu gelangen. Die christliche Illuminationstheorie wurde neben der gnostischen Lichtmetaphysik des Mittelalters besonders von Jakob Böhme (1575–1624) und seinem theo-pansophischen Kreis aufgenommen. Von hier fand sie Eingang in den Illuminismus.

2.4 Der »moderne« Illuminismus

Jakob Böhme und sein Kreis, wie Johann Valentin Andreae (1577-1638) und die »älteren« Rosenkreuzer, befruchteten den französischen Hermetismus des 18. Jahrhunderts, der wiederum zusammen mit der mystischen (Hochgrad)maurerei des 18. Jahrhunderts den eigentlichen Begriff des »modernen« Illuminismus schuf.[5] Diese vorwiegend in Frankreich und Deutschland auftretende vorromantische Weltanschauung außerhalb der beiden christlichen Konfessionen, inmitten des ausgehenden Zeitalters der Aufklärung, hat Graßl beschrieben.[6] Das geistige Umfeld wurde von Ernst Benz[7], Antoine Faivre[8] und Rolf Christian Zimmermann[9] u. a. ausgeleuchtet.

2.5 Äußere Formen des Illuminismus

Die äußeren Formen des Illuminismus imponieren im Organisatorischen als Geheimgesellschaften, Bünde, Orden oder auch Sekten und »nur« Gemeinschaften. Sie besitzen weitaus in der Mehrzahl einen Kult, Rituale, Symbole und eine gemeinsame (esoterische) Sprache, die von den »Erleuchteten« zur Vorbereitung und für die innere »seelische« Einstellung des einzelnen in der Gemeinschaft verwandt werden. Der Kern ihrer Lehre ist eine tradierte (oder erfundene) Geheimlehre. Bestimmte Meditationspraktiken, in bestimmten Gruppen auch mit Unterstützung von Drogen, »transzendentaler« Musik, des Tanzes bis zur Ekstase oder Trance, sollen eine Schau »nach innen« ermöglichen. Die Ekstase, wie Kult und Ritual von den »Erleuchteten« aus den antiken Mysterien übernommen, sollen durch eine angebliche Bewußtseinserweiterung den Ausübenden der »Erleuchtung« näher bringen. Interessenten haben, wenn sie als »Suchende« einer illuministischen Gemeinschaft beitreten wollen, sich einer Initiation zu unterziehen, die teilweise einer einfachen Aufnahme, teils aber einer echten Initiation gleichkommt. Hierfür wurde eine ausgesprochene Ritualistik entwickelt, die, teilweise an christlichen Orden ausgerichtet, mittelalterlichen Aufnahmeriten ähnelt. Neben abendländischen tradierten Meditationsformen sind seit dem 20. Jahrhundert auch fernöstliche (meist Yoga-) Systeme bei den »Erleuchteten« eingeführt worden. Unterschiedliche Grade oder Stufen führen den nunmehr zum (vermeintlichen) Esoteriker Gewordenen zur »wahren« Erleuchtung. Über den Wert der Lehren der »Erleuchteten«, wie ihrer Einweihungsriten ist gerade in letzter Zeit viel diskutiert worden. Religionswissenschaftler, Theologen, Soziologen, Psychologen, Parapsychologen und andere haben ihr Statement zur Sache abgegeben, ohne daß sie zu dem Phänomen »Illuminismus« etwas Wesentliches beigetragen hätten. Unsere Aufgabe kann es hier nicht sein, noch eine weitere Wertung hinzuzufügen. Wir bevorzugen im folgenden eine deskriptive historisierende Bearbeitung des Stoffes, wobei wir uns im klaren sein müssen, daß der Inhalt ihrer Lehren nicht mit wissenschaftlichen Methoden gemessen werden kann, sondern Ausdruck einer Weltanschauung ist, deren pro oder contra nur das einzelne Individuum selbst mit seiner Urteilskraft zu bestimmen hat.

2.6 Die Voraussetzungen für den Illuminismus in unserer Zeit

Die heute anzutreffenden Gruppen des Illuminismus gehören selbstverständlich zu den »weltanschaulich deklarierten Minderheiten« im Sinne Gollwitzers (S. 172). Sie partizipieren jedoch sehr stark an dem Aufwind religiös-weltanschaulicher Strömungen, der verursacht wurde durch das Unvermögen der Großkirchen, den »aufgeklärten«, saturierten und materialistisch denkenden Wohlstandsbürger für die älteste menschliche Bindung, die Religio an Gott, wiederzugewinnen. Die mehr als »defizitäre geistige Situation« (Benz) der etablierten Weltanschauungen hat schon in geistigen Krisenzeiten früherer Epochen stets auch dem Illuminismus Anhänger zugeführt.

Während sich die heutigen etablierten Kirchen geradezu überschlagen, einer rein materiellen, nur durch politische Unvernunft und menschliches Unvermögen verursachten notwendigen Humanitas unter die Arme zu greifen, so daß sie schon mehr den Charakter eines marxistischen Konkurrenzunternehmens angenommen haben, bleibt anscheinend für die geistigen und seelischen Bedürfnisse des sich nach einem echten Glauben sehnenden Menschen nicht mehr viel Raum. In dieses geistige Vakuum einer vernachlässigten Seelsorge im wahrsten Sinne des Wortes stoßen die »außerkirchlichen religiösen Gemeinschaften« im Sinne von Aichelin ebenso, wie die in der abendländischen geistigen Tradition stehenden »Erleuchteten«. Wir können geradezu eine graphische Kurve in Form des Wechselstroms für die historischen Wechselwirkungen kirchlich-konfessioneller Krisen und der Zunahme außerkirchlicher religiös-geistiger Strömungen seit der Entstehung der Christenheit darstellen. Materielle oder politische Gründe haben hierbei höchstens sekundär eine Rolle gespielt.

2.7 Illuminismus – eine utopische Heilserwartung?

Abschließend haben wir uns im Rahmen der Gesamtbetrachtung »Weltanschauungen« noch mit der Frage zu beschäftigen, ob der Illuminismus eine utopische Weltanschauung mit einer utopischen Heilserwartung ist. Manuel Sarkisyanz betrachtet »die traditionsgebundenen Gesellschaften, die auf kosmischen Mythen fußten«, und die »ihre Reinheit – der Entsprechung im Mythos – im Wandel der Zeitabläufe einbüßten – trotz Riten der Erneuerung der Grundlagen« als die »geistige Wurzel des Utopischen« (S. 34). Er folgert, »da diese Gesellschaften sich als gleichbleibende Abbilder einer kosmischen Ordnung sahen, mußte menschliches Handeln in starre Musterabläufe gerinnen, um den Menschen vor Alternativen zu ›schützen‹, welche die Möglichkeit des Abfalls von kosmischen Ordnungen einbezogen«. Die »Erleuchteten« gehören ausnahmslos zu diesen »traditionsgebundenen Gesellschaften«. Wir meinen allerdings, daß ihr »Handeln« im Verlaufe ihrer Geschichte keineswegs »in starre Musterabläufe« geraten ist. Gerade das Gegenteil kann nachgewiesen werden.

Für den objektiven Betrachter ist jede nicht nach exakten wissenschaftlichen Kriterien beweisbare, also abstrakte (Glaubens)vorstellung, wie sie sich in den Weltanschauungen der »Erleuchteten«, aber auch in allen anderen religiösen (und politischen) Heilslehren darstellt, selbstverständlich für den Nicht- oder Andersgläubigen eine Utopie, für den Gläubigen aber eine glasklare Realität. Hierüber zu diskutieren und tiefsinnige Betrachtungen anzustellen ist müßig.

2.8 Zusammenfassung

Der in der zweiten Hälfte des 18. Jahrhunderts aufkommende »moderne« Illuminismus entwickelte sich aus dem seit der Antike bestehenden Illuminismus als eine synkretistische, vielschichtige Lehre. Zu den geistigen, nach eklektischer Manier erarbeiteten Grundlagen gehören die Entsprechungs- und die Illuminationstheorie, die mit zeitgenössischen Spekulationen verbunden werden. Initiation, Kult und Ritus, Grade und Erkenntnisstufen sind Ausdruck des praktizierten Illuminismus. Der Illuminismus ist vom Illuminatentum zu unterscheiden. Wie bei den außerkirchlichen religiösen Gemeinschaften besteht ein gestörtes Verhältnis zu den etablierten Kirchen. Mit Ausnahme der Neognostiker stellen die »Erleuchteten« jedoch keine eigene Religionsgemeinschaft dar.

3 Zur Topographie der einzelnen Richtungen

3.1 Eklektizismus und Synkretismus

Bevor wir uns mit der eigentlichen Topographie der einzelnen Richtungen des modernen Illuminismus beschäftigen, die je nach »ihrer Lehre oder

Weltanschauung recht unterschiedliche dynamische oder besser eigendynamische Kräfte entwickeln, müssen wir uns vergegenwärtigen, daß keine der zu besprechenden Gemeinschaften eine wirklich originäre Lehre oder gar eine eigene Weltanschauung verficht. In allen Fällen waren es einzelne Persönlichkeiten, die als »erleuchtete« Eklektiker eine eigene synkretistische Lehre entwickelten, um deren Anhänger in einer mehr oder weniger straffen Organisation zusammenzufassen. Diese esoterische Lehre – je nach der geistigen Ausrichtung des Urhebers – angeblich auf einem magischen, mystischen, spirituellen oder spiritistischen, auf einem ekstatischen, medialen oder visionären Weg dem »Erleuchteten« offenbart, bildet die Basis der Gemeinschaft. Es handelt sich dabei fast immer um eine Kompilation mehr oder weniger bekannter Lehren, so daß von einer echten »Offenbarung« so gut wie nie die Rede sein kann. Das ist in nahezu allen Fällen historisch nachzuweisen.

Ohne einen derartigen historischen Rückblick sind daher die einzelnen illuministischen Richtungen, wie auch die mit ihnen geistig kommunizierenden Gruppen innerhalb der Freimaurerei oder anderer religiös-esoterischer Gemeinschaften der Gegenwart nicht zu verstehen. Keine unter dem Sammelbegriff »Illuminismus« einzuordnende Gesellschaft, Sekte, kein Bund, Orden oder Loge verzichtet auf eine, ihrer Tradition verpflichteten Ursprungsgeschichte oder Legende. Sie soll die »uralte« Herkunft ihrer Lehren und Organisation nachweisen und damit die vermeintliche oder (zumindest ideengeschichtlich) tatsächliche kontinuierliche Sukzession aufzeigen. Die heute bestehenden Richtungen des modernen Illuminismus, die wir hier methodisch und schematisch zusammenfassen wollen, sind fast ausnahmslos Gründungen des 19. und 20. Jahrhunderts. Lediglich einige Systeme innerhalb der sogenannten mystischen Maurerei können ihren Ursprung auch historisch in das 18. Jahrhundert zurückführen.

3.2 Lokalisation

Europa als das Ursprungsland des westlichen abendländischen Illuminismus bildet noch heute neben den USA den Ausgangspunkt der illuministischen Gemeinschaften für die ganze Welt. Während naturgemäß in den sozialistischen Ländern Osteuropas die »Erleuchteten« gleich welcher Provenienz überall verboten sind, finden wir sie im westlichen Europa mehr oder weniger offen oder im geheimen wirkend überall da, wo ein Bedarf an ihrer Weltanschauung besteht. Schwerpunktgebiete sind für einzelne oder mehrere Richtungen Frankreich, die Schweiz, Holland, Britannien und Westdeutschland. In der Neuen Welt hat der Illuminismus in den USA geradezu eine Renaissance erlebt und hier interessanterweise teilweise eine Verbindung zu Strömungen des geistigen Untergrundes gesucht und gefunden. Wir wollen an dieser Stelle gleich darauf hinweisen, daß der Illuminismus (oder zumindest bestimmte Richtungen) seit der Antike durch das Mittelalter bis in unsere Zeit zeitweilig zur Subkultur gehörte und noch gehört. Er hat häufig mit seiner Weltanschauung den »linken Weg« (der magisch-mystisch induzierten Esoterik) beschritten.

Die ideengeschichtlich weitgehend autochthonen hinduistischen, buddhistischen und islamischen »Erleuchteten« Asiens können hier ebensowenig behandelt werden, wie die Strömungen des modernen Illuminismus in der Neuen Welt, insbesondere in den lateinamerikanischen Ländern. Eine gegenseitige geistige Befruchtung der beiden illuministischen Hauptströmungen in West und Ost ist seit der Antike nachweisbar. Der letzte große Gedankenaustausch findet seit dem Ende des 19. Jahrhunderts bis heute statt.

Um die weltweiten Zusammenhänge wenigstens anzudeuten, werden wir versuchen, durch graphische Darstellungen für die Hauptrichtungen einen ideengeschichtlichen »Stammbaum« zu errichten. Aus Raumgründen müssen wir auch für Europa eine Selektion vornehmen. Es wird daher nur der deutschsprachige Raum (Westdeutschland, die Deutschschweiz und Österreich) in die Übersicht einbezogen.

3.3 Übersicht der Richtungen im deutschen Sprachraum

Die Unterteilung des »modernen« Illuminismus in einzelne Richtungen muß ausdrücklich als ein Versuch angesehen werden. Das nach ideengeschichtlichen Aspekten geordnete Schema besitzt alle Schwächen, die solche Schemata an sich haben. Es bestehen natürlich innerhalb der einzelnen Richtungen Querverbindungen und Überschneidungen, sowie die bereits erwähnten Gemeinsamkeiten in Lehre und Kult. Die Unterteilung erfolgt daher nach der Dominanz einer bestimmten tradierten Richtung innerhalb des Lehrgebäudes einer Gruppe der »Erleuchteten«.

Neognostische Richtung (3.4): sie tritt als eine »Kirche« oder im Untergrund als eine Geheimgesellschaft auf. Es wird versucht, die Gnosis des Mittelalters unter Einbezug moderner Erkenntnisse in unsere Zeit zu transponieren. Hierbei müssen wir zwei traditionell auseinanderstrebende Gruppen unterscheiden: die *asketische Richtung* (3.4.3) und die *libertinistische Richtung* (3.4.4).[10]

Theosophische Richtung (3.5): sie stellt eine der Hauptströmungen des modernen Illuminismus dar und ist verbunden mit der Lehre der klassischen Theosophie und Pansophie[11]; außerdem wurden gnostische[12], neuplatonische[13] und rosenkreuzerische[14] Elemente aufgenommen. Die moderne Theosophie besitzt in ihrer Vielschichtigkeit u. a. auch spiritistische Züge.[15] Eine weitere Unterteilung ist daher berechtigt in die *hermetisch-alchemistische Richtung* (3.5.1), welche ganz der Lehre des klassischen Hermetismus und der damit im Zusammenhang stehenden Alchemie[16] folgt (Gruppen dieser Richtung praktizieren noch heute und wenden spagyrische Heilmethoden an); *astrologisch-kabbalistische Richtung* (3.5.2), die astrologische[17] und kabbalistische[18] Spekulationen zusammen mit der Zahlenmagie (Tarot, Horoskop, Prophetie u. a.) praktiziert; *theosophisch-pansophisch-christosophische Richtung* (3.5.3), die innerhalb und außerhalb der Großkirchen wie in der Freimaurerei angesiedelt ist (es bestehen Beziehungen zur christlichen Mystik und zu den überkonfessionellen »freien« Christen); *spirituelle-spiritistische Richtung* (3.6), die nach einer allgemeinen überkonfessionellen (z. T. nichtchristlichen) Spiritualität strebt oder durch Medien Geister zitiert (sie besitzt im Gegensatz zum materialistischen Spiritismus eine Heilserwartung); *fernöstliche Richtung* (3.7), seit Ende des 19. Jahrhunderts »importierte« Richtung der asiatischen »Erleuchteten«, von denen zunächst Yoga-Systeme und später (besonders nach dem Zweiten Weltkrieg) ganze Lehrgebäude von ihren westlichen Anhängern übernommen wurden (hier bestehen Überschneidungen und Identifikationen mit den von Aichelin angeführten Gruppen).

Die beiden folgenden Gruppen besitzen enge Beziehungen zu den unter 3.5 aufgeführten Richtungen. Sie werden aber auf Grund ihrer eigenen Geschichte gesondert betrachtet:

Die »modernen« Rosenkreuzer (3.8).

Die mystische Maurerei (3.9) innerhalb und außerhalb der sogenannten »regulären« Freimaurerei.

Die Randgruppen (3.10), die nur bedingt eine illuministische Weltanschauung vertreten – zu ihnen gehören neben der aus der Theosophie hervorgegangenen *Anthroposophie* (3.10.1), der *Neugeist-Bewegung* (3.10.4) u. a. auch die *»Ethische Gesellschaft für Fortschritt und Welterneuerung«* (3.10.5).

3.4 Die Neognostiker

3.4.1 *Église gnostique universelle*

Über den Ursprung der neognostischen Gemeinschaften, die seit dem 19. Jahrhundert wieder auftauchten, ist ausführlich berichtet worden.[18a] Die Tradition der französischen mittelalterlichen Gnostiker wurde zu Beginn des 19. Jahrhunderts durch die Neutempler um Bernard-Raymond Fabré-Palaprat (1775–1838) und in den 80er Jahren durch Jules-Stanislas Dionel (gest. 1902) wieder aufgenommen. Dionel gründete 1890 im

Hintergrund der Hochgradmaurerei und der Theosophie die Église gnostique universelle, welche in der Folgezeit durch Spaltungen, ebenfalls hier der Tradition der Gnostiker folgend, zu einem asketischen und einen libertinistischen Flügel führte. In Frankreich ist die »Universelle Gnostische Kirche« hauptsächlich als eine Gruppe innerhalb des »modernen« Martinismus angesiedelt, auf den wir leider nicht näher eingehen können.

3.4.2 Papus und Theodor Reuß; die Gnostische Katholische Kirche

Im deutschen Sprachraum wurde die gnostische Kirche in erster Linie durch den vielseitigen Ordensgründer Carl Albert Theodor Reuß (1855–1923) vertreten[19], der 1908 die schon damals dem französischen jüngeren Martinismus (Ordre martiniste) unter Papus, d. i. Gérard Encausse (1865–1916)[20] verbundene »Universelle Gnostische Kirche« nach Deutschland verpflanzt hatte. In eingeweihten Kreisen wurde nach dem Ersten Weltkrieg der Abdruck einer »Gnostischen Katholischen Messe« bekannt, der von dem »Patriarchen und Primat der Gnostischen Katholischen Kirche« Carolus Albertus Perigrinus, d. i. Reuß, veröffentlicht worden war. Der von seinem englischen Ordenskollegen im O(rientalischen) T(empler) O(rden), Aleister Crowley (1875–1947)[21] beeinflußte Text gibt eine eklektische, etwas abstruse gnostische Lehre wieder. Danach war das von den Kirchenvätern geschaffene nazarenische Christentum ein »Pseudo-Christentum« und die wahre Kirche die der »Gnostischen Templer-Christen«[22]. Die von den französischen Neutemplern zu Beginn des 19. Jahrhunderts verbreiteten Lehren der »johanneischen Christen« wurden weitgehend übernommen und mit libertinistischen Zügen der mittelalterlichen Spermagnosis[23] vermischt.

Die Neognostiker der »neochristlichen Kirche, genannt auch die Brüder des Lichts der sieben Gemeinden in Asien oder Templer des Orients« verwarfen die Lehre von der Erbsünde und verkündeten eine Heilsbotschaft von »Freiheit, Gerechtigkeit und Liebe«. Die Liebe galt als »Krönung der Welt« in der »Gott die Liebe« war. Spermagnostische Spekulationen werden deutlich, wenn es heißt:

Die Gnostiker erkennen, daß die »Gottähnlichkeit« der Menschen darin besteht, daß sie befähigt sind, die Göttlichkeit des irdischen Zeugungsaktes als Parallelakt des göttlichen Urzeugungsaktes zu begreifen und zu erkennen, wodurch sie sich vom Tiere unterscheiden... Deshalb ist ein unter Kontrolle des Willens vollzogener Liebesakt eine sakramentale Handlung, eine »mystische Hochzeit mit Gott«, ein Kommunizieren, ein Sich-Vereinen mit Gott...

Aus der »Gnostischen Katholischen Kirche« gingen mehrere Abspaltungen hervor, wie es auch einige Parallelgruppen gab (siehe Tafel III).

3.4.3 Asketische Richtungen der Neognostiker

Die sogenannte asketische Richtung der Neognostiker finden wir im deutschsprachigen Raum und in Holland in erster Linie als eine Mischform innerhalb der theosophischen Gesellschaften oder den »modernen« Rosenkreuzern der Gegenwart. Sie besitzen auf Grund ihres Synkretismus starke neognostische Züge in ihren Lehrgebäuden. So gehören zu den asketischen Neognostikern u. a. das Lectorium Rosicrucianum und die daraus hervorgegangene esoterische Gemeinschaft Sivas, die wir aber aus entwicklungsgeschichtlichen Gründen in der Gruppe 3.8 anführen wollen.

3.4.4 Libertinistische Richtungen der Neognostiker

In der Religions- und Sektengeschichte wird seit dem Auftreten der gnostischen Nikolaiten im 1. Jahrhundert n. u. Z. zwischen den libertinistischen und asketischen Gnostikern unterschieden. Die Nikolaiten[24] galten als eine ursprünglich »sexuell libertinistische« Sekte, von der sich eine asketische, praktisch asexuell ausgerichtete Gruppe abspaltete. Während die asketische Richtung eine sexuell enthaltsame, meist passive, introvertierte, ja weltfremde »Weltanschauung« besitzt, hat die libertinistische, meist mit älteren (sexualmagischen) Inhalten verflochten, oft aktive, extrovertierte, lebensbejahende Eigenschaften. Selbstverständlich gab (und gibt) es auch hier Mischformen, welche das dualistische Spannungsverhältnis der gnostischen Weltanschauung besonders deutlich machen, das sich durch Widersprüchlichkeiten ihrer Lehren manifestiert. Die Richtungen der mittelalterlichen Gnostiker gibt die Tafel I an, während die Tafeln II und III die beiden Gruppen in der Gegenwart aufzeigen.

Die beiden Richtungen, zu denen noch einige weitere Gruppen und Grüppchen zu zählen sind, sind zahlenmäßig im deutschsprachigen Gebiet nur sehr klein und bestehen teilweise nur aus einzelnen Personen. Eine nennenswerte neognostische Kirche gibt es nicht. Dagegen finden sich neognostische Einflüsse nahezu in allen Lehren der zeitgenössischen »Erleuchteten«, da die Gnosis zur Basisspekulation gehört. Auf die Spezifika der einzelnen Gemeinschaften kann hier nicht eingegangen werden.[25]

3.5 Die Theosophen

Die zahlenmäßig bedeutendste Gruppe des »modernen« Illuminismus sind die Theosophischen Gesellschaften und die aus ihnen hervorgegangenen Gemeinschaften, wie z. B. die Anthroposophie. Auch die »modernen« Rosenkreuzer leiten sich z. T. von der Theosophie des 19. Jahrhunderts ab, soweit sie ihre Tradition nicht auf die illuministischen Geheimgesellschaften des 18. Jahrhunderts zurückführen.

MODERNER ILLUMINISMUS

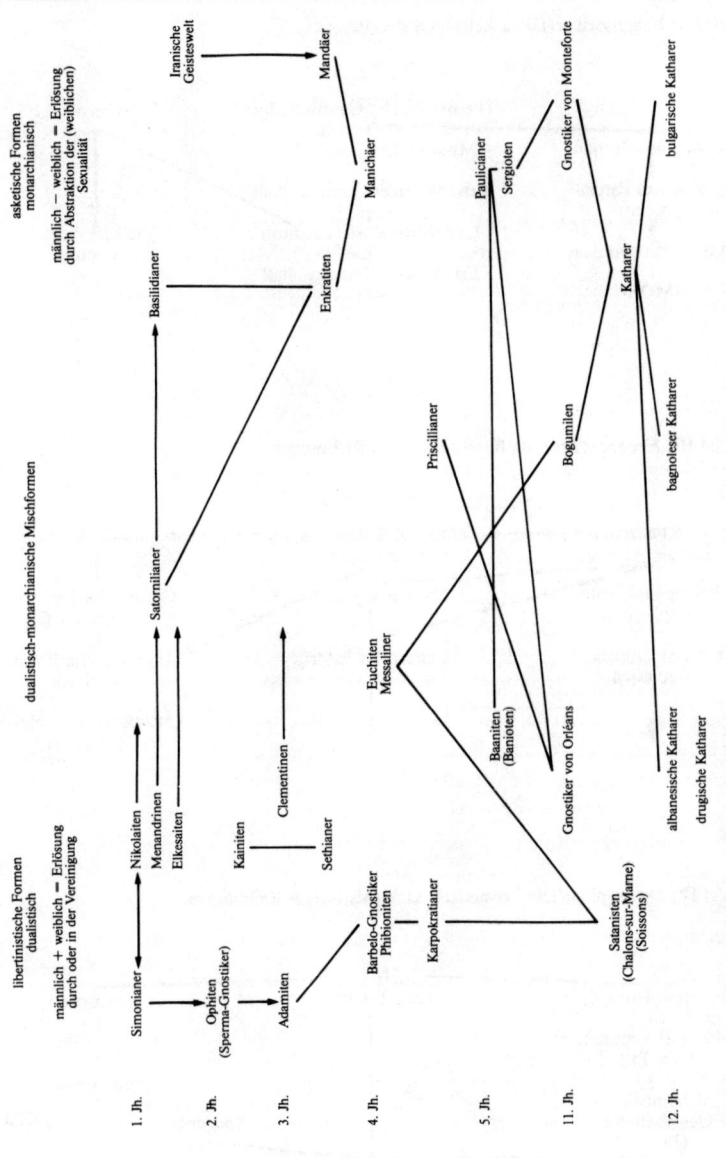

Tafel I: Gnostische Richtungen im Mittelalter (aus: Frick, Licht und Finsternis, T. 1, S. 203)

Tafel II: Neognostiker/Die asketischen Richtungen

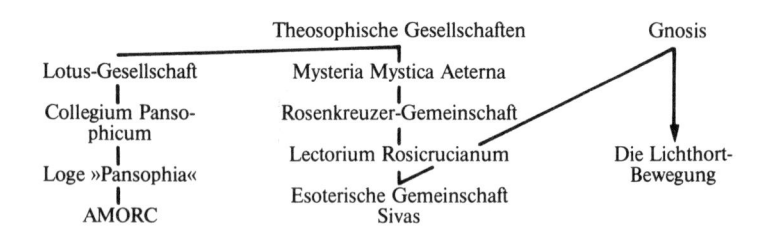

```
                        Theosophische Gesellschaften        Gnosis
   Lotus-Gesellschaft    Mysteria Mystica Aeterna
          |                       |
   Collegium Panso-      Rosenkreuzer-Gemeinschaft
      phicum                      |
          |              Lectorium Rosicrucianum      Die Lichthort-
   Loge »Pansophia«               |                    Bewegung
          |              Esoterische Gemeinschaft
       AMORC                    Sivas
```

Tafel III: Neognostiker/Die libertinistischen Richtungen

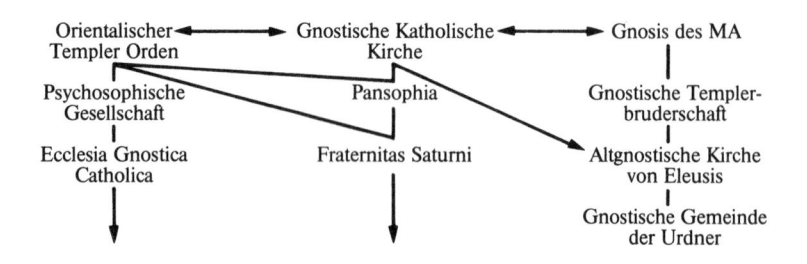

```
   Orientalischer  ←→  Gnostische Katholische  ←→  Gnosis des MA
   Templer Orden             Kirche                     |
                                                Gnostische Templer-
   Psychosophische         Pansophia              bruderschaft
     Gesellschaft
                                              Altgnostische Kirche
   Ecclesia Gnostica    Fraternitas Saturni      von Eleusis
     Catholica                                       |
       ↓                      ↓              Gnostische Gemeinde
                                                 der Urdner
```

Tafel IV: Theosophen/Die hermetisch-alchemistischen Richtungen

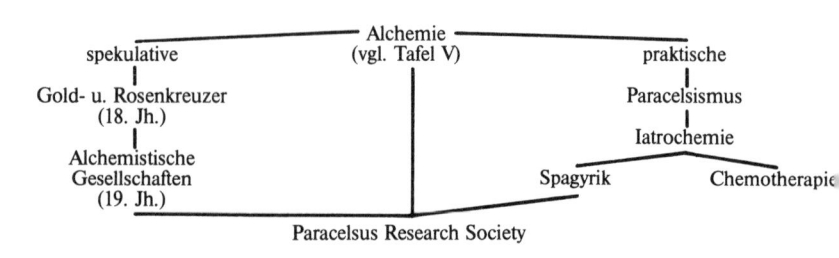

```
                         Alchemie
   spekulative         (vgl. Tafel V)           praktische
        |                                           |
   Gold- u. Rosenkreuzer                       Paracelsismus
      (18. Jh.)                                     |
        |                                       Iatrochemie
   Alchemistische                                   |
    Gesellschaften                Spagyrik      Chemotherapie
      (19. Jh.)
                    Paracelsus Research Society
```

Über die ideengeschichtlichen Zusammenhänge gibt die Tafel V Auskunft.

Die heutige Theosophie ist durch ihren Synkretismus und die praktizierte Eklektik so vielschichtig, ja verworren, daß wir versuchen wollen, durch eine Unterteilung die einzelnen Gruppen aufzuschlüsseln, wobei sich ihre Charakteristika teilweise überschneiden.

3.5.1 Die Hermetiker

Über die ideengeschichtlichen Zusammenhänge gibt die Tafel V Auskunft. Neben einigen kleineren, meist im stillen hermetisch-alchemistisch arbeitenden Gruppen ist im deutschen Sprachraum in letzter Zeit die Paracelsus Research Society bekannt geworden. Sie wurde von Albert Riedel unter dem Pseudonym Frater Albertus in den USA mit dem Hauptsitz in Salt Lake City (Utah) im Jahr 1960 gegründet. Die europäische Zentrale befindet sich in der Schweiz.[26] Über die Ziele heißt es[27]:

Die Rechtmäßigkeit, der Sinn oder der Zweck der Paracelsus Research Society kann darin gefunden werden, daß sie interessierten und suchenden Personen ein planmäßiges Studium zur Erlangung einer höheren Daseinsstufe bietet. Der Weg, den diese Gesellschaft diesbezüglich verfolgt, stellt eine Synthese der verschiedenen esoterischen Wissensgebiete dar. Um es jemand möglich zu machen, ein höheres Selbstbewußtsein zu erreichen, sollte er die Gesetze kennenlernen und in der Lage sein, dieselben anzuwenden, um ein blindes, mit unnötigen Rückschlägen verbundenes Vorsichgehen zu vermeiden. Nur durch bewußtes und wissentliches Handeln kann der einzelne das meiste aus der Situation machen, in die er gestellt ist.

Wenn von Astrologie, Kabbala oder Alchemie die Rede ist, sollte man nicht an Wahrsagerei und an die Herstellung von Gold und Edelsteinen oder gar des Steines der Weisen denken. Der Hauptzweck der Synthese und Analyse auf Grund dieser verschiedenen esoterischen Gebiete ist imstande zu sein, eine gewisse Lebenslage oder Inkarnation zu analysieren, die unterliegenden Ursachen zu erkennen und unter den sich bietenden Möglichkeiten so zu wählen, um das Beste aus einer gewissen Situation zu machen und dadurch den Weg des Fortschritts zu beschreiten. Im Hinblick auf die Alchemie ist der Zweck derselben, unser Haus, unseren Körper, in Ordnung zu bringen, damit derselbe als ein würdiges und förderndes Gefäß der Seele dienen kann. Auf der anderen Seite, gemäß der Polaritätsgesetzes, ist analog gesehen der Weg der Reinigung auf mundaner (auf die ganze Welt bezogener, Anm. d. Verf.) Basis ebenfalls innerlich zu vollziehen.

3.5.2 Astrologisch-kabbalistische Richtung

Wie der Name schon sagt, sind hier vorwiegend Anhänger der Astrologie und der jüdischen oder christlichen Kabbala gemeint, die als Theosophen

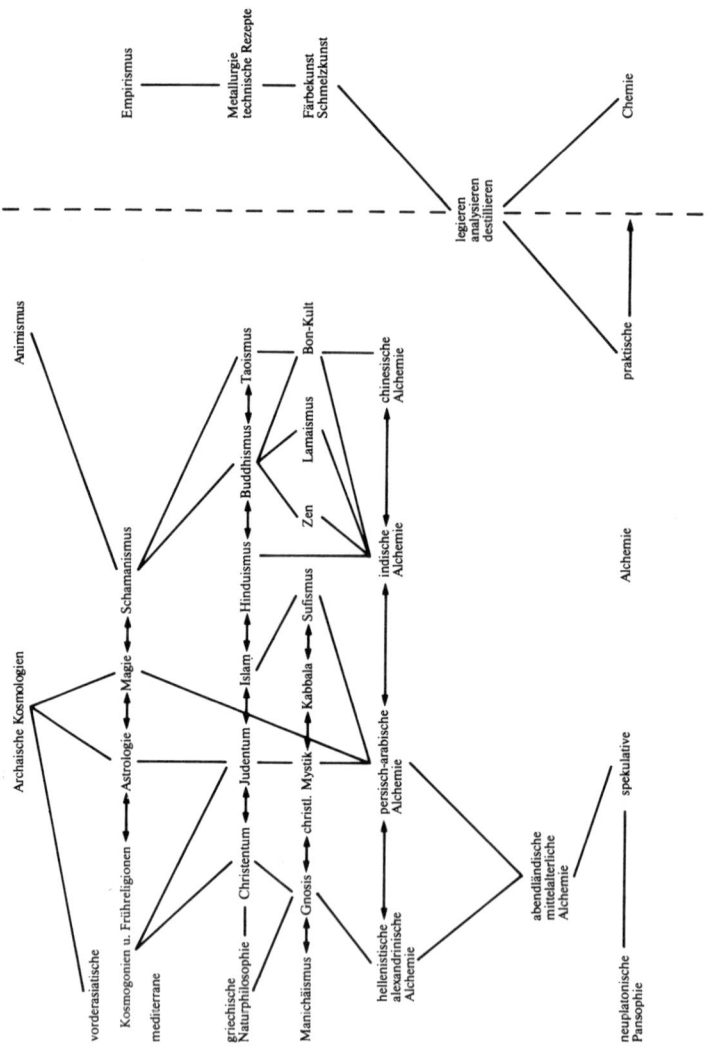

Tafel V: Die Herkunft der spekulativen und praktischen Alchemie (aus: Frick, Die Erleuchteten, S. 87)

besondere Arbeitsgemeinschaften bilden. Eigene Gesellschaften für die Anhänger der Astrologie entwickelten sich aus den theosophischen Arbeitsgruppen, aber auch durch den Zusammenschluß unabhängiger Astrologen. Neben dem Theosophen Hugo Vollrath (1877–1943) war es besonders der Astrologe Karl Brandler-Pracht (geb. 1864), welcher um die Jahrhundertwende von den Theosophischen Gesellschaften unabhängige astrologische Gesellschaften und Zeitschriften gründete. Ellic Howe hat die Geschichte dieser Richtung bis in unsere Zeit verfolgt.[28] Die Astrologie wie auch die Kabbala sind selbstverständlich auch als klassische Geheimwissenschaften der »Erleuchteten« Bestandteil anderer theosophischer Richtungen und der »modernen« Rosenkreuzer.

3.5.3 Theosophen, Pansophen und Christosophen

Unter den Anhängern einer theosophischen Weltanschauung in der Gegenwart, die sich nicht nur in den Theosophischen Gesellschaften, sondern auch innerhalb der verschiedenen christlichen Konfessionen der Großkirchen, wie in den außerkirchlichen religiösen Gemeinschaften, aber auch bei den »modernen« Rosenkreuzern und Freimaurern vorfinden, gibt es einzelne Personen oder ganze Gruppen, die man nach ihrer besonderen Weltanschauung auch als Pansophen oder Christosophen bezeichnen kann. Wir haben diese zu unterscheidenden Strömungen innerhalb der Theosophie ideengeschichtlich zu definieren versucht.[29] Die Tafel VI versucht die Zusammenhänge in einem Schaubild zu verdeutlichen.

3.5.4 Theosophie als Sammelbegriff

Die Theosophie als Sammelbegriff stellt im weitesten Sinne die »klassische« Bezeichnung für alle Bestrebungen dar, die auf Grund eines religiösen Glaubens zu einem bestimmten Weltbild (Weltanschauung) und zu höheren Erkenntnissen vorzudringen versuchen. Diese Bestrebungen bleiben nach der Ansicht ihrer Anhänger dem »unerleuchteten« Verstand unzugänglich. Sie müssen daher mit Hilfe der göttlichen Illumination auf esoterischem Wege gefördert werden. Hierbei besteht eine praktisch nicht zu trennende Verbindung von Mystik und Theosophie.

Die Theosophen, wie selbstverständlich auch die Pansophen und Christosophen, bedienen sich als Esoteriker zur Erreichung ihrer Ziele – wie schon erwähnt – bestimmter Methoden, so der Meditation, innerlicher Schauungen und Wachträume, aber auch möglicher Offenbarungen und übersinnlicher Erfahrungen in Form von außersinnlichen Wahrnehmungen.

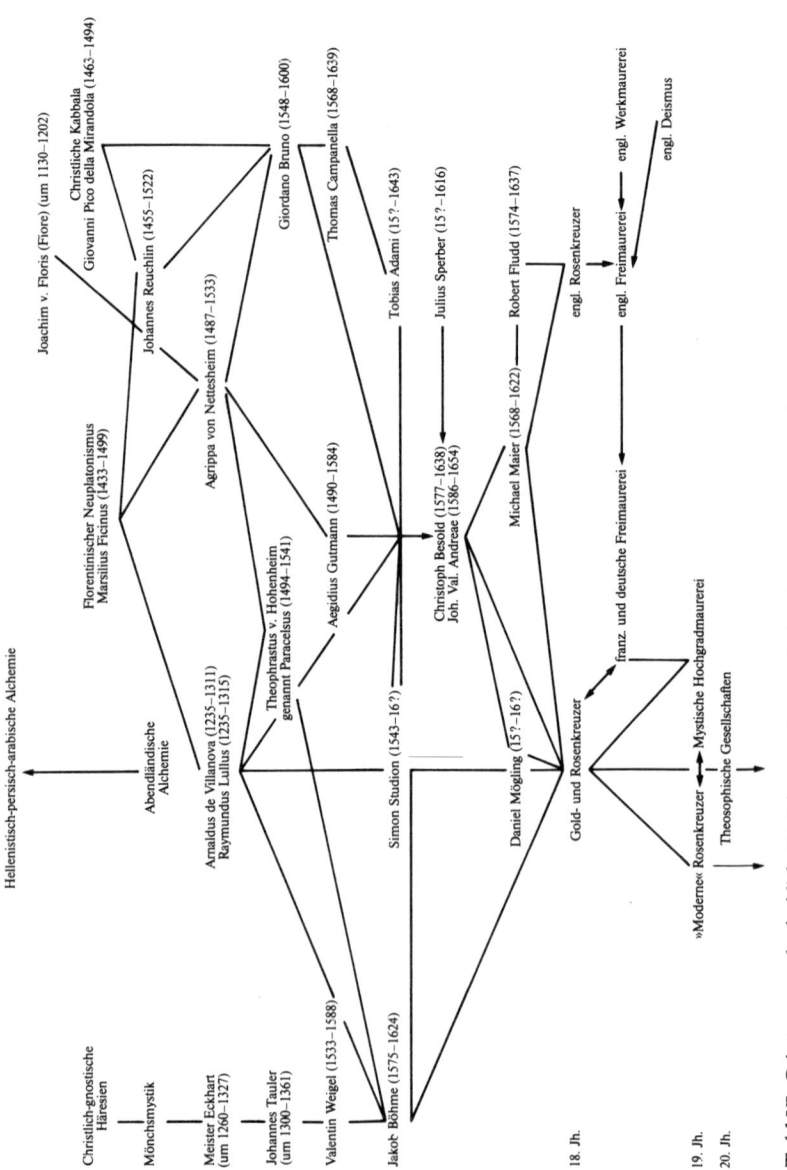

Tafel VI: **Geistesverwandtschaftliche Beziehungen theosophischer Strömungen** (aus: Frick, Die Erleuchteten, S. 162)

3.5.5 Comenius und die Pansophie

Die Pansophie, ein zuerst von Daniel Mögling in seiner 1616 erschienenen Schrift Judicia Clarissimorum erwähnter und dann von Johann Amos Comenius (Komensky, 1592–1670) aufgegriffener Begriff, versteht sich als die Lehre von der allumfassenden Weisheit, von der Gesamtdarstellung aller Wissenschaften. Ziel der Pansophen ist die Vereinigung des gesamten weltlichen (menschlichen) Wissens mit der a priori bestehenden göttlichen Weisheit. Will-Erich Peukert (1895–1969) hat in seiner Trilogie »Pansophie«[30] den Begriff neu geprägt und ihre Geschichte geschrieben.

3.5.6 Sonderstellung der Christosophie

Die Christosophie stellt im Gegensatz zur Christologie eine metaphysische Lichtmystik der Christusgestalt im Sinne des Illuminismus in den Mittelpunkt ihrer Lehre (und nicht die »doctrina de Christo«). Sie ist heute besonders außerhalb der christlichen Kirchen ein Bestandteil der Anthroposophie und des Lehrgebäudes des freimaurerischen »schwedischen Ritus«[31], wie er von der »Großen Landesloge der Freimaurer von Deutschland« vertreten wird. Ein Hauptvertreter des (christosophisch orientierten) esoterischen Christentums ist neben dem Altmeister Ernst Benz heute vor allem Gerhard Wehr[32].

3.6 Moderne Theosophie, Spiritismus und Spiritualismus

Während das esoterische Christentum seinen Standpunkt innerhalb seiner Kirchen vertritt, nimmt die »moderne« Theosophie als Vertreterin einer pansophischen Richtung mit pantheistischen, teilweise sogar panentheistischen Spekulationen[33] einen überkonfessionellen, ja überchristlichen Standpunkt ein. Sie hat in ihren auseinanderstrebenden Richtungen neben der tradierten abendländischen esoterischen Richtung teilweise spiritistische (3.6), teilweise hinduistische und lamaistisch-buddhistische Elemente (3.7) in ihre eklektischen Lehren aufgenommen, worauf wir ebenfalls schon hinwiesen.

Während der rein christliche Illuminismus, wie er im esoterischen Christentum vertreten wird, innerhalb der Kirche und sogar innerhalb der Konfession verbleibt, hat sich der außerkirchliche und überkonfessionelle Illuminismus, wie er von der modernen Theosophie gelehrt wird, in einem geistigen Freiraum angesiedelt, der weder durch die noch nicht zustandegekommenen Ökumene, noch durch die außerkirchlichen religiösen Gemeinschaften ausgefüllt werden konnte. Die neben dem Christentum bestehenden Weltreligionen und zahlreichen hiervon unabhängigen Religionsgemeinschaften versucht die pansophisch-pantheistisch orientierte Theosophie zu einer einzigen Weltreligion zu verschmelzen. Zu einer dieser Richtungen gehört die Baha'i-Religion, die enge Beziehungen zur deutschen Theosophie zu Beginn des Jahrhunderts besaß, wie wir noch aufzeigen werden (3.7.2).

3.6.1 Die Theosophischen Gesellschaften

Neben zahlenmäßig nicht unbedeutenden nichtorganisierten Anhängern der eben erwähnten geistigen Strömungen finden wir erwartungsgemäß die meisten »organisierten« Theosophen in der Theosophischen Gesellschaft, die heute in vier Richtungen gespalten ist.

Zu den vier Theosophischen Gesellschaften kommt die durch den ehemaligen Generalsekretär der DTG, Rudolf Steiner (1861–1925), begründete Anthroposophische Gesellschaft mit ihrem heutigen Hauptsitz in Dornach/Schweiz, auf die wir unter 3.10.1 eingehen.

Nach der aus weltanschaulichen und persönlichen Gründen erfolgten Teilung der von Helena Petrowna Blavatsky (1831–1891) 1875 in den USA begründeten Theosophical Society in einen amerikanischen und einen (britisch-)indischen Zweig im Jahr 1886 wurde diese Spaltung auch unter den europäischen Sektionen der »Theosophischen Gesellschaft« (TG) nachvollzogen. In Deutschland erfolgte die Trennung von der 1884 in Elberfeld gegründeten deutschen TG im Jahre 1896. Während die ursprüngliche deutsche TG von 1884 der indischen TG, die nach ihrem Hauptsitz Adyar im indischen Staat Madras, auch Adyar-TG genannt wird, treu blieb, lehnte sich die neue »Theosophische Gesellschaft in Deutschland« (TGiD) an die amerikanische, ursprünglich 1875 gegründete und damit älteste TG an.

Später traten weitere Spaltungen ein. Die Geschichte der Theosophischen Gesellschaften ist ausführlich in »Licht und Finsternis II« behandelt worden.[34] Heute besteht eine »Theosophische Gesellschaft Adyar in Deutschland e. V.«, ferner die »Internationale Theosophische Verbrüderung«, welche durch den bekanntesten deutschen Theosophen Franz Hartmann (1838–1912) im Jahre 1897 begründet, sich von der TGiD abspaltete, und die »Theosophische Gesellschaft – International«, welche als ein Zweig der amerikanischen TG nach ihrem Hauptsitz in Kalifornien auch Pasadena-TG genannt wird. Die Adyar-TG besitzt für den deutschsprachigen Raum als Publikationszentrum den Adyar-Verlag im steiermärkischen Graz.[35] Außerdem bestehen noch einige kleinere theosophische Verlage.

3.6.2 Theosophische Weltanschauung

Die Weltanschauung der »modernen« Theosophen, in Einzelheiten nuanciert, kann in ihren wesentlichen Zügen übereinstimmend wie folgt defi-

Moderner Illuminismus

Tafel VII: Die Theosophischen Gesellschaften

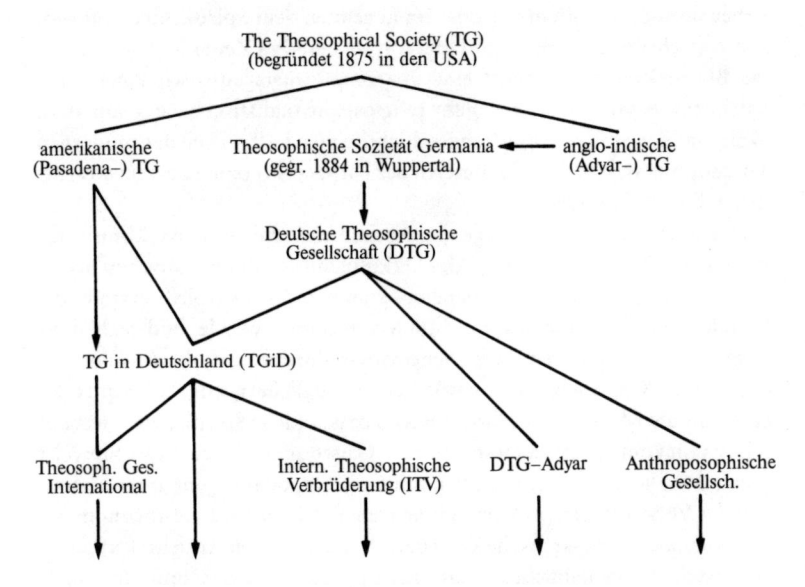

```
                    The Theosophical Society (TG)
                    (begründet 1875 in den USA)
                   /            |            \
    amerikanische      Theosophische Sozietät Germania    anglo-indische
    (Pasadena-) TG     (gegr. 1884 in Wuppertal)          (Adyar-) TG
                                  |
                        Deutsche Theosophische
                        Gesellschaft (DTG)

        TG in Deutschland (TGiD)

  Theosoph. Ges.     Intern. Theosophische    DTG–Adyar    Anthroposophische
  International      Verbrüderung (ITV)                    Gesellsch.
```

niert werden: Alles Seiende ist die große Einheit. Die ganze Welt stellt einen geordneten und harmonischen Kosmos dar. Sie wird von einem überbewußten und überpersönlichen innerweltlichen göttlichen Prinzip gelenkt. Dies ist mit der Welt ein Wesen und eine Natur. Es kann weder belohnen noch strafen, da es für ihn kein Gut oder Böse gibt. Das göttliche Prinzip ist das All, und alles, was im All geschieht, geschieht in ihm selbst. Gott und die Welt sind ein und dieselbe Wesenheit. Gott ist die Welt und die Welt ist Gott. Gott steht nicht über oder außerhalb der Welt, sondern alles Seiende, alle Welten im Universum, alle Menschen, Tiere, Pflanzen, Mineralien bis zum kleinsten Atom sind selbst göttlicher Natur. Gottes Immanenz ist als ein wesentliches Innewohnen Gottes in den Dingen, als eine vollständige Identifizierung mit den Dingen zu verstehen.

Die Theosophie will über allen Religionen stehen und den Menschen zu einer »höheren Stufe« führen, nämlich zur Erkenntnis (Gnosis) um die wahren Dinge. Der Weg zu dieser Erkenntnis ist die theosophische Geheimlehre, die Lehre von der wahren Esoterik. Religionsphänomenologisch ist die moderne Theosophie eine Neognosis, die besonders den im 19. Jahrhundert aufkommenden idealistischen Monismus wie den »naturalistischen« Monismus im Sinne von Ernst Haeckel (1834–1919) in eklektischer Manier integrierte.

3.6.3 Spiritismus und Okkultismus

Innerhalb und außerhalb der modernen Theosopie gibt es zahlreiche Arbeitskreise, die öffentlich oder im geheimen dem Spiritismus huldigen. Die Zeitschrift »esotera«[72] gibt hiervon ein beredtes Zeugnis. Auch Madame Blavatsky war zunächst eine überzeugte materialistisch eingestellte Spiritistin, bevor ihre Lehre mehr religiös-spiritualistische Züge annahm. Während der Spiritismus ideengeschichtlich ein Bestandteil der modernen Theosophie ist, wurde er im Bereich der Parapsychologie zu einem wesentlichen Forschungsgebiet.

Der Spiritismus besitzt einige spezifische Unterschiede zum Okkultismus klassischer Prägung. Während der Okkultismus – vom lateinischen occultus = »verborgen, heimlich, geheim« stammend – als Begriff erst um die Wende vom 18. zum 19. Jahrhundert bekannt wurde und sich ganz allgemein mit Tatsachen (oder Scheinvorstellungen) befaßt, die in unsere naturwissenschaftliche Systematik nicht einzugliedern sind, behauptet der etwa um die Mitte des 19. Jahrhunderts entstandene Spiritismus – worauf schon sein vom lateinischen spiritus = »Geist« abgeleiteter Name hinweist – eine Möglichkeit des Lebenden, mit Geistern, dem sogenannten Astralleib der Verstorbenen, in Verbindung treten zu können. Eine angenommene personale geistig-seelische Wesenheit kann also nach Ansicht des Spiritisten nach ihrem leiblichen (materiellen) Tod überleben und sich unter bestimmten Bedingungen dem noch Lebenden mitteilen wie auch physikalische Veränderungen hervorrufen. Sie bedarf allerdings hierzu der Mithilfe von Lebenden mit besonderen medialen Fähigkeiten. Der Spiritismus ist letztlich die moderne Form des uralten Animismus mit seiner magischen Dämonologie der guten und bösen Geister, welche durch die »weiße« oder »schwarze« Magie zur Hilfe oder zum Unglück der Lebenden herbeizitiert werden können. Wir können hier von einer modernen Variante der alten animistischen Weltanschauung sprechen.[36]

3.6.4 Spiritismus und Spiritualismus

Zwischen dem religiösen Spiritualismus, der die Wirklichkeit der Welt und den Grund dieser Wirklichkeit seinem Wesen nach als einen immateriellen Geist begreift, der allein durch die Annahme geistiger Wesen und Kräfte erklärt werden kann, und dem Spiritismus bestehen enge Bezüge, die sich in der modernen Theosophie verbinden.

3.7 Östliche Einflüsse

Die abendländische Theosophie hat neben östlichen mediterranen Einflüssen aus älteren Spekulationen der Antike und des Mittelalters neue Impulse etwa um die Mitte des 19. Jahrhunderts aus dem Fernen Osten erhalten. Durch Reiseberichte und das Aufkommen der Indologie gelangten auch die Lehren der »Erleuchteten« Asiens in das Abendland und in die Neue Welt. Die erste Konsequenz dieser »ex oriente lux«-Verheißung war die Verlagerung des Hauptsitzes der in den USA gegründeten Theosophical Society (TS) nach Indien im Jahre 1879. Zwar sagte sich ein Teil der TS von der indischen TS wiederum los, der heutige Hauptsitz verblieb jedoch in Adyar. Aus Adyar wurde die europäische wie die deutschsprachige Theosophie beeinflußt. Neben den Theosophinnen Helena Blavatzky, Annie Besant (1847–1933) und Katherine Anne Tingley (1847–1929) war es in Deutschland hauptsächlich der Arzt und Theosoph Franz Hartmann, der die östlichen Lehren des Yoga und Tantra im Westen bekanntmachte. Sie blieben bis heute ein wesentlicher Bestandteil der Theosophischen Gesellschaften und der von ihnen abstammenden Gruppen.

3.7.1 *Das Buch des Dzyan*
Kernpunkt dieser östlichen Spekulationen war die »Geheimlehre« der Madame Blavatsky[37], deren Hauptinhalt wiederum aus dem sogenannten »Buch des Dzyan« stammt. Das angeblich in Tibet aufgefundene Buch über die kosmische Evolution und die Anthropogenesis war bereits zehn Jahre vor dem Erscheinen der »Geheimlehre« im Jahre 1888 durch den Italiener Puini in Florenz publiziert worden. Es soll taoistischen Ursprungs sein.[38]

Fernöstliche Einflüsse finden sich auch in den Lehren des »Orientalischen Templerorden« (O.T.O.), der kurz unter 3.4 erwähnt wird und ausführlich behandelt wurde.[39] Hier wurden besonders bestimmte Yoga-Übungen und tantrische Rituale in das Lehrgebäude aufgenommen, die bis vor kurzem noch in der »Abtei Thelema« in Stein im Kanton Appenzell und in einigen anderen Gruppen wie in Frankfurt am Main und im angloamerikanischen Raum praktiziert wurden. Berühmt wurde eine entartete Gruppe des O.T.O. in den USA. Als Solar Lodge des O.T.O. ist sie im Zusammenhang mit der Charles-Manson-Affäre bekannt geworden.[40]

3.7.2 *Die Baha'i*
Zusammenhänge zwischen der modernen Theosophie und einer auch im deutschen Sprachraum wirkenden Gruppe, den Baha'is, sind ebenfalls nachzuweisen. Diese aus theosophischen, illuministischen und islamischen wie christlichen Elementen zusammengesetzte Lehre wird von Kurt Hutten ausführlich behandelt.[41] In Deutschland hat es schon sehr früh Kontakte zur Theosophie gegeben. Der deutsche Theosoph Hugo Vollrath (3.5.2) war angeblich mit dem bahaistischen Sektenführer Abdu'l-Baha

(1844–1921) befreundet und von ihm zum Bischof von Erfurt ernannt worden. Nachdem der Bahaismus über die USA 1907 in Deutschland eingeführt worden war, besuchte 1913 Abdu'l Baha das Deutsche Reich. Nach Ansicht des Bahaismus verläuft das Weltgeschehen in Zyklen wie bei den Theosophen. In bestimmten Zeitabständen kommt es zu einer universalen Manifestation, in der sich Gott offenbart. Die vorangegangenen Offenbarungen früherer Zeitabschnitte werden mit der neuesten zusammengefaßt, die dann die Welt zur Reife gelangen lassen. Zur Zeit leben wir in einem Zyklus, der mit Adam begonnen hat und seine universelle Manifestation ist Baha u'llah (= Herrlichkeit Gottes), Sohn eines persischen Staatsministers Mirza Hussayn Ali (1817–1892), und Begründer des aus dem Babismus stammenden Bahaismus. Bei ihm laufen alle bisherigen Offenbarungen von Mose, Jesus, Zoroaster, Mohammed und Buddha zusammen. So ist der Bahaismus die endgültige gereinigte Gottesoffenbarung, die Summe aller Weltreligionen. In ihm ist das Wesentlichste der Lehren aller Religionen zu finden, es ist der Ruf zur Religionsvereinigung, jedoch keine Aufforderung zu einer weiteren Religion.

Der Bahaismus will zu einer gewaltlosen Neuordnung der Welt führen. Das Gesetz dieser Neuordnung ist im Kitab-i-Aqdas (= Buch der Gewißheit) aus dem Jahr 1873 aufgeschrieben. In zwölf Grundsätzen sind die Ziele der Baha'is festgelegt.

Die zur Zeit bei uns viel diskutierten sogenannten Jugendreligionen östlicher Prägung haben mit dem in der Tradition der abendländischen Kultur stehenden Illuminismus nichts zu tun. Es bestehen auch keine Querverbindungen. Charakteristisch für den modernen Illuminismus ist der Synkretismus von westlichen und östlichen Weltanschauungen. Aus diesem Grunde ist er auch von der rein islamischen, jüdischen, buddhistischen oder hinduistischen Diaspora im deutschen Sprachraum, wie auch von östlichen Meditations- und Yoga-Gruppen im Sinne von Aichelin zu trennen.

3.8 Die modernen Rosenkreuzer

Wir haben bereits auf der Tafel II die Stammreihe der modernen Rosenkreuzer aufgeführt. Alle Gruppen sind gleichzeitig weltanschaulich auch als Neognostiker anzusehen und daher ihre entsprechende Einstufung berechtigt. Ebenso bestehen enge Beziehungen zu den modernen Theosophen. Alle Gruppen zusammen bilden erst als Weltanschauung das, was wir ganz allgemein unter dem modernen Illuminismus verstehen wollen. Eine Übersicht der Zusammenhänge gibt Tafel VIII.

Im deutschen Sprachraum bestehen gegenwärtig folgende Rosenkreu-

MODERNER ILLUMINISMUS

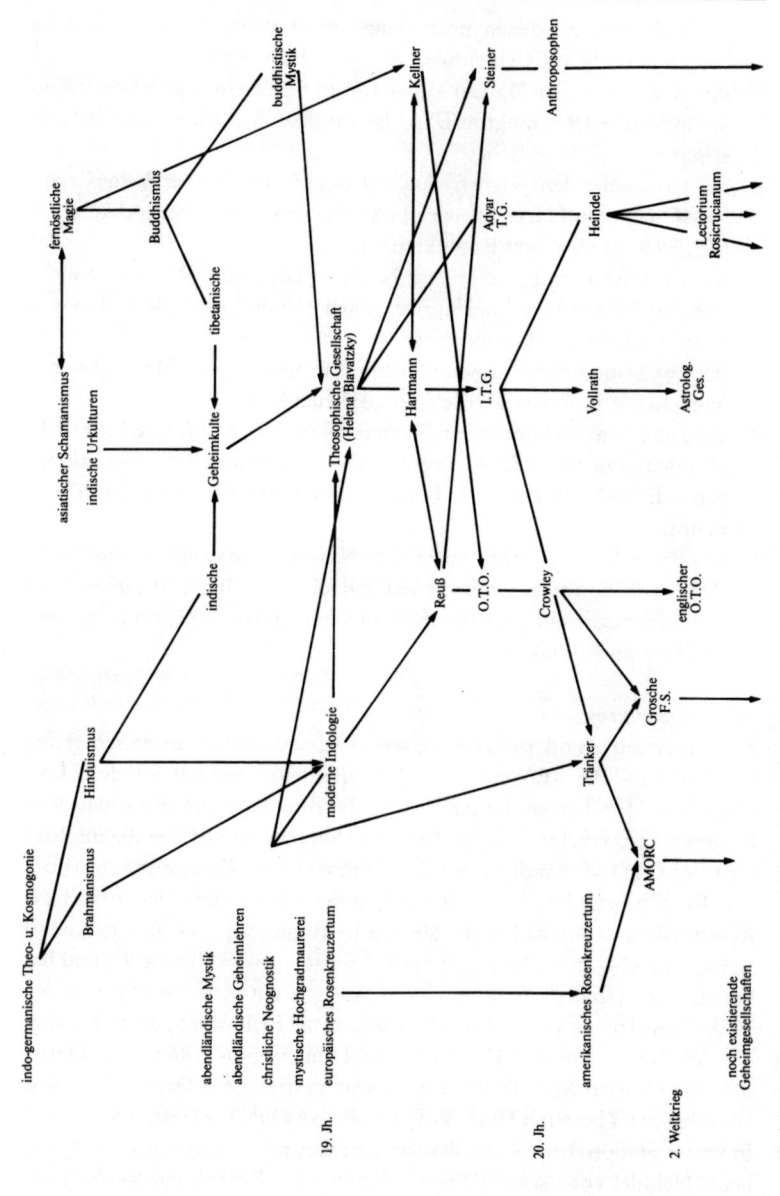

Tafel VIII: Stammtafel der »modernen« Rosenkreuzer (aus: Frick, Licht und Finsternis, T. 1, S. 17)

zergesellschaften, zu denen noch einige nicht näher bekannte und im verborgenen blühende Gemeinschaften zu rechnen sind:
a) die 1909 unter dem Namen »Rosicrucian Fellowship« von Max Heindel in Seattle (Washington/USA) gegründete »Rosenkreuzer-Gemeinschaft«;
b) der 1915 unter dem Namen »Ancient and Mystical Order Rosae Crucis (AMORC) von Harve Spencer Lewis in New York gegründete »Alte Mystische Orden vom Rosenkreuz«;
c) die 1925 bzw. 1945 unter dem Namen »Lectorium Rosicrucianum« von Jan Rijckenborgh in Haarlem (Niederlande) gegründete »Internationale Schule des Rosenkreuzes«;
d) der 1952 unter dem Namen »Ordo rosae aureae« von Martin Erler in München gegründete »Orden der goldenen Rose«;
e) die 1969 zunächst unter dem Namen »Gemeenschap Rosae Crucis« in Haarlem von Henk Leene gegründete »Gemeinschaft des Rosenkreuzes«, die sich seit den 70er Jahren »Esoterische Gemeinschaft Sivas« nennt;
f) der Ende der 40er Jahre unter dem Namen »Antiquus arcanus Ordo Rosae rubeae aureae Crucis« (AAORRAC) von Eduard Munninger auf Burg Krämpelstein bei Esternberg in Oberösterreich gegründete »Alte Orden vom Rosenkreuz«.

3.8.1 *Rosenkreuzer-Gemeinschaft*

Zu den ersten »modernen« Rosenkreuzergesellschaften in diesem Jahrhundert muß die »Rosenkreuzer-Gemeinschaft« gezählt werden. Eine ältere, aus den letzten Jahren des 19. Jahrhunderts bekanntgewordene Rosenkreuzergemeinschaft im deutschen Sprachraum ist nur die im Rahmen des OTO wirkende Gruppe, welche von Karl Kellner (1850–1905) und Reuß gegründet, ihren Ursprung in der 1866 entstandenen Societas Rosicruciana in Anglia besitzt. Sie war im Rahmen des OTO von Rudolf Steiner zur »Mysteria Mytica Aeterna« weiterentwickelt worden und hat von ca. 1905 bis 1914 bestanden.[42] Aus ihr entstand 1909 gegen den Willen von Steiner in den USA die Rosicrucian Fellowship, deren Begründer der Exseemann und Theosoph Carl Louis Heindl (1865–1919) unter dem Pseudonym Max Heindel war. Sein Vertreter für Deutschland war zunächst der Theosoph Hugo Vollrath, ein persönlicher Gegner Steiners.[43] In seiner Hauptschrift »The Rosicrucian Cosmo Conception« veröffentlichte Heindel 1910 seine »Weltanschauung der Rosenkreuzer«. Sie ist in mehreren Auflagen auch in deutscher Sprache erschienen.[44]

3.8.2 Alter Mystischer Orden vom Rosenkreuz

Auch der von dem Amerikaner Dr. Harve Spencer Lewis (1883–1939) am 1. April 1915 gegründete »Ancient and Mystical Order Rosae Crucis«, der bekannter unter seiner Abkürzung AMORC geworden ist, besaß ursprünglich enge Beziehungen zum deutschen OTO unter Theodor Reuß (3.4) und zu dem deutschen Theo- bzw. Pansophen Heinrich Tränker (1880–1956), dem Begründer des »Collegium Pansophicum« und der Loge »Pansophia«, die wiederum aus der »Lotus-Gesellschaft« entstanden war.[44] Der AMORC zählt zu den zahlenmäßig stärksten Gruppen der modernen Rosenkreuzer. Er besitzt 16 Grade.[44]

3.8.3 Lectorium Rosicrucianum

Aus der holländischen Theosophie, der »Nederlandsche Theosofische Vereeniging«, spaltete sich bereits vor dem Ersten Weltkrieg eine Gruppe von Rosenkreuzern ab, die sich der Rosicrucian Fellowship Heindels anschloß und 1913 eine holländische Übersetzung der »Rosenkreuzer-Weltanschauung« als »De Leer der Rosenkruisers« herausbrachte. Nach dem Ersten Weltkrieg gab es in Holland zwei Gruppen von Rosenkreuzern, die entweder von Steiner oder von Heindel beeinflußt wurden. Die Niederlande besitzen eine alte Rosenkreuzertradition, die sich seit dem 17. Jahrhundert nachweisen läßt.[45] 1921 veröffentlichte der Flame Frans Wittemans, Adyar-Theosoph und Maurer, eine »Geschiedenis der Rozenkruisers«, die im niederländischen Raum neue Impulse zur Bildung von Rosenkreuzergemeinschaften gab. Die engen Beziehungen von Theosophie, Freimaurerei und Rosenkreuzertum konnten gerade in Holland nachgewiesen werden.[46] Zu einer der Gruppen, die sich von dem Theosophen und den Heindel-Rosenkreuzern abspalteten, gehörte auch Jan Leene (1896–1968). Die angeblich seit 1925 bestehende Gruppe trat aber erst nach dem Zweiten Weltkrieg an die Öffentlichkeit. Unter dem Pseudonym Jan van Rijckenborgh publizierte Leene eine Anzahl von Rosenkreuzerschriften, in denen er eine neognostische Lehre vertrat. Mit seiner Frau gründete er 1945 in Haarlem das »Lectorium Rosicrucianum«, das zu Beginn der 50er Jahre auch in der Bundesrepublik Anhänger fand. Als »Internationale Schule des Rosenkreuzes« ist das »Lectorium Rosicrucianum« in mehreren Städten tätig.[47]

3.8.4 Ordo rosae aureae

Am 21. März 1952 machte der Münchener Ingenieur Martin Erler (geb. 1920) den Versuch, durch die Eintragung ins Vereinsregister eine »Gesellschaft für psychophysikalische Forschung« ins Leben zu rufen. Sie sollte die deutsche Tochtergesellschaft des AMORC darstellen, die jedoch aus

Mangel an Mitgliedern am 16. Dezember 1952 beim Amtsgericht München wieder gelöscht wurde. Als Freimaurer und überzeugter Rosenkreuzer schuf Erler 1956 einen eigenen Rosenkreuzerorden unter dem Namen »Ordo rosae aureae« (ORA). Der ORA betreibt »Forschung auf den Gebieten der Harmonik, der Symbolik, der Ritualistik, der Mythologie usw.« und die »Pflege der Mysterientraditionen«. Es bestehen enge Beziehungen zur deutschen Freimaurerei.[48]

3.8.5 Esoterische Gemeinschaft Sivas

Nach dem Tode des Begründers des Lectorium Rosicrucianum, Jan Leene, im Jahr 1968 trennte sich sein Sohn Henk Leene 1969 mit einigen Anhängern vom Lectorium. Zusammen mit seiner Frau gründete er die »Gemeenschap Rosae Crucis«. In Kassel wurde ein deutsches Zentrum der »Gemeinschaft R + C« errichtet. Nachdem die Gruppe in Südfrankreich eine Farm erworben hatte und dort ihr Hauptquartier von Holland hin verlegte, nannte sie sich zu Beginn der 70er Jahre »Esoterische Gemeinschaft Sivas«[49].

Die in den 50er Jahren aktive Rosenkreuzergruppe, deren Exponenten der Österreicher Eduard Munninger und der Deutsche Hans Wolff waren, ein Glied der »Pansophical World Federation«, blieb weitgehend unbekannt. Anscheinend bestanden Verbindungen zum AMORC.

3.8.6 Die Weltanschauung der »modernen« Rosenkreuzer

Man muß bei Charakterisierung der rosenkreuzerischen Weltanschauung eigentlich von mehreren Weltanschauungen sprechen, die je nach der Herkunft der einzelnen Gruppen entweder die geistige Tradition der »älteren« Rosenkreuzer des 16. und 17. Jahrhunderts mit der zentralen Legende um Christian Rosenkreuz fortsetzen oder mehr neognostische Tendenzen verfolgen. So vertritt z. B. die Heindelsche Rosenkreuzer-Gemeinschaft ein theosophisch-pansophisches und z. T. anthroposophisches Gedankengut, aber auch ein esoterisches Christentum. Es werden »unsichtbare Welten« unterschieden, so eine Welt Gottes, der Urgeister, der Lebensgeister, der Gedanken, Begierden und der Körper. Gnostisch-pansophisch ist die Annahme, daß die menschliche Seele als ein »integrierender Bestandteil Gottes« wieder zurückgeführt werden muß. Der AMORC besitzt keine festgefügte Lehre, sondern berührt in den Lehrbriefen für die einzelnen Grade das ganze Spektrum der illuministischen Weltanschauung. Auch hier ist der Mensch ein Teil der »Allseele«, der »Göttlichen Seele«. In einem Zyklus von 144 Jahren inkarniert der individuelle (menschliche) Teil der Allseele. Im Lectorium Rosicrucianum kann lediglich die »rosenkreuzerische Transfiguration« den Menschen aus dem ständigen Kreislauf von Werden und Vergehen erlösen. Durch die Transfiguration wird der Rosenkreuzer-Adept in das »Reich des Lichts« geführt. Übereinstimmend findet sich bei allen Gruppen als »Basisweltanschauung« ein Eklektizismus verschiedener religiöser und philosophischer Spekulationen, denen individuelle Züge von unterschiedlicher Qualität durch den jeweiligen Gründer einer Gemeinschaft beigegeben werden.

3.9 Die mystische Maurerei innerhalb der heutigen Freimaurer

Die Geschichte der äußeren Logensysteme der Freimaurerei ist die Historie der spätmittelalterlichen europäischen Bauhütten und der englischen und schottischen Werkmaurerei des 16. bis 18. Jahrhunderts. Sie hat mit dem Illuminismus nichts zu tun. Nur in der Ideengeschichte der jüngeren, im 18. Jahrhundert aufgekommenen spekulativen Maurerei, welche die äußere Organisation der älteren operativen Werkmaurerei annahm, finden sich erhebliche illuministische Einflüsse.[50] Auch zahlreiche äußere Formen des Illuminismus, wie die esoterische Ritualistik aus überlieferten Mysterienkulten, die illuministischen Grade und Symbole, wurden übernommen. Seit der offiziellen Gründung der ersten freimaurerischen Großloge im Jahr 1717 in London und ihre Ausbreitung auf den Kontinent hat es esoterisch-mystisch im Sinne eines Illuminismus tätige Freimaurer gegeben.[51] Ebenso entwickelte sich eine rein rational denkende Richtung, die allein vom Geist der Aufklärung geprägt war und in deren Reihen auch pragmatische, ja revolutionäre Brüder Freimaurer ihren Standort besaßen. Die Literatur über die einzelnen freimaurerischen Systeme und den mit ihnen verbundenen Weltanschauungen ist nahezu unübersehbar.[52] Eine für alle Richtungen der Freimaurerei verbindliche Definition und damit eine einheitliche Gesamtschau ihrer geistigen Bestrebungen gibt es nicht. Das »Internationale Freimaurerlexikon«[53] bietet allein 26 Definitionen an. Vielleicht trifft der Satz des Freimaurerdichters Gotthold Ephraim Lessing (1729–1781) noch heute am ehesten die Vielfalt ihrer Weltbetrachtung: »Die Freimaurerei ist nichts Willkürliches, nichts Entbehrliches, sondern etwas Notwendiges, das im Wesen der Menschen und der bürgerlichen Gesellschaft gegründet ist.« Es ist hier nicht der Ort, eine Geistesgeschichte der Freimaurerei zu schreiben. In unserem Zusammenhang sollen nur die Beziehungen zum modernen Illuminismus aufgezeigt werden. Im deutschsprachigen Raum sind es nur ganz kleine Gruppen, die innerhalb der Hochgradfreimaurerei die Tradition der mystischen Maurerei des 18. und 19. Jahrhunderts in der Gegenwart fortsetzen.

Wenn man innerhalb der Freimaurerei und ihrer recht unterschiedlichen Systeme nach einer spezifischen, für alle verbindliche Weltanschauung in

Tafel IX: Freimaurerische Hochgradsysteme der Gegenwart mit illuministischer Tradition

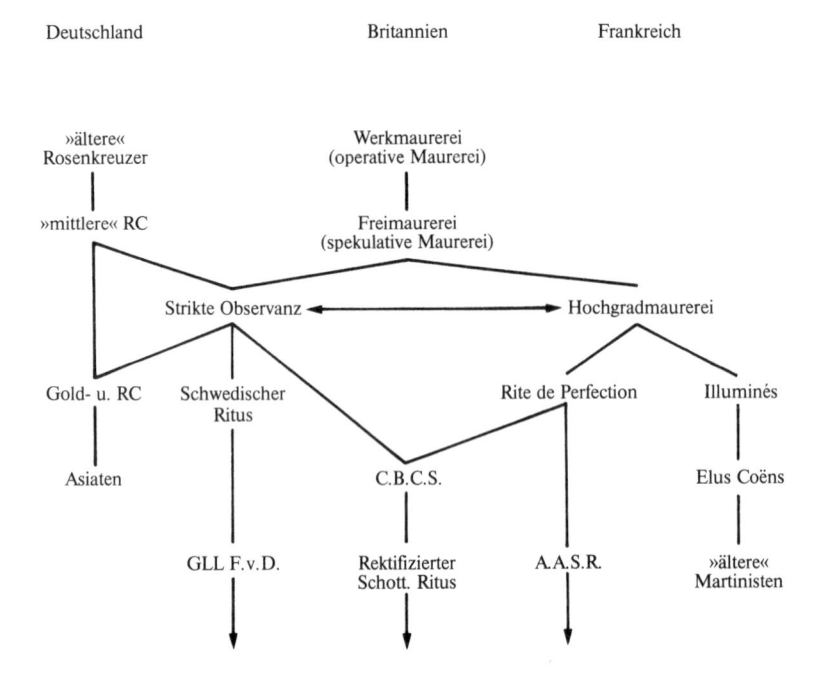

Deutschland	Britannien	Frankreich

»ältere« Rosenkreuzer

»mittlere« RC

Werkmaurerei (operative Maurerei)

Freimaurerei (spekulative Maurerei)

Strikte Observanz ←——————→ Hochgradmaurerei

Gold- u. RC	Schwedischer Ritus		Rite de Perfection	Illuminés
Asiaten		C.B.C.S.		Elus Coëns
GLL F.v.D.	Rektifizierter Schott. Ritus		A.A.S.R.	»ältere« Martinisten

der Gegenwart sucht, wird man keine finden. Ein weites Feld vom Atheismus bis zur Christosophie öffnet sich uns. Man findet illuministische Residuen in den Ritualen und Überbleibsel esoterischer Lehrgebäude. Die zeitgemäßen Bestrebungen zum Rationalismus, zu einer »modernen« Weltanschauung, haben dazu geführt, alte Traditionen als Ballast abzuwerfen. Die »moderne« Freimaurerei besitzt eine ziemlich diffuse »Weltanschauung«, die sich in erster Linie in einer oft falsch verstandenen Humanitas manifestiert. Wir finden hier die gleiche Hilflosigkeit von Institutionen, die ihren geistigen tradierten Inhalt selbst nicht mehr verstehen. Die Freimaurerei versucht, ähnlich wie die etablierten Großkirchen, ihren Standpunkt in einer rein materialistischen Welt und der »modernen« Abneigung gegenüber allem Transzendentem neu zu formulieren. Selbst die aus der Tradition der mystischen Freimaurerei entstammenden Hochgradsysteme bewahren ihre tradierte illuministische Esoterik höchstens noch in den Lehrgebäuden einiger Grade auf, deren Rituale jedoch meist gar nicht mehr »bearbeitet« werden. Als »Erkenntnisstufen« besitzen sie höchstens noch historisches Interesse.

3.9.1 Hans Graßl über die mystische Freimaurerei

Wir möchten das Verhältnis von Illuminismus und Freimaurerei mit einem Diskussionsbeitrag von Hans Graßl zusammenfassen, der für den Begriff »mystische« Freimaurerei lieber das Wort »theosophisch« eingesetzt haben möchte und auch Unterschiede gegenüber dem utopischen Denken hervorhebt.

Die theosophische Freimaurerei beabsichtigt die Veränderung des Menschen nicht in der Zukunft, sondern jetzt im Augenblick durch eine Wandlung und eine Erhebung. Diese Wandlung hat die Eigenart einer religiösen Erweckung. Sie geschieht durch Riten und Symbole, die rational nicht einsichtig sind, trotzdem aber auf meditativem Wege verstanden werden können. Dadurch werden seelische Schichten in Bewegung gesetzt, die umfassender sind, als bei dem überwiegend vom Verstand und der Phantasie gelenkten Utopisten. Ein Erlebnis des Eingeweihtseins und des Verbundenseins in einer Gemeinschaft tritt hinzu. Die profane Welt tritt zurück. Gerade diese Welt, gerade den Alltag, gerade die Gesellschaft will der Utopist verändern und korrigieren.

Bedeutsam wird ein religiöses Bildungserlebnis, das auf eine Verschmelzung der angestammten Theosophie mit den fernöstlichen Religionen abzielt in einem Akt, der ein Erbe aus der Vergangenheit einbringt in die Gegenwart und dieses Erbe ebenso verarbeitet wie die fernöstliche Erfahrung. Dadurch tritt ein Augenblick der Wiedergeburt und Neugeburt in die Gegenwart ein. Es wird eine Qualität des Erlebens erzielt, die in erster Linie kulturelle oder religiöse Qualitäten besitzt, schon das Hier und Heute der Eingeweihten erfaßt und sie nicht auf das Morgen vertröstet. Diese religiöse und kulturelle Durchformung war damals zeitgemäß, sie besaß Aktualität. Sie muß im Zusammenhang einer allgemeinen, sehr wichtigen Entwicklung des 19. Jahrhunderts gesehen werden. Im Gegensatz zur monolithischen Überheblichkeit des Imperialismus beginnen große Künstler und Schriftsteller von den außereuropäischen Kulturen zu lernen. Sie erfahren Neues und setzen es in einem neuen künstlerischen Ausdruck um.

All das spielt sich auf verschiedenen Ebenen der Anregung, der Auseinandersetzung oder auch Symbiose ab. Es bleibt aber immer von der experimentellen Kraft des Einzelnen abhängig. Dagegen wird in den theosophischen Zirkeln in einer Gruppe, in einer Gemeinschaft experimentiert und die Symbiose auf einer religiösen, oder zumindest pseudoreligiösen Ebene gesucht. Das geschieht mit Hilfe von Symbolen und Riten, die den ganzen Menschen verändern wollen und sich nicht mit der Erweiterung des künstlerischen Ausdrucksvermögens begnügen. Daher kommt diesen Vorgängen wahrscheinlich eine noch größere und umfassendere Bedeutung zu als der künstlerischen Beschäftigung mit dem Fernen Osten.

Der Illuminismus zeigt, wie schon in der Romantik, nochmals seine grandiose Kraft der Veränderung und der Wandlung des Menschen. Er führt zu einem Schwellenerlebnis in dem Augenblick, in dem die kulturelle Entwicklung die neue Stufe der Weltkultur betritt. Was damals esoterischen Zirkeln vorbehalten war, wurde inzwischen profaniert. Es hat dadurch die im Zug der Allgemeinentwicklung zu erwartende Ausweitung erfahren, freilich auch den Verlust, der nun einmal durch Profanierung entsteht. Die Romantik kleidete das Geheime neu ein, verlieh ihm dadurch größere Spannung, Einsichtigkeit und eine neue Bedeutung. Heute wird bedenkenlos experimentiert, profaniert und so spielerisch vordergründig verallgemeinert, daß der Anspruch des Schwellenerlebnisses in endloser Reproduktion verlorenzugehen droht. Der Zugriff der Massengesellschaft ist auch hier problematisch.

3.9.2 Herbert Kessler über die mystische Freimaurerei
Aus einer ganz anderen Sicht betrachtet der führende Hochgradmaurer Herbert Kessler das »illuministische Erbe« innerhalb der Freimaurerei. Er verdeutlicht das ganze Dilemma der heutigen Maurerei, wenn er in seinen »Grundzügen der freimaurerischen Esoterik«[54] empfiehlt, sich »auf dem gar zu glatten Parkett der Esoterik nicht zu weit vorzuwagen«. Für Kessler muß das »Verbindende, das Allgemeinmenschliche den Vorrang vor dem Absondernden erhalten«. Mit »Absondernden« ist hier wohl die tradierte freimaurerische Esoterik gemeint. »Die Freimaurerei denkt polar«. Diese »polare Weltansicht, die zugleich eine symbolische ist«, hat »ihre Konsequenzen: Sie schreckt vor dem streitbaren Dualismus«, (wie er auch in gnostisch-theosophischen Spekulationen innerhalb der Freimaurerei vertreten wurde), »ebenso zurück wie vor jeglichem Monismus (dem einseitigen Spiritualismus bzw. Materialismus). Gewisse Geheimlehren sind demnach für unseren Symbolismus unannehmbar... Die freimaurerische Esoterik, die sich in Symbolen äußert, ist nur ein Pol unserer Arbeit. Der andere ist die freimaurerische Exoterik, das Wirken im Geiste der Humanitätsidee«. Diese »Humanitätsidee« ist für Kessler ein »Begriff der praktischen Vernunft«, ein »polarer Gegensatz zum Symbol«, wobei sich »beide die Waage halten müssen«.

Kessler stellt die Weltanschauung der heutigen Freimaurerei in vier Leitsätzen zusammen, die sicherlich mit freimaurerischer Tradition kaum noch etwas zu tun haben. Tempora mutantur...

a) In den humanitären Tempelarbeiten... wird nicht ein Geheimwissen, sondern ein Vernunftwissen gelehrt. Die Vernunft widerstrebt jeglichem Okkultismus; sie ist ihrem Wesen nach allgemeingültig und öffentlich; sie gebietet Öffentlichkeit und erstrebt Aufklärung, Mün-

digkeit des Individuums und seiner Gruppen, Selbstverantwortung, Freiheit eines jeden und aller und Hilfsbereitschaft...
b) Mit diesen Vernunftideen verbinden lassen sich die Symbole des »heilig öffentlichen Geheimnisses« (Goethe), nicht dagegen Dogmen, Geheimlehren oder Ideologien.
c) Bei der Gestaltung der Rituale und der einzelnen Tempelarbeit sowie deren Interpretation sind die »Einsichten aus Leben, Wissenschaft und Kunst« zu verwerten, so daß die ritualistische Erstarrung im Überkommenden und die sektiererische Selbstisolierung vermieden werden. Das Denken, Fühlen und Schaffen bleibt lebendig und in Austausch mit den Geistesströmungen außerhalb der Freimaurerei.
d) Die Tempelarbeit soll ein erhebendes, schönes weihevolles Erlebnis sein. Aber dem A.·.A.·.S.·.R.·. genügt diese Ästhetik nicht; er verlangt die Tat: Selbstgestaltung des Einzelnen – Mitgestaltung der Gesellschaft.

Kessler, ein Vertreter der aufklärerischen Richtung im Sinne Kants und ein Agnostiker im Sinne des Sokrates: »ich weiß, daß ich nichts weiß«, setzt hier nur die Tradition einer fast dreihundertjährigen freimaurerischen Geschichte fort, die Individualisten aller Schattierungen und Weltanschauungen unter dem Sammelbegriff »Freimaurerei« vereint. Es gibt eigentlich nur ein einziges Prinzip, das den Begriff »Freimaurer« überhaupt in unserer Zeit noch rechtfertigt: das der Toleranz. Nur unter diesem Aspekt sollte man der Version Kesslers folgen, wenn er in fünf Absätzen die »freimaurerische Esoterik« aus seiner Sicht zusammenfaßt:

a) Es gibt keine verbindliche Auslegung unserer Symbole; der einzelne Bruder entscheidet vielmehr über die Symbol-Auffassung nach bestem Wissen und Gewissen.
b) Die Freimaurerei als solche darf weder auf eine bestimmte Religion noch auf eine Geheimlehre oder Geheimwissenschaft festgelegt werden. Die Festlegung ist immer Sache des einzelnen Bruders. Das gilt auch negativ für die Ablehnung einer oder der Religion bzw. Geheimlehre.
c) Die Freimaurerei bekennt sich zum Polaritätsprinzip als Welt- und Lebensgesetz. Das schließt jeglichen Monismus aus, aber auch den streitbaren Dualismus, der von Feindschaft, Haß und Zerstörung genährt wird. Der Begriff »Esoterik« fordert polar zur Ergänzung den Begriff »Exoterik«, das heißt ein Wirken nach außen im Sinne der Humanitätsidee. Die Humanitäts- ist eine Vernunftidee...
d) Die Methode der Freimaurerei ist weder Versenkungstechnik noch eine magische Beschwörung, sondern der Ritus, verstanden als rein symbolische Handlung nicht eines Individuums, des einsam praktizierenden Magiers etwa, sondern als Werk, als »Tempelbau« einer Gemeinschaft.

e) Der höchste Standpunkt der Freimaurerei ist die Weisheit. In ihr vereinen sich die Vernunftideen mit dem Symbolkosmos. Weisheit ist die königliche Kunst mündiger Lebensgestaltung. Die Idealgestalt der Freimaurerei ist nicht der Prophet, Mystiker, Visionär, nicht der Wissende, sei es im okkulten, sei es im rationalen Verständnis. Das Ideal ist der Weise. Der rechte Freimaurer ist ein Verehrer der Weisheit, der seine Lebenspraxis danach richtet, denn nur so ist er ein Jünger der Königlichen Kunst.

Die von Kessler geprägten Begriffe bedürfen sicherlich einer näheren Definition und Interpretation, wenn sie für den Freimaurer wie erst recht für den Außenstehenden verständlich werden sollen.

3.9.3 Gliederung der deutschen Freimaurerei

Die Tafel IX zeigt die historische Herkunft der mystischen Maurerei der Gegenwart.

In Deutschland gliedern sich die Freimaurer in der Gegenwart nach ihren historisch gewachsenen Systemen in die »Großloge der Alten Freien und Angenommenen Maurer von Deutschland« (A. F. u. A. M.), in die »Große Landesloge der Freimaurer von Deutschland« (GLL F.v.D.) und in die »Große National-Mutterloge ›Zu den drei Weltkugeln‹« (GNML 3 WK). Ferner gehören zu dem Gesamtverband, den »Vereinigten Großlogen von Deutschland« (VGL v.D.), noch zwei anglo-amerikanische Großlogen, die in Deutschland tätig sind.

Als ausgesprochene Hochgradsysteme sind in Deutschland noch ansässig: der »Deutsche Oberste Rat der Freimaurer des Alten und Angenommenen Schottischen Ritus« (AASR), das »Groß-Kapitel des Heiligen Königlichen Gewölbes von Deutschland (Royal Arch)«, die »Deutsche Großloge ›Le Droit Humain‹ des Alten und Angenommenen Schottischen Ritus« und der »Universale Freimaurerorden ›Humanitas‹«. Deutsche Mitglieder besitzen auch die beiden Hochgradsysteme, die hauptsächlich in Frankreich und in der Schweiz ansässig sind: das »Régime Écossais Rectifié«, welches aus den »Chevaliers Bienfaisants de la Cité Sainte« (C. B. C. S.) hervorgegangen ist, und der »Rite Ancien et Primitif de Memphis-Misraim«. Die beiden zuletzt genannten Systeme besitzen enge Beziehungen zur Theosophie und zu den »jüngeren« Martinisten, und damit zum Illuminismus.

3.10 Randgruppen des Illuminismus

Während die aus der theosophischen Bewegung des 19. Jahrhunderts entstandenen Gruppen in der Gegenwart im deutschen Sprachraum kaum eine Rolle spielen, ist die Anthroposophie, die ebenfalls ihre Wurzeln im

Illuminismus besitzt, zu einer bedeutenden esoterischen Gemeinschaft herangewachsen. Eine weitere, aus der Theosophie entstandene Randgruppe ist die »Neugeist-Bewegung« und die »Ethische Gesellschaft für Fortschritt und Welterneuerung«, auch »Welt-Spirale« genannt. Außerdem gibt es noch eine Anzahl kleiner und kleinster Gruppen und Grüppchen, deren Namen wir nur kurz erwähnen wollen und die keineswegs den Anspruch auf Vollständigkeit erheben können.

3.10.1 Die Anthroposophie; Rudolf Steiner

Zur Geschichte, Lehre und Organisation der Anthroposophie sei auf die entsprechenden Kapitel bei Hutten[55] und im »Handbuch Religiöse Gemeinschaften«[56] hingewiesen. Rudolf Steiner, der schon erwähnte Begründer der Anthroposophie, war eine in der Tat illuministische Persönlichkeit, die zu den widersprüchlichsten Interpretationen seiner Lehre bei den Anhängern wie bei seinen Gegnern führte. Während seines Lebens, er verstarb mit 64 Jahren, machte er zahlreiche innere und äußere Wandlungen durch. In seinen Biobibliographien wird meist, je nach dem Standpunkt des Autors, die eine oder andere Variante seines Lebens und seiner Schriften fortgelassen.[57]

Steiner war, bevor er im Jahre 1913 die »Anthroposophische Gesellschaft« gründete, nacheinander ein Linksintellektueller und theoretischer Anarchist, ein Monist und Anhänger Darwins, Haeckels und Nietzsches. Als Goethe-Forscher machte er sich seinen ersten Namen, er wurde schließlich zum Esoteriker als Theosoph, Rosenkreuzer und Hochgradmaurer. Allen Phasen seiner geistigen Entwicklung gab er seine persönliche Note, indem er die durchlebten Weltanschauungen modifizierte. Damit stand er mit seinem Eklektizismus stets dem Illuminismus sehr nahe.

3.10.2 Steiners Begriff »Weltanschauung«

Steiners Gedanken zum Begriff »Weltanschauung« wurden Ausgangspunkt aller seiner Spekulationen, welche die Anthroposophie prägten. In seinem Vortragszyklus »Der menschliche und der kosmische Gedanke«[58] beantwortete Steiner die Frage, warum es so viele Streitigkeiten über Weltanschauungen gäbe, damit, daß die Menschen nicht geneigt wären, »wenn sie das eine begriffen hätten, auch noch das andere zu begreifen«. Nach Steiner durchläuft die Sonne scheinbar den Tierkreis, wie auch die anderen Planeten. Der menschlichen Seele ist es entsprechend möglich, einen »Geisteskreis« zu durchlaufen, der zwölf »Weltanschauungsbilder« enthält. Die zwölf Tierkreiszeichen und die zwölf Weltanschauungsbilder stehen im Zusammenhang. Die zwölf »Weltanschauungsnuancen« sind nach Steiner der »Materialismus, Sensualismus, Phänomenalismus, Realismus, Dynamismus, Monadismus, Spiritualismus, Pneumatismus, Psychismus, Idealismus, Rationalismus und der Mathematismus«. So wie die sieben Planeten den kosmischen Tierkreis durchlaufen, so durchwandern den geistigen Tierkreis die sieben »Seelenstimmungen: Gnosis, Logismus, Voluntarismus, Empirismus, Mystik, Transzendentalismus und Okkultismus«. Auch hier ist Steiner mit seiner Entsprechungslehre ein echter Illuminist. Die einzelnen zwölf »Weltanschauungsnuancen« setzt Steiner jeweils einem der zwölf Tierkreisbilder gleich. Die sieben »Seelenstimmungen« entsprechen wiederum den sieben Planeten, so die Gnosis dem Saturn, der Logismus dem Jupiter, der Voluntarismus dem Mars, der Empirismus der Sonne, die Mystik der Venus, der Transzendentalismus dem Merkur und der Okkultismus dem Mond. Die sieben »Seelenstimmungen« können sich nun mit den zwölf »Weltanschauungsnuancen« in allen möglichen Kombinationen vereinen. So entstehen $7 \times 12 = 84$ Weltanschauungen. Die 84 Weltanschauungen können sich noch dadurch verdreifachen, indem sie drei verschiedene »Töne« erhalten können: »den Theismus, den Intuitismus und den Naturalismus«. »Die drei ›Seelentöne‹ haben auch ein Abbild in der äußeren Welt des Kosmos; und zwar verhalten sie sich nun in der menschlichen Seele genauso wie die ›Sonne‹, ›Mond‹ und ›Erde‹, so daß der Theismus der Sonne – jetzt die Sonne als Fixstern aufgefaßt –, der Intuitismus dem Monde und der Naturalismus der Erde« entsprechen. Das ergibt nach Steiner $3 \times 84 = 252$ Weltanschauungen. Hinzu kommt der seit der Antike bestehende Begriff des Anthropomorphismus, den Steiner in seiner Weise ausgestaltete. Damit bekennt er sich mit seinen Makro-Mikro-Kosmos-Spekulationen und dem illuministischen Analogie-Denken eindeutig zur Weltanschauung des Illuminismus.

Steiners Anthroposophie ist eine Erkenntnistheorie, die ein objektiv voraussetzungsloses Erkennen postuliert. Dabei wird die Wirklichkeit nicht als eine durch das Erkennen fertig auffindbare oder nicht auffindbare Wirklichkeit vorgestellt, sondern als eine solche, die der Erkennende sich erst selbst schafft. Daraus resultiert wiederum, daß das Erkennen ein Vorgang innerhalb der Wirklichkeit ist. Erst durch das Erkennen öffnet sich der Erfahrungsbereich des Geistigen.

Nach Steiner macht der Mensch bzw. seine Seele einen mehrfachen Reinkarnationsprozeß durch, indem der sich wiederverkörpernde Geist aus seinen vorherigen Verkörperungen sein Schicksal mitbringt. Der Leib unterliegt dem Gesetz der Vererbung; die Seele unterliegt dem selbstgeschaffenen Schicksal. Man nennt dieses vom Menschen geschaffene Schicksal sein Karma. Sein Geist steht unter dem Gesetz der Wiederverkörperung.[59] Drei Stufen führen nach der Lehre Steiners zum Menschen hinauf: es sind dies die drei Naturreiche der Mineralien, Pflanzen und Tiere. Sie machen drei Daseinsbezirke sichtbar, denen auch der Mensch angehört. Zu ihnen tritt beim Menschen als viertes Wesensglied »das Ich«, das sich denkend, fühlend und wollend betätigt. Der Leib des toten Menschen gehört dem mineralischen Reich an, es ist sein »physischer Leib«. Der lebende Mensch mit seinem Wachstum, Stoffwechsel u. a. ist ein Glied des pflanzlichen Reiches, es ist sein »Aether-Leib«, welcher der »vegetativen Seele« im Sinne von Aristoteles entspricht. Als begehrendes, von Leidenschaften getriebenes Wesen ist der Mensch dem Tier verwandt, seine »animalische Seele« entspricht dem »Astralleib«. Das vierte Wesensglied schließlich, das den Menschen erst zum eigentlichen Menschen macht und ihn über die drei Naturreiche stellt, ist »das Ich« mit der Möglichkeit, sich als »Geist unter Geistern« zu betätigen. Die Auffassung Steiners vom viergliedrigen Menschenwesen entspricht nicht der üblichen Trichotomie von Leib, Seele und Geist. Aber nur ein so gegliedertes Wesen ist nach seiner Ansicht überhaupt der Freiheit fähig. Jetzt erst vermag es ein Existenzbewußtsein im eigentlichen Sinne zu entwickeln. Dieses Bewußtsein ist den existentiellen Erlebnissen von Geburt und Tod komplementär. H. Witzemann faßt die Weltanschauung der Anthroposophen zusammen[60]:

Die Erkenntnistheorie der Anthroposophie wird demgemäß zur Ontologie, da der im Erkennen sich erschließende Sinn der Wirklichkeit die Entstehung eines freiheitsfähigen, also die Wirklichkeit durch sich selbst fortentwickelnden Wesens ist. Die Weltentwicklung ist daher auf die Entstehung des erkennenden freiheitsfähigen Wesens hingeordnet und hieraus verständlich. Der Mensch erlebt in seinem Erkennen nicht nur einen den wirklichkeitsbildenden Prozessen gleichartigen Vorgang, sondern führt dem Weltprozeß auch ein neues Element dadurch ein, daß der Erkenntnisprozeß zugleich freie Selbstgestaltung ist. Der Sinn der Welt ist der Mensch. Der Mensch ist der Idee nach Ursprung und Fortsetzung des Weltprozesses.

3.10.3 Auswirkungen der Anthroposophie
Auch die anthropozentrische Weltauffassung ist illuministisch. Die Anthroposophie vermittelt mit ihrer den Menschen in den Mittelpunkt ihrer Weltanschauung stellenden Lehre ihren Anhängern eine aktive, positive, ja praktische Lebenshaltung. In ihrer Religion entwickelte sie eine besondere Christologie und eine eigene Kirche, die von Friedrich Rittelmeyer (1872–1938) 1922 begründete »Urgemeinde der Christengemeinschaft«[61]. Ihre Diesseitsbezogenheit schuf einen besonderen Erziehungsplan der Jugend, die Waldorfpädagogik, die von Fachleuten zu den besten

z. Zt. existierenden gezählt wird. Die anthroposophische Gesundheitslehre mit ihrer spezifischen Heilpädagogik und die Weleda-Medizin mit ihrer besonderen Lehre vom »Wesen der Heilung« spielt bei der derzeitigen Auseinandersetzung zwischen der Allopathie und den naturheilkundlichen Methoden im Zusammenhang mit dem neuen Arzneimittelgesetz der Bundesrepublik eine führende Rolle. Überhaupt sind bestimmte weltanschaulich unterbaute Naturheilmethoden Ausdruck eines echten Illuminismus, so schon bei den Rosenkreuzern des 17. Jahrhunderts. Es bestehen hier Bezüge ganz allgemein zu der Gruppe von Anhängern der Naturheilmethoden, wie sie Hieronimus beschreibt (S. 380).

3.10.4 Die Neugeist-Bewegung

1919 gründete Victor Schweizer (gest. 1935) die »Biosophische Bewegung«, welche sich besonders gegen eine materialistische Weltanschauung wandte. In dem von ihm geleiteten Baum-Verlag in Pfullingen in Württemberg erschienen zahlreiche Schriften mit dem Schwerpunkt Okkultismus und Parapsychologie. 1923 schloß er sich mit einigen anderen Gruppen, so dem »Bund christlicher Mystiker«, dem »Sufi-Orden«, der »Gesellschaft für deutsche Geistes- und Lebenserneuerung« u. a. zum »Neugeist-Bund« zusammen. Zum Organ dieser Neugeist-Bewegung wurde die Monatsschrift »Die Weiße Fahne« (1904-1977), die seit 1924 von Karl Otto Schmidt geleitet wurde und mit Unterbrechungen bis 1970 vom Baum-Verlag herausgegeben wurde. Von 1935 bis 1945 verboten, wurde sie 1959 durch den Baum-Verlag Hans von Kothen wieder ins Leben gerufen.

Die Neugeist-Bewegung will dem Menschen, der ein «dynamisches Spannungs- und Strahlungsfeld« darstellt, in seinen Gedanken, Trieb- und Wunschrichtungen seiner Tiefenschichten, die reale Wirkkräfte sind, durch Gebet, Meditation und Versenkungspraktiken aktivieren. Es werden in »Kraftzentren« und »Erziehungsstätten« Kurse über Atemtechnik, Entspannungsmethoden, Konzentrations- und Meditationsübungen, darunter auch Yoga, durchgeführt. In Vorträgen, Vorlesungen, Aussprachen und praktischen Übungen werden die Anhänger an den »großen Liebes-Kraft-Strom« angeschlossen. Die eklektizistische unorthodoxe christliche Lehre läßt sie als Randgruppe des modernen Illuminismus erscheinen.

Der Mensch ist wie die ganze Schöpfung als ein Urbild des Guten aus der Hand Gottes entsprungen. Gott ist Liebe. Er ist stets bereit, dem Menschen seine Liebe als Kraft zur Hilfe, Heilung und Selbstverwirklichung mitzuteilen. Wenn er in der Harmonie mit Gott bleibt und nach dem Liebesgebot Christi lebt, dann wächst das Reich Gottes inwendig in ihm als Quelle der Gesundheit, des Glücks und des ewigen Lebens. Des Menschen eigentlicher und innerster Geist ist »ein Strahl aus Gott, dem Allgeist«, ein »Innengott«.

Das Neue Testament soll eklektisch ausgelegt und nur auf die »positiven Elemente« beschränkt werden. Sie allein erlauben es, Gott und den Menschen in einem optimistischen Licht zu sehen: »Gott als die reine Liebe und Güte ist immer bereit, sich zu verschenken, und der Mensch als solcher steht in der Einheit mit Gott. Diese Einheit kann nie gebrochen werden – etwa durch des Menschen Schuld, die Gottes Zorn hervorruft; wohl aber kann der Mensch sie aus dem Bewußtsein verlieren. Die Folge ist dann seine ›Nichteinstimmung‹ in Gott; er macht sein Denken und Streben nicht konform mit Gottes Denken, sondern verfolgt seine eigenen Gedanken. Damit schafft er sich Unheil. Denn dieses Denken wirkt sich im Unbewußten und Überbewußten aus und greift auch ins Körperliche über. Störung der Harmonie im Geistigen bringt Störung der Harmonie im Körperlichen hervor, also Krankheit. Um sie zu heilen, ist eine innere Umstellung nötig. Sie besteht in der Rückwendung zu Gott, genauer: darin, daß der Kranke sich wieder seiner Einheit mit Gott bewußt wird.«

Die Neugeist-Bewegung ist überchristlich, da sie neben den christlichen Mystikern auch buddhistische, hinduistische und islamische Mystiker gelten läßt. Abgelehnt wird die christliche Sündenlehre ebenso wie ein richtender und strafender Gott. Das Bewußtsein der Sündhaftigkeit gilt als »negative« Denkweise. Damit finden sich neognostische Gesichtspunkte, die durch die Emanationslehre verstärkt werden.

Hutten hat in seinem Kapitel über »Vereinigungen für geistige Heilung« Geschichte und Lehre der Neugeist-Bewegung beschrieben.[62]

3.10.5 Die »Welt-Spirale«

Eine der jüngsten theosophischen Gesellschaften besonderer Prägung ist die »Welt-Spirale – Ethische Gesellschaft für Fortschritt und Welterneuerung«, die am 30. Juni 1963 durch den Österreicher Leopold Brandstätter (1915–1968) gegründet wurde. Seine Geschichte und Lehre findet sich ausführlich im »Handbuch Religiöse Gemeinschaften«[63]. Die Lehre von Brandstätter, der unter dem Namen »Leobrand« schrieb und lehrte, setzt sich aus theosophischen, spiritistischen und – was neu und modern ist – aus ufologischen Elementen zusammen. Die Ideengeschichte der Ufologie, die in den letzten Jahren immer mehr den modernen Illuminismus zu beeinflussen beginnt, hat Ernst Benz geschrieben.[64] Nach der theosophischen Lehre bewahrten die Meister der großen weißen Bruderschaft in der Stadt Shambhala in Tibet die Weltgeheimnisse auf. Die »Lebendige Ethik« oder »Agni Yoga«, die Neue Lehre Brandstätters, macht aus der weißen Bruderschaft die »Helle Hierarchie« oder »Interplanetare Regierung«, die den Willen der kosmischen Mächte auf Erden lenkt. Abgesandte von der Venus kamen einst als »hohe Individualitäten« von der Venus, (deren Außentemperaturen Herr Brandstätter noch nicht kannte). Als terrestrische »Entwicklungshelfer« inkarnierten sie sich freiwillig als Religionsstifter und Weltlehrer. Krishna, Buddha, Christus, Mohammed, Konfuzius, Laotse, Zarathustra, Pythagoras, Plato, Salomo, Origines und Jakob Böhme waren solche inkarnierten Gottessöhne vom anderen Planeten.

In der Lehre der »Welt-Spirale«, die ihr den Namen gab, wird eine Kosmologie entwickelt, welche die Spiralnebel und ihre Galaxien aus der modernen Astronomie in das Geschehen einbezieht. Aus der theosophischen Spekulation weiterentwickelt, verläuft alles Werden und Vergehen in einer Spiralform, wobei involutionäre und evolutionäre Kräfte tätig werden. Eine »Vernunft-Kraft«, die alle Involutionen und Evolutionen ohne Anfang und Ende lenkt, heißt »Kosmischer Magnet«. Zwischen dem zeitlosen unendlichen Allgott und dem Kosmischen Magneten stehen göttliche Vermittler abgestufter Grade. Gottvater, einst Mensch, heute der planetare Logos der Erde, arbeitet unaufhörlich an seiner Selbstvervollkommnung, um einst Sonnenlogos und später Milchstraßenlogos zu werden. Erst nach der allerhöchsten Stufe, dem Amt des Kosmischen Logos, ist die Evolution beendet und »die Frucht irdischen und außerirdischen Seins wird in das geistige Zentrum, die Allgottheit, eingebracht«.

3.10.6 Weitere Gruppen

Als mystisch-esoterische Gruppen, die wir ebenfalls zu den Randgruppen des modernen Illuminismus zählen können, sind die folgenden Gemeinschaften zu rechnen:

Die »Freie Akademie zur Koordinierung von Wissenschaft und Esoterik OARCA (Omnia Arcana)« in München.

Die »Kosmobiosophische Gesellschaft« in Wuppertal.

Die »Deutsche freie Akademie für wissenschaftliche Grenzgebiete und Gemeinschaft für religiöse und geistige Erneuerung« in München.

Die »Vereinigung für Studium der Geheimwissenschaft« in München.

Der »Esoterische Studienkreis zur Erforschung der ewigen Weisheit nach Überlieferungen von antiken und modernen Initiierten« in Berlin.

Die »Arbeitsgemeinschaft der geistigen Erneuerung« in Dortmund.

Der »Pansofische (sic) Kreis zur Entwicklung des kosmischen Bewußtseins« in München.

Der »Lichtquell-Freundeskreis« in Stuttgart.

Die »Freie Forschungsgemeinschaft für dualistische Wissenschaft und Erziehung« (Lichthort) in Marschalkenzimmern/Schwarzwald.

Die »Bardon-Studiengruppe ›Adepten‹« in Basel und Zürich.

Der »Orden von Abramelin« in Prattel/Schweiz.

Die »Mazdaznan-Bewegung« in Bad Salzuflen.

Sicherlich stellen diese Gruppen nur einen kleinen Auszug der tatsächlich vorhandenen Gemeinschaften dar, die alle keine zahlenmäßige Bedeutung besitzen, aber die Vielfalt des Bedürfnisses nach einer außerkirchlichen Esoterik im Rahmen des modernen Illuminismus aufzeigen.

4 Anhang

4.1 Exkurs I (über den Begriff »Illuminismus«)

Bei der Diskussion zur Begriffsklärung »Illuminismus« stellte Helmut Aichelin die Frage, ob der Ausdruck »Illuminismus« ein so »gängiger« Begriff sei, »der das alles abdeckt, was hiermit gemeint ist«. Landläufig würde hierunter auch der Okkultismus verstanden, »in dem eine geistige Wirklichkeit das Primat vor der materiellen Wirklichkeit habe und damit alle materielle Wirklichkeit von der geistigen Wirklichkeit bestimmt werde«. Für Ekkehard Hieronimus ist das Wort Illuminismus »zu stark Fremdwort«. Man solle eher bei all diesen Gruppen von einem »Geheimwissen« sprechen. Es sei außerdem ein deutsches Wort, das »weit genug ist, um alles das, was in diesen Gruppen unter dem Deckmantel der Verschwiegenheit tradiert wird, zu umfassen«.

Nach Friedrich Mordstein solle auf jeden Fall der Oberbegriff »Illuminismus« beibehalten werden, »weil man hier ganz einfach übersetzen könne, es komme in ein bisher Dunkles Licht, also etwas, was mit ›Erleuchtung‹ zu tun habe«. Mordstein führte hierzu im einzelnen aus: Wenn man aber schon »Illuminismus« durch »Geheimwissen« ersetzen wolle, so sollte man bedenken, daß geistesgeschichtlich noch ein anderer passender Begriff sich anbiete, der der »Gnosis«.

Normalerweise werden nämlich in der Philosophiegeschichte Kant und der deutsche Idealismus fast in einem Atemzug genannt. Das darf jedoch als ein grundlegender Irrtum bezeichnet werden. Es ist kein größerer Gegensatz zu denken als zwischen Kant und seinen Nachfolgern. Wir müssen uns daran erinnern, daß Hegel in seinem großen Frühwerk »Phänomenologie des Geistes« in der Vorrede sinngemäß sagte: er habe sich vorgenommen, daß die Philosophie ihren Namen der bloßen Liebe zum Wissen ablegen könne und wirkliches Wissen werde. Wenn man dieses Programm Hegels in der »Phänomenologie des Geistes« wieder ins Griechische rückübersetzt, so heißt dies, daß es seine Absicht sei, aus der »Philosophie« eine »Gnosis« zu machen, und damit trifft man genau den Kern. Es steckt etwas mehr bei Hegel dahinter als nur die Absicht, eine tiefe spekulative Weltdeutung zu geben. Bei Hegel ist hier zum ersten Mal wieder das zum Vorschein gekommen, was in einer alten Tradition nur noch unterirdisch vorhanden war.

Es ist nämlich die Tendenz einer ganzen Reihe von Menschen gewesen zu behaupten, daß sie ein erweitertes Bewußtsein besäßen; daß sie ein »Wissen« hätten von der geistigen Welt selbst und von den tiefsten Geheimnissen des Daseins. Dies scheint der gemeinsame Nenner von all den Richtungen zu sein, die hier unter dem Begriff »Erleuchtete« zusammengestellt wurden. Hier ist in der Tat ein gemeinsamer Nenner vorhanden; er heißt: all diese Illuministen versprechen eine Bewußtseinserweiterung zu geben.

Während das »normale« Bewußtsein, der common sense, für die »gemeinen Leute« ist, die sozusagen im Alltag leben und hier stehen bleiben, ist für den »Erleuchteten« der Zugang zu den tiefsten Tiefen des Wissens eröffnet. Insofern ist diese geistige Welt, die sich hier auftut, gleichzeitig das große Faszinosum, das viele Menschen anzieht. Menschen dieser Mentalität besitzen offensichtlich nicht genügend Selbstkritik und geistige Hygiene um festzustellen, daß das menschliche Bewußtsein ein endliches Bewußtsein ist, eben ein begrenztes Bewußtsein. Entscheidend ist bei dieser ganzen Frage das menschliche Selbstverständnis, von dem man auszugehen hat. Ist das menschliche Selbstverständnis ein im Endlichkeitsbereich verbleibendes Bewußtsein, dann haben wir die große Tradition, die von Sokrates über Platon, über – oft mißverstanden – Aristoteles, über Augustinus, Thomas von Aquin, Nikolaus von Kues, über Pascal und Leibniz bis herauf zu Kant geht. Bei Kant schließt diese geistige Tradition im Grund genommen ab. Kant ist aber zugleich ein Höhepunkt. Denn die Unterscheidung zwischen dem Ding an sich und der Erscheinung der Phänomenwelt enthält ja die wichtige Aussage Kants, daß wir als Menschen eben nur die Erscheinungswelt erkennen können, nicht aber die Welt der Dinge an sich, d. h. also den tiefsten Kern des Daseins.

Es gibt nun bestimmte Menschen, die das nicht befriedigt. Sie wollen tiefer gehen, sie wollen wirklich feststellen, daß der menschliche Geist als ein Abkömmling Gottes imstande ist, auch Gott bis in die tiefsten Tiefen selbst zu erkennen. Nach Hegel kann der Mensch eben dies leisten und deutlich machen. Hier ist eine anthropologische und charakterologische »Grenzsituation« gegeben. Hier ist der Bruch, der Bruch zwischen jener anthropologischen Haltung, die sich bescheidet mit dem menschlichen Maß, und derjenigen, die dieses Maß überschreitet, und zwar in dieser auch für den »Erleuchteten« typischen Form der Bewußtseinserweiterung.

Ein Beispiel: Die Anthroposophie behauptet, die Fähigkeit zu besitzen, unser Bewußtsein unendlich zu erweitern. Sie wäre imstande, den Menschen erst richtig in die geistige Welt einzuführen. Rudolf Steiner hat deshalb bewußt als Zielscheibe für seine Hauptkritik an der Philosophie

Kant gewählt; aber warum? Weil es ihm nicht behagte, daß Kant unerbittlich diese anthropologische Begrenzung feststellte, während Steiner gerade die unendliche Fähigkeit des Menschen, sich in die geistige Welt einzuleben und einzuarbeiten, ausdrücken wollte. Steiner selbst sagt mit richtigem Gespür, daß für ihn der größte Philosoph Hegel sei. Außerdem besaß er ein außerordentliches Interesse an der Philosophie Fichtes. Auch Fichtes Gegensatz zu Kant ist offenkundig, zum Beispiel in der ersten und zweiten Einleitung in seine Wissenschaftslehre bei dem Problem der sogenannten »intellektuellen Anschauung«. Fichte hält diese intellektuelle Anschauung für grundlegend, Kant hat das abgelehnt. Kant sagte ausdrücklich: ein Verstand, in welchem durch das Selbstbewußtsein zugleich alles Mannigfaltige gegeben würde, würde im Sinne einer intellektuellen Anschauung selbst schöpferisch »anschauen«. Unser, d. h. der menschliche Verstand, kann nur denken und muß in den Sinnen die Anschauung suchen. Hiermit besitzen wir die Grenzsetzung bei Kant, dem großen Repräsentanten einer Philosophia perennis des menschlichen Maßes.

Aus den genannten Gründen sollte man schon Hegels Lehre nicht mehr eine Philosophie nennen, sondern ihm selber folgend, sie Gnosis nennen. Darüber hinaus gibt es noch einen etwas jüngeren Zeitgenossen Hegels, nämlich Ferdinand Christian Baur, der ausdrücklich die Tradition der Gnosis innerhalb des Christentums dargestellt hat. Hier besteht bereits eine ganz beachtliche geistige Basis für die Gnosis oder, wie der Verfasser dieses Arbeitspapiers vollkommen mit Recht sagt, für den Illuminismus. Man sollte diesen Hintergrund stark betonen; sein geistiges Gerüst, das man nicht außer acht lassen könne, wäre weiter zu eruieren.

4.2 Exkurs II (über Illuminismus und Utopie)

Für uns nicht verständlich ist die Behauptung von Sarkisyanz, daß die Sehnsuchtsvorstellungen nach einem vergangenen Goldenen Zeitalter, die zum Teil auch in den Lehren des Illuminismus eine bedeutende Rolle spielen, lediglich »utopisch-primitivisierende Bestrebungen von Nostalgie nach einem vorindustriellen Arkadien« (S. 36) und eine »Idee vom Edlen Wilden« (S. 37) mit der »Glorifizierung des Primitiven, des sozusagen Kulturlosen« (S. 37) darstellen. Man verspürt den Hintergedanken bei der These, daß die »Grundvoraussetzung für das Goldene Zeitalter die Tabuisierung der Industrie« war (S. 37). Wo gab es zur Zeit, als der Mythos vom Goldenen Zeitalter entstand, eine »Industrie«, die »tabuisiert« werden mußte? Karl Marx lebte noch nicht.

Das Zeitalter der christlichen Hermetik, der Giordanisten und Rosenkreuzer im 16. und 17. Jahrhundert beginnt bei Sarkisyanz, »als man mit der rationalistischen Entchristianisierung weniger die Reinheit und Ratio (bzw. Esoterik) bei nichtchristlichen exotischen Kulturen zu bewundern begann« (S. 41). Als einziger Kronzeuge dieser nicht unbedeutenden geistigen Strömung jener Zeit fungiert der Jesuit Athanasius Kircher, »der ein Werk über Pseudo-Ägyptologie publizierte, worin ein angeblicher altägyptischer Priester ›Hermes Trismegistus‹ zitiert wird« (S. 42). So wird schließlich der Mythos vom Goldenen Zeitalter gerade im neunzehnten Jahrhundert mit dem Mythos vom Fortschritt verschmolzen. Der »Mythos vom Niedergang verband sich mit demjenigen von der Aufwärts-Evolution zur Doktrin von dem Geschichtsablauf vom Urkommunismus zum wissenschaftlichen oder utopischen Kommunismus. Die idyllische Gesellschaft des Goldenen Zeitalters... wurde jetzt zum Ziel des Fortschritts« (S. 44/45). Und spätestens jetzt erschien Karl Marx... Wenn wir Sarkisyanz auch nicht ganz zu folgen vermögen, so besteht doch in einem Punkt Übereinstimmung: »Zeitlos ist das Mythische der Utopie. Etwas Konstantes hat es trotz alles Wandels durch die Jahrhunderte behalten: die naturgegebene Ordnung, in Harmonie mit dem kosmischen Ganzen« (S. 70).

4.3 Zur Quellenlage

Eine spezielle umfassende Monographie über den Illuminismus der Gegenwart gibt es nicht. Karl Hutten (HUT) gibt nur Auskunft über einige Randgruppen. Johannes Gründler[65] erwähnt die behandelten Gruppen überhaupt nicht. Das »Handbuch Religiöse Gemeinschaften« (REL) weiß über die Theosophie, Anthroposophie und die modernen Rosenkreuzer zu berichten. Außerdem standen die Arbeiten von Horst E. Miers[66] und Adolf Hemberger[67] zur Verfügung. Sie sind allerdings subjektiv vom jeweiligen Standpunkt des engagierten Verfassers beeinflußt. Als weitere Sekundärliteratur wurde der »Material-Dienst«[68] und die Veröffentlichungen von Friedrich-Wilhelm Haack[68a] herangezogen. Hintergrundinformationen finden sich u.a. in den Nachschlagwerken »Dictionnaire des société secrètes en Occident«[69], »Encyclopedia of the unexplained Magic, Occultism and Parapsychology«[70] und im »Lexikon der Parapsychologie und ihrer Grenzgebiete«[71]. Weitere aktuelle Informationen über unsere Zielgruppen geben die Periodica »esotera – Die Wunderwelt an den Grenzen unseres Wissens«[72], »Quinta Essentia – Zeitschrift für Alchemie, Astrologie, Quabalah«[73], »Prometheus«[74], »Sphinx Magazin«[75], »die Drei – Zeitschrift für Wissenschaft, Kunst und soziales Leben«[76], »Kontakt-Berichte – Privatzeitschrift für UFOs, Außersinnliche Wahrnehmung, Raumfahrt, Wiederentdeckung alter Weisheiten, Lehren für Wassermannzeitalter«[77] und weitere Lektüren.

4.4 Ausblick

Die Übersicht zeigte die Vielfalt der Gemeinschaften, die wir unter dem Begriff des modernen Illuminismus zusammenfaßten. Zahlenmäßig kann ihre Anhängerschaft nicht erfaßt werden, da kaum Angaben gemacht werden. Ihre Zahl nimmt jedoch von Jahr zu Jahr zu. Die popularwissenschaftliche Aufklärungsliteratur der einzelnen christlichen Konfessionen, die allerdings fast ausschließlich sich gegen die »außerkirchlichen religiösen Gemeinschaften«, und hier besonders (mit vollem Recht) gegen die sogenannten »Jugendreligionen«, wie sie Aichelin erwähnt, richtet, zeigt keine Wirkung. Die Versuche der aufklärerisch agierenden Massenmedien, die meist sehr schlecht oder falsch informiert sind, bewirken eher das Gegenteil durch ihre häufig sehr billige Polemik und eine durch nichts berechtigte Arroganz und Überheblichkeit. Nur eine möglichst objektive Information, vielleicht in Form einer vergleichenden Wissenschaft religiöser (und politischer) Weltanschauungen der Gegenwart, ohne die Parteinahme einer politisch einseitig gefärbten Politologie, kann hier Abhilfe schaffen.

Die Anhänger des modernen Illuminismus suchen genau wie alle anderen Mitmenschen, die sich einer außerkonfessionellen oder außerchristlichen Weltanschauung anschließen, nur eine Art Ersatzreligion für ihren Glaubensverlust zur Lehre und Form der etablierten Kirchen, wie gegen ihr Extrem, den Atheismus.

Ob die Rückführung an die Quellen der tradierten geistigen Werte unserer Vergangenheit dieses geistige Dilemma beseitigen kann, ist fraglich, aber eines Versuches würdig. Nicht die Neuschöpfungen von utopischen sozialen, ökonomischen, psychologischen, pseudoreligiösen und politischen Heilsbotschaften, deren positiv zu bewertende Inhalte in ihrem Kern meist schon längst erdacht worden sind, können in unserer Zeit die geistige Dekadenz mit ihrem Nihilismus überwinden, wenn es überhaupt noch etwas zu überwinden gibt, sondern eine Bewußtwerdung der überlieferten Werte und ihre Auswertung für unsere Zeit gibt uns noch eine Chance.

ANMERKUNGEN

Häufiger verwendete Literatur wird unter folgenden Abkürzungen zitiert:
ERL = Frick, Karl R(ichard) H(ermann), Die Erleuchteten-Gnostisch-theosophische und alchemistisch-rosenkreuzerische Geheimgesellschaften bis zum

Ende des 18. Jahrhunderts – ein Beitrag zur Geistesgeschichte der Neuzeit (Graz: Akademische Druck- und Verlagsanstalt 1973).
LFI = Frick, Karl R. H., Licht und Finsternis – Gnostisch-theosophische und freimaurerisch-okkulte Geheimgesellschaften bis an die Wende zum 20. Jahrhundert. Teil 1: Ursprünge und Anfänge. Die Erleuchteten II/1 (Graz: Akademische Druck- und Verlagsanstalt 1975).
LFII = Frick, Karl R. H., Licht und Finsternis – Gnostisch-theosophische und freimaurerisch-okkulte Geheimgesellschaften bis an die Wende zum 20. Jahrhundert – Wege in die Gegenwart. Teil 2: Geschichte ihrer Lehren, Rituale und Organisationen. Die Erleuchteten II/2 (Graz: Akademische Druck- und Verlagsanstalt 1978).
HUT = Hutten, Kurt, Seher, Grübler, Entusiasten – Sekten und religiöse Sondergemeinschaften der Gegenwart (Stuttgart: Quellverlag 1968[11]).
REL = Reller, Horst (Herausg.), Handbuch Religiöse Gemeinschaften – Freikirchen, Sondergemeinschaften, Sekten, Weltanschauungsgemeinschaften, Neureligionen. Für den VELKD-Arbeitskreis Religiöse Gemeinschaften im Auftrag des Lutherischen Kirchenamtes herausgegeben (Gütersloh: Gerd Mohn 1978).
RIT = Ritter, Joachim und Karlfried Gründer (Herausg.), Historisches Wörterbuch der Philosophie – Völlig neubearbeitete Ausgabe des »Wörterbuchs der philosophischen Begriffe« von Rudolf Eisler (Basel: Schwabe 1971 ff.; Lizenzausgabe: Darmstadt: Wiss. Buchgesellschaft 1971 ff.).

1 RIT I, Sp. 340–352.
2 Benz, Ernst, Bemerkungen zum Thema: Weltanschauungen der Gegenwart/ Beiträge zu ihrer Topographie und Dynamik (Manuskript).
3 ERL S. 303–499, 214–302, 500–608.
4 RIT IV (1976), Sp. 202–204.
5 ERL S. 116–132, 145–163, 500–608.
6 Graßl, Hans, Aufbruch zur Romantik – Bayerns Beitrag zur deutschen Geistesgeschichte 1765–1785 (München: C. H. Beck 1968).
7 Benz, Ernst, Les sources mystiques de la Philosophie romantique allemande (Paris: 1968); w.o., Adam – Der Mythos vom Urmenschen (München-Planegg: O. W. Barth 1955).
8 Faivre, Antoine, Kirchberger et l'Illuminisme du dixhuitième siècle (in: Archives Internationales des Idees, 16) (La Haye: 1966); w. o., (Herausg.); René Le Forestier, La Franc-Maçonnerie templière et occultiste aux XVIIIe et XIXe siècles (Paris: Aubier-Montaigne 1970).
9 Zimmermann, Rolf Christian, Das Weltbild des jungen Goethe – Elemente und Fundamente – Studien zur hermetischen Tradition des deutschen 18. Jahrhunderts (München: Wilhelm Fink 1969).
10 LFI S. 82.
11 ERL S. 112–133.
12 ERL S. 9–28.
13 ERL S. 28–39.
14 ERL S. 145–163.

15 ERL S. 203.
16 ERL S. 67–88.
17 ERL S. 58–66.
18 ERL S. 89–111.
18a LFII S. 259–318.
19 LFII S. 234–241, 323–343.
20 LFII S. 462–465, 513–518.
21 LFII S. 408–414.
22 LFII S. 486–508.
23 Zur Bedeutung des johanneischen Christentums für die Neognosis vgl. LFII S. 234–240.
24 LFI S. 82.
25 Eine ideengeschichtliche Arbeit über die »Erleuchteten« in der Gegenwart wird vom Verf. vorbereitet. Soweit es sich um Gruppen von Anhängern der luziferianischen Gnosis und des Satanismus handelt, werden diese in den demnächst erscheinenden Bänden »Satan« und »Satanismus« besprochen.
26 Die Paracelsus Research Society in der Schweiz hat ihren Sitz in CH-6414 Oberarth. Sie gibt die in Deutschland verlegte Zeitschrift »Quinta Essentia« (vgl. Anm. 73) heraus.
27 Albertus, Frater (Ps.), Praktische Alchemie im zwanzigsten Jahrhundert – Eine Abhandlung über Forschung, Versuche und Erfolge aus aller Welt (Salt Lake City: Paracelsus Research Society 1970). Das Vorwort, aus dem hier zitiert wird, schrieb Siegfried Karsten von der Universität Wyoming. In der »Quinta Essentia« (Anm. 73) wird im Heft 10 (Nov. 1978) in einer Übersicht über den derzeitigen Entwicklungsstand der PRS mitgeteilt, daß seit dem 14. Juni 1972 eine Paracelsus Laboratories Inc. besteht, welche »nach alchemistischen, inzwischen als parachemisch bezeichneten Prinzipien« Pharmaka herstellt. Seit dem 15. September 1975 besteht außerdem die »Pharmaceutical Medical Research Foundation«. »Ihr Zweck ist es, sich mit der klinischen Untersuchung von parachemischen Substanzen zu befassen.«
28 Howe, Ellic, Urania's Children – The strange world of the Astrologers (London: William Kimber 1967). Vgl. auch Anm. LFII S. 309–310.
29 ERL S. 112–116.
30 Peuckert, Will-Erich, Pansophie – Ein Versuch zur Geschichte der weißen und schwarzen Magie (Berlin: Erich Schmidt 1956). Die 1. Auflage erschien bei Eugen Diederichs 1936; w. o., Gabalia – Ein Versuch zur Geschichte der magia naturalis im 16. bis 18. Jahrhundert. Pansophie 2. Teil (Berlin: Erich Schmidt 1967); w. o., Das Rosenkreutz. Panosophie 3. Teil. Mit einer Einleitung herausgegeben von Rolf Christian Zimmermann (Berlin: Erich Schmidt 1973). Es handelt sich um die posthum von Zimmermann herausgeg. 2. Auflage der erstmals bei Eugen Diederichs in Jena 1928 erschienenen.
31 ERL S. 286–302.
32 Neben den zahlreichen Aufsätzen, Artikeln, kleineren und größeren Arbeiten von Ernst Benz (1907–1978) in der von ihm zusammen mit Hans Joachim Schoeps (1909–1980) herausgegebenen »Zeitschrift für Religions- und Gei-

stesgeschichte« im Verlag E. J. Brill zu Köln und anderen Publikationsorganen, sind außer den in Anm. 7 aufgeführten Buchtiteln zu nennen seine Arbeiten über Swedenborg, Jakob Böhme, Schelling, F. A. Mesmer u. a., über die christliche Kabbala usw. Gerhard Wehr gibt im Aurum Verlag Freiburg/Br. die Reihe »Fermenta Cognitionis« heraus mit Titeln wie »Der anthroposophische Erkenntnisweg«, »Rudolf Steiner als christlicher Esoteriker«, »Friedrich Christoph Oetinger, Theosoph, Alchymist, Kabbalist« u. a. Wehr veröffentlichte Schriften von Jakob Böhme und eine Arbeit über das »Esoterische Christentum« in der »Edition Alpha« des Ernst Klett Verlag Stuttgart.
33 ERL S. 113–116.
34 LFII S. 259–318.
35 Der Adyar-Verlag (A-8011 Graz, Wartingerg 31) gibt neben den Schriften der Blavatsky, Annie Besant und anderer (Adyar-)Theosophen, auch Bücher über den Okkultismus, die Mystik, den Yoga und östliche Religionen heraus.
36 ERL S. 201–208.
37 LFII S. 259–266.
38 LFII S. 280–281.
39 LFII S. 461–532.
40 Sanders, Ed, The Family – Die Geschichte von Charles Manson und seiner Strand-Buggy Streitmacht (Hamburg: Rowohlt 1972). Das Wirken der Solar Lodge auf den Seiten 137–143.
41 Vgl. HUT.
42 LFII S. 523–528.
43 LFII S. 308–310.
44 Die Veröffentlichung der Geschichte der »modernen« Rosenkreuzer wird vorbereitet. (Vgl. Anm. 25.)
45 ERL S. 311–312.
46 Eine Arbeit über die Theosophie und Rosenkreuzerei in den Niederlanden ist in Vorbereitung.
47 Über die Geschichte und Lehre des Lectorium Rosicrucianum wird im Zusammenhang mit der geplanten Arbeit (vgl. Anm. 25) berichtet werden.
48 Der ORA veröffentlichte verschiedene Schriften in einem eigenen Verlag.
49 Die Gemeinschaft veröffentlicht eine Zeitschrift »Prometheus« (vgl. Anm. 74) und hat ihren deutschen Hauptsitz in Kassel.
50 ERL S. 164–200, 209–213.
51 ERL S. 214–234, 500–600; LFII S. 1–258.
52 Übersichten über die freimaurerische Literatur geben: Wolfstieg, August, Bibliographie der freimaurerischen Literatur (Leipzig: 1911–13; Nachdruck: Hildesheim: Olms 1964), 3 Bde.; 1 Ergänzungsband, herausg. v. Bernhard Beyer (Leipzig: 1926; Nachdruck: Hildesheim: Olms 1964). Schneider, Herbert, Hamburger Freimaurer-Bibliothek (Hamburg: 1973). Schneider, Herbert, Deutsche Freimaurer-Bibliothek (Hamburg: 1977). Verzeichnis der Bibliothek des Deutschen Freimaurer-Museums Bayreuth.
53 Lennhoff, Eugen und Posner, Oskar, Internationales Freimaurerlexikon (Wien: Amalthea-Verlag 1932; Nachdruck: Akadem. Druck- und Verlagsan-

stalt 1965; weitere unveränd. Nachdrucke d. Amalthea-Verlages, zuletzt 1980).
54 Kessler, Herbert, Grundzüge der freimaurerischen Esoterik (in: ELEUSIS, Organ des Deutschen Obersten Rates der Freimaurer des Alten und Angenommenen Schottischen Ritus [Kulmbach: 1978], H. 5, 33. Jhg., S. 285–298).
55 HUT S. 393–431; hier im Zusammenhang mit der »Christengemeinschaft«.
56 REL S. 502–529, 285–300.
57 LFII S. 523–528; Literaturübersichten über Rudolf Steiner und seine Schriften bei: Hemleben, Johannes, Rudolf Steiner in Selbstzeugnissen und Bilddokumenten (Hamburg: Rowohlt 1963); Wehr, Gerhard, Rudolf Steiner als christlicher Esoteriker (Freiburg/Br.: Aurum-Verlag 1978).
58 Der Vortragszyklus von vier Vorträgen wurde von Steiner anläßlich der 2. Versammlung der Anthroposophischen Gesellschaft vom 18.–24. Januar 1914 in Berlin gehalten.
59 Vgl. Hemleben, a. a. O., S. 92.
60 RIT, Bd. I (1971), Sp. 378–380.
61 HUT S. 393–431; REL S. 285–300.
62 HUT S. 281–288.
63 REL S. 543–539.
64 Benz, Ernst, Kosmische Bruderschaft – Die Pluralität der Welten – Zur Ideengeschichte des Ufo-Glaubens (Freiburg/Br.: Aurum-Verlag 1978).
65 Gründler, Johannes, Lexikon der christlichen Kirchen und Sekten unter Berücksichtigung der Missionsgesellschaften und zwischenkirchlichen Organisationen (Wien–Freiburg–Basel: Herder 1961), 2 Bde.
66 Miers, Horst E., Lexikon des Geheimwissens (Freiburg/Br.: Hermann Bauer 1970). Eine revidierte Taschenbuchausgabe erschien im Wilhelm Goldmann Verlag München 1976.
67 Hemberger, Adolf, Organisationsformen, Rituale, Lehren und magische Thematik der freimaurerischen und freimaurerartigen Bünde im deutschen Sprachraum Mitteleuropas.
Teil 1: Der mystisch-magische Orden Fraternitas Saturni (Frankfurt/Main: Eigenverlag 1971).
Teil 2: Pansophie und Rosenkreuz (Gießen: Eigenverlag 1974) 3 Bde.
Teil 3: Die Philosophie der »Grünen Schlange« (Gießen: Eigenverlag 1973).
Bd. I: Die blaue Freimaurerei; Bd. II: Hochgradsysteme der Freimaurerei sowie freimaurerartige und halbfreimaurerische Bünde.
Die Arbeiten Hembergers liegen nur hektographiert, zum Teil kaum lesbar vor.
68 Materialdienst aus der Evangelischen Zentralstelle für Weltanschauungen der EKD (Stuttgart: Quell Verlag). Der von den Pfarrern Helmut Aichelin und Michael Mildenberger herausgegebene »Materialdienst« erscheint 1978 im 41. Jahrgang.
68a Haack, Friedrich-Wilhelm, Geheimreligion der Wissenden – Neognostische Bewegungen (Stuttgart–Berlin. Kreuz-Verlag 1966); w. o., Rendezvous mit dem Jenseits – Der moderne Spiritismus/Spiritualismus und die Neuoffenbarungen. (Bericht und Analyse (Hamburg: Lutherisches Verlagshaus 1973);

w. o., Von Gott und der Welt verlassen – Der religiöse Untergrund in unserer Welt (Düsseldorf–Wien: Econ 1974); w. o., Freimaurer (in: Münchener Reihe) (München: Evangelischer Presseverband 1975); w. o., Satan-Teufel-Lucifer – Was ist davon zu halten? (in: Münchener Reihe) (München: Evang. Pressedienst 1975).

69 Mariel, Pierre (Herausg.), Dictionnaire des sociétés secrètes en Occident (Paris: Culture, Art, Loisirs 1971).

70 Cavendish, Richard, (Herausg.) Encyclopedia of The Unexplained Magic, Occultism and Parapsychology (London: Routledge & Kegan Paul 1974).

71 Bonin, Werner F., Lexikon der Parapsychologie und ihrer Grenzgebiete (Bern –München: Scherz 1976 u. Darmstadt: Wiss. Buchges. 1976).

72 esotera – Die Wunderwelt an den Grenzen unseres Wissens (Freiburg/Br.: Hermann Bauer). Die Monatsschrift ist die Fortsetzung von »die andere welt – Monatsschrift für geistiges Leben und alle Gebiete der Grenzwissenschaften«, die seit 1950 bis 1969 erschien und von der »esotera« ab 1970 fortgeführt wird.

73 Quinta Essentia – Zeitschrift für Alchemie, Astrologie, Quabalah (Herausgeber: Paracelsus Research Society, Oberarth/Schweiz). Die Vierteljahresschrift erscheint seit 1976.

74 Prometheus (Herausgeber: Esoterische Gemeinschaft Sivas). Die Vierteljahresschrift erschien zunächst im Rosenkreuz-Verlag Kassel (von 1970 bis 1976) und ab 1977 im ERCEE-Verlag Haarlem/Niederlande. Neognostisch-rosenkreuzerische Richtung.

75 Sphinx Magazin (Basel: Sphinx Verlag). Das Magazin erscheint seit 1977 in loser Folge. Es beschäftigt sich mit dem modernen Illuminismus, wie er in den USA als Subkultur zusammen mit weiteren »Untergrundkulturen« verbreitet ist.

76 die Drei – Zeitschrift für Wissenschaft, Kunst und soziales Leben (herausgegeben von der Anthroposophischen Gesellschaft in Deutschland). Die im Niveau sehr hochstehende Monatsschrift der Anthroposophen erscheint im Verlag Freies Geistesleben in Stuttgart im 48. Jahrgang (1978).

77 Kontakt-Berichte – Privatzeitschrift für UFOs, Außersinnliche Wahrnehmung, Raumfahrt, Wiederentdeckung alter Weisheiten, Lehren für Wassermannzeitalter (Herausgeber: Ursula Jahnke). Die hektographierte Zeitschrift erscheint seit 1973 im Selbstverlag in Düsseldorf. Sie ist ein aufschlußreicher Zeitspiegel für die geistige Situation weiter Kreise unserer Bevölkerung.

EKKEHARD HIERONIMUS
Okkultismus und phantastische Wissenschaft

Pastor Ekkehard Hieronimus, geboren 1926 in Crossen a. d. Oder, in den 50er Jahren im Dienst der »Église Évangelique Luthérienne de France«, seither bei der Ev.-Luther. Landeskirche Hannover. Sein erster Beitrag zu diesem Buch befaßt sich mit zwei Sektoren des »esoterischen« Komplexes, die außerhalb des Themas von Dr. Frick lagen: nämlich mit den primitiveren Formen des Okkultismus und mit der »Phantastischen Wissenschaft« im Sinne Dänikens. Dazu seine Schrift »Der Traum von den Urkulturen. Vorgeschichte als Sinngebung der Gegenwart?« (Heft XXII der Privatdruck-Reihe »Themen« der C. F. v. Siemens Stiftung, 1975).

Inhalt

1	Einführung	303
2	»Okkultismus«	304
2.1	Der Begriff des Okkultismus	304
2.2	Wurzeln des Okkultismus	306
2.3	Okkultismus und Aberglauben	308
2.4	Okkultismus und Parapsychologie	309
2.5	Der heutige Okkultismus	309
2.6	Okkultismus als »Neue Religiosität«	311
2.7	Öffentliche Okkultpraktiken	313
	2.7.1 Jakob Lorber	313
	2.7.2 Wahrträume und Hellsehen	313
	2.7.3 Astrologie	314
	2.7.4 Okkulte Medizin	315
	2.7.5 Kartomantie	316
	2.7.6 Pendel und Rute	316
	2.7.7 Traumbücher	317
	2.7.8 Zauberbücher	317
	2.7.9 Gefahren des Okkultismus?	318
2.8	Okkulte Geheimbünde	318

	2.8.1 Schwarzmagie und Hexenwesen	320
2.9	Zusammenfassung	322
3	Phantastische Wissenschaft	322
3.1	Die Welteislehre	322
3.2	Die Hohlwelttheorie	325
3.3	Das geozentrische Weltbild des Johannes Schlaf	328
3.4	Geheimnisvolle Städte	329
	3.4.1 Atlantis	329
	3.4.2 Thule	332
	3.4.3 Agartha	332
	3.4.4 Weitere geheimnisvolle Orte	333
3.5	UFO	333
3.6	Prä-Astronautik (Erich von Däniken)	336
3.7	Zusammenfassung	339
3.8	Exkurs: Verteidigung der Dilettanten	341
	Anmerkungen	341

1 Einführung

Eine »Topographie der Weltanschauungen der Gegenwart« wäre unvollständig, bezöge sie nicht zwei Phänomene mit ein, die einen tieferen Einblick in die die Gegenwart beherrschenden geistigen Strömungen gestatten, als allgemein anerkannt wird. Es handelt sich dabei um das vielschichtige Gebiet des »Okkultismus« und um jenes Gebiet, das mit dem Begriff »Phantastische Wissenschaft« nur unzureichend umschrieben ist.

Die in der Öffentlichkeit vielfach zu beobachtende Neigung, beide Phänomene nicht ernst zu nehmen, die Versuche, sie mit inadäquaten wissenschaftlichen Mitteln ad absurdum zu führen, gehören zu den eigenartigen Erscheinungen unserer kulturellen Situation. Zwar weiß man, daß das in den Zeitungen veröffentlichte Tageshoroskop heute mehr Menschen beeinflußt als früher die Herrenhuter Losungen, zwar weiß man, daß die Schriften und Ideen Erich von Dänikens weiteste Verbreitung finden und daß die Anfälligkeit für das Außergewöhnliche, Absonderliche immer stärker zunimmt, doch weigert man sich, darauf einzugehen.

Zuneigung und Abneigung gegenüber den beiden Phänomenen sind nicht schichtenspezifisch in der Bevölkerung verteilt, sie reichen in alle sozialen und intellektuellen Schichten und Altersschichten. In Zuneigung und Abneigung manifestiert sich die Tatsache, daß sowohl dem »Okkultismus« wie der »Phantastischen Wissenschaft« etwas Reformerisches eignet, die Kritik an der einseitig diesseitig und rational orientierten Wissenschaft und Weltgestaltung. Dabei besteht allerdings die Gefahr eines unkontrollierbaren weltanschaulichen und religiösen Synkretismus, in dem die herkömmlichen Vorstellungsformen aufgelöst und mit anderen Gedanken und Erfahrungen wahllos vermischt werden. Daraus erwächst dann ein neues, jederzeit veränderbares Weltdeutungssystem, in dem fast alles möglich ist.

Eine umfassende Darstellung beider Gebiete gibt es nicht. Auch der hier vorliegende Versuch eines kurzen systematischen Überblicks ist unzureichend, er findet aber seine Berechtigung in dem damit versuchten Hinweis auf die Relevanz des »Okkultismus« und der »Phantastischen Wissenschaft« für die derzeitige geistige Situation.

2 »Okkultismus«

2.1 Der Begriff des Okkultismus

Der Begriff »Okkultismus« – abgeleitet von occultus: geheim, verborgen – ist der Sammelbegriff für Phänomene im Naturbereich wie auch im Seelenbereich des Menschen, die nicht ohne weiteres in die herrschende wissenschaftliche Systematik einzugliedern sind.[1] Sie weisen über das naturwissenschaftlich Kontrollierbare hinaus in »unbekannte« – okkulte – Bereiche bis hin zur Transzendenz. Eingeschlossen in diese Definition sind alle Tendenzen, die sich mit diesem Bereich beschäftigen. Der von Hermann Schreiber erwähnte Nachteil[2], daß nämlich eine solch weite Wesensbestimmung keine Differenzierung zwischen ernsthaften, wissenschaftlichen Bemühungen um diese Phänomene einerseits und Scharlatanerie und primitivem Aberglauben andererseits zuließe, stellt eher einen Vorteil dar, da sie eine vorurteilsfreie Summierung der Phänomene und Tendenzen im okkulten Bereich ermöglicht, der als zweiter Schritt dann eine Erforschung und Wertung folgen kann.

Geht man von diesem weiten Okkultismusbegriff aus, so kann seine inhaltliche Bestimmung nur in einer Aufzählung der dazu gehörenden Erscheinungsformen bestehen. Es ist dabei allerdings vorteilhaft, zwischen einem »theoretischen« und einem »praktischen« Okkultismus zu unterscheiden, wobei dem »theoretischen« die Aufgabe der wertungsfreien Sammlung und Erforschung, dem »praktischen« die in Weltanschauung übergehende Praktizierung der Phänomene ohne wissenschaftliche Absicht zufällt.

Innerhalb des »theoretischen« Bereiches bietet sich die Klassifikation, wie sie E. Koch[3] vorgenommen hat, als eine Möglichkeit an: er unterscheidet zwischen »außersinnlichen Wahrnehmungen« (ASW), »außersinnlichen Beeinflussungen« (ASB) und »außersinnlichen Erscheinungen« (ASE). Unter ASW subsummiert er den Spiritismus, die Hyperästhesie (Wahrträume, Hellsehen, Telepathie), die Mantik (Kartenlegen, Chiromantie, Astrologie und Rutengängerei), unter die ASB alle Formen der Hypnose, Magnetismus, Verschreibungen usw., unter die ASE Materialisations- und Spukphänomene. Gegen diese Klassifikation ist allerdings einzuwenden, daß sie einige Phänomene zu gewaltsam einordnet, während andere, wesentliche Okkultgebiete nicht erfaßt werden, wie etwa Alchemie, Kabbalistik und das gesamte theosophische Weltbild. Es ist daher zu erwägen, eine vierte Klasse, die »außersinnlichen Erkenntniswege«, einzuführen, die diese und ähnliche Gebiete umfaßt.

Der »theoretische« Okkultismus stellt das naturwissenschaftlich-kausale Weltbild kaum in Frage, der Akzent verschiebt sich jedoch von bekannten, berechenbaren Ursachen auf noch nicht bekannte. Anders liegt die Situation beim »praktischen« Okkultismus. Die praktizierenden Okkultisten sind an einer naturwissenschaftlichen Erforschung nicht interessiert, für sie ist Okkultismus in erster Linie Weltschau, Weltanschauung, Weltpraxis. Dabei werden die Grenzen zum Religiösen schwimmend, denn die Frage, ob ein okkultes Phänomen dem Okkultismus oder der Religion zuzuordnen ist, ist oft nicht zu entscheiden: als Beispiel seien nur Beschwörungsriten genannt, wobei die Zitation und Abdankung von Dämonen zwar zunächst dem okkulten Bereich zuzuordnen sind, der Exorzismus aber eindeutig zum Gebiet der Religion gehört.

»Praktischer« Okkultismus ist also die bewußte Inanspruchnahme okkulter Phänomene oder Fähigkeiten durch Einzelne oder Gruppen zum Zwecke der Bewußtseinserweiterung oder zum Erreichen bestimmter innerweltlicher Ziele. Hier läßt sich eine deutliche Grenze zum Religiösen ziehen: es geht dem praktizierenden Okkultisten nicht um die Erlangung eines religiösen Zieles, wie etwa der ewigen Seligkeit. Im Märchen klingt dieses Motiv verschiedentlich an: der mit der Kraft des Wünschens Begabte vergißt trotz aller Mahnungen das »Beste«, nämlich eben den Wunsch, in das Himmelreich aufgenommen zu werden.[4]

»Praktischer« Okkultismus vollzieht sich auf zwei Ebenen, einmal in der Öffentlichkeit, zum anderen im Geheimen. Öffentlicher Okkultismus wird in seinen Praktiken öffentlich, unter Umständen durch einschlägige Literatur, erworben und weitergegeben. Sein Geheimnis besteht im Geheimnis der ihm eigenen aktiven Kräfte der Natur oder des Geistes, die in ihren Erscheinungsformen jederzeit einer mehr oder weniger wissenschaftlichen Kontrolle unterworfen werden können.[5] Auch der Zugang zu diesen Kräften ist prinzipiell jedem Menschen möglich, einzige, aber nur selten ausgesprochene Voraussetzung ist eine gewisse sensitive Anlage.

Neben diese Form tritt der im Geheimnis weitergegebene und praktizierte Okkultismus: meist als fest organisierte Gruppen, die ordensmäßigen Charakter annehmen können oder als Mysterienschulen, die sich um einen oder um mehrere Lehrer etwas lockerer scharen. Den ordensmäßigen Gruppen ist ein initiatorischer Charakter eigen: ein mehr oder weniger kompliziertes und ausgeformtes Gradsystem – bis zu 95° im Ritus Memphis-Misraim[6] – soll dem Ordensangehörigen ein stufenweises Eindringen in die Ordensgeheimnisse ermöglichen. Gleichzeitig wird diesem Gradsystem eine Schutzfunktion zugesprochen: der den Einweihungsweg Gehende wird vor der vernichtenden Kraft höherer Geheimnisse bewahrt, bis er genügend vorbereitet und damit geschützt ist.[7] Verbunden mit den Initiationssystemen sind in der Regel die Behauptung einer weit in die Vergangenheit reichenden Wissenssukzession, durch die die Geheimnisse überliefert sind, und ein teilweise sehr kompliziertes Ritualsystem, das ebenfalls aus fernster Vergangenheit überliefert sein soll. Vielfach läßt sich jedoch nachweisen, daß diese Ritualsysteme lediglich eine mehr oder weniger starke Umformung und Erweiterung kirchlicher oder freimaurerischer Rituale sind. Zu den Ritual- und Gradsystemen gehört in der Regel auch ein prunkvolles Vokabular zur Bezeichnung der einzelnen Einweihungsstufen, das sich aus dem Anspruch der Geheimorden erklärt, nicht nur geistiges Wissen und geistige Macht zu vermitteln, sondern mit diesem Wissen und dieser Macht einen Herrschaftsanspruch innerhalb der Menschheit zu legitimieren.[8] Eine Vergöttlichung des Initianten wird nicht behauptet, auch ein Einswerden mit den beherrschten Mächten nicht: der prinzipielle Unterschied zwischen den jenseitigen Welten und der diesseitigen bleibt erhalten. Ganz deutlich wird das in der Praxis gewisser satanistischer Gruppen, die zum Vollzug der blasphemischen Handlung auf geweihte Priester der Kirche zurückgreifen müssen: ihre als Realität verstandene Seinsveränderung durch die Priesterweihe ermöglicht erst den Vollzug der Schwarzen Messe.

2.2 Wurzeln des Okkultismus

Damit ist aber jene Frage angeschnitten, die die Gesamtproblematik des Okkultismus durchzieht: welcher Herkunft und welcher Qualität sind die hier sichtbar werdenden Kräfte und Fähigkeiten? Um es vorweg zu nehmen: bis heute ist eine befriedigende Antwort nicht gefunden.[9]

In der Regel stehen sich zwei Theorien gegenüber, die »animistische« und die »spiritistische«, die sich gegenseitig ausschließen, die aber als mögliche Antworten akzeptiert werden müssen. Die Entscheidung zwischen ihnen grenzt an einen Glaubensakt, denn mit den uns zur Verfügung stehenden Forschungsmitteln ist ein grundsätzlich gültiger Schluß unmöglich.

Die »animistische« Erklärung des Okkultismus geht davon aus, daß alle okkulten Phänomene letztlich Ausfluß von bisher unbekannten Fähigkeiten des menschlichen Gehirns sind. Daß es solche »verborgenen Funktionen der Schichten der Persönlichkeit, die jenseits des Bewußtseins liegen«[10] gibt, ist unbestreitbar, nur sind ihre Art und ihr Umfang unbestimmbar. Eine Erweiterung der »animistischen« Theorie ist die Annahme unbekannter Naturkräfte, für deren Wahrnehmung und Beherrschung jedoch auch besonders sensitive Partien des Gehirns die unabdingbare Voraussetzung sind. Eine moderne Ausprägung dieser Vorstellung ist der Versuch des Physikers Burkhard Heim[11], okkulte Phänomene durch die Einwirkung einer fünften oder sechsten Dimension eines vieldimensionalen Weltgefüges in unsere Vierdimensionalität zu erklären.

Die »spiritistische« Theorie geht davon aus, daß es ein individuelles Weiterleben der Seele nach dem Tode gibt.[12] Aus dem Bereich, in dem dieses Weiterleben geschieht, wäre dann ein Hineinwirken dieser »Seelen« in unser Raumzeitgefüge möglich. Am deutlichsten wird diese Theorie vom eigentlichen Spiritismus vertreten, doch fußen auch Helena Petrowna Blavatsky und ihre theosophische Schule auf dieser Vorstellung, denn sie wollen ihre Erkenntnisse von der jenseitigen »Weißen Loge«, den unsichtbaren Gurus empfangen haben. Diese Gurus wirken als die Erkenntnisführer der Menschheit, doch benötigen sie für ihr Wirken den Dienst besonders sensitiv veranlagter Menschen als Mittler. Ähnlich beruft sich auch Gurdjeff auf jenseitige geistige Führer, die im 16. Jahrhundert in Turkestan gelebt haben sollen.[13]

Die animistische Ausdeutung des Okkultismus ist im wesentlichen materialistisch, sie läßt das Wirken transzendenter Mächte nicht zu. Die spiritistische rechnet zwar auch nicht unbedingt mit dem direkten Eingriff göttlicher Mächte in unser Sein, doch steht hinter den vermittelnden Seelen oder begabenden Kräften doch eine weitgehend unpersönliche Göttlichkeit, die ihre Kräfte in unsere Welt sendet. Hier hat dann auch das Gebet noch eine, wenn auch stark reduzierte Bedeutung.

Die rein transzendente Deutung okkulter Phänomene, wie sie gerade für die Anfänge des Christentums durchaus bezeugt ist – Wunder und Offenbarungen werden als Werk des Heiligen Geistes, der dritten Person des trinitarischen Gottes, verstanden –, ist fast völlig verschwunden. »Der Zusammenhang zwischen dieser Außenseite der christlichen Religion und dem Spiritismus – ein Zusammenhang geschichtlicher und sachlicher Art – ist uns deshalb befremdlich, weil wir in der Regel von unseren Pastoren ein freundlich aufgehelltes Bild des Christentums überliefert erhalten (so wie wir den Oberlehrern unsere bürgerlich gemilderte Auffassung des Griechentums verdanken).«[14] Mit ausschlaggebend für die Zurückdrängung dieser Auffassung mag das Verdammungsurteil Calvins gewesen sein, das dieser sogar gegen die altkirchliche Sakramentsauffassung schleuderte: nach Calvin ist diese Auffassung Magie, unerlaubtes Besitzergreifenwollen von Gott.[15] Die Verweisung des gesamten Okkultismus in den Bereich des verbotenen, widergöttlichen Aberglaubens ist von daher durchaus verständlich, die Folgen für die Geistesgeschichte Europas allerdings waren schwerwiegend.

2.3 Okkultismus und Aberglauben

Die Bezeichnung »Aberglaube« ist abgeleitet von dem holländischen »overgeloff«, das ebenso wie das lateinische »superstitio« ein Zuviel an Glauben – und damit einen falschen Glauben – bezeichnet. Das damit verbundene Urteil ist jedoch nur von einem offiziellen – oder doch wenigstens von der Mehrheit akzeptierten – Glaubensgebäude aus möglich. Allerdings kann bei jeder Veränderung dieses Glaubensgebäudes auch das Urteil »Aberglaube« andere Grenzen ziehen, denn grundsätzlich besteht zwischen Glauben und Aberglauben ein Wurzelzusammenhang: was Aberglaube ist, bestimmt der Inhalt des »rechten« Glaubens.

In der Bewertung dessen, was »Aberglaube« ist, lassen sich drei Stufen unterscheiden: 1) das Abergläubische ist eine überwundene Geistesstufe, die von dem herrschenden Glauben als gottfeindlich deklariert und mit einem strengen Verbot belegt wird; 2) die im abergläubischen Bereich als noch lebendig erlebten Mächte werden für nichtig erklärt, der Glaube an sie wird darum zum Wahn; 3) das Abergläubische beruht auf unverständlich gewordenen sinnlichen Vorstellungen, es verfällt damit der Lächerlichkeit.

Im Aberglauben aber sieht die herrschende Glaubens- und Geisteswelt ein Spiegelbild vor sich, von dem sie sich abzusetzen bemüht ist, so daß Zucker mit Recht bemerken kann: (in der Kritik am Aberglauben) »erscheint weniger die Ratio in Form selbstschaltender Kritik am Werke, als vielmehr der in den führenden Kräften jeder Zeit sich auswirkende Wille zu einer geistigen Entwicklung, welche die treibenden Kräfte des Aberglaubens als altes, träges Seelengut hinderlich empfindet«.[16]

In Wirklichkeit zeigt sich im Aberglauben ein Schutz- und Ordnungssystem gegen den als zerstörerisch erkannten Fortschritt, das aus alten, verdrängten, aber noch virulenten Natur- und Geistesbindungen erwächst. Dieses aus einer nicht mehr voll bewußten Vorstellens- und Erlebenswelt der Vorzeit überlieferte System, von dem sich die Sittlichkeit noch nicht emanzipiert hat, setzt den Menschen als Einzelperson und als Gemeinschaft in Verbindung mit den numinosen Kräften, die als lebendig und wirkmächtig erlebt werden. Von daher ist zu verstehen, daß hier geweihte Dinge zu wirklichen Machtträgern werden, im ausschließenden Gegensatz zu einem Religionssystem, das seine Macht in einem Sittlichkeitssystem verwurzelt.

Die ausschließliche Identifizierung des Okkultismus mit dem »Aberglauben« ist nach dem heutigen Wissensstand nicht mehr möglich, wohl aber das Verständnis des Aberglaubens als eines Teils des »praktischen Okkultismus«.

2.4 Okkultismus und Parapsychologie

Von einem heutigen Wissensstand kann man sprechen, wenn man die modernen religionsgeschichtlichen (u. a. Mircea Eliade), psychologischen (u. a. C. G. Jung) und parapsychologischen Arbeiten berücksichtigt. In diesem Zusammenhang ist zu beachten, daß die Parapsychologie auch nur ein Teilaspekt des Okkultismus ist, sie hat mit dem »praktischen« Okkultismus wenig zu tun, sondern gehört vielmehr in den Bereich des »theoretischen« Okkultismus, in die Erforschung okkulter Erscheinungen mit naturwissenschaftlichen Methoden, namentlich dem Experiment.[17] Daß bei ihren Vertretern ein unterschwelliger Widerstand gegen das Ungewöhnliche, Okkulte mitspielt, wird nicht zu leugnen sein, tendieren sie doch zu einer materialistischen Auflösung okkulter Phänomene, die ihrer Meinung nach zurückzuführen sind auf physikalische Kräfte, die dem Menschen innewohnen, nur noch nicht – oder nicht mehr – voll entfaltet sind. Dabei tritt der alte Streit der Philosophie um Natur und Übernatur wieder zu Tage, so daß Tyrell mit Recht behaupten kann: »Wenn das Beweismaterial der Parapsychologie überhaupt etwas zeigt, dann zeigt es jedenfalls, daß die untersuchten Phänomene nicht ›übernatürlich‹ sind. Sie sind ›natürlich‹ in dem Sinne, daß sie einem geordneten Ganzen angehören. Offensichtlich vollziehen sie sich nach Gesetzen, die von denen der physischen Welt verschieden sind, aber es besteht kein Grund anzunehmen, daß sie durch eine wesensnotwenige Grenze von der Letztgenannten getrennt sind. Wahrscheinlich besteht eine Kontinuität, und die anscheinend scharfe Grenze ist nur das Ergebnis der Begrenztheit unserer Sinneswahrnehmung. Wir sollten paranormale Phänomene als eine Erweiterung des Bereiches der Natur ansehen, wobei ›Natur‹ allerdings eine erweiterte Bedeutung erhält.«[18] Hier wird deutlich, daß die Parapsychologie – der Begriff wurde erstmals von Max Dessoir gebraucht und als eine wissenschaftliche Forschungsmethode definiert – bestrebt ist, die Grenze des Okkultismus immer enger zu ziehen.[19]

Sie ist von ihrem Wesen her dem Fortschrittsglauben verpflichtet, während der »praktische Okkultismus« eher bewahrend ist.

2.5 Der heutige Okkultismus

Eine Geschichte des Okkultismus zu schreiben – und zwar seiner Praxis wie seiner Erforschung – ist nicht möglich, zu komplex und umfangreich ist das Gebiet: ein solches Unterfangen liefe letztlich auf eine Geistesgeschichte der gesamten Menschheit aller Zeiten hinaus.[20] Es dürfte auch kaum einen Menschen geben, der nicht in irgendeiner Weise mit dem

Okkultismus in Berührung gekommen ist, und sei es auch nur durch eine kaum reflektierte Übernahme von okkulten Alltagspraktiken oder doch wenigstens das Wissen um sie.

Wie stark eine okkulte Welle sein kann, zeigt die Tatsache, daß in Amerika im Jahre 1867 – kurze Zeit nach Entstehung des Spiritismus als einer eigenständigen okkulten Anschauung – bereits 50 000 Medien gezählt wurden, die etwa 10 bis 11 Millionen Anhänger um sich scharten (1870 hatten die USA 38,9 Millionen Einwohner!).[21] Auch das erneute Aufflammen der okkulten – oder wie man auch sagt: esoterischen – Welle nach dem Zweiten Weltkrieg ist gekennzeichnet durch ein rapides Ansteigen der Anhängerzahlen und der einschlägigen Publikationen.[22] Was noch Mitte der 60er Jahre unmöglich schien, daß nämlich auch in »besseren« Buchhandlungen esoterische, okkulte oder parapsychologische Literatur einen eigenen Standort beanspruchen kann, ist heute selbstverständlich und bezeichnend für das immer noch steigende Interesse. Der im Mai 1978 vom Hermann Bauer-Verlag in Freiburg, der auf diese Literatur spezialisiert ist, herausgegebene Spezialkatalog zählt nicht weniger als 1006 lieferbare Titel auf, er dürfte aber nur einen Teil des Gesamtangebots erfassen.[23] 1977 wurde das erste »Festival for Mind & Body« in London abgehalten, eine Art von Superakademie und Verkaufsmesse für Occulta. 1975 zählte man in Frankreich nicht weniger als 2000 okkulte Sekten und 60 000 Magier, Hellseher usw.[24] In Deutschland liegen die Zahlen niedriger, doch dürfte der tatsächliche Umfang der Okkultismus-Welle immer noch überraschen.[25]

Nicht annähernd zu erfassen ist die wirtschaftliche Kraft, denn Okkultismus ist inzwischen auch zu einem beachtlichen Geschäft geworden: hier seien nur die erheblichen Preise für neue und antiquarische okkultistische Literatur erwähnt.[26] Auch die Okkultisten selbst machen gute Umsätze: sie verlangen für eine Konsultation erhebliche Gebühren oder appellieren an die Spendenfreudigkeit ihrer Kunden. Es kann daher nicht verwundern, daß der »Konkurrenzkampf« entsprechend hart ist, die Zahl der Anzeigen in Tages- und Wochenzeitungen spricht dafür. Auch die auffallend hohe Zahl neu erscheinender und wieder verschwindender Periodika auf diesem Gebiet läßt erkennen, daß die Verleger und Herausgeber immer noch mit einem guten Geschäft auf diesem Markt rechnen.

Mit zur Verbreitung eines gewissen Primitivokkultismus beigetragen haben die Horoskope in Zeitungen und Zeitschriften und die zum Teil sensationell aufgemachten Berichte über echte oder falsche Wunderheiler und Wunderkuren, über Spukphänomene, Satansmessen und ähnliches.

Bei der Beurteilung dieser Sachlage muß von der Tatsache ausgegangen werden, daß der Mensch von Natur aus religiös veranlagt ist – rettungslos religiös, wie marxistische Religionskritiker inzwischen festgestellt haben. Diese religiöse Anlage ist in der Regel von einer der großen Religionen besetzt, die zwar okkulte Teilaspekte haben kann, die aber vor der völligen Hingabe an okkulte Gedanken und Praktiken schützt. Erst wenn dieser Schutz fällt, tritt an die Stelle der Religion der hemmungslose Okkultismus. Darum ist die Feststellung Geno Hartlaubs richtig: »Was läßt sich folgern und lernen aus esoterischer Welle und magischer Mode? Hat diese Art von Aberglauben etwas mit neuer Glaubensbereitschaft nach chronischer religiöser Unterernährung zu tun? Eher ist es so, daß der Glaube die frei vagabundierenden Kräfte des Aberglaubens wieder binden und in Bahnen lenken könnte, die dem metaphysischen Urvertrauen des Menschen angemessener sind.«[27]

Die soziologische Zusammensetzung der Anhänger der okkulten Welle ist bisher nicht untersucht worden, doch dürfte es kaum eine Bevölkerungsschicht geben, die völlig frei von diesen Einflüssen ist. Allerdings scheint sich eine besondere Prädisposition in den mittleren Schichten durchschnittlicher Bildung abzuzeichnen – in jenen Schichten, die den Kirchen in großem Maße den Rücken gekehrt haben – und in intellektuellen Kreisen, für die der Okkultismus eine Art geistiges Abenteuer oder Spiel bedeutet. In der Altersstruktur dürfte sich ein leichtes Übergewicht der Jüngeren abzeichnen[28], die auf ihre Weise auch ihren Protest gegen die etablierte Gesellschaft und Geistigkeit, in denen sie leben müssen, abreagieren. Hier sind besonders auch die aus dem Fernen Osten einsickernden Meditationspraktiken die Wegbereiter.

2.6 Okkultismus als »Neue Religiosität«

Den »öffentlich« praktizierten Okkultismus kann man einmal durch das Buchschrifttum kennenlernen, das sich mit ihm und seinen Möglichkeiten beschäftigt und in seine Praxis einführt, zum andern auch durch Wochen- oder Monatspublikationen, die sich auf die Verbreitung okkulter Gedanken spezialisiert haben. Außerdem läßt sich aus dem Anzeigenteil gewisser Tageszeitungen entnehmen, daß gewisse Bereiche des Okkultismus für die breite Öffentlichkeit interessanter erscheinen als andere, d. h. es gibt auch im Bezug auf Okkultpraktiken ausgesprochene »Modeströmungen«. So ist beispielsweise das Tischrücken, das in den ersten Jahrzehnten dieses Jahrhunderts so etwas wie ein Salonokkultismus war, fast völlig verschwunden, auch das damals beliebte Gläserrücken hat an Bedeutung verloren. Dasselbe gilt vom Spiritismus, der vor 1933 teilweise die Form einer eigenständigen Religion angenommen hatte, heute aber seinen Einfluß verloren zu haben scheint. Es ist allerdings zu fragen, ob nicht durch die Diskussion um das Todesgeschehen, die z. Zt. in vollem Gange ist, eine Art Wiederbelebung möglich ist.

Dafür haben andere Formen, die vorher nur in kleinen Kreisen diskutiert oder praktiziert worden sind, plötzlich Aktualität gewonnen, wie z. B. die Astrologie, die heute weitgehend das Feld beherrscht, weil ihr ein gewisser Erkenntniswert im Bezug auf Zukunft und Gegenwart zugeschrieben wird. Daneben stehen jene okkulten Verhaltensweisen, die Schutz und Wiederherstellung der Gesundheit, psychische Kraft und Sicherheit vermitteln sollen.

Diese Entwicklung wird verständlich, erkennt man die zunehmende Unsicherheit der Menschen in einer Welt, die sie zwar heraufführen, aber nicht mehr zu beherrschen wissen. An die Stelle eines – auch gegen die Vernunft – gläubigen Gottvertrauens treten nachreligiöse Verhaltensweisen, die an Religionsformen ursprünglicher Völkerschaften anknüpfen. Es handelt sich hierbei natürlich nicht um die identische Wiederholung, sondern um Denk- und Verhaltensanalogien. Oswald Spengler hat diese Entwicklung vor Jahrzehnten vorausgesagt: »Ich sage voraus: Noch in diesem Jahrhundert, dem des wissenschaftlich-kritischen Alexandrinismus, der großen Ernten, der endgültigen Fassungen, wird ein neuer Zug von Innerlichkeit den Willen zum Sieg der Wissenschaft überwinden. Die exakte Wissenschaft geht der Selbstvernichtung durch Verfeinerung ihrer Fragestellungen und Methoden entgegen... Von der Skepsis aber führt ein Weg zur ›zweiten Religiosität‹, die nicht vor, sondern nach einer Kultur kommt. Man verzichtet auf Beweise; man will glauben, nicht zergliedern. Die kritische Forschung hört auf, ein geistiges Ideal zu sein.«[29]

Spengler hat mit diesen Sätzen die Welle »Neuer Religiosität« beschrieben, wie sie offensichtlich ist, er hat damit aber auch eine Erklärung für die Hinneigung zu okkulten Verhaltensweisen gegeben, die neben dieser »Neuen Religiosität« als Sonderform angesiedelt sind, wie z. B. im Bereich des Drogengebrauchs: neben der »normalen« Drogensucht gibt es eine Drogenszene, die ihre Anstöße aus dem Gedanken der Bewußtseinserweiterung nimmt, wie er schon bei Charles Baudelaire, besonders aber bei Aldous Huxley erkennbar ist. Am weitesten in diese Richtung ging Thimothy Leary, der mit Hilfe des LSD eine neue Religion aufbaute, die in den Bereich des erweiterten Bewußtseins – in das Okkulte hinein erweiterten Erkennens – vorzustoßen versuchte. Ähnlich gelagert sind die Versuche, auf der Grundlage okkulter indianischer Überlieferungen zu neuer Mächtigkeit zu kommen, die Veröffentlichungen von Carlos Castaneda sind dabei – trotz aller Vorbehalte der Universitätswissenschaft – von erheblichem Einfluß. Allerdings ist der Kreis meist Jüngerer, der sich um solche Praktiken schart, klein, größer ist er, wo es um ostasiatische Erkenntnispraktiken geht, die mit den Begriffen »Meditation« und »Yoga« nur unzureichend umschrieben sind und die teilweise auch mit den asiatischen Kampfsportarten, wie sie in Sportschulen heute gelehrt werden, weitergegeben werden. Die geschilderten Phänomene sind Grenzphänomene, sie sind nicht ausschließlich dem Okkultismus zuzurechnen, auch nicht einseitig der Religion, sie sind in gewisser Weise nach beiden Seiten deutbar.

2.7 Öffentliche Okkultpraktiken

Öffentlich praktizierter Okkultismus ist nicht eine abwegige Verhaltensform, sondern Teil einer allgemeinen – und wie Spengler zeigt – naturnotwendigen Entwicklung.

2.7.1 Jakob Lorber

Materialisationsphänomene und Spukerscheinungen, die klassischen Bereiche des Spiritismus haben heute nur noch innerhalb der parapsychologischen Forschung eine Bedeutung. Mehr in die Öffentlichkeit wirken dagegen mediale Erscheinungen wie etwa das automatische Schreiben, Malen und Komponieren. Ein Sonderfall unter den Schreibmedien ist Jakob Lorber, der im vorigen Jahrhundert tausende von Seiten nach Offenbarungen niedergeschrieben hat, die er aus dem Jenseits – durch Engel oder durch Jesus selber – empfangen haben will. Seine immer noch zahlreich vertriebenen Schriften haben über den Kreis seiner Anhänger hinaus einen gewissen geistlichen Wert, und die »Lorber-Gemeinde« existiert heute noch zum Teil neben, zum Teil innerhalb der Kirchen Deutschlands.[30]

2.7.2 Wahrträume und Hellsehen

Wahrträume und Hellsehen, typische Okkultphänomene, sind meist auf Einzelpersonen beschränkt, die mit ihren Erlebnissen kaum an die Öffentlichkeit treten. Dabei sind Wahrträume in der Regel Warnungen, die sich an bestimmte Personen richten, während das Hellsehen, der seherische Zugang zur Zukunft – zuweilen auch als das zweite Gesicht bezeichnet – über den persönlichen Bereich hinausgeht und deshalb für den damit Begabten eine solche psychische Belastung wird, daß er sein Wissen zu verbergen trachtet. Der Hellsichtige kann seine Fähigkeit nicht steuern[31] und weiß, daß seine Vorhersage, selbst wenn sie als Warnung weitergegeben wird, kaum je den vorhergewußten Ablauf der Dinge zu ändern vermag. Es ist viel über die Realität des zweiten Gesichtes gestritten worden, seine Existenz kann aber kaum geleugnet werden.[32]

Das Problem allerdings, das durch das Hellsehen aufgeworfen wird, ist gravierend: verläuft das Leben des Menschen nach einem vorgegebenen unabänderlichen Muster oder gibt es so etwas wie Willens- bzw. Entscheidungsfreiheit?

2.7.3 Astrologie

Die heute am weitesten verbreitete Form des Okkultismus ist die Astrologie, ein auf Charakter- und Zukunftsdeutung und -erkenntnis angelegtes Gebiet, dessen Geschichte bis in die weite Vergangenheit zurückreicht und das selbst bis in den christlichen Glauben von Bedeutung geblieben ist.

Die Überzeugung, daß die Sterne – und zwar alle, auch die entferntesten – Einfluß auf das menschliche Leben und den Verlauf der menschlichen Geschichte haben, ist auch durch das Zerbrechen des alten geozentrischen Weltbildes nicht geschwunden und es ist nicht verwunderlich, daß selbst Kepler und Galilei Astrologen waren und geblieben sind und daß auch heute der Versuch der Fachastronomen, die Astrologie durch astronomische Tatsachen aus den Angeln zu heben, mißglückt.

Die Überzeugung, daß es nach den Geburtssternbildern zu ordnende Charaktertypen gibt, die Überzeugung, daß aus den Geburtshoroskopen Einzelner wie ganzer Staaten Vorhersagen für die Zukunft und Erläuterungen zur Vergangenheit zu ziehen sind, ist unerschütterlich, u. a. darum, weil sich in jedem Horoskop, in jeder sternbildbedingten Charakterschilderung den Tatsachen nahekommende Beobachtungen finden, die, ergänzt durch die Schutzbehauptung einer gewissen Fehlermarge, den Anschein von Zuverlässigkeit erwecken. Die Annahme oder Verwerfung der Astrologie und ihrer Ergebnisse ist ein Glaubensakt: ihr Erfolg oder Mißerfolg liegt hier zu einem wesentlichen Teil begründet. Doch bleibt trotz dieser psychologischen Feststellung letztlich ein unlösbarer Rest zurück, der die Ausgangsfrage jeder Beschäftigung mit der Astrologie wieder aufnimmt: kann sie nicht doch recht haben? – gibt es nicht doch astrophysikalische Tatsachen, die die Grundthese der Astrologie – Einfluß des Weltraums auf das Leben auf der Erde – bestätigt?

Unangefochten von jedem Zweifel bleiben allerdings alle, die die Astrologie als wirkliche Lebenshilfe gebrauchen und alle, die sie vermarkten. Beide Gruppen sind aufeinander angewiesen. Nicht von ungefähr werden Horoskope in zahlreichen Zeitungen und Zeitschriften veröffentlicht.[33] Die jährlich angebotenen astrologischen Jahrweiser, Typencharakterisierungen usw. sind kaum zu übersehen. Da sich aber auch auf diesem Markt Angebot und Nachfrage wechselseitig regulieren, kann auf ein großes Interesse an astrologischem Wissen geschlossen werden.

Seit einigen Jahren ist auch die Komputertechnik mit im Geschäft: aus speziell astrologisch programmierten Komputern können – je nach Zahlungswilligkeit – Charakterhoroskope – sogenannte Grundhoroskope –, Sechs-Monats-, Jahres- und Drei-Jahres-Vorhersagen abgerufen werden. Die Mechanisierung des astrologischen Prozesses wird von den »echten« Astrologen abgelehnt, widerspricht sie doch dem letztlich okkulten Deutungsvorgang, dem intuitiven Einfühlen in jeden Einzelfall.

2.7.4 Okkulte Medizin

Ebenso wichtig wie die Astrologie ist heute der Bereich des Okkultismus, der sich mit der Gesundheit des Menschen beschäftigt. Daß es bereits in der Homöopathie Vorstellungen gibt, die an das Okkulte grenzen, es sei hier nur auf die Grundlagen der Hochpotenzhomöopathie hingewiesen, darf nicht verwundern. Auch in der anthroposophischen Therapeutik finden sich okkulte Elemente, doch handelt es sich bei beiden um Grenzfälle.

Eindeutig okkult sind die Praktiken der Wunderheiler und Heilmagnetiseure, die in der Regel weder ausgebildete Mediziner noch sonst in irgendeiner Weise medizinisch vorgebildet sind, sondern meistenteils aus besonders naturverbundenen Volksschichten kommen: die Person des Schäfers Ast dürfte hier das bekannteste typische Beispiel sein. Die Zahl der heute tätigen Wunderheiler ist unbekannt, die Zahl ihrer Patienten groß.[34] Der Kundenstamm setzt sich zunächst aus einfacheren Bevölkerungsschichten zusammen, doch sind auch Intellektuelle – namentlich als ultima ratio – anzutreffen. Der gegen diese Heiler von Ärzten und Kriminalisten geführte Kampf geht allerdings an der Realität des Phänomens vorbei. Es ist nicht, wie der Bremer Kriminaldirektor Dr. Schäfer meint[35], das Außergewöhnliche, das die Menschen anzieht und sie gewissenlosen Scharlatanen und Ausbeutern in die Hände treibt, sondern ein tiefes Mißtrauen gegen die herkömmliche Medizin[36], ein fast atavistisch zu nennendes Vertrauen in die – okkulten – Kräfte der Natur und des Heilers, das selbst durch offensichtliche Mißerfolge nicht zerstört wird. In den Wunderheilern ist die im Laufe der europäischen Geistesgeschichte immer tiefer aufgerissene Kluft zwischen Priester und Mediziner wieder aufgehoben[37], wenn auch vielleicht viele der Patienten der Wunderheiler das nicht bemerken.

Einzubeziehen in die Beurteilung der Wunderheilungen ist allerdings die unleugbare Möglichkeit einer psychogenen Heilung, die aus dem Vertrauen des Patienten erwächst, gewissermaßen die Umkehrung der körperlichen Schädigung in bestimmten Hysteriefällen. Nur so ist es zu verstehen, daß der nach dem Kriege bekannteste deutsche Wunderheiler, Bruno Gröning, mit einfachen Staniolkugeln heilen konnte. Seine Verurteilung durch Gerichte, die diesen Zusammenhang nicht sahen – und juristisch nicht erfaßten –, hat darum das Vertrauen in ihn auch nicht erschüttert.[38]

Ein Sonderfall der Wunderheiler sind die – namentlich im philippinischen Raum beheimateten – Geistoperateure. Ihnen wird nachgesagt – und nach übereinstimmenden Zeugenaussagen soll es nachweisbare Heilungsfälle geben –, daß sie Operationen ohne Instrumente, mit der bloßen Hand ausführen können. Sie benötigen weder umfangreiche hygienische Vorkehrungen noch einen aufwendigen Operationssaal und -apparat: von Parapsychologen durchgeführte Untersuchungen haben jedoch – trotz Filmaufnahmen – weder die Richtigkeit der Behauptungen noch das Gegenteil – betrügerische Manipulation – nachweisen können. Seit einigen Jahren werden regelmäßig Fahrten zu diesen Wunderheilern von okkulten Zirkeln veranstaltet.

2.7.5 Kartomantie

Der Blick in die Zukunft wird auch durch die Spielkarten geöffnet und genutzt. Kartenlegen ist heute noch ein einträgliches Geschäft, über dessen Umfang man jedoch kaum genaue Angaben bekommen wird. Hier ist die Grenze zur reinen grundlosen Wahrsagerei erreicht: instinktive Menschenkenntnis der Wahrsagerin und eine absichtlich unpräzise Form der Aussagen ermöglichen die Befriedigung der Neugier der Kunden. In den letzten Jahren ist allerdings die älteste – und seriöseste – Form der Kartenwahrsagekunst wieder bekannter geworden: das Tarot. Seine Herkunft liegt im Dunkel, Okkultisten haben versucht, die sogenannten »Großen Arkana« – die eigentlichen Bild- und Aussagekarten des Spiels – bis in das altägyptische Thotbuch zu verfolgen, bewiesen werden konnte es nicht.

2.7.6 Pendel und Rute

Mit zu den verbreitetsten Okkultpraktiken gehört die Benutzung des siderischen Pendels und der Rute (Radiästhesie). Letztere dient in der Hauptsache zur Erforschung der Erdoberfläche, zum Finden von Wasseradern und Erzgängen, aber auch zum Aufspüren störender Erdkraftfelder, die beim Menschen Krankheiten hervorrufen sollen. Daß in neuerer Zeit solche Erdkraftlinien und unterirdische Wasseradern ernst genommen und beispielsweise in die Bauplanung einbezogen werden, zeigen die Versuche einiger junger Architekten, Häuser nach den Ergebnissen radiästhesistischer Untersuchungen zu gestalten: die Gesamtlage des Hauses wie auch die Lage der einzelnen Räume und ihre Bestimmung. Damit sind diese Architekten nicht weit entfernt von der altreligiösen Vorstellung der okkulten Bestimmtheit des Erdraumes.[39]

Das Pendel ist in seiner Anwendung vielschichtiger. Es vermag über Tod und Leben, über Krankheit und vorgeburtliche Inkarnationen Auskunft zu geben und hilft Verlorenes suchen. Eine besondere Blütezeit erlebte die

Pendelkunst nach dem Zweiten Weltkrieg, als viele Familien versuchten, mit Hilfe des Pendels Auskunft über das Schicksal von Vermißten und Gefangenen zu erhalten. In der letzten Zeit haben geschäftstüchtige Unternehmer das Interesse weiter Kreise am Pendel ausgenützt: für erhebliche Summen bieten sie angeblich besonders wert- und wirkungsvolle »Goldpendel« durch Nachnahmesendungen zum Kauf an.[40]

2.7.7 Traumbücher

Hier ist die Grenze erreicht, wo der eigentliche Okkultismus zum Tummelplatz skrupelloser Geschäftemacher wird. Dazu gehört auch der Verkauf sogenannter ägyptischer Traumbücher, die eine angeblich okkulte, aus der ägyptischen Geheimwissenschaft abgeleitete Traumsymboldeutung anbieten. Die Überzeugung, daß die Träume Geheimes offenbaren, Rede der Gottheit sind, ist alt, der Versuch, bestimmte Traumsymbole als Signale des Unterbewußten aufzuschlüsseln, ist Teil der anerkannten psychoanalytischen Methode. Damit hat aber diese Art Traumdeutung nichts zu tun: mehr oder weniger willkürlich interpretierte Traumbilder werden vielmehr zu Voraussagen auf die nahe Zukunft gemacht. Auch berufsmäßige Traumdeuter verfahren ähnlich, was weder psychologisch noch okkultistisch den geringsten Wert hat. Allerdings hat diese Traumdeuterei die Tendenz, die davon Berührten zu verunsichern, da sie sich bei jedem Traum zu fragen beginnen, was er wohl Gutes oder Böses zu bedeuten hätte.

Unverantwortlich handeln auch die vielen berufsmäßigen Hellseher, die für ihre verschlüsselten, und darum letztlich immer irgendwie stimmenden Behauptungen und Voraussagen erhebliche Gelder kassieren, andererseits aber auch ihre Kunden in eine zunehmende Abhängigkeit von ihren Aussagen bringen.[41]

2.7.8 Zauberbücher

In die gleiche Kategorie gehört der unkontrollierte Vertrieb alter Zauberbücher – etwa des 6.–12. Buches Mose –, die z. T. zu erheblichen Preisen angeboten werden. Als zusätzlicher Anreiz für die Käufer wird ausdrücklich darauf hingewiesen, daß die einzelnen Exemplare versiegelt – also geheim – seien. Zaubermittel und andere okkulte Hilfsmittel – Amulette, Schutzmittel u. ä. – gibt es ebenfalls in reichem Maße zu kaufen, die Quellen für solche Dinge können in der Regel in okkult orientierten Zeitschriften gefunden werden.

2.7.9 Gefahren des Okkultismus?

Es wurde schon darauf hingewiesen, daß das Wiederaufblühen des Okkultismus als Zeichen einer Verunsicherung des Menschen verstanden werden muß. Die alten Okkultisten aber haben immer wieder davor gewarnt, aus Neugier oder Lebensuntüchtigkeit das Okkulte zu suchen, da es tiefsten Einfluß auf die Seele hat. Darum ist der Kampf gegen den Okkultismus, wie er teilweise von wissenschaftlicher und kriminalistischer Seite geführt wird, in gewisser Weise berechtigt. Nur wird dieser berechtigte Kampf gegen Mißbräuche erweitert zu einem Kampf gegen das Phänomen selbst: und da liegt der Denkfehler. Die Gefahren einer Brücke werden nicht dadurch behoben, daß man die Existenz der Brücke leugnet. Der Okkultismus ist eine Art Brücke zwischen dem hier und jetzt Erkennbaren und dem anderen, Nichterkennbaren, mag es animistisch oder spiritistisch gedeutet werden.

2.8 Okkulte Geheimbünde

In früheren Zeiten ist darum auch der Okkultismus nicht auf dem »offenen« Markte verhandelt worden, sondern im Geheimen. Die Existenz geheimer Schulen und Mysterienbünde im Altertum ist nachgewiesen, ihr Wissen wenigstens zu einem Teil erschließbar. Sie haben ihre Nachahmer in den heutigen Geheimbünden und Mysterienschulen gefunden, von denen noch kurz geredet werden muß.

Es liegt im Wesen der Sache, daß von diesen Geheimbünden und -schulen nur wenig an die Öffentlichkeit dringt, es ist aber in letzter Zeit zu beobachten, daß sich hier eine neue Entwicklung anbahnt: ein Drängen an die Öffentlichkeit, selbst auf die Gefahr hin, daß das Geheimnis profaniert wird. Der Grund dafür dürfte mit in der Sorge um zu kleine Anhängerzahlen zu suchen sein: auch die geheimen Bünde unterliegen heute der Faszination der großen Zahl. Weiter kommt hinzu, daß die Ansprechbarkeit für Gemeinschaften, die den Rückzug in die Isolierung vollziehen, auffallend gering ist. In einer Gesellschaft, in der der Erfolg der einzige Wertmaßstab für den Menschen geworden ist, bedarf jeder der Zustimmung – oder mindestens der Beachtung – durch die Umgebung.[42]

Die alten großen Geheimorden und -gesellschaften haben die wirren Zeiten nach 1918 bzw. 1933 nicht alle überstanden und die sich heute unter ihren Namen neu organisierenden Gruppen unterscheiden sich von ihnen teilweise erheblich.

Da an anderer Stelle schon das Wesentliche über die Geheimorden okkulter Observanz gesagt worden ist, kann hier auf eine Wiederholung verzichtet werden. Es müssen allerdings noch einige Beispiele für Mysterienwissen und Mysterienpraxis angesprochen werden. Da ist einmal das Gesamtgebiet der Theosophie. Diese Schule des Mysterienwissens entstand im vorigen Jahrhundert vornehmlich durch das Wirken einer Frau, die mit zu den bedeutsamsten Erscheinungen des modernen Okkultismus gehört: Helena Petrowna Blavatsky.[43] Auf ihren Büchern, besonders der umfangreichen »Geheimlehre« fußt alles, was seither im theosophischen Raum bis hin zu Rudolf Steiner geschrieben und gedacht worden ist. Helena Petrowna Blavatsky hat nach ihren Angaben ihr Wissen durch Gurus empfangen, die aus dem Jenseits mit ihr geredet haben: d. h. mit anderen Worten, ihre Schriften sind als echte Offenbarungen zu betrachten. Aus ihrem Wirken entstand in Indien ein Mysterienzentrum, dessen »Theosophische Gesellschaft« weltweite Verbreitung fand und in einigen voneinander getrennt arbeitenden Zweigen noch heute existiert. Die folgenreichste Absplitterung vollzog Rudolf Steiner, als er im Februar 1913 die »Anthroposophische Gesellschaft« gründete, die von Dornach aus heute einen immer stärker werdenden Einfluß ausübt. Steiner hat seine Lehre ausdrücklich als Geheimwissenschaft bezeichnet, doch definiert er diesen Begriff nicht so sehr im Sinne einer im Geheimen tradierten Lehre, sondern als Lehre von den Geheimnissen: »Es ist vorgekommen, daß man den Ausdruck ›Geheimwissenschaft‹ ... gerade aus dem Grunde abgelehnt hat, weil eine Wissenschaft für niemand etwas ›geheimes‹ haben könne. Man hätte Recht, wenn die Sache so gemeint wäre. Allein das ist nicht der Fall. So wenig Naturwissenschaft eine ›natürliche‹ Wissenschaft in dem Sinne genannt werden kann, daß sie jedem ›von Natur eigen‹ ist, so wenig denkt sich der Verfasser unter ›Geheimwissenschaft‹ eine ›geheime‹ Wissenschaft, sondern eine solche, welche sich auf das in den Welterscheinungen für die gewöhnliche Erkenntnisart unoffenbare, ›geheime‹ bezieht, eine Wissenschaft von dem ›Geheimen‹, von dem ›offenbaren Geheimnis‹. Geheimnis aber soll diese Wissenschaft für niemand sein, der ihre Erkenntnisse auf den ihr entsprechenden Wegen sucht.«[44]

Trotzdem muß man neben der Theosophie auch die Anthroposophie zu den okkulten Mysterienschulen rechnen, die ihre Gedanken und Erkenntnisse in wesentlichen Teilen nur in einem eingeweihten Kreise weitergeben. Die relative Öffentlichkeit der Publikationen Steiners kann darüber nicht hinwegtäuschen, denn sie sind vom Sprachlichen und Gedanklichen her eben nur in einem inneren Kreise wirklich nachvollziehbar.

Zur Mysterienpraxis zählen auch Kabbalistik und Alchemie. Es ist zu beobachten, daß das Interesse an kabbalistischen Studien in den letzten Jahren immer größer geworden ist, es sind zahlreiche Veröffentlichungen über das Wesen der Kabbalah und zahlreiche Anleitungen zur kabbalistischen Arbeit erschienen.

Das gleiche gilt von der Alchemie, die, obwohl im Allgemeinen nur noch als überholte Vorstufe der modernen Chemie angesehen, im engsten Kreise weiter geübt wird. Nicht, weil die modernen Alchemisten immer noch davon überzeugt sind, durch sie die Universaltinktur finden zu können, die unedle Metalle in Gold verwandelt, sondern weil die wahre Alchemie nie etwas anderes gewesen ist, als ein unter äußeren Zeichen, chemischen Prozessen, vollzogener Prozeß der Bewußtseinsbildung. Nicht das metallische Gold suchten die echten Alchemisten, sondern in und unter dem alchemistischen Prozeß die grundlegende Einung von Mensch, Natur und Gott. Alchemie ist ein mystischer Vorgang, dessen schriftliche verschlüsselten Aufzeichnungen C. G. Jung gedeutet hat. In ihr liegen die Wurzeln der paracelsischen Medizin, wie sie teilweise auch heute noch geübt wird.

2.8.1 Schwarzmagie und Hexenwesen

Fast unmöglich ist der Zugang zu jenen okkulten Gruppen, die mehr oder weniger eindeutig satanistische Tendenzen haben. Hexenkult und Schwarzmagiertum sind so alt wie die Menschheit, nur ist innerhalb ihrer Entwicklung deutlich eine Sinngebungsänderung nachweisbar. Ursprünglich waren Hexen- und Magiertum legitime Seitenzweige des Priestertums einer bestimmten Religion – sie übernahmen unter Umständen Schutz- und Heilungsaufgaben –, sobald diese Religion absolutistische Züge innerhalb der Gesellschaft annahm, wurden sie immer mehr ins Negative abgedrängt. Ganz deutlich wird diese Entwicklung an der Schwelle zwischen Heiden- und Christentum, wo alles, was Praxis der alten Religion gewesen war, als satanisch betrachtet wurde und alles, was ursprünglich zum Wohle der Menschen an Heilkräften eingesetzt worden war, plötzlich widergöttlichen Charakter erhielt. Die Unterdrückung des Weiblichen im Christentum dürfte übrigens mit zum Entstehen des Hexentums beigetragen haben – jedenfalls im germanischen Raum, in dem die Frau ursprünglich eine herausragende Rolle innerhalb der Gemeinschaft hatte. Ob allerdings die von feministischer Seite erhobene Behauptung, daß die Hexen letztlich mutterrechtliche Vorläufer der heutigen Emanzipationsbewegung gewesen seien, haltbar ist, bleibt offen, wenn sich auch gewisse Parallelen nachweisen lassen.

Es ist den Kirchen nie gelungen, das Interesse am Umgang mit Dämonen, dem Teufel und seinen Engeln, einzudämmen. Was zur Zeit der Hexenverfolgungen offen zu Tage trat, nämlich die grundsätzliche Existenz solcher Anschauungen und Praktiken, schien verschwunden, als die Prozesse aufhörten. Diese Beobachtung wird von vielen Kritikern der Hexenprozesse als Beweis dafür angeführt, daß die Hexenprozesse nur Ausfluß eines Massenwahns ohne jede reale Grundlage gewesen sind. Es kann nicht bestritten werden, daß tatsächlich viele der nachweisbaren Hexenprozesse auf psychische Massenphänomene zurückzuführen sind, doch bleibt ein Rest, wo Richter wie Angeklagte von der Realität des Umganges mit teuflischen Mächten überzeugt waren, ein Hinweis auch auf eine Art fremdreligiöser Widerstandsbewegung innerhalb des christlichen Imperiums.[45] Von daher kann es nicht verwundern, wenn sich nach Aufhören der Prozesse und Verfolgungen diese Tendenzen – jenseits der dem aufgeklärten Bürgertum möglichen Einblicke – im Untergrund fortsetzten.

Die Kirche hielt darum weiterhin am Exorzismus fest[46], in der Romantik brach dann das Interesse am Umgang mit dämonischen Mächten – wenn auch literarisch verkleidet – wieder auf, in der Jugendstilzeit erlebten diese Tendenzen einen erneuten Höhepunkt.

Alle großen Magier und Okkultisten, deren Werke noch heute studiert werden und die noch heute einen starken Einfluß ausüben, haben in diesen Zeiten gelebt. Baudelaires »Blumen des Bösen« sind – gerade auch in ihrem Erfolg – genauso Beweis dafür, wie Huysmans Roman »Là bas« und die in ihm geschilderten Zustände, die zu einem Teil auf authentischen Erfahrungen Huysman aufbauen.[47]

Nach dem Zweiten Weltkrieg zeigen sich plötzlich öffentlich wieder Gruppen, die als Hexen- oder Schwarzmagiergesellungen anzusehen sind.[48] Einige von diesen Zirkeln weisen eigenständige Gedanken und Verhaltensweisen auf, bei anderen sind Einflüsse aus dem Werke Aleister Crowleys deutlich. Auffallend ist, daß diese Bewegung von den angelsächsischen Ländern ausgeht. Gewiß, England hat eine uralte Tradition auf diesem Gebiet durch das Weiterleben des Druidentums[49], bemerkenswert jedoch ist die parallele Entwicklung in Amerika.[50] Aber gerade diese Tatsache dürfte der Schlüssel zu einer Erklärung sein: es ist das Aufbrechen eines antizivilisatorischen Protestes.[51] Das Suchen nach tragfähigen religiösen Erlebnissen, nach spiritueller Mächtigkeit findet bei den christlichen Kirchen kein Echo, darum greifen die Suchenden auf vor- oder gegenchristliche Traditionen zurück. War schon im Mittelalter in den Hexenprozessen ein Unterton von Haß gegen die Kirche spürbar, hier führt der Haß gegen die unmenschliche Umgebung, gegen die Verflechtung der etablierten Religion mit Krieg und Geschäft zur Wiederaufnahme dieser alten Praktiken. Man hat versucht, eine Verbindung der Gruppe um Charles Manson, die bisher am schrecklichsten diesen quasireligiösen Haß gegen die Gesellschaft auslebte[52], mit Aleister Crowley nachzuweisen: was bei Crowley allerdings noch wie ein blasphemisches Faunspiel wirkt, ist hier dann blutige Realität geworden. Es muß offenbleiben, ob die Gemeinschaften, die sich heute dem Magischen oder Schwarzmagischen verschrieben haben, nur das Außergewöhnliche suchen, doch selbst dann, wenn von einer »Verbürgerlichung« des Hexen- und Schwarzmagierwesens zu sprechen wäre, bleibt die Tatsache, daß hier Praktiken und Anschauungen bewahrt werden, die bei veränderter Lage gefährlich werden könnten.[53]

2.9 Zusammenfassung

Der moderne Okkultismus ist eine Einheit, die sich in vielen Spielarten manifestiert. Es wäre falsch, ihn nur als Überbleibsel aus überholten Erkenntnisepochen zu sehen, oder nur als kriminelle Ausnutzung einer primitiven Glaubensbereitschaft der Menschen. Er ist Teil des menschlichen Seins – eine der Fragen an die letzten Hintergründe der Existenz –, der zwar in manchen Zeiten unterdrückt werden kann, der aber als Grunderbe weitergegeben wird und neu erwächst, wo die verdrängenden Kräfte brüchig werden. Der Okkultismus kann als Gradmesser für die innere Stabilität einer Epoche angesehen werden, je deutlicher er ist, um so schwächer sind die herrschenden Ideen.

3 Phantastische Wissenschaft

Hinter dem Begriff »Phantastische Wissenschaft« verbirgt sich eine Fülle von Versuchen, bestimmte Probleme der Natur- und Geschichtswissenschaft mit unkonventionellen Mitteln zu lösen. Diese Versuche sind nicht ohne weltanschauliche Hintergründe und Konsequenzen, wie auch jede wissenschaftliche Forschung und Hypothese ihre charakteristischen Hintergründe und Konsequenzen hat.[54]

Das Gebiet der »Phantastischen Wissenschaft« ist sehr komplex, darum können im Folgenden nur wenige typische Vertreter vorgestellt werden, die es jedoch erlauben, allgemeingültige Schlußfolgerungen zu ziehen.

3.1 Die Welteislehre

Die erste naturwissenschaftlich-weltanschauliche Theorie dieses Jahrhunderts, die dem Bereich der »Phantastischen Wissenschaft« zuzuordnen ist, ist die seit 1895 von dem Wiener Ingenieur Hanns Hörbiger öffentlich vorgetragene »Welteislehre (Glacialkosmogonie)«.[55] Zwar hat sich diese Theorie inzwischen naturwissenschaftlich als Irrtum herausgestellt, doch wegen ihrer vielschichtigen weltanschaulichen Wirkung bleibt sie weiterhin wichtig. Welche politische Bedeutung sie nach 1933 zeitweise bekam, zeigt die Tatsache, daß der Reichsführer SS Heinrich Himmler erwog, sie zur eigentlichen »deutschen« Weltentstehungstheorie zu erheben.[56]

Eine Geschichte der Welteislehre ist bis heute nicht geschrieben, sie kann auch hier nicht nachgeholt werden. Zum Verständnis nur soviel: Hörbiger geht von der Vorstellung aus, daß gewisse astronomische Weltentstehungstheorien, auch solche, die zu seiner Zeit allgemein anerkannt waren (besonders gilt das von der Kant-Laplaceschen Theorie), aus grundsätzlichen physikalischen Gründen nicht haltbar seien. So erschien es ihm nicht einleuchtend, »wie sich in einem dünneren Medium ein Gasball bilden und halten könne, denn es liegt doch im Wesen der Gase, daß sie sich ausdehnen wollen«.[57] Ferner meint er aus eigenen Beobachtungen schließen zu können, daß Mond und Mars keine Gesteinsoberfläche besitzen, sondern aus Eis bestehen, daß sich die Periodizität der Sonnenflecken durch mechanische Außeneinflüsse (Eismeteoreinstürze in die Sonne) besser erklären läßt als durch dem Sonneninneren zuzuordnende Vorgänge, daß bestimmte meteorologische Erscheinungen auf der Erde und Einzelheiten ihres geologischen Aufbaus auf einheitliche Vorgänge im kosmischen Raum hinweisen.

1913 erschien die erste – und letztlich einzige – große authentische Darstellung der Welteislehre durch den international anerkannten Privatastronomen und Mondforscher Philipp Fauth in Zusammenarbeit mit Hörbiger. In dieser Veröffentlichung zeigen sich bereits die ersten Spuren einer über das rein naturwissenschaftliche hinausgehenden weltanschaulichen Komponente, die in späteren Jahren durch die Verschärfung des der Welteislehre von Beginn innewohnenden Dualismus dominierend wird.

Hörbiger und Fauth gehen bei ihrer Darstellung davon aus, daß im Weltall freies Eis vorhanden ist, das im Zusammenstoß mit den Heißkörpern der Sonnen die Ursache des »Weltwerdens« ist. Stößt dieses freie Eis auf die Erde, so beeinflußt es ihre Entwicklung, ihre klimatische Struktur und das organische Leben auf ihr. Ferner nehmen beide an, daß durch den im Weltraum verteilten »Feinstoff« den Himmelskörpern in ihrer Bewegung gewisse Hemmungen begegnen, was für den Mond der Erde bedeutet, daß er sich im Laufe der Zeit immer näher an die Erde heranschraubt, bis er endlich unter dem Einfluß ihrer Schwerkraft zerbricht und mit seinen Eismassen auf die Erde stürzt. Hörbiger und Fauth, die hier letztlich Cuviers Katastrophentheorie wieder aufnehmen, sehen den letzten Mondeinsturz – wenn auch stark verformt – in der Erinnerung der Menschheit bewahrt: sie deuten darum die Sintflut- und Sintbranderzählungen der einzelnen Völker auf dieses Geschehen, die dadurch verursachten großen Verwüstungen und die Überschwemmungen durch den Flutberg, der im letzten Stadium der Katastrophe die Erde umzogen haben muß.

Dem Mondeinsturz folgt eine mondlose Zeit. Als der neue – unser – Mond eingefangen wurde, kam es erneut zu einer Flutkatastrophe, durch die Atlantis unterging.⁵⁸ Auch in den Götter- und Dämonenerzählungen – namentlich der Edda – sehen die Vertreter der Welteislehre Erinnerungen an kosmische Ereignisse, für sie lassen sich nur so die Parallelen innerhalb der Mythen der Völker zufriedenstellend erklären. Hinzpeter schreibt in seinem Buch »Urwissen vom Kosmos und Erde«: »Die klarste und kürzeste Antwort... gibt uns die Edda selbst. In der Völuspa heißt es: ›Ich will erzählen der Vorzeit Geschichten aus frühester Erinnerung‹. Die Geschichten und Ereignisse, die sie berichten, stammen demnach aus früher Erlebtem, sind kein Mythus der Natur, keine bloße Phantasie, sondern Erinnerungen an eine urferne Vergangenheit, urgewaltige Vorgänge, die vom Menschengeschlecht denkend erlebt wurden. Sagt doch schon ein altes Römerwort: Nihil est in intellectu, quod non fuerat in sensu.«⁵⁹

Die voll entwickelte Welteislehre der dreißiger Jahre rechnet mit nicht weniger als zehn Vormonden vor dem heutigen – Luna –, d. h., daß über die Erde seit ihrer Entstehung nicht weniger als 21 Flutkatastrophen hinweggegangen sein müssen, die jeweils in charakteristischer Weise Erdoberfläche und Erdlebewesen geformt haben. Dabei gilt: »In lunaren Zeiten ist vor allem mit Beginn der stationären Wende der jeweilige Erdtrabant das vorherrschende kosmische Prinzip, das den Grund zu neuen Lebensformen und Entwicklungen legt, und gleichzeitig die Typen im harten Lebenskampf auswählt oder vernichtet. In mondlosen Zeiten dagegen entwickelt die Sonne als oberstes Prinzip hauptsächlich aus den der Erde angegliederten lunaren Elementen (Stoffen) die neuen Typen weiter und gibt ihnen unter Festigung der Formen den endgültigen Charakter.«⁶⁰ »Dieses große kosmische Wechselgeschehen: Selektion (Vernichtung) und Neuformung (Neuschöpfung)... hat höchstwahrscheinlich die Menschheit schon wiederholt erlebt, in ihrem gesamten Geistesleben verankert und u. a. auch in den Mythologien aller Völker einschließlich der christlichen in unmißverständlicher Weise symbolisch zum Ausdruck gebracht.«⁶¹

Die hier deutlich werdende Annäherung an die sozialdarwinistische These vom Kampf ums Dasein als Formprinzip der Entwicklung der Menschheit erklärt die Beachtung, die Himmler der Welteislehre schenkte: in ihr erkannte er die kosmische Verankerung seiner – am Sozialdarwinismus geschulten – Anschauung.⁶² Was allerdings Hörbiger und Fauth von Himmler unterscheidet, ist die Tatsache, daß sie die Welteislehre nur als die kosmische Antwort auf die Frage nach dem Überleben der Besten sehen, während Himmler politische Konsequenzen zog, die gewissermaßen ein kosmisches Urteil über eine Art vorwegnahmen.

3.2 Die Hohlwelttheorie

Im Gegensatz zur Welteislehre, die trotz aller Kritik prinzipiell am kopernikanischen Weltbild festhält, gibt die Hohlwelttheorie die nach außen in den endlosen Weltraum geöffnete »Abfolge« von Erdoberfläche, Planeten- und Sonnenkörpern auf. Für sie ist die Erdoberfläche Teil eines nach innen gekrümmten Raumes, in dessen Mitte sich neben dem Sonnenkörper die Fixsternkugel befindet.

Die Vorstellung, daß es unter der Erdoberfläche Innenräume gibt, in denen etwa die Totenreiche angesiedelt sind – Gilgamesch und Orpheus steigen dorthin hinab, Fausts Gang zu den Müttern führt in diese Höhlenwelt –, ist alt. Auch Casanova läßt dort die Megamikren beheimatet sein, wie ein Jahrhundert später Bulwer-Lytton die Wesen, die die Kraft Vril beherrschen.

Um 1818 stellt der amerikanische Hauptmann a. D. J. Cleves Symnes die Behauptung auf, die Erde und der Weltraum bildeten ein System von fünf ineinander geschachtelten Hohlkugeln, die jeweils an der Oberfläche wie der Innenseite besiedelt seien. Daraus zieht 1870 der Amerikaner Cyrus Read Teed den vereinfachenden Schluß, die gesamte Erdoberfläche sei die Innenseite einer Hohlkugel. Dieser Gedanke wurde 1913 von Marshall B. Gardner wieder aufgegriffen, eine weitere Ausformulierung durch den Weltkrieg jedoch verhindert.

In den 20er Jahren übernimmt der Augsburger Karl Neupert die Teedsche Theorie, 1924 veröffentlicht er die erste Broschüre zur Hohlwelttheorie, der eine Reihe weiterer Schriften folgt. Neupert kann als der eigentliche Popularisator dieser Weltlehre angesehen werden, die zwar heute in Deutschland weitgehend vergessen ist[63], aber in Amerika immer noch Anhänger hat, die sich auch durch die erfolgreichen Raumflüge der Russen und Amerikaner nicht davon abbringen lassen.[64] Soweit sich feststellen läßt, gehören die letzten Verfechter dieser Lehre religiösen sektiererischen Gruppen an.

Neupert kam zur Hohlwelttheorie durch die Feststellung, daß das herrschende Bild von der nach außen gekrümmten Erdoberfläche eine Reihe von Fragen aufwirft. Er behauptet, daß das Licht im Gegensatz zum kopernikanischen Weltbild und der damit naturnotwendig verbundenen Vorstellung von der Gradlinigkeit der Lichtstrahlen, einer Krümmung folgt.[65] Daraus kann dann die Richtigkeit aller anderen Behauptungen der Hohlwelttheorie gefolgert werden, die auf eine kurze Formel gebracht, besagen: »1. Der Erdball ist ein konkaver Hohlball. 2. Der Himmel ist ein Sternball im Erdraum.«[66] Die Entstehung dieser konkaven Hohlkugel beginnt an einem hypothetischen, unsichtbaren, rotierenden Zentrum, von dem Materieatome nach außen streben, bis sie in einem bestimmten Abstand zur Ruhe kommen und sich zu einer festen Hülle verdichten, in der eine Materiestufung nach der Schwere der abgelagerten Stoffe von außen nach innen erfolgt. Da nach Neupert der Aufbau der Erdkruste genau diesem Schema entspricht – leichte Materie an der Erdoberfläche, in der Tiefe zunehmend die schweren Stoffe –, sieht er darin einen der unwiderlegbarsten Beweise für seine Theorie. Weiter führt er an, daß die am Meereshorizont scheinbar aufsteigenden Schiffe wegen der Krümmung der Lichtstrahlen nichts weiter als eine optische Täuschung sind und daß die sich gradlinig fortpflanzenden Radiowellen nur deshalb über weite Entfernungen empfangen werden können, weil sie sich innerhalb einer Hohlkugel bewegen und dadurch andere Punkte der Erd»oberfläche« erreichen können. Auch die – von der Wissenschaft bezweifelten – Ergebnisse von Lotungen in Bergwerksschächten, bei denen die Lote auseinanderstrebten, anstatt sich, wie bei kugelförmiger Erdgestalt zu erwarten, einander anzunähern, sind für Neupert der Beweis für die Existenz der Hohlwelt, die nach seinen Angaben genau 12 700 km Durchmesser hat.

Innerhalb dieser Kugel – in deren Mitte die zentrale Sternkugel, von der Sonne und den Planeten umkreist, rotiert –, vollzieht sich das Leben, hier entsteht es immer neu von jenem unsichtbaren Zentrum kommend. Was außerhalb dieser Hohlkugel ist, ist unbekannt, nach Neupert genauso unbekannt, wie das, was sich nach akademisch-astronomischer Lehre außerhalb des Universums befindet.

Neupert hat aus seiner Theorie weltanschauliche Schlüsse gezogen: nicht ein einmaliger Weltentstehungsprozeß führt zur Entstehung der Erde, sondern ununterbrochen entsteht und stirbt Materie. In diesem Werden und Vergehen nimmt der Mensch einen hohen Rang ein, denn er ist in seiner Stofflichkeit dem Zentrum am nächsten. Dieses Zentrum aber wird für Neupert »Gott«: »Ich habe mühsam bewiesen, wie die Erde im All aussieht, sie ist die Umgrenzung des Raumes, der größte Kugelraum Welt. Gott als Person und Geist zugleich denken wir als Zentrale. Seine ›Persönlichkeit‹ können wir mit wissenschaftlicher Sicherheit daraus erschließen, weil es unlogisch wäre, nur uns Menschen persönlich zu denken und zu wissen, wogegen wir eine Persönlichkeit in der Weltmitte leugnen. Wenn meine Beweise der kosmischen Entwicklung zeigen, daß alles höher in der Weltmitte entwickelt wird, so ist diese Mitte stets das Höchste. Da aber die ›materielle Mitte‹ dauernd abwandert, so können wir Gott nicht als diese Planetenwelt ansehen, sondern höchstens diese als seine Kinder, seine Verkörperung, Fleischwerdung. Gott als ewiger Geist bleibt dauernde Mitte der Kraft, die Summe aller seiner Wesen, denn diese wirkliche ›Kraftwelt des Feinstoffes‹ bleibt ewig.«[67]

Johannes Lang hat in den 30er Jahren Neuperts Theorie weitergeführt und sie dem Nationalsozialismus angenähert[68], er wendete sie auch auf das Gebiet der Rassenkunde an. Nach ihm sind in der ersten Hohlkugel, die sich um die Weltachse gelegt hat (die Erde), weitere Hohlkugeln entstanden (die Planeten), die sich als Träger der Lebewesen auf der Erdoberfläche abgelegt haben.»Diese Theorie erklärt auch, warum wir die verschiedenen Menschenrassen ursprünglich nur auf bestimmten Kontinenten finden. Zum Beispiel die schwarze Rasse in Afrika. Die Kontinente sind die Überreste der auf die Erdoberfläche herabgekommenen Planeten. Jeder Planet enthielt die Rasse, die dem Entwicklungszustand der Welt bei seiner Entstehung entsprach.«[69] Da die Hohlkugeln zu verschiedenen Zeiten entstanden sind und damit auch ihre Lebewesen, sind die Seinsunterschiede der Rassen erklärt, und eine Art von Entwicklungstheorie begründet, nach der die Rassen in der Abfolge ihrer Entstehung »immer die Erfahrungen der vorhergehenden Stufe«[70] verwerten.»Dann wäre der Mensch weißer Rasse zwar ebenfalls das Endprodukt einer langen Entwicklungsreihe, aber er wäre schon in höchster Vollendung und rassischer Reinheit erschaffen.«[71] Lang hat in diesem Zusammenhang von einem göttlichen Schöpfungsakt gesprochen, dem vor den Menschenrassen »Menschtier-Rassen« entstammen, die zwischen Mensch und Tier stehen.[72] Er stützt diese Behauptung mit der Theorie, die Lanz von Liebenfels in seinen Veröffentlichungen dargelegt hat, daß nämlich – da das Weib den Hang zum Niederrassigen habe – innerhalb der Menschheit deutliche Spuren der Vermischung von Tiermenschen und Menschen festzustellen seien.[73] Allerdings scheint Lang die von Lanz von Liebenfels gezogene Konsequenz: Rückzüchtung der Hochrassen, nicht gezogen zu haben.

Die Hohlwelttheorie entsprach in ihrer Sehnsucht nach Geborgenheit gewissen geistigen Strömungen der Zeit: innerhalb des »kosmischen Eies« Erde – dem, so Neupert und Lang, das biblische Weltbild entspricht – ruht die Menschheit wie im Mutterschoß, erhalten durch das Walten des Kosmos, der ständig neue Lebensimpulse in die Menschen sendet. Hier spiegelt sich die Verlorenheit wider, die nach dem Zusammenbruch 1918 die Menschen überkam. Aus der Richtungslosigkeit will die Theorie neue Richtung geben: »Wir stehen an der Schwelle eines neuen Zeitalters. Wer mit offenen Augen durch die Welt geht, sieht, wie auf allen Gebieten die alten Formen zerbrechen. Eine Welt geht aus den Fugen... Mitten im Chaos dieser in Geburtswehen liegenden neuen Zeit steht der heutige Mensch... Er ist innerlich zerrissen, unbefriedigt, haltlos. Aus dem Zwiespalt der alten, überlebten Weltanschauungsformen und Religionsauffassungen einerseits und den neuen Erkenntnissen andererseits kann ihn nur eines befreien: der Neuaufbau weltanschaulicher und religiöser Formen auf Grund der neuzeitlichen Erkenntnis... Diesem Zweck soll das vorliegende Werk dienen.«[74]

3.3 Das geozentrische Weltbild des Johannes Schlaf

»›Ich will noch ein Stückchen so weitergehn,
Bald müssen ja alle Höhn
In hellen Frührotfeuern stehn...‹
schreibt er einmal in seiner ersten Zeit, mit dem ewigen Widerstand gegen die Theorie seines Freundes Arno Holz, mit der Zerfaserung seines Ichs und der Menschen, die bis zur Extravaganz sich steigert, wenn er eine neue Weltraumtheorie aufstellt und gegen Kopernikus mit dem Fernrohr eines Quintaners auftritt. Diese Ureigenschaft, mit dem Denken immer bei den Anfängen anzufangen, in der Zweifelsucht wie ein mittelalterlicher Cartesianer, läßt ihn nie ausreifen und vollenden, was er will.«[75]

Diese Charakteristik des Schriftstellers Johannes Schlaf ändert nichts an der Tatsache, daß seine geozentrische Weltraumtheorie mit zu der »Phantastischen Wissenschaft« gehört, denn sie beinhaltet nicht nur eine kosmologische Aussage, sondern greift tief in den weltanschaulich-religiösen Bereich hinein. Schlaf konzipierte seine Theorie, die ihn als Einzelnen gegen alle astronomischen Vorstellungen ankämpfen ließ, etwa 1909/1910 im Zusammenhang mit den Gedanken, die er zuvor in seinem Werk »Das absolute Individuum und die Vollendung der Religion« veröffentlicht hatte. In diesem Werk, dessen verkürzte Form 1911 als eigenständiger Titel »Religion und Kosmos« erschien, versucht er die absolute Einheit allen Seins zu erweisen. Aus diesem erkenntnistheoretischen Ansatz zieht er dann Konsequenzen, die das astronomische Weltbild erfassen.

Schlaf geht aus von der Frage nach der Rotation der Sonne um sich selbst und dem sog. Sonnenfleckenphänomen, das eine Lösung dieser Frage zu bieten scheint. Dieses Phänomen ergab sich aus der – inzwischen widerlegten – Beobachtung, daß fast alle Sonnenflecken in einer Zone zwischen 40° Nord und 40° Süd des Sonnenballs entstehen, und zwar in der überwiegenden Zahl auf der der Erde abgewandten Seite. Schlaf schloß daraus, daß dieses Phänomen nur zu erklären sei, wenn nicht die Erde um die Sonne, sondern die Sonne um die Erde wandere. Die logische Konsequenz daraus war die Folgerung: nicht nur die Sonne läuft um die Erde, sondern der ganze Kosmos. Dieser Kosmos ist begrenzt und damit endlich. Schlaf unterteilt ihn in vier Umlaufzonen, deren erster neben der Sonne noch der Mond, Venus und Mars angehören. Die zweite Umlaufzone beherbergt die übrigen Planeten des Sonnensystems, die beiden äußeren dann den übrigen Sternenhimmel. Seine darauf aufbauende komplizierte Weltentstehungstheorie – die teilweise an die Kosmogonie der Hohlwelttheorie erinnert – kann hier nicht dargestellt werden, es sei nur erwähnt, daß Schlaf neben die Entstehung des Kosmos seinen endlichen Untergang stellt, der das totale Auflösen in den unipolaren Zustand ist. Doch dieser Zeitpunkt ist identisch mit dem Wiederwerden des bipolaren Zustandes, der Ausgangspunkt jedes Weltwerdens ist. »Doch im gleichen Augenblick vom unipolaren Zustand aus (dem unmeßbaren Nu letzter, völliger Identität, der absoluten momentanen Ruhe zugleich des absoluten Sichansichselbstlebens, Gottes) wieder der Urruck, und, wir können, (wenn streng genommen, auch etwas ungenau) sagen: sofort wieder zentrale Urzündung, Materie, aufwärtsstrebende Entfaltung, das Erwachen. So daß man (abermals etwas ungenau) sagen könnte: Alles entsteht aus dem zentralen Urfeuer und vergeht in dieses hinein.«[76] Unter allen Himmelskörpern ist die Erde als Zentralpunkt des Kosmos der einzige Träger organischen und bewußtheitlichen Lebens. Der Kosmos ist aber »ja nichts anderes, als die sogeartete Modalität absoluten Sichansichselbstfühlens einer lebendigen punktuell-unendlichen (göttlichen) Wesenheit und Realität. Das schließt aber ein, daß die Entfaltung des Kosmos schlechterdings gleichbedeutend ist mit dem absoluten Sichansichselbstfühlen und einer einheitlichen lebendigen Wesenheit aus einem unterbewußt unipolaren Zustand bis zu einem, wir müssen durchaus sagen: einheitlichen Erwachen zur höchsten Bewußtheitlichkeit«.[77] Diese Bewußtheitlichkeit aber ist »ein besonders eingeschränkter (und abgestufter) zentraler Elitebereich«.[78]

Für Schlaf bedeutet diese Sicht die Vollendung der Religion, denn die – nach Kant – bestehende unüberbrückbare Unterschiedenheit von göttlichem Wesen und Mensch wird in der geozentrischen Tatsache aufgehoben. Der Mensch ist die höchste Elite der Entwicklung der Allwelt, der Alleinheit, er ist eins mit dem absoluten Seinswesen an sich.

Schlaf verwendet hier offensichtlich pantheistische Motive, doch geht er einen Schritt weiter als der herkömmliche Pantheismus, indem er die Erde zum Mittelpunkt alles Seins, auch des göttlichen Seins macht. In gewisser Weise beantwortet er damit die Sehnsucht nach der Einheit von Leben und Natur, nach Naturreligiosität, wie sie im Jugendstil auftaucht und etwa im Gedanken vom Gesamtkunstwerk Ausdruck fand.

3.4 Geheimnisvolle Städte

3.4.1 Atlantis

»Atlantis. Welcher Name! Das uralte Wort, glänzend vom Gold des Geheimnisses, rauscht wie die Woge seines Ozeans durch die Jahrtausende. Ein prunkendes, schweres Wort, ein Kleinod unter allen überkommenen Namen, undurchsichtig – doch vielleicht ungeheurer Symbole Inbegriff.«[79] Ein Satz wie dieser, 1937 geschrieben, muß nicht unbedingt auch heute noch gelten. Daß dem aber so ist, zeigen die folgenden Sätze aus dem Jahr 1960: »Es gibt kaum ein Wort von gleich geheimnisvoller und zauberhafter Tiefe wie das Wort ›Atlantis‹. Sein Klang schon erweckt von neuem die uralte Kunde von einer Zeit von Wohlstand und Glück, Gesundheit und Ordnung, aber auch von hoher Pflege, weisen Goden und milden Herrschern. Dies Atlantis ist vor unergründlich ferner Zeit versunken in Feuer und Wasser, jetzt aber neu aufgetaucht im Erbbewußtsein suchender Menschen und wieder entdeckt im Ziel unseres Wollens! In den letzten Jahrzehnten ist das Fragen nach Atlantis groß geworden. Die Wissenschaft schweigt, die Christkirche leugnet.«[80] In diesen Sätzen verbindet sich der Gedanke, den Nobel 1937 zum Inhalt des Begriffes »Atlantis« machte – Inbegriff ungeheurer Symbole – mit der aus der Not der Nachkriegszeit geborenen Geborgenheitssehnsucht, der Suche nach gerechter Regierung und tiefem Wissen. Atlantis, so gibt der Verfasser zu verstehen, ist mehr als ein geographischer Ort, mehr als eine hypothetische Naturkatastrophe: Atlantis ist Synonym eines im Menschen angelegten Urwissens – Ahnenerbes – vom gerechten, glücklichen und mächtigen Staat. Diesem Urwissen aber widersetzen sich die modernen Mächte: die Wissenschaft als Träger einer möglichen – aber letztlich unerwünschten – Wahrheit, die Christkirche, die leugnet – was eigentlich? Die Existenz von Atlantis oder die mit Atlantis verbundenen rassentheoretischen Spekulationen?

Atlantis hat seit Jahrhunderten die Phantasie der Menschen angeregt, kaum ein Rätsel der Geschichte ist mit soviel Energie angegangen worden, aber auch keines ist trotz allen Einsatzes so wenig gelöst worden. 1946 wird der Umfang der Atlantisliteratur auf 25 000 Titel geschätzt, wieviele inzwischen dazu kamen ist nicht abzuschätzen.

Die Atlantisforschungen gehen alle von den beiden Atlantiserzählungen aus, die Plato in den Dialogen »Timaios« und »Kritias« fragmentarisch überliefert. Im »Timaios« gibt Kritias, der Erzähler, als Quelle seines Wissens seinen Urgroßvater an, der es von dem Weisen Solon gehört habe. Dieser aber habe die Atlantiserzählung von den Priestern der ägyptischen Stadt Sais überliefert erhalten. Im »Kritias«-Fragment wird das Alter der Atlantisüberlieferung mit 9000 Jahren angegeben.

Nach Proclus hat 300 Jahre nach Solon ein gewisser Krantor Sais besucht, dem man auf einer Hieroglyphensäule den Atlantisbericht, der mit Plato übereinstimmte, gezeigt habe. Auch der Untergang der Stadt, die westlich der Säulen des Herkules gelegen haben soll, durch den Zorn der Götter, sei korrekt wiedergegeben gewesen. Unter den antiken Schriftstellern scheint übrigens Aristoteles als einziger an der historischen Richtigkeit der Atlantisgeschichte gezweifelt zu haben.

Nimmt man die beiden platonischen Dialoge als Geschichtsquelle, so ist der Ausgangspunkt der Überlieferung Sais in Ägypten, genauer noch der Tempel der Neith in Sais. Neith von Sais ist eine Kriegsgöttin, eine Beziehung zu den als kriegerisch geschilderten Atlantern könnte hier bestehen. Bemerkenswert ist, daß nicht nur der Stolz der Atlanter den Zorn der Götter herausgefordert haben soll, sondern auch – so andere antike Schriftsteller – ihre Neigung zur schwarzen Magie.

Damit sind aber auch schon die Hauptelemente genannt, die die Atlantikforschung seither bestimmt haben: die Lokalisierung der Stadt, die kriegerische Art der Atlanter, ihre Eroberungspolitik, ihr Geheimwissen und ihr Untergang durch eine plötzlich eintretende Naturkatastrophe, durch die fast alle Bewohner ausgerottet werden. Die Aufzählung zeigt, daß das Atlantisproblem einerseits die Frage nach der raumzeitlichen Wirklichkeit aufwirft, andererseits die Möglichkeit eines nur geistig utopischen Verständnisses offenläßt. In den letzten Jahren ist das Thema Atlantis verstärkt behandelt worden, Versuche von neuen Lokalisationen haben aber keine endgültige Klärung des Problems gebracht. Auch die Möglichkeit einer Lokalisierung im heutigen Atlantik ist wieder diskutiert worden, im Zusammenhang mit der Frage, ob eine Landverbindung zwischen dem westeuropäisch-nordafrikanischen Raum und Mittelamerika bestanden habe, die eine Erklärung für die unzweifelhaft vorhandenen Ähnlichkeiten zwischen den Kulturen dieser Weltteile, namentlich im mythologischen Bereich, sein könnte. In diesem Zusammenhang erhebt sich dann die Frage, ob nicht überhaupt von einem kulturell-zivilisatorischen Zentrum in jener Gegend aus eine Befruchtung der umliegenden, u. U. sogar der entfernter wohnenden Völkerschaften erfolgt ist. Auch eine durch die Katastrophe ausgelöste Wanderbewegung der letzten Atlanter[81], eine damit verbundene »Aussaat« ihrer Kultur und ihres Wissens, auch ihrer genetischen Eigenschaften wird diskutiert, so daß Atlantis als das eigentliche Kulturzentrum, als die Mutterstätte der Weltkultur überhaupt erscheint.

Alle diese Forschungen werden jedoch nicht nur von Natur- und Geschichtswissenschaftlern vorgenommen, sondern es gesellen sich zu ihnen Theosophen und andere Geisteswissenschaftler – wie Rudolf Steiner –, auch ausgesprochene Okkultisten vertreten eigene Atlantisvorstellungen.[82] Für sie namentlich sind die Atlanter Menschen mit hohem geheimem Wissen, das sie jedoch nicht durch eigene Forschung erlangt haben können, sondern das ihnen in den Mysterien durch die »Götter« gegeben worden ist. Atlantis wird so für die Theosophie wie für die Anthroposophie zum

Mysterienzentrum, eine Vorstellung, wie sie vor allem Helena Petrowna Blavatsky vertreten hat.

Ein eigenartiges Gemisch aus okkult-mythologischer Schau und naturwissenschaftlicher Theorie sind die Versuche, Atlantis nicht nur als die Heimat der Arier festzulegen, sondern damit gleichzeitig die germanischen Götterüberlieferungen in Verbindung zu bringen.[83]

3.4.2 *Thule*

Dabei geht die Atlantisüberlieferung über in die Thule-Erzählung. Thule, das hinter Britannien gelegene Nordland – eine Insel wie Atlantis – ist für die Anhänger der arischen Atlantisinterpretation der letzte Zufluchtsort der Atlanter nach der Katastrophe. Von dort seien die germanischen Völker – ihre Nachfolger – vor dem drohenden Untergang Thules in Richtung Südosten gewandert und hätten sich dann hauptsächlich im Gebiet der heutigen Doggerbank – damals noch Teil des Festlandes – mit Helgoland als Mittelpunktsheiligtum angesiedelt.

3.4.3 *Agartha*

Im Zusammenhang mit Thule muß Agartha – oder Agarthi – erwähnt werden. Dieses geheime Wissenszentrum, dessen genaue Lage den Nichteingeweihten unbekannt bleibt, ist angeblich unter dem Himalaya verborgen. Es gilt einerseits als Geheimzentrum arischer Macht, kann aber auch als das Zentrum der asiatischen Gegenmacht zu Thule verstanden werden: als Teil des arisch-asiatischen Dualismus, der gewissen okkulten, bis in den Nationalsozialismus hinein gültigen Vorstellungen innewohnt.

Der Öffentlichkeit ist der Name Agartha durch Ferdinand Ossendovski bekannt geworden, dessen Buch »Beasts, Men and Gods 1924 unter dem Titel »Tiere, Menschen und Götter« in Deutschland ein Bestseller wurde. Im letzten Teil dieses Buches berichtet Ossendovski von mongolischen Erzählungen, die er während seines Aufenthaltes in Zentralasien gehört habe, die alle von der Existenz eines geheimnisvollen Reiches Agarti – die mongolische Namensform, Agartha ist hindustanisch – und des darin regierenden »Königs der Welt« wissen. Dieser König – so die mongolischen Vertrauensmänner Ossendovkis – steht in Verbindung »mit den Gedanken aller Männer, die das Los und Leben der Menschheit beeinflussen, mit den Königen, Zaren, Khanen, kriegerischen Führern, Hohenpriestern, Männern der Wissenschaft und allen anderen starken Persönlichkeiten. Er versteht ihre Gedanken und Pläne. Wenn diese Gott wohlgefällig sind, wird der König der Welt sie fördern. Wenn sie aber Gott mißfallen, dann vereitelt sie der König«.[84]

Ossendovkis Bericht entfachte eine heftige Auseinandersetzung. Man versuchte nachzuweisen, daß er niemals in Zentralasien gewesen sei, man behauptete, daß die Erzählung vom »König der Welt« ein Plagiat aus dem Werk des französischen Okkultisten Saint-Yves d'Alveydre »Mission de l'Inde« sei, vor allem Sven Hedin bestritt die Richtigkeit der Berichte.[85] Doch Ossendovski fand auch Verteidiger, unter ihnen den Sohn Saint-Yves und vor allem René Guénon, der versuchte, die Geschichte des »Königs der Welt« in Verbindung zu bringen mit der alten Erzählung vom Reiche des Priesters Johannes – und damit mit der Gralsmythologie –, die im europäischen Mittelalter starke Wirkung ausgeübt hat. Der »König der Welt«[86] ist der König der goldenen Endzeit, die er allerdings im Kampf heraufführen wird: »Der König der Welt wird vor allem Volk erscheinen, wenn die Zeit für ihn gekommen sein wird, um die guten Menschen der Welt gegen die schlechten zu führen. Doch diese Zeit ist noch nicht gekommen. Die schlechtesten Menschen sind noch nicht geboren worden.«[87]

In der okkulten Tradition wird behauptet, daß Agartha als Weltzentrum durch unterirdische Gänge mit allen Erdteilen in Verbindung stehe, eines der Zugangstore soll sich in den Höhlen des Dachsteingebietes in Österreich befinden.[88]

3.4.4 Weitere geheimnisvolle Orte

Zu den geheimnisvollen Stätten Atlantis, Thule, Agartha treten noch andere, wie der verschollene Kontinent Mu, die Stadt der Sternenmenschen Shambala, der Berg Kandschendjunga (»Die fünf heiligen Schätze im Schnee«), der Mont Ségur, der Montsalvatsch: alle im Mythos miteinander verbunden, jedem Volk eigen.[89]

Atlantis, Thule und Agartha sind in den einschlägigen Veröffentlichungen vielfach verflochten. Einerseits bilden sie das Grundmuster der Idee der Einheit der Menschheit, des einen mächtigen Herrschers, der in seiner Person Priestertum und Königtum vereint und der Hoffnung auf die direkte Einwirkung des Göttlichen auf den Lauf der Weltgeschichte, andererseits können sie Ausdruck eines weltpolitischen Dualismus werden, da nämlich, wo sich Atlantis-Thule und Agartha als Licht und Finsternis gegenüber stehen.[90]

3.5 UFO

Mit einer gewissen Regelmäßigkeit erscheinen in den Tageszeitungen Berichte über die Sichtung sogenannter UFOs (Unidentified Flying Objects), nicht identifizierbarer Flugobjekte. Sie geben jedesmal Anlaß zu einer erneuten – wenn auch nur noch kurzen – Debatte, die in der Regel mit dem apodiktischen Hinweis beendet wird, daß es gelungen sei, diese

Himmelsobjekte als Ballonsonden, Kugelblitze, besondere Wolkenformationen usw. zu identifizieren. Geht auch die breite Öffentlichkeit danach zur Tagesordnung über, so bleibt doch ein recht großer Kreis zurück, der sich mit diesen Erklärungen nicht zufriedengibt, der in ihnen seltsame Unstimmigkeiten zu erkennen glaubt und der immer wieder den Verdacht äußert, Wissenschaftler und Militärs als eine staatliche »Mafia« verschleierten die Wahrheit, worin diese auch immer bestehen mag: seien es irdische Flugkörper in der Erprobung (Waffensysteme) oder aber außerirdische »Besucher«.[91]

Wie stark diese Bewegung ist, zeigt die Tatsache, daß es nicht weniger als fünf nationale UFOlogenvereinigungen gibt, die in einer internationalen Gruppe, der »Intercontinental UFO Research & Analytic Network (ICUFON), N.Y.« zusammengeschlossen sind. Die deutsche periodische Veröffentlichung der »Deutschen UFO-Studiengesellschaft (DUIST) e.V.«, die »UFO-Nachrichten«, erscheint 1980 im 25. Jahrgang und kommt praktisch ohne Fremdanzeigen aus.

Ausgangspunkt der UFO-Forschung sind die 1944 gehäuft in den Gefechtsberichten der angloamerikanischen Luftwaffe auftretenden Schilderungen über sogenannte »foo-fighters«, die die Piloten gesehen haben wollen und dem Erscheinen der sogenannten »gremlins«, koboldhafter Wesen, die ihnen zum Teil böse Streiche gespielt haben sollen. Aus den Berichten ist zu ersehen, daß die gesichteten Flugobjekte eine wesentlich höhere Geschwindigkeit entwickeln konnten als die Kampfmaschinen, daß sie plötzlich auftauchten und ebenso plötzlich wieder verschwanden.

Mit Ende des Krieges hörten diese Berichte auf, für viele ein Beweis dafür, daß diese Erlebnisse nur auf die nervliche Belastung der Piloten zurückzuführen waren.

Das eigentliche »UFO-Zeitalter« beginnt am 10. Juni 1947, als der amerikanische Geschäftsmann Kenneth Arnold (Idaho) von seiner Privatmaschine aus über den Rocky Mountains eine Gruppe von neun flügellosen Flugobjekten entdeckt, die »wie eine Untertasse, die man über das Wasser hüpfen läßt« fliegen.[92] Andere Sichtungen folgen diesem Erlebnis so schnell, daß sich das Pentagon noch im gleichen Jahr entschließt, alle Berichte systematisch zu sammeln und auszuwerten. Die Aufmerksamkeit der amerikanischen Militärdienststellen erklärt sich vor allem daraus, daß durch den etwa zur gleichen Zeit beginnenden »Kalten Krieg« die Möglichkeit ernst genommen werden mußte, Rußland könne völlig neue Flugapparate entwickelt haben. Dieser Verdacht war um so begründeter, als die Amerikaner nach Kriegsende in Deutschland auf Pläne von flügellosen Flugobjekten gestoßen waren.

In ein neues Stadium trat die »UFOlogie«, als bekannt wird, daß der polnische Einwanderer Adamski am 20.11.1952 in der kalifornischen Wüste persönlichen Kontakt mit der Besatzung eines UFOs gehabt haben will.[93] Ähnliche Kontaktberichte folgen: so will z. B. Buck Nelson aus Mountain View (Missouri) im Juli 1954 an Bord einer venusischen Flugscheibe einen Rundflug durch das innere Sonnensystem unternommen haben. Aus Rußland wird bekannt, daß am 10. 11. 1967 die Bevölkerung über den Rundfunk aufgerufen worden sei, UFO-Sichtungen zu melden, allerdings wurde dies 1968 wieder verboten. Das Pentagon schließt 1969 das Projekt »Blue Book« (als Nachfolgeprogramm von »Sign« und »Grudge«) zur UFO-Forschung ab, ohne zu einem wirklichen Ergebnis gekommen zu sein.

Eine graphische Darstellung der UFO-Sichtungen zeigt deutliche Höhepunkte in den Jahren 1954, 1957, 1967, 1973 und 1978, in den Monaten September 1978 bis Januar 1979 stellt es sich im einzelnen so dar: September 20 Sichtungen, Oktober 7, November 12, Dezember 29, Januar 9. Erfaßt sind in dieser Statistik UFO-Berichte aus Frankreich, Deutschland und Italien.[94] Neben den bloßen Sichtungsberichten gibt es als Unterlagen Fotos und Filmaufnahmen, zwischen 1950 und 1970 sind insgesamt 21 Filme von UFO-Sichtungen bekannt geworden.[95]

Die UFOs werden in der Regel als flach und scheibenförmig beschrieben, vielfach mit einem aufgesetzten glockenförmigen Körper. Daneben gibt es zigarrenförmige UFOs, aus denen die scheibenförmigen Körper heraustreten (UFO-Mutterschiffe). Bei Tage heben sie sich deutlich dunkler vom Himmel ab, nachts werden sie als leuchtende Erscheinungen geschildert. Allen gemeinsam sind die hohe Fluggeschwindigkeit und die Fähigkeit zu übergangslosem Richtungswechsel. Dort wo sie gelandet sein sollen, ist in der Regel eine kreisförmige Verbrennung der Erde oder doch zumindestens die deutlich eingedrückte Spur eines kreisförmigen Körpers zu sehen. Auch mehrere, kreisförmig angeordnete tellerähnliche Vertiefungen – als Abdrücke von Landestützen interpretiert – wurden beobachtet. Die UFO-Besatzungen werden als menschenähnlich beschrieben, doch gibt es hier zu einem Teil weit voneinander abweichende Schilderungen.

Bereits die ersten Sichtungsberichte stießen in wissenschaftlichen und technischen Kreisen auf erhebliche Skepsis. Je mehr sich aber die UFOlogie ausweitete, um so mehr verhärteten sich die Fronten des Für und Wider, so daß die Erforschung dieses Phänomens z. Zt. auf einem toten Punkt angekommen ist.[96]

Unter den UFOlogen ist die außerirdische Herkunft[97] der UFOs kaum umstritten, obwohl sich die neuesten Erklärungsversuche von einer totalen Identifikation mit dieser These zu lösen scheinen: es gibt Überlegungen, die UFOs mit dem Bermudadreieck in Verbindung zu bringen, in dem eine noch funktionsfähige Niederlassung der Atlanter vermutet wird, die mit ihren Flugscheiben die Umgebung überwachen. Die Frage, warum die Außerirdischen noch nicht offiziell mit der Erdbevölkerung Kontakt aufgenommen haben, findet eine mögliche Antwort in dem Kontaktbericht, der im Dezember 1979 von dem 25jährigen Frank Fontaine gegeben wurde, der am 26. 11. 1979 vor den Augen zweier Freunde von einem UFO entführt worden und am 3. Dezember unversehrt wieder aufgetaucht war. Er berichtet u. a.: »Ich kam in einer Art Laboratorium wieder zu mir. Alles war weiß. Dann sah ich Maschinen und Bildschirme. Als ich erwachte, sprach man zu mir. Die Stimmen kamen von kleinen leuchtenden Kugeln in der Größe eines Tennisballs... Ich hörte, daß ihre menschlichen Kontaktpersonen sehr sorgfältig ausgewählt würden. Die Menschen sind für sie primitive Wesen, doch zögern sie davor, ihr Wissen und ihre Weisheit der Erdbevölkerung zu schenken, weil sie befürchten, dies könnte zu einem schlechten Zweck mißbraucht werden.«[98] Die UFOs wären demnach Beobachtungssatelliten, von denen sich die UFOlogen allerdings Schutz vor der Entfesselung eines Atomkrieges versprechen. Daß die UFOs allerdings trotz ihrer hochentwickelten Technik nicht unverwundbar sind, wird nicht geleugnet, sondern in gewisser Weise stillschweigend vorausgesetzt.[99] So soll u. a. die tungusische Katastrophe vom 30. 6. 1908 auf ein UFO zurückzuführen sein und einige UFOlogen wollen sogar wissen, daß dem Pentagon Bruchstücke von abgestürzten UFOs, ja sogar die Leichen der Besatzungen zur Verfügung stehen.

Die UFO-Gegner haben eine Reihe von Hypothesen aufgestellt, mit denen sie – zum Teil ebenfalls spekulativ – versuchen, die herrschenden UFO-Vorstellungen als psychologisch-psychiatrische Phänomene zu widerlegen, u. U. auch als physikalisch noch nicht erklärbare Naturerscheinungen.[100] Die interessanteste Interpretation des UFO-Phänomens hat C. G. Jung gegeben. Er sieht hier einen neuen Mythus entstehen, der auf technisch-physikalische Erscheinungsformen angelegt – eine naturwissenschaftlich nachprüfbare Realität wäre dabei kein Hindernis –, die Erwartung eines die Weltsituation lösenden überirdischen Ereignisses beantwortet. Dieses Ereignis sind die UFOs, in denen sich der Archetyp, der das Ordnende, Lösende, Heilende ausdrückt, in der Gestalt einer sächlichen, technischen Form manifestiert.

3.6. Prä-Astronautik

Das von Erich von Däniken herausgegebene »Lexikon der Präastronautik« von Ulrich Dopatka nennt im Untertitel das Aufgabengebiet: »Die außerirdischen Phänomene in Archäologie, Astronomie und Mythologie.«[101] Mit

anderen Worten: sie beschäftigt sich mit dem »faszinierendsten Problem ... das uns die Frühzeit des Menschen hinterlassen hat: die mannigfachen Spuren rätselhafter Besuche aus den Tiefen des Weltalls.«[102]
Die Prä-Astronautik steht in enger Verbindung mit der UFOlogie: »Obwohl als Randgebiet nicht mit der Prä-Astronautik identisch, kann die moderne UFO-Forschung Beweise für die Existenz der Götter-Astronauten erbringen. Eine solche Beweisführung kann aber auch umgekehrt die Prä-Astronautik für die UFOlogie liefern – denn waren die Außerirdischen in der Vergangenheit auf unserem Planeten, können sie es auch in der Gegenwart wieder sein.«[103]
Sie greift auf Fragekataloge zurück, die schon von der Welteislehre und der Hohlwelttheorie aufgestellt sind und fügt diesen neue Fragen hinzu, die durch archäologische Entdeckungen der Gegenwart entstanden sind. Sie versucht die Vorgeschichte der Menschheit, die der herkömmlichen Archäologie und Mythenforschung noch eine Fülle unbeantworteter Fragen bietet, neu zu interpretieren, indem sie ein massives Eingreifen außerirdischer Wesenheiten in die Menschheitsentwicklung postuliert. Diese als unbestreitbar geltende These wird einerseits zur Entschlüsselung der »Rätsel« benutzt, andererseits aber wieder durch die so gelösten Probleme gestützt und untermauert, so daß unter diesen Umständen das Gebäude dieser Lehre nicht erschüttert werden kann: ist man erst einmal in diesen in sich logisch geschlossenen Gedankenkreis eingetreten, so lösen sich alle Fragen, die die Herkunft und Entwicklung der Menschen betreffen. Ein Zurückfragen nach der Entwicklung der außerirdischen Astronauten findet allerdings nicht statt.
Esoteriker, die sich teilweise mit der Lösung ähnlicher Probleme befassen, werfen den Anhängern der Prä-Astronautik vor, nicht nur jeden Mythos zu zerstören, sondern plattesten Materialismus zu verbreiten, der eine Antwort auf die letzte Frage der Menschen, der Frage nach dem Tod nicht zu geben vermag. Daran ist insofern etwas Wahres, als es für die Anhänger der Prä-Astronautik keine kultur- und heilsbringenden Götter gibt, sie werden alle zu außerirdischen Astronauten – bis hin zu Jesus: »Man fragt mich: ›Was sollen Roboter-Engel und Überwachungsgeräte an Stelle der sogenannten Götter, wo doch nach biblischem Zeugnis Gott nicht abwesend, sondern jedem Wesen stets gleich nahe ist...‹ Weshalb – so meine Gegenfrage – tauchen denn diese ›Roboter-Engel‹ und ›Überwachungsgeräte bereits in sumerischen Texten auf?... Und warum fährt der allmächtige, ›stets anwesende‹ Gott mit Fahrzeugen und Flugzeugen in der Gegend herum, vollführt einen Heidenlärm, erschreckt seine Lieblingskinder und ist offenbar keineswegs ›stets anwesend‹, wenn man ihn braucht? Wahrhaftig, gläubig müßte man sein! Ich technisiere auch keineswegs das

›ganze religiöse Sein‹. Doch die Wesen, die im Altertum herumgeistern und für Gott angesehen worden sind, haben meiner Überzeugung nach mit dem undefinierbaren Gott nicht das geringste zu tun.«[104] Offen bleibt nur die Frage, ob sich bei konsequenter Fortführung dieses Ansatzes jede Religion verflüchtigt, da jede irgendwie geartete Offenbarung sich sofort als Erinnerung an Begegnungen mit außerirdischen Astronauten erklären läßt. Diesen Schritt scheint Erich von Däniken bereits in einer seiner letzten Schriften, »Erscheinungen«, getan zu haben, indem er alle Erscheinungen, alle Auditionen, Offenbarungen usw. als außerirdisch veranlaßt interpretiert: »Die Situation scheint mir klar. Außerirdische Impulse veranlassen Gehirne, Erscheinungen zu produzieren. Die Erscheinung selbst ist nicht außerirdisch: sie ›offenbart‹ das Wunschbild des Sehers... Jeder Empfänger von Erscheinungen reproduziert seine ihm anerzogene religiöse Vorstellungswelt.«[105]

Ist nun die Befreiung von überlieferter Religion die Erklärung für die große Anhängerschaft der Prä-Astronautik – meist jüngere Menschen –, die Faszination von der Technik oder ist es die Befreiung von der Angst vor dem Alleinsein im grenzenlosen Weltall, indem man dem Menschen ebenbürtige Wesenheiten an die Seite stellt? Es ist die Sinnfrage, die letztlich hinter der Prä-Astronautik steckt: der Mensch will wissen, warum er ist, warum er so ist, wie er ist, wie lange er ist und wozu er ist.

Erich von Däniken und die übrigen Prä-Astronautiker erklären, daß unsere Zukunft die Vergangenheit der Außerirdischen sein könne und gibt damit dem modernen Menschen ein neues Selbstwertgefühl: nicht die Astronautengötter sind nach unserem Bilde geschaffen, sondern wir sind ihnen ähnlich, eines Tages werden wir ihnen gleich sein in unserer geistigen Entwicklung, in der Beherrschung von Raum und Zeit, der Weg in ihre Gemeinschaft stände uns damit offen. Mit anderen Worten: der Fortschrittsglaube erfährt durch die Prä-Astronautik eine neue Zielsetzung, nicht mehr der Fortschritt in eine letztlich unvorhersehbare Zukunft, sondern die Gleichwerdung mit den Übertechnikern des Weltalls wird am Ende des Weges stehen.

Erste Ansätze zur Prä-Astronautik finden sich in dem Moment, als durch das Bekanntwerden von UFO-Beobachtungen die Möglichkeit des wirklichen Kontaktes mit Außerirdischen aus dem Bereich der Science-Fiction[106] in die Realität tritt. Bereits Leslie nennt in seinem 1954 erschienenen UFO-Buch die wesentlichsten Themen der heutigen Prä-Astronautik. Später übernehmen sie Louis Pauwels und Jacques Bergier, von ihnen abhängig dann Robert Charroux, in ihren Veröffentlichungen, wobei sie allerdings noch ausdrücklich betonen: die Frage, ob eine solche Interpretation der Vergangenheit möglich sei, wird hier nur zögernd gestellt.

Der eigentliche Popularisator der Prä-Astronautik, der Schweizer Hotelier Erich von Däniken, ist mit einer auffallenden, aber wirkungsvollen Naivität den vorher nur ansatzweise gezeichneten Weg zu Ende gegangen.[107] Sein persönliches Schicksal, von den Massenmedien weidlich ausgeschlachtet, hat zu seiner Popularität ebenso beigetragen wie die Versuche der etablierten Wissenschaft, ihn als Scharlatan mundtot zu machen.

Die Prä-Astronautik ist das klassische Beispiel für »Phantastische Wissenschaft«, da hier – noch ohne eine dogmatische Verhärtung der Position – die Phantasie wirklich schrankenlos schalten und walten kann. Jedes Ereignis der alten Geschichte, jede Mythologie, jeder neue archäologische Fund kann ohne Scheu hinterfragt werden, jede zögernde Erklärung der Geschichts- oder Religionswissenschaft kann als Nichtwissen – oder sogar Nichtwissenwollen – fehlinterpretiert werden. Die neue Antwort ist aus der Phantasie geboren, und die Erfolge, die sich hier und da einstellen – wie etwa bei Schliemann –, können dann nicht als Einzelfälle, sondern als Beweis für die grundsätzliche Richtigkeit des phantastischen Ansatzes verstanden werden.

Die von Erich von Däniken ausgelöste Bewegung reicht bis in die Sowjetunion hinein.[108] 1973 wurde die Ancient Astronaut Society (AAS) von dem Chicagoer Rechtsanwalt Dr. Gene M. Philipps begründet, die jährlich Weltkongresse abhält (1974 Chicago, 1975 Zürich, 1979 München). 1977 zählte die Gesellschaft 380 Mitglieder, heute dürften es bereits über 1200 sein. Trotz aller Anstrengungen aber, die gerade auch auf diesen Kongressen unternommen werden, um die Richtigkeit der extraterrestrischen These zu erweisen, sind die Prä-Astronautiker noch keinen Schritt weiter gekommen, ihre Theorie beruht auch heute noch auf Interpretationen, die zum Teil immer verstiegener werden.[109]

3.7 Zusammenfassung

Das Gebiet der »Phantastischen Wissenschaft«, aus dem die angeführten Beispiele nur einen kleinen Ausschnitt darstellen, ist weit gefächert, so daß eine genaue Begriffsbestimmung kaum möglich ist. Auch für die Grenze, die die »Phantastische Wissenschaft« und exakte Wissenschaft voneinander trennt, gibt es keine genauen Kriterien, denn was gerade noch Phantasie war, kann sich durch neue Erkenntnisse als »exakte Wissenschaft« erweisen, andererseits kann sich das, was als »exakte Wissenschaft« gilt, durch Fortschritte in der Forschung als falsch herausstellen: »Machen wir uns mit dem Gedanken vertraut, daß die Vorstellungswelt, die in Jahrtausenden wuchs, zusammenbrechen wird. Wenige Jahre exakter Forschung brachten bereits die Denkgebäude, in denen wir es uns wohnlich gemacht hatten, zu Fall. Erkenntnisse, die in Bibliotheken geheimer Gesellschaften verborgen wurden, sind neu entdeckt.«[110]

»Phantastische Wissenschaft« findet da ihren Ansatz, wo die »exakte Wissenschaft« so verkrustet ist, daß sie nicht mehr zu Neuem, über das bisher Gewohnte hinaus, fähig ist: »Unsre Kultur ist, wie jede Kultur, mit Scheuklappen ausgestattet. Viele kleine Götter, deren Macht nur daher rührt, daß wir sie nicht anfechten, lenken unsere Aufmerksamkeit von dem phantastischen Aspekt der Wirklichkeit ab. Die Scheuklappen versperren uns die Sicht. Wir erkennen nicht, daß es in unserem Universum noch eine andere Welt gibt, noch einen anderen Menschen in dem, der wir selber sind. Man müßte ... vor allem Realist sein, das heißt, von dem Grundsatz ausgehen, daß die Wirklichkeit unbekannt ist ... Wenn wir den Tatsachen ohne alte oder neue Vorurteile ins Auge sähen, mit einem Wort, wenn wir uns gegenüber dem Wissen verhalten würden wie ein Fremdling, der die geltenden Regeln nicht kennt und sich einfach bemüht zu begreifen, so würden wir neben dem, was wir gemeinhin Wirklichkeit nennen, immerfort das Phantastische entdecken.«[111]

Für Pauwels und Bergier, die beide als die geistigen Initiatoren der »Phantastischen Wissenschaft« angesehen werden können, ist die Haltung eines »Fremdlings« gegenüber der Wirklichkeit die eigentlich wissenschaftliche Haltung, denn jede Norm, die zur exegetischen Schablone für den Umgang mit der Wirklichkeit wird, verstellt den richtigen Blick. Darum bezeichnen sie auch immer wieder den herkömmlichen Umgang mit der Wirklichkeit als Abkehr von der Wirklichkeit, als ein Denken und Forschen jenseits der Berührung mit dem Realen und nennen sie ihre Theorie auch »Phantastischen Realismus«. »Der phantastische Realismus sucht nicht das Exil. Er schürft nicht im Boden ferner Vorstädte der Realität ... Unserer Ansicht nach entdeckt der menschliche Geist, wenn er erst einmal in Bewegung geraten ist, das Phantastische mitten im Herzen der Realität, und dieses Phantastische drängt uns nicht etwa von der Wirklichkeit ab, sondern fesselt uns im Gegenteil noch stärker an sie ... Im allgemeinen bezeichnet man das Phantastische als eine Verletzung der Naturgesetze, als das Sichtbarwerden des Unmöglichen. Für uns hat es nichts von alledem an sich. Das Phantastische ist im Gegenteil eine Manifestation der Naturgesetze, das Ergebnis eines Kontaktes mit der Realität, sofern diese direkt erfaßt und nicht nur durch den Schleier des intellektuellen Schlummers, der Gewohnheiten, der Vorurteile, der Konformismen sichtbar wird.«[112]

3.8 Exkurs: Verteidigung der Dilettanten

In ihrer reinen Form ist die »Phantastische Wissenschaft« das Gebiet des Dilettanten, eine Bezeichnung, die immer noch etwas Abwertendes hat. Aber dieses Vorurteil muß, wie Houston Stewart Chamberlain im Gefolge von Kant, Goethe und Schopenhauer nachgewiesen hat, abgebaut werden. Hatte schon Kant bissig festgestellt: »Die Akademien schicken mehr abgeschmackte Köpfe in die Welt, als irgendein anderer Stand des gemeinen Wesens«[113], so wird dieses Urteil von Goethe und Schopenhauer ergänzt, indem sie dafür den Dogmatismus der Wissenschaften verantwortlich machen, der eine lebendige Fortentwicklung der jeweiligen Wissenschaft hemmt. Demgegenüber hat der Dilettant – eben weil er außerhalb dieses Dogmatismus einen universalen Überblick über das Wissen bewahrt –, die Möglichkeit, neue Wege der Wissenschaft zu gehen oder überhaupt zu erkennen, was der Fachgelehrte nicht mehr zu erkennen vermag.[114] Dazu Chamberlain: »Ich glaube, der echte Dilettant ist heute ein Kulturbedürfnis. Sowohl der Gelehrte – zur Belebung seiner Wissenschaft –, wie auch der Laie – zur Befruchtung seines Lebens durch lebendig gestaltetes Wissen –, beide können heute des Dilettanten nicht entraten, des Mannes, der mitten inne zwischen Leben und Wissenschaft steht.«[115] Allerdings warnt Chamberlain gleichzeitig vor den Gefahren des schrankenlosen Dilettantismus, die er vor allem in mangelnder Urteilskraft und fehlendem Augenmaß für das Mögliche und Unmögliche sieht, vor Gefahren also, denen die »Phantastische Wissenschaft« immer wieder erliegt: »Ein Gegner der Fachgelehrten soll der Dilettant beileibe nicht sein, vielmehr ist er ihr Diener; ohne sie wäre er selber nichts; es ist aber ein völlig unabhängiger Diener, der zur Erledigung seiner besonderen Aufgaben auch seine besonderen Wege gehen muß. Und empfängt er sein Tatsachenmaterial zum großen Teil vom Gelehrten, so kann er seinerseits durch neue Anregungen diesen sich vielfach verpflichten.«[116]

Anmerkungen

1 Die Verwendung des Wortes »Okkultismus« schwankt in der einschlägigen Literatur sehr stark, häufig wird es durch Begriffe ersetzt, die nur als Teilgebiete des Okkultismus anzusprechen sind.
2 Wörterbuch der Parapsychologie. Mchn., Kindler (1976), (Geist und Psyche) p. 112.

3 E. Koch p. 25 ff.
4 Schwieriger ist die Grenze zum Volksglauben zu ziehen, den die RGG (1. Aufl. Bd. 1 Spalte 93) als »einzige Laienbetätigung im Gebiet der religiösen Lehre« bezeichnet, während er wohl eher die Summe dessen umfaßt, was ein Volk im Bezug auf die außer- und überirdischen Dinge für wahr hält.
5 Diese nachkontrollierbaren Okkultgebiete – wie etwa Pendeln, Rutengängerei, Telekinese, Hypnose usw. – gehören als Experimentierfeld in das Gebiet der Parapsychologie, in der unkontrollierten Praxis zum »praktischen Okkultismus«. Die hier versuchte Unterteilung in »theoretischen« und »praktischen« Okkultismus kann nie eindeutig durchgehalten werden, es handelt sich eher um eine Teilung nach dem jeweiligen Umgang mit den Kräften.
6 Es ist auffallend, daß es kein Gradsystem zu geben scheint, das über den 99° hinausgeht.
7 Vgl. etwa Schillers Ballade »Das verschleierte Bild von Sais«, die den notwendigen vorsichtigen Gang durch die Grade sehr plastisch vor Augen führt.
8 Als Beispiel mag das Gradsystem des freimaurerischen Schottischen Ritus dienen. Er beginnt mit dem 4° Geheimer Meister, 5° Vollkommener Meister, 6° Vertrauter Geheimschreiber, 7° Vorsteher und Richter, 8° Intendant der Gebäude, 9° Auserwählter Meister der Neun..., 12° Großmeister Architekt..., 14° Großer Auserwählter, 15° Ritter vom Osten oder des Degens, 16° Prinz von Jerusalem..., 19° Großpontifex des himmlischen Jerusalems..., 28° Sonnenritter..., 33° Souveräner General-Groß-Inspekteur. Vgl. dazu auch die 3 Bände Karl R. H. Frick: »Licht und Finsternis«. Graz, Akademische Druck- und Verlagsanstalt.
9 Die Diskussion ist etwa seit 1882 im Gange, nach anderen Angaben bereits seit 1848. Vgl. Materialdienst. Aus der Ev. Zentralstelle für Weltanschauungsfragen. Stgt., Quell-Verlag 36/1973, Nr. 17 p. 264 ff.
10 Vgl. Tyrell p. 56.
11 Esotera 29/1978 p. 920.
12 In diesem Zusammenhang muß auf die heute lebhaft geführte Todesdebatte verwiesen werden, die aus den »Erlebnissen« von Reanimierten auf eine Art Weiterleben der Seele zu deuten scheint. Es darf jedoch dabei nicht vergessen werden, daß die Frage, ob die Reanimierten wirklich bereits die Todesgrenze überschritten hatten, noch nicht eindeutig beantwortet ist.
13 Eine ausführliche Übersicht der verschiedenen Theorien gibt: Milan Rỳzel: Parapsychologie. Tatsachen und Ausblicke. Genf, Ramòn f. Keller (1970), p. 203–219.
14 Max Dessoir: Vom Jenseits der Seele. Stgt., F. Enke, 1920 p. 5.
15 Vgl. Hartlaub p. 111.
16 Zucker p. 293.
17 »Es kann nicht oft genug wiederholt werden, daß die Parapsychologie ein Zweig der Wissenschaft ist, der sich durch genaue Beobachtungen und Experimente weiterentwickelt und der nicht, wie die Kritiker oft sagen, den Versuch macht, irgendetwas zu beweisen« (Tyrell p. 57). Ganz ähnlich Driesch (p. 14): »...mit den ›mystischen‹, ›irrationalen‹ Neigungen der Gegenwart hat die

Parapsychologie gar nichts zu tun. Sie ist Wissenschaft, ganz ebenso, wie Chemie und Geologie Wissenschaften sind. Unmittelbar ›schauen‹ tut sie gar nichts, sie arbeitet positivistisch und induktiv. Sie findet Typen oder Formen des Weltgeschehens wie jede andere Wissenschaft; ihre Arbeit ist durchaus ›rational‹, wenn anders man das Auffinden solcher Typen rationales Arbeiten nennt. Parapsychologie steht somit im Dienst echter Aufklärung, denn rational arbeiten heißt ›aufklärend‹ arbeiten. Eben weil die Parapsychologie echte Aufklärungsarbeit leistet, sollte man aufhören, sie ›Okkultismus‹ zu nennen.«
18 Tyrell p. 294/295.
19 Sphinx VII/1889 p. 42, vergl. auch das Vorwort zu Dessoir: »Vom Jenseits der Seele« p. V.
20 Vor einigen Jahren hat E. Miers darum versucht, das Gebiet lexigraphisch zu erfassen. Da er allerdings das Wörterbuch allein schrieb, leidet es unter starken Flüchtigkeiten, Ungenauigkeiten und Irrtümern, auch die 2., angeblich überarbeitete Auflage hat nichts daran geändert.
21 Vgl. Cesare Baudi von Vesme: Geschichte des Spiritismus. 3 Bde. deutsch. Lpz., Oswald Mutze, 1898.
22 Nach Meinung der Parapsychologen kann man etwa bei jedem 5. Menschen mit der Fähigkeit zu außersinnlichen Wahrnehmungen rechnen (Esotera 29/1978 p. 99/-995: Josef Greibel: »Wie nutze ich Außersinnliche Wahrnehmung?«).
23 Hält man dagegen den großen Katalog »Bibliotheca Magica et Pneumatica« der Fa. Jacques Rosenthal in München, o. J., so wird der Umfang der heutigen Produktion deutlich: er zählt für etwa 400 Jahre »nur« 8875 Titel auf, die zu einem Teil nicht unbedingt in den engeren Bereich des Okkultismus gehören.
24 Esotera 26/1975 p. 823. Vergl. auch Irène Andrieu: »La France marginale«. Paris, Albin Michel, 1975.
25 Die »Deutsche Gesellschaft für Parapsychologie e.V.« wurde am 14. 8. 1976 in Hamburg gegründet. Die führende deutsche Zeitschrift auf diesem Gebiet erscheint seit 1948 unter wechselnden Namen (z. Zt. »Esotera«, Freiburg, Hermann Bauer). 1953 erreichte sie eine Auflage von ca. 2000 Exemplaren. 1953 wurde übrigens der Begriff »Parapädagogik« patentiert.
26 Ein Antiquariatskatalog aus dem März 1980 forderte für 46 Titel 1800,– DM.
27 Geno Hartlaub: »Vom Geist der Geister«. Deutsches Allgemeines Sonntagsblatt. 33/1979 Nr. 36 (9.9) p. 1.
28 Hierher gehört auch der in der sog. »Alternativ-Szene« zu findende Umgang mit Elementargeistern, wie er besonders in der schottischen Siedlung Findhorn zu finden ist. Auch die Alternativveröffentlichung »Der Grüne Zweig« brachte als Nr. 58 (Juni 1978) Wilhelm Fabricius: »Geister und Abergeister« (53 S.).
29 Oskar Spengler: Untergang des Abendlandes. Bd. 1 p. 551.
30 Jakob Lorber wurde geboren am 22. Juli 1800 in Kanischa/Steiermark, er starb 1864 in Graz. Seine Berufung zum »Schreiber« erhielt er am 15. März 1840, bis zu seinem Tode entstanden dann 25 Bände, die zum größten Teil erst nach seinem Tode veröffentlicht wurden. Die Lorber-Gesellschaft – früher

»Neu-Salemsgesellschaft« betreut heute sein Werk. Vgl. »Handbuch Religiöse Gemeinschaften« 2. Aufl., Gütersloh, G. Mohn (1979), p. 170–182.
31 Nach Auskunft einer älteren Dame, die in ihrer Jugend hellsichtig war, kann diese Begabung unterdrückt werden.
32 Man unterscheidet auch zwischen dem Hellsehen auf Entfernung (berühmtestes Beispiel ist Swedenborgs Vision vom brennenden Kopenhagen) und der eigentlichen Prophetie, die in der Neuzeit vielfach an den Namen des Michel de Notredames (Nostradamus) gebunden ist.
33 Interessanterweise sind es vor allen Dingen die ausgesprochenen Massenblätter, die ein Horoskop aufweisen, auch die sog. Regenbogenpresse verzichtet nicht darauf.
34 Immer wieder erscheint in den großen Illustrierten der Hinweis auf die Existenz solcher Heiler, zuletzt in der Illustrierten »stern« Ende 1979. Aus diesem Bericht ließ sich eine Reihe von interessanten Angaben über die in Süddeutschland tätigen bäuerlichen Wunderheiler entnehmen.
35 Zitiert nach dem erwähnten Bericht »Die Wunderheiler« im »stern«.
36 Dieses Mißtrauen ist in den letzten Jahren besonders durch die Intensivstationen der Krankenhäuser genährt worden, wo unheilbar Kranke nach der Meinung vieler am Sterben gehindert werden.
37 Nicht erwähnt sind bisher die Wunderheilungen, die sich im christlich-kirchlichen Raum abspielen, etwa die Heilungen von Lourdes und anderen Wallfahrtsorten. Sie gehören allerdings auch nur bedingt in den hier besprochenen Bereich, da sie sich in der Regel ohne die Mittlerschaft eines Menschen vollziehen.
38 Der letzte der breiteren Öffentlichkeit bekannt gewordene umstrittene Wunderheilungsfall ist die – allerdings auf Drängen der Ärzte – abgebrochene Tätigkeit des Josef Müller, der nach Aussagen vieler Zeugen an dem schwer erkrankten Handballer Joachim Deckarm Heilungserfolge erzielte. Vgl. Esotera 30/1979 p. 836–845.
39 Auch am Beginn der Erlebnisse des Carlos Castaneda steht eine solche »Raum-Erfahrung« (Carlos Castaneda: Die Lehren des Don Juan. Ffm., Fischer TB-Verlag 1973, Fischer TB 1457) p. 26–31. Auch die alten christlichen Kirchen sind in der Regel da gebaut, wo der Raum durch eine Epiphanie bereitet war, sei es, daß ein heidnisches Heiligtum übernommen wurde, sei es, daß eine besondere Erscheinung auf diesen Ort aufmerksam machte.
40 Dieses Pendel wurde von einer Züricher Firma versandt, die dazu eine Broschüre verteilte: »Das ›Goldene‹ Pendel, Macht über den 6. Sinn« mit dem Motto: »Wer heutzutage die Kraft des Pendels bezweifelt, ist nicht ungläubig, sondern unwissend zu nennen«.
41 Eine besondere Rolle spielt dabei ein Mann, der sich als unehelicher Sohn des berühmten Hellsehers Hanussen (Hermann Steinschneider) ausgibt und sich darum Hanussen II. nennt. Er entfaltet eine rege Werbetätigkeit, er verbreitet dabei kostenlos eine Veröffentlichung »Mach mehr aus deinem Leben« (Klosterneuburg/Wien, Aktuell-Verlag, 5. Aufl. 76.–100 000, o. J. – wohl 1979). Der immerhin 245 Seiten starke Band mit 16 Fototafeln stellt eine Art Vorstufe

zu einem anderen dar, der bezahlt werden muß: der Käufer erhält bei der Ankündigung bereits den Schlüssel zu dem Schloß zugesandt mit dem dieser Band speziell für ihn verschlossen ist.

42 Deutlich ist dieser Hang abzulesen an den Versuchen der Freimauerlogen aus ihrer Zurückgezogenheit in das Licht der Öffentlichkeit zu drängen. Aber auch die anderen Geheimorden beginnen in Zeitschriften zu annoncieren, besonders die Rosenkreuzer haben darin einen beachtlichen Aufwand entfaltet.

43 Helena Petrowna Blavatsky lebte von 1831–1891, sie war stark medial begabt und hat zunächst durch ihre spiritistischen Praktiken von sich reden gemacht. 1875 gründete sie in New York die »Theosophische Gesellschaft« (vgl. »Handbuch Religiöse Gemeinschaften« p. 492 ff.).

44 Rudolf Steiner: Die Geheimwissenschaft im Umriß. 7.–15. vielf. umgearb., erg. u. erw. Aufl., Lpz., Max Altmann, 1920 p. 5.

45 Bis zum 13. Jahrhundert erklärte die Kirche die Taten der Hexen im allgemeinen für Illusionen und Phantasien im Traum, als ketzerisch galt der Glaube an ihre reale Existenz, erst später wurde diese Haltung in ihr Gegenteil umgekehrt.

46 Vgl. dazu den ungeheuren Erfolg des Filmes »Der Exorzist«, der auf einen Exorzismus zurückgeht, den ein Jesuit an einem Jungen vornahm. Der 1973 gedrehte Film hatte bis Ende 1974 250 Millionen DM eingespielt. Es hat auch in letzter Zeit in Deutschland einige Exorzismusfälle gegeben, einer von ihnen verlief tragisch.

47 Vgl. dazu die ausgezeichnete Darstellung von Mario Praz »Liebe, Tod und Teufel. Die schwarze Romantik.« (La carne, la morte e il diavolo nella letteratura romantica.) Mchn., Carl Hanser, (1963) 464 S. 22 Tafeln.

48 1979 fand beispielsweise unter der Leitung von Antonio Vasquez Albani in Mexiko ein Hexentreffen statt, bei dem auch ein Teufelspakt vorgelegt wurde (vgl. Esotera 30/1979 p. 587).

49 Diese druidische Tradition hat sich bis heute gehalten, auch jetzt finden noch regelmäßig am 21. Juni am Stonehenge druidische Kultfeiern statt.

50 Am bekanntesten ist der amerikanische Wicca-Kult geworden, der angeblich auf eine alte Muttergottheit-Religion zurückgeht (vgl. Martin Ebon: Amerikas populärste Hexe, in: Esotera 28/1977 p. 157–159 1 Abb.).

51 Dieser Protest brach in Amerika u. a. unter den Erfahrungen der nach 1945 immer häufigeren militärischen Verwicklungen der USA aus, hinzu kam – wohl unter dem Schock der Atombombe – ein Protest gegen die Vergewaltigung des Menschen durch die Technik. Die Beat-Generation und ihre Drogenerfahrungen bildeten den Nährboden für eine immer stärker werdende Bewegung, in der neben Drogengebrauch auch das Eintauchen in magische Praktiken und Vorstellungen nachzuweisen ist.

52 Vgl. Ed Sanders: The Family. Die Geschichte von Charles Manson und seiner Strand-Buggy Streitmacht. Reinbek, Rowohlt TB-Verlag 1972, 370 S.

53 Satanistische Tendenzen, wenigstens was das äußere Auftreten und vielfach auch die Texte betrifft, findet man in den letzten Jahren auch bei Pop- und Punkgruppen. Auch die Rhytmik ihrer Musik ist auf die Erzeugung einer hemmungslosen Extase der meist jugendlichen Hörer hin angelegt.

54 Es sei in diesem Zusammenhang auf die harten Auseinandersetzungen erinnert, die sich um Darwin, Ernst Haeckel und besonders auch Albert Einstein entspannen. Der rein fachliche naturwissenschaftliche Bereich war dabei in der Regel noch am wenigsten umstritten, die weltanschaulichen Konsequenzen dagegen, die sie aus ihren Ansätzen zogen – oder die von ihren Anhängern oder Gegnern gezogen wurden –, waren der eigentliche Streitgegenstand.

55 Hörbiger selbst datiert den letzten Anstoß zu seiner Theorie auf den September 1894 und die damals von ihm durchgeführten Mondbeobachtungen. Wie vielfach im Bereich der »Phantastischen Wissenschaft« scheint sich hier ein datierbares Bekehrungserlebnis – eine »Offenbarung«, abgespielt zu haben. Vgl. dazu Hanns Hörbiger: »Selbstkritik, Rechtfertigung und Abwehr« in: Hörbiger/Fauth: Glacialkosmogonie. 2. Aufl. p. 773.

56 Vgl. Ackermann: Himmler als Ideologe. p. 45–47. Dazu auch v. Elmayer von Vestenbrugg (»Rätsel des Weltgeschehens« p. 33): »Hörbigers Welteislehre ist ein ausgesprochen nordisches Weltbild, das ganz auf Selbstzucht, Tapferkeit, Gefahr und Kampf gestellt ist. Mit dem Kampf beginnt alles Leben, dem Kampf zwischen Weltglutstoff und dem Welteis, und dieser Kampf, vernichtend im kleinen und einzelnen, ist es doch, der den Fortbestand des Lebens im größten kosmischen Sinn sichert und erhält. Die Welteislehre hat die Erde und den Menschen einsam gemacht. Aber die Einsamkeit ist der Prüfstein der Seele, und ein Menschengeschlecht, das sich mit diesem Gedanken vertraut macht, wird sich in harter Selbstzucht seiner Aufgabe erst recht besinnen und sich sagen müssen, daß es nichts wichtigeres zu tun habe, als sich selbst zu vollenden.«

57 H. Voigt: Eis ein Weltbaustoff. Bln., H. Paetel, 1920 p. 10.

58 Die Atlantisauffassung der Welteislehre hat am besten Edmund Kiss in seinen vier Romanen dargestellt: »Das gläserne Meer«, »Frühling in Atlantis«, »Die letzte Königin von Atlantis«, »Die Singschwäne von Thule«. Diese Romane waren in den 30er Jahren ein wirklicher Erfolg und haben wahrscheinlich mehr zur Verbreitung des Gedankens der Welteislehre beigetragen, als die übrigen Schriften.

59 Hinzpeter p. 2 (»Urwissen«), vgl. auch Edmund Kiss »Die kosmischen Ursachen der Völkerwanderung«.

60 Hinzpeter »Sieg« p. 125.

61 Ebd. Der schon zitierte Elmayer von Vestenbrugg hat übrigens 1938 bereits gewisse Gedanken der späteren Prä-Astronautik vorweggenommen (»Die Welteislehre« p. 77).

62 Pauwels/Bergier: Aufbruch p. 359–362.

63 Wie auch die Welteislehre erscheint ein Stichwort »Hohlwelttheorie« nicht in der Brockhaus Enzyklopädie!

64 So weigern sich viele, die Mondlandungen als wirkliches Geschehen zu akzeptieren, sie vermuten, die Fernsehzuschauer seien getäuscht worden, die angeblichen Vorgänge auf dem Mond hätten sich in einem großen Wasserbecken unter Wasser abgespielt.

65 Interessanterweise beruft sich Neupert nicht auf die nach der Relativitätstheorie mögliche Ablenkung des Lichtes durch Massen.

66 Neupert: Umwälzung p. 9.
67 Neupert: Der Kampf p. 100/101.
68 Lang hat sich etwa 1932 Neupert und der Hohlwelttheorie zugewandt, er blieb übrigens auch nach seiner »Bekehrung« Astrologe. 1932 hatte er ein Hitler-Horoskop veröffentlicht, in dem es u. a. hieß: »Großer Aufstieg und Erlangung bedeutender Machtpositionen. Diese können jedoch nicht gehalten werden. Sein Sturz wird erfolgen, bevor er sein Lebensziel – das dritte Reich – verwirklichen könnte... Adolf Hitler (wird) niemals die religiös eingestellten Volksteile und die proletarisierte Arbeiterschaft für sich gewinnen... das Ende... grausam und brutal.« (p. 7) – Die Annäherung an den Nationalsozialismus vollzog Lang allerdings schon 1933: »Das vorliegende Werk ist rein wissenschaftlich zu werten... Ich habe den Inhalt sorgfältig mit den von unserem Führer Adolf Hitler in seinem Werk ›Mein Kampf‹ und seinen verschiedenen in Reden niedergelegten Gedankengängen verglichen und nichts gefunden, was mit dem von ihm verkündeten großen Ziel in Widerspruch stünde. Die Mittel und Wege zu diesen großen Zielen aber wurden von ihm nicht im voraus festgelegt. Es wäre mir eine besondere Freude, wenn ich mit dem vorliegenden Werk dazu beitragen könnte, daß diese Ziele auf dem geradesten und schnellsten Wege erreicht würden« (»Welt, Mensch und Gott« p. 32).
69 Lang »Welt, Mensch und Gott« p. 97.
70 Lang »Vorgeschichte« p. 17.
71 Ebd.
72 Lang »Rasse« p. 4 und folgende.
73 Lanz von Liebenfels »Rasse und Weib und seine Vorliebe für den Mann der minderen Art« (Ostara 21). Die Lehre von den Menschtieren findet sich vor allem in den »Bibeldokumenten« und der »Theozoologie« (Ostara 5–9), auch sonst basiert das Werk auf dieser Vorstellung.
74 Lang »Welt, Mensch und Gott« p. 25.
75 Guido K. Brand: »Werden und Wandlung«. Bln., Kurt Wolff, 1933 p. 176.
76 Schlaf: »Kosmos und kosmischer Umlauf« p. 304. Schlaf hat hier auf seine Weise die heute ernsthaft diskutierte Theorie des sich rhytmisch kontraktierenden und ausdehnenden Weltalls vorweggenommen.
77 Schlaf: Die Erde p. 131.
78 Ebd.
79 Alphons Nobel: Geheimnisse p. 7.
80 R. D. Jossé: Atlantis, Avalon, Thule, Speyer, o. J. p. 1.
81 Vgl. die schon erwähnten Titel von Edmund Kiss.
82 In diesen Atlantistheorien läuft eine weder entwirrbare noch wirklich überschaubare Zahl von eigenwilligen Ideen und okkultmedialen »Erfahrungen« durcheinander, daß die Darstellung dieser Thesen eine eigene Arbeit erforderte.
83 So vor allem in der umstrittenen Ura-Linda-Chronik, die Herman Wirth 1933 veröffentlichte. »Die Ura Linda Chronik. Übersetzt und mit einer einführenden geschichtlichen Untersuchung hrsg. von Herman Wirth. Lpz., Koehler & Amelang, (1933) X, 321 S., 80 Tafeln.« Vgl. dazu: Frans L. Los: »Die Ura

Linda Handschriften als Geschichtsquelle« Oostburg, W. J. Pieters, (1972) 144 S.
84 Ossendovski p. 353.
85 Vgl. Sven Hedin: »Ossendovski und die Wahrheit«. Lpz., F. A. Brockhaus, 1925, 111 S.
86 Ossendovski berichtet, daß der weißrussische General von Ungern-Sternberg zwei Expeditionen auf die Suche nach dem »König der Welt« ausgeschickt habe. Beide seien nicht zurückgekommen.
87 Ossendovski p. 357.
88 Romanhaft ist die Auseinandersetzung gestaltet in: Wilhelm Landig »Götzen gegen Thule«. Hannover, Hans Pfeiffer, (1971) 748 S. Der Roman trägt den bezeichnenden Untertitel: »Ein Roman voller Wirklichkeiten.«
89 Alle diese Traditionen haben bis in den Nationalsozialismus hinein gewirkt. Pauwels/Bergier und ihre Nachfolger haben hierzu Material genannt, das aber so phantastisch erscheint, daß ohne eine eingehende Untersuchung des heute noch Verfügbaren eine Übernahme in die Darstellung des dritten Reiches problematisch erscheint.
90 Dieser Antagonismus findet nach der Überlieferung sein Ende in der großen Schlacht am Birkenbaum – wohl bei Soest/Westfalen. In dieser Sage lassen sich deutliche Spuren der Erinnerung an den Hunnensturm nachweisen.
91 Über die Geheimhaltungspolitik des CIA, der Nato usw. vgl. Esotera 29/1978 p. 879.
92 Evans p. 160.
93 Das Buch von Leslie/Adamski eröffnet nach Evans (p. 163) eine neue Periode in der UFOlogie, nämlich die der Mythologie. Vgl. auch die gute Darstellung der Problematik durch Seggius Golowin »Götter der Atom-Zeit«.
94 Esotera 30/1979 p. 230–233.
95 Ebd. p. 224.
96 Die Abwertung der Sichtungsberichte und der Berichte über Begegnungen mit Außerirdischen werden je nach Standort des Beurteilenden entweder ernstgenommen oder als Erfindungen von Pseudologen abgetan. Der Adamskibericht weist übrigens verblüffende Ähnlichkeiten mit dem SF-Text »Le voyage fantastique « de H.C.3« von Jacques Morlin auf, die Zeichnungen, die Adamski beifügt, gleichen weitgehend den Illustrationen dieses Romans.
97 Die Frage nach der möglichen Existenz außerirdischer Wesen wird nach Paul J. Lavakras von atheistischen Menschen am wenigsten positiv beantwortet, religiöse Menschen neigen eher zu der Annahme solcher Existenz.
98 UFO-Nachrichten Nr. 261, Januar/Februar 1980 p. 1 ff.
99 Es taucht hier die vielen SF-Romanen eigene These von der grundsätzlichen Höherwertigkeit der Menschen wieder auf, die jede außerirdische Bedrohung letztlich bewältigen können.
Diese Tendenz ist bereits bei H. G. Wells »Krieg der Welten« und Kurd Laßwitz »Auf zwei Planeten« zu beobachten, zieht sich aber wie ein roter Faden bis in die neuesten Veröffentlichungen.
100 Man hat versucht, die verschiedenen Theorien zu klassifizieren:

a) Prozeßhypothese (psychologisch-psychiatrische Erklärung und die Annahme physikalischer Ursachen),
b) Operationshypothese (intelligent gelenkte Operationen einer noch unbekannten irdischen oder außerirdischen Macht),
c) biologische Hypothese (Art leuchtender Energiewesen),
d) PSI-Hypothese (sichtbare Projektionen des kollektiven Unterbewußten der Menschheit),
e) okkulte Hypothese (Manifestation von Engeln und Dämonen).

101 So der Untertitel des Lexikons.
102 Lexikon. Vorwort Erich v. Däniken p. 7.
103 Lexikon p. 395/396.
104 v. Däniken: Waren die Götter? p. 250.
105 v. Däniken: Erscheinungen p. 281.
106 Es handelt sich hier um einen Wechselprozeß, denn auch die SF profitierte von der Prä-Astronautik und ihren Theorien.
107 v. Däniken weist darauf hin, daß er bereits in seiner ersten Veröffentlichung 323 Fragen zur Geschichtsforschung gestellt habe, die der Lösung harrten und die er mit den Mitteln der Prä-Astronautik zu lösen hofft.
108 So haben russische Forscher tatsächlich Jesus zu einem Raumfahrer machen wollen, der – nach der Selbstheilung im Grabe – von einer leuchtenden Wolke (= schwebendes UFO) aufgenommen worden sei. Auch sonst haben eine Reihe russischer Forscher Beiträge zur Prä-Astronautik geleistet.
109 Es muß aber auch gesehen werden, daß viele der Prä-Astronautiker viel Mühe und Geldmittel investieren, um der Theorie zum Erfolg zu verhelfen. Ein typisches Beispiel dafür ist v. Däniken selbst.
110 v. Däniken: Erinnerungen p. 12.
111 Pauwels/Bergier: Entdeckung des ewigen Menschen p. 11/12.
112 Pauwels/Bergier: Aufbruch p. 29.
113 Zitiert nach Houston Stewart Chamberlain: Über Dilettantismus in: Rasse und Persönlichkeit. Mchn., F. Bruckmann, 1925 p. 100.
114 Die Klage über die Unbildung der Gelehrten taucht in vielen Auseinandersetzungen auf, so etwa besonders auch in dem Streit um Haeckels »Welträtsel«. Dieser Vorwurf ist auch heute noch – oder wieder – lebendig.
115 Chamberlain 1 c.p. 99.
116 Chamberlain 1 c.p. 101.

EKKEHARD HIERONIMUS
Lebensreform- und Emanzipationsbewegungen (das »Alternative«)

Pastor Ekkehard Hieronimus (Hannover) zunächst Studium der Chemie, dann Studium der Theologie, daneben Paläographie und Rabbinistik. Heute ausgedehnte Studien zu Religionsgeschichte, Utopien, Trivialliteratur, Freimaurerei und vor allem zu esoterischen Randgebieten (namentlich im Hinblick auf die Zeit von 1870 bis 1933). Besonderer Kenner der lebensreformerischen Bewegungen und der »alternativen Szene«, wovon dieser zweite Beitrag von ihm zu unserem Buch handelt.

Inhalt

1	Einführung: Die Forschungslücke	352
2	Geschichtliche Entwicklung der Alternativszene	352
2.1	Die Beat-Generation	353
2.2	Beat- und Lost-Generation	354
2.3	Rauschgift	354
2.4	Politisierung der Beatniks	355
2.5	Gemeinsame Gedankenwelt der Alternativszene	356
2.6	Die Quellenlage	359
3	Die Frauenbewegung	361
3.1	Gliederung der Frauenbewegung	361
3.2	Problematik der Frauenbewegung	363
4	Männergruppen	365
4.1	Begriffsbestimmung	365
4.2	Ziel der Männergruppen	366
4.3	Soziologie der Männergruppen	367
5	Homosexuelle Emanzipation	367
5.1	Männliche Homosexualität	367

	5.1.1 Zur Geschichte der homosexuellen Emanzipation	368
	5.1.2 Ziele	369
	5.1.3 Soziale Struktur	369
	5.1.4 Politische Orientierung	370
	5.1.5 Zahl der Homosexuellen	370
5.2	Weibliche Homosexualität	371
6	Wohnen	372
6.1	Kommunen, Wohngemeinschaften	372
6.2	Landkommunen	374
	6.2.1 Geschichte der Landkommune	374
	6.2.2 Struktur	376
	6.2.3 Selbstverständnis	377
	6.2.4 Beispiele (Obermühle, Findhorn, The Farm)	377
6.3	Die Stadt	378
7	Naturheilmethoden	380
7.1	Begriffsbestimmung	380
7.2	Geschichte der Naturheilbewegung	380
7.3	Gegenwärtige Situation	381
7.4	Ideologie der Naturheilbewegung	381
7.5	Homöopathie	382
7.6	Anthroposophische Heilkunde	383
7.7	Gesundbeter und Geistheiler	383
8	Vegetarismus	384
8.1	Begriffsbestimmung	384
8.2	Geschichte der vegetarischen Bewegung	384
8.3	Biologische Komponente des Vegetarismus	386
8.4	Ethische Seite des Vegetarismus	386
9	Freikörperkultur	387
9.1	Zur Definition	387
9.2	Freikörperkultur und Öffentlichkeit	388
10	Bilanz	390
	Anmerkungen	392

1 Die Forschungslücke

Die geistige Situation der jüngeren Generation in Deutschland ist heute noch – wenn auch bei geringer werdender Intensität – geprägt von Denk- und Lebensmodellen, die als »alternativ« verstanden werden. »Alternativ« heißt in diesem Zusammenhang die Schaffung einer Lebensvorstellung und -führung, die nichts mit dem zu tun haben will, was Grundlage und Organisation der Umgebung ist. Wer sich einer der Alternativvorstellungen oder -gruppen anschließt, tritt aus der ihn umgebenden Welt – Familie, Staat – aus in eine neue Welt, die allerdings nur ansatzweise in der Realität des Alltags vorhanden ist. Obwohl die beachtlichen Einflüsse der Alternativszene auf die »normale« Gesellschaft nicht bestritten werden können, hat die Beschäftigung damit bisher kaum eingesetzt. Lediglich an den Hochschulen werden in zunehmendem Maße kleinere Seminar- oder Prüfungsarbeiten gegeben, die Teilaspekte des Gebietes – namentlich Fragen der Gruppenstruktur und Wohngemeinschaften – zum Thema haben. Allerdings sind die Verfasser meist selbst in irgendeiner Weise innerhalb der Problemstellung engagiert, so daß eine objektive Wertung nur selten erfolgt.

Der im folgenden vorgelegte, nach Sachgebieten gegliederte Versuch einer Darstellung, kann nicht den Anspruch erheben, ein vollkommenes Bild der Alternativszene zu zeichnen. Das liegt im wesentlichen an der kaum zu überschauenden Fülle der Erscheinungsformen, ihrer immer wieder jedes Ordnungsprinzip zerstörenden Variabilität und dem Angewiesensein auf eine mehr oder weniger zufällige Auswahl an alternativer Primärliteratur. Es mußte so, auch aus Raumgründen, auf manches Detail verzichtet werden, wie etwa eine genaue Identifizierung der Quellen der Alternativszene oder eine Darstellung ihrer religiösen Komponenten. Behandelt wurden Fragen des Individual- und Gemeinschaftsbereiches, an die, als Ergänzung, drei Alternativbestrebungen angefügt wurden, die gewöhnlich als Lebensreform zusammengefaßt, zwar bereits aus dem vorigen Jahrhundert stammen, aber noch heute dem Gebiet des Alternativen zugerechnet werden müssen.

2 Geschichtliche Entwicklung der Alternativszene

Es steht außer Zweifel, daß die Anregungen zur Bildung der heutigen Alternativkultur in Deutschland aus Amerika kamen. Dort wird in der Regel der Beginn der Entwicklung mit dem Namen des Schriftstellers Allan Ginsburg verbunden, dessen Dichterlesung von 1955, bei der er sich vor den Zuhörern nackt auszog, als Geburtsstunde der Beat-Generation gilt.

Lebensreform- und Emanzipationsbewegung

2.1 Die Beat-Generation

Ginsburg, am 3. 6. 1926 in Paterson (Neu-England) geboren, hat einen Lehrer als Vater, die Mutter ist russische Emigrantin, die sich später wieder dem Kommunismus zuwendet. Sein Lebensweg ist mehr als unbürgerlich: er ist zeitweise Rauschgift-Dealer, tritt als Hehler auf, als Gelegenheitsarbeiter, nimmt – angeblich ohne süchtig zu werden – Heroin, Morphium, Kokain und landet im Gefängnis und der psychiatrischen Anstalt. Es gelingt ihm allerdings, seine desperate Existenz zu einem Programm zu stilisieren: dem Austritt der Jugend aus der bürgerlichen Gesellschaft. Damit spricht er die unartikulierte Sehnsucht eines großen Teils der Jugend der in Amerika eine so gewichtige Rolle spielenden Mittelschicht aus, die sich, namentlich in den mittleren und kleineren Orten, durch den puritanisch-strengen Lebensstil immer mehr herausgefordert fühlt. In Ginsburg findet diese opponierende Jugend plötzlich den Sprecher und – was noch beeindruckender ist – denjenigen, der diesen Austritt aus dem bürgerlichen Milieu vorlebt, ohne dabei zugrunde zu gehen. Die von Ginsburg, später dann vor allem auch von Jack Kerouac propagierte Autonomie von den gesellschaftlichen Zwängen, die Emanzipation von einer Umgebung, die als drückende Last erlebt wird, werden Lebensziel und -inhalt: Reisen, Wandern, Trampen, Sprechen, Musizieren, Tanzen, Feiern, Lieben, Malen und Schreiben bilden den Rahmen der Selbstverwirklichung, die, bisher nur erträumt, plötzlich in greifbare Nähe rückt. An die Stelle der bürgerlichen Konvention treten die Selbsterfahrung, die Entdeckung des »Natürlichen« und der Möglichkeit, das Bewußtsein – notfalls mit Hilfe von Drogen – über das von der Zivilisation gesteckte Maß hinaus zu erweitern. Auffallend an diesem Lebensstil – um 1967 von den Hippies beispielhaft vorgelebt – ist eine »extreme Zärtlichkeit zu Tieren, zu Kindern, zu allem Wachsenden und Werdenden, eine Art moderner Franziskanismus«[1]. Parallel dazu läuft – namentlich auch bei Kerouac ablesbar – ein starker Hang zum Mystizismus, eine tiefe religiöse Sehnsucht, die zwar an den etablierten Glaubensgemeinschaften vorbeigeht – wenn man einmal von den allerdings eher heterodoxen Jesus-People absieht –, die aber doch eben religiöse Bewegung und Suche ist. Auf diesem Grunde kann Timothy Leary seine Drogenkirche aufbauen, können unkontrolliert ostasiatische Vorstellungen und Praktiken einfließen, wobei diese besonders durch ihren, dem Buddhismus letztlich inhaerenten Pessimismus und ihre starke Zuwendung zur Kreatur ansprechen.

2.2 Beat- und Lost-Generation

Ein Vergleich der Beat-Generation mit der Lost-Generation mag sich im ersten Augenblick aufdrängen, doch zeigt sich bald, daß zwischen diesen Bewegungen keinerlei Beziehung herzustellen ist. Die aus den Schlachtfeldern des Ersten Weltkrieges heimkehrende Lost-Generation – ihr typischster Vertreter ist trotz allem Ernest Hemingway – ersehnt sich nach den Schreckensbildern des Krieges einen Normalzustand, den sie allerdings im Alltag der USA nirgends entdecken konnte. Darum suchte sie in hemmungsloser Vergnügungssucht einen Ausweg. Nur noch das Ausleben körperlicher Befriedigung, ein übersteigerter Kult der Tapferkeit, des Mutes, der Kameradschaft und Ausdauer bildeten den Lebensinhalt, sie wurden in absonderlicher Weise zelebriert, auch und gerade im Gegensatz zur bürgerlichen Umwelt, mit der sich diese Generation nicht mehr verbunden fühlte. Die Lost-Generation litt darunter, nicht mehr glauben zu können, alles zerstört zu sehen, was einmal Glaubensinhalt war, aber sie konnte sich nicht zu einem neuen Glauben aufraffen. Die Beat-Generation, die nur bedingt durch ein Kriegserlebnis gegangen ist, sucht einen neuen, aus dem Gefühl erwachsenden Glauben und nimmt dafür asketische Entsagung auf sich. Die Sexualität, die der Lost-Generation zur Übertäubung der inneren Leere diente, wird bei den Beatniks zu einem möglichen Pfad in eine neue Welt, das Rauschgift, für die Lost-Generation Ausweg aus der Qual, wird für sie zur Pforte der Wahrnehmung.[2]

2.3 Rauschgift

Gerade die positive Hinwendung der Beatniks zum Rauschgift wird zum Schreckgespenst des Bürgertums. Darum kann es nicht verwundern, wenn selbst Wissenschaftlern eine falsche Einschätzung der Gründe dafür unterläuft, zumal ein Mann wie Timothy Leary tatsächlich durch Rauschgifthändler in die Kriminalität gedrängt worden war.[3]

»Es ist nicht einfach, das Wort ›beat‹ (= geschlagen) zu definieren. Clellon Holmes erklärt es als das ›Auf dem Grund seines Ichs-Sein, jedoch nach oben schauend‹. Es schließt ein gewisses Gebraucht-Sein ein, ebenso wie Gefühle des Roh-Seins, schutzlos und nackt im Innern, ein Gefühl, sich zurückentwickelt zu haben bis zum steinigen Urgrund des Bewußtseins, ein Gefühl, ›einfach vor der kahlen Zellenwand des Ich zu stehen... Das Wachsen von Erfahrung und Erkenntnis wird von der Beat-Generation geleugnet. Ergebenheit in den Augenblick, die Suche nach Geheimnis, Zauber und dem Gott in einer Flasche Whisky oder einer Injektionsnadel: sonst gilt nichts.

Der Kompaß der Beatniks ist die Gegenwart... Die Beat-Generation versucht, jede Maske der Konventionalität abzuwerfen, um an die unerschütterlichen Wahrheiten des eigenen Seins zu gelangen. Durch dieses morbide Wühlen gibt sie ihre Macht über Natur, Ereignisse und andere Menschen auf und will mit den ›wirklichen‹ Strömungen des Existierens hinter Mögen und Nichtmögen schwimmen.«[4]

2.4 Politisierung der Beatniks

Die Beatniks leben politische Abstinenz, erst der Einfluß von Philosophen wie Herbert Marcuse und Norman Brown, der Eindruck des Vietnamkrieges schaffen eine militant politische Bewegung, die zwar gewisse humanitäre Ansatzpunkte der Beatniks übernimmt, sie aber in der politischen Praxis, namentlich in bezug auf die Lage der Farbigen in Amerika und die Geschäftspraktiken der Großkonzerne – der Multis –, zur Geltung bringt. In den 60er Jahren schlägt diese politische Bewegung nach Deutschland über, wo die eigentliche Beat-Generation kaum Anklang gefunden hatte, fehlte hier doch jene bürgerliche Mittelklasse, aus der sie in den USA entstanden war. Außerdem darf nicht vergessen werden, daß Deutschland zu dem Zeitpunkt der Entstehung dieser Bewegung in Amerika gerade den Existentialismus überwindet und sich in einem technisch-wirtschaftlichen Aufbaurausch ohnegleichen befindet. Dieser Aufbaurausch ist in den 60er Jahren verklungen und es machen sich plötzlich Folgeerscheinungen bemerkbar, die ihn erheblich in Frage stellen, ja, die sogar so etwas wie eine allgemeine Verzweiflung aufkommen lassen. Nicht ohne Grund entsteht die Studentenbewegung und ihr Slogan »Macht kaputt, was euch kaputt macht!« läßt zwar noch deutlich die Idee der Selbstfindung und Selbstverwirklichung erkennen, die die Beatniks beseelte, nun aber nicht mehr als Aufruf zum Austritt aus der Gesellschaft, sondern zu ihrer – notfalls gewalttätigen – Umgestaltung. Mit dem Scheitern der Studentenbewegung spaltet sich diese zunächst einmal nur politisch in Erscheinung tretende Bewegung in einen zum Teil immer radikaler werdenden politischen Flügel und einen unpolitischen, der die Verwirklichungsmöglichkeit der einzelnen Ideen nicht von ihrer »Verstaatlichung« garantiert sieht, sondern allein in kleinen Einzelaktionen, deren Vorbildcharakter vielleicht einmal in absehbarer Zeit zur Bewußtseinsumgestaltung der Massen führen kann. Diese individualistische Lösung entspricht genau dem Beatnik-Gedanken der Hingabe an den Augenblick – oder eben auch an die Überzeugung –, ein mystischer Weg, der im schroffen Gegensatz steht zu dem jüdisch-christlichen Aktivismus, wie er in der kapitalistischen und kommunistischen Gesellschaft lebendig ist. Da aber die bürgerliche Gesellschaft diesem Aktivismus verbunden ist, ist das tiefe Mißtrauen, die Abneigung, mit der sie die echte Alternativszene betrachtet, verständlich. Untergründig spürt sie, daß der eigentliche Gegensatz zu ihr nicht der Kommunismus ist, sondern jene mystisch-religiöse Welt, die Technik, Zivilisation als unmenschlich ablehnt und der an der Erhaltung eines Baumes mehr gelegen ist, als an der Konstruktion von Atommeilern.

2.5 Gemeinsame Gedankenwelt der Alternativszene

Obwohl das Erscheinungsbild der alternativen Szene für den außenstehenden Betrachter mehr als verwirrend ist, lassen sich doch gemeinsame Grundzüge entdecken, und zwar Grundzüge, die nicht erst als Ordnungsprinzipien an die Fülle der Erscheinungen herangetragen werden müssen, sondern die im Selbstverständnis der Gruppen immer wiederkehren.

Das große Ziel ist die Verwirklichung eines Lebens der Menschen auf dieser Erde, das als »menschenwürdig« bezeichnet wird: der inneren Würde des Menschen, seinem geistigen Anspruch und seinem Schöpfersein gegenüber Technik und Zivilisation entsprechend. Damit greift die Definition über den heute verbreiteten, durch politischen Gebrauch verflachten Sinn des Begriffes »Menschenwürde« zurück auf Gedankengänge, wie sie schon bei Henry D. Thoreau und Ralph W. Emerson zu finden sind. Thoreau kann sagen:

»Se maintenir sur cette terre ne serait un fardeau mais un plaisir, si seulement nous apprenions à vivre simplement et sagement«,[5]
während Emerson noch deutlicher umschreibt:

»Das Leben ist nur gut, wenn es seinen vollen Zauber und Wohlklang behält, wenn alles zu seiner Zeit und aus ungeteiltem Herzen geschieht und wir es nicht zergliedern und zerlegen. Du mußt die Tage ehrfürchtig behandeln, du mußt selbst ein Tag sein und ihn nicht wie einen Schulbuben ausfragen wollen. Die Welt ist voller Rätsel – alles, was wir sagen und wissen und tun –, und wir müssen sie nicht dem Buchstaben nach, sondern als etwas Lebendiges erfassen. Wir müssen auf der Höhe unseres Wesens stehen, um irgend etwas richtig zu verstehen.«[6]

Ähnliche Gedanken klingen in den Jahren des Ersten Weltkrieges bei G. A. Küppers-Sonnenberg an, wenn er schreibt:

»Das Leben ist wertlos gegenüber der Maschine. Das ist die klaffende Wunde der europäischen Kultur. Hierin haben alle sozialen Kämpfe zutiefst ihre Ursache. Und mit Erkenntnis dieser Tatsache ist auch das moderne Problem und die Aufgaben der kommenden

Generationen gezeigt: die Maschine, deren Entwicklung zweifellos eine gewaltige Höhe erreicht hat, dem Leben dienstbar zu machen! Hinauszusegeln auf den Ozean der unerforschten *Lebensmöglichkeiten!* Die Belange des Lebens, des Glückes, des Geschmackes, der Kultur, den äußeren primitiven Anforderungen der Wirtschaft gegenüber zur Geltung zu bringen.«[7]

Sahen sich allerdings die Menschen vergangener Jahrzehnte eher der Tyrannis von Machinen ausgeliefert und von ihnen entwürdigt – klassisches Beispiel das Fließband[8] –, so sehen die Alternativdenker unserer Zeit diese Bedrohung tiefer angelegt: im Staatsapparat, der in zunehmendem Maße Denken und Konsum der Menschen standardisiert, der dem einzelnen immer weniger Spielraum für seine Individualität läßt. Gegen diese Standardisierung, die letztlich schon im Kleinkindalter durch die Standardisierung der Eltern einsetzt, bleibt dem einzelnen als Widerstandsmöglichkeit nur noch der Weg nach Innen, in sich selbst, mag dieser Weg in der Praxis auch verschiedene Ausprägung erfahren. Dieses Innere – so lautet der neue Glaubenssatz – bietet noch den Zugang zum wahren Menschsein, hier vermag der Suchende noch das Ursprüngliche zu erfahren, wenn es auch notfalls durch bestimmte psychische oder physische Techniken erst aktiviert werden muß. Als typisches Beispiel dieses Gedankens mag ein Aufruf dienen, den Mike Schlottner im Ulcus Molle Info (Nr. 7–8/1977) veröffentlichte:

»Wir sollten nicht auf halbem Wege stehenbleiben!
Sicherlich, die Schwierigkeiten werden immer größer... man zensiert deine Sprache und deinen Kopf, dein Denken, sowieso, die Möglichkeiten sich frei zu äußern werden immer geringer, Gesinnungsschnüffler kleben wie Schatten an uns.

Doch glaube nicht, da hilft nur Flucht, weit weg vom Zentrum, nach außen, in den leeren Raum. Selbst Raumschiffe haben nur soviel Energie, daß sie den Mond, gerade noch Mars & Jupiter erreichen können. DU ABER SEI DEIN EIGENES RAUMSCHIFF!

Flieg in dich selbst hinein – so tief wie du willst. Zähle nicht die Lichtjahre da draußen.

Wandere in dir; Ströme wie Wasser durch deinen Geist, in alle Ritzen und Fugen; Lerne deinen Körper kennen, jede Falte, jedes einzelne Härchen gehört dir. Dein nächster Trip sei der Trip durch dich selbst: kostenlos, doch niemals unverbindlich: ganz neue, große, schöne, bis dahin verborgene und verschlossene Welten werden sich dir auftun, alle mit einem Namen faßbar: ICH.

Reich an Erfahrung wirst du sein, wenn du zurückkommst, doch nun das Wichtigste: verschließe dich nicht wieder in dich selbst,

resigniere nicht vor deiner Umwelt, die dem Land ICH, das du gerade entdeckt hast und das in jedem von uns verborgen ist, so feindlich gegenüber steht, die es zerstören will, sich untertan und robotisieren will. Such dir Freunde, die mit dir die Reise machen wollen, diskutiert darüber, lacht, freut euch und streichelt eure Körper, denn das ist die Atmosphäre, die unser Ich sanft umhüllt. Betrachtet die Sonne, die, die im Himmel steht und die in euch selbst. Stellt euch nicht den günstigen Winden, die euer Segel spannen, entgegen, benutzt sie wie die Vögel. Breitet eure Flügel aus und benutzt den Wind als Träger.
Sei wie eine Blume: öffne dich am lichten Tag und schließe dich in dunkler Nacht.
SEI DICH SELBST! SEI DU! VERWIRKLICHE DEINE IDEEN!
Denn nur als befreiter Mensch, der seine Scheinidentität erkennt und sich über sie stellt, sie ablegt – bist du fähig, anderen bei der Lösung ihrer Probleme zu helfen.
Schließt euch zusammen, trefft euch, je öfter, desto besser, diskutiert miteinander, liebt euch und unternehmt Reisen in das Land ICH.
Niemand wird uns aufhalten können.
SEIEN WIR UNS!«

Erst aus der Eigenerfahrung also erwächst jenes Phänomen, das die heutige Alternativszene prägt, die Bildung der Gruppen, die einerseits Gesellungen einzelner sind, gleichzeitig aber auch den Charakter tiefergreifender Bindung haben, erzeugt eben durch die Gemeinschaftlichkeit der Erfahrungen. Insofern ähneln sie, selbst dort, wo sie politisiert sind, religiösen Gemeinschaften, die ja ebenfalls Erfahrungsgemeinschaften sind oder doch ursprünglich waren. Aus gemeinsamer Negativerfahrung der Umwelt erwächst aber das Engagement für Aufbauendes, aus der Negation erwächst die neue Position.[9]

Dabei taucht jedoch ein Problem auf, das jeder solcher Gemeinschaft begegnet, das Problem »Zentralisierung der gemeinsamen Erfahrung oder Freiheit des einzelnen«.

»Ich bin mir auch noch nicht sicher, ob nicht vielleicht Freiheit zum Experiment und zur Mannigfaltigkeit auf der einen Seite und Zentralismus auf der anderen irgendwie sich gar nicht so ausschließen, wie es immer in den Diskussionen dargestellt wird... Dogmatismus ist für mich nicht alternativ (ich habe Angst vor ihm), sondern die Endlösung einer durch Konkurrenzdruck erzeugten allgemeinen Haltung in unserer Gesellschaft, auch der alternativen...«[10]

Kennzeichnend ist für die Vertreter der Alternativbewegung die starke Abwendung von der Rationalität. Sieht man einmal von Politgruppen ab,

so treten an die Stelle des bedenkenlosen Gebrauchs der Ratio die Zweifel an die Voraussetzungslosigkeit und Allgemeingültigkeit der Vernunft. Aus diesen Fragen erwächst – so die Vertreter der Alternativgruppen – eine neue, starke Sensibilität für das übergreifende Geheimnis der Existenz dieser Welt[11], so daß gesagt werden kann:
»Wir sind Suchende, die entdecken, daß unser Planet der Ashram und der Guru ist. Wir sind die Gesandten eines Bewußtseins geworden, die ihr Schicksal in der universellen Einheit spüren«,[12]
mit anderen Worten:
»Das Ziel, was uns alle vereint, ist eine von der Liebe geprägte Gesellschaft.«[13]
In dieser Gesellschaft tritt:
»zum Beispiel Solidarität an die Stelle des Konkurrenz-Prinzips. Spaß, Lust und Muße spielen eine weitaus größere Rolle als in der Gesamtgesellschaft... Sie entziehen sich den konventionellen Normen... Subkulturen sind legerer, bewußt-bequemer als die Gesamtgesellschaft...«[14]

2.6 Die Quellenlage

Die Alternativszene manifestiert sich in einer unübersehbar gewordenen Fülle von schriftlichen Äußerungen, die teilweise als Kritik des Bestehenden ansetzt, teilweise als Propagierung des Neuen auftritt. Daneben spielen das persönliche Beispiel und die persönliche Anrede – namentlich im Universitätsmilieu – eine gewisse Rolle, leiten sie doch den Neuling zur direkten Praxis an, ohne daß vorher große theoretische Probleme bewältigt werden müssen.

Soweit zu sehen ist, ist an keiner Stelle bisher das gesamte schriftliche Material gesammelt worden, obwohl sich heute vielleicht noch ein großer Teil retten ließe, wenn sich nur ein Archiv oder eine Bibliothek zu dieser mühevollen Arbeit bereit finden würde. Wird der letzte Zeitpunkt versäumt, der nämlich, an dem die ursprünglich Alternativen ins »normale« Leben abwandern, dürfte eine vollständige Erfassung der für die Geistesgeschichte der Bundesrepublik wichtigen Bewegungen unmöglich werden.

1963 erscheint der »Katalog für die Erste literarische Pfingstmesse Frankfurt/Main«, der erste Versuch, Klein- und Alternativverlage einer weiteren Öffentlichkeit vorzustellen. Dieser Katalog zählt 59 Zeitschriftennummern auf, doch handelt es sich fast ausschließlich um »Zeitschriften des Experiments und der Kritik«[15], um Zeitschriften also, die literarisch oder politisch ausgerichtet sind. 1977 zählt der Katalog »Neuerscheinungen Alternativpresse«[16] 86 alternative Periodika, d.h. Zeitschriften, die je auf ihre Weise ein alternatives Neudenken fördern wollen. Allerdings muß beachtet werden, daß hier auch »seriöse«, d. h. inzwischen etablierte Zeitschriften, wie etwa die »Horen« mitgezählt werden, während andererseits eine ganze Reihe von Zeitschriften fehlen, teils weil ihr Erscheinen zu unregelmäßig ist, teils weil sie dem Herausgeber des Katalogs als nicht aufnahmewürdig erschienen. Nach einer Notiz im Ulcus Molle (Nr. 7–8/1977 p. 112) erscheinen Mitte 1977 175 einschlägige Periodika, wobei der Berichterstatter anmerkt, er habe nur die zählen können, die er durch irgendeinen Zufall entdeckt habe.

Bibliographisch bilden diese Zeitschriften fast unlösbare Probleme, da diejenigen, die sie veröffentlichen, an genauen Angaben über Herausgeber, Verlag usw. überhaupt nicht interessiert sind. Zwar wurden immer wieder Versuche gemacht, die Mannigfaltigkeit der verschiedenen Alternativ-Verlage und -zeitschriften in Dachorganisationen zusammenzufassen, aber sie alle sind gescheitert, die starke Individualität der Herausgeber verhinderte jede Übereinstimmung. Der zeitlich letzte Versuch zu solcher Vereinigung zu kommen wurde 1976 gemacht durch die Gründung der »Arbeitsgemeinschaft der Alternativ-Verlage«, die aus der 1975 gegründeten »Arbeitsgemeinschaft der Kleinverlage« herausgewachsen war.

Äußerlich sind die Publikationen, deren Auflagenhöhe manchmal kaum 100 Exemplare übersteigt, gekennzeichnet durch eine oft chaotisch wirkende Primitivität: in der Regel sind es Matrizen- oder Offsetvervielfältigungen, nur in den »oberen Rängen« findet man gedruckte Texte. Die Typographie zeigt vielfach experimentellen Charakter, Kleinschreibung und eine an Dada-Veröffentlichungen erinnernde Gestaltung werden als alternativ zum »bürgerlichen« Buch- und Zeitschriftendruck empfunden. Da fast alle diese Veröffentlichungen von Enthusiasten gemacht werden, leiden die Herausgeber unter chronischen Geldschwierigkeiten, die immer wieder zum plötzlichen Verschwinden hoffnungsvoll begonnener Versuche führen. Allerdings werden gerade diese ohne finanziellen Hintergrund unternommenen Versuche ebenfalls als Alternative, als Gegenökonomie verstanden. Der Inhalt aller dieser Texte versteht sich als alternativ, d. h. als Entwurf lebensfähiger und lebenswerter Gegenwelten. Allerdings mangelt den Herausgebern und Schreibern vielfach die nötige geistige Kapazität, um wirklich diesem Anspruch gerecht zu werden, um wirklich überzeugende Konzepte aufzustellen, so daß das folgende Insiderurteil nicht ganz übertrieben ist:

»Die ›alternative‹ der ›alternativ-presse‹ sieht oft folgendermaßen aus: schreibt die bürgerliche presse ›protestmarsch‹, ›aufruhr‹, ›terroristen‹ oder ›die polizei stellte die ordnung wieder her‹, bezeichnet die ›alternativ-presse‹ solche meldungen als ›pilgerschaft‹, ›konfrontation‹, ›genossen‹, oder ›sie quälten die unterdrückten‹. Bündig genommen heißt das, die ›alternativ-presse‹ versteht ihre ›alternative‹ darin, die berichte etc. in umgekehrten formeln wiederzukäuen und sich einfach ›gegen‹ solche berichterstattung wendet, statt desbetreffend aufzuzeigen, was wirklich geschehen ist und war.«[17]

3 Frauenbewegung

Der organisierte Versuch der Frauen des europäisch-amerikanischen Kulturkreises aus einer als immer drückender empfundenen Abhängigkeit von der Männerwelt zu entkommen, geht im wesentlichen auf die ersten Jahrzehnte des vorigen Jahrhunderts zurück, in denen die Impulse der Französischen Revolution, speziell der »Erklärung der Menschenrechte« nun auf die Lage der Frau angewendet wurden.[18] Sehr deutlich zeigt sich das in der »Declaration of sentiments«, die auf der Versammlung der amerikanischen Frauen in Seneca Falls am 19. und 20. Juli 1848 beraten und beschlossen wurde.[19] Die sogenannte neue amerikanische Frauenbewegung beginnt mit der Beatnikbewegung und hat besonders im Zusammenhang mit der Abtreibungsfrage zum Teil militante, zum Teil extrem politische Formen angenommen. Sie steht in einer schroffen Frontstellung gegen die Frauenbewegung, die seit dem vorigen Jahrhundert den Kampf für die Rechte der Frau führt.

3.1 Gliederung der Frauenbewegung

In Deutschland beginnt die moderne Frauenbewegung im Zusammenhang mit der Studentenbewegung der späten 60er Jahre. Nur schwer ist allerdings in die unruhige Entwicklung der Bewegung eine klare Linie zu bekommen: zu häufig wechseln die Gruppierungen, zu unklar sind teilweise die Selbstaussagen der einzelnen. Im Anschluß an Linnhoff[20] lassen sich jedoch in etwa folgende Tendenzgruppen herausschälen:
a) Feministisch-antiautoritäre Gruppen, die sich innerhalb des SDS formieren. Auf der 23. ordentlichen Delegiertenkonferenz des SDS (November 1968 in Hannover) wirft der »Aktionsrat zur Befreiung der Frau« dem SDS frauenfeindliche Tendenzen vor, ein Vorwurf, der vom »Weiberrat« (Frankfurt/Main) in den Slogan umgemünzt wird: »Befreit die sozialistischen Eminenzen von ihren bürgerlichen Schwänzen!« Diese Gruppen sind besonders aktiv von 1968 bis Sommer 1969, dann verlieren sie an Einfluß und Anziehungskraft.
b) Parallel zum Zerfall der APO Ende 1969 bis Anfang 1970 entwickeln sich vereinzelte SDS-Gruppen in eine orthodox-marxistische Richtung.

Dieser Zweig der Frauenbewegung besteht heute noch, liegt jedoch in seinen militanteren Teilen im Streit mit der Parteilinie, die von ihnen als bürgerliches Relikt im bezug auf die Einstellung zur Frau angesehen wird. Der orthodoxe Flügel dagegen vermag feministisches Anliegen und die teilweise durchaus dem Feminismus abgeneigten Äußerungen der marxistischen Klassiker zu verbinden.

c) Im Zusammenhang mit der Debatte um den § 218 StGB besteht seit 1969 ein sozialliberaler feministischer Flügel, der namentlich das Recht der Frau auf die Verfügung über den eigenen Körper betont.

d) Um 1970/71 entstehen radikal-feministische Gruppen, die in Abwendung von linken Ideologien antipatriarchalische Programme entwickeln. Nach ihnen ist das Patriarchat die erste Form der Unterdrückung der Frau, das kapitalistische System, das die orthodoxe Linke für die Unterdrückung verantwortlich macht, kommt erst später hinzu, es ist für sie nichts anderes als eine spezielle Form des Patriarchats, wie letztlich auch das kommunistische. In den radikalsten Gruppen wird darum auch die Abschaffung der Mutterschaft gefordert, liege doch der Ansatzpunkt patriarchalischer Unterdrückung in der Biologie.

e) Parallel zu diesen Gruppen entstehen sozialistisch-feministische Gruppen als Weiterentwicklung des politischen Selbstverständnisses gewisser § 218-Gruppen. Sie übernehmen zum Teil die Gedanken der Amerikanerin Kathie Sarachild, die in ihrem Artikel »Consciousness-Reising« die Ausbildung des weiblichen Gefühls als Bewußtseinserweiterung der Frau fordert. Nach ihr liegen in der Frauenwelt »die Keime einer neueren und schöneren Weltgesellschaft«. Erst wenn die Frauen ihre wirkliche Situation durchschauen, wird es zu massenhaften Befreiungsbewegungen kommen, in denen dann ein bestimmtes Entwicklungsschema vorherrscht: Gefühle – Ideen – Handeln oder im weiteren Verlauf der Entwicklung: Gefühle – Ideen – Handeln – neue Theorien – neues Handeln.

f) Eine gewisse Erweiterung der radikal-feministischen Gedankengänge bringt der revolutionäre Feminismus. Er versteht die Frauen als eine eigenständige soziale Gruppe, sie ist eine Klasse an sich, die innerhalb der Familie, die als Produktionsstätte angesprochen wird, Gratisarbeit leistet. Darum ist feministischer Kampf nicht Teil des marxistischen Klassenkampfes, sondern ein eigenständiger Klassenkampf.

g) Weniger als eigenständige Gruppierung tritt der kulturelle Feminismus auf. Er argumentiert von der Weiblichkeit her, die die Frau aufgrund ihrer unveränderbaren und unverwechselbaren biologischen Konstitution entwickelt hat. Diese überhistorische weibliche Natur ist durch zielbewußte Arbeit an der eigenen Persönlichkeit aufzuwerten.

3.2 Problematik der Frauenbewegung

Kritik erfahren alle diese Anschauungen von einer Gruppe, die die Mütter als wesentlichen Bestandteil der Frauenwelt ansieht und allen anderen feministischen Gruppen vorwirft, diesen Bestandteil einfach zu ignorieren, d. h. letztlich, in der von ihnen propagierten Unverantwortlichkeit den Männern zu gleichen:
»Mütter mit kleinen kindern an der hand tagaus tagein können sich nur sehr langsam bewegen. Sie kommen nicht mit – weder mit dem fortschritt der herren männer und söhne – noch mit dem kurs der frauenbewegung, der sich auf sexualität ohne folgen spezialisiert und sich frei wähnt von jenem ballast, der mütter immer noch an die familie bindet... Wenn die frauenbewegung folgen haben soll und nicht im mörderischen wettlauf mit den von kindern freien männern verenden, dann muß sie bei den müttern *beginnen,* an ihnen führt kein weg vorbei. Wir können uns für oder gegen die mutterschaft entscheiden (und politisch für letzteres eintreten), aber wir können nicht ungestraft von der sozialen existenz der mütter absehen.«[21]

Der Kampf gegen das Patriarchat wird in Deutschland namentlich von dem, vom »Frauenforum München« abgesplitterten, »Förderkreis für eine feministische Partei« unter der Vorsitzenden Hannelore Mabry geführt. In der Positionsbestimmung (Satzung) von 1973 heißt es:
»Wir arbeiten nicht gegen den Mann, sondern gegen das männliche Herrschaftsprinzip. Nicht den Mann, sondern die Privilegien der ›Männerclans‹ – die irrationale Herrschaft aufgrund von Muskelkraft – bekämpfen wir. Wir zeigen auf, wie der Mann durch seine Gesetze sich ökonomische Vorteile sicherte und sichert und durch psychologische und körperliche Gewalt die Befreiung der Frau zu verhindern suchte und sucht. Wir arbeiten aber mit allen Männern (auch innerhalb des Männerforums) zusammen, die unsere Ziele und unsere Satzung anerkennen. Nicht das Geschlecht, sondern das *Verhalten* unserem Geschlecht gegenüber, entscheidet über unsere Bündnisbereitschaft.«[22]

In konsequenter Fortsetzung dieses Ansatzes kann Hannelore Mabry dann auch noch schreiben:
»Ein Feminist ist, wer sich auf die Seite des Schwächeren, des Ausgebeuteten stellt. Ein Feminist ist ein Mensch, der einen natürlichen oder/und kulturellen Vorteil bzw. eine geringere Abhängigkeit – sei sie nun körperlich, intellektuell oder ökonomisch bedingt – *nicht* für sich ausbeutet, sondern der dafür arbeitet und kämpft, daß die natürlichen und kulturellen Ungleichheiten durch *politisches*

Handeln gemildert, durch ständige Bemühung und zielstrebigen Einsatz mit anderen Feministen überwunden werden. Die Hauptaufgabe der Feministen ist heute und in der Zukunft die *Lösung der Frauenfrage,* die Abschaffung des Sexismus: der Diskriminierung und Ausbeutung aufgrund des Geschlechtes.«[23]

Eine Verbindung zum Deutschen Staatsbürgerinnenverband, zu der dieser einlud, kam von seiten des Frauenforums nicht zustande, denn da das Patriarchat ein vielschichtiges Herrschaftssystem, das nicht an das Geschlecht gebunden ist, darstellt, gibt es neben den männlichen Patriarchen auch weibliche Patriarchinnen:

»Dieser Gegner kann männlichen wie weiblichen Geschlechts sein, denn das Patriarchat wird wohl überwiegend durch Männer repräsentiert, jedoch sind alle weiblichen Hilfskräfte, die es bewußt oder unbewußt an der Macht halten, auch unsere Gegnerinnen – gleich welchen Alters!«[24]

Von diesem Ansatz her wird auch das marxistische Frauenbild von der Schweizerischen »Aktion gegen die Idiotisierung der Frau (agif)« in voller Schärfe kritisiert.[25] Die Marxisten aller Schattierungen, so wird argumentiert, treten zwar öffentlich für die Emanzipation ein, doch leben sie in ihren vier Wänden weiter patriarchalisch. Keiner der sozialistischen »Kirchenväter« sei auf die Idee gekommen, der Frau eine andere Rolle in der Gesellschaft zuzuweisen, als sie im patriarchalischen System bereits vor dem Kapitalismus sich ausbildete, die einzige Ausnahme macht Rosa Luxemburg. Der ständige Verweis der Marxisten auf den Kapitalismus als Wurzel alles Übels sei irreführend, denn

»die rolle des weiblichen sexualobjekts und haustiers der patriarchalischen menschengemeinschaft kann nicht in den klassischen ökonomischen kategorien analysiert werden.«[26]

Darum sind auch alle Versuche suspekt, die Befreiung der Frau etwa durch Legalisierung der Schwangerschaftsunterbrechung zu erreichen:

»In diesem licht besehen, werden die forderungen an vorwiegend männer, die abtreibung zu legalisieren, fragwürdig, weil sie in einer phallischen sexualkultur das unterdrückerische sexualverhalten des mannes nicht im geringsten antasten, sondern unter dem schleier eines feministischen sieges nur noch mehr verfestigen.«[27]

Damit wird aber auch das Problem der letztlich doch unausweichlichen Beziehungen der Frau zum Manne im Bereich des Sexuellen angeschnitten, ein Problem, das die ganze Frauendiskussion durchzieht und teilweise überwuchert. Nach der Meinung der Gruppe um Hannelore Mabry ist allerdings die sexuelle Befreiung der Frau nicht ganz so wichtig wie die ökonomische und kulturell-intellektuelle,

»weil die Gruppe als Geschlecht diskriminiert und ausgebeutet wird, aber nicht, weil wir Frauen ›als Frauen‹ moralischer und humaner etc. finden.«[28]

4 Männergruppen

4.1 Begriffsbestimmung

Einen eigenartigen Erfolg hat die Frauenbewegung der letzten Jahre schon gezeitigt: die Entstehung der Männergruppen. Seit etwa 1973 finden sich in Deutschland – in Amerika seit etwa 1971 – Männer zusammen[29], die ihren Eintritt in solch eine Gruppe so motivieren:
»... weil ich mit der männerrolle nicht zufrieden bin, und ich mit ihr immer in konflikte kam und komme ...«[30]
Abstrakt gefaßt heißt das, daß die Mitglieder solcher Gruppen die prinzipiellen Behauptungen und Forderungen der Frauenbewegung übernehmen und auf dieser Grundlage ihre eigene Rolle im Verhältnis Mann und Frau neu bestimmen wollen. Stimmt es, wenn von weiblicher Seite die Zärtlichkeit als tertiäres Geschlechtsmerkmal der Frau der grundsätzlichen, ebenfalls den Rang eines tertiären Geschlechtsmerkmales besitzenden männlichen Brutalität entgegengesetzt wird, so kann es nicht verwundern, wenn sich einzelne Männer dieser Brutalitätsrolle verweigern und versuchen, sich der Frau über die Gewinnung der Zärtlichkeit als männlichem Geschlechtsmerkmal wieder zu nähern.

Diese Bewegung gewinnt zunächst einmal bei verheirateten Männern an Boden, zu ihnen gesellen sich jedoch sehr bald schon Unverheiratete, die durch negative Erfahrungen mit ihren emanzipierten Freundinnen ihre Geschlechtsrolle ebenfalls in Frage gestellt sehen. Allerdings zeitigt nun diese Begegnung mit anderen Männern nicht nur die Diskussion der Frauenfrage, sondern auch die Frage nach dem Umgang mit anderen Männern. Denn in dem Augenblick, wo Brutalität als tertiäres Geschlechtsmerkmal des Mannes begriffen wird, liegt die Erkenntnis nahe, daß sich diese Brutalität nicht nur im Umgang mit Frauen zeigt, sondern grundsätzlich im Umgang mit Menschen. Damit wird das gesamte männliche Sein in Familie, Beruf und sonstigen zwischenmenschlichen Beziehungen in Frage gestellt, wobei alle jene Tugenden, die bisher als typisch positiv männlich galten, etwa Durchsetzungsvermögen, Selbstdisziplin, Härte, Mut, sich zu Negativeigenschaften wandeln.

4.2 Ziel der Männergruppen

Bestreben aller Männergruppen ist darum der Abbau jeder Herrschaftsstruktur und der Aufbau einer positiven Beziehung zu anderen Menschen. Als typisches Beispiel dieser Haltung mag das folgende Gedicht stehen:
»Ich seh deine augen / und sie sind offen
und ich seh dein gesicht / und wir müssen lachen
ich umarm dich / und du gibst mir deine wärme
und alle menschen um uns / sind leuchtende sterne
wir sind auf der straße / und gehn alle zusammen
wer will uns halten / wir durchbrechen die schranken.
und ich weiß, es muß keine herrschaft geben
ich weiß wir können jetzt schon anders leben
wir gehn nach morgen, gestern zählt nicht
weg sind die schatten, wir sind im licht.«[31]

Die in diesem Text vernehmbar werdende Suche nach Freundschaft, ihre Beschreibung als Welt des Lichtes, die Wahrnehmung des oder der anderen Männer als menschliche Wesen, als Wesen, gegenüber denen eine Durchsetzungshaltung unnötig ist, läßt eine Frage wiedererstehen, die in den ersten Jahrzehnten unseres Jahrhunderts in der Jugendbewegung und gerade auch in sozialistischen Kreisen stark diskutiert worden ist, während des Nationalsozialismus weitgehend verschwand und erst jetzt wieder durch die Psychologie in das Blickfeld tritt, die Frage nach der Bedeutung der Freundschaft inerhalb der Männergesellschaft[32]. Es ist bezeichnend, daß die Männergruppen dieser Fragestellung aus dem Wege gehen, weil sie nichts so sehr fürchten, wie den vielfach damit verbundenen Vorwurf der Homosexualität. Darum wird in ihren einschlägigen Veröffentlichungen immer wieder betont, daß neben dem Erleben der Männergruppe die Beziehungen zu Frauen weitergehen, nur daß sich diese Beziehungen insofern verändert hätten, als die Mitglieder die typisch männliche »Makker«-Haltung verloren hätten. Die innerhalb der Männergruppe erworbene Fähigkeit gewissermaßen androgyn zu empfinden, wird als das erstrebenswerte Ziel neuer Menschbeziehung hingestellt und als die zukünftige Grundhaltung des Mannes geradezu gefordert. Dabei ist allerdings – und hier liegt ein nicht erkanntes Problem – vorausgesetzt, daß die Welt der Frau dem Bild entspricht, das man sich von ihr macht und daß diese Frauenwelt für die Zukunft unverändert bleibt.

4.3 Soziologie der Männergruppen

Soziologisch gesehen rekrutieren sich die Männergruppen aus dem Hochschul- bzw. Subkulturmilieu, ein realer Bezug zur Arbeitswelt ist kaum vorhanden. Die Anfang 1976 entstandene Männergruppe Hannover zählte Ende 1976 sieben Mitglieder, die alle Akademiker waren. In anderen Gruppen dürfte die Zusammensetzung, auch die Zahl der Mitglieder, kaum von diesem Beispiel abweichen. Grund für die auffallende Instabilität dieser Gruppen sind die nicht unbedingt ausgleichbaren Verhaltenskomponenten, die das einzelne Mitglied entwickelt, der z. T. erhebliche Altersunterschied (z. B. Hannover: zwischen 20 und 40 Jahren) und die damit verbundene Ungleichzeitigkeit der Erlebnisse (eine Folge der narzißtischen Verhaltenskomponente). Es ist einsichtig, daß eine Gruppe, in der hedonistische, auf Bedürfnisbefriedigung angelegte Erwartungen auf regressive, die Gruppengeborgenheit suchende Hoffnungen treffen, zu denen sich noch narzißtische Verhaltensweisen gesellen, durch diese egozentrierte Lebensvorstellung zerrissen wird.[33]

5 Homosexuelle Emanzipation

5.1 Männliche Homosexualität

Sieht man einmal von extremistischen Weltverbesserern ab, die mit Bomben und Gewehren ihre Anschauungen der Gemeinschaft aufzuzwingen suchen, so ist nur eine der modernen alternativen Lebensgestaltungsgruppen direkt vom Gesetz her bedroht: die Gruppe der Homosexuellen. Zwar ist durch die Reform des Sexualstrafrechtes einiges geändert, doch wirkt die allgemeine Ächtung dieser Gruppe noch heute so stark, daß sie praktisch aus der Gesellschaft ausgeschlossen ist. Auch wenn homosexuelles Verhalten bei prominenten Menschen mehr oder weniger toleriert wird, kann der weniger prominente Homosexuelle kaum auf Toleranz hoffen.

Für unseren Zusammenhang kann weniger die allgemeine Frage nach Wesen und Recht homosexuellen Verhaltens eine Rolle spielen – selbst in der Medizin ist bis heute darüber keine Einigkeit erzielt worden –, sondern die spezielle Frage nach organisierter Homosexualität, die versucht, ihre Anlage als alternative Sexualform der Öffentlichkeit verständlich zu machen. Dabei ist nicht nur die männliche Homosexualität zu berücksichtigen, sondern auch die weibliche, die, da bisher nie vom Gesetz verfolgt und wohl auch im Erscheinungsbild unauffälliger, erst in den letzten Jahren militante Züge angenommen hat.

5.1.1 Zur Geschichte der homosexuellen Emanzipation

Gruppierungen Homosexueller gibt es seit der zweiten Hälfte des vorigen Jahrhunderts, wobei zu berücksichtigen ist, daß erst um 1830 mit dem Versuch begonnen wurde, literarisch die Homosexualität als mögliche, ja naturverankerte Variante des menschlichen Sexualverhaltens zu verteidigen. 1896 entsteht die erste homosexuelle Zeitschrift, im Mai 1897 begründet Magnus Hirschfeld das »Wissenschaftlich-humanitäre Komittee (WHK)«, das sich die Abschaffung des Paragraphen 175 zum Ziel setzt. Im gleichen Jahr wird eine Unterschriftensammlung unter eine Petition an den Reichstag in Gang gesetzt, die in den folgenden Jahren etwa 5000 Unterschriften Prominenter aufweist. Der Eulenburg-Skandal des Jahres 1901 wirft alle Bemühungen wieder zurück, zumal sich nun auch eine parteipolitische Komponente des Kampfes um § 175 zeigt: es sind fast ausschließlich linke Kreise, die für die Aufhebung eintreten[34] (Hirschfeld selbst steht der SPD nahe, in den zwanziger Jahren macht die KPD den Kampf gegen jenen Paragraphen zu dem ihren). Die Gegner dieser Bestrebungen scheuen vor tätlichen Angriffen auf Hirschfeld nicht zurück: 1921 wird er in München angegriffen, 1923 in Wien. Und doch bringt die Weimarer Zeit eine relative Freizügigkeit mit sich, wenn auch die grundsätzliche Ablehnung innerhalb der Bevölkerung bleibt. Mit der NS-Zeit beginnt die Leidenszeit deutscher Homosexueller[35], sie werden in die KZ's eingewiesen: in den Jahren 1931–1934 kommt es in Deutschland zu 3000 Verurteilungen auf Grund des § 175, in den Jahren 1935–1939 steigt die Zahl auf 30 000. Nach dem Kriege werden homosexuellen KZ-Insassen Wiedergutmachungszahlungen verweigert, da sie, so die Rechtsprechung, auf Grund gültiger Gesetze in die Lager eingewiesen worden wären. Daß der Nationalsozialismus den § 175 unverhältnismäßig verschärft hatte, wird dabei nicht berücksichtigt.[36]

Nach dem Kriege bleibt die homosexuelle Aktivität zunächst im wesentlichen auf Freundschaftsblätter beschränkt, die weibliche Homosexualität tritt so gut wie gar nicht in Erscheinung. Als im Zuge der stärker werdenden Aktivität der Bundesprüfstelle für jugendgefährdende Schriften die Freundschaftsblätter immer häufiger indiziert werden – was letztlich einem Verbot gleichkam –, verschwindet diese Form homosexueller Aktivität sehr schnell. Erhalten bleiben die Freundschaftslokale, die jedoch lediglich als Treffpunkte anzusehen sind, eine aktive, auf die Befreiung vom Druck des § 175 gerichtete Gruppenarbeit geht von ihnen nicht aus. Die erste homosexuelle Zeitschrift taucht im November 1969 wieder auf[37], die ersten politisch aktiven Gruppen entstehen im gleichen Jahr, die damalige politische Entwicklung und die zunehmende Liberalisierung des Strafrechtes begünstigen die Entwicklung.[38] Im März 1978 werden etwa

31 homosexuelle Aktionsgruppen genannt, die sich zu einem Teil im akademischen Bereich formiert haben.

5.1.2 Ziele

Zielvorstellung dieser Gruppen ist, wenn auch in verschiedenen Abstufungen, die

> »Schaffung einer Gesellschaft, in der männliche und weibliche Homosexuelle in gleicher Weise wie andere, einverständlich handelnde Menschen ihren Wünschen und Bedürfnissen gemäß offen und unverstellt leben können: ohne Furcht vor Diskriminierung oder anderen Nachteilen.«[39]

Das heißt mit anderen Worten Verzicht auf die Schaffung einer toleranten Grundstimmung in der Gesellschaft, sondern grundsätzliche Änderung der Bewußtseinslage. Allerdings zeigt es sich in der Praxis, daß die Erreichung dieses Zieles über die Arbeit in und durch Gruppen schwierig ist, weil diesen Gruppen eine vergleichsweise große Instabilität innewohnt. Wer in eine solche Gruppe geht,

> »... taucht in die Subkultur ein, deren vornehmlicher Zweck es ist, Menschen zusammenzuführen, deren einziges Merkmal – fürs erste – die Homosexualität ist. Man steht sich als potentieller Sex-Partner gegenüber, wenn man auf einen anderen Homosexuellen trifft. Er, der Gegenüber, wird ausschließlich nach sexuellen Gesichtspunkten beurteilt ... Typen, die nicht den gewünschten sexuellen Vorstellungen entsprechen, werden gleich ›aussortiert‹ ...«[40]

5.1.3 Soziale Struktur

Für die Struktur des Gruppeninneren mag das zunächst einmal stimmen, aber selbst wenn es gelingt, innerhalb der Gruppe ein Klima zu schaffen, das über die reine Sexualisierung hinausgeht, das es erlaubt, öffentlich und geistig in die Auseinandersetzung einzutreten, ergeben sich Schwierigkeiten. Eine solche Arbeit verlangt nämlich das Heraustreten aus der Anonymität, die auch heute noch der einzig wirksame Schutz des Homosexuellen vor gesellschaftlicher Diskriminierung ist. Auch Studenten, die vielleicht in der öffentlichen Darstellung ihrer eigenen Überzeugungen weniger bedenklich sind, scheuen hier zurück, denn ein solches öffentliches Bekenntnis zu einer ›abartigen‹ Veranlagung kann sich auf den späteren Berufsweg negativ auswirken. Hinzu kommt, daß in den Gruppen Oberschicht und Arbeiterschaft fehlen, d. h. die Einengung auf den akademischen und bürgerlichen Kreis verhindert eine wirkliche Breitenwirkung. Weiter fehlen, trotz aller Versuche, wirkliche überörtliche Verbindungen, so daß jede Gruppe, je nach ihrer jeweiligen Zusammensetzung, ihre Zielvorstellungen artikuliert oder aktiv wird. Weiter wirkt erschwerend, daß viele Gruppenmitglieder die Gruppen verlassen, wenn sie in das eigentliche Berufsleben eintreten oder wenn sie meinen, daß ihre Erwartungen im Bezug auf Rückhalt in der Gruppe und Gewinnung eines positiven Verhältnisses zur eigenen Veranlagung und zu anderen Homosexuellen enttäuscht werden.[41]

5.1.4 Politische Orientierung

Auffallend ist – aber im Blick auf die Geschichte der homosexuellen Emanzipationsbestrebungen nicht verwunderlich – die starke Bindung an die politische Linke.

»Wir begreifen uns und unsere Zeitung als *einen* Teil einer linken Bewegung, die Homosexualität nicht ausgrenzt. Unsere Themenschwerpunkte sind... Teil der notwendigen ideologischen Auseinandersetzung...«[42]

Diese Bindung nun stößt eine ganze Reihe von Homosexuellen, die sich als Konservative verstehen, ab: gerade auch die »etablierten« homosexuellen Zeitschriften polemisieren erbittert gegen diese Linken, die die laufende Emanzipation in Deutschland nicht wahrhaben wollen, denen Richtungskämpfe lieber sind als die Fürsorge für den einzelnen Homosexuellen. Gerade die extreme Anbindung an die Linke stört, nach Meinung der Kritiker solcher einseitiger Politisierung, den Emanzipationsvorgang, da sie in der öffentlichen Meinung vorhandene Vorurteile gegen die Homosexualität nun noch mit politischen Vorurteilen kombiniert. Weiter wird darauf hingewiesen, daß die politische Linke, da, wo sie an der Macht ist, die Ablehnung Friedrich Engels' übernimmt[43] und die Homosexualität wieder kriminalisiert: die Gefahr, als »nützliche Idioten« mißbraucht zu werden, liegt unter diesen Umständen nahe.

5.1.5 Zahl der Homosexuellen

Bei Betrachten der heutigen homosexuellen Szene fällt auf, daß die Zahl der erklärten Homosexuellen steigt – die ebenfalls steigende Zahl der Bisexuellen kann hier außer Betracht bleiben. Die Frage, die durch diese Tatsache aufgeworfen wird, ist, ob es sich um einen echten Anstieg handelt oder nur um das Offenbarwerden eines Zustandes, der bisher in der Anonymität verborgen war. Für die erstere Möglichkeit spricht, daß die Zunahme – so hat es wenigstens den Anschein – weniger gleichmäßig auf alle Altersgruppen verteilt ist, sondern in steigendem Maße Jüngere betrifft.[44] Daß darüber hinaus wachsende Liberalität den Homosexuellen eher zu einem Bekennen seiner Anlage bringt, kann ebenfalls nicht bestritten werden.

5.2 Weibliche Homosexualität

Später als das Erscheinen männlicher homosexueller Gruppen setzt die Gründung von Gruppen ein, die weibliche Homosexuelle erfassen (1972, 1978 bestehen etwa 35 lesbische Gruppen). Hier allerdings werden sehr schnell radikalere Töne vernehmbar, da der Kampf der Lesbierinnen nach zwei Seiten geführt wird. Einmal wird eine totale Emanzipation von der männlichen Sexualität angestrebt, wobei durchaus der Vorwurf zu hören ist, die heterosexuelle Fixierung der Frau auf den Mann sei Teil der Unterdrückung der Frau. Das menschliche Sexualverhalten, so wird in diesem Zusammenhang argumentiert, ist nicht von vornherein zielgerichtet, sondern wird im Laufe der Erziehung programmiert. Die Verweigerung der traditionellen Frauenrolle ist darum vollkommene Emanzipation. So schreibt denn auch die Zeitschrift »Emma« in diesem Zusammenhang: »Theoretisch sind alle Frauen in der Frauenbewegung in folgendem einig: 1. daß es ebenso natürlich ist, eine Liebesbeziehung zu einer Frau zu haben, wie zu einem Mann; 2. daß die ausschließliche Heterosexualität ein Unterdrückungsinstrument für Frauen in einer männerbeherrschten Gesellschaft ist; 3. daß es wünschenswert ist, daß alle Frauen für die Möglichkeit einer Liebesbeziehung auch zu Frauen offen sind.«[45]

Der andere Gegner der Lesbierinnen ist die übrige Frauenbewegung, von der sie sich weitgehend abschließen, obwohl sie maßgeblich am Aufbau der neuen Frauenbewegung beteiligt waren.[46] Allenfalls die Zusammenarbeit mit männlichen Homosexuellen wird akzeptiert, doch gilt hier der Satz, daß letztlich die »männliche Homosexualität das Bündnis zwischen Herrschern (ist), die weibliche das zwischen Beherrschten«.[47]

Von hier aus ist es verständlich, wenn die Vertreterinnen der weiblichen Homosexualität die gesamte Welt, in der sie leben, als männerbeherrscht ansehen. Sie empfinden ihre eigene Existenz in dieser Welt als schizophren[48] und suchen die Aufhebung in der Verneinung ihrer vorgegebenen Rolle durch den konsequenten Austritt aus dieser Gesellschaft. Dieser Austritt aber wird von vielen als politische Tat gewertet[49], aus der dann die Bindung an die Linke gefolgert wird.

6 Wohnen

6.1 Kommunen, Wohngemeinschaften

Gemeinsame Überzeugung läßt sich, das ist eine allgemeine Lebenserfahrung, am besten dort leben und durchsetzen, wo eine möglichst enge Wohngemeinschaft besteht. Darum kann es nicht ausbleiben, wenn innerhalb der Studentenbewegung der sechziger Jahre, zunächst im Zentrum dieser Bewegung, in Berlin, Wohngemeinschaften – als Kommunen bezeichnet – entstehen. Die erste dieser Kommunen, Kommune I, entsteht Ende 1966, wird aber wegen ihrer immer extremer werdenden politischen Ansichten 1967 aus dem SDS ausgeschlossen und zerfällt. Die Kommune II besteht vom Herbst 1967 bis Sommer 1968. Die bekannteste Kommune wird die 1970 in München begründete Pop-Kommune, auch High-Fish-Kommune genannt. Es sind weniger ihre politische Aktivität und Orthodoxie, die sie bekannt machen, es sind vielmehr ihre hervorragende Geschäftstüchtigkeit und ihre großartig organisierte Selbstdarstellung durch Mitglieder wie Uschi Obermaier, Rosy-Rosy (der Gipsabdruck ihres Busens wurde für die Kommune zu einem Verkaufsschlager) und Rainer Langhans. Bei dieser Kommune verwischt sich bereits die Grenze zwischen einer ideologisch motivierten Gemeinschaft und einem Reklame- und Wirtschaftsunternehmen, so daß im Rückblick von ihr gesagt werden kann:

»Der finanzielle Abstieg und damit der Anfang zur Auflösung der Gruppe begann, als die Kommune aufhörte, sich selbst zu verkaufen. Als erstes hörte sie auf, die Presse zu empfangen, Journalisten Interviews zu geben und sich fotografieren zu lassen.«[50]

Hinzu kommt – und in anderen Kommunen kann als Zerfallsursache eine ähnliche Entwicklung angenommen werden – die Veränderung der einzelnen Kommunemitglieder. An die Stelle der gemeinschaftlichen Interessen und Zielvorstellungen tritt eine immer stärker werdende Individualisierung, treten Neigungen,

»die in der vorhandenen Struktur der Gruppe sich nicht entfalten konnten. Es wurde immer deutlicher, daß diese Gruppierung für die Erfahrungen, die sie hinter sich hatten, gut gewesen war, daß aber die vor ihnen liegende Zeit ein Zusammentun mit anderen Leuten erforderte...«[51]

An der ursprünglichen Kommunebewegung – die inzwischen weitgehend der Vergangenheit angehören dürfte – ist in erster Linie ihr politischer Charakter beachtenswert: sie ist

»zu begreifen als organisierter Ausdruck der politischen und prakti-

schen Kritik an den privaten Auswirkungen gesellschaftlicher Unterdrückung, während sich die Studentenbewegung eindeutig als politische Organisierung der Auflehnung gegen die öffentlichen Formen gesellschaftlicher Repression darstellt.«[52]
Aber diese Beschreibung läßt bereits erkennen, welchen Weg die Entwicklung der Kommunebewegung sehr schnell nimmt: aus einer antiautoritären Bewegung, die ein neues Lebens- und Gemeinschaftserleben sucht, die aus diesem Erleben heraus politisch wirken will, wird eine Wohnform, die unter Verzicht auf eine gemeinsame Ideologie eine finanzielle Entlastung des einzelnen Mitgliedes erstrebt: eine Wohngemeinschaft.

Im Zusammenhang mit den Kommungen und Wohngemeinschaften ist ein Mythos entstanden, der durch Verklärung der Anfänge eine bestimmte statische Vorstellung vom Wesen dieser Wohnform erzeugt hat und deshalb vielfach als Keim der Zersetzung neuer Gründungen anzusehen ist.

»Mit der Ausbreitung des Gedankens, kollektive Lebensweise sei etwas, das einen individuell und im Bezug auf die gesellschaftlichen Verhältnisse weiterbringt, entwickelte sich eine sehr feste und eingeschliffene Vorstellung von dem, was eine Wohngemeinschaft zu sein habe... Es wird fast nie der Tatsache Rechnung getragen, daß jede Gruppe zwangsläufig *anders* ist, daß jede Gruppe andere Fernziele hat und andere Entwicklungsmöglichkeiten hat...«[53]

Die Isoliertheit der einzelnen Wohngemeinschaften hat manche Gruppe beunruhigt, aber fast alle Versuche, übergeordnete Bezugsgruppen zu schaffen, scheiterten. So etwa der Versuch, eine »Arbeitsgemeinschaft neue Kultur« zu schaffen, die 1976 in Hannover unternommen wurde. Lediglich die seit 1973 existierende Gruppe »Humanes Wohnen e. V.« in Hamburg, die aus dem 1972 gegründeten »Arbeitskollektiv Kollektives Wohnen« entstand, funktioniert, ist aber weitgehend auf Hamburg beschränkt. Sie hat 1973 in Hamburg eine Umfrage unter Wohngemeinschaften jeder Art durchgeführt, auf die 84 Wohngemeinschaften antworteten. Das Ergebnis ist bezeichnend: der überwiegende Teil der Bewohner setzt sich aus mittleren und oberen Schichten zusammen, die Personen ohne abgeschlossene Ausbildung überwiegen. 543 Personen wurden erfaßt, unter ihnen befinden sich 19 Kinder (17 unter 6 Jahren), 320 Studenten, 34 Schüler, 67 Ärzte, Lehrer und Juristen, 81 mit kaufmännischen, nicht akademischen pädagogischen und medizinischen Berufen, nur 19 Arbeiter, Handwerker und Lehrlinge. Das Verhältnis Männer zu Frauen beträgt 3:2, das Durchschnittsalter liegt knapp unter 25 Jahren.[54] Es ist anzunehmen, daß sich diese Zusammensetzung – auch in anderen Gebieten – kaum geändert hat.

Zusammenfassend noch eine Klärung der Begriffe:

Kommune bedeutet eine Gemeinschaftsform, die sich als Vorgriff auf eine in ähnlicher Form organisierte sozialistische Gesellschaft der Zukunft versteht. Aus den Kommunen soll diese neue Form erwachsen, in der der Verzicht auf Eigentum und eventuell sogar auf Eigenraum eine »Bruderschaft« schaffen soll, die wie eine Wiederbelebung der Großfamilie der Vergangenheit wirkt. Kollektiv bedeutet eine Arbeitseinheit, die nicht unbedingt Lebens- und Wohngemeinschaft sein muß. Auch hier tendiert die Zielvorstellung zur Aufgabe des Privateigentums, das als die einzelnen trennender Faktor angesprochen wird.

Die Wohngemeinschaft dagegen ist ein lockerer Zusammenschluß von Gleichberechtigten, die die Verfügung über ihren Freiraum und Eigentum behalten (lediglich ein Beitrag zum gemeinsamen Unterhalt – Miete usw. – wird geleistet). Eine innere Gliederung – die bei Kommunen durch die Gemeinschaft gegeben ist – fehlt, sie kann sich allerdings aus Altersstrukturen und fachlicher Autorität ergeben.[55] Die Rezipierung neuer Mitglieder erfolgt nur schwer.

6.2 Landkommunen

Im Gegensatz zu den Stadtkommunen können die auf dem Lande angesiedelten Gemeinschaftsformen auf eine lange Vergangenheit zurückblicken, selbst wenn sie in ihrem Selbstverständnis diese Vergangenheit nicht berücksichtigen.

6.2.1 Geschichte der Landkommunen

Rousseaus Ruf »Zurück zur Natur« und das sentimental verklärte Bild des Hirten- und Landlebens, wie es mindestens seit der Barockzeit wieder durch die Köpfe geistert, können, ebenso wie Voltaires resigniertes »Il faut cultiver son jardin«[56], als die Grundlage der Landbewegung gewertet werden. Die Romantik greift diese Gedanken auf und bereitet, kombiniert mit dem Freiheitsdenken der Französischen Revolution und dem Gleichheitsideal, den Boden für die ersten wirklichen praktischen Siedlungsversuche. Dabei kommt es in Europa nur zu wenigen Ansätzen: Stirners Milchläden, Proudhons Selbstorganisationsläden, größere Landnahmeversuche können nicht unternommen werden, da die Landbesitzverhältnisse solche Versuche schon im Ansatz ersticken lassen. Die wesentlichen Landkommunen finden sich in Amerika: hier gibt es genügend Grund und Boden, hier ist die nötige Freiheit, politische oder religiöse Gedanken als Grundlage einer Gemeinschaftsbildung voll auszuleben (von einzelnen Verfolgungen, wie etwa die der Mormonen, kann hier abgesehen werden). Hinzu tritt – wie schon erwähnt – in Amerika die Entdeckung der Natur als

Quelle eigentlichen menschlichen Lebens. Neben Emerson ist hier vor allen Dingen Thoreaus Buch »Walden« richtungsweisend:
»Wir müssen lernen, wieder wach zu werden und uns wach zu erhalten, nicht durch mechanische Mittel, sondern durch das unaufhörliche Erwarten des Tagesanbruchs, welches uns nicht verlassen darf im tiefsten Schlaf... Ich zog in den Wald, weil ich den Wunsch hatte mit Überlegung zu leben, dem eigentlichen, wirklichen Leben näher zu treten, zu sehen, ob ich nicht lernen konnte, was es zu lehren hatte, damit ich nicht, wenn es zum Sterben ginge, einsehen müßte, daß ich nicht gelebt hätte. Ich wollte nicht *das* leben, was nicht Leben war; das Leben ist so teuer. Auch wollte ich keine Entsagung üben, außer es wurde unumgänglich notwendig. Ich wollte tief leben, alles Mark des Lebens aussaugen, so trutzig und spartanisch leben, daß alles was nicht Leben war, in die Flucht geschlagen wurde...«[57]

Entkleidet man dieses Zitat seiner poetischen Elemente, so bleibt jener Gedanke, der seitdem die meisten Siedlungsunternehmen beseelt hat: in der unmittelbaren Berührung mit der Natur, in der Arbeit an und mit ihr, das eigentliche Leben wieder zu erfahren, aus der leibhaftigen Berührung mit dem Boden neue Kräfte zu entfalten. Insofern kann es nicht verwundern, wenn die Entwicklung der Siedlungsbewegung bis heute begleitet ist von einer tiefen Ablehnung der städtischen Zivilisation und einer manchmal übertrieben anmutenden Bejahung der naturgemäßen Lebensweise (das vor allem in der deutschen Siedlungsbewegung vor und nach dem 1. Weltkrieg). Zu den Zivilisationsschäden werden auch die sozialen Ungerechtigkeiten gezählt und die Behauptung aufgestellt, daß ein naturgemäßes, in der Natur gelebtes Leben die sozialen Schwierigkeiten wieder ausräumen müsse.[58] Nur so ist es zu verstehen, warum ein Mann wie Küppers-Sonnenberg, der in der Mitte des 1. Weltkrieges mit seinem Siedlungsexperiment beginnt, das bolschewistische Rußland der Frühzeit zum Vorbild erheben kann:
»In Rußland ist die moderne Kulturkrise zunächst zur Auswirkung gekommen. Das russische soziale Experiment hat die Bedeutung der Scholle als Grundlage für eine dauerhafte Kultur erwiesen. Wie wird die Entwicklung weitergehen? Ganz Europa ist interessiert an der Lösung der wirtschaftlichen Probleme. Nicht nur Europa. Die ganze Welt sieht heute auf Rußland und – Deutschland, das die Tat der wirtschaftlichen Befreiung des Menschen, die Erlösung des Menschen bringen muß.«[59]

Die moderne Entwicklung der Landkommunen geht wiederum von Amerika aus, namentlich dadurch gekennzeichnet, daß anstelle langer

Theoriedebatten praktische Versuche gestartet werden, in Deutschland begünstigt durch den Zerfall der bäuerlichen Dorfstruktur. Diese Versuche verlaufen in Deutschland zunächst durchaus anarchistisch, sind es doch anfangs vor allem Stadtkommunen, die sich auf dem Lande ansiedeln. Allerdings werden dabei die in der Stadt begonnenen Experimente – Promiskuität, Abbau des Leistungsprinzips, neue, antiautoritäre Kindererziehung – fortgesetzt, so als sei kein Unterschied zwischen Stadt- und Landleben. Von wirklichen Landkommunen kann man bei diesen Gruppen nicht sprechen, sie blieben Fremdkörper auf dem Lande, ohne wirkliche Verbindung zur bäuerlichen Umgebung, zum Boden und seiner Bebauung. Darum scheitern diese Experimente meist sehr schnell. Mit den 70er Jahren bessern sich die Verhältnisse allmählich: 1971 werden etwa 60 Landkommunen gezählt, im Oktober 1977 wird die Zahl auf nicht weniger als 600 geschätzt. Im großen und ganzen gesehen scheinen die älteren Landkommunen stabil zu sein. Dabei ist eine gewisse Abwehrhaltung gegen Intellektuelle zu beobachten, die Gruppen wollen das mühsam gewonnene Gleichgewicht zwischen Praxis und Theorie nicht gestört sehen. Auffallend ist bei den deutschen Landkommunen das verhältnismäßig geringe Durchschnittsalter der Kommuneangehörigen, eine Tatsache, die eine gewisse Instabilität bei neueren Gruppen erzeugt, die meist noch verstärkt wird durch totale Unerfahrenheit der Mitglieder in ländlicher Arbeit. Stabilität tritt erst da ein, wo es gelingt, mit den umwohnenden Bauern in ein gutes Verhältnis zu kommen, von ihnen zu lernen, ihre Hilfe zu gewinnen. Ferner gehört zur Stabilität eine gewisse finanzielle Autonomie und eine ausgeglichene Altersstruktur.

6.2.2 Struktur

Eine sachgemäße Einteilung der Landkommunen ist fast unmöglich, denn es besteht die Gefahr, diese Gruppen in eine Richtung zu definieren, die sie gar nicht so einseitig vertreten, man kann nur verschiedene Ausdrucksformen und Schwerpunkte benennen:

»Es gibt solche, die mehr auf dem Weg nach innen sind, also meditative Gruppen, bis hin zu therapeutischer Orientierung. Dann solche, die vor allem raus wollen aus dem Arbeitsprozeß der Stadt, das sind die Produktionskommunen, die halt irgendwelche Marktlücken nutzen. Dann gibt es solche, die das Plastikessen satt haben und meinen, daß es wichtig ist, sich neu aufzubauen auch über Ernährung. Und es gibt Gruppen – es ist nicht ganz zufällig, daß die am Schluß stehen – politische. Longo Mai ist durch die Presse gegangen, als Landkommune, die also ihr Interesse darin sieht, in bevölkerungsarmen, infrastrukturell vernachlässigten Gebieten

Land wieder zu bebauen und durch die Tat, exemplarisch auf die Landbevölkerung zu wirken.«[60]

6.2.3 Selbstverständnis
Die Kommunen auf dem Lande verstehen ihre Existenz als politisches Handeln:
> »Davon abgesehen würden wir uns hier ganz sicher als politisch verstehen. Dabei gehen wir davon aus, daß eine radikale Veränderung der Gesellschaft nur über uns selbst laufen kann. D. h. wenn wir uns in der Studentenbewegung bemüht haben für Vietnam, für Kambodscha usw. aktiv zu werden, haben wir allzuoft vergessen, daß radikale Veränderung auch uns selbst betreffen muß. Das wollen wir hier versuchen. D. h. Politik ist für uns das, was wir im Alltag leben und wie wir Kontakt aufnehmen zu unserer nächsten und weiteren Umgebung.
> 2. verstehen wir uns politisch insofern, als daß wir zeigen wollen, daß hier und jetzt schon Möglichkeiten gegeben sind von besserem Leben. Das heißt daß wir uns nicht mehr vertrösten lassen auf den St. Nimmerleinstag nach der Revolution.«[61]

Eins verbindet sie allerdings alle, die verächtliche Abwendung vom Stadtleben und die neu erwachende Liebe zur Erde.[62]

6.2.4 Beispiele (Obermühle, Findhorn, The Farm)
Ein gutes Beispiel für eine Landkommune ist die Obermühle-Familie in Hundham/Obb.[63] Sie besteht aus zwölf Mitgliedern, die, bis hin zur Eingliederung einer Großmutter, eine Großfamilie bilden. Neben biologisch-dynamischem Landbau und Kräuterzucht (beides bildet den wesentlichen Lebensunterhalt) werden vielseitige Interessengebiete von der Akupunktur bis zum Yoga und chinesischem Ausdruckstanz gepflegt, wie es auch der Grundsatz der Gemeinschaft umschreibt, nicht nur gegen etwas zu sein, sondern auch für etwas. In Wochenendseminaren werden Außenstehenden die Kenntnisse weitergegeben. Die Gruppe hat eine weitgehende wirtschaftliche Autonomie erworben, deren Grundlage allerdings harte Arbeit ist.

Ein weiteres Beispiel ist die 1962 an der Nordost-Küste Schottlands gegründete internationale »Findhorn-Foundation«, eine Gruppe von etwa 200 Personen. Diese Gruppe, bei der sich Rosenkreuzereinflüsse nachweisen lassen, steht unter dem »Law of Manifestation«, der Lehre, daß geschieht, was geschehen muß, daß berechtigte Wünsche, Bedürfnisse erfüllt werden. Diese Erfüllungen sind Manifestationen Gottes. Sehr stark wird heute die Gemeinschaft von den Offenbarungen (quidance) geführt, die der Frau des Gründers gegeben werden. Aus diesen Offenbarungen resultiert ein dem Außenstehenden seltsam anmutender, als vollkommen real erlebter Umgang mit Naturgeistern, die die Gruppenangehörigen als die eigentlichen Urheber ihrer unleugbaren landwirtschaftlichen Erfolge ansehen. Die Findhorn-Foundation verkörpert den Typ einer spirituellen Gemeinschaft und versucht durch die neu gegründete »University of light« spirituell auf die Umgebung einzuwirken. Eine ähnliche Gruppe, »The Farm« findet sich in Tennessee (USA), in der etwa 800 Menschen zusammenleben. Im Zusammenhang mit den Landkommunen muß ein Phänomen erwähnt werden, das sich aus der Hinwendung zum Lande und zu bestimmten – vornehmlich ostasiatischen und indianischen – Weisheitslehren entwickelt hat: die Tendenz zu natürlicher, von allen modernen chemischen Dünge- und Konservierungsmitteln unabhängiger Nahrung.

»Ein neues Bewußtsein verbreitet sich im Lande. Es entspringt aus der uralten Weisheit, daß das menschliche Wesen physisch, emotional und spirituell das Produkt dessen ist, was es als Nahrung in seinen Körper aufnimmt. Es gibt eine natürliche Ordnung. Sobald genügend Individuen Körper und Geist durch natürliches Essen und natürlichen Lebenswandel reinigen, wird die gesamte Menschheit beginnen, eine große Harmonie mit dieser natürlichen Ordnung zu erlangen.«[64]

Man mag zunächst geneigt sein, einen solchen Text als bloßen Nachklang der Reformhaus-Idee anzusehen, doch kann als sicher gelten, daß diese Gedanken neu entstanden sind. Dabei geht es nicht darum, den Körper vor Schäden zu bewahren, sondern die übergeordnete Harmonie der Dinge zu erreichen, in die der Mensch eingebettet ist.[65]

6.3 Die Stadt

Es ist unbestritten, daß es Stadtplanung immer schon gegeben hat, nur waren diese Pläne der Vergangenheit frei von Zwängen, die die heutige Stadt erwürgen: Bodenspekulation, hohe Mieten, anwachsender Verkehr, notwendige Stadterweiterung durch Bevölkerungszuwachs, Verbrauchszwang durch Wirtschaftsexpansion, Ausbreitung der Industriegebiete. Die daraus angeblich als notwendig erwachsende Stadtkonzeption wird heute hart kritisiert:

»...verspätete Fortschrittsgläubigkeit, ein baulich nachgeholtes 19. Jahrhundert, das fasziniert war vom technischen Perfektionismus, der zum nichtsnutzenden Spielzeug degenerieren konnte. Die Menschen werden höchstens darin geduldet, sind Staffage.«[66]

Ähnlicher Kritik sehen sich die für die Stadtrandgebiete als rationale

Notwendigkeit eingeplanten Dienstleistungszentren (Schule-Einkauf-Klinik-Verwaltung-usw.) ausgesetzt, denen vorgeworfen wird, die Stadt zu zerreißen, da sie Entfernungen voraussetzen, die bei der augenblicklichen Stadtgestaltung nicht einkalkuliert sind.

Ziel der Kritik und der neuen Konzeption ist, der Stadt wieder multifunktionale Aufgaben zuzuordnen und die Trennung der Lebensbereiche (Arbeit, Wohnen, Freizeit) wieder aufzuheben, denn die Einzelbereiche verbreiten Langeweile, Nüchternheit, Vereinsamung, fehlt ihnen doch die in der multifunktionalen Stadt sich zwanglos ergebende Kommunikation, die ihr innewohnende Lebendigkeit aller Lebensbezüge. Hinzu kommt, daß in der modernen Stadtplanung der Platz für Unvorhergesehenes, für Freies weitgehend nicht vorhanden ist, die Reglementierung verbannt »Unaesthetisches« (Wäsche auf den Balkonen, Markisen usw.), der Raum zwischen den einzelnen Wohnblöcken wird zu Nichtbebautem degradiert (allenfalls durch Buschgruppen oder Plastiken »aufgelockert« oder zum Abstellen der Autos benutzt: die Amerikaner sprechen von einem Wohnen auf dem Parkplatz), jede spontane Begegnung der Bewohner ist unmöglich.

In Neubaugebieten – vielfach nur aus Hochhausblöcken bestehend – wächst das Unbehagen unter den Bewohnern: deutlich an der Umzugshäufigkeit und anderen soziologischen Faktoren ablesbar. Wie stark das empfunden werden kann, zeigt ein Gedicht von Jürgen Völkert-Marten:

»*Reiz*
Ich möcht' in eins dieser Hochhäuser
ziehn
ganz oben
ins oberste Stockwerk
. . . .
um jederzeit die Möglichkeit zu haben, problemlos durchs Fenster auszusteigen.«[68]

Aus diesem Zustand erwächst der Zweifel an der Richtigkeit des modernen, rationalen Stadtkonzepts, das Wohnbezirke zerreißt, Stadtzentren leert, den Menschen als den wichtigsten Bezugspunkt der Stadtplanung vergißt. Die durch die Alternativbewegung mit bewirkte Sensibilisierung der Bevölkerung schlägt sich in den Bürgerinitiativen nieder, deren Ziel es ist, den Stadtbewohnern eine menschenfreundlichere Umgebung – menschenwürdig wird vielfach gesagt – zu schaffen.

7 Naturheilmethoden

7.1 Begriffsbestimmung

Unter Naturheilkunde ist die Gesamtheit aller der therapeutischen und prophylaktischen Verfahren zu verstehen, die mit Hilfe naturgegebener Heilmittel und -verfahren dem menschlichen Organismus innewohnende natürliche Heilkräfte aktivieren und unterstützen. Abgelehnt werden Arzneimittel, die, chemisch hergestellt, der Natur fremd sind, das gleiche gilt von Apparaturen und anderen Verfahren, die über das Naturgegebene hinausgehen.

Diese pauschale Definition beinhaltet im Einzelnen eine fast unübersehbar große Anzahl einzelner Heilverfahren, die, je nach Lage einzeln oder in Kombination angewendet werden und die die »Brockhaus Enzyklopädie« alphabetisch geordnet – wenigstens teilweise – aufzählt.

»Ableitung, Abreibung, Abwaschung, Aderlaß, Arzneipflanzen, Bad, Blutegel, Blutentziehung, Blutreinigung, Bürstenbad, Dampfbad, Darmbad, Eigenblutbehandlung, Eigenharnbehandlung, Einlauf, Ernährungstherapie, Fasten, Heilatmung, Heilerde, Heilfieber, Heilquellen, Heilschlaf, Klimatherapie, Kneipp-Behandlung, Krankengymnastik, Lichtbehandlung, Liegekur, Luftbad, Massage, Meeresheilkunde, Packung, Reizkörperbehandlung, Reiztherapie, Sandbad, Sauna, schröpfen, Sonnenbad, Überwärmung, Wasserheilverfahren.«[69]

7.2 Geschichte der Naturheilbewegung

Naturheilverfahren sind nicht erst eine Entdeckung des letzten Jahrhunderts, sondern haben ihre Wurzeln in der Antike, sie haben aber auch Parallelen in der Heilkunde der Naturvölker. Für die Neuzeit wiederentdeckt wurde die Naturheilkunde von einer Reihe medizinischer Laien, unter denen der schlesische Bauer Vinzenz Prießnitz (1799–1851), der ihm befreundete Bauer Johann Schroth (1800–1856) und der katholische Pfarrer Sebastian Kneipp (1821–1897, ursprünglich gelernter Weber, als Spätberufener 1855 Kaplan) diejenigen gewesen sein dürften, die dem Gedanken der natürlichen Heilweise zum Durchbruch verhalfen. Wie sehr allerdings dieser Gedanke in der Luft lag, zeigt die Tatsache, daß sich 1832 – Prießnitz hatte 1814 mit seinen Wasserheilkuren begonnen – bereits der erste Wasserkurverein, der »Hydropathische Gesundheitsverein für ganz Deutschland« bildete, dessen Veröffentlichung »Anweisung zum heilsamen Wassergebrauch für Mensch und Vieh« weite Kreise für die Wasserheilmethode gewann. 1835 entstand der erste Prießnitz-Verein in Hamburg, am 14. 11. 1842 begründete die erste Versammlung deutscher Wasserärzte in der Anstalt Alexandersbad den »Verein für wissenschaftliche Begründung und Förderung der Hydriatik«, der im Dezember desselben Jahres bereits 34 Mitglieder hatte. Parallel zur Durchsetzung der Wasserheilkunde lief die Entwicklung und Verbreitung anderer Naturheilverfahren, deren Anwendung nach dem Vorbild von Prießnitz und Kneipp vorzugsweise in eigenen Kuranstalten erfolgte. 1891 zählte man 131 solcher Anstalten, 1931 waren es bereits 300.

7.3 Gegenwärtige Situation

Eine große Rolle bei der Propagierung des Naturheilgedankens spielten und spielen auch heute noch die zahlreichen Naturheilvereine, die Reformhäuser mit ihrem Reformwarenangebot, die einschlägigen populären Publikationen und die rege Vortragstätigkeit, die die Vereine und Reformhäuser organisieren (schon Kneipp soll nicht weniger als 2000 Vorträge gehalten haben). Hinzu kommt heute eine zunehmende Wiederentdeckung der Heilverfahren der Naturvölker und asiatischen Kulturen, die, parallel zum zunehmenden Mißtrauen gegen die Schulmedizin, das Interesse an der Naturheilkunde verstärken. Wie tief der Naturheilgedanke sich heute in der Bevölkerung durchgesetzt hat, zeigen zwei Umfragen, die vom Allensbacher und Emnid-Institut im Jahre 1970 durchgeführt wurden. Sie ergaben, daß damals bereits 52 % der Bevölkerung Naturheilmittel genommen hatten, von denen 36 % (Emnid 37 %) bestätigten, daß ihnen diese Mittel geholfen hätten, 13 % erklärten, sie hätten nicht immer geholfen und nur 3 % verneinten jeden Erfolg.[70]

Nach Naturheilverfahren arbeiten heute in der Bundesrepublik etwa 8000 bis 9000 Ärzte, die in fünf Fachverbänden organisiert sind.[71] Neben ihnen arbeiten noch etwa 4000 Heilpraktiker, die durch eine Fachschule ausgebildet sind und deren Tätigkeit durch das Heilpraktiker-Gesetz vom 17. 12. 1939 geregelt ist.

7.4 Ideologie der Naturheilbewegung

Die Naturheilkunde geht aus von der Erfahrung eines langsamen gesundheitlichen Verfalls der Kulturmenschheit durch die immer größer werdende Unnatürlichkeit der vom Menschen geschaffenen Umwelt. Darum versucht sie, den Wiederanschluß an die Natur zu finden, denn nach ihrem Weltbild steht der Mensch als Naturwesen grundsätzlich in enger Beziehung zur Natur. Durch die Wiederherstellung der gestörten Harmonie

Mensch-Natur kann die der Natur innewohnende Heilkraft bewußt zur Stärkung und Reaktivierung der auch dem menschlichen Organismus eigenen, durch Kultur und Zivilisation degenerierten Selbstheilkraft eingesetzt werden, die die Gesamtheit von Körper, Seele und Geist umfaßt. Darum behandelt der naturheilkundliche Therapievorgang die Krankheit nicht als ein isoliertes Phänomen, sondern zieht die Gesamtperson des Patienten und seine Lebensumstände in Diagnose und Therapie ein. Der Arzt wirkt so nicht nur als Mediziner, sondern erhält eine Aufgabe als Seelsorger.[72]

7.5 Homöopathie

Versucht die Naturheilkunde durch ihre Methoden – vereinfachender gesagt – die Krankheit nach außen abzuleiten, so arbeitet die Homöopathie von innen her, medikamentös. Sie ist darum gesondert zu behandeln, liegt ihr doch bei ähnlicher Sicht der Bedeutung der ganzheitlichen Struktur des Menschen und der ihm innewohnenden Selbstheilkraft ein anderes Therapiebild zugrunde.

Ausgangspunkt der Homöopathie sind die Arbeiten Samuel Hahnemanns (1755–1843), der 1796 den »Versuch über ein neues Prinzip zur Auffindung der Heilkräfte der Arzneisubstanzen« im Hufeland Journal veröffentlichte, dem 1810 das »Organon der rationellen Heilkunde« folgte. Hahnemann hinterfragt die Medikamente auf ihre ihnen innewohnenden Kräfte, denen er eine krankheitserzeugende und damit verbunden krankheitsheilende Eigenschaft zuspricht. Daraus ergibt sich der homöopathische Lehrsatz »similia similibus curantur«, mit anderen Worten, »nur dasjenige Mittel (ist imstande) eine Krankheit bleibend zu heilen..., welches beim Gesunden eine ähnliche Krankheit hervorgebracht hat«.[73] Der sorgfältigen Arzneiwahl gilt darum die größte Aufmerksamkeit, denn von ihr hängt die richtige Aktivierung der Selbstheilkräfte des Körpers ab: »die richtig gewählte Arznei gibt nur den Anstoß, die Naturheilkraft aber vollendet die Heilung«.[74] Darum muß sich auch der Homöopath ein genaues Bild der Persönlichkeit und Situation des Patienten verschaffen – intuitivem Erfassen wird große Bedeutung beigemessen –, denn nur aus diesem Bild ergibt sich die richtige Wahl der Behandlung. Eine Isolierung der Krankheit von der Gesamtheit des Patienten wird als Irrtum angesehen, der den Heilprozeß unnötig verzögert, ja, sogar zu einer Verschlimmerung des krankhaften Zustandes führen kann.

Die Homöopathie bezieht ihre Heilmittel vorwiegend aus dem Pflanzenreich, das als der Psyche des Menschen besonders nahestehend angesehen wird, mineralische und tierische Stoffe werden seltener eingesetzt. Die

Heilkraft wird durch einen alkoholischen Extrakt gewonnen, der in einem bestimmten Verhältnis potenziert wird[75], wobei Hahnemann etwa mit einer Potenz 23 zufrieden war, heutige Homöopathen arbeiten mit Hochpotenzen von über 1000. Dem von naturwissenschaftlicher Seite gegen diese Potenzierungen erhobene Einwand, es ließe sich in solcher Verdünnung kein Molekül der Ursubstanz mehr nachweisen, wird entgegnet, daß sich – und zwar durch die therapeutische Wirkung – zeige, daß auch dann noch Wirkkräfte vorhanden seien: allerdings entzögen sich diese der naturwissenschaftlich exakten Definition.[76] Die in diesem Zusammenhang von außenstehenden Beobachtern vielfach vertretene Meinung, daß in der Homöopathie stark irrationale Elemente eine Rolle spielen, ist nicht von der Hand zu weisen, wird auch von Homöopathen selbst zugegeben, so etwa von dem Arzt Bismarcks, E. Schweninger, der sagte: »Arzt sein heißt, der Stärkere von zweien zu sein«.[77]

7.6 Anthroposophische Heilkunde

Sind in Naturheilkunde und Homöopathie nur geringfügig paracelsische Gedankengänge zu erkennen, so ist ein solcher Einfluß in der dritten großen Alternativheilmethode deutlicher, ohne jedoch zu dominieren: in der von Rudolf Steiner herkommenden geisteswissenschaftlichen Erweiterung der Medizin.

Nach Steiner ist der Mensch einerseits ein biologisches Wesen mit angeborenen und erworbenen Eigenschaften, zweitens ist er ein psychologisches Wesen mit einer Innenwelt, die Einflüsse auf den Körper ausübt und drittens ein geistiges Wesen, dessen Selbstbewußtsein seine Zukunft schafft und die Lebensziele setzt. Das schließt die Fähigkeit ein, sich gesund oder auch krank zu machen. Von diesem Menschbild her ist es notwendig, im Falle einer Krankheit alle drei Aspekte der Person zu erfassen, Heilung kann nie partiell, sie muß stets total erfolgen. Der Arzt muß daher nicht nur überschüssige Vitalprozesse dämpfen, sondern Abbauerscheinungen beheben, ist doch das Leben gleichzeitig Aufbau und Abbau.[78]

Aus diesem Ansatz heraus entwickelten von Steiner beeinflußte Mediziner eine eigene Therapie und Arzneimittelherstellung, bei der die Frage der Einbeziehung des Rhythmus in den Produktionsgang eine gewichtige Rolle spielt.

7.7 Gesundbeter und Geistheiler

Ganz am Rande der Naturheilkunde – eigentlich sogar schon jenseits im Bereich des Parapsychologischen – stehen jene Heiler, die gemeinhein als

Gesundbeter und Geistheiler bezeichnet werden, die sich jedoch unter Umständen auch gewisser natürlicher Mittel bedienen, um ihre Heiltätigkeit zu unterstützen.[79] Hier aufzuführen sind sie einmal, weil ihr Einfluß in den letzten Jahren wieder zu steigen scheint, andererseits, weil bei ihnen die psychische Komponente des Heilvorganges am absolutesten ausgeprägt ist.

Ganz außerhalb – und nur wegen der in letzter Zeit erbittert darum geführten Debatte willen zu erwähnen – stehen jene Geistoperateure, die angeblich auf rein psychischer Basis Operationen durchführen und damit echte Ergebnisse und Heilungen erzielt haben sollen. Bei ihnen kommt das »allopathische« Bild der Heilung wieder zum Durchbruch: die Operation erfolgt durch die psychische Kraft des Operateurs, die in der übrigen Naturheilkunde angesprochenen natürlichen Heilkräfte im menschlichen Körper werden nicht aktiviert.[80]

8 Vegetarismus

8.1 Begriffsbestimmung

»Der Vegetarismus ist die Lehre, daß der Mensch aus ethischen und biologischen Gründen ausschließlich zum Pflanzenesser bestimmt ist. Sein stärkstes Motiv ist die Überzeugung, daß möglichst kein Tier für die menschliche Existenz getötet oder geschädigt werden soll.« Diese Erklärung des Deutschen Vegetarier-Rates, die sog. Rehburger Formel, umreißt am besten Weg und Ziel des Vegetarismus.

8.2 Geschichte der vegetarischen Bewegung

Entstanden ist der deutsche Vegetarismus unter englischem Einfluß.[81] Der erste namhafte deutsche Vegetarier war der ehemalige evangelische Pfarrer Eduard Baltzer (1814–1887), der die Kirche verließ und in Nordhausen/Harz die erste deutsche freireligiöse Gemeinde gründete. Seit 1866 lebte er mit seiner Familie vegetarisch. Um die neue Idee, die ihn voll erfüllte, zu propagieren, gründete er am 21. 4. 1867 den »Deutschen Verein für naturgemäße Lebensweise«. Im folgenden Jahr gab er als Organ dieses Vereins die erste Vegetarier-Zeitung heraus, das »Vereinsblatt für Freunde der natürlichen Lebensweise (Vegetarianer)«. Im Juli 1868 zählte der Verein bereits 106 Mitglieder, die sich zu vegetarischer Lebensführung verpflichtet hatten. Eine starke Stütze fand die Vegetarierbewegung in der Siedlungsbewegung. Um 1882 lebten zumindestens die Mitglieder der Siedlung in Bassersdorf (Schweiz) vegetarisch, ebenso die Mitglieder der Genossenschaft »Heimgarten« in Büloch (Schweiz). Am 25.5.1893 begründeten 18 Vegetarier im Vegetarischen Speisehaus »Ceres« zu Berlin die »Vegetarische Obstbaukolonie Eden eGmbH«, eine Kolonie, die zu den einflußreichsten Siedlungen in Deutschland werden sollte. Der strenge Vegetarismus der Anfangszeit wurde später gemildert, ob dabei, wie behauptet wird, in der Kolonie aufgetretene Skorbutfälle eine Rolle gespielt haben, kann nicht nachgewiesen werden.

Zwei »Einzelsiedler« müssen noch genannt werden, weil sie zu den einflußreichsten Persönlichkeiten im Bereich des deutschen Vegetarismus wurden. Das ist einmal Dr. G. A. Küppers-Sonnenberg, der sich in Müden/ Oerze ansiedelte und durch seine Topinamburzucht bekannt wurde, der andere ist Oswald Kiehne, der 1915 von der Siedlung »Donnershag« bei Sontra vier Hektar Land übernahm und einen systematischen Anbau von Obst und Gemüse begann, der auch heute noch eine der Hauptbezugsquellen der deutschen Vegetarier ist.

1914 erschien die »Vegetarische Frauen-Zeitung«, 1926 die »Vegetarische Presse« Georg Försters (1877–1951), der 1930 das Vegetarier-Archiv gründete, das sich jetzt in Sontra im Besitz des Vegetarier-Wohlfahrt-Verbandes befindet.

Am 29.5.1946 wurde auf dem Reichstreffen in Sontra die Gründung der »Vegetarier-Union« beschlossen (30.5.1947 Amtsgericht Lüneburg), 1947 entstand der Nazoräer-Orden, eine Vereinigung christlicher Vegetarier, unter Leitung des Pfarrers Skriver, 1956 wurde in Hannover der Rat der Deutschen Vegetarierbewegung gegründet. Am 1.1.1975 bestanden nicht weniger als 21 vegetarische Vereinigungen, unter denen jedoch nur zwei Großverbände wirkliche Bedeutung haben:
a) »Bund für Lebenserneuerung. Vereinigung für ethische Lebensgestaltung, Vegetarismus und Lebensreform.« Der Bund entstand am 1.1.1974 durch einen Zusammenschluß der »Vegetarier-Union Deutschland e. V.« und des »freundeskreises der deutschen reformjugend«. Ihm sind angeschlossen: »deutsche reform-jugend e. v.«, »Vegetarische Gesellschaft Stuttgart 1868 e. V.«, »Nazoräer-Orden (ON)«, »Kissinger-Kreis«, »Verein zur Förderung von vegetarischen Diätheimen e. V.«, »Gemeinschaft christlicher Vegetarier und Lebensreformer«. Organ des Bundes ist die Zeitschrift »Der Vegetarier« (seit 1949, ursprünglich »Offizielle Monatsschrift der Vegetarier-Union Deutschlands e. V.«);
b) »Deutsche Vegetarier-Zentrale Sontra«. Organ der Zentrale ist der seit 1947 erscheinende »Sontraer Gesundheitsbote – Vegetarier-Rundschau«, dessen Herausgeber und Schriftleiter (und letztlich alleiniger

Autor) Oswald Kiehne ist. Aus der »Zentrale« entstand inzwischen noch, ohne direkte Mitgliedschaft zu verlangen, die »Liga gegen Unmenschlichkeit (Welt-Vegetarier-Union)«.

8.3 Biologische Komponente des Vegetarismus

Die bereits zitierte Rehburger Formel macht deutlich, daß der Ansatzpunkt des Vegetarismus einerseits ein biologischer, andererseits ein ethischer ist.

Die vegetarische Behauptung, daß der Mensch von Natur aus nicht auf Fleisch-, sondern auf Pflanzennahrung eingestellt sei, daß Fleischkost seine natürlichen Widerstandskräfte gegen Krankheit schwäche, läßt sich nach Meinung der Mehrzahl der Mediziner nicht halten, da die Darmlänge des Menschen eindeutig zwischen der der reinen Fleischfresser und der reinen Pflanzenfresser liege. Der Mensch, so diese Kritiker, ist also auf eine gemischte Kost eingestellt, nur sie garantiere, daß er alle lebensnotwendigen Stoffe in ausreichendem Maße und geeigneter Weise erhielte.

8.4 Ethische Seite des Vegetarismus

Schwerwiegender als die letztlich wohl kaum definitiv zu entscheidende biologische Frage ist heute die ethische Seite des Vegetarismus. Es war darauf hingewiesen worden, daß der Vegetarismus in England entstanden ist. Das läßt vermuten, daß an seiner Wurzel calvinistische Elemente beteiligt waren, die aus einer überbetonten Abstinenz von irdischen Vergnügungen auch das Fleischessen als Völlerei in den Kreis der Ablehnung einbezogen, wozu dann noch alttestamentliche Gedanken traten, wie zum Beispiel das Verbot, Schweinefleisch zu essen. Daneben lassen sich buddhistische Elemente nachweisen – wenn auch nur ganz selten mit dem Gedanken der Reinkarnation argumentiert wird –, die sich besonders bei Magnus Schwantje (1877–1959) auf dem Umweg über Schopenhauers Lehre vom Mitleid als Grundlage der Moral niederschlagen:

> »Wenn ich nicht sehr irre, habe ich Ihnen schon im Jahre 1935 eingehend erklärt, daß meine Schriften über den Vegetarismus sich von denen aller anderen vegetarischen Schriftsteller, auch von denen Baltzers, dadurch unterscheiden, daß in ihnen das Fleischessen nicht deshalb verworfen wird, weil es ›unnatürlich‹ ist, sondern nur deshalb, weil es anderen Wesen mehr Leid verursacht, als die fleischlose Ernährung...«[82]

Schwantje hatte aus dieser Haltung schon sehr zeitig die Konsequenz gezogen und sich für den Tierschutz eingesetzt. 1907 gründete er die »Gesellschaft zur Förderung des Tierschutzes und verwandter Bestrebungen«, die 1912–1915 die »Ethische Rundschau« herausgab. Nach 1918 wurde ein neuer Name angenommen: »Bund für radikale Ethik«.

Die radikale Ethisierung des vegetarischen Gedankens hat in letzter Zeit dazu geführt, daß der »Bund für Lebenserneuerung« sich auf die Philosophie Leonard Nelsons beruft, in der der Gedanke des Vegetarismus philosophisch begründet wird:
»Es ist der untrügliche Maßstab für die Rechtlichkeit des Geistes einer Gesellschaft, wie weit sie die Rechte der Tiere anerkennt. Denn während die Menschen sich nötigenfalls, wo sie als Einzelne zu schwach sind, um ihre Rechte wahrzunehmen, durch Koalition, vermittels der Sprache, zu allmählicher Erzwingung ihrer Rechte zusammenschließen können, ist die Möglichkeit solcher Selbsthilfe den Tieren versagt, und es bleibt daher allein der Gerechtigkeit der Menschen überlassen, wieweit diese von sich aus die Rechte der Tiere achten wollen.«[83]
Nelson hatte darum auch seinen Internationalen Sozialistischen Kampfbund als vegetarischen Bund konzipiert. Willi Eichler, der nach dem Tode Nelsons die Führung des Bundes übernahm, konnte daher mit Recht 1926 schreiben: »Wer die Forderung der ausbeutungsfreien Gesellschaft zu Ende denkt, wird Vegetarier.«[84]

9 Freikörperkultur

9.1 Zur Definition

Aus der Gedankenwelt der Naturheilkunde entstand der Gedanke der Freikörperkultur, d. h. einer Lebensform, die der Sonne und der Luft möglichst ungehindert Zutritt zum menschlichen Körper ermöglichen soll, um dadurch die natürlichen Selbstheilkräfte zu aktivieren. Um den Ausgangspunkt dieser Reformbewegung richtig zu verstehen, muß man sich die Bekleidungsmode der zweiten Hälfte des 19. Jahrhunderts vor Augen halten, die sorgfältig jede Berührung des menschlichen Körpers – auch bei Kindern – mit der Sonne und der Luft verhinderte. Selbst die »Bademode« war so gestaltet, daß der Körper weitgehend verhüllt blieb: Nacktheit war allenfalls in der bildenden Kunst gestattet, im Alltagsleben galt sie als unschicklich im höchsten Grade.

Richard Ungewitter (1868–1958), einer der fanatischsten Vorkämpfer der »Nacktkultur« hat darum – im Vergleich mit dem natürlichen Haarkleid der Tiere – die Kleidung seiner Zeit so beschrieben:
»Alle diese Vorteile fehlen unserer Kleidung durchweg und sie sind

gerade die zum Leben notwendigen, um so mehr als wir durch unseren Erwerb zum größten Teil an Räume gefesselt sind, die schon an und für sich die äußeren Einflüsse abhalten und uns von der Natur abschließen. Wie aber jede Pflanze und jedes Tier auf Luft und Licht angewiesen ist, desgleichen auch wir. Unsere Kleidung, wie sie heute üblich ist, kann geradezu als der ›Totengräber‹ der Gesundheit betrachtet werden. Es ist fast unglaublich, welche Zumutungen mit diesem ›Leibverputz‹ an den Körper gestellt werden... Das Ergebnis ist eine krankhafte Verweichlichung und Verpümpelung der Haut, die dadurch in ihrer Tätigkeit als Atmungsorgan stark beeinträchtigt und durch den steten Luftabschluß anstatt frischer geröteter Farbe eine unheimlich kalte ›Leichenblässe‹ zeigt. – Ein getreues Bild der ›weißen‹ Rasse...«[85]

Mit dem Kampf um die Befreiung der Haut vom Abschluß gegen die Natur lief parallel der Kampf um die Befreiung des weiblichen Körpers von modischen Besonderheiten, speziell dem Schnüren – die Reformkleidung des Jugendstils war das Ergebnis –, die als gesundheitsschädigend angesprochen wurden und es tatsächlich medizinisch nachweisbar auch waren.

Dritte Kampfrichtung war der Wille, eine neue Moral an die Stelle der alten zu setzen. Dieser alten Moral, stark von der Leibfeindlichkeit eines falsch entwickelten Christentums geprägt und gerade in der Zeit des Viktorianismus zum Exzeß gesteigert[86], wurde von den Reformern vorgeworfen, daß sie nicht die Sittlichkeit, sondern die Unsittlichkeit förderte. Nur der natürliche Leib, so wurde gefolgert, habe jene Reinheit, die dem Menschen von Natur aus eigen.

Die Verbindung des naturgemäßen, gesunden Lebens – zur Befreiung des Körpers treten Vegetarismus, Antialkoholismus, Rauchverbot usw. – mit einer neuen Sittlichkeit durchzieht die gesamte Geschichte der Freikörperkultur-Bewegung, sie ist gewissermaßen die Daseinsberechtigung der Bewegung, die jahrzehntelang in einer verkrampften Abwehrhaltung gegen wirkliche oder vermeintliche Angriffe von außen immer wieder nur ihr sittliches Wollen herausstellte.[87]

9.2 Freikörperkultur und Öffentlichkeit

Tatsächlich ist die FKK-Bewegung von Anfang an von Staats wegen verfolgt worden: Nacktheit galt als unsittlich, im gelindesten Falle als Erregung öffentlichen Ärgernisses – namentlich in den katholischen Gebieten Deutschlands –, viele Pioniere der Bewegung machten mit den Gerichten und den Gefängnissen Bekanntschaft. Parallel lief eine gesellschaftliche Ächtung, die dazu führte, daß die Zugehörigkeit zu Freiluftvereinen oder

Freikörperkulturgruppen genau so geheim gehalten wurde, wie die Zugehörigkeit zur Freimaurerei. Wie stark diese öffentliche Antihaltung war, zeigte noch 1960 die anonyme Veröffentlichung des katholischen Volkswartbundes »FKK-Bewegung, Nacktkultur«. Auch der Versuch der FKK-Bewegung durch Fotos, die die Natürlichkeit und Unschuld des Lebens auf den FKK-Geländen beweisen sollten, zu werben, bot immer wieder Anlaß zu Angriffen. Noch Ende der fünfziger Jahre urteilte der BGH in einem Prozeß um ein solches Fotoheft, der Verleger habe selbst die Unsittlichkeit der Veröffentlichung zugegeben, da er es für sich abgelehnt habe, dieses Heft in einem öffentlichen Verkehrsmittel zu lesen.

Wie stark noch in der moderneren FKK-Literatur die Verteidigung gegen den Vorwurf der Unsittlichkeit im Vordergrund steht, zeigen die folgenden Zitate aus einer – katholischen – »Verteidigungsschrift, die zwar aus der Zeit um 1960 datiert, aber wohl auch heute noch gültig sein dürfte:

»Nacktheit an sich kann niemals unsittlich oder entwürdigend sein, sondern nur eine bestimmte geistige Einstellung zum nackten Menschenleib... Nacktheit in unseren Reihen ist verhältnismäßig unpersönlich, ähnlich wie Kameradschaften bei Wander-, Alpen-, Volkstanz-, Gesangs- oder ähnlichen Vereinen... Wenn bei uns die vorstellungsmäßige Verbindung (Assoziation) von Nacktheit und Erotik aufgelöst wird, so wird damit eine unangenehme sittliche Gefahrenquelle ausgeschaltet. Da körperlich-sexuelle Reize nicht mehr wirksam sind, werden seelische Kontakte und Bindungen und damit vielleicht auch die innere Dauerhaftigkeit vieler echter Liebesbeziehungen (letzteres nicht im Sinne von Verhältnissen gemeint) gefördert... Freikörperkultur bietet ein Gegengewicht gegen die Übersexualisierung unserer Zeit... Bei uns ist die Frau kein Schauobjekt, sondern Kameradin, der wir voll Achtung und Ehrfurcht begegnen. Uns wird oft vorgeworfen, ohne Badeanzug kann man nicht flirten. Wir wollen aber gar nicht flirten, uns ist diese sinnlose und leichte Tändelei, diese wegwerfende Verflachung der schönsten und erhabensten menschlichen Gabe zutiefst zuwider! Wir wollen der Persönlichkeit ihre Würde wiedergeben und wir wollen echte seelische Bindungen von Mann und Frau, aber keine verantwortungslose Koketterie zwischen Männchen und Weibchen.«[88]

Durchaus aus einer ähnlichen Grundhaltung, wenn auch sehr viel weiter ausgreifend im Anspruch beschreibt eine verbandsoffizielle Werbeschrift, die der 1. Vorsitzende des DFK verfaßte, zu etwa der gleichen Zeit das Wollen des Verbandes und damit der Freikörperkultur:

»Sinn und Ziel einer FKK-Vereinigung kann und darf niemals nur die Pflege des reinen Nacktbadens ohne Trennung der Geschlechter sein, sondern sie muß darüber hinausgehend für eine Neugestaltung der gesamten Lebenshaltung und Lebensführung durch Ernährungs- und Lebensreform, durch vernünftige Kleidung und gesunde Wohnstätten, durch Rauschgiftbekämpfung und Bekämpfung aller sonstigen verderblichen Auswüchse des täglichen Lebens offen und bewußt eintreten... Die FKK-Vereinigungen müssen auch weiterhin verbindendes Glied zwischen Menschen verschiedenster Weltanschauung und Lebensgestaltung sein. Es würde Wesen und Ziel der FKK-Bewegung völlig widersprechen, wenn jemand versuchen wollte, hierfür einheitliche, engherzige und vielleicht sogar engstirnigste Dogmen, Richtlinien und Bedingungen aufzustellen... Erste und beste Voraussetzung für die Zugehörigkeit zur FKK-Bewegung ist und bleibt die menschliche Qualität eines jeden; denn »freie Lebensgestaltung ist eine Charakter- und keine Magenfrage...«[89]

Von Anfang an haben sich die Anhänger der Freikörperkultur in Vereinen und Verbänden organisiert, in Gesinnungsgruppen, die einerseits die Schaffung von Heimstätten (Geländen) zur Praktizierung des gemeinsamen Wollens ermöglichten, andererseits aber auch Schutzfunktionen gegenüber der Umgebung erfüllten. Auch heute noch ist diese Form innerhalb der organisierten FKK im wesentlichen beibehalten.

Nur ist inzwischen eine Lage eingetreten, die die organisierte Freikörperkultur wiederum in die Rolle des Sektiererhaften abzudrängen droht. Der Gedanke des Nacktbadens hat sich in der Bevölkerung, namentlich unter Jüngeren, soweit durchgesetzt, daß heute selbst Länder, die sittenstrenger als etwa die Bundesrepublik, bisher Nacktbaden verboten, Nacktbadestrände zuließen. Diese Strände, der erste in Deutschland war der seiner Zeit – etwa um 1960 – berühmt-berüchtigte Strand von Westerland auf Sylt, haben keine Verbindung zu den FKK-Organisationen, ja, die Benutzer dieser Strände lehnen diese Organisationen als überholt ab, wie sie ihrerseits von den organisierten FKKlern als unmoralisch abgelehnt werden.

10 Bilanz

Die Alternativbewegung, bei aller Variationsbreite ihrer Denkansätze und Erscheinungsformen, hat ein gemeinsames großes Endziel: die Schaffung einer neuen besseren Welt, die nicht nur Retuschen an einigen Teilaspekten des Lebens vornimmt und auch nicht nur vernunftgemäße Fortschreibung des augenblicklichen Zustandes ist. Hier liegt der grundsätzliche Unterschied zwischen Emanzipations- und Reformansätzen und Alternativbe-

strebungen: die Emanzipations- und Reformbewegungen sind jeweils nur an einer Korrektur eines einzelnen Lebensbereiches interessiert, während die Alternativbewegung – selbst da, wo die Grenze zur Emanzipation fließend wird – eine Gesamtgestaltung der Gesellschaft anstrebt.
Grundlage der angestrebten neuen Welt ist die Beseitigung aller Herrschaftsstrukturen. Damit hat die Alternativbewegung die logische Konsequenz aus dem Ausspruch St. Justs gezogen: »On ne peut point régner innocemment.«[90] Wenn niemand ohne Schuld regieren kann, die neue Welt aber ein Zustand totaler Unschuld aller sein soll, dann müssen die Herrschaftsstrukturen beseitigt werden. Innerhalb der neuen, unschuldigen, weil freien Welt, so ist die Überzeugung, lösen sich alle Probleme des Zusammenlebens der Menschen und der Existenz des Menschen in der Natur gleichsam von selbst.

In diese, dem europäischen Anarchismus nahestehende Vorstellungswelt strömen heute in zunehmendem Maße außereuropäische Gedanken ein: aus dem Osten buddhistische und tibetische, aus dem Westen indianische. Auffallend ist, daß kaum afrikanische Einflüsse spürbar sind, auch die amerikanische black-power-Bewegung scheint nur geringe Anstöße beigetragen zu haben. Es entsteht so im Alternativbereich ein Synkretismus, der nicht nur den religiösen Sektor durchdringt, sondern die gesamte Weltgestaltung erfaßt: das Miteinander der Menschen ebenso wie die Einbindung des Menschen in die Gesamtheit der Natur. Schwierigkeiten in der Angleichung von an sich völlig verschiedenen Vorstellungswelten scheint es für die Anhänger der Alternativbewegung kaum zu geben, treten sie auf, so werden diese störenden Elemente nicht etwa als Anfrage an das Gesamtkonzept verstanden und bewertet, sondern sie werden eliminiert.

Hinter dem Ziel der Schaffung einer neuen Welt stehen jahrhundertealte Sehnsüchte und Träume der Menschheit, steht die Suche nach dem verlorenen Paradies. Insofern reiht sich die Alternativbewegung in den großen Strom der Utopien – und zwar die gelebten Utopien – ein, der die Geistesgeschichte durchzieht. Das, was neu ist, ist die Tatsache, daß diese Utopie nicht mehr Sache Einzelner oder einer Partei ist, sondern weite Kreise der Bevölkerung erfaßt.

Grundvoraussetzung der angestrebten neuen Welt ist die Überzeugung, daß der Mensch von Natur aus gut ist und auch durch die Umstände, die zwar ein anderes Verhalten erzwingen, nicht geändert ist. Darum kann der Weg nach Innen als der Weg der Selbstfindung, des Aufbaus der neuen, alternativen Welt ohne Skepsis propagiert und beschritten werden. Gut sein heißt nichts anderes, als moralisch sein, moralisch sein ist Tat in der großen Harmonie der Dinge:

»Was die Menschheit an dem wirklich moralischen Menschen

bewundert, das ist eben seine Tatkraft, die überreiche Lebensfülle, die ihn zwingt, seine Intelligenz, seine Gefühle und Taten preiszugeben, ohne etwas zurückzuverlangen... Bei dem gedankenreichen Mann wuchern die Ideen, er säet sie mit vollen Händen aus, er leidet unter ihrer Wucht, wenn er sie nicht austeilen, in alle vier Winde streuen kann. Es ist die einzige Bedingung seines Lebens, sein Leben selbst.«[91]

Alternativsein hat psychologische Wurzeln und psychologische Konsequenzen. Zu diesen Konsequenzen gehört der Austritt aus der umgebenden Gesellschaft, der Rückzug in die Isolation. Diese Isolation führt zu der Überzeugung, daß das falsche Denken grundsätzlich auf der anderen Seite vorliegt, man selbst, durch den Austritt zum Paria der Gesellschaft geworden, sei die eigentliche Elite, die kommende Menschheit, die nur für die Übergangszeit noch in der Minderheit ist. Der Weg in den Terrorismus ist für Ungeduldige dann nicht weit, hatte doch der Terrorismus im Ansatz moralische Ziele: die Ähnlichkeit zum Weg Robespierres liegt auf der Hand, ohne daß darum die Sache vertretbarer wird.

Alternativgruppen prägen, besonders da, wo die psychische Beeinflussung zum »Erziehungsprinzip« erhoben wird (am besten zu beobachten an den sogenannten »Jugendreligionen«). Durch diese Formung, mag sie nun bewußt herbeigeführt oder durch das Gruppenerlebnis erfolgt sein, ist jedoch die Gefahr gegeben, daß von einem bestimmten Zeitpunkt an eine Readaptierung an die »Normalgesellschaft« nicht mehr erfolgen kann.

Das, was die Alternativbewegung für viele anziehend macht, was ihr an einigen Stellen schon zum Durchbruch verholfen hat, ist die Vielzahl ihrer Varianten: jeder findet etwas. Schwierig ist nur, die von ihr erreichte Veränderung in der Volkseinung mit der technisch-wissenschaftlichen Umwelt und Entwicklung in Einklang zu bringen: gerade in den Bürgerinitiativen scheint diese Gefahr heute gegeben.

Als Gegenposition zum immer statischer werdenden Staat hat jedoch die Alternativbewegung ihre Berechtigung: sie ist berechtigte Anfrage, Angebot einer anderen Weltschau.

ANMERKUNGEN

1 Krim, Seymour: Vorwort zu Jack Kerouac »Engel, Kif und neue Länder« (Passing Through). 39.–43. T. Reinbek, Rowohlt-TB-Verlag (1975), p. 9.
2 Vgl. dazu Aldous Huxley (namentlich »Pforten der Wahrnehmung«), Timothy Leary (seine Aufsatzsammlung »The Politics of Ecstasy« erschien deutsch unter

dem Titel »Politik der Ekstase«, Hbg. Christian Wegner, [1970], 222 S.).
Ähnliche Gedanken liegen dem Roman »Barbara« zugrunde (Frank Newman, Darmstadt, Olympia Press, 1969), der Herausgeber, Maurice Girodias, schreibt darum im Vorwort (p. 12): »Diese Revolution begann als eine sexuelle Revolution, aber sie zielt auf die vollständige Befreiung des Menschen – psychisch, geistig und seelisch ebenso wie sexuell. Deshalb bewegt sich Max, die Guru-Figur in ›Barbara‹ ständig zwischen Metaphysik, Kursen in praktischer Erotologie und der Kunst, mit Drogen umzugehen, hin und her. Der sexuelle Akt wird als eine Art Yoga praktiziert und auch mit eben deren letzten Ziel vor Augen: zur Erleuchtung zu gelangen, zum unmittelbaren Wissen um den Grund des Lebens.«

3 Im August 1971 erklärte die Heidelberger Soziologin Dr. Wanda von Bayer-Katte die Hippiebewegung zum Werbetrick des internationalen Rauschgifthandels (Bild-Ztg. 26. 8. 1971, zitiert nach: Zs. »Germania« Nr. 2 p. 1). Daß allerdings solche Möglichkeit bestand, zeigt die Untersuchung gegen Timothy Leary, die mit seiner Verurteilung endete und die Vorgänge um Richard Kemp, einem Mitglied der von Leary gegründeten »Brüderschaft zur ewigen Liebe«, der in England die größte LSD-Produktion der Welt aufzog (»Die Welt«, 10. 3. 1978 p. 24).

4 Günther, Klaus Th.: Protest der Jungen. Mchn., List-Verlag, 1961 (List Bücher 179) p. 25–26. Im Amerikanischen kann »beat« als Substantiv gebraucht auch »das Vorzüglichere, das Vorzüglichste« bedeuten!

5 Zitiert nach »Le livre rose du Hippy« (Hrsg. Paul Muller; Paris, Union Générale d'Editions, 1968).

6 Emerson, Ralph Waldo: Die Sonne segnet die Welt. 41.–55. T. Lpz., Karl Robert Langewiesche, o. J. (Die blauen Bücher). p. 294.

7 Küppers-Sonnenberg, G. A.: Vom Akademiker zum Siedler. Bln., Deutsche Landbuchhandlung, 1924. p. 20/21.

8 Vgl. dazu die Filme »Metropolis« (Fritz Lang, 1925/26) und »Modern Times« (Charles Chaplin, 1936).

9 Schubert, Christoph: bemerkungen zum szenenreader 73/74 in: Ulcus Molle Sonderinfo 1, hier zitiert nach Sonderinfo 3 p. 6.

10 Ebd. p. 21.

11 Vgl. Reimar Lenz in Zs. »Middle Earth« Nr. 5 p. 3–5 und Reimar Lenz: Das vergessene Ganze. Zur Selbstkritik der religiösen Subkultur in: kuckuck Nr. 5/ Herbst 1974 p. 1–21.

12 Vorwort zu: »Alte Wege zur Neuen Welt« Wehrheim, Irisiana-Verlag, (1977). p. 6.

13 Vollmar, Klaus-Bernd: »Wo die Angst ist geht's lang.« Bln., Verlag Jacobsohn, (1977). p. 9.

14 Rolf Schwendler in: Kaiser, Rolf-Ulrich: Underground? Köln/Berlin, Kiepenheuer & Witsch, (1969). p. 180.

15 So der Katalountertitel.

16 Bottrop, Literarisches Infozentrum Josef Wintjes.

17 Gehret: »Alternative als abenteuer« in: Ulcus Molle Sonderinfo 3.

18 Preußisches Landrecht (Ausgabe Bln., 1863) bestimmt in »Theil 2, 2. Abschnitt«: § 67: Eine gesunde Mutter ist ihr Kind selbst zu säugen verpflichtet. § 68: Wie lange sie aber dem Kinde die Brust reichen solle, hängt von der Bestimmung des Vaters ab. § 69: Doch muß dieser, wenn die Gesundheit der Mutter oder des Kindes unter seiner Bestimmung leiden würde, dem Gutachten der Sachverständigen sich unterwerfen.«
19 Abgedruckt in: Jutta Menschik: »Grundlagentexte zur Emanzipation der Frau«, Köln, Pahl-Rugenstein, (1976), (Kleine Bibliothek 61). p. 29–31.
20 Linnhoff, Ursula: »Die neue Frauenbewegung USA–Europa seit 1968.« Köln, Kiepenheuer & Witsch, (1974). Herangezogen wurde auch die Zs. »Fraue-Zitig«, Zürich. Nr. 10/Febr.–April 1978.
21 Zs. »Hexenpresse«, Basel. Nr. 5/1976, p. 2. Vgl. auch den unsignierten Aufsatz: »Das Problem der Mütter in der Frauenbewegung« in: »Frauen gegen den Strom.« II. Bln., 1978 p. 38–40.
22 Linnhoff a.a.O. p. 60–61.
23 Hannelore Mabry: »Der Feminist – wer oder was ist das?« in: Zs. »Der Feminist«, Mchn. Nr. 1/1976 p. 1.
24 Aus einem Brief des Frauenforums München vom 10.9.1973. Zit. nach Linnhoff a.a.O. p. 64–65.
25 Hexenpresse Nr. 2/Frühjahr 1973 p. 5 ff. »Das linke Passiv«.
26 Linnhoff a.a.O. p. 26. Vgl. auch »Beitrag der Frauen auf der Eröffnungsveranstaltung von ›TUNIX‹, 27.1.78« in: »Frauen gegen den Strom.« II p. 15.
27 Zs. Greté. Nbg. Nr. 2 p. 16.
28 »Dokumentation einer permanenten Führungskrise« in: Zs. »Der Feminist« Nr. 1/1976 p. 17. Vgl. auch: »Feminismus und Psychoanalyse« in: Zs. »Protokolle« Münster. Nr. 16/1977 p. 6.
29 Ein erstes Treffen der Männergruppen fand am 22.2.1975 in Berlin statt. Das Protokoll s.: Pilgrim, Volker Elis: »Männerbilder«, Mchn., Trikont-Verlag, (1976). p. 49 ff.
30 In: »Mann-o-Mann«. Zeitung für Männer. Bln., 1975.
31 In: »Mannsbild«. Zeitung für Männer. Bln., 1976.
32 Namentlich durch Robert Brain: »Freunde und Liebende«. Zwischenmenschliche Beziehungen im Kulturvergleich. (Friends and Lovers.) Ffm., Goverts, (1978), 363 S.
33 Vgl. Zs. »Fragezeichen«, Hannover, Nr. 12/1976 p. 13–18.
34 So trat Ferdinand Lasalle für seinen späteren Nachfolger Johann Baptist von Schweitzer (1867–1871 Präsident des Allgemeinen Deutschen Arbeitervereins) ein, als dieser in eine homosexuelle Affäre verwickelt wurde. August Bebel, Mitunterzeichner der Hirschfeldschen Petition, trat am 13.1.1898 im Reichstag für eine Änderung der Gesetzgebung um den § 175 ein. Anders Friedrich Engels: siehe Anm. 43!
35 Als Anlaß der beginnenden Verfolgungen wird auch die Röhm-Affäre hingestellt. Röhm wird, für die Öffentlichkeit namentlich, auch seine homosexuelle Veranlagung vorgeworfen, von der Hitler allerdings seit Jahren wußte.
36 Vgl. besonders: Klare, Rudolf: »Homosexualität und Strafrecht.« Hbg., Han-

seatische Verlagsanstalt, (1937), 172 S. Klare fordert (p. 120 ff.) den Ausschluß der Homosexuellen aus der Volksgemeinschaft.
37 »du & ich«. Die erste Ausgabe erscheint Ende November 1969 in 10 000 Exemplaren. Als Verlagskonzept wird genannt: »Ich (der Herausgeber) will ein Magazin schaffen, daß den Homophilen das Leben leichter und schöner macht. Das dem einsamen Volksschullehrer im Schwarzwald das Gefühl gibt, mit seiner Veranlagung nicht allein auf der Welt zu sein.« Die Zeitschrift ist heute noch die meist gelesene Homophilenveröffentlichung.
38 Das Bundesverwaltungsgericht hat allerdings in einer Entscheidung des II. Disziplinarsenats vom 16. 12. 1970 (BVerwGE 43, 157 ff.) darauf hingewiesen, daß die Reform des Strafrechts (1. Gesetz vom 25. 6. 1969 – BGBl I, 645 ff.) im Bezug auf die Aufhebung der Strafbarkeit einfacher Homosexualität lediglich eine Verneinung der Sozialschädlichkeit beinhaltet, ein moralisches Urteil (Wertentscheidung) ist damit nicht erfolgt. Hier aber setzt die Kritik homosexueller Kreise ein, die in erster Linie an der Aufhebung der moralischen Verurteilung ihrer Anlage bzw. ihres Verhaltens interessiert sind.
39 So in einem Papier des Düsseldorfer Arbeitskreises »Homosexualität und Gesellschaft«.
40 Zitiert aus: »Schwierigkeiten schwuler Gruppen« in: Zs. »Rosa«, Hbg., Nr. 10/ 1977 p. 27.
41 Vgl. Lautmann, Rüdiger: »Seminar: Gesellschaft und Homosexualität« Ffm., Suhrkamp-Taschenbuch-Verlag, (1977) (Suhrkamp TB wissenschaft 100) p. 492 ff.
42 Zs. »Rosa« Nr. 10/1977 p. 3.
43 In einem Brief an Marx lehnt Friedrich Engels vehement die Homosexualität (»Schweinerei«) ab: vgl. Hohmann, Joachim S.: »Der unterdrückte Sexus«. Lollar, Andreas Achenbach, (1977). p. 25.
44 E. Schengl schreibt in »Männergruppen« (Hrsg. Helmut Rödner. Bln., Editora Queimada, [1976]:
»Durch die Erstarkung der Frau wird eine ›patriarchalische‹ Homosexualität mobilisiert und die Vertiefung der gleichgeschlechtlichen Beziehungen in der Gruppe hilft die Panik vor der aktiven Frau überwinden.«
45 Zs. »Emma«. Köln. Nr. 3/1978 p. 13.
46 »Lesben und Frauenbewegung« in: »Frauenbeziehung-Frauenliebe«. Mchn. 1978 p. 9–12.
47 Zs. »Emma« Nr. 3/1978 p. 13.
48 Vgl. Zs. »Fragezeichen«. Hannover. Nr. 2 p. 8.
49 Zs. »Lesbenpresse«. Bln., Nr. 9/Nov. 1976 p. 4.
50 Vgl. Mein, Wolf: »Die Pop-Kommune«. Mchn., Wilhelm Heyne, (1971). p. 126.
51 Ebd. p. 127.
52 Suur, Frank: »Die ›Kommunebewegung‹ in der Bundesrepublik Deutschland...« Maschinenschrift, Hannover 1975. p. 26.
53 Peinemann, Steve B.: »Wohngemeinschaft – Problem oder Lösung?« 6.–11. T. Eschborn/Ts., Direkts-Verlag, (1977) p. 23.

54 Ebd. p. 37
55 Ebd. p. 7.
56 Candide, ou l'Optimisme. 30. Kapitel. In diesem Kapitel findet sich auch der folgende Satz: »Je n'ai que vingt arpents, répondit le Turc; je les cultive avec mes enfants; le travail éloigne de nous trois grands maux, l'ennui, le vice, et le besoin.«
57 »Walden« 2. Aufl. Mchn., Verlag Concord, (1903). p. 71.
58 Vgl. dazu besonders die Bücher der französischen Feministin Françoise d'Eaubonne: »Le féminisme ou la mort« (dtsch. »feminismus oder tod«. 2. Aufl. Mchn., Verlag Frauenoffensive, [1977], 221 S.) und »Ecologie-Féminisme« (1978).
59 Küppers-Sonnenberg, G. A.: »Vom Akademiker zum Siedler.« Bln., 1924 p. 10.
60 Das Mitglied Anselm der Holundermühlen-Kommune, zitiert nach: Gross, Werner: »Landkommunen«. Waldbronn, Doku-Verlag, (1977). p. 8 f.
61 Zitiert nach: Gross a.a.O. p. 9 f.
62 Gross a.a.O. p. 6 f. bezeichnet den folgenden Text des Indianers Chief Luther, »der aufrechte Bär« als eine Art Credo der Landkommunarden: »Er liebte die Erde und alle Dinge auf der Erde, seine Bindung wuchs mit dem Alter. Die alten Menschen liebten buchstäblich die Erde und sie saßen oder lagen auf der Erde mit dem Gefühl einer mütterlichen Kraft nahe zu sein. Es war gut, wenn die Haut die Erde berührte und die alten Leute liebten es die Mokassins auszuziehen und barfuß über die heilige Erde zu gehen... Die Vögel, die in der Luft flogen, kamen um auf der Erde auszuruhen und die Erde war die letzte Ruhestätte für alle Dinge, die lebten und wuchsen. Die Erde war besänftigend, stärkend, reinigend und heiligend...«
63 Zs. Innisfree Nr. 17 p. 10–13.
64 Text eines Prospektes des Manna Ladens Heidelberg, 1978.
65 In neuerer Zeit bahnen sich hier Beziehungen der Alternativbewegung zur Anthroposophie an, die allerdings nur in einer Ähnlichkeit der Gedankengänge bestehen.
66 Peters, Paulhans: »Stadt für Menschen«. Mchn., Georg D. W. Callwey, (1973). p. 9–10.
67 Zs. »Machwerk«. Siegen 1. Jg. Nr. 2/Okt.–Dez. 1977 p. 27.
68 Als alternative Stadtprojekte sind z. Zt. in Konstruktion Auroville in Indien und die amerikanische Wüstenstadt »Arcosanti«, die der Architekt Paolo Soleri entworfen hat (zu diesem Projekt vgl. Georg Hermann: »Kapitän Nemo in der Wüste« in: »Deutsche Zeitung« Nr. 22/1978 [26. 5. 1978] p. 28).
69 Bd. 13 p. 241 f. Stichwort: »Naturheilkunde«.
70 Weleda-Nachrichten Nr. 100 p. 15–16.
71 1901 erhielt die Charité (Berlin) eine Hydrotherapeutische Anstalt, am 23. 5. 1919 billigte der preußische Landtag den Antrag, an allen Universitäten Lehrstühle für Naturheilkunde einzurichten. Z. Zt. bestehen diese Lehrstühle noch an den Universitäten Jena und Dresden, wo auch eine Facharztausbildung für Naturheilkunde absolviert werden kann. In der Bundesrepublik ist eine solche Facharztausbildung nicht möglich.

72 Gerhard Glas: »Vom Wirken des Heilpraktikers. In: Der Vegetarier. 29. Jg. 1978 Nr. 2 p. 54.
73 Lutze, Arthur: Lehrbuch der Homöopathie. 14. Aufl. Köthen, Verlag der Lutzeschen Schriften, 1910. p. II.
74 Ebd. p. IX.
75 Potenzieren: 1 Teil Grundsubstanz wird mit 9 Teilen Alkohol verdünnt und in bestimmter Weise verschüttelt. Das Resultat wird als Potenz 2 (D 2) bezeichnet. Durch Verdünnen eines Teils dieser Lösung mit 9 Teilen Alkohol ergibt sich Potenz 3 (D 3) und so fort.
76 Das gilt für Potenzen über D 23, die Hochpotenzhomöopathie arbeitet in der Regel mit Potenzen um 100.
77 Lippross, Otto: »Logik und Magie in der Medizin. Mchn., J. F. Lehmann, (1961). p. 14.
78 Vgl. Schöffler, Heinz Herbert: »Rudolf Steiners diätetische Hygiene« in: Die Drei. Zs. für Wissenschaft, Kunst und soziales Leben. Hrsg. von der Anthroposophischen Gesellschaft in Deutschland. Stgt., Verlag Freies Geistesleben. 43. Jg. 1973 Nr. 11/November. 529–538.
79 Vgl. Rudolph, Ebermut: »Die geheimnisvollen Ärzte«. Von Gesundbetern und Spruchheilern. Olten/Freiburg, Walter Verlag, (1977), 351 S. Abb.
80 Zur Diskussion um die Geistoperateure vgl. die einschlägigen Texte in: Esotera. Freiburg, Hermann Bauer. 24. Jg. 1973 Heft 7 und 8.
81 Vgl. dazu die immer noch beste Einführung in den Problemkreis der Naturheilbewegungen: Krabbe, Wolfgang R.: »Gesellschaftsveränderung durch Lebensreform«. Göttingen, Vandenhoeck & Ruprecht. 181 S.
82 Brief Schwantjes vom 28.1.1935 zitiert nach: »Der Vegetarier« 28. Jg. 1977 Nr. 1 p. 26. Im Brieftext muß ein Druckfehler vorliegen, der ohne Rückfrage nicht zu korrigieren ist.
83 Nelson, Leonrad: Gesammelte Schriften VI: »Philosophische Rechtslehre und Politik«. Hbg. Felix Meiner, (1970). p. 289. Heft 1/1978 des »Vegetarier« ist Nelson gewidmet.
84 In der Zs. »Junge Menschen«, zitiert nach »Der Vegetarier« 23. Jg. 1972. p. 12.
85 Ungewitter, Richard: Die Nacktheit in entwicklungsgeschichtlicher, gesundheitlicher, moralischer und künstlerischer Beleuchtung. Stgt., Selbstverlag, 1907. p. 21 und 25.
86 Hier sei nur erinnert an das Verhalten der Kronprinzessin Augusta bei der Geburt ihres Sohnes Wilhelm (später Wilhelm II.) und der Operation des Kronprinzen in Nizza durch Prof. Bergmann.
87 Vgl. nähere historische Angaben bei Krabbe l.c.
88 Man vgl. dazu etwa den mit großer Leidenschaft geführten Kampf um die Frage, ob auf den FKK-Geländen die nackten Mädchen und Frauen Schmuck tragen dürften oder nicht. Dieser Streit spielt sich ebenfalls etwa um 1960 ab.
89 Jarma-Wien, Alfred: Sittliche Erneuerung. Kassel, Lichtscharverlag, o.J. p. 22 und 24.
90 Saint-Just in seinem »Discours concernant le jugement de Louis XVI.«, Convention Nationale, 13.11.1790. In der gleichen Rede bezeichnet St.-Just das

Königtum, die Beherrschung eines Volkes als »un crime eternel, contre lequel tout homme a le droit de s'élever et de s'armer«. Zitiert nach: Saint-Just: »Oeuvres choisies«. Paris, Gallimard, (1968), (Collection Idées no. 159). p. 80 und 79.

91 Kropotkin, Peter: »Anarchistische Moral«. Ffm., Verlag Freie Gesellschaft, (1977). p. 33.

IV
Anhang

ARMIN MOHLER
Bibliographie

Bei der Abfassung dieser Bibliographie wurde Dr. Armin Mohler von Pastor Ekkehard Hieronimus tatkräftig unterstützt. Dieser hat ihn nicht nur mit seinem besonderen Sachverstand bei der Gruppierung und Kommentierung beraten; er hat ihm auch einen erheblichen Teil des bibliographischen Materials, insbesondere für die Abschnitte 4 und 5, zur Verfügung gestellt. Bei der Zusammenstellung von Abschnitt 3 hat Pfarrer Dr. Hans-Diether Reimer von der »Evangelischen Zentralstelle für Weltanschauungsfragen« in Stuttgart die Arbeit durch wertvolle Ratschläge erleichtert. Wir sind beiden Herren für ihre selbstlose Hilfe sehr dankbar. Verantwortlich für die Bibliographie – gerade in ihren Schwächen, die nicht verschwiegen werden – ist allein Dr. Mohler.

1	Problematik dieser Bibliographie	397
1.1	Die Flut der Weltanschauungsliteratur	397
1.2	Verschwimmende Grenzen zwischen kritischer und parteiischer Literatur	397
1.3	Historische Wellenschläge	398
1.4	Weglassen der politischen und einiger anderer Gruppen	398
1.5	Blick auf frühere Zustände	399
1.6	Methode des »pars pro toto«	399
2	Literatur über Weltanschauungen allgemein	399
2.1	Das philosophische Vorspiel	399
2.2	Die »Klassiker«	400
2.3	Porträtsammlungen	401
2.4	Topographisch zentrierte Darstellungen	402
2.5	Populäre Weltanschauungsliteratur	403
2.6	Geistesgeschichten	404
2.7	Weltanschauungsliteratur in der Reaktion auf die Politik	405
2.8	Rückblick auf die Literatur über Weltanschauung	406
3	Die Literatur über die Sekten	408
3.1	Vorstufen	408

3.2 Evangelische Handbücher 409
3.3 Katholische Handbücher 410
3.4 Weitere christliche Übersichtswerke 410
3.5 Literatur außerhalb des kirchlichen Bereichs 411
3.6 Schriftenreihen 411
3.7 Zeitschriften 412
3.8 Monographien über einzelne Gruppen und Bewegungen 412
4 Literatur über Esoterik und Okkultismus 413
4.1 Handbücher 413
4.2 Andere Übersichtswerke 414
4.3 Alchemie 416
4.4 Astrologie 416
4.5 Parapsychologie 416
4.6 Kabbala 416
4.7 Aberglaube 417
4.8 Magie 417
4.9 Hexenwesen und ähnliches 417
4.10 Phantastische Geographie 418
4.11 Atlantis 418
4.12 Welteislehre 419
4.13 Prä-Astronautik (Däniken) 420
4.14 Ufologie 420
5 Lebensreform, Emanzipation und das »Alternative« 421
5.1 Allgemeines 421
5.2 Eine Alternativ-Bibliothek 422
Register 435

BIBLIOGRAPHIE 403

1 Problematik dieser Bibliographie

1.1 Die Flut der Weltanschauungsliteratur

Eine Bibliographie der von den verschiedenen Weltanschauungsgruppen veröffentlichten Literatur würde ungefähr zwanzig Lexikonbände füllen, und wäre doch nicht vollständig. Diese Gruppen haben wahre Ströme von Broschüren, Traktätchen und Periodica produziert – und wir kennen keine öffentliche Bibliothek, die sich die Mühe gemacht hätte, diese Literatur systematisch zu sammeln. Wir kennen nur private Sammler, die sich dieser Arbeit unterzogen, und ihre Möglichkeiten sind finanziell und vor allem räumlich beschränkt. Die offiziellen Gesamtbibliographien des jährlichen Buch-Ausstoßes, in welcher Sprache auch immer, erfassen diese Flut nur in Fetzen – bei einem Vertrieb in geschlossenen Abnehmerkreisen, meist fern vom Buchhandel und damit fern der Ablieferungspflicht, kein Wunder. Und sucht man von den Gruppen Auskünfte über Publiziertes zu bekommen, so erhält man meist entweder keine oder stilisierte Antworten.

1.2 Verschwimmende Grenzen zwischen kritischer und parteiischer Literatur

Eine Bibliographie im Rahmen dieses Buches kann also nur Sekundärliteratur, Literatur »über«, bringen. (Eine Ausnahme macht der eine Ausblick auf die Primärliteratur im Abschnitt 5.2, der eine Andeutung über das Ausmaß dieser Literatur geben soll.) Doch hier tritt sofort eine neue Schwierigkeit auf: bei der Literatur über Weltanschauungen sind die Grenzen zwischen einerseits kritischer und andererseits für die einzelnen Weltanschauungen Partei ergreifender Literatur fast stets verschwimmend. Man könnte zwar eine grobe Abgrenzung der Gattungen vornehmen: kritische Literatur (KR) ist aus Abstand geschrieben und dient der sachlichen Erkenntnis; Sachbücher (SB), meist von Journalisten oder Journalismusnahen Schriftstellern verfaßt, dienen mehr der oberflächlichen Unterrichtung, wenn nicht gar der Unterhaltung; die »Eigenliteratur« (EG) der Weltanschauungsgruppen ist dazu da, diese Gruppen gegen außen abzuschirmen und innerhalb der Gruppe Einigkeit, ja Geschlossenheit zu schaffen. Nun sind aber die Weltanschauungen ein so erregendes Thema, daß die nüchterne Sachlichkeit bei den ersten beiden Arten von Büchern manchmal ins Wanken kommt. Es darf auch nicht übersehen werden, daß ein Großteil der orientierten Literatur über die Weltanschauungen (nicht nur die kirchliche) aus Teilen des »Establishments« stammt, das nicht gerne Terrain an »Randgruppen« preisgibt. Weiter ist es bei manchen Zonen im Bereich der Weltanschauungen so, daß noch gar keine kritische Literatur vorhanden ist und man schon froh sein muß, wenn man wenigstens auf schnellverfertigte Sachbücher zurückgreifen kann.

1.3 Historische Wellenschläge

Eine weitere Schwierigkeit ist, daß die Beschäftigung mit den »Weltanschauungen« dem Wellenschlag der Geschichte unterworfen ist. Während des 19. Jahrhunderts bleibt sie im wesentlichen ein Gespräch über verschiedene philosophische Positionen oder allenfalls über eine Ausweitung der Philosophie; der Beitrag von Werner Betz macht das sehr anschaulich deutlich. Erst mit Beginn unseres Jahrhunderts setzt sich die Erkenntnis durch, daß man es bei den »Weltanschauungen« mit einem Phänomen von breiter Ausdehnung zu tun hat, das neuartig ist, und mit der traditionellen Philosophie wenig zu tun hat. Die bisherige systematische Literatur über Weltanschauung wird nun allmählich von einer historisch-deskriptiven Literatur verdrängt. Zum mindesten in Deutschland wird das Klima jedoch durch den Aufstieg des Nationalsozialismus verändert, der sich ja ausdrücklich als »Weltanschauung« bekennt und sich dadurch vom Establishment abgrenzt. Die Literatur über Weltanschauung wird nun für lange Jahre (weit über 1945 hinaus) eine offene oder (zwischen 1933 und 1945) versteckte Kampfliteratur. Und als sich dann gegen Ende der 50er Jahre wieder eine für sachliche Beschäftigung mit den Weltanschauungen günstigere Situation herausbildet, ist das nur von kurzer Dauer. Der Ausbruch der Kulturrevolution (eine umfassendere Bezeichnung als »Protestbewegung«) zu Ende der 60er Jahre bringt nicht nur die weltanschaulichen Strömungen in verstärkte Bewegung. Sie hat auch für einzelne unter ihnen Breschen in Dämme gebrochen, die bis dahin unüberwindbar schienen. Das verändert natürlich den Charakter der Literatur über »Weltanschauungen« von neuem.

1.4 Weglassen der politischen und einiger anderer Gruppen

Über die politischen Weltanschauungsgruppen liegt genügend bibliographische Literatur vor (sie ist zum Teil in den Beiträgen Sarkisyanz, v. Weiss, Mohler erwähnt), so daß wir sie hier weglassen können. Es bleibt so für die Bibliographie der unter den Stichworten »Esoterik und Lebensreform« zusammengefaßte Bereich übrig. Und auch hier gibt es einzelne Phänomene, etwa die ältere Jugendbewegung (zwischen 1900 und 1930) oder die Freimaurerei, die nicht erfaßt zu werden brauchen, weil sie bereits sehr methodisch bearbeitet worden sind. Wir beschränken uns also auf die Bereiche, für die bibliographische Hilfsmittel noch kaum vorliegen.

1.5 Blick auf frühere Zustände

Da, wie schon gesagt, die Literatur über Weltanschauungsgruppen oft praktische Ziele (vor allem das der Abwehr) verfolgt, hat sie meist den Hang, sich auf den Zustand der Weltanschauungsszenerie bei Abfassung des betreffenden Berichtes zu konzentrieren. Das macht diese Literatur oft etwas kurzatmig, und der Benutzer von Handbüchern hat oft Mühe, mit den stets sich verändernden Auflagen Schritt zu halten. Wenn wir in dieser Übersicht auch auf einige ältere Nachschlagewerke hinweisen, so ist das nicht bloß antiquarische Bemühung. Auch bei diesen kuriosen »Weltanschauungs«-Gebilden kann oft die historische Dimension zu Verständnis und Deutung beitragen.

1.6 Methode des »pars pro toto«

Bei der geschilderten Art der »Literatur über Weltanschauungen« ist es selbstverständlich, daß sich diese Bibliographie der Methode des »pars pro toto« bedienen muß. Was sie vorführt, ist nicht *die* Literatur über Weltanschauungen. Sie sucht vielmehr dem Benützer zu sagen: wenn Du auf einschlägige Literatur stößt, so wird sie vermutlich zu einem der hier vorgeführten Typen gehören.

2 Literatur über Weltanschauungen allgemein

2.1 Das philosophische Vorspiel

In der deutschen Philosophie gibt es eine Auseinandersetzung über »Weltanschauung«, die sich von Kant hinzieht bis zu Max Scheler (»Philosophische Weltanschauung«, 1929), Karl Jaspers (»Psychologie der Weltanschauungen«, 1919), Gustav Wyneken (»Weltanschauung«, 1940), Aloys Wenzel (»Wissenschaft und Weltanschauung. Natur und Geist als Probleme der Metaphysik«, 1936). Diese Diskussion konnte nur in Deutschland geführt werden; sie setzt an bei dem merkwürdigen Doppelsinn dieses deutschen Wortes, auf den Werner Betz in diesem Band hingewiesen hat. Zusammengefaßt ist diese Diskussion nun in:

Helmut G. Meier: *»Weltanschauung«. Studien zu einer Theorie und Geschichte des Begriffs*, phil. Dissertation 1968 bei Joachim Ritter in Münster/W., VI + 390 S., ohne Angabe von Verlagsort und Verlag.

Diese rein innerdeutsche Diskussion berührt sich mit unserem Thema – nämlich demjenigen der »Ersatzreligionen« – nur am Rande.

2.2 Die »Klassiker«

Die Literatur über die »Weltanschauungen« im Sinne des vorliegenden Buches setzt im zweiten und dritten Jahrzehnt unseres Jahrhunderts ein: nun hat man offensichtlich genügend Abstand, um eine neue Literaturgattung, einen neuen Denk- und Glaubensstil zu erkennen, die sich, und zwar international, von den traditionellen Formen von Theologie, Philosopie, Wissenschaft absetzen. Marksteine sind zwei Sammelwerke des Verlages Otto Reichl, der selber intensiv als Weltanschauungs-Streuer gewirkt hat; mit dem ersten Buch beginnt dieser Verlag seine Tätigkeit:
Max Frischeisen-Köhler (Hrsg.): »*Weltanschauung / Philosophie und Religion in Darstellungen von*...«, XXIV+484 S., Berlin 1911, Verlag Reichl & Co.

Darin S. 1–51 die berühmte Abhandlung »Die Typen der Weltanschauung« von Wilhelm Dilthey (1931 dann im Bd. 8 seiner »Gesammelten Schriften«); daneben u. a. Bernhard Groethuysen, »Das Leben und die Weltanschauung«, Karl Joël, »Weltanschauung und Zeitanschauung«, Eduard Spranger, »Phantasie und Weltanschauung«. Der zweite Band Reichls hat einen anderen Inhalt:
Erich Rothacker (Hrsg.): »*Probleme der Weltanschauungslehre*«, als Bd. IV von »Reichls Philosophischer Almanach«, XII+517 S., Darmstadt 1927, Otto Reichl Verlag.

Der einzige Autor, der auch in diesem Band vertreten ist, Groethuysen, schreibt diesmal über »Die bürgerliche Weltanschauung«. Auch Karl Mannheim hat damals seinen methodologischen Scharfsinn auf das neue Phänomen gerichtet:
Karl Mannheim: »*Beiträge zur Theorie der Weltanschauungs-Interpretation*«, S. 236–276 in: Jahrbuch für Kunstgeschichte I (1921/1922), Wien 1923, Österr. Verlagsgesellschaft.

Der eigentliche »Klassiker« dieser Gründungsliteratur stammt unserer Meinung nach allerdings von einem (bis zum Tod als Lungenkranker in Davos typischen) »freien Schriftsteller« der Wendezeit um den Ersten Weltkrieg: Carl Christian Bry (Pseudonym für Carl Decke, 1892–1926):
Carl Christian Bry: »*Verkappte Religionen*«, 249 S., Gotha 1924, Verlag F. A. Perthes; 3. erweiterte Aufl. Hrsg. Klaus E. Zippert, 335 S., Lochham 1964, Edmund Gans Verlag, mit einem ausgezeichneten Essay über Bry von Ernst Wilhelm Eschmann; 4. Aufl. Hrsg. Martin Gregor-Dellin, 258 S., München 1979, Ehrenwirth Verlag (verdienstvoll durch die Wiederherstellung des Originaltextes gegenüber der Ausgabe von 1964).

Dieses Buch, von großem esoterischen Ruf, ist eine Art von geistesge-

BIBLIOGRAPHIE 407

schichtlicher Dichtung hochintelligenter Art, von der viele Formulierungen (etwa »Musikanten der Weltweisheit«) bereits anonymes Gut unseres Wortschatzes geworden sind. Eine Etikettierung als »Feuilletonismus« wäre ungerecht; Bry's Buch könnte sich wohl später einmal als die gültigste Darstellung des Phänomens »Weltanschauung« herausstellen. Eine Vorstufe scheint eine Schriftenreihe »Die Umwelt. Eine Menschenkunde jüngster Dichtung in vier Einzelteilen: Oberwelt / Halbwelt / Unterwelt / Überwelt« zu sein, von der wir nur des »Ersten Teils« habhaft werden konnten (es ist auch anscheinend nicht mehr erschienen):
Carl Christian Bry: »*Die Oberwelt.* Künstler, Lebemänner, Geldfürsten und ihr Anhang im Spiegel moderner Literatur«, 47 S., München-Pasing 1920, Verlag Die Heimkehr.

An die Seite dieser »Klassiker« der Literatur über unseren Stoff möchten wir noch drei kühne Bücher der Zeit nach 1945 stellen, die neue Perspektiven für die Beschäftigung mit unserem Thema aufgezeigt haben. Das eine ist das nüchterne Buch eines Soziologen und Pädagogen, der Gebilde wie die »Weltanschauungen« als normale Erzeugnisse des menschlichen Geistes darzustellen sucht:
Eugen Lemberg: »*Ideologie und Gesellschaft.* Eine Theorie der ideologischen Systeme, ihrer Struktur und Funktion«, 350 S., Stuttgart 1971, Verlag W. Kohlhammer.

Die anderen Bücher stammen von einem 1946 geborenen Schotten (Schüler von Ellic Howe), der sich tief auf den Okkultismus einließ und 1980 von eigener Hand starb. Sie sind der ungestüme Versuch, eine Geschichte der internationalen Esoterik vor und nach der letzten Jahrhundertwende zu schreiben:
James Webb: a) »*The Occult Underground*«, VIII + 387 S., 1974; b) »*The Occult Establishment*«, VI + 535 S., 1976; beide als: A Library Press Book, La Salle/Illinois, Open Court Publishing Co.
Sicher keine wissenschaftlichen Bücher, aber faszinierend in dem Versuch, Verbindungslinien etwa zwischen Blavatsky, Rudolf Steiner, Lanz von Liebenfels, Mereschkowskij und Major C. Douglas zu ziehen.

2.3 Porträtsammlungen

Besonders fruchtbar für das Verständnis unseres Stoffes sind Sammlungen von »Porträts« einzelner Weltanschauungsgruppen oder von Repräsentanten solcher Gruppen, weil sie die konkrete historische Atmosphäre festhalten. Meister dieser Darstellungsart ist der Franzose Pierre Geyraud, der 1937–1954 fünf Bände dieser Art bei den Éditions Émile-Paul Frères,

Paris, veröffentlichte (davon die ersten drei unter dem Sammeltitel »Parmi les Sectes et les Rites«, Unter den Sekten und Riten):
Pierre Geyraud: a) »*Les religions nouvelles de Paris*« (Die neuen Religionen von Paris), 185 S., 1937;
b) »*Les petites églises de Paris*« (Die kleinen Kirchen von Paris), 249 S., 1937;
c) »*Les sociétés secrètes de Paris*« (Die geheimen Gesellschaften von Paris), 219 S., 1938;
d) »*L'Occultisme à Paris*«, 177 S., 1953;
e) »*Sectes et Rites*. Petites églises, religions nouvelles, sociétés secrètes de Paris« (gekürzte Zusammenfassung von a–c), 277 S., 1954.
Für die deutsche Situation am Ende der Weimarer Republik vergleichbar das Sammelwerk:
Rudolf Olden (Hrsg.): »*Das Wunderbare oder die Verzauberten.* Propheten in deutscher Krise. Eine Sammlung«, 336 S., Berlin 1932, Verlag Rowohlt.
Reicht von Krishnamurti und der Stigmatisierten von Konnersreuth bis zu Karezza und Freigeldlehre.
Typisch amerikanisch und gerade deshalb sehr ertragreich als Information über die Lage in USA:
Paul Sann: »*American Panorma.* A Revised Edition of ›Fads, Follies and Delusions of the American People‹ Including New Diets, Quick Cures, Campus Bloodshed, the Cults, Jogging, Skyjacking, Millionaire Athletes, and Much More«, 1967[1], 1980 Neuausgabe: 342 S., viele Abb., New York, Crown Publishers.
Dieses Album stellt nicht nur Weltanschauungsgruppen (etwa die »Technocrats« oder Father Divine) vor, sondern behandelt auch Massenepidemien wie Skateboard oder Flitzer; sogar weniger zahlreiche Verrücktheiten wie etwa Flugzeugentführung werden behandelt. Von allen hier genannten Büchern liegt diesem der weitest gespannte Rahmen zu Grunde.

2.4 Topographisch zentrierte Darstellungen

Eine ebenfalls recht anschauliche Gattung sind die Darstellungen von Weltanschauungskomplexen, die mit bestimmten Orten verbunden sind:
Werner Helwig: »*Capri – magische Insel*«, 331 S., Wiesbaden 1973, Limes Verlag.
Robert Landmann: »*Ascona Monte Verita.* Auf der Suche nach dem Paradies«, 295 S., Köln 1973, Benziger Verlag.
Harald Szeemann (Hrsg.): »*Monte Verità.* Berg der Wahrheit. Lokale

Anthropologie als Beitrag zur Wiederentdeckung einer neuzeitlichen sakralen Topographie« (zur Ausstellung 1978 in Ascona), 191 S., viele Abb., Mailand 1978, Electra Editrice.

2.5 Populäre Weltanschauungsliteratur

Wir haben bisher die Rosinen aus der Literatur herausgepickt. Es gibt auch einen breiten Strom von Literatur über Weltanschauung, der nur noch von archivalisch-statistischem Wert ist. Sobald die Weltanschauungen als Phänomen sichtbar werden, nehmen sich die Trivialschriftsteller des Themas an. Schon 1904 kündigt der Verlag Albert Rössler in Berlin eine Schriftenreihe an: »Die neue Weltanschauung. Beiträge zu ihrer Geschichte und Vollendung in zwanglosen Einzelschriften«; von 1908 bis 1914 erscheint im Verlag J. Lehmann, Stuttgart: »Neue Weltanschauung. Monatsschrift für Kulturfortschritt auf naturwissenschaftlicher Grundlage«; noch 1928 startet ein Dr. O. Kleinschmidt eine Zeitschrift »Die Weltanschauung«.

Schon 1908 taucht in der Literatur ein evangelisches »Forschungsheim für Weltanschauungskunde in Wittenberg« auf; der damalige Leiter von dessen »Philosophischer Abteilung« veröffentlicht:

E. Dennert: »Weltbild und Weltanschauung«, Heft 2 der Schriften des Keplerbundes, Leipzig 1908, Verlag Adolf Klein.

Zwei Jahrzehnte später heißt der Leiter dieser Philosophischen Abteilung anders:

Pastor Dr. Wilhelm Ernst: »Die Weltanschauung und ihre Problematik. Ein phänomenologischer Versuch zur Weltanschauungskunde«, VIII + 199 S., Gütersloh 1930, Verlag C. Bertelsmann.

Beide Schriften sind etwas abstrakte Bemühungen um Begriffsklärung. Andere Arbeiten wiederum bieten einfach Lebenshilfe unter dem Stichwort »Weltanschauung«, womit man sich wohl an Menschen wendet, die dem Einfluß der Kirchen entglitten sind. Wir zitieren ein Beispiel aus der Zeit vor dem Zweiten Weltkrieg, eines aus der Zeit nachher:

Hans Richert: »Weltanschauung. Ein Führer für Suchende«, VI + 132 S., Leipzig 1922, Verlag B. G. Teubner.

Max Zollinger: »›Weltanschauung‹ als Problem der jungen Menschen und der höheren Schule unserer Zeit«, 70 S., Zürich 1947, Artemis-Verlag.

Sogar Erfolgsschriftsteller mit großen Auflagen nützen das Stichwort, um dem Leser ihre persönliche Philosophie beizubringen:

Bruno H. Bürgel: »Die Weltanschauung des modernen Menschen. Das All – Der Mensch – Der Sinn des Lebens«, 214 S., Berlin 1932, Verlag Ullstein.

Dann tauchen in dieser Popularliteratur allerdings auch Bücher auf, die in

Anspruch nehmen, den Komplex der Weltanschauungen historisch aufzuarbeiten. Darunter gibt es Schriften, die sich von den üblichen Philosophie-Geschichten außer im Titel kaum unterscheiden, etwa:
Martin Schlunk: »*Weltanschauung / von den Griechen bis Hegel. Eine Einführung für Suchende*«, 160 S., Hamburg 1921, Agentur des Rauhen Hauses.
Deutlicher markiert mit Kapiteln über Evolutionismus, Begriffsrealismus, Materialismus, Psychologismus ist ein Bändchen aus der weitverbreiteten Vulgarisierungsreihe »Wissenschaft und Bildung«:
Prof. Dr. Carl Wenzig: »*Die Weltanschauungen der Gegenwart* in Gegensatz und Ausgleich. Einführung in die Grundprobleme und Grundbegriffe der Philosophie«, 156 S., Leipzig 1919^2, Verlag Quelle & Meyer.
Weit hinein in unseren Bereich, mit einer Spannweite von Spinoza und Kant bis zu Darwin, »Neuromantik«, Rudolf Steiner, Spengler, Dacqué ist die wohl verbreitetste populäre Geschichte von Weltanschauungen, vom evangelischen Standort aus geschrieben, erstmals 1928 erschienen, von der uns die Volksausgabe von 1934 vorliegt:
Dr. Hans Hofer: »*Die Weltanschauungen der Neuzeit.* Allgemeinverständlich dargestellt«, 519 S., Elberfeld 1934, Verlag »Die Aue«.

2.6 Geistesgeschichten

Nicht zu verwechseln mit solcher Literatur sind Geistesgeschichten mit hohem wissenschaftlichen Anspruch, die mit der Verwendung des Wortes »Weltanschauung« andeuten wollen, daß sie schöne Literatur, Theologisches usw. stärker einbeziehen als die üblichen Geschichten der Philosophie:
Karl Joël: »*Wandlungen der Weltanschauung.* Eine Philosophiegeschichte als Geschichtsphilosophie«, 2 Bände, XVIII + 765 S., VIII + 960 S., Tübingen 1928, Verlag J. C. B. Mohr.
Hans Meyer: »*Geschichte der abendländischen Weltanschauung*«, 5 Bände + Registerband, Würzburg 1947–50, Verlag Ferd. Schöningh.
(Meyer betont den »kulturgeschichtlichen Einschlag« seiner Philosophiegeschichte).
Für unsere Zwecke nützlicher sind die historischen Werke, die von vornherein den Akzent auf den allgemeinen »Zeitgeist«, nicht die Philosophiegeschichte legen. Allerdings ist das eine Gattung, die in Frankreich wesentlich mehr gepflegt wird als in Deutschland, vgl. die von den Hochkulturen bis ins 20. Jahrhundert reichende Ideologiengeschichte:
Francois Châtelet (Hrsg.): »*Histoire des Idéologies*«, 3 Bde., 399 + 377 + 446 S., Paris 1978, Éditions Hachette.

Daß »Ideologiengeschichte« ernsthaft gemeint ist, sieht man schon daran, daß dieses Werk einer vom gleichen Herausgeber veranstalteten Philosophiegeschichte parallel läuft. Frankreich ist auch in den Personalnachschlagewerken flexibler als die Bundesrepublik, wo zwischen den Lexikas über Gelehrte und denen über Dichter genau der Bereich ausgespart ist, um den es uns hier geht. Beispielsweise gibt es dort ein Lexikon der mystischen und geistlichen Autoren, das zwar schon bei Pascal einsetzt, aber mit Figuren wie Sri Aurobindo und Charles du Bos auch in den Weltanschauungsbereich hineingreift:

Joseph Ducarme: »Dictionnaire des mystiques et des écrivains spirituels«, 654 S., Les Hautes Plaines de Mane (Frankreich) 1968, Robert Morel Éditeur.

Von dem zu früh verstorbenen Zeitgeist-Historiker Michel Mourre (1928–1977) gibt es sogar ein speziell auf Weltanschauungen ausgerichtetes Lexikon der »zeitgenössischen Ideen«:

Michel Mourre (Hrsg.): »Dictionnaire des idées contemporaines«, Neuausgabe, 695 S., Paris 1966, Éditions Universitaires.

Ein besonders reizvoller Einfall ist ein Edma-Taschenbuch über »Die Ideen des 20. Jahrhunderts«, in dem jeweils eine Doppelseite einem Buch gewidmet ist, das einmal die Herzen und Köpfe bewegte:

Charles Henri Favrod (Hrsg.): »Les Idées du XXe siècle«, Encyclopédie du Monde Actuel (EDMA), 255 S., Paris 1978, Le Livre de Poche Nr. 4469.

Hier steht nun wirklich Lewis Mumford neben Milovan Djilas, McLuhan neben Gramsci und Artaud.

2.7 Weltanschauungsliteratur in der Reaktion auf die Politik

Es bleibt noch, die Reaktion der Literatur über Weltanschauung auf die politischen Wellenschläge an ein paar Beispielen (die durchaus auswechselbar sind) aufzuzeigen. Daß der Nationalsozialismus sich betont als »Weltanschauung« gibt und damit gegenüber den Kirchen und den anderen traditionellen Gruppen in Anspruch nimmt, selbst Macht über Seelen auszuüben, wirkt auf diese Literatur zurück. Ein Beispiel für die zahlreiche kirchliche Literatur, die mit dieser Wendung fertig zu werden sucht:

Dr. Paul Simon: »Weltanschauung«, 56 S., Paderborn 1935, Verlag der Bonifacius-Druckerei.

Allerdings gibt es auch Versuche, den nationalsozialistischen Weltanschauungsanspruch in eine Systematik der Weltanschauungen einzuordnen, so dieses Buch (vermutlich eine Dissertation, aber die Universität ist nicht genannt):

Dr. phil. Hedwig Gollob: » Wege der neuen Weltanschauung. Sozialwis-

senschaftliche Studien«, in: Sammlung Heitz / Akademische Abhandlungen zur Kulturgeschichte, II/1, 80 S., Straßburg–Leipzig–Zürich 1936, Heitz & Co.
Nach 1945 zittern die Abwehranstrengungen noch nach; dafür ein evangelisches (vom damaligen Präsidenten der Kirchenkanzlei) und ein katholisches Beispiel:
Hans Asmussen: »*Das Ende der Weltanschauungen*«, 27 S., Hamburg 1948, Hans Schlichting Verlag.
Hans Meyer: »*Weltanschauungsprobleme der Gegenwart*«, 285 S., Recklinghausen 1956, Paulus Verlag.
Die Vorträge einer Tagung evangelischer Philologen von 1965 zeigt jedoch, daß bereits eine neue Beunruhigung am Horizont auftaucht; einer der Vorträge handelt nämlich bereits vom studentischen »Aufbruch« in den USA (der dann 1968/69 nach Europa herüberschwappt):
Dekan Georg Lanzenstiel (Hrsg.): »*Weltanschauung und Wissenschaft*«, 77 S., München 1965, Claudius Verlag.
Worüber allerdings nicht übersehen werden sollte, daß das installierte kommunistische Regime sich zuweilen ebenfalls des Aushängeschildes »Weltanschauung« bedient, wenn auch nicht so betont wie der Nationalsozialismus:
Prof. Erhard Albrecht (Hrsg.): »*Weltanschauung und Methodologie.* Dem 60. Jahrestag der Großen Oktoberrevolution gewidmet. Sonderheft 1/1977 zur Gesellschafts- und Sprachwissenschaftlichen Reihe der Wissenschaftlichen Zeitschrift der Ernst-Moritz-Arndt-Universität Greifswald«, 245 S., Greifswald 1977.
Immerhin ist aus denselben Jahren bereits ein Versuch zu verzeichnen, das Phänomen der Weltanschauung aus Distanz systematisch zu erfassen, wenn auch mit einem Anflug von »Lebenshilfe« (der Verfasser ist Pädagoge):
Adolf Busemann: »*Weltanschauung in psychologischer Sicht.* Ein Beitrag zur Lehre vom Menschen«, 149 S., München u. Basel 1967, Verlag Ernst Reinhardt.

2.8 Rückblick auf die Literatur über Weltanschauung

Blickt man auf das bisher Vorgestellte zurück, so sticht das Vorwiegen systematischer Behandlungen des Themas ins Auge. Dem mühsamen historischen Zugriff aufs Thema, dem »Feststellen dessen, was ist«, der »Topographie der Weltanschauungen« also, widmen sich nur wenige Autoren: Bry, Geyraud, Olden, James Webb, auch Helwig, Robert Landmann, Szeemann, Mourre. Dabei droht jede allgemeine Aussage über

Weltanschauungen ins Beliebige abzurutschen, wenn sie sich nicht auf Detailkenntnis stützen kann.

Deshalb ist es nützlich und notwendig, so viel historischen Stoff wie möglich auch aus solchen Quellen sich anzueignen, die nicht ausdrücklich als Darstellungen der Weltanschauungen auftreten oder die einzelne Ausschnitte aus diesem Bereich behandeln. So findet sich viel in Monographien über einzelne Bewegungen; etwa über die Frauenbewegung (Beispiel: Agnes von Zahn-Harnack, »Die Frauenbewegung. Geschichte, Probleme, Ziele«, Berlin 1928) oder über die Körperkultur-Bewegung (Beispiel: Hans W. Fischer, »Körper-Schönheit und Körper-Kultur. Sport – Gymnastik – Tanz«, Berlin 1928). Auch Monographien über einzelne Ismen sind oft recht fündig. Als zufällig herausgegriffene Beispiele nennen wir Untersuchungen über den Fortschrittsgedanken (»Die Idee des Fortschritts«, Hrsg. Erich Burck, München 1963), über den »Irrationalismus« (J. H. W. Rosteutscher, »Die Wiederkunft des Dionysos / Der naturmystische Irrationalismus in Deutschland«, Bern 1947) oder über das »Faustische« (Hans Schwerte, »Faust und das Faustische / Ein Kapitel deutscher Ideologie«, Stuttgart 1962). Fundgruben sind natürlich auch die Nachschlagewerke, insbesondere die von den beiden Kirchen herausgegebenen Großlexika in ihren verschiedenen Auflagen (»Lexikon für Theologie und Kirche«, »Staatslexikon im Auftrag der Görres-Gesellschaft«, »Die Religion in Geschichte und Gegenwart«).

Schwierig ist die Quellenlage bei der »Durchschnitts-Weltanschauung«, auf deren Wichtigkeit Heinz Gollwitzer in diesem Buche hinweist – bei jener Weltanschauung des »Normalverbrauchers«, die den grauen Hintergrund hinter den verschiedenen »aufregenden«, hier vorgestellten Weltanschauungen bildet. Die »Weltanschauung als Massenphänomen« ist noch weitgehend unerforscht. Kennzeichnend ist, daß vor allem Literatur zu zitieren wäre, die sich etwas sarkastisch von diesem Massenphänomen absetzt. Wir nennen dafür zwei Beispiele, das eine weit zurückliegend, das andere von heute:

Oscar A. H. Schmitz: »*Die Weltanschauung der Halbgebildeten*«, 205 S., München 1914, Verlag Georg Müller.

Manfred Koch-Hillebrecht: »*Der Stoff, aus dem die Dummheit ist.* Eine Sozialpsychologie der Vorurteile«, Schwarze Reihe Bd. 180, 282 S., München, C. H. Beck Verlag.

3 Die Literatur über die Sekten

Es gibt allerdings unter der Literatur über Weltanschauung ein Gebiet, bei dem es an einer Literatur »prall an Fakten« nicht mangelt: die Literatur über die Sekten. Hier haben die beiden Kirchen die Hauptarbeit geleistet, und zwar aus praktischen Gründen: sie brauchen diese Handbücher teils zur Abwehr, teils zur Wiedereingliederung der dargestellten Gruppen. Die Pioniertätigkeit geschah auf evangelischer Seite. Katholische Anstrengungen kamen erst später in größerem Ausmaß hinzu; solange in der katholischen Kirche der Glaube, im Besitz der allein seligmachenden Wahrheit zu sein, noch nicht erschüttert war, bemühte man sich dort kaum um ein Verstehen der Splittergruppen. Übrigens ist »Sekten« heute sehr weit aufzufassen. Es werden darunter längst nicht mehr nur die christlichen Sekten und Freikirchen verstanden. Die meisten der nach 1945 erschienenen Handbücher schließen auch die aus dem außereuropäischen Bereich eingeströmten religionsähnlichen Strömungen (etwa Baha'i, Mazdaznan, Hare Krishna) ein.

3.1 Vorstufen

Die vor 1945 erschienenen Handbücher und Übersichten sollten nicht vernachlässigt werden; nur mit ihrer Hilfe läßt sich erschließen, wie es allmählich zur heutigen Überschwemmung durch Sekten aller Art gekommen ist. Der Franziskanerpater Schlund war damals einer der wenigen Forscher auf katholischer Seite, der sich mit solchem Stoff befaßte. Die anderen Autoren sind evangelisch. Der kürzlich verstorbene Dr. Kurt Hutten ist der eigentliche Pionier der Weltanschauungsforschung innerhalb der evangelischen Kirche; die »Evangelische Zentralstelle für Weltanschauungsfragen« (EVZ) in Stuttgart war seine Schöpfung.
Pfarrer Ernst Kalb: »*Kirchen und Sekten der Gegenwart*«, XV + 655 S., 2. erw. Aufl. Stuttgart 1907 (1. Aufl. 1905), Verlag d. Buchhdlg. d. Evangel. Gesellschaft.
Dekan Paul Scheurlen: »*Die Sekten der Gegenwart und neuere Weltanschauungsgebilde*«, 440 S., 4. erw. Aufl. Stuttgart 1930 (1. Aufl. 1912), Quell-Verlag d. Evangel. Gesellschaft.
Dr. Kurt Hutten: »*Christus oder Deutschglaube? Ein Kampf um die deutsche Seele*«, 160 S., Stuttgart 1935, Verlag J. F. Steinkopf.
Pater Dr. Erhard Schlund O. F. M.: »*Orientierung*. Eine Hilfe im Weltanschauungskampf der Gegenwart«, XIV + 542 S., Hildesheim, August Lax Verlag; ders., »*Modernes Gottglauben*«, 307 S., Regensburg 1939, Verlag Josef Habbel; ders., »*Neugermanisches Heidentum im neuen Deutschland*«, 72 S., München 1924, Verlag Franz Pfeiffer.

Außerdem betrifft zum mindesten teilweise die Sekten:
Erzbischof Dr. Konrad Gröber (Hrsg.): »Handbuch der religiösen Gegenwartsfragen«, 671 S., Freiburg/Br. 1937, Verlag Herder.

3.2 Evangelische Handbücher

Kurt Hutten: »Seher – Grübler – Enthusiasten. Sekten und religiöse Sondergemeinschaften der Gegenwart«, 292 S., Stuttgart 1950, Quell-Verlag der Evangel. Gesellschaft; 11. erw. Auflage (48.–52. Tsd.), 822 S., 1968 gleicher Verlag.
Oswald Eggenberger: »Die Kirchen, Sondergruppen und religiösen Vereinigungen. Ein Handbuch«, XII + 156 S., Zürich 1969, EVZ-Verlag; 2. erw. Aufl. 210 S., 1978, gleicher Verlag.
Horst Keller (Hrsg.): »Handbuch Religiöse Gemeinschaften. Freikirchen – Sondergemeinschaften – Sekten – Weltanschauungsgemeinschaften – Neureligionen. Im Auftrag des Lutherischen Kirchenamtes«, 839 S., Gütersloh, Gerd Mohn Verlag; 2. Aufl. 1979 do.
Hans-Diether Reimer u. Oswald Eggenberger: »... neben den Kirchen. Gemeinschaften, die ihren Glauben auf besondere Weise leben wollen. Informationen – Verständnishilfen – Auseinandersetzung – Kritische Fragen«, 414 S., Konstanz 1979, Christliche Verlagsanstalt.
Kurt Eberhardt (Hrsg.): » Was glauben die andern? Selbstdarstellungen«, Gütersloher Taschenbücher Siebenstern Nr. 233, 223 S., Gütersloh 1977, Gerd Mohn Verlag.
Von dem vorwiegend kühlen Ton dieser Bücher stechen durch ihren kämpferischen, zuweilen verbissenen Ton ab die vielen und materialreichen Publikationen zu unserem Thema aus der Feder des Münchner Pfarrers Friedrich-Wilhelm Haack. Erwähnt sei hier nur:
Friedrich-Wilhelm Haack: »Jugendreligionen. Ursachen, Trends, Reaktionen«, 435 S., München 1979, Verlag Claudius/Pfeiffer; ders.: *»Von Gott und der Welt verlassen.* Der religiöse Untergrund in unserer Welt«, 317 S., Düsseldorf 1974, Econ Verlag.
Außerdem über Gruppen, die teilweise in den Weltanschauungsbereich hineingehören:
Ingrid Reimer (Hrsg.): »Alternativ leben in verbindlicher Gemeinschaft. Evangelische Kommunitäten – Lebensgemeinschaften – Junge Bewegungen«, 136 S., Stuttgart 1979, Quell-Verlag (u. a. über Taizé).
Ingrid Reimer: »Evangelistisch-missionarische Werke und Einrichtungen in der Bundesrepublik. Einzeldarstellungen – Übersichten – Adressen. Eine Arbeitshilfe«, 328 S., Stuttgart 1979, Evangel. Zentralstelle für Weltanschauungsfragen.

Immer noch nützlich für die Randgebiete der evangelischen Kirche:
Hans Hermann Walz (Hrsg.): » *Weltkirchen Lexikon.* Handbuch der Ökumene. Im Auftrag des Deutschen Evangelischen Kirchentages«, 1756 Spalten, Stuttgart 1960, Kreuz-Verlag.

3.3 Katholische Handbücher

Konrad Algermissen: » *Das Sektenwesen der Gegenwart«,* in: Der Christ in der Welt / Eine Enzyklopädie, XVI. Reihe »Juden und nichtkatholische Christen«, Band 3, 141 S., Aschaffenburg 1960, Pattloch Verlag.
Johannes Gründler S. J. (Hrsg.): » *Lexikon der christlichen Kirchen und Sekten,* unter Berücksichtigung der Missionsgesellschaften und zwischenkirchlichen Organisationen«, 2 Bände, 1378 Spalten, Wien u. Freiburg/Br. 1961, Verlag Herder.
Z. Renker: » *unsere brüder in den sekten«,* 192 S., Limburg-Lahn 1964, Lahn Verlag.
Wilhelm Bartz: » *Sekten heute.* Lehre, Organisation, Verbreitung«, Herder-Bücherei Nr. 291, Freiburg/Br. 1967, Verlag Herder.

3.4 Weitere christliche Übersichtswerke

Weniger materialreich, mit stärkeren systematischen Interessen, sind folgende Werke aus beiden Kirchen:
Kurt Hutten: » *Die Glaubenswelt des Sektierers.* Anspruch und Tragödie«, 148 S., Hamburg 1957, Furche-Verlag; 2. Aufl. 1962, 129 S.
Kurt Hutten: » *Was glauben die Sekten?* Modelle – Wege – Fragezeichen«, 144 S., Stuttgart 1965, Quell-Verlag.
Hans Diether Reimer (Hrsg.): » *Stichwort ›Sekten‹.* Glaubensgemeinschaften außerhalb der Kirchen«, 80 S., Stuttgart 1977, Quell-Verlag.
Michael Mildenberger: » *Die religiöse Revolte.* Jugend zwischen Flucht und Aufbruch«, 318 S., Frankfurt/M. 1979, Fischer Taschenbuch Verlag. (Auch Pfarrer Mildenberger gehört der »Evang. Zentralstelle für Weltanschauungsfragen« an.)
Dr. Heinrich Schulte SAC: » *Zur Sozialstruktur religiöser Gemeinschaften.* Leitsätze für die Satzungsreform«, hrsg. von der Theolog. Hochschule der Pallottiner in Vallendaar am Rhein, 110 S., Limburg-Lahn 1967, Lahn-Verlag.
Ludger Zinke (hrsg.): » *Religionen am Rande der Gesellschaft.* Jugend im Sog neuer Heilsversprechungen«, 184 S., München 1977, Kösel-Verlag.
Angesichts der vielen zitierten kirchlichen Literatur muß auch auf diese Frankfurter phil. Dissertation eines Adventisten hingewiesen werden:

Johannes Schwital: »Großkirche und Sekte. Eine Studie zum Selbstverständnis der Sekte«, 191 S., Hamburg 1962, Saatkorn-Verlag.

3.5 Literatur außerhalb des kirchlichen Bereichs

Unter Beteiligung kirchlicher Vertreter entstand:
Manfred Müller-Küppers u. Friedrich Specht (hrsg.): »Neue Jugendreligionen«, Vorträge einer Fachtagung in der Medizinischen Hochschule Hannover, 179 S., Göttingen 1979, Verlag Vandenhoeck & Ruprecht.
Typisch für die nicht kirchlich gebundene Beschäftigung mit den Sekten:
Bryan Wilson: »Religiöse Sekten«, Kindlers Universitäts Bibliothek, 255 S., München 1970, Kindler Verlag.
Christopher Evans: »Kulte des Irrationalen. Sekten, Schwindler, Seelenfänger«, rororo-Taschenbuch 7297, Hamburg 1976.
»Sekten«, Heft 55 des »Kursbuch«, März 1979, 188 S., Berlin 1979, Rotbuch Verlag.
Dr. med. Gunther Duda: »Im Bann religiösen Wahns – Die Jugendsekten. Ursprung – Wesen – Folgen – Abwehr«, 125 S., Pähl/Obb. um 1979, Verlag Hohe Warte (der Ludendorff-Bewegung nahestehend).
Friedrich Kabermann: »Die Jesus-Falle. Der sanfte Krieg der Sekten«, 327 S., Hamburg 1979, Verlag Hoffmann & Campe.
Vergleichbare französische Literatur:
Alain Woodrow: »Les Nouvelles Sectes«, 187 S., Paris 1977, Éditions du Seuil (vom Sektenberichterstatter von »Le Monde«).
Dominique Sandri: »A la recherche des sectes et sociétés d'aujourd'hui« (Auf den Spuren der Sekten und Geheimgesellschaften von heute), 285 S., Paris 1978, Éditions de la Renaissance.
Didier de Plaige u. Jean-Marie Leduc: »Les Nouveaux Prophètes« (Die Neuen Propheten), 365 S., Paris 1978, Éditions Buchet/Chastel.
Fanny Cornuault: »La France des Sectes« (Das Frankreich der Sekten), 338 S., Paris 1978, Éditions Tschou (reichillustriertes »Sachbuch«, mit Spannweite vom Opus Dei über die Bruderschaft der Druiden bis zum Chassidismus).

3.6 Schriftenreihen

Erwähnt werden müssen auch die Schriftenreihen aus dem kirchlichen Bereich, deren einzelne Hefte jeweils einer bestimmten Sekte oder Bewegung gewidmet sind:
Friedrich W. Butz: »Worte der Aufklärung und Abwehr«, Reihe im Schriftenmissions-Verlag, Gladbeck, seit 1964 7 Hefte.

Z. Renker: »*unsere brüder in den sekten*«, Reihe im Lahn-Verlag, Limburg-Lahn, seit 1964 4 Hefte (die auch zu Buch vereint erschienen – vgl. 3.4).
Hans-Jürgen Twisselmann (hrsg.): Reihe von bisher 5 Heften im Bundes-Verlag, Witten-Ruhr, seit 1970.
Friedrich-Wilhelm Haack (hrsg.): »*Münchner Reihe*« im Verlag des Evangel. Presseverbandes für Bayern, München, seit 1973 etwa 11 Hefte (Verfasser: Haack, Rüdiger Hauth, Manfred Ach).
Friedrich-Wilhelm Haack (hrsg.): Reihen der »*Arbeitsgemeinschaft für Religions- und Weltanschauungsfragen*«, gedruckt in Augsburg, seit 1976; vorgesehen folgende Reihen: »Material-Edition (Dokumentation und Statistik), »Moonchild-Edition« (Magie und Ritualistik), »Nada-Edition« (Spiritismus und Spiritualismus), »Asgard-Edition« (Ariosophie und völkischer Glaube), »Hiram-Edition« (Orden, Logen und Geheimbünde). (Verfasser: Haack, Manfred Ach, Clemens Pentrop.)

3.7 Zeitschriften

Die »Evangelische Zentralstelle für Weltanschauungsfragen« (EVZ) der EKD in Stuttgart gibt zur laufenden Information über das Gebiet den monatlichen »Materialdienst aus der EVZ« (1980 im 43. Jahrgang) heraus; spezielle Dokumentationen erscheinen in der Reihe »Orientierungen und Berichte«, beide im Quell-Verlag, Stuttgart. Ähnliche Ziele verfolgt das vierteljährliche »Informationsblatt« der Evangelischen Orientierungsstelle in Zürich.

3.8 Monographien über einzelne Gruppen und Bewegungen

Empfehlenswert ist der Rückgriff auf Monographien über einzelne Gruppen; es finden sich teilweise hervorragende Arbeiten darunter.
Über die Adventisten:
Konrad F. Mueller: »*Die Frühgeschichte der Siebenten-Tags-Adventisten*«, 206 S., Marburg-Lahn, Verlag N. G. Elwert.
Gerhard Padderatz: »*Conradi und Hamburg / Die Anfänge der deutschen Adventsgemeinde*«, 298 S., Hamburg 1978, Selbstverlag.
Über den Salutismus (Heilsarmee):
P. A. Clasen: »*Der Salutismus.* Eine sozialwissenschaftliche Studie über General Booth und seine Heilsarmee«, XX+329 S., Jena 1913, Verlag Diederichs.
Über Christian Science:
Hans-Diether Reimer: »*Metaphysisches Heilen.* Eine kritische Darstellung

der Christlichen Wissenschaft (Christian Science)«, 80 S., Stuttgart 1966, Kreuz-Verlag.
Über die Neuapostolische Gemeinde:
Oswald Eggenberger: »*Die Neuapostolische Gemeinde.* Ihre Geschichte und Lehre«, 208 S., München 1953, Chr. Kaiser Verlag.
Über die Zeugen Jehovas:
Alan Rogerson: »*Viele von uns werden niemals sterben.* Geschichte und Geheimnis der Zeugen Jehovas« (»Millions now living will never die«, London 1969), 228 S., Hamburg 1971, Furche-Verlag.
Über die Vereinigungskirche (Mun):
Rüdiger Hauth: »*Vereinigungskirche – ›Tong-Il Kyo‹ im Angriff*«, Münchner Reihe, 48 S., 1975, 5. Aufl. 1979.
J. Isamu Yamamoto: »*Herr über tausend Puppen – Mun und die Vereinigungskirche*«, aus dem Amerikanischen, 136 S., Wuppertal 1979, Verlag Oncken.
Über die Kinder Gottes (Familie der Liebe):
Rüdiger Hauth: »*Die Kinder Gottes.* Weg und Irrweg einer Jugendsekte«, Münchner Reihe, 46 S., 1976, 4. Aufl. 1978.
Über die Transzendentale Meditation:
Michael Mildenberger u. Albrecht Schöll: »*Die Macht der süßen Worte – Die Bewegung der Transzendentalen Meditation*«, 152 S., Wuppertal 1977, Verlag die Aussaat.
Rüdiger Hauth: »*Transzendentale Meditation.* Neue Wege zum Heil?«, 40 S., Gladbach 1979, Schriftenmissions-Verlag.
Über Hare Krishna und Divine Light Mission:
Michael Mildenberger: »*Heil aus Asien?* Hinduistische und buddhistische Bewegungen im Westen«, Stuttgart 1975, Quell-Verlag.

4 Literatur über Esoterik und Okkultismus

4.1 Handbücher

In vielen der unter 2 verzeichneten Bücher und Schriften, die allgemein von den »Weltanschauungen« handeln, ist auch von Esoterik und Okkultismus die Rede – am stärksten natürlich bei James Webb (»The Occult Establishment«), der ja eine Geschichte der internationalen okkultistischen Tradition zu geben sucht. Die älteren Standardwerke über die früheren Stadien des Okkultismus sind bekannt, vor allem K. Kiesewetters Geschichte des Okkultismus im Altertum (2 Bände, 1895–1896) und in der Neuzeit (2. Aufl. 1909) und die »Geschichte der okkultistischen Forschung« (2 Bände, 1922–1924) von A. F. Ludwig und Tischner, desgleichen die systemati-

schen Bemühungen von Seiten der Philosophie (Dessoir, Leisegang). Uns geht es hier vor allem um Literatur über den gegenwärtigen Stand der Dinge. Zunächst greift man nach spezialisierten Lexika; man kommt ohne sie nicht aus und ärgert sich doch über ihre Lücken und Fehler. Das gilt sowohl für einen englischen Versuch wie für den einzigen ernsthaften deutschen Ansatz:
Richard Cavendish (Hrsg.): »*Encyclopedia of The Unexplained.* Magic, Occultism and Parapsychology. Special Consultant on Parapsychology: Professor J. B. Rhine«, 304 S., 16 Farbtafeln, 180 Abb., London 1974, Verlag Routledge & Kegan Paul (mit Bibliographie).
Horst E. Miers: »*Lexikon des Geheimwissens.* Das umfassende Nachschlagewerk zur Deutung, Erklärung und Erläuterung der Begriffe, Ausdrücke, Symbole und Namen aus allen Gebieten der Geheimlehren und Grenzwissenschaften... Mit 2790 Stichwörtern, 223 Abbildungen, 3690 Literaturhinweisen«, XIV+453 S., Freiburg/Br. 1970, Verlag Hermann Bauer; neuerdings auch als Taschenbuch.
Ähnlich steht es mit den Zeitschriften, etwa der 1969/1971 erscheinenden deutschen Ausgabe von »Planète« (hrsg. Louis Pauwels), »Planet«, oder mit der immer noch erscheinenden »Esotera«.

4.2 Andere Übersichtswerke

Es gibt einige wenige Gelehrte, die tiefe Einfühlung in Okkultes mit wissenschaftlicher Disziplin und historischer Gründlichkeit zu verbinden wußten; wir denken etwa an Will Erich Peuckert (»Geheime Kulte«, Heidelberg 1951) oder an Ernst Benz, dessen umfangreiches Werk eine Fundgrube für die Erforschung unseres Themas ist, so noch seine letzte Erscheinung vor seinem Tod:
Ernst Benz: »*Kosmische Bruderschaft.* Die Pluralität der Welten. Zur Ideengeschichte des UFO-Glaubens«, 157 S., Freiburg/Br. 1978, Aurum Verlag.
C. G. Jung: »*Gegenwart und Zukunft*«, 68 S., 4. Aufl. Zürich 1964, Verlag Rascher.
Karl Kerényi: »*Umgang mit dem Göttlichen.* Über Mythologie und Religionsgeschichte«, 75 S., 2. verb. Aufl. Göttingen 1961, Verlag Vandenhoeck & Ruprecht.
Mircea Eliade: »*Das Okkulte und die moderne Welt.* Zeitströmungen in der Sicht der Religionsgeschichte« (Occultism, witch-craft, and cultural fashions), 110 S., Salzburg 1978, Verlag Otto Müller.
Was selten ist, sind faktenpralle und genaue Detailuntersuchungen, wofür als frühes Beispiel zu nennen ist:

Kurt Leese: »*Moderne Theosophie.* Ein Beitrag zum Verständnis der geistigen Strömungen der Gegenwart«, 2. erw. Aufl., 228 S., Berlin 1921, Furche-Verlag.

Nach 1945 trat vor allem ein Engländer mit akribisch-nüchternen Darstellungen aus dem Okkultbereich hervor:
Ellic Howe: »*Urania's Children.* The Strange World of the Astrologers«, 259 S., London 1967, Verlag William Kimber.
Ellic Howe: »*The Magicians of the Golden Dawn.* A documentary history of a Magical Order«, 306 S., London 1972, Routledge & Kegan Paul.
Ein Zeugnis kirchlicher Beunruhigung ist:
Kurt E. Koch: »*Seelsorge und Okkultismus.* Die seelsorgerliche Behandlung der Menschen, die durch die Beschäftigung mit okkulten Dingen seelisch angefochten oder erkrankt sind«, 351 S., Berghausen b. Karlsruhe o. J., Evangelisationsverlag.

Zahlreich sind die »Sachbücher« zu unserem Thema; wir geben hier nur eine kleine Auswahl:
André Chaleil: »*Les grands initiés de notre temps*« (Die großen Eingeweihten unserer Zeit: Blavatsky, Crowley, Evola, Guénon, Gurdjieff, Fabre d'Olivet, Saint-Yves d'Alveydre usw.), 253 S., Paris 1978, Éditions Pierre Belfond.
Sergius Golowin: »*Magische Gegenwart.* Forschungsfahrten durch modernen Aberglauben«, 141 S., Bern 1964, Verlag Francke.
Otto Prokop u. Wolf Wimmer: »*Der moderne Okkultismus.* Parapsychologie und Paramedizin. Magie und Wissenschaft im 20. Jahrhundert«, Gustav-Fischer-Taschenbuch: Medizin, 205 S., Stuttgart 1976, Verlag Gustav Fischer.

»Sachbücher«, die schon stark ins Phantastische abgleiten und selber Mythen produzieren, sind:
Louis Pauwels u. Jacques Bergier: »*Aufbruch ins dritte Jahrtausend*« (frz. Titel: Le Matin des magiciens = Der Morgen der Magier), 547 S., Bern 1962, Verlag Scherz; *dies.,* »*Die Entdeckung des ewigen Menschen.* Die Umwertung der Menschheitsgeschichte durch die phantastische Vernunft« (frz. Titel: L'homme éternel = Der ewige Mensch), do Verlag o. J.

Eine letzte Gattung von Büchern, die im Beispiel vorzuführen ist, sind jene Übersichten über den okkulten Bereich, in denen handelnde Figuren dieser Szene, von ihrem eigenen Standort aus, sprechen. Dafür nur ein Beispiel unter vielen:
Rudolf Steiner: »*Die Geheimwissenschaft im Umriß*«, 1.–15. umgearb. Aufl. XXVIII+473 S., Leipzig 1920, Verlag Max Altmann.
(In den folgenden Unterabschnitten werden wir auf lange Strecken zur Bezeichnung der drei Gattungen die Abkürzungen verwenden: KR = aus

kritischem Abstand, SB = Sachbuch, EG = Eigendarstellungen der betreffenden Gruppen.)

4.3 Alchemie

Emil Ernst Ploss: »*Alchemie.* Ideologie und Technologie«, 227 S., München 1970, Verlag Heinz Moos (KR).
Reinhard Federmann: »*Die königliche Kunst.* Die Geschichte der Alchemie«, 415 S., Wien 1964, Verlag Paul Neff (SB).
Titus Burckhardt: »*Alchemie.* Sinn und Weltbild«, 230 S., Olten 1960. Walter Verlag.
Armand Barbault: »*L'or du millième matin*« (Das Gold des tausendsten Morgens), Vorw. Raymond Abellio, 184 S., Paris 1969, Éditions Publications Premières (EG).

4.4 Astrologie

Louis Mac Neice: »*Astrologie*«, 351 S., Berlin 1965, Verlag Ullstein (SB).
Hugo Lindenberg: »*Sternenbahnen, Menschenwege.* Einführung in die Astrologie«, 199 S., Hamburg 1950, Verlag Marion von Schröder (EG).
Hans Sterneder: »*Der Schlüssel zum Tierkreis-Geheimnis und Menschenleben*«, 469 S., München 1956, Drei Eichen Verlag (EG).

4.5 Parapsychologie

Hans Driesch: »*Parapsychologie*«, mit Beiträgen von J. B. Rhine u. Hans Bender, Kindler TB Geist u. Psyche 2030, 187 S., München o. J., Kindler Verlag (KR).
Gerhard Frei: »*Das Problem der Parapsychologie. Gesammelte Aufsätze*«, hrsg. Andreas Resch, 306 S., Paderborn 1969, Ferdinand Schöningh Verlag (KR).
D. Scott Rogo: »*Parapsychologie.* Hundert Jahre Forschung«, Edition Alpha, 296 S., Stuttgart 1976, Verlag Ernst Klett.
Hermann Schreiber: »*Wörterbuch der Parapsychologie*«, 183 S., München 1976, Kindler Verlag (SB).

4.6 Kabbala

Gershom Scholem: »*Zur Kabbala und ihrer Symbolik*«, Suhrkamp TB Wissenschaft 13, 303 S., Frankfurt/M. 1973, Suhrkamp Verlag (KR).
Ernst Benz: »*Die christliche Kabbala*«, Albae Vigiliae 18, 63 S., Zürich 1958, Rhein-Verlag (KR).

Leo Schaya: »*Ursprung und Ziel des Menschen im Lichte der Kabbala*«, 229 S., Weilheim/Obb. 1972, Verlag O. W. Barth (EG).

4.7 Aberglaube

Konrad Zucker: »*Psychologie des Aberglaubens*«, 330 S., Heidelberg 1948, Verlag Scherer (KR).
Herbert Gottschalk: »*Der Aberglaube. Wesen und Unwesen*«, 190 S., Gütersloh, C. Bertelsmann Verlag (SB).

4.8 Magie

G. F. Hartlaub: »*Das Unerklärliche. Studien zum magischen Weltbild*«, 312 S., Stuttgart 1951, Verlag K. F. Koehler (KR).
Kurt Seligmann: »*Das Weltreich der Magie. 5000 Jahre Geheime Kunst*«, Nachw. G. F. Hartlaub, 422 S., Wiesbaden o. J., Verlag R. Löwit (Typus des reichillustrierten »medizinischen Sachbuchs«).
Kurt Aram: »*Magie und Mystik in Vergangenheit und Gegenwart*«, 626 S., Berlin 1929, Albertus-Verlag (SB).
Roderich Feldes: »*Magie. Die unbewußte Kraft*«, 288 S., Bonn 1978, Keil-Verlag (EG).

4.9 Hexenwesen und ähnliches

Hier sind zunächst zwei Bücher zu nennen, die von weltanschaulichem Standort aus die Hexen zu »retten« versuchen:
Gerald B. Gardner: »*Ursprung und Wirklichkeit der Hexen*« (Witchcraft today), Einf. von Dr. M. Murray, 163 S., Weilheim/Obb. 1965, Verlag O. W. Barth (EG).
Julio Caro Baroja: »*Die Hexen und ihre Welt*« (Las brujas y su mundo), mit Beiträgen von Prof. Will-Erich Peuckert, 363 S., Stuttgart 1967, Verlag Ernst Klett (EG).
Die übrigen Arbeiten haben alle Sachbuch-Charakter (das unter 3.5 genannte Buch von Christopher Evans gehört in wesentlichen Teilen auch hierher) und wirken teilweise etwas sensationslüstern:
Frank Donovan: »*Zauberglaube und Hexenkult. Ein historischer Abriß*« (Never on a broomstick), Goldmann TB 11124, 246 S., München 1980, Verlag Goldmann (SB).
Sigrid Lechner-Knecht: »*Reise ins Zwischenreich. Begegnungen mit Wundertätern und Zauberpriestern*«, Herder TB 681, 223 S., Freiburg/Br. 1978, Verlag Herder (SB).

W. H. C. Tenhaeff: »*Außergewöhliche Heilkräfte.* Magnetiseure, Sensitive, Gesundbeter«, 351 S., Olten 1957, Walter-Verlag (SB).
Sergius Golowin: »*Hexen, Hippies, Rosenkreuzer.* 5000 Jahre magische Morgenlandfahrt«, Merlins Bibliothek der geheimen Wissenschaften und magischen Künste, 304 S., Hamburg 1977, Merlin-Verlag (SB).
Horst Knaut: »*Das Testament des Bösen.* Kulte, Morde, schwarze Messen. Heimliches und Unheimliches aus dem Untergrund«, 356 S., Stuttgart 1979, Seewald Verlag (von einem Illustrierten-Journalisten).
Friedrich-Wilhelm-Haack: »*Hexenwahn und Aberglaube in der Bundesrepublik*«, 52 S., München 1968, Verlag »gestern und heute«; 1968 Neuausgabe in der »Münchner Reihe«.

4.10 Phantastische Geographie

Eine wichtige Rolle spielen die Vorstellungen, die sich an versunkene Städte (Thule, Vineta) und verschollene Landschaften (Ophir, Vinland) heften. Ein Verkehrswissenschaftler hat darüber zwei zugleich genaue und vergnügliche Bücher geschrieben, die inhaltlich sich überschneiden, nicht decken:
Richard Hennig: »*Von rätselhaften Ländern.* Versunkene Stätten der Geschichte«, 326 S., München 1925, Delphin-Verlag; ders., »*Wo lag das Paradies?* Rätselfragen der Kulturgeschichte und Geographie«, 317 S., Berlin 1950, Verlag Druckhaus Tempelhof.

4.11 Atlantis

Über diese bekannteste aller »versunkenen Stätten« und die um sie sich rankenden Hypothesen gibt es die immer noch brauchbare Übersicht:
Alexander Bessmertny: »*Das Atlantisrätsel.* Geschichte und Erklärung der Atlantishypothesen«, 212 S., Leipzig 1932, Verlag R. Voigtländer.
Sachbuch-Charakter haben unter anderem diese Bände:
A. Barghine: »*Atlantis*«, 238 S., Stuttgart 1946, Union Deutsche Verlags-Gesellschaft.
Gerhard Gadow: »*Der Atlantisstreit.* Zur meistdiskutierten Sage des Altertums«, Fischer TB 6210, 157 S., Frankfurt/Main 1973, Fischer Taschenbuch-Verlag.
Roy Stemman: »*Ungelöstes Rätsel Atlantis*« (Atlantis and the Lost Lands), Ullstein TB 3718, 158 S., Frankfurt/M. 1980, Ullstein Verlag.
Die anderen Bücher sind in unterschiedlichem Grade der »phantastischen Wissenschaft« zuzurechnen:
Ignatius Donelly: »*Atlantis, die vorsintflutliche Welt*«, 346 S., Esslingen 1911, Verlag Franz Gutzmann.

Karl Georg Zschaetzsch: »*Atlantis, die Urheimat der Arier*«, 1. Aufl. 1922; 3. bearb. Aufl., 128 S., Berlin 1935, Arier-Verlag.
Johannes Lang: »*Atlantis, Urheimat unserer Schrift, Sprache und Kultur*«, 18 S., Frankfurt/M. 1936, Schirmer & Mahlau.
Alphons Nobel: »*Geheimnisse der Vergangenheit*«, 213 S., Augsburg 1937, Verlag P. Haas.
Ferdinand Ossendowski: »*Tiere, Menschen und Götter*« (Beasts, Men and God), 61.–70. Tsd., 369 S., Frankfurt/M. o. J., Verlag der Frankfurter Sozietäts-Druckerei.
Jürgen Spanuth: »*Atlantis.* Heimat, Reich und Schicksal der Germanen«, 676 S., Tübingen 1956, Verlag Herbert Grabert.
Andreas Tomas: »*Das Geheimnis der Atlantiden.* Von der Mythe zur Entdeckung« (Les Secrets de l'Atlantide), 158 S., Stuttgart 1971, Verlag Hans E. Günther.
Hans Gsänger: »*Atlantis.* Der Beginn der Mysterien«, 135 S., Freiburg/Br. 1975, Verlag Die Kommenden (anthroposophisch).
Charles Berlitz: »*Das Atlantis-Rätsel*« (The Mystery of Atlantis), 234 S., Wien 1976, Verlag Paul Zsolnay (dt. Text erweitert).
Otto Muck: »*Alles über Atlantis.* Alte Thesen, neue Forschungen«, Vorw. Ernst v. Khuon, 2. Aufl. 382 S., Düsseldorf 1976, Econ-Verlag (ist eine erw. Neuausgabe unter Mitarb. von Th. Müller-Alfeld).

4.12 Welteislehre

Die zunächst aufgeführten Titel verfechten die These der Welteislehre:
Hans Wolfgang Behm: »*Hörbiger. Ein Schicksal*«, 359 S., Leipzig 1930, Koehler & Amelang; ders., »*Welteis und Weltentwicklung.* Gemeinverständliche Einführung in die Grundlagen der Welteislehre«, 47 S., Leipzig 1926, Verlag R. Voigtländer.
Otto Ebelt: »*Die Grundzüge der Welteislehre*«, neubearb. Aufl., 32 S., Berlin o. J., Reichsbund Deutscher Technik.
Rudolf v. Elmayer-Vestenbrugg: »*Die Welteislehre nach Hanns Hörbiger*«, 80 S., Leipzig 1938, Koehler & Amelang.
Philipp Fauth: »*Hörbiger Glacial-Kosmogonie.* Eine neue Entwicklungsgeschichte des Weltalls und des Sonnensystems«, XXVIII+772 S., Kaiserslautern 1913, Verlag Hermann Kayer; 2. Aufl. 1925; ders., »*Mondesschicksal.* Wie er ward und untergeht. Eine glazialkosmogonische Studie«, Welteisbücherei, VI+231 S., Leipzig 1925, Verlag R. Voigtländer, 2. Aufl. 1925 unter Titel »Der Mond und Hörbigers Welteislehre«.
Hanns Fischer: »*Das kosmische Schicksal der Germanen*«, 170 S., Breslau 1936, Verlag Dr. Hermann Eschenhagen; ders., »*Die Wunder des Weltei-*

ses. Eine gemeinverständliche Einführung in die Welteislehre Hanns Hörbigers«, 104 S., Neufinkenkrug b. Berlin 1932, Verlag Hermann Paetel; 3. erw. Aufl. 160 S., Berlin 1938, Gebr. Paetel.
Georg Hinzpeter: »*Für und wider Hörbiger*«, 93 S., Berlin 1933, Luken & Luken.
Edmund Kiss: »*Die kosmischen Ursachen der Völkerwanderungen*«, 117 S., Leipzig 1934, Koehler & Amelang; ders., »*Welt-Eis-Lehre*«, 117 S., 1933 do Verlag.
Außerdem erschienen folgende Zeitschriften: 1925-1932 »Der Schlüssel zum Weltgeschehen«, 1933-1939 »Zeitschrift für Welteislehre«, 1940 »Die Neue Welteislehre«. Zur Welteislehre nehmen kritisch Stellung:
Joachim Hermann: »*Das falsche Weltbild.* Astronomie und Aberglaube«, 162 S., Stuttgart 1962, Kosmos/Franck'sche Verlagsbuchhandlung.
Josef Ackermann: »*Himmler als Ideologe*«, 317 S., Göttingen 1970, Musterschmidt-Verlag.

4.13 Prä-Astronautik (Däniken)

Erich v. Däniken: »*Erinnerungen an die Zukunft*«, 232 S., Düsseldorf 1968, Econ-Verlag; ders., »*Zurück zu den Sternen.* Argumente für das Unmögliche«, 288 S., 1969 do Verlag; ders., »*Erscheinungen.* Phänomene, die die Welt erregen«, 320 S., 1974 do Verlag (alle Bücher in vielen Auflagen und Übersetzungen).
Verteidigungsschriften für Däniken sind:
»*Das Weltphänomen Erich v. Däniken.* Eine Dokumentation«, 109 S., o. J. do Verlag.
Ulrich Dopatka: »*Lexikon der Prä-Astronautik.* Die außerirdischen Phänomene in Archäologie, Astronomie und Mythologie. Hrsg. von Erich v. Däniken« 448 S., 1979 do Verlag.
»*Neue Beweise der Prä-Astronautik.* Die Vorträge am Kongreß der Ancient Astronaut Society in München 1979«, 208 S., Rastatt 1979, Verlag Moewig.
Kritik an Dänikens Theorien formuliert:
Gerhard Gadow: »*Erinnerungen an die Wirklichkeit.* Erich v. Däniken und seine Quellen«, Fischer TB 1197, 104 S., Frankfurt/M. 1971, Fischer Bücherei.

4.14 Ufologie

Als distanzierte Darstellung ist neben der bereits erwähnten Schrift von Ernst Benz (»Kosmische Bruderschaft«) vor allem zu nennen:

BIBLIOGRAPHIE 427

C. G. Jung: »*Ein moderner Mythos.* Von Dingen, die am Himmel gesehen werden«, 2. Aufl. 1943 S., Zürich 1964, Rascher Verlag.
Vorwiegend Sachbuch-artig sind:
Jean-Claude Bourret: »*UFO. Spekulationen und Tatsachen.* Eine Dokumentation« (La nouvelle vague des Soucoupes volantes = Die neue Welle der fliegenden Untertassen), 1. Aufl. Zug/Schweiz 1977, Europa-Buch; 2. Aufl. als Knaur TB 3617, 206 S., München 1980, Verlag Droemer-Knaur.
J. Allen Hynek: »*UFO. Begegnungen der ersten, zweiten und dritten Art*« (The UFO Experience, A Scientific Inquiry), Goldmann TB 11205, 223 S., 2. Aufl. München 1978, Verlag Goldmann.
Sergius Golowin: »*Götter der Atom-Zeit.* Moderne Sagenbildungen um Raumschiffe und Sternenmenschen«, erw. Neuauflage 217 S., Bern 1979, Verlag János Morzsinay.
Die Existenz von UFOs wird verfochten von:
Donald E. Keyhoe: »*Der Weltraum rückt uns näher*« (Flying Saucers from outer space), 327 S., Berlin 1954, Verlag Blanvalet.
Desmond Leslie u. George Adamski: »*Fliegende Untertassen landen*« (Flying saucers have landed), 315 S., Zürich 1954, Europa-Verlag.
Dieter v. Reeken: »*Überblick über die Ufologie*«, 42 S., Hannover 1970, Hermann Oberth-Gesellschaft (als Mskr. in 200 Ex. gedruckt).

5 Lebensreform, Emanzipation und das »Alternative«

5.1 Allgemeines

Eine Bibliographie über diesen Bereich der Weltanschauungen ist besonders schwierig zu erstellen. Hier ist noch alles in Gärung, und Darstellungen aus Abstand scheinen noch kaum möglich zu sein. Für die lebensreformerischen Bewegungen gibt es, im Rückgriff auf die Vorstufen im 19. Jahrhundert, einen ersten Versuch der Gliederung:
Wolfgang R. Krabbe: »*Gesellschaftsveränderung durch Lebensreform.* Strukturmerkmale einer sozialreformerischen Bewegung im Deutschland der Industrialisierungsperiode«, Studien zum Wandel von Gesellschaft und Bildung im 19. Jahrhundert, Bd. 9, 181 S., Göttingen 1974, Vandenhoeck & Ruprecht.
Zu den verschiedenen emanzipatorischen Wellen der letzten zweieinhalb Jahrhunderte hat die Wissenschaft noch keine überzeugenden Gliederungsvorschläge historischer oder systematischer Art vorlegen können, bei denen die Forschung anzusetzen vermöchte. Und die »alternative Szene«, die wir heute als Produkt der von weither kommenden lebensreformeri-

schen und emanzipatorischen Störmungen vor uns haben? Hier schwimmt noch alles, hier nimmt noch nichts Konturen an. In Frankreich gibt es wenigstens einen Versuch, die alternative Bewegung in einer Art von »Baedeker« vorzustellen:
Irène Andrieu: »*La France marginale*« (frei übersetzt: Frankreichs Randgruppen), 253 S., Paris 1975, Éditions Albin Michel.
Der Band reicht von der ökologischen Bewegung bis zu den sexualrevolutionären Gruppen. Gewiß, ein »Sachbuch« – aber doch auch ein erstes Hilfsmittel. Die bisherigen deutschen Übersichten sind zu sehr dem Kampf entsprungen und überzeugen deshalb nicht sonderlich.

5.2 Eine Alternativ-Bibliothek

Angesichts der geschilderten Schwierigkeiten gehen wir bei diesem letzten Kapitel unserer Bibliographie von der Regel ab, nur »Literatur über« zu zitieren. Das hat auch deshalb seine Berechtigung, weil hier die Grenze zwischen kritischer Literatur und Eigenliteratur der Bewegungen und Grüppchen noch schwieriger als auf den anderen Sektoren zu ziehen ist. Manches, was sich als wissenschaftlich und objektiv gibt, ist eine versteckte Kampfschrift. Und man trifft auch auf das Gegenteil: offen werbende Literatur, die in ihrer Unbefangenheit ein recht objektives Bild gibt, worum es bei der betreffenden Gruppe geht. Wir halten es deshalb für die bestmögliche Lösung, wenn wir einfach, nach Jahrgängen geordnet, hier auflisten, was sich bei einem Beobachter der Alternativ-Szene in einer deutschen Mittelstadt, ohne spezialisierte Buchhandlungen, in den letzten zwei Jahrzehnten angesammelt hat. Eine gewisse Zufälligkeit muß dabei in Kauf genommen werden. Aus den genannten Gründen wird auf wertende Bemerkungen – etwa »wissenschaftlich« und »unwissenschaftlich, parteiisch« – verzichtet. Eine solche Liste ist wohl der zur Zeit einzig gangbare Weg, einen ungefähren Begriff von der Literatur über die respektive der Alternativ-Szene zu geben.

1961 *Klaus Th. Guenter:* »*Protest der Jungen.* Eine kritische Würdigung aus den eigenen Reihen«, List-Bücher 1979, 172 S., München, Verlag Paul List.

1964 *Georg Pfitzner:* »*Der Naturismus in Deutschland, Österreich und der Schweiz*«, Band 1 (Bd. 2 nicht erschienen), 157 S., Hamburg-Altona, Richard Danehl.

1968 *Georg Hermann:* »*100 Jahre deutsche Vegetarier-Bewegung*«, 80 S., Obersontheim, Kultur-Verlag.
Rainer Langhans u. Fritz Teufel: »*klau mich*«, 103 ungez. Bll., Frankfurt/Main, edition Voltaire.

1969 Rolf-Ulrich Kaiser: »Underground? Pop? Nein! Gegenkultur!«
224 S., Köln, Kiepenheuer & Witsch.
Valerie Solanas: »Manifest der Gesellschaft zur Vernichtung der Männer S. C. U. M.« (Scum Manifester, Society for Cutting up Man), 102 S., Darmstadt, März-Verlag.

1970 B. F. Skinner: »Futurum zwei« (Walden Two, 1948) 280 S., Hamburg, Christian Wegner.

1971 Wolf Mein u. Lise Wegen: »Die Pop-Kommune. Dokumentation über Theorie und Praxis einer neuen Form des Zusammenlebens«, Heyne TB 887, 171 S., München, Wilhelm Heyne.
»Revolte der Frauen«, 112 S., Stuttgart, Verlag Aktion.
Charles Reich: »Die Welt wird jung. Der gewaltlose Aufstand der neuen Generation« (The Greening of America), 304 S., Wien, Fritz Molden.
Theodore Roszak: »Gegenkultur. Gedanken über die technokratische Gesellschaft und die Opposition der Jugend« (The Making of a Counter Culture), 437 S., Düsseldorf, Econ-Verlag.

1972 Liselotte Ungers u. O. M.: »Kommunen in der Neuen Welt 1740-1971«, 192 S., Köln, Kiepenheuer & Witsch.
Johannes Feil (Hrsg.): »Wohngruppe, Kommune, Großfamilie. Gegenmodelle zur Kleinfamilie« (Bogen om Stirfamilierne), rororo 6726, 134 S., Reinbek, Rowohlt.

1973 Jack Kerouac: »Gammler, Zen und Hohe Berge« (The Dharma Bums), rororo 1417, 177 S., Reinbek, Rowohlt.
Paulhans Peters: »Stadt für Menschen. Ein Plädoyer für das Leben in der Stadt«, 192 S., München, Callwey.
Volker Elis Pilgrim: »Der Untergang des Mannes«, 225 S., München, Desch-Verlag.
Wolfgang Döring: »Perspektiven einer Architektur«, Suhrkamp TB 109, 127 S., Frankfurt/M., Suhrkamp.

1974 Benno Käsmeyer: »Die sogenannte ›Alternativpresse‹. Ein Beispiel der Gegenöffentlichkeit in der BRD und im deutschsprachigen Ausland seit 1968«, 73 S., als Mskr. vervielfältigt.
Ursula Linnhoff: »Die neue Frauenbewegung. USA - Europa seit 1968«, 163 S., Köln, Kiepenheuer & Witsch.

1975 Thomas Daum: »ghetto, sprungbrett, basis. zum selbstverständnis der alternativpresse seit 1968«, 67 S., Hamburg, Verlag PE.CH.
»Die Eden-Idee. Auftrag und Erfüllung, hrsg. aus Anlaß des 25jährigen Bestehens der Eden-Waren GmbH Bad Soden/Taunus«, 30 S., Neuenhain/Taunus, Julius Persch Sohn.
Walter Hollitscher: »Der überanstrengte Sexus. Die sogenannte

sexuelle Emanzipation im heutigen Kapitalismus«, 133 S., Frankfurt/M., Marxistische Blätter.
Jack Kerouac: »*Engel, Kif und neue Länder*« (Passing through / Desolation Angels), rororo 1391, 185 S., Reinbek, Rowohlt.
Wilhelm Brockhaus (Hrsg.): »*Das Recht der Tiere in der Zivilisation.* Einführung in Naturwissenschaft, Philosophie und Einzelfragen des Vegetarismus«, 309 S., München, F. Hirthammer.
»*Tuntenstreit.* Theoriediskussion der Homosexuellen Aktion Westberlin«, Schwule Texte 1, 105 S., Berlin, Rosa Winkel.
Klaus Bernd Vollmar: »*Landkommunen in Nordamerika*«, 110 S., Berlin, Eduard Jakobsohn.
Martin Raymond: »*Ich bin gut.* Dokumentation eines unnormalen Bewußtseins. Mit einem Vorwort von Henryk M. Broder«, 238 S., Nürnberg, UPN-Volksverlag.
Frank Suur: »*Die ›Kommunebewegung‹ in der Bundesrepublik Deutschland und Westberlin* und ihre politische Bedeutung«, Staatsexamensarbeit aus dem Seminar für Wissenschaft und Politik an der TU Hannover, 52 S., Maschinenschrift.

1976 *Dieter Duhm:* »*Der Mensch ist anders.* Besinnung auf verspottete, aber notwendige Inhalte einer ganzheitlichen Theorie der Befreiung, Kritik am Marxismus, Beiträge zur Korrektur«, 2. Aufl. 231 S., Lampertheim, Kübler KG.
N. A. Eichler: »*Sonnenstadt im Nebel.* Über das Paradies in den magischen Gärten von Findhorn«, 2. Aufl. 93 S., Oberhain, Iris-Verlag.
»*Fak – 76.* freizeit-alternative für kommunen 1976. dokumentation des zweiwöchigen zeltlagers von wohn- und arbeitskollektiven, befragung von 50 wohngruppen. kontaktadressen«, 67 S., Frankfurt/M., druckladen gmbh
Dieter Gerlach u. Gabriele Heise: »›*Laßt hundert Blumen blühen...*‹, entwurf einer emanzipatorischen praxis kollektiven lebens, hrsg. gruppe neue kultur«, 58 S., Hannover, selbstverlag.
Benno Käsmayer (Hrsg.): »*Bücher die man sonst nicht findet.* Katalog der Minipressen 1976–1977« (Abschluß der Bibliographie Mai 1976), 355 S., Gersthofen, Maro-Verlag.
Bruno Martin: »*Kreative Zukunft.* Von neuen Lebensinhalten«, 60 S., Frankfurt/M., Bruno Martin.
Jutta Menschik (Hrsg.): »*Grundlagentexte zur Emanzipation der Frau*«, 426 S., Köln, Pahl-Rugenstein.
Volker Elis Pilgrim (Hrsg.): »*Männerbilder.* Geschichten und Protokolle von Männern«, 159 S., München, Trikont-Verlag.

Niels Munk Plum (Hrsg.): »*Freistatt Christiania*« (Hvad med Christiania), 90 S., Münster, Packpapier Versand.
Helmut Rödner: »*Männergruppen.* Versuche einer Veränderung der traditionellen Männerrolle. Ursachen – Wege – Schwierigkeiten«, 62 S., Berlin, Editor a Queimada.
Daniel Rudman: »*Halt mich bis zum Morgen.* Ein Erlebnisgespräch zwischen den beiden Charakteren Penis und Selbst. Theaterstück in einem Akt« (Hold me until Morning), 35 S., Berlin, mann-o-mann.
»*Sei jetzt hier*«, (Be here now), 48, 108, 121 S., Berlin, Sadhana Verlag.
»*Schwule – sich emanzipieren lernen.* Materialien einer Ausstellung über Homosexualität. Zusammengestellt von der Arbeitsgruppe ›Da will ich hin – da muß ich sein‹ (HAW)«, 89 S., Berlin, Rosa Winkel.
Klaus-Bernd Vollmar: »*Alternative Selbstorganisation auf dem Lande.* Beiträge zur Theorie und Praxis von Gruppen in der BRD«, 218 S., Berlin, Eduard Jakobsohn.
Ulrike Schwier: »*Wohngemeinschaften – eine Alternative* zur Familie oder Anpassung an veränderte gesellschaftliche Bedingungen?«, Diplomarbeit Fach Erziehungswissenschaften, Philipps-Universität Marburg, IV, 102 S., Maschinenschrift.
Kristiana Hartmann: »*Deutsche Gartenstadtbewegung.* Kulturpolitik und Gesellschaftsreform«, 187 S., München, Heinz Moos.
Michael Klostermann: »*Auroville.* Stadt des Zukunftsmenschen«, Fischer TB 1700, 345 S., Frankfurt/M., Fischer.

1977 »*Alte Wege zur Neuen Welt.* Ein Handbuch für die Pilger unserer Zeit« (A Pilgrim's Guide to Planet Earth), 386 S., Wehrheim, Irisiana-Verlag.
»*das alternative adreßbuch 1977*«, 63 ungez. Bll., Oberolm, arbeitskreis alternatives adreßbuch, o. J.
Françoise d'Eaubonne: »*feminismus oder tod.* thesen zur oekologiedebatte« (Le féminisme ou la mort), 2. Aufl. 221 S., München, Verlag Frauenoffensive.
Monika Grau u. Heiner Gringmuth: »*Christiania.* Elendsviertel, soziales Experiment oder Selbstorganisation Nicht-Angepaßter?«, 181 S., Wetzlar, Neuland-Verlag.
»*Kampf der Schwulenunterdrückung*«, 42 S., Hamburg, Verlag Arbeiterkampf.
Peter Kropotkin: »*Anarchistische Moral*«, 40 S., Frankfurt/M., Verlag Freie Gesellschaft (Faksimileausgabe der 1. deutschen Ausgabe).

»laßt 100 mühlen bauen!«, 58 S., o. O., 1977 (1500 Exemplare)
Steve B. Peinemann: »Wohngemeinschaft – Problem oder Lösung?«, 192 S., Eschborn/Ts., Direkt Verlag.

Volker Elis Pilgrim: »Manifest für den freien Mann«, 133 S., München, Trikont Verlag.

»Schwule gegen Unterdrückung und Faschismus«, Hrsg. Arbeitsgruppe »Repression gegen Schwule«, 30 S., Hamburg.

Frank Wolff u. Eberhard Windaus (Hrsg.): »Studentenbewegung 1967–69. Protokolle und Materialien«, 253 S., Frankfurt/M., Roter Stern.

»Tvind Schulen in Dänemark. kollektive emanzipatorische pädagogik«, Hrsg. »hundert blumen initiative«, 72 S., Hannover, Selbstverlag.

Gerhard Vinnai: »das elend der männlichkeit. heterosexualität, homosexualität und ökonomische struktur. elemente einer materialistischen psychologie«, rororo 7076, 264 S., Reinbek, Rowohlt.

Klaus-Bernd Vollmar: » Wo die Angst ist geht's lang, oder Beziehungen in der Neuen Linken. Erfahrungsberichte, Beobachtungen, Anmerkungen«, 121 S., Berlin, Verlag Jakobsohn.

Rüdiger Lautmann: »Seminar: Gesellschaft und Homosexualität«, mit Beiträgen von Hanna Beth u. a., Suhrkamp TB wissenschaft 100, 570 S., Frankfurt/M., Suhrkamp.

Werner Gross: »Landkommunen«, 13 S., Waldbronn, Doku-Verlag.

Ebermut Rudolph: » Die geheimnisvollen Ärzte. Von Gesundbetern und Spruchheilern«, 351 S., Olten/Freiburg, Walter-Verlag.

Joachim S. Hohmann (Hrsg.): » Der unterdrückte Sexus. Historische Texte zur Homosexualität von Johann Ludwig Casper u. a. Kommentare von Ernst Bornemann u. a. Mit einer Bibliographie nicht-belletristischer Bücher zum Thema Homosexualität bis zum 20. Jahrhundert«, 627 S., Lollar, Andreas Achenbach.

Gerda Kurz: »Be here now. Zur Theorie und Praxis der Gegenkultur«, Wiss. Hausarbeit zur 1. Staatsprüfung für das Lehramt an Haupt- und Realschulen, Universität Giessen 1977, 137 S., Maschinenschrift.

Harald Glätzer: »Alternative Lebensformen und kollektive Produktionen in Landkommunen«, Dipl. Arbeit Soziologie, Universität Bielefeld, Februar 1977, XI-239 S., Maschinenschrift.

1978 »Frauen gegen den Strom – Frauen gegen Repression II«, 41 S., Berlin, Weiberplenum.

»Frauenbeziehung – Frauenliebe. eine informationsveranstaltung

des frauenzentrums München 15.4. 1978«, 41 S., München, Verlag Frauenoffensive.
Anne Kent Rush: »*Mond, Mond.* Ein Versuch, den Mond in unser Bewußtsein zu integrieren«, 364 S., (Moon, Moon. Übers. Anita Eichholz) München, Verlag Frauenoffensive.
»*Wir bringen's in Gang*«, 112 S., Münster, Packpapier Versand (Dieses Buch haben Schüler der Tvind-Schule geschrieben).
Hans Boleski: »*Alternative Gruppen.* Ein Phänomen und seine Deutung«, 35 S., Stuttgart, Ev. Zentralstelle für Weltanschauungsfragen.

1979 *J. Gehret:* »*Gegenkultur heute.* Die Alternativ-Bewegung von Woodstock bis Tunix«, 219 S., Amsterdam, Azid-Presse.
»*Projekt Literaturzeitschriften*« *(Hrsg.):* »Verzeichnis deutschsprachiger Literaturzeitschriften 1979/80«, 52 S., Ellwangen, Verlag Günther Emig.
Bernhard Suin de Boutemard: »*Alternatives Vorlesungsverzeichnis,* 6. Aufl. 296 S., Lindenfels, Verlag Freie Nachbarschaftsgesellschaft.
Johannes Esser: »*Wohin geht die Jugend?*«, 211 S., rororo.
Gerhard Schönauer: »*Zurück zum Leben auf dem Lande*«, 186 S., München, Goldmann.
»*Bezugsquellen für Alternatives 79/80*«, Hrsg. Verein für erweitertes Heilwesen, 190 S., Bad Liebenzell.
Roland Günter u. Rolf Joachim Rutzen: »*Kultur-Katalog*«, 240 S., Hamburg, VSA-Verlag.

1980 *Reimar Oltmanns:* »*Du hast keine Chance, aber nutze sie* – eine Jugend steigt aus«, 283 S., Reinbek, Rowohlt.
Walter Hollstein u. Boris Penth: »*Alternativ-Projekte*«, 459 S., Reinbek, Rowohlt.
Theodor von Keudell (Hrsg): »*Initiativgruppen* – in der Bundesrepublik, in Österreich und der Schweiz, 206 S., München, Droemer.
»*edition wandlungen*«, Bücher für alternatives Leben und neues Bewußtsein, Frühjahr 1980, Katalog, 20 S., Oldenbourg, Hunte.
Manfred Waffender u. Jonathan Walters (Hrsg.): »Anders Reisen: London«, 276 S., Reinbek, rororo TB.
Helmut Hartwig: »*Jugendkultur*«, 382 S., Reinbek, rororo TB.
F. G. Winter: »*Der Wachstums-Komplex.* Glücklich leben heißt gestalten«, 160 S., Freiburg/Br., Herder-Taschenbuch.
Michael Grupp: »*umschalten!* Energiefibel, 190 S., Reinbek, rororo TB.
Hans A. Staub: »*Alternative Landwirtschaft.* Der ökologische Weg aus der Sackgasse«, 128 S., Frankfurt/M., Fischer-Taschenbuch.

Fast ebenso wichtig wie die Bücher, Broschüren und Flugblätter sind für die Alternativ-Szene die zahllosen Zeitschriften (von gut gedruckten und illustrierten Heften bis zu mit der Maschine getippten, handgehefteten Organen). Wir müssen auf den Versuch verzichten, auch sie zu erfassen.

(Anmerkung zur Bibliographie: Aus Raumersparnisgründen haben wir die Literatur, die in den einzelnen Beiträgen bereits erwähnt wurde, hier nicht nochmals verzeichnet. Die Schriften der Arbeitsgruppenmitglieder zu unserem Thema finden sich in den Angaben zu ihrer Person.)

Register

zusammengestellt von Marta Heinisch

Personenregister

Abellio, Raymond 422
Ach, Manfred 418
Ackermann, Josef 346, 426
Adamski, George 335, 348, 427
Adenauer, Konrad 60
Adorno, Theodor 103, 143, 145
Aichelin, Helmut 17, 68, 203–242, 248, 256, 260, 274, 291, 299
Albani, Antonio Vasquez 345
Albrecht, Erhard 412
Algermissen, Konrad 416
Ali, Mirza Hussayn 274
Allen, Gary 165, 170
Amin, Idi 66, 69
Andreae, Johann Valentin 47, 255
Andrieu, Irène 428
Anghiera, Pietro d' 37, 41, 75
Aram, Kurt 423
Arendt, Hannah 77
Ariès, Philippe 154
Aristoteles 292, 331
Arndt, Johann 47
Arnold, Gottfried 178, 236
Arnold, Kenneth 334
Arrow, Kenneth J. 145
Artaud, Antonin 411
Asmussen, Hans 412
Ast, Philipp Heinrich (= Schäfer Ast) 315
Augusta, Kronprinzessin 397
Augustinus 206, 254, 292
Aurobindo, Sri 72, 411

Babeuf, François-Noël 94, 105 f.
Bacon, Francis 45, 91
Bacon, Roger 254
Baggesen, Jens 20, 26
Baha, Abdu'l 274
Bahro, Rudolf 122, 139 f., 142, 145
Bakunin, Michael 96, 99, 110
Baltzer, Eduard 384, 386
Barbault, Armand 422
Barghine, A. 424
Baroja, Julio Caro 423
Baron, Lawrence 80
Bartz, Wilhelm 416
Baruzzi, Arno 17
Basedow, Johannes 22
Bathrick, David 80
Baudelaire, Charles 312, 321
Baudet, Henry 74–77, 81
Bauer, Roger 17

Bauer, Walter 236
Bauer, Wolfgang 74
Baur, Ferdinand Christian 293
Bayer-Katte, Wanda von 393
Bebel, August 99, 107, 144, 394
Behm, Hans Wolfgang 425
Bell, Daniel 234
Bellamy, Edward 46, 56
Ben-Ami, Gad 80
Bender, Hans 422
Bentham, Jeremy 100, 108
Benz, Ernst 12, 15, 78, 251, 255 f., 269, 289, 296, 298 f., 420, 422, 426
Berg, David (= Mose David = MO) 216 f., 231
Bergier, Jacques 338, 340, 346, 348 f., 421
Bergmann, Klaus 79, 81
Bergstraesser, Arnold 54
Berle, Adolf 46
Berlitz, Charles 425
Besant, Annie 273, 298
Bessmertny, Alexander 42
Beth, Hanna 432
Betz, Werner 17, 18–28, 404 f.
Beyer, Herbert 298
Bieberstein, Johannes Rogalla von 164, 169
Bischoff, Johann Gottfried 209
Biser, Eugen 16
Bismarck, Otto von 154, 383
Blake, William 159
Blankenburg, Martin 145
Blanqui, Louis-Auguste 94, 106
Blavatsky, Helena Petrowna 244, 270, 272 f., 298, 307, 319, 332, 345, 407, 421
Bloch, Ernst 35, 85, 98, 143, 145
Blondel, Charles 179
Blüher, Hans 170
Böhme, Jakob 254 f., 290, 298
Boleski, Hans 432
Bolle, Fritz 17
Bonaventura (= Fidanza, Johannes) 254
Bonhoeffer, Dietrich 241
Bonin, Werner F. 300
Booth, William 418
Bornemann, Ernst 432
Bos, Charles du 411
Bossuet, Jacques Benigne de 178
Bougainville, Louis Antoine de 43
Boulanger, Georges 155
Bourret, Jean-Claude 427

Boutemard, Bernhard Suin de 433
Brain, Robert 394
Brand, Guido K. 347
Brandes, Volkhard 144
Brandler-Pracht, Karl 267
Brandstätter, Leopold (= Leobrand) 289 f.
Branham, William 212
Braudel, Fernand 180
Briand, Aristide 168
Brinton, Crane 79
Brissel, François 94
Brissot de Warville, Jacques-Pierre 94
Brockhaus, Wilhelm 430
Broder, Henryk M. 430
Brown, Norman 355
Bruckberger, Raymond Léopold 171
Brugger, Walter 23
Bruno, Giordano 42, 293
Bry, Carl Christian (= Decke, Carl) 406 f., 412
Bryan, W. J. 46
Buber, Martin 144
Buber-Neumann, Margarete 124, 144
Buddha 290
Bürgel, Bruno H. 409
Bürkle, Horst 9–13, 14 f., 17
Buggle, Franz 199
Bulwer-Lytton, Edward George 325
Buonarotti, Filippo 94
Burck, Erich 413
Burckhardt, Jakob 20
Burckhardt, Titus 422
Busemann, Adolf 412
Busse, Ludwig 24
Butler, Lord 168
Butz, Friedrich W. 417

Cabet, Étienne 46, 48
Calvin, Johann 307
Camerlander, A. 170
Campanella, Tomaso 45 ff., 70 f., 91
Carpenter, Edward 49
Casper, Johann Ludwig 432
Castaneda, Carlos 312, 344
Castro, Fidel 104
Cavendish, Richard 300, 420
Chaleil, André 421
Chamberlain, Houston Stewart 341, 349
Chamisso, Adelbert von 43
Chaplin, Charles 393
Charnay, Geoffroy de 170
Charroux, Robert 338
Châtelet, François 410
Chevalier, Louis 153
Clasen, Peter Adolf 418
Clauss, Ludwig Ferdinand 171
Clemenceau, Georges 168
Cohn, Norman 78
Comenius, Johannes Amos 47, 269
Conrad-Martius, Hedwig 78

Cornuault, Fanny 417
Crowley, Aleister 261, 321, 421
Cuvier, Georges Baron von 323
Cyprian 235
Cyrano de Bergerac, Savinien 45

Dacqué, Edgar 410
Däniken, Erich von 301, 336, 338 f., 349, 426
Dahn, Felix 51
Dante 19
Darwin, Charles 55, 285, 324, 346, 410
Daum, Thomas 429
David, Eduard 143
Debré, Regis 67
Deckarm, Joachim 344
Dennert, Eberhard 409
Descartes 27, 328
Dessoir, Max 309, 342, 420
Dewey, John 56
Díaz, Porfirio 109
Diderot, Denis 43 f.
Dietzgen, Joseph 101, 143
Dilthey, Wilhelm 175, 179, 199, 406
Dimitroff, Georgi 98
Dionel, Jules-Stanislas 260
Disraeli, Benjamin 154
Divine, Father 408
Djilas, Milowan 411
Döderlein, Ludwig 17
Döring, Wolfgang 429
Donnelly, Ignatius 56, 424
Donovan, Frank 423
Dopatka, Ulrich 336, 426
Douglas, C. 407
Dreyfus, Hauptmann 170
Driesch, Hans 342, 422
Drummond, Henry 209
Ducarme, Joseph 411
Duda, Gunther 417
Dühring, Eugen 101
Duhm, Dieter 430
Dumont, René 63
Durkheim, Émile 179, 199
Dutschke, Rudi 61, 67, 81
Dutt, R. Palme

Eaubonne, Françoise d' 396, 431
Ebelt, Otto 425
Eberhardt, Kurt 415
Ebon, Martin 345
Eddy, Mary Baker 219
Eggenberger, Oswald 415, 419
Eichler, Norbert A. 430
Eichler, Willi 387
Einstein, Albert 346
Eisler, Rudolf 24, 296
Eliade, Mircea 76, 309, 420
Elmayer-Vestenbrugg, Rudolf von 425
Emerson, Ralph W. 356, 375, 393

Engels, Friedrich 96, 99, 101 f., 108, 112, 139, 143, 394 f.
Erler, Martin 276 ff.
Eschmann, Ernst Wilhelm 406
Estrada, Ezequiel Martínez 77
Eulenburg, Philipp Fürst zu E. und Hertefeld 368
Evans, Christopher 348, 417, 423
Evola, Giulio 421

Faber, Richard 78 f.
Fabre d'Olivet, Antoine 421
Fabré-Palaprat, Bernard-Raymond 260
Fabricius, Wilhelm 343
Faivre, Antoine 255, 296
Fauth, Philipp 323 f., 425
Favrod, Charles Henri 411
Febvre, Lucien 180
Federmann, Reinhard 422
Feil, Johannes 429
Feldes, Roderich 423
Fénelon (= Salignac de la Mothe, François de) 42
Fichte, Johann Gottlieb 27 f., 94, 293
Fischer, Hanns 425
Fischer, Hans W. 413
Flechtheim, Ossip K. 74
Fleischer, Helmut 141 f., 145
Floris, Joachim von 39
Fochler, Martin 145
Förster, Georg 385
Fontaine, Frank 336
Fordham, Montaque 49
Foucauld, Charles de 171
Fourier, Charles 48, 58
Franco, General 114
Francke, August Hermann 43, 47
Frank, Ewald 243
Franzel, Emil 168
Frei, Gerhard 143, 422
Freud, Sigmund 58 f., 72, 228
Freytag, F. L. A. 243
Frick, Karl R. H. 34, 41 f., 45, 245-300, 301, 342
Frischeisen-Köhler, Max 406
Fritsch, Theodor 53
Frye, Northrop 75
Fuchs, Manfred 78

Gadow, Gerhard 424, 426
Galilei, Galileo 314
Gandia, Enrique de 75
Gardner, Gerald B. 423
Gardner, Marshall B. 325
Gauguin, Paul 43
Gehlen, Arnold 80 f., 154, 168
Gehret, J. 393, 433
Geiger, Theodor 178, 180, 199
Georgi (vgl. Reichenbach) 44
Gerlach, Dieter 430

Gerlach, Ernst Ludwig von 154
Gesell, Sylvio 52
Geyraud, Pierre 407 f., 412
Ginsburg, Allan 352 f.
Girodias, Maurice 393
Glätzer, Harald 432
Glas, Gerhard 396
Glasenapp, Helmuth von 77
Glaser, Hubert 17
Gowdin, William 45, 95
Görres, Joseph von 23
Goethe, J. W. von 22 f., 87, 283, 285, 341
Götze, Alfred 19
Gollob, Hedwig 411
Gollwitzer, Heinz 16 f., 172-199, 248 ff., 256, 413
Gollwitzer, Helmut 126 f., 144 f.
Golowin, Sergius 348, 421, 424, 427
Gonnard, René 75 ff., 81
Goodman, Katherine 80
Gottschalk, Herbert 423
Gramsci, Antonio 411
Graßl, Hans 17, 251, 255, 281, 296
Grau, Monika 431
Gregor-Dellin, Martin 406
Greibel, Josef 343
Greiffenhagen, Martin 168
Grimm, Jacob und Wilhelm 22, 24
Gringmuth, Heiner 431
Gröber, Konrad 415
Gröning, Bruno 315
Groethuysen, Bernhard 406
Gross, Werner 396, 432
Grosseteste, Robert 254
Gründler, Johannes 294, 296, 299, 416
Grupp, Michael 433
Gsänger, Hans 425
Guardini, Romano 24
Guénon, René 333, 421
Guenter, Klaus Th. 393, 428
Günter, Roland 433
Günther, Hans F. K. 171
Guesde, Jules 106
Guevara, Che 38, 64, 67, 81, 104, 139, 144
Guilet, Blanc de 68
Gurdjieff, Georgij Ivanovič 307, 421
Guizot, Guillaume 154

Haack, Friedrich Wilhelm 294, 299, 415, 418, 424
Haeckel, Ernst 251, 271, 285, 346, 349
Hahnemann, Samuel 382 f.
Hall, Guss 144
Hall, Willis 47
Hamsun, Knut 170
Hanussen (= Steinschneider, Hermann) 344
Hanussen II 344
Hargrave, John 50

Harnack, Adolf von 12
Harrington, Michael 45, 126, 130, 144f.
Hartlaub, Geno 311, 342f., 423
Hartmann, Franz 270, 273
Hartmann, Hans 199
Hartmann, Kristiana 431
Hartwig, Helmut 433
Hauth, Rüdiger 418f.
Hebbel, Friedrich 20
Hedin, Sven 333, 348
Heer, Friedrich 36
Hegel, G. W. F. 23, 102, 181, 291 ff., 410
Heidegger, Martin 175, 179, 199
Heiler, Asta 80
Heim, Burkhard 306
Heimann, Eduard 104
Heindel, Max (= Heindl, Carl Louis) 276 ff.
Heise, Gabriele 430
Helle, Horst 17
Helwig, Werner 408, 412
Hemberger, Adolf 294, 299
Hemingway, Ernest 354
Hemleben, Johannes 299
Henckel von Donnersmarck, Heinrich Graf (= Pater Augustinus) 16, 36
Hennig, Richard 424
Hentschel, Willibald 53
Herder, Johann Gottfried von 25
Hermand, Jost 74, 81
Hermann, Georg 396, 428
Hermann, Joachim 426
Hertzka, Theodor 52f.
Herzen, Alexander 110
Herzl, Theodor 53
Hesiod 36f.
Hesse, Hermann 223
Heyse, Paul 20
Hicks, Tommy 212
Hieronimus, Ekkehard 15, 17, 78, 82, 288 291, 301–345, 350–398, 401
Himmler, Heinrich 322, 324, 346
Hinrichs, Carl 77
Hinzpeter, Georg 324, 346, 426
Hirschfeld, Magnus 368
Hitler, Adolf 347, 394
Ho Chi Minh 63f., 139
Höllhuber, Ivo 81
Hörbiger, Hanns 322ff., 346
Höss, Rudolf 53
Hofer, Hans 410
Hohmann, Joachim S. 395, 432
Holanda, Sérgio Buarque de 76
Hollitscher, Walter 429
Hollstein, Walter 433
Holmes, Clellon 354
Holz, Arno 328
Homer 23
Hoss, Willi 145
Howe, Ellic 17, 267, 297, 407, 421

Howe, Irving 118f., 123, 144
Hubbard, Ron 227
Huizinga, Johan 70
Humboldt, Alexander von 22
Hunke, Sigrid 221
Hunkel, Ernst 52
Husserl, Edmund 175, 179, 199
Hutten, Kurt 205, 212, 240, 273, 285, 289, 294, 296, 414 ff.
Huxley, Aldous 312, 392
Huysman, Joris-Karl 321
Hynek, J. Allen 427

Illich, Ivan 62
Illyricus, Matthias Flacius 178
Irving, Edward 243

Jacobs, Paul 144
Jahnke, Ursula 300
Jarm-Wien, Alfred 397
Jaspers, Karl 155, 175, 179, 199, 405
Jean Paul 23, 25, 43
Jesus Christus 211, 290, 349
Joël, Karl 406, 410
Jones, Jim 125f.
Jossé, Roland Dionys 347
Jünger, Ernst 156, 169
Jünger, Friedrich Georg 168
Jung, C. G. 309, 320, 336, 420, 427

Kabermann, Friedrich 417
Käsmeyer, Benno 429f.
Kainz, Friedrich 144
Kaiser, Rolf-Ulrich 429
Kalb, Ernst 414
Kant, Immanuel 18f., 22, 24f., 67, 111, 143f., 181, 283, 291 ff., 323, 329, 341, 405, 410
Karsten, Siegfried 297
Kaufmann, Franz-Xaver 199
Kaulbach, Friedrich 248
Keilbach, Wilhelm 17
Keller, Horst 415
Kellner, Karl 276
Kemp, Richard 393
Kepler, Johannes 47, 314
Kerényi, Karl 420
Kerouac, Jack 353, 392, 429f.
Kessler, Herbert 282ff., 299
Keudell, Theodor von 433
Keyhoe, Donald E. 427
Khuon, Ernst von 425
Kiehne Oswald 385f.
Kiesewetter, Karl 419
Kinkel, Gottfried 20
Kircher, Athanasius 41f., 294
Kiss, Edmund 346f., 426
Klare, Rudolf 394
Klemperer, Victor 20f.
Kleinschmidt, Otto 409

Klopstock, Friedrich Gottlieb 19 f.
Klostermann, Michael 431
Knapp, Ludwig 27
Knaut, Horst 424
Kneipp, Sebastian 380 f.
Knorr, Nathan Homer 211
Koch, E. 304, 342
Koch, Kurt E. 421
Koch-Hillebrecht, Manfred 413
König, René 178, 199
Koester, Otto 80
Kogon, Eugen 81
Kolakowski, Leszek 33, 74, 82, 86, 88 f., 142 f.
Kolumbus, Christoph 37, 39
Konfuzius 71, 290
Konstantin I. der Große 212, 235
Kopernikus, Nikolaus 36, 42, 325, 328
Kothen, Hans von 288
Krabbe, Wolfgang R. 79, 397, 427
Krämer-Badoni, Rudolf 143
Kraushaar, Wolfgang 140 f., 145
Krebs, Diethart 79
Krebs, Fritz 209
Krim, Seymour 392
Krishna 290
Krishnamurti, Jiddu 408
Kropotkin, Peter A. Fürst 95 f., 398, 431
Krupp, Alfred 54
Krust, Christian 214
Küppers-Sonnenberg, Gustav Adolf 356, 375, 385, 393, 396
Kurz, Gerda 432
Kurz, Hermann 20

Lafargue, Paul 106
Landauer, Gustav 96, 143
Landig, Wilhelm 348
Landmann, Robert 408, 412
Lang, Fritz 393
Lang, Johannes 327, 347, 425
Lange, Friedrich Albert 24
Langhans, Rainer 372, 428
Lanzenstiel, Georg 412
Laotse 290
Laplace, Pierre Simon 323
Lassalle, Ferdinand 107, 394
Laßwitz, Kurd 348
Lautmann, Rüdiger 395, 432
Lavakras, Paul J. 348
Leary, Timothy 312, 353 f., 392 f.
Lechner, Odilo 17
Lechner-Knecht, Sigrid 423
Leduc, Jean-Marie 417
Leene, Henk 276, 278
Leese, Kurt 421
Leeuw, Gerardus van der 11
Lefèbvre, Henri 81
Le Forestier, René 296
Leibniz, Gottfried Wilhelm 25, 43, 47, 292

Leisegang, Hans 420
Lemberg, Eugen 407
Lennhoff, Eugen 169, 299
Lenin 65, 98, 106, 110, 117, 139, 143
Lenz, Reimar 229, 393
Lersch, Philipp 142, 145, 160 f., 169
Leslie, Desmond 338, 348, 427
Lessing, Gotthold Ephraim 279
Levin, Harry 74 ff.
Levin, Kurt 227
Lewis, Harve Spencer 276 f.
Liebenfels, Lanz von 327, 347, 407
Liebknecht, Wilhelm 99
Lindenberg, Hugo 422
Linnhoff, Ursula 361, 394, 429
Linse, Ulrich 17, 70
Lippross, Otto 397
List, Guido von 53
Litt, Theodor 24
Locke, John 132
Löw, Konrad 298
Lorber, Jakob 217, 313, 343
Los, Frans L. 347
Lotz, Johannes 17
Ludendorff, Mathilde 68, 230
Ludwig, August Friedrich 420
Ludz, Peter Christian 80
Lueger, Karl 170
Luther, Martin 42
Lutze, Arthur 397
Luxemburg, Rosa 98, 119, 143, 364

Mabry, Hannelore 363 f., 394
MacFinlonga, Brennan 39
Machiavelli, Niccolò 96
Maharaj Ji, Guru 244
Mahler, Horst 65, 80
Mandel, Ernest 104, 144
Mandeville, Bernard de 104
Mann, Thomas 119
Mannheim, Karl 33, 35, 74, 77, 180, 199, 406
Manson, Charles 272, 298, 321, 345
Manuel, Frank E. 76–81
Mao Tse-tung 41, 56, 63 ff., 67 f., 104, 115–118, 120 ff., 144, 197
Marcuse, Herbert 35, 38, 40, 57 ff., 61, 65, 68, 72 f., 79 f., 82, 355
Mariel, Pierre 300
Marquard, Odo 26
Martin, Bruno 430
Martineau, J. 26
Maurras, Charles 163, 169
Marx, Karl 33, 42, 45, 50, 55, 63, 65, 71, 85, 88 ff., 95–104, 106–116, 118–124, 126–129, 139, 140 f., 143, 190 ff., 228, 256, 293 f., 311, 361 f., 364, 395, 430
Mazzini, Guiseppe 154
McLuhan, Marshall 411
Mead, George Herbert 179, 199

Mead, Margaret 40
Meier, Helmut G. 26f., 405
Mein, Wolf 395, 429
Meissner, Maurice 74
Menschik, Jutta 430
Mercator 39
Mereschkowskij, Dimitrij 407
Merkel, Franz Rudolf 76
Merkenschlager, Friedrich 171
Meslier, Jean 94
Mesmer, Franz Anton 298
Meyer, Hans 410, 412
Miers, Horst E. 294, 299, 343, 420
Mildenberger, Michael 225, 299, 416, 419
Miller, William 210
Mills, Wright C. 88f., 142
Mitscherlich, Alexander 61
Mögling, Daniel 269
Moeller van den Bruck, Arthur 156
Mohammed 290
Mohler, Armin 9, 14–17, 78, 146–171, 401–434
Møller, Paul 25
Montaigne, Michel Eyquem de 40f.
Montherlant, Henry de 171
Moravia, Alberto 74
Mordstein, Friedrich 17, 251, 291
More, Thomas 45ff., 52, 68, 70, 91, 93
Morel, Robert 411
Morgan, Arthur A. 77f.
Morlin, Jacques 348
Morris, William 50
Morton, Albert Leslie 78
Mosse, George L. 51, 78
Mourre, Michel 411f.
Mozart, Wolfgang Amadeus 42
Muck, Otto 425
Muehl, Otto 228
Mühlen, Patrick von zur 170
Mühlenfeld, Hans 168f.
Mühlmann, Wilhelm E. 170
Müller, Josef 344
Mueller, Konrad F. 418
Müller-Alfeld, Theodor 425
Müller-Küppers, Manfred 417
Müntzer, Thomas 105
Muller, Paul 393
Mumford, Lewis 77, 411
Mun, San Myung 230f.
Munninger, Eduard 276, 278
Murray, M. 423
Mus, Paul 71, 81

Nachtigal, Gustav 76
Napoleon I. 42, 155, 159
Nebel, Gerhard 171
Necker, Jacques 94
Negt, Oskar 144
Neice, Louis Mac 422
Nelson, Buck 335

Nelson, Leonard 387, 397
Neupert, Karl 325ff., 346f.
Neusüss, Arnhelm 74, 77, 80, 89, 142
Niehaus, Herbert 210
Niesz, Anthony 80
Nietzsche, Friedrich 181, 285
Nikolaus I., Zar 109
Nikolaus von Kues 262, 292
Nobel, Alphons 330, 347, 425
Notredames, Michel de 344
Novalis (= Hardenberg, Freiherr Friedrich von) 22, 27
Nowell, Charles E. 75
Núñez, Carlos 67, 81

Obermaier, Uschi 372
Olden, Rudolf 408, 412
Oltmanns, Reimar 433
Oppenheim, Franz 53
Oppenheim, Ludwig 53
Oppenheimer, John F. 169
Origenes 290
Orwell, George 73
Osborn, Tommy L. 212
Ossendovski, Ferdinand 332f., 348, 425
O'Sullivan, Noël 168
Ovid 37, 75
Owen, Robert 100, 108

Pachmann, Ludek 125, 144
Padderatz, Gerhard 418
Papus (= Encausse, Gérard) 261
Paracelsus 50, 320, 383
Pareto, Vilfredo 174, 178, 199
Pascal, Blaise 292, 411
Pasqually, Martinez de 252
Patch, Howard Rollin 75
Paulus 218
Pauwels, Louis 338, 340, 346, 348f., 420f.
Peinemann, Steve B. 395, 432
Penth, Boris 433
Pentrop, Clemens 418
Penty, Arthur J. 50
Peters, Paulhans 396, 429
Petersen, Julius 23, 48, 77, 81
Petitfils, Jean-Christian 79f.
Peuckert, Will-Erich 269, 297, 420, 423
Pfitzner, Georg 428
Philipps, Gene M. 339
Philon von Alexandria 254
Picón-Salas, Mariano 81
Pieper, Werner 229
Pilgrim, Volker Elis 394, 429f., 432
Pinning, German 170
Pisarev, Dimitri J. 125, 144
Plaige, Didier de 417
Platon 9, 46, 93, 290, 292, 330
Plechanov, Georgi V. 110
Ploetz, Alfred 54
Ploss, Emil Ernst 422

REGISTER   441

Plotin 254
Plum, Niels Munk 431
Polak, Fred L. 91, 143
Poliakov, Léon 165, 169, 171
Ponchaud, François 82
Popper, Karl 82
Porphyrios 254
Posner, Oskar 169, 299
Pound, Ezra 170
Prabhupada, Swammi 223
Praz, Mario 345
Prießnitz, Vinzenz 380 f.
Proklos 254, 330
Prokop, Otto 421
Proudhon, Pierre-Joseph 95 f., 99, 106, 111, 374
Psichari, Ernest 171
Puini 273
Pythagoras 290

Quabbe, Georg 168
Quimby, P. P. 219

Rabehl, Bernd 61, 81
Rabelais, François 45
Rajneesh, Baghwan Shree 228
Raleigh, Walter 38, 75
Ranke, Leopold von 179
Raymond, Martin 430
Reblin, Klaus 79 ff.
Reeken, Dieter von 427
Reich, Charles 429
Reich, Wilhelm 58
Reiche, Reimut 79
Reichenbach, Carl-Ludwig Freiherr von 44
Reichl, Otto 406
Reimer, H.-Diether 242 ff., 401, 415 f., 418
Reimer, Irmgard 415
Reller, Horst 296
Rémond, René 149, 159, 168
Renan, Ernest 54
Renker, Z. 416, 418
Renouvier, Charles 74
Reuß, Carl Albert Theodor (= Carolus Albertus Perigrinus) 261, 276 f.
Rhine, Joseph Banks 420, 422
Richter, Hans 409
Richter, Jean Paul vgl. Jean Paul
Riedel, Albert (= Frater Albertus) 265, 297
Rijckenborgh, Jan van (= Leene, Jan) 276 ff.
Rittelmeyer, Friedrich 219, 243, 287
Ritter, Gerhard 66
Ritter, Gerhard A. 80
Ritter, Joachim 26, 296
Robespierre, Maximilien de 392
Rödner, Helmut 431
Röhm, Ernst 394

Roemer, Kenneth M. 79 f.
Rogerson, Alan 419
Rogger, Hans 149, 168
Rogo, D. Scott 422
Rokeach, Milton 177, 199
Roosevelt, F. D. 46
Rosset, Clément 171
Rossi-Landi, Guy 150, 154, 168
Rossiter, Clinton 144
Rosteutscher, J. H. W. 413
Rosy-Rosy 372
Roszak, Theodore 429
Roters, E. 199
Roth, Jack J. 168
Rothacker, Erich 27, 406
Rousseau, Jean-Jacques 62, 93 ff., 95, 97, 103, 166, 374
Rudman, Daniel 431
Rudolph, Ebermut 397, 432
Rühle, Jürgen 81
Ruge, Arnold 88
Rush, Anne Kent 433
Ruskin, John 50
Russel, Charles Taze 211
Rutherford, Joseph Franklin 211
Rutzen, Rolf Joachim 433
Rýzel, Milan 342

Saint-Exupéry, Antoine de 171
Saint-Just, Antoine de 391, 397
Saint-Martin, Louis-Claude de 253
Saint-Simon, Claude Henry Rouvroy Comte de 58, 100, 106
Saint-Yves d'Alveydre 333, 421
Salomo 290
Sanders, Ed 298, 345
Sandri, Dominique 417
Sanford, Charles 75 f., 80
Sann, Paul 408
Sarachild, Kathie 362
Sarkisyanz, Manuel 17, 31–82, 143 f., 256 f., 293 f., 404
Schäfer, Dr. (Bremer Kriminaldirektor) 315
Schaya, Leo 423
Scheel, Walter 154
Scheffel, Joseph Victor von 51
Scheler, Max 179, 199, 405
Schelling, Friedrich Wilhelm Joseph von 19, 22, 298
Schengl, E. 395
Scheuch, Erwin K. 80
Scheuermann, Audomar 17
Scheurlen, Paul 414
Schiller, Friedrich von 23, 67, 342
Schlaf, Johannes 328, 347
Schlette, Heinz Robert 198
Schliemann, Heinrich 339
Schlottner, Mike 357
Schlund, Eberhard 414

Schlunk, Martin 410
Schmid, Carlo 190
Schmidt, Helmut 195
Schmidt, Julian 20
Schmidt, Karl Otto 288
Schmidtchen, Gerhard 183, 185 ff., 198 f.
Schmidt-Rohr, Georg 171
Schmitt, Carl 154
Schmitz, Oskar A. H. 181, 199, 413
Schneider, Herbert 298
Schnitzler, Arthur 20 f.
Schöffler, Heinz Herbert 397
Schöll, Albrecht 419
Schönauer, Gerhard 433
Schoeps, Hans Joachim 298
Scholem, Gershom 422
Scholl, Heinz 170
Schopenhauer, Arthur 181, 222, 341, 386
Schreiber, Hermann 304, 422
Schrenck-Notzing, Caspar Freiherr von 159, 169
Schroth, Johann 380
Schubert, Christoph 393
Schubert, Venanz 17
Schuler, Alfred 53
Schulte, Heinrich 416
Schulz, F. O. H. 169
Schwanke, Martin 80
Schwantje, Magnus 386, 397
Schwartz-Bostunitsch, Gregor 169
Schweitzer, Albert 208
Schweitzer, Johann Baptist von 394
Schweizer, Victor 288
Schwendler, Rolf 393
Schweninger, E. 383
Schwerte, Hans 413
Schwier, Ulrike 431
Schwital, Johannes 207, 417
Seligmann, Kurt 423
Semler, Christian 61
Seneca 37, 75
Servier, Jean 61, 70 ff., 74, 76 f., 80 ff.
Shakespeare, William 23
Shklar, Judith 74, 77, 82
Simon, Paul 411
Skinner, Burrhus Frederic 429
Skriver, Pfarrer 385
Smith, Joseph 214 f.
Smith, M. Brewster 199
Smoot, Dan 170
Sokrates 283, 292
Solanas, Valerie 429
Soleri, Paolo 396
Solon 330
Sommerville, D. C. 78
Sonntag, Heinz Rudolf 81
Sorel, Georges 153, 170, 174
Spann, Othmar 163, 169
Spanuth, Jürgen 425
Specht, Friedrich 417

Spengler, Oswald 225, 312 f., 343, 410
Spinoza, Baruch 410
Spitzer, Alan Bovie 144
Spitzer, Volkhart 214
Spranger, Eduard 174, 406
Stadtmüller, Georg 168
Stahl, Friedrich J. 154
Stalin 68, 113, 115, 122, 130, 141, 195
Staub, Hans A. 433
Steadman, John M. 74
Steiner, Rudolf 55, 78, 219, 243 f., 270, 276 f., 285 ff., 292 f., 299, 319, 331, 345, 383, 397, 407, 410, 421
Stemman, Roy 424
Sternberger, Hans 422
Sternhell, Zeev 169
Stirner, Max (= Schmidt, Kaspar) 95, 374
Suur, Frank 395, 430
Swedenborg, Emanuel von 244, 298, 344
Swoboda, Helmut 77
Symnes, Clemens J. 325
Szeemann, Harald 408, 412

Tacitus 52
Teed, Cyrus Read 325
Teilhard de Chardin, Pierre 55, 181
Tellenbach, Gerd 177, 199
Tenhaeff, W. H. C. 424
Teufel, Fritz 428
Thenevin, René 75
Therese von Konnersreuth 408
Thomas von Aquin 163, 292
Thoreau, Henry D. 57, 356, 375
Thormeyer, Paul 24
Tillich, Paul 225
Tingley, Katherine Anne 273
Tischner, Rudolf 420
Tomas, Andreas 425
Tomberg, Friedrich 145
Tränker, Heinrich 277
Troeltsch, Ernst 179, 236, 241
Trotzki, Leo 104, 113, 115–118, 120 ff., 129, 140, 145
Tschou Jang 104
Tumarkin, Daniil Davydovič 76
Tupac Amaru I 67
Tupac Amaru II 67
Twisselmann, Hans-Jürgen 418
Tworuschka, Udo 198
Tyrell, George Nuget Merle 309, 342 f.

Ungers, Liselotte 429
Ungewitter, Richard 387, 397

Valcárcel, Daniel 81
Vergil 41
Vesme, Cesare Baudi von 343
Vestenbrugg, Elmayer von 346
Viereck, Peter 168
Vinnai, Gerhard 432

Völkert-Marten, Jürgen 379
Voigt, Andreas 77, 346
Volk, Winfried 74 ff., 79
Vollmar, Klaus Bernd 393, 430 ff.
Vollrath, Hugo 267, 273, 276
Voltaire 43, 374

Waffender, Manfred 433
Walters, Jonathan 433
Walz, Hans Hermann 416
Watrin, Christian 82
Webb, James 77 ff., 407, 412, 419
Webb, Beatrice und Sidney 114
Weber, Eugen 149, 168
Weber, Max 236
Wegen, Lise 429
Wehr, Gerhard 269, 298 f.
Wehner, Herbert 154
Weishaupt, Adam 252
Weiss, Andreas von 17, 83–145, 160 ff., 167, 404
Weiss, Jacques 170
Weiss, John 168
Weißenberg, Joseph 215, 243
Weitling, Wilhelm 100, 106
Wells, Herbert George 348
Wenzel, Aloys 405
Wenzig, Carl 410
White, E. G. 210
Whiteside, Andrew Gladding 170
Wieland, Christoph Martin 25
Wilhelm II., Kaiser 397

Wilson, Bryan 417
Wimmer, Wolf 421
Windaus, Eberhard 432
Winter, Eduard 76
Wirth, Herman 347
Witelo 254
Wittemans, Frans 277
Witzemann, H. 287
Wöller, Hildegunde 17
Wolff, Frank 432
Wolff, Hans 278
Wolfstieg, August 298
Woodrow, Alain 417
Wright, John K. 75
Wyneken, Gustav 405

Yamamoto, J. Isamu 419
Yates, Frances A. 76 f.
Yupanqui, Pachacut 45

Zahn-Harnack, Agnes von 413
Zaiss, Hermann 212, 243
Zarncke, F. 75
Zelinsky, Hartmut 17, 69
Zimmermann, Friedrich (= Fried, Ferdinand) 53
Zimmermann, Rolf Christian 255, 296 f.
Zinke, Ludger 416
Zippert, Klaus E. 406
Zollinger, Max 409
Zschaetzsch, Karl Georg 425
Zucker, Konrad 308, 342, 423

Register der Organisationen und Bewegungen

Abtei Thelema 273
Adventisten 205, 418
Aktion gegen die Idiotisierung der Frau (agif) 364
Aktionsanalytische Organisation bewußter Lebenspraxis (AAO) 228
Aktionsrat zur Befreiung der Frau 361
Albigenser 236
Allgemeiner Deutscher Arbeiterverein 107
Altbuddhistische Gemeinde 222
Alter Mystischer Orden vom Rosenkreuz 276 ff.
Alter Orden vom Rosenkreuz 276
Altgläubigen, Die 110
Alt-Katholiken 242
Altreformierte 242
Ananda Marga 229
Ancient and Mystical Order Rosae Crucis (AMORC) 276 ff.
Antiquus arcanus Ordo Rosae rubeae aureae Crucis (AAORRAC) 276
Anthroposophische Gesellschaft 244, 270, 285
Arbeitsgemeinschaft christlicher Kirchen in der Bundesrepublik Deutschland und Berlin (West) e. V. 242
Arbeitsgemeinschaft der Alternativ-Verlage 360
Arbeitsgemeinschaft der Christengemeinden Deutschlands (ACD) 214, 243
Arbeitsgemeinschaft der geistigen Erneuerung 290
Arbeitsgemeinschaft der Kleinverlage 360
Arbeitsgemeinschaft für Religions- und Weltanschauungsfragen 418
Arbeitsgemeinschaft neue Kultur 373
Arbeitskollektiv Kollektives Wohnen 373
Artamanen 53
Artgemeinschaft e. V. Glaubensbund wesensmäßiger Daseinsgestaltung 230
Asiaten 252
Außerparlamentarische Opposition (APO) 120, 361

Baha'i 270, 273 f., 414
Baptisten 242
Bardon-Studiengruppe »Adepten« 290
Biosophische Bewegung 288
Black Panthers 118
black-power-Bewegung 391
Briedhablick Kolonie 53
Brüderbewegung, Die 243
Brüderschaft zur ewigen Liebe 393
Buddhistisches Haus 222
Bund 111
Bund christlicher Mystiker 288

Bund Demokratischer Juristen (BdJ) 121
Bund Demokratischer Wissenschaftler (BdWi) 121
Bund der Gerechten 100, 106
Bund der Kommunisten 107
Bund Evangelisch-Freikirchlicher Gemeinden in Deutschland 242
Bund Freier evangelischer Gemeinden in Deutschland 242
Bund freier religiöser Gemeinden Deutschlands 220
Bund Freireligiöser Gemeinden Deutschlands 239
Bund für Deutsche Gotteserkenntnis (L) 230
Bund für Lebenserneuerung. Vereinigung für ethische Lebensgestaltung, Vegetarismus und Lebensreform 385, 387
Bund für radikale Ethik 387

Carbonari 106
CDU 189 ff.
Chevaliers Bienfaisants de la Cité Sainte (C.B.C.S.) 284
Christengemeinschaft, Die 218 f., 233, 239, 299
Christian Science 219, 235, 239, 418
Christliche Versammlungen (Darbysten) 242 f.
Christlicher Gemeinschaftsverband Mühlheim (Ruhr) 214, 243
Churches of Christ 243
Church of God 243
Club of Rome 70
Club Voltaire für kritische Aufklärung 43
Collegium Pansophicum 277
CSU 189 ff.
CVJM 244

Dekabristen 109
Deutsch-katholische Kirche 220
Deutsche Bischofskonferenz 242
Deutsche Buddhistische Union 223, 244
Deutsche freie Akademie für wissenschaftliche Grenzgebiete und Gemeinschaft für religiöse und geistige Erneuerung 290
Deutsche Friedensgesellschaft-Internationale der Kriegsdienstgegner (DFG/IdG) 121
Deutsche Gesellschaft für Parapsychologie e. V. 343
Deutsche Großloge »Le Droit Humain« des Alten und Angenommenen Schottischen Ritus 284
Deutsche Kommunistische Partei (DKP) 120 f., 191 f.
deutsche reform-jugend e. v. 385

Deutsche Vegetarier-Zentrale Sontra 385 f.
Deutscher Oberster Rat der Freimaurer des Alten und Angenommenen Schottischen Ritus (AASR) 284, 299
Deutscher Staatsbürgerinnenverband 364
Deutscher Vegetarier-Rat 384
Deutscher Verein für naturgemäße Lebensweise 384
DFK 389
Divine Light Mission 224, 244, 419
Donatisten 235
Donnershag 385
Du-Bois-Club 118

ECCLESIA, Gemeinde der Christen 243
Eden 52f.
Esoterische Gemeinschaft Sivas 276, 278, 300
Esoterischer Studienkreis zur Erfassung der ewigen Weisheit nach Überlieferungen von antiken und modernen Initiierten 290
Ethische Gesellschaft für Fortschritt und Welterneuerung 260, 285, 289
Evangelisch-Johanneische Kirche 233
Evangelisch-methodistische Kirche 242
Evangelische Gemeinschaft 242
Evangelische Kirche in Deutschland (EKD) 242
Evangelische Zentralstelle für Weltanschauungsfragen 418

Fabian Society 108, 114
Farm, The 378
FDP 190f.
Findhorn-Foundation 343, 377f.
FKK-Bewegung 387ff.
Flower Children 68
Förderkreis für eine feministische Partei 363
Fortführungskomitee für den Weltkongreß der Friedenskräfte 121
Fraternitas Saturni 299
Frauenforum München 363 f., 394
Freie Akademie zur Koordinierung von Wissenschaft und Esoterik OARCA (Omma Arcana) 290
Freien apostolischen Gemeinden, Die 243
Freie Bibelgemeinde 243
Freie Christliche Volkskirche 243
Freie Forschungsgemeinschaft für dualistische Wissenschaft und Erziehung 290
Freie Volksmission 243
Freier Brüderkreis 243
Freireligiösen Gemeinden, Die 243
Freireligiöse Landesgemeinde Württemberg 239
Freundeskreis der deutschen reformjugend 385

Gemeenschap Rosa Crucis 276, 278, 300

Gemeinde Gottes 243
Gemeinden Christi, Die 243
Gemeinschaft christlicher Vegetarier und Lebensreformer 385
Gemeinschaft des Rosenkreuzes 276
Genossenschaft »Heimgarten« 385
Gesamtdeutsche Arbeitsgemeinschaft 230
Geschäftsleute des vollen Evangeliums 244
Gesellschaft für deutsche Geistes- und Lebenserneuerung 288
Gesellschaft für jüdisch-christliche Zusammenarbeit 222
Gesellschaft für psychophysikalische Forschung 278
Gesellschaft zur Förderung des Tierschutzes und verwandter Bestrebungen 386 f.
Giordanisten 41, 293
Gnadauer Verband 213
Goden-Orden 230
Goldkreuzer 252, 255
Griechisch-Orthodoxe Metropolie von Deutschland 242
Große Landesloge der Freimaurer von Deutschland (GLL F. v. D.) 269, 284
Große National-Mutterloge »Zu den drei Weltkugeln« (GNML₃WK) 284
Groß-Kapitel des Heiligen Königlichen Gewölbes von Deutschland (Royal Arch) 284
Großloge der Alten Freien und Angenommenen Maurer von Deutschland (A. F. u. A. M.) 284
Grüne Kraft 229
Grünhemden für sozialen Kredit 50
Gruppe Internationaler Marxisten (GIM) 122
Guild Socialism 50

Haus der Stille 223
Heiligungsgemeinschaft 243
Heiligungsgemeinschaft, amerikanische 243
Heilsarmee 239, 242, 418
Herrnhuter Brüdergemeinde 242
Hippies 59, 216, 229, 393
Hochlandgruppe 36
Holundermühlen-Kommune 396
Humanes Wohnen e. V. 373
Hydropathischer Gesundheitsverein für ganz Deutschland 380

Illuminatenorden 252
Illuminés d'Avignon 252
Industrial Workers of the World (IWW) 109
Integrales Yoga 72
International Association for Religious Freedom IARF 221
I. Internationale, Internationale Arbeiterassoziation (IAA) 111

II. Internationale 112
III. Internationale, Komintern 113, 119
IV. Internationale 113
Internationale Gesellschaft für Krishna-Bewußtsein 223, 234, 244, 414, 419
Internationale Kommunisten Deutschlands (IKD) 122
Internationale Schule des Rosenkreuzes 262, 276–279
Internationale Theosophische Verbrüderung 270
Irvingianer 243

Johannische Kirche 215, 235, 243

Katharer 236f.
Katholisch-apostolische Gemeinden, Die 243
Kibbo Kift 50
Kibbuz-Institutionen 53
Kinder Gottes (Children of God) 216f., 231, 234, 239, 419
Kirche des Nazareners 243
Kissinger-Kreis 385
Kleinen Engel von Korea, Die 231
Kominform 113
Kommune I und II 58f., 372
Kommunistische Partei 112
Kommunistische Partei Deutschlands (KPD) 119, 121, 368
Kommunistische Partei Deutschlands/Marxisten-Leninisten (KPD/ML) 121
Kommunistischer Bund Westdeutschlands (KBW) 121
Kosmologische Gesellschaft 290
KPUSA 118

Labour Party 108
Lectorium Rosicrucianum 262, 276–279
Leveller 105
Liberaler Hochschulverband 191
Lichtfreunde 220
Lichtquell-Freundeskreis 290
Liga gegen Unmenschlichkeit (Welt-Vegetarier-Union) 386
Longo Mai 376
Lorber-Gesellschaft 217, 233, 244, 313, 343
Lotus-Gesellschaft 277
Ludendorff-Kreis 55, 68, 417

Männerforum 363
Männergruppe Hannover 367
Martinisten 284
Marxistischer Studentenbund Spartakus (MSB-Spartakus) 121
Mazdaznan-Bewegung 290, 414
Mennoniten 242
Menschenfreundliche Versammlung 243
Methodisten 242

Mittgart Kolonie 53
Montanisten 235
Mormonen (= Kirche Jesu Christi der Heiligen der letzten Tage) 214f., 235, 239, 243, 374
Mysteria Mytica Aeterna 276

Narodnaja Volja 110
Narodniki 110
National Charter Association 108
Nazoräer-Orden (ON) 385
Nederlandsche Theosofische Vereeniging 277
Neuapostolische Kirche 206, 209f., 233ff., 237ff., 243, 419
Neugeist-Bewegung 285, 288f.
Neu-Salems-Gesellschaft 217, 344
Neutempler 260
Niekisch-Kreis 171
Nikolaiten 262

Obermühle Familie 229, 377
Orden der goldenen Rose 276ff., 298
Orden von Abramelin 290
Ordo rosae aureae (ORA) 276ff., 298
Orientalischer Templer Orden (OTO) 261, 273, 276f.

Pansofischer (sic) Kreis zur Entwicklung des kosmischen Bewußtseins 290
Pansophical World Federation 278
Paracelsus Laboratories Inc. 297
Paracelsus Research Society 265, 297, 300
Partido Revolucionario Institucional (PRI) 109
Patientenkollektiv, sozialistisches 58, 72
Pfingstgemeinschaften, Die 205, 213, 233, 236f.
Pharmaceutical Medical Research Foundation 297
Philadelphia Bewegung der Christian Röckle 243
POP-Gruppen, Die 345
Pop-Kommune (= High-Fish-Kommune) 372, 395
Progressive Labor Party 117
Punkgruppen, Die 345

Rat der Deutschen Vegetarierbewegung 385
Régime Écossais Rectifié 284
Religionsgemeinschaft Deutscher Unitarier 221, 239
Rite Ancien et Primitif de Memphis-Misraim 284, 305
Rosenkreuzer, Die 41, 244, 252, 262, 267, 293, 345
Rosenkreuzer-Gemeinschaft 276f.
Rosicrucian Fellowship 276f.
Rote-Armee-Fraktion (RAF) 65, 67

Russische Sozialdemokratische Arbeiterpartei 110

Sammlung entschiedener Christen 243
Schwarze Fraktion 110
Scientology-Kirche (SEA-ORG) 227, 233 f., 239
Selbständige Evangelisch-Lutherische Kirche (Altlutheraner) 242
Serbisch-Orthodoxe Kirche 242
Siebenter-Tags-Adventisten 210 f., 233, 235, 237, 239, 243
Siegfried 53
SMD 244
Socialdemokratische Arbeiterpartei 107
Socialist Party 108
Socialist Workers Party 117
Societas Rosicruciana in Anglia 276
Solar Lodge 273, 298
Sozialdemokratische Partei Deutschlands (SPD) 107, 190, 191, 368
Sozialistische Deutsche Arbeiterjugend (SDAJ) 121
Sozialistische Internationale 112
Sozialistischen Zentren (SZ), Die 122
Sozialistischer Deutscher Studentenbund (SDS) 58, 120, 361, 372
Sozialistisches Büro Offenbach (SB) 122
Sozialrevolutionäre 110
Spartakus (s. Marxistischer Studentenbund...)
Spontis, Die 122
Stadtguerillas, Die 67 f.
Students for a Democratic Society (SDS) (= The Movement) 116
Sufi-Orden 288
Swedenborg Gesellschaft 244

Technocrats 408
Telosophische Gesellschaft 345
Theokratische Organisation 211
Theosophical Society (TS) 270, 273
Theosophische Gesellschaft (TG) 244, 270
Theosophische Gesellschaft Adyar in Deutschland e. V. 270
Theosophische Gesellschaft in Deutschland (TGiD) 270
Theosophische Gesellschaft International (Pasadena TG) 270
Transzendentale Meditation 224 ff., 232, 234, 238, 244, 419
Tupamaros 64, 67 f.

UFO Research & Analytic Network, International (ICUFON) 334
UFO-Studiengesellschaft e. V., Deutsche (DUIST) 334
Unitarische Religionsgemeinschaft freier Protestanten 239, 243
Universaler Freimaurerorden »Humanitas« 284
University of light 378
Urgemeinde der Christengemeinschaft 287

Vedanta-Gesellschaften, Die 72
Vegetarier-Archiv 385
Vegetarier-Union 385
Vegetarier-Union Deutschland e. V. 385
Vegetarier-Wohlfahrtsverband 385
Vegetarische Gesellschaft Stuttgart 1868 e. V. 385
Vegetarische Obstbaukolonie Eden eGmbH 385
Verein für wissenschaftliche Begründung und Förderung der Hydriatik 381
Vereinigte Großlogen von Deutschland (VGL v. D.) 284
Vereinigung der deutschen Mennonitengemeinden 239
Vereinigung der Verfolgten des Naziregimes – Bund der Antifaschisten (VVN/BdA) 121
Vereinigung für Studium der Geheimwissenschaft 290
Vereinigungskirche (MUN) 230 f., 233 f., 419
Verein zur Förderung von vegetarischen Diätheimen e. V. 385
Verschwörung der Gleichen 105
Volksmission entschiedener Christen 243
Volkstempler-Sekte 125

Wachtturm-Organisationen 211, 243
Weiberrat 361
Welt-Spirale 260, 285, 289
Wissenschaftlich-humanitäres Komitee (WHK) 368

Quäker 242
Yippies 59
Young Socialist Alliance 117
Zeugen Jehovas 211 f., 233, 235, 237, 243, 419

Register der Periodica

andere welt, die 300
Asgard-Edition 418
Bulletin of the American Association of University Professors 73
Daedalus 74
Deutsche Monatsschrift 44
Dissent 118
Drei, die 294, 300, 397
du & ich 395

Eden-Gemeinschaft 52
Edition Alpha 298
ELEUSIS 299
Emma 371, 395
esotera 272, 294, 300, 342–345, 348, 397, 420
Ethische Rundschau 387

Feminist, Der 394
Fragezeichen 394f.
Fraue-Zitig 394

Greté 394
Grüne Zweig, Der 229, 343

Hiram-Edition 418

Informationsblatt 418
Innisfree 396
Junge Menschen 397

Kompost, Der 229
Kontaktberichte 294, 300
kuckuck 393
Kursbuch 417

Lesbenpresse 395

Machwerk 396
Marxistische Blätter 430
Materialdienst aus der EVZ 294, 299, 342, 418
Material-Edition 418

Middle Earth 393
Moonchild-Edition 418
Münchner Reihe 418f.

Nada-Edition 418
Neue Weltanschauung 409
neue Weltanschauung, Die 409
Neue Welteislehre, Die 426

Offizielle Monatszeitschrift der Vegetarier Union Deutschlands e. V. 385
Orientierungen und Berichte 418

Planet 420
Planète 420
Prometheus 294, 298, 300
Protokolle 394
Quinta Essentia 294, 297, 300

Rosa 395

Schlüssel zum Weltgeschehen, Der 426
Sontraer-Gesundheitsbote – Vegetarier Rundschau 385
Sphinx Magazin 294, 300
stern 344

UFO-Nachrichten 334, 348
Ulcus Molle Info 357
unsere brüder in den sekten 418

Vegetarier, Die 385, 397
Vegetarische Frauen-Zeitung 385
Vegetarische Presse 385
Vereinsblatt für Freunde der natürlichen Lebensweise (Vegetarianer) 384

Weiße Fahne, Die 288
Weltanschauung, Die 409
Worte der Aufklärung und Abwehr 417

Zeitschrift für Religions- und Geistesgeschichte 298
Zeitschrift für Welteislehre 426
ZERO, Middle East 229